托克托发电公司志

(1983~2006)

《托克托发电公司志》编纂委员会

中国电力出版社

托克托发电公司地理位置图

图例

符号	说明	符号	说明	符号	说明
★	首都		省、自治区、直辖市界		省道及编码
◎	省级行政中心		盟、地级市界		河流及湖泊
◉	地级市行政中心		铁路及车站		500千伏线路
◎	旗、县、市行政中心（国外中心城市）		高速公路	◎	500千伏变电站
○	乡、镇、苏木驻地		国道及编码	~	火力发电厂

比例尺　　1：2 340 000

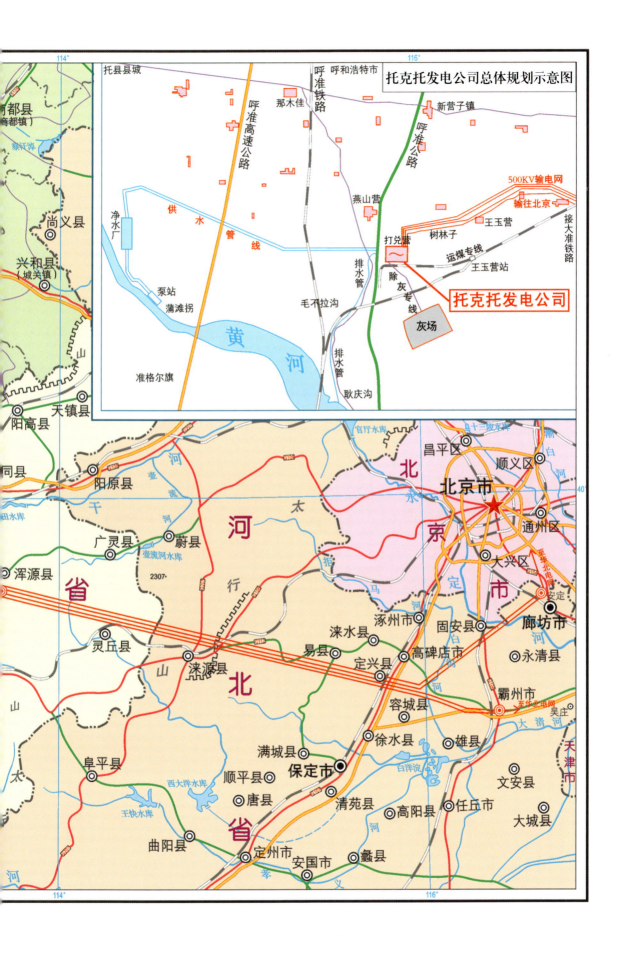

托克托发电公司总体规划示意图

托县县城
那木佳
呼和浩特市
新营子镇
呼准铁路
呼准高速公路
呼准公路
供水管线
净水厂
燕山营
500KV输电网
输往北京
树林子
王玉营
接大准铁路
打兑营
运煤专线
王玉营站
排水管
泵站
蒲滩拐
毛不拉沟
除灰专线
托克托发电公司
准格尔旗
黄河
排水管
耿庆沟
灰场

尚义县
兴和县
(城关镇)
天镇县
阳高县

河都县
(商都镇)

同县
阳原县
河
壶
太
流
北京市
官厅水库
十三陵水库
昌平区
顺义区
白河
通州区
河
省
广灵县
蔚县
壶流河水库
行
山
大兴区
至华北电网
安定
浑源县
2307
马
定
河
京
市
涿州市
固安县
廊坊市
灵丘县
涞源县
涞水县
易县
定兴县
高碑店市
永清县
北
容城县
霸州市
至华北电网
吴庄
阜平县
山
满城县
徐水县
雄县
天津市
王快水库
顺平县
保定市
白洋淀
文安县
太
唐县
清苑县
高阳县
任丘市
大城县
省
曲阳县
定州市
安国市
蠡县
河

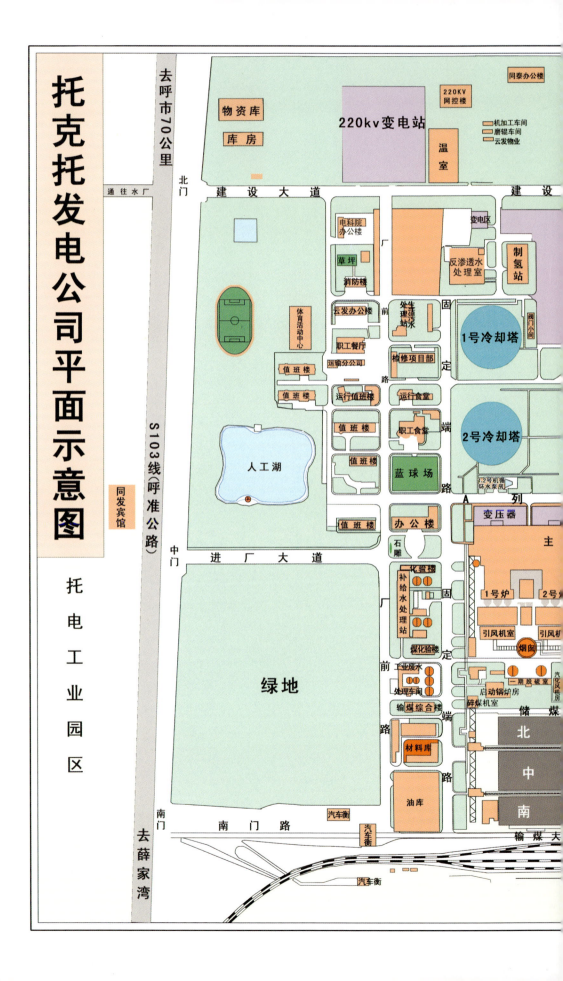

呼 和 浩 特 热 电 有 限 责 任 公 司

2007年11月19日，中共中央总书记、国家主席、中央军委主席胡锦涛（中）视察托电公司

1983年4月13日，时任水利电力部第一副部长李鹏（左一），踏勘初选托克托电厂厂址

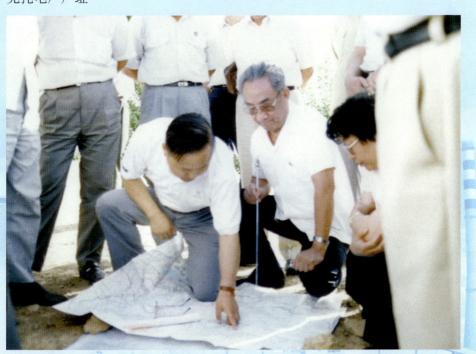

1993年7月16日，国务院副总经理邹家华（左二）视察托克托电厂厂址

领导关怀

2001年7月12日，国家电力公司副总经理赵希正（左二）一行到托电公司检查工作

2001年10月，内蒙古自治区政府主席乌云其木格（前右一）到托电公司检查指导工作

2003年8月12日，中国大唐集团公司党组书记、总经理翟若愚（前左二）参加托电一期工程竣工典礼

2004年4月，内蒙古自治区党委书记储波（前右一）莅临托电公司检查指导工作

2004年4月23日，内蒙古自治区党委副书记、政府主席杨晶（前左一），大唐国际发电股份有限公司总经理张毅（前左二）参加托电四期工程开工仪式

2004年9月6日，全国人大农村工作委员会主任刘明祖（右一）莅临托电公司检查工作

领导关怀

2004年9月10日，国家电网公司副总经理陆启洲（前右二）来托电公司检查指导工作

2004年9月21日，大唐国际副总经理、托电公司董事长魏远（右一）来托电公司检查指导工作

2004年9月21日，呼和浩特市市委书记韩志然（前右二）来托电公司检查指导工作

2005年7月27日，呼和浩特市市长汤爱军（左二）来托电公司检查指导工作

2005年10月20日，内蒙古自治区总工会主席云秀梅（右二）来托电公司检查指导工作

2006年3月13日，中国大唐集团公司副总经理刘顺达（左二），大唐国际副总经理、托电公司董事长安洪光（左三）来托电公司检查指导工作

基建生产

托电今日新貌

托电厂址建设前旧貌

1996年6月4～22日，托电
工程世界银行贷款评估会在呼和
浩特市召开

2000年8月1日，托电一期工程举行开挖仪式

2003年6月9日，托电一期工程1号机组完成168小时试运行，举行移交生产仪式

　　2002年8月20日，举行托电二期工程开工典礼。此项工程为国家"西电东送"北通道重点开工项目

托克托发电公司
TUOKETUO POWER CO.,LTD.

基建生产

锅炉钢架吊装

冷却塔施工

低压转子吊装

烟囱施工

钢煤斗吊装

汽轮机本体扣盖

转子穿装

空冷系统安装

2004 年 4 月 23 日，四期工程举行开工奠基仪式

基建生产

锅炉基础施工

空冷散热管吊装

脱硫设施

技术人员进行设备安装验收

大板梁吊装

汽包吊装

锅炉点火

设备检修

基建生产

电气检查

变电站

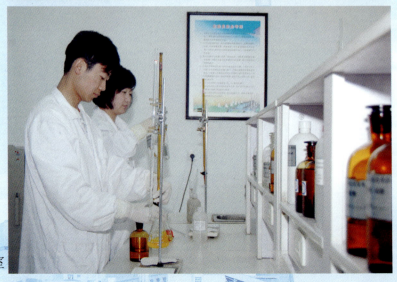

水处理化验室

灰场

水厂外景

消防演习

安全性评价
会议

DTP 大唐国际 托克托发电公司
TUOKETUO POWER CO.,LTD.

一期工程锅炉及汽机岛开标仪式

世界银行官员听取托电工程的情况介绍

美国驻华大使馆参赞爱伦先生来托电参观访问

集控运行

发电机机组全景

500 千伏升压站

基建生产

阻塞滤波器施工现场

安全检查

厂区绿化

1995 年 8 月 9 日，公司召开第一次股东会暨第一次董事会

大型招聘考试

新员工培训

全能值班持证上岗考试

企业管理

工程档案验收会

参加火电机组集控运
行技能大赛获团体二等奖

杰出班组长专题培训讲座

基本养老保险讲座

2003 年 11 月 26 日，召开第一次党员大会

中心组学习

2004 年 7 月 16 日，内蒙古自治区直属机关企业党建工作经验交流会在托电公司召开，会上托电公司党委作了经验介绍

"托电杯"为企事业改革发展和全面建设小康社会作贡献征文活动颁奖仪式

党群工作

2005 年 11 月，召开保持共产党员先进性教育活动总结大会

"光辉 85，同心跨越"党建知识竞赛

2005 年 12 月 20 日，举行预防职务犯罪教育基地成立暨揭匾仪式

2003 年 6 月 16 日，召开第一届一次职工代表大会

2006 年 4 月 6 日，召开第一次党风廉政建设工作会议

职代会上，公司领导与部门签订双文明责任状

党群工作

2005 年 6 月 28 日，召开第一届团代会

2005 年 7 月，"大唐光明行"中国作家看大唐采风团莅临托电公司

2001 年 12 月，托电公司武装部成立

2003年，"非典"期间向灾区捐款

公司党政领导慰问节日期间坚守一线的员工

职工书法绘画摄影作品展

阅览室

党群工作

庆贺一期工程竣工文艺晚会

举办第一届集体婚礼

篮球比赛

田径比赛

员工健身房

拔河比赛

"七一"表彰会

预备役实战演习

党群工作之窗网站

后勤服务

职工住宅区

现场值班楼

医务室

厂区招待所

员工餐厅

厂区内设超市

接送员工上下班的通
勤车队

托克托发电公司
TUOKETUO POWER CO.,LTD.

云发公司召开2005年上半年经济活动分析会

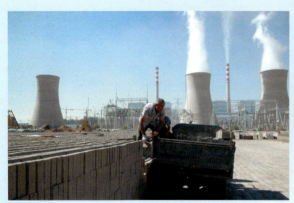

云发公司利用粉煤生产的水泥制品

云发公司所属的琪泰公司生产的脱硫用石灰石

同发宾馆

荣

誉

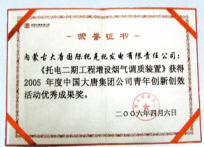

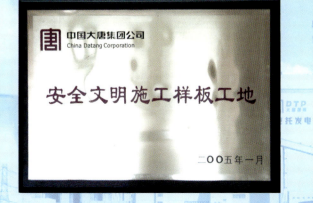

荣

誉

2007 年托电公司领导班子合影
左起：丁文光、王猛、杨丰利、郭殿奎、应学军、冯树礼、胥成增、李日龙、尚怀伟

史志编委会成立大会

《托克托发电公司志》评审会

《托克托发电公司志》
编 纂 委 员 会

主　　任　应学军

副 主 任　郭殿奎

委　　员（按姓氏笔画排序）

丁文光	于海东	马长城	王有忠	王　猛	牛通彪
方志和	冯树礼	刘　阳	刘根乐	闫文毅	杨丰利
杨青柏	李日龙	李文才	李文彬	李俊岐	吴德涛
沈钦峰	张卫宝	尚怀伟	孟建国	赵子昂	郝云飞
胡春涛	胥成增	贾肇民	郭善柱	康海东	潘　惠

《托克托发电公司志》编审顾问

梁殿臣　李文祚　朱平立　王自成　吴耀勋

《托克托发电公司志》编纂委员会办公室

主　　任　闫文毅

副 主 任　赵子昂　李文彬（常务）

主　　编　郝志邦

编辑人员　关艳玲　乔少华　戴　敏　吴　丹

志书资料提供人员

（按姓氏笔画排序）

于海洋	王子强	王 艺	王文志	王巧凤	王巧梅
王东星	王 芳	王淑娟	王新艳	卢存河	白占桥
白 宇	兰 瑜	冯玉峰	吕万春	刘东磊	刘晓汉
杜春玲	李兴旺	李红霞	李 浩	李海燕	李 斌
李智强	李 强	吴德涛	邱少华	汪 鑫	宋 莹
张胜利	张敬鑫	张瑞华	陈立伟	陈亚惠	陈利民
卓发伟	赵 星	胡瑞清	高怀中	高 雄	郭包生
郭琳娜	唐景尧	黄丽莉	黄辉东	彭 军	葛海滨
董 芳	程 云	谢茂生	雷增顺		

序　　言

　　盛世修志，为业存史。时至 2006 年，托电公司以装机 480 万千瓦的大型火电站屹立在黄河之滨、云中大地，一举跨越当今全国火电之最的里程碑，记载反映这一历史进程的鸿篇巨制《托克托发电公司志》付梓面世，这是公司企业文化建设的又一丰硕成果，可喜可贺！

　　托电工程是国家"十五"期间的重点建设项目，也是西部大开发实现"西电东送"的重点工程，其建设规模之大、发展速度之快、经济效益之优，在全国电力行业可谓名列前茅。作为华北电网的主力电源基地，为国民经济和社会效益做出重大贡献，成为镶嵌在祖国北疆的一颗璀璨的明珠。

　　同心铸辉煌，共谱创业史。托电公司的诞生与发展的历程，有艰难曲折，也有突飞猛进。在历史的丰碑上凝聚着各级领导的关怀与支持，凝聚着托电人及广大建设者的心血与汗水。始于上世纪八十年代，就投入艰辛的前期调研、立项准备工作，到本世纪初进入大干快上的基建施工、乃至生产经营时期，曾有一大批人在此含辛茹苦，奔波劳瘁，呕心沥血，拼搏奉献；坚持"建精品、创一流、站排头"的奋斗目标，体现"务实和谐、同心跨越"的企业精神，为托电的建设和发展，做出了卓越的贡献，功业昭著，光前裕后，当垂青史，彪炳千秋。

　　"志"则记也，志书是为事而录，为史而记。公司志客观记述公司的发展历史和现状，秉笔直书、不评不议，旨在追昔抚今，承前启后，继往开来，服务当今，垂鉴后世。志书的编纂出版，可策往鉴今，总结过去，把握今天，启迪未来，探究历史借鉴；可为发扬传统，爱厂敬业，以史育人，激励精神，提供生动教材；志书是荟萃企业文献、史料大成的重要载体，也是了解托电，展示托电形象、提高知名度的窗口与名片；经世致用，展卷可知。我们要做好读志用志的工作，充分发挥其在两个文明建设中的重要作用。

　　以史为鉴，面向未来。过去的成就是今天的新起点，当前电力发展正逢百舸争流的大好时机，我们要紧跟形势，趁势而上，坚持科学发展观，励精图治，争创一流，做大做强，再接再厉谱写托电公司更加灿烂的新篇章。

值此，让我们向关心与参加托电公司建设的各级领导和广大员工致以崇高的敬意，向为志书提供资料及辛勤编修的人员，表示衷心的感谢！

2008 年 7 月

凡　　例

一、《托克托发电公司志》（下称本志）以马列主义、毛泽东思想、邓小平理论和"三个代表"重要思想为指导，运用辩证唯物主义和历史唯物主义观点，真实全面地记述内蒙古大唐国际托克托发电有限责任公司的历史和现状，力求思想性、科学性、资料性的统一，以起到"资治、存史、教化"的作用，服务当今，垂鉴后世。

二、本志记述时间，上限起于事业发端，即1983年，下限断至2006年12月，个别内容有所延续。

三、本志以生产力发展为主线，记述公司大事记、基建、生产、管理、党群、后勤服务、人物录、荣誉录、附录等方面的内容。本着详近略远、详主略次、详殊略同的原则，力求体现新厂新制的企业特色。

四、本志采用语体文、记述体，称谓均按第三人称。体例运用述、记、志、图、表、录诸体裁，以志为主。结构分篇、章、节、目几个层次。采用横排竖写，以时为经，以事为纬，力求横不缺项，竖不断线。坚持述而不议，寓褒贬于记事之中。"概述"以纵向记述公司筹建发展过程，通晓全书梗概，适当进行论述。"大事记"采用编年体，辅以记事本末体。

五、本志荣誉录中，列入在本公司供职以来，获得公司及上级领导机关历年先进集体和先进个人奖项或称号的名录。人物录记载公司级领导简介，并记载本公司历年中层及以上领导干部任职名单及获得高中级职称名单。

六、本志中所记载的地名、单位名称、设备名称等有的采用简称，但名称第一次出现时用全称，同时在括号中夹注简称。如内蒙古大唐国际托克托发电有限责任公司（简称托电公司或托电）。

七、所有计量单位、标点符号执行国家或行业有关规范要求标准。

八、本志中进口设备及国外制造商、供应商名称要译成中文，在括号内加注英文。

九、所列货币通指人民币，对世界银行贷款及进口设备国际招投标结算货币可注明采用国际通用货币美元。

十、本志资料来源于各部门提供的资料并辑录档案、报刊、文献资料，以及部分经考证后的口碑资料。

目 录

DTP 大唐国际 托克托发电公司
TUOKETUO POWER CO.,LTD.

概　　述

　　内蒙古大唐国际托克托发电有限责任公司（以下简称托电或托电公司）于 1995 年 11 月在呼和浩特成立。托电公司资本金由大唐国际发电股份有限公司、北京能源投资（集团）有限公司、内蒙古蒙电华能热电股份有限公司分别以 60％、25％、15％的比例注入。公司按照现代企业制度要求运营。

　　托电工程是国家"十五"计划重点建设项目，也是"西部大开发"和"西电东送"能源战略的重点工程。早在 20 世纪 80 年代就开始前期调研筹建，于 2000 年正式开工，从此，工程驶入高速发展的快车道。从 2003 年起连续四年，每年投产 2 台 60 万千瓦机组，到 2006 年底装机容量达 480 万千瓦，一举成为当前全国最大的火力发电厂。电厂接入系统以 500 千伏输电线路，经河北省安定和霸州开关站连接京津唐电网，所发电量全部送往北京，当前成为确保首都安全用电的主力电源点。托电工程建设规模之大，速度之快，经济效益之优在全国火电行业内名列前茅。截至 2006 年底已累计完成上网电量 501.4 亿千瓦时，为国民经济的发展做出巨大贡献。

　　托电公司的发展历程是一部艰苦创业、开拓进取的奋斗史，是托电人用心血和汗水谱写的新篇章。无论是在艰难曲折的前期筹备工作中，还是快速高效的基建大战中，以至稳定严细的安全生产、管理创新中，托电人发扬了顽强拼搏、敢打硬仗的工作作风，战胜艰难险阻，克服重重困难，创建了丰功伟绩。在取得卓越经济效益的同时，也凝聚了宝贵的精神财富和优良传统，形成了具有托电特色的经验、理念和企业文化。这些都应记入史册，以利继承发扬。

一

　　艰难的创业历程，顽强的拼搏精神，谱写了公司发展的创业史。

　　托电公司位于呼和浩特市南约 70 公里的托克托县境内，西南距黄河水源地 12 公里，南距准格尔大型煤田 50 公里左右，位于呼市—包头—鄂尔多斯自治区金三角经济开发区内，与北京的直线距离仅 400 公里左右。这一地区属大青山前土默川平原（古称敕勒川），地势开阔、地质条件良好，交通便捷。丰准（丰镇—准格尔）铁路、呼准（呼和浩特—准格尔）铁路贯穿其间。呼准高速公路等 11 条高等级干道形成四通八达的交通网络。这里集资源优势、区位优势、交通优势和地理优势于一体，具备建设大型火电厂得天独厚的优越条件。

早在 20 世纪 80 年代初，内蒙古自治区就把开发准格尔煤电工程列为经济建设的重点，将电力建设列为支柱产业，曾多次向国家提出相关建议。1983年 4 月 9 日，时任水利电力部常务副部长的李鹏率 9 人考察团，在自治区领导的陪同下来托克托县、准格尔煤田进行为时 5 天的开发能源基地的考察，提出拟建 1500 万千瓦大型火电工程的规划，并将托克托列为大型电厂首选厂址。尔后委托华北电力设计院开展托电工程可行性研究工作，由内蒙古电业管理局负责前期筹备，曾规划建设 A、B、C 三个电厂，陆续开展了调研、申报等基础工作。由于后来能源战略侧重于煤炭东运，托电项目一度延缓。20 世纪 90年代初华北地区严重缺电，外运煤炭受运力的制约，提出变输煤为输电的战略，在内蒙古建设大型电厂的计划提到议事日程。1991 年 3 月，能源部发文，责成华北电力设计院继续进行托电项目的可研工作。1993 年 12 月，内蒙古电业管理局成立了托克托电厂筹备处，加紧电厂的前期筹备工作，并开始了向世界银行争取贷款的联系程序。1994 年 5 月 1 日，国务院总理李鹏在视察内蒙古电管局时，对托克托电厂的建设作了进一步肯定，并提出要加快托克托电厂的建设，"托电要将准煤就地吃掉"。同年 8 月 12 日，国家计委发文，同意对托电工程开展可行性研究，并明确电厂规划容量为 360 万千瓦，所发电量全部送京津唐电网，重点解决北京地区用电问题。是年还开展了环境评价工作，首批征地调查人员进驻现场。

随着托电项目前期工作稳步推进，股份制公司的组建工作积极进行。1995年 4 月，组建"托电公司"的发起协议在北京签署。协议明确由华北电力集团公司、内蒙古电力总公司和北京国际电力开发投资公司出资组建托克托发电公司。在当年 11 月 17 日，经呼和浩特市工商局注册，正式成立内蒙古托克托发电有限责任公司。次年 5 月由股东会、董事会通过了《合资合同》和《公司章程》，先后配备了公司党政领导班子，公司各项工作开始运作，加紧工程立项、资金筹措和施工的各项准备工作。

1998 年 1 月，三家股东的持股比又作了调整。由北京大唐发电股份有限责任公司接受华北电力集团公司转让所持 51% 的股份及内蒙古电力总公司转让原所持股份中的 9% 的股份，两项共计为 60% 的股份；北京国际电力开发投资公司〔后改名为北京能源投资（集团）有限责任公司〕受让内蒙古电力总公司所持的 10% 股份，其持股增加至 25%；内蒙古电力总公司持股比减为 15%，后来此股份转为北方电力公司下属的内蒙古蒙华热电股份有限公司所持。随着股东的调整，公司的名称也作了相应的更改，于 2000 年 7 月更名为"内蒙古大唐托克托发电有限责任公司"，随着北京大唐发电股份有限公司更名为"大唐国际发电股份有限公司"（简称大唐国际）2004年11月相应更名为"内蒙古大唐国际托克托发电有限责任公司"。

资金是工程建设的基础与前提。公司成立后抓紧了贷款融资工作，除了股东方按工程投资的20％提供的资本金外，在政府的协助下，托电一期工程列为世界银行（简称世行）的贷款项目，于1996年11月通过了世行的评估，次年4月由财政部组团赴美国与世行进行贷款谈判，贷款总额为4亿美元。与此同时，在国家计委的协调下，国家开发银行、中国工商银行相继为托电工程提供贷款。

申报立项是工程建设的保证。从托电筹备处到托电公司始终抓紧工程的申报立项工作，经历了漫长艰难的过程。虽然报批程序复杂、难度很大，但是从领导到相关人员坚定信心，知难而进，不辞劳苦，工作卓有成效。在1998年，正遇国家调整电力建设结构，对新电厂开工审批从严，托电项目进展一度受阻；但经过各方面的不懈努力，及时沟通情况，终于在次年12月由国务院批准了托电一期工程可研报告，前期工作取得了突破性的进展，为及早开工提供了保证。

前期工作还不失时机地抓紧土地征用、"五通一平"、施工及设备的招投标、人员招聘与生产准备等各个环节的工作。

2000年8月1日，托电一期工程正式开工，经过不到2年时间2台60万千瓦机组相继投产。进入新世纪，托电工程迎来快马加鞭蓬勃发展时期，公司领导抓住机遇，远见卓识，每年都相继开展后续工程，做到边投产、边开工，实现连续四年双投，并做到即投产、即稳定、即盈利。到2006年底达到装机480万千瓦，跃居全国火电巨子的规模，跨越到一个新的里程碑。

二

近几年来，托电公司在快速发展的过程中，从2000年就提出"建精品、创一流、站排头"的奋斗目标，始终坚持基建与生产并重的原则，强化科学管理、狠抓安全生产，年年超额完成各项目标任务，取得了巨大的经济效益，实现了高速、优质、高效发展的目标，力争规模第一、安全第一、效益第一，在全国火电行业中取得各项先进指标。与此同时，公司还牢记企业应有的社会责任，积极建设"资源节约型"和"环境友好型"企业，取得了显著的成效，受到了社会各界的广泛好评。

托电公司在整个工程的施工过程中，采用先进的管理模式，严格实行项目法人制、招投标制、工程监理制、合同制和资本金制，积极发挥施工队伍在工程建设中的主观能动性，并按照"小业主大监理"的工程管理模式，充分发挥监理单位在工程建设中的监督作用，形成了齐抓共管的局面。

针对工程建设中的安全文明施工和工程质量管理等核心问题，托电公司不仅建立了多层次的安全、质量管理组织保证体系，还建立了全方位的安全、质量制度机制和完善的考核、评价、监督机制，使安全、质量管理始终处于受控状态。

在机组设计、设备监造、施工安装、调试试运等各个过程中，都能严格把关，确保做到无缺陷移交。一是加强设计监督，保证做到不把设计缺陷带入施工；二是加强设备监造，保证做到不把设备制造缺陷带入安装；三是加强工程质量监督与验收，保证做到不把工程质量缺陷带入调试；四是加强调试过程的监督与验收，保证做到不把调试缺陷带入运行。

托电公司一至四期工程建设的主体施工单位是天津电力建设公司和北京电力建设公司。主体工程的施工监理单位为河北电力建设监理有限责任公司。2000 年 8 月，一期工程经国务院批准开工后，托电公司克服了施工条件艰苦、技术难度大、"非典"疫情影响等一系列特殊的困难，连续建设、连续施工，进度快速。到 2006 年 8 月，已先后完成了一至四期工程建设。

回顾公司多年来的发展历程，逐步形成了以下明显的特点：

速度快：从 2000 年 8 月 1 日一期工程开工到 2006 年 8 月 22 日四期工程投产发电，仅用了 6 年的时间，就建成了 8 台 60 万千瓦的机组，而且在 2003 年 7 月一期工程 2 台 60 万千瓦机组投产后，连续四年每年投产 2 台 60 万千瓦的机组，其工程建设速度之快，创造了中国电力建设事业的各项新记录。

工期短：一期工程从开工到投产发电，建设工期为 35 个月 28 天，较合同工期缩短 9 个月 17 天。同时，一期工程 2 号机组的投产当年在国内和华北电力系统还创造了三项纪录：即从 2 号机组第一次点火到移交生产时间小于 90 天，为华北地区同类机组用时最少；从 2 号机组整套启动开始到移交生产只用 28 天，为华北地区 30 万千瓦以上机组用时最短；2 台 60 万千瓦机组投产间隔时间不到 2 个月，为同类机组全国最快。二期工程从开工到投产发电，较合同工期缩短 8 个月 17 天。二期工程的投产在当时创造了三个全国第一。即：从钢架吊装到投产，2 台 60 万千瓦机组工程仅用 20.5 个月，为国内用时最少；从并网到 168 小时试运结束仅用 15 天，为全国同类机组试运期最短。同时，3 号机组当时还创造了国内北方地区 60 万千瓦机组建设工期最短的纪录。三期工程从开工到投产发电，建设工期为 28 个月，较合同工期缩短 1 个月。其中，5 号机组以不到 26 个月的建设工期创造了我国北方地区同类空冷机组建设工期最短的记录，同时也创造了半年试生产期间无考核非停的记录。四期工程从开工到投产发电，建设工期为 27 个月 29 天，较合同工期缩短 9 天。四期工程的全部建成投产，创造了连续四年平均每年投产 2 台 60 万千瓦机组的全国最快记录。

质量好：由于树立了"精品"意识，采取了一系列的工艺、技术和质量管理措施，托电公司一至四期工程建筑和安装工程的验收合格率和优良率均为100%。各期工程也以较高的得分率顺利通过了达标投产验收和半年试生产后的安全检查，一期工程还分别获得了"2005 年度中国电力优质工程"称号和"全国优质工程"称号，2 号和 5 号机组还在全国 60 万千瓦火电机组评比中获得了金奖。

造价低：托电公司一至四期工程在确保工期、质量的前提下，通过采取系统优化设计、加强工程管理、强化费用控制等措施，有效地控制了工程造价，累计节省投资约 25.6 亿元。其中，一期工程计划投资为 60.7 亿元，实际完成投资 52.7 亿元，较计划节约资金 8.0 亿元；二期工程计划投资为 40.7 亿元，实际完成投资 35.1 亿元，较计划节约资金 5.6 亿元，为全国同类机组的造价最低；三期工程计划投资为 48.9 亿元，实际完成投资为 41.9 亿元，较计划节约资金约 7.0 亿元；四期工程计划投资 47.6 亿元，实际完成正在决算，预计仍有节约。低造价为企业增强市场竞争力和机组的竞价上网能力及提高企业的经济效益奠定了坚实的基础。

效益高：由于准备充分、管理科学，托电公司每期工程都能够达到机组即投产即稳定即盈利。2003 年，一期工程 2 台机组投产后在不到半年的时间内就实现了 7.1 亿元的销售收入，开创了机组当年投产、当年盈利的良好局面；2004 年，伴随着二期工程 2 台机组双投发电后，全年完成销售收入 22.7 亿元；2005 年，三期工程双投发电后，全年完成销售收入 37.8 亿元；2006 年，四期工程双投后，托电公司的销售收入增长至 51.8 亿元。良好的经济效益不仅使各股东方得到了丰厚的利润回报，而且也为企业的长远发展奠定了基础，同时也为地方的经济发展注入了强大的动力。

人员少：按照新厂新制的管理模式，本着精干、高效、务实的原则，托电公司从成立初就采取措施控制了人员过快增长。截至 2006 年底，托电公司共有员工 481 人，人员结构特点为高学历、年轻化。较好的人员结构使企业的生产效率不断提高，在 2003 年人均产值 246 万元的基础上，2004 年人均产值达到 602 万元，2005 年达到 659 万元，2006 年又突破千万元大关达到 1026 万元，在国内同行业中处于领先水平。

贡献大：托电公司所发全部电量由四回 500 千伏线路直接送往京津唐电

网。随着各期工程的陆续投产发电，托电公司年上网电量也从 2003 年的 38 亿千瓦时，逐步增加到 2004 年的 105 亿千瓦时、2005 年的 154.7 亿千瓦时和 2006 年的 202.2 亿千瓦时，已经占到北京地区年用电总量的三分之一，为国民经济提供了强大的电力支持。特别是随着企业规模的不断发展壮大，托电公司始终不忘企业应有的社会责任，积极纳税，2003～2006 年已累计上缴各种税金 20.15 亿元，而且随着企业管理水平的进一步提高，生产运行的逐步稳定，企业在此后每年上缴的税金达到 15 亿元左右，对于促进地方经济发展作出突出的贡献。

在安全生产方面，托电公司始终按照生产与基建并重的原则，一边抓基建一边抓生产准备。在每期工程建设的同时，就提前做好人员培训、生产运行计划制定、制度规程的建立、物资备品购进等各项准备工作，保证在机组移交后就能够顺利投入生产运行。在生产运行过程中，按照新厂新制的要求，建立了相应的生产运行管理体系和组织机构，并应用计算机网络技术建立了以 EAM 工单为载体的缺陷管理模式、以点检定修为中心的设备管理模式、以值长为中心的运行管理模式、以项目部经理负责制为中心的检修管理和项目管理模式，检修维护工程采用委托制。全面落实安全生产责任制，安全生产管理向标准化、制度化、规范化迈进。坚持安全检查、安全评价、落实各项反错，加强技术监控。这些模式的应用，使托电公司的生产管理、安全文明、科技进步均呈现出良好的发展态势，发电任务连年超额完成，经济效益逐年提高，机组规模、经营业绩、企业形象均已达到国内先进标准。托电公司已成为保北京用电的安全供电中心，大唐国际的利润中心，人才培训和输送中心，经营管理的经验中心，大唐国际的旗帜、窗口和象征。

在抓好工程建设、做大做强电力主业的同时，托电公司还积极拓展企业新的生存发展空间，从 1997 年底开始采用集资、融资的方式，本着独立核算、自负盈亏、股份制运作的模式，兴办了从事后勤服务的多种经营企业。到 2006 年底已整合形成以托克托云发电力有限责任公司为龙头，下设若干分支机构、涉及多个领域的多种经营产业集群，实现了从安置型向服务型和经营型的转变。经营成果日益明显、经济效益逐年提高，不仅为托电公司的基建、生产、生活提供了全方位的服务，稳定了员工队伍，增强了企业活力，也为企业带来了新的经济增长点；而且还妥善安置了主业职工的家属，解决了部分当地富余劳动力的就业问题。

作为特大型坑口发电厂，托电公司在建设与发展的过程中，积极贯彻国家和行业对环保工作的政策与要求，从设备选型、方案设计、施工建设直至生产运营，严格按照环评准入制度的要求，认真落实污染物的防治措施，最大限度地减少了污染物的排放量。截至 2007 年底，公司已投产的机组都加装了除尘、脱硫设施，主要大气污染物（二氧化硫、氮氧化物、烟尘）排放指标完全符合环保标准的要求。在废水控制方面，托电公司在每期工程的主体设备竣工前就投运了工业废水和生活污水处理设施，所有设备运行情况良好且投运率达到100%。在灰渣控制方面，托电公司所有机组的除灰均为干除灰方式，可节约水资源，增加灰渣的利用价值。部分灰渣已经用于水泥、砖瓦的制造，利用率不断提高。同时还经过技术攻关，基本解决了高铝粉煤灰提炼铝硅合金、氧化铝等生产环节的技术难点，并将逐步应用于工业生产。

"提供清洁电力、点亮美好生活"是托电人的历史使命和应该肩负的社会责任。多年来，公司将环境保护和节能减排作为重点工作来抓，努力提高设备经济运行水平和清洁生产水平，坚持大搞绿化，建成了花园式电厂。积极构建"资源节约型"和"环境友好型"企业，实现了经济效益和社会环境效益的有机统一。

三

深化企业管理，创新机制，打造一流，全面开展向管理要效益的攻坚战。坚持"在发展中强化管理"，以管理促安全、促效益、促各项工作的工作理念。

2005 年，三期工程投产，托电安全生产工作的全面展开，同时标志着公司重点工作从基本建设向安全生产的转变。之后，随着投产机组的增多，工作层面的不断扩展，托电将 2006 年定为公司的"管理年"，要全面深化企业内部管理，并通过管理创新等手段，全面加快一流企业建设步伐。

托电公司坚持新厂新制的管理模式，建立了一整套严密的规范保证体系，充分体现了商业化营运、法制化管理的新厂新制管理特色。通过新的管理模式和标准，组建了得力的领导班子，配备了高素质的中层管理人员和员工队伍，达到了工作高效率、经营高效益的目标。

从强化管理的"两性"（即主动性和规范性），提高"两效"（即效果和效率）入手，夯实管理基础。增强主动性，要求管理人员严格落实岗位责任制，大力强化"两力"（即转化力、执行力），努力做到"四到位"（即职能到位、责任到位、执行到位、监督到位）。强化规范性，要求凡事必须责权明确、标准统一、有章可循、循章必严、违章必究，建立健全各项规章制度，并全面实行标准化管理，用制度和标准来规范行为。托电公司对历年制定的制度汇编成册共有八大类，135 个制度，并在执行过程中不断完善。管理是手段，最终目标落实在效果是否明显，效率是否提高上，每项管理工作注重后效评价，绩效考评。公司制定了《目标管理经济责任制考核办法》，对员工开展以工作业绩考核为重点，辅以部门综合考评和培训业绩考评，以及对员工工作能力、工作态度考评，将考评的结果与薪酬待遇、岗位调整等有机结合，以充分调动员工的积极性和主动性，形成争优创先的良好氛围。

打好开局、站稳脚跟、全面发展。按照新厂新制的管理模式，逐步建立和完善了与之相适应的生产管理体系和组织机构。多年来，公司始终坚持"数字托电、环保托电、效率托电"的发展理念，呈现出生产管理、安全文明、科技进步的良好发展态势。发电任务连年超额完成，经济效益逐年提高。坚持开展经济活动分析，控制各项成本费用，加强燃料管理，节能增效成绩显著。

托电公司按照现代企业制度的要求运营，负责公司的建设、经营和管理。实行在股东会、董事会、监事会领导下的总经理负责制，负责项目的建设、运营及债务的偿还。公司全面实施新厂新制，其部门机构设置本着精干、高效、务实的原则，至2006年公司下设九部一处一室，分别是总经理工作部、发电部、设备部、安监部、物资部、燃料部、财务部、人力部、政工部、扩建工程处和粉煤灰综合利用办公室。对于检修项目和社会服务行业，实行外委承包，有效地减少了人员编制，公司在深化改革和加强管理等各个方面都做了许多有益的探索，并取得了一定的成效。截至2006年底，公司正式员工481人，其中，享受中层干部待遇的人员68人，生产运行、点检及维护人员321人。

加强员工培训为着力点，走人才强企之路，为企业发展提供强大动力。根据托电公司员工具有年轻化、学历高的特点，公司出台教育培训制度，完善培训组织机构，坚持开展全员素质培训、专业培训以及职业道德培训。加强考核管理，建立评价奖惩机制，创建学习型企业，员工素质明显提高。

积极创新"一体化"、"大监督"管理模式，构建"大托电"管理体系。针对托电新厂新制下大容量、多机组、"多国部队"同时作战的特点，本着标本兼治、重在治本的原则，根除"以包代管"的现象。公司在生产经营管理中经过实践、探索，初步形成了"一体化"、"大监督"的创新管理模式。

"一体化"管理，就是要求全体托电人以全面提高托电各项工作水平为目标，以"务实和谐，同心跨越"为理念，按照统一、协调、优化的原则，有效整合公司及各外委单位的各类资源，全面打造"七个一体化"的管理模式，即"发展目标一体化、组织体系一体化、业务流程一体化、管理要素一体化、制度标准一体化、信息资源一体化和党群工作一体化"，使托电能够成为一个协调统一、兼容互补、荣辱与共的有机整体，营造"大托电"一盘棋的格局。结合"一体化"的工作思路，托电党委又提出了"党建工作同干、思想政治工作同做、安全文明生产同抓、精神文明建设同建、一流业绩同创、大型文体活动同办"的"六同"思想，从而进一步充实了"一体化"管理创新模式。

"大监督"管理模式的目的是借助监督体系的推动作用来促进保证体系的有效运转，充分发挥责任主体的主导作用，使安全生产责任能够落实到每一个环节、每一个岗位、每一个人。逐步形成良好的安全文化，达到"凡事有人负责、凡事有人监督、凡事有章可循、凡事有证可查"的工作要求。建立发现问题、制定措施、整改监督、总结评价、闭环管理和持续改进的良好机制，做到职能到位、人员到位、责任到位和监督到位。形成全员监督、逐级负责，纵向到底、横向到边的安全生产管理体系及奖惩约束激励机制，确保制度使其不能、教育使其不违、监督使其不漏、奖惩使其不怠，最终实现全公司的本质安全和本质经济。

四

求真务实抓党建，同心协力促发展。托电公司党委始终坚持发挥党的政治核心作用，按照新厂新制的建厂方针，紧紧围绕企业的奋斗目标和中心工作开展党群工作，创建企业文化。在实践中摸索总结出一套符合托电特色，并具有长远指导意义的"23451"工作思路。即注重"两个坚持"（开展党群工作要始终坚持"围绕中心服务大局"的方针，坚持继承与创新相结合的原则），实施"三个保证"（保证党的路线方针政策在本企业的贯彻执行，保证公司行政依法充分发挥其职能，保证完成董事会和上级领导制定的生产、基建、经营、党风廉政工作任务），抓住"四个加强"（加强党章赋予基层党委的政治核心地位，加强党的先进性建设，加强党的思想政治工作，加强企业文化建设），打造"五个模式"（党群工作"大政工"模式，党群工作"一体化"模式，党群工作"网络化"模式，党风廉政"大监督"模式，安全生产"大监督"模式），实现"一个目标"（与时俱进，开拓进取，不断创新党群工作，打造一流火力发电企业）。

党委不断加强党的自身建设，完善组织机构，同时建立健全了纪检、工会、共青团组织机构和制度。在企业建设、生产和经营的实践活动中，坚持以人为本，坚持民主集中制原则，认真落实"三重一大"集体决策制度，尊重知识，尊重人才，充分发挥和调动员工的聪明才智和工作热情。通过开展一系列行之有效的党支部建设和党员教育活动，使基层党支部的战斗堡垒作用和党员的先锋模范作用得以充分发挥；通过开展党风廉政建设活动，规范和警示了广大党员领导干部的廉洁行为，保证了纪检监察工作的顺利进行；通过对工会、共青团组织的领导，发挥其桥梁纽带作用，使党和广大群众密切相连，构建了具有较强执行力的核心骨干队伍；通过企业文化建设活动，提升了全体员工的同心意识，为企业争创一流，创造和谐氛围，起到了保驾护航的作用。这样，不仅建设了一支坚强有力、团结协作、能打硬仗的领导班子和干部队伍，还培养和造就了一批无私奉献、热爱电力事业的建设者。从前期筹备到 2000 年一期工程开工建设以来，每一位参与托电建设的管理者和广大一线员工，用自己的智慧和汗水创造了骄人的业绩，在托电的连续建设和高速发展过程中，发扬顽强拼搏、不屈不挠的工作作风和创业精神，战胜艰难险阻，克服重重困难，在一片荒原上建起了一座充满生机和活力的电力新城。

企业文化是促进企业持续发展的精神动力，是潜在的生产力。托电公司始终紧密结合时代精神和行业特点，紧紧围绕中国大唐集团公司企业文化发展战略，围绕企业中心工作和员工全面发展，不断加大公司企业文化建设力度，整合文化资源。先后完成了企业文化视觉识别系统、企业文化理念识别系统、企业文化行为识别系统的导入、规范和宣贯；加强了企业文化建设在公司思想政治工作和日常管理工作中的落实；强化了员工综合素质的培养和学习型组织建设，提升了企业形象，增强了员工凝聚力、向心力；实现了企业文化建设与公司管理工作的高度融合和企业与员工的共同进步、和谐发展，并依托"三大特色文化"，即"和谐的托电、活力的托电、发展的托电"；打造了"三大文化格局"，即党群工作网络化模式、一流"大政工"模式和党群工作"一体化"管理模式。印发了《政工文化理念手册》，从而实现用文化理念影响人、约束人。

成功源于行动。以"心气足、人气旺、风气正"为特征的"同心文化"是中国大唐集团公司企业文化的精髓。托电人自觉认同同心文化，自愿接受同心文化的熏陶、监督和约束，并不断对其进行补充与丰富，并逐步将之"内化于心，外化于行"。全力打造党群工作"网络化"模式，加强新形势下党群工作的实效性、实用性和贴近性。开设"党群工作之窗"网站，为上下互动、及时沟通、提高效率搭建了一个良好的平台。

在历年党群工作联查中，托电均获得好评，从 2001 年起，连续获得中国大唐集团公司党组、大唐国际发电股份有限公司党组以及自治区党委授予的"党建达标先进党委"等荣誉称号。

五

托电公司以执著的信念、艰辛的努力实现了大发展，在同行业中勇立潮头，取得显著成绩，受到社会各界的好评，得到上级的表彰。先后两次获得了全国总工会颁发的最高荣誉——"全国五一劳动奖状"，同时还获得了"全国民族团结进步模范集体"、"全国优质工程"、"2005 年度中国电力优质工程"，自治区"文明单位"、"2004 年度自治区重大项目成绩突出奖"、"二十强企业"、"道德建设先进集体"、"先进职工之家"、"重大项目建设成绩突出奖"、"十佳诚信企业"、"600MW 火电金牌机组"，中国大唐集团公司"先进单位"、"文明单位"、"基建达标投产机组"，大唐国际"双文明单位"、"党建达标双文明单位"和中企联文化中心"2006 年度十大最具社会责任感企业"等多项荣誉，还有众多的员工荣获各种先进个人奖励。所有这些，都彰显了托电人顽强拼搏、敢打硬仗的工作作风和奉献国家、回报社会、造福于民的丰功伟绩。

成绩和荣誉的取得，得益于党的改革开放政策的贯彻落实，得益于中央和地方各级政府以及上级主管部门的正确领导，也得益于参与托电建设的各兄弟单位和社会各界的鼎力支援。从自身总结经验，有很多方面值得肯定，主要归结于如下几点：

其一，一个团结战斗、勤政廉洁的党政领导班子及领导体系，是企业发展的关键。在托电的发展成长过程中，公司领导审时度势，抓住机遇，正确决策，深入第一线带领员工艰苦创业，完成了各项任务。

其二，以人为本，建设一支高素质的员工队伍，是企业生存发展的基础。托电从开始就严把进人关，强化培训，实行激励机制，抓住人才战略，确保职工队伍思想好、业务精、年轻化、知识化，成为企业发展的生力军。

其三，坚持科学发展观是企业发展的动力。当今时代科技成果的应用是创一流企业的重要标志，科学管理是企业升级的重要手段。公司从基建、生产到经营管理，坚持高水平、现代化、信息化，开展技术革新、技术改造，取得了明显的成效。

其四，坚持两个文明一起抓，加强企业文化建设是企业长治久安、持续发展的保证。公司始终围绕企业中心工作，创新党建工作机制，努力构建和谐企业，为职工提供精神动力，为企业发展保驾护航。

托电公司创业艰辛，成绩辉煌，举国瞩目。在托电的筹建和发展中，得到党和国家领导同志的亲切关怀，各级领导多次亲临现场考察指导工作，并及时为企业排忧解难，处理问题，保证了托电的建设和发展顺利进行，也给予托电人以极大的鼓舞。

2007 年 11 月 19 日，胡锦涛总书记视察了托电公司的生产现场，接见了总经理应学军和党委书记郭殿奎等公司领导，并对公司的机组设备、生产经营情况和节能、环保等有关方面的内容进行了详细询问，总书记临行前深情地嘱托"要培养一流的人才，创建一流的管理，一定要把托电经营好、管理好"，并提出"一定要把托电建设成为国际一流的火力发电厂，在国家西电东送工程中发挥更大作用"的重要指示。总书记的指示为所有托电人鼓足了干劲、指明了方向。

建设国际一流火力发电厂——历史将这一光荣而艰巨的使命赋予了托电。托电人要继续发扬以往形成的优良传统，再接再厉，乘胜前进，谱写一曲新世纪更加华美的乐章！

大　事　记

（1983～2006 年）

1983 年

4 月 9～13 日　时任水利电力部（简称水电部）第一副部长、后任国务院总理、全国人大常委会委员长的李鹏一行 9 人，在内蒙古党政领导的陪同下考察了准格尔煤电基地，踏勘初选了托克托电厂厂址和黄河水源地，与内蒙古自治区党委书记周惠、政府主席布赫等领导讨论并一致通过会议纪要。该纪要主要内容为：一致同意利用准格尔的煤和黄河的水源建成煤电基地，规模按 1500 万千瓦规划，1990 年前建 500 万千瓦。初步踏勘 5 个厂址，托克托厂址列为第一期开发项目，优先选用苏联 50～80 万千瓦机组，当年开展前期筹建工作。纪要以自治区政府和水电部名义上报国家计委及国务院。

7 月 7 日　内蒙古自治区人民政府办公厅发文《关于印发托克托电厂选厂会议纪要》，同意华北电力设计院关于托克托电厂选厂工作的汇报，并要求立即开展托克托电厂的可行性研究工作。

7 月 26 日　水电部召开会议研究托克托电厂的筹建问题，国家计委主任宋平、水电部部长钱正英、水电部第一副部长李鹏等参加，会议提出托克托电厂可采用苏联 50 万千瓦机组设备，争取与准格尔矿区同步建设，并要修建呼准铁路。

11 月 8 日　水电部以〔1983〕水电规字 94 号文下达华北电管局《关于托克托电厂可行性研究工作若干问题的批复》指出，由于准格尔煤田总体开发和煤的运输方案未定，同意托克托电厂（简称托电）的可行性研究，先按铁路运输，从以后建成的呼准线托克托县境内接轨考虑；并同意按国产 60 万千瓦机组资料及黄河取水方案设计，责成由华北电力设计院抓紧编制可行性研究报告。

1984 年

1 月 10 日　水利电力部电力规划设计院在〔1984〕水电电规计字第 2 号文《关于编制 1984 年电力勘测设计计划的通知》中提到：托克托电厂新建项目 4 台 80 万千瓦机组进入可研阶段。

7 月　时任水利电力部部长、后任全国政协副主席的钱正英到准格尔旗、托克托县地区视察，并踏勘托克托发电厂的初选厂址，认为在这里建设大型火电厂条件很好。

8 月 18 日　内蒙古自治区计委在内计基字〔1984〕第 345 号文《关于编制项目建议书的通知》中，将在托克托新建 4 台 80 万千瓦机组电厂列入电力工业建设项目中。

1985 年

年初　内蒙古电管局〔1985〕内电计字 23 号文《关于上报我局一九八五年电力建设前期费用计划的补充报告》，其中提到对托克托电厂工程列入补充可研报告内容。

7 月 15 日　内蒙古电管局〔1985〕内电计字 165 号文《报送"七五"前期工作计划》，其中要求增列托克托电厂一期两个项目。

1986 年

6 月 10 日　内蒙古电管局上报水电部规划院、华北电管局以〔1986〕内电计字第 114 号文《关于要求尽快安排审查托克托电厂可行性研究报告的函》，提到：托克托电厂建厂条件较优越，可建设总容量 320 万千瓦的大型火力发电站，要求尽快安排审查。

12 月 4 日　内蒙古电管局〔1986〕内电计字第 272 号、274 号文，上报华北电管局、内蒙古自治区计委《关于 1987 年电力建设前期费用的申请报告》，其中第七项为：为编制托克托电厂 320 万千瓦规模的可研补充报告，要求安排勘察设计前期费用 217 万元。

1991 年

3 月　能源部规划设计管理局下达电规计字〔1991〕8 号文，明确由华北电力设计院继续进行托克托电厂可研工作。

7 月 18~22 日　能源部部长黄毅诚来内蒙古视察，其中视察了准格尔煤田和托克托电厂初选厂址，就发展内蒙古能源电力问题与内蒙古自治区政府交换了意见。黄毅诚认为，外运煤炭受到运输能力的制约，要实行向外输电，经济效益好，内蒙古能源优势会得到更好的发挥，希望在内蒙古建设更多电厂，包括托克托电厂在内应尽早开工建设，实现西电东送战略。

7 月 25 日　《人民日报》报道，托克托电厂列为国家"八五"计划重点发电工程项目。

8月9日 内蒙古电管局以内电计〔1991〕174号文，向铁道部第三勘察设计院发文《关于委托铁道部第三设计院承担托电铁路接轨及铁路专用线可研工作的函》。

8月 内蒙古电管局以内电计〔1991〕177号文，委托华北电力设计院，按照能源部电力规划总院电规计字〔1991〕8号文和托克托电厂选厂会议精神，负责托克托电厂可研补充报告的编制。

12月12日 内蒙古电管局以内电计〔1991〕280号文称，根据能源部电力规划设计管理局〔1991〕电规字8号文《关于下达1991年火电勘测设计计划的通知》要求，委托华北电力设计院和内蒙古电力勘测设计院，完成托克托电厂环境影响补充评价报告的编制工作。

1992 年

3月21日 根据能源部电力规划设计管理局〔1991〕8号文，内蒙古电管局以内电计〔1992〕45号文，委托华北电力设计院、内蒙古电力设计院开展托克托电厂厂址区域采暖期大气测试及枯水期水体测试工作。

10月13日 内蒙古电管局向准格尔煤炭工业公司以内电计〔1992〕272号发文《关于托电燃煤供应、煤炭运输及铁路接轨的函》，明确电厂燃用准格尔煤，并以准丰铁路接轨运输煤炭。

10月30日 内蒙古电管局以内电计〔1992〕280号文，向水利部黄河水利委员会、内蒙古自治区水利局发出《申请批准托克托电厂取用黄河水源的报告》。

11月11日 内蒙古电管局以内电计〔1992〕299号文《关于托克托电厂在黄河建取水工程及通航问题的函》报内蒙古交通厅，请出具同意该项工程建设的文件。

11月25日 内蒙古电管局以内电字〔1992〕320号文，委托华北电力设计院承担托克托电厂接入系统设计和向京津冀500千伏送电方案的论证工作。

11月 华北电力设计院完成《托克托电厂的可行性研究补充工作报告》。

12月26日 内蒙古电管局以内电劳〔1992〕152号文，决定成立托电工程前期工作办公室。

1993 年

2月6～9日 托克托电厂（A厂）新建工程可行性研究报告在呼市通过预审查。能源部电力规划总院主持审查会。

3月8日 内蒙古计委和内蒙古电力公司以内计能〔1993〕173号文联合

行文向国家计委上报了托克托电厂 A 厂一期工程项目建议书。

3 月 9 日 能源部电力规划设计总院以电规发［1993］44 号文，将托克托电厂新建工程可行性研究报告预审查会会议纪要寄发内蒙电管局、华北电力设计院，请按纪要要求补充完成各项工作，以便在国家计委批复项目建议书后提出正式审查意见。

4 月 20～23 日 北京市委书记陈希同、电力工业部（简称电力部）部长史大桢来呼和浩特市就北京向内蒙古投资办电，实现西电东送，解决北京用电事宜，举行签字仪式，同时踏勘了托克托电厂厂址。并对加快内蒙古电力工业发展，支援北京经济建设发表重要意见。

5 月 3～6 日 美国乔亚电力公司总裁伊文思等三人来内蒙古考察访问，踏勘了托克托电厂厂址，就双方进行合作交换了意见。

7 月 9 日 内蒙古电管局以内电计［1993］204 号文《发送托克托电厂 A 厂及托克托电厂 B 厂设计原则讨论会会议纪要》，会议主要内容是讨论有关设计问题，包括设计阶段、内容、要求、资金来源、进度等。

7 月 16～20 日 中共中央政治局委员、国务院副总理邹家华率国家计委、电力部、铁道部、交通部、煤炭部、冶金部等主要领导一行 15 人，视察了托克托电厂厂址和准格尔煤田。

9 月 17 日 内蒙古水利局以内水水政字［1993］43 号文，转发黄河水利委员会对托克托电厂黄河取水预申请的批复，同意托克托电厂向黄河取水。

10 月 29 日～11 月 1 日 世界银行中蒙局中国电力组组长马斯特洛维奇、高级顾问片冈与赵建平一行三人来内蒙古电力公司就托克托电厂项目进行访问考察，进行项目选定工作，听取了内蒙古电力公司领导和华北电院关于托克托电厂前期工作的汇报，实地踏勘了电厂厂址和煤矿。

12 月 22 日 内蒙古电力公司以内电劳［1993］258 号文件下发《关于成立托克托发电厂筹备处的通知》，郭殿奎任筹备处主任，标志着托电工程筹备处正式成立。

1994 年

3 月 21 日 国家环保局以环监建［1994］076 号文正式批复了托克托电厂 A 厂环评大纲。

3 月 23 日 托电工程筹备处与准格尔煤炭公司签署了供煤意向性协议。

5 月 1 日 国务院总理李鹏视察内蒙古电管局，对托克托电厂工程进一步肯定，认为托电工程开工建设当属第一，并指出"要加快托克托电厂的建设步伐，托电要将准煤就地吃掉"。

5月11日 托电工程筹备处主任郭殿奎赴京向世行项目官员汇报托电工程前期工作进展情况。

7月13～16日 托电工程先后取得呼和浩特市文物管理局以呼文管保字[1994] 31号关于同意立项的文件、内蒙古计委以内计外字[1994] 424号文《关于托A偿还世界银行贷款补充意见的报告》，以及内蒙古地矿局以内地[1994] 180号关于托A厂址不压矿的确认文件。

7月25～26日 在呼和浩特市召开托克托电厂A厂初步预设计审查预备会，会议原则通过了托电工程A厂预初设审查。

8月1日 托电工程筹备处工会临时机构正式成立。

8月12日 国家计委以计交能[1994] 1076号文件下发了《国家计委关于内蒙古托克托电厂新建工程项目建议书的批复》，同意对内蒙古托克托电厂新建工程开展可行性研究，明确了"电厂规划容量为360万千瓦。本期工程规模为2台60万千瓦燃煤发电机组，该电厂电力全部送京津唐电网，重点解决北京地区用电"。

8月12～13日 在呼和浩特市召开托电工程施工水源水文地质勘测大纲审查会，会议原则通过了该大纲的审查。

10月9～10日 在呼和浩特市由电力部主持召开了托电工程A厂新建工程环境影响报告书预审会，会议认为在燕山营厂址兴建2台60万千瓦机组容量的电厂是可行的。

10月17日 托电工程筹备处征地调查领导小组一行6人开赴燕山营乡，这是首批进驻现场的工作人员。

11月1～4日 托电工程世行贷款项目准备会议在呼和浩特市召开，世行官员托电工程项目经理维克多·马斯特洛维奇、环境评价专家丝纳德·巴拉兹、高级能源经济师努尔丁·贝拉及世行驻华代表赵建平，以及电力工业部、国家开发银行、华北电管局等单位领导、专家80多人参加了会议。世行官员对托电工程建厂条件表示满意，这标志着托电工程已正式纳入世行项目轨道。其程序包括项目选定、预评估、评估、贷款启动、检查、后评估。

12月9日 电力部电规总院以电规发[1994] 263号文件下达了《关于内蒙古托克托电厂新建工程可行性研究报告审查意见的函》，下达了正式审查意见。

12月21日 世界银行工业能源部出函确认托电工程国外咨询建议书的评估报告，同意托电工程筹备处与美国的博莱克·威奇公司（BVI）签订咨询服务合同，合同金额为240万美元。

1995 年

2 月 23 日 内蒙古计委批复了托电工程可行性研究报告。

2 月 27 日 内蒙古电力公司与美国博莱克·威奇公司（BVI）举行咨询合同签字仪式。

4 月 12 日 内蒙古电力公司、华北电力集团公司和北京国际电力开发投资公司在北京召开了投资方会议，会议重点研究了组建托克托发电有限责任公司发起协议书，并签署了发起协议；三方同意成立董事会，并具体筹备成立托克托发电有限责任公司。

8 月 9 日 托克托发电有限责任公司第一次股东会暨第一次董事会在京举行。该公司由中国华北电力集团公司、内蒙古电力公司、北京国际电力开发投资公司共同发起组建。第一次股东会原则通过了《托克托发电有限责任公司合资合同》，成立了董事会，并决定设立监事会。董事会由十三人组成，其中：甲方六名，为焦亿安、李昌富、赵建国、金永纯、胡绳木、李雨田；乙方四名，为乌力吉、钱尚廉、铁木尔、郭殿奎；丙方二名，为闫迅、朱金楠；职工代表一名（暂缺，待公司成立后由公司职工推选，股东会确定）。选举焦亿安为董事长，李昌富、乌力吉、闫迅为副董事长。

8 月 22 日 华北电力集团公司及北京国际电力投资公司领导和有关人员，对内蒙古托电工程、岱海电厂等进行为期一周的实地考察。

8 月 30 日 国家环保局以环监〔1995〕479 号文件对托克托电厂 A 厂新建工程环境影响报告书予以批复，同意托克托电厂 A 厂以一期工程利用世界银行贷款在燕山营厂址建设 2 台 60 万千瓦燃煤机组。

11 月 2 日 以努尔丁·贝拉为组长的世界银行官员检查团结束对托电工程的项目检查，为下一步预评估奠定了良好的基础。

11 月 17 日 托克托发电有限责任公司在呼和浩特市工商行政管理局正式注册。标志着托克托发电有限责任公司（简称托电公司）正式成立。

1996 年

1 月 12 日 电力工业部以电计〔1996〕30 号文给国家计委上报了《托克托电厂新建工程可行性研究报告》。

3 月 5 日 世界银行驻中国代表处在北京钓鱼台国宾馆召开托电工程专题汇报会，由托电筹备处主任郭殿奎对托电工程筹备情况作了汇报。

4 月 5～8 日 托电工程初步设计（预设计）及铁路专用线扩大初步设计审查会在呼和浩特召开，会议原则通过了华北电力设计院提供的设计文件，同时，对有关审查项目提出了一些补充意见。

5月3日 托克托发电有限责任公司第二次股东会暨第二次董事会在北京召开。股东方代表签署了托克托发电有限责任公司《合资合同》和《公司章程》。聘任梁殿臣为公司总经理，聘任郭殿奎为公司副总经理，公司正式开始运作。

6月4~22日 国家"九五"重点工程托克托电厂项目世界银行预评估会议在呼和浩特召开，托电工程顺利通过预评估。

7月17~20日 托电工程可行性研究评估会议在呼和浩特召开。中咨公司组织的项目评估专家组和与会代表的评估结论认为托电工程厂址是可行的，具有建设大型火电厂的优越条件。

7月19日 国家计委以计外资〔1996〕1366号文批复，原则同意北京城网改造工程作为托电工程配套子项目，利用世行贷款7000万美元左右，用于采购北京市西便门、西直门和王府井三个变电站站内设备。

8月11日 财政部以财世司字〔1996〕第119号复函，同意托电公司上报的中国机械进出口总公司和中国电力技术进出口公司组成的联合体为世行贷款托电工程国际招标的代理机构。

9月16日 举行了华北电力设计院与托电公司的设计合同签字仪式。

10月28日 托电公司第三次股东会暨第三次董事会在河北省怀来县召开。股东会决定公司成立监事会，成员为乐晓红、薛芬、高春起和公司职工代表一名（暂缺），乐晓红为监事会召集人。股东会同意华北电力集团公司于幼文、王树民出任公司董事，金永纯、胡绳木不再担任公司董事。董事会决定聘任李文祚为公司副总经理，聘任张浩为公司副总经理（兼总会计师）。拟订了基建、计划、生产、财务及劳动人事等30余种管理制度。其中，由董事会原则通过了公司的14项基本管理制度，初步确定了公司的组织结构及定员。

10月29日 中共华北电业管理局党组下达华北电党〔1996〕89号文件，决定成立中共托克托发电有限责任公司委员会，任命李文祚为中共托克托发电有限责任公司委员会书记。

11月25日 托电工程世界银行项目评估会议在北京召开。以项目经理努尔丁·贝拉先生为首的世行评估团对托电工程（包括北京输电配电工程）在原预评估的基础上进行了深入的评估，内容包括购售电合同、煤质分析、成本估算、标书文件、项目实施计划、资产转移、财务预测、环境保护、移民行动规划等。其中重点讨论了购售电合同和移民行动规划。会后，世行方面形成了评估备忘录，为下一步进行世行贷款谈判及贷款计划的顺利实施奠定了基础。

1997 年

1 月 14 日 电力规划总院召开托电工程接入系统（二次部分）设计审查会。

1 月 15 日 国家机电产品进出口办公室复函电力部，同意托电工程按已核定的标书内容对锅炉、汽机岛及附属设备开展国际招标工作。于同年 12 月完成锅炉、汽机两岛的发标、开标及初评工作。

2 月 24 日～3 月 1 日 托电公司进行第一批公开招聘员工工作。同年 10 月进行第二批招聘员工工作。

4 月 14～20 日 财政部组团赴美国华盛顿，与世界银行进行了托电工程世行贷款谈判，签署了贷款谈判备忘录。托电公司梁殿臣、李文祚参加了贷款谈判。

5 月 6 日 托电项目汽机、锅炉两岛标书正式发标。

5 月 27 日 托电工程世行贷款在世行执董会上被正式批准。

7 月 18 日 托电公司与托克托县政府签署了征地协议。

8 月 12 日 托电工程通过国家开发银行贷委会的审查。

8 月 29 日 托电公司第四次股东会暨第四次董事会在河北怀来县召开，会议同意中国华北电力集团公司钱遵培、王宪周出任公司董事，聘任朱平立为公司副总经理，王振彪为公司总工程师。

9 月 20 日 举行托电工程移民新村搬迁暨厂区"五通一平"开工典礼。10 月，移民新村搬迁工作完毕。因电厂占地迁移的农民得到妥善安排。移民新村新建 27 户住房及学校、商店等，并新开水浇地 400 亩。

9 月 托电公司与内蒙古电力公司联合建设的 220 千伏启备变电站竣工，并实现施工现场通电。同时托电工程开始正式平整场地。

9～10 月 实现了托电工程施工通水，新建的 13 眼水井已可以初步满足每小时 400 吨的施工用水。

10 月 7 日 举行了锅炉、汽机两岛开标仪式，来自美国、日本、法国、意大利、德国、俄罗斯和国内的有关厂商参加了开标仪式。

10 月 21 日 托电公司与呼和浩特市政府就从黄河联合取水问题达成了原则性协议，并成立了联合取水指挥部。

11 月 11 日 经中共华北电业管理局党组研究，以华北电党〔1997〕87 号文正式批复，中共托克托发电有限责任公司委员会由李文祚、梁殿臣、朱平立、郭殿奎、张浩组成。

11 月 20 日 根据托电公司第四次股东会暨第四次董事会的精神，公司分别聘请了北京君屹律师事务所和内蒙古法院律师事务所的律师为托公司法律顾问。

12月18日 举行托电工程铁路专用线和林格尔段征地签字仪式。托电公司、和林格尔县政府和呼和浩特市政府、内蒙古土地局的有关领导参加了仪式。

1998 年

1月20日 托电公司与呼和浩特市签署了联合建设黄河取水口工程原则性协议。

1月24日 托电公司第五次、第六次股东会在呼和浩特召开。股东三方由华北电力集团公司、内蒙古电力公司、北京国际电力开发投资公司的有关代表参加了会议,会议主要就托电项目股份转让形成意向,即北京大唐发电股份有限公司受让华北电力集团公司转让的原持全部51%的股份及内蒙古电力公司转让的原所持股份中9%的股份,共计60%的股份;北京国际电力开发投资公司受让内蒙古电力公司所持股份中10%的股份,股份增加至25%;内蒙古电力公司股份减少至15%。

2月16日 托电工程供水工程初步设计审查会召开,会议原则同意内蒙古水利勘测设计院提交的供水工程初步设计。

3月15日 托电工程锅炉、汽机两岛的详评工作在华电地热培训中心进行,确定了推荐的中标投标商和备选投标商,并将评标报告报至国家评标委员会。

4月16日 托电公司第七次股东会暨二届一次董事会在北京召开。会议通过了新一届董事会及监事会的成员名单,组成了公司第二届董事会。会议决定成立"前期及施工工作委员会"等四个专业工作委员会以促进加快托电工程建设进度。

5月 托电公司开始进行员工培训工作,特别是生产人员的培训、实习。首批派往山东邹县电厂进行为期半年的实习,又送往华北电力大学进行4个月的理论学习,为培养全能集控人员打下了基础。

6月26日 由中国财政部授权,中国驻美大使在华盛顿与世界银行正式签署托电工程等四个项目的贷款协议,托电工程贷款金额为4亿美元。

7月14日 国家评标委员会以国评审〔1998〕113号文审议通过托电工程国际招标采购设备的评估报告,同意将评标意见报世界银行。

7月28日 中国工商银行项目信贷部以〔1998〕工银项函字第32号文致国家开发银行,同意参加托电公司一期工程2台60万千瓦发电机组项目的国内银团贷款。

7月 托电公司颁布试行第一批管理制度，包括工程、计划、物资、人劳、党委、行政等，共9大类、141项。

8月31日 国家开发银行以开行综计〔1998〕257号文《关于内蒙古托克托电厂及配套输变电工程资金配置意见的函》致国家发展计划委员会，提出了对该项目的资金配置意见，同意向托电公司提供硬贷款人民币19.34亿元，贷款期限为14年（含宽限期4年），用于托电工程建设；向华北电力集团提供硬贷款人民币15.57亿元，贷款期限12年（含宽限期3年），用于配套输变电工程建设。

同日 世界银行批复同意托电工程锅炉岛评标报告，即中标单位为哈尔滨电站工程有限公司；汽轮机及其辅机中标单位为日本伊藤忠株式会社。

9月22日 召开托电工程世界银行贷款转贷担保会议，会议决定托电工程世行贷款担保比例方案为：由华北电力集团公司和国家电力公司共同担保60%，北京市财政局担保25%，内蒙古财政厅担保15%。

12月22日 托电工程贷款协议及世界银行分别与托电公司、中国华北电力集团公司签订的项目协议正式生效。

1999 年

1月11～27日 托电工程汽机岛设备重新招评标，重评的中标单位为日本伊藤忠株式会社。

3月10日 内蒙古自治区政府主席云布龙、副主席云公民、内蒙古自治区计委主任王素毅，在托电公司领导的陪同下向国家计委汇报托电工程的情况。

3月24日 世界银行正式批复托电工程汽机岛授标书：中标单位为伊藤忠株式会社（合作中标单位为中国东方电气集团公司）。

5月6日～6月11日 举行托电公司一期工程2台60万千瓦机组锅炉岛、汽机岛设备合同谈判，并草签了设备合同。锅炉岛设备合同金额为12123.9万美元，汽机岛设备合同金额为14274.6万美元。

5月17日 内蒙古自治区政府主席云布龙，在托电公司领导的陪同下向国家计委曾培炎汇报托电工程的有关事宜。

7月1日 国土资源部以国土资函〔1999〕271号文批复托电公司一期工程建设用地，同意征用托克托县各类土地合计779.767公顷。

10月10日 托电工程供水工程取水口头部围堰橡皮坝工程正式开工。

12月17日 托电工程可行性研究报告经国务院办公会审批通过。

12 月 29 日　国家计委以计基础［1999］2310 号文通知,利用世界银行贷款建设托电工程可行性研究报告经国务院批准。

2000 年

1 月 25 日　托电工程汽机岛、锅炉岛设备合同签字仪式正式举行,本次设备合同签字总金额约 2.6 亿美元。锅炉岛设备合同于 3 月 16 日正式生效。

1 月 27 日　北京大唐公司于洪基总经理、杨济副董事长、魏远副总经济师一行到托电公司检查指导工作,并与内蒙古自治区政府云布龙主席、云公民副主席以及内蒙古计委、呼和浩特市市委、市政府和内蒙古电力（集团）有限责任公司的主要领导进行了会晤,就托电工程和支持地区经济建设的有关问题进行了磋商。于洪基总经理一行还就如何加快托电工程建设进程和召开托电公司董事会的有关问题与内蒙古电力（集团）有限责任公司的领导进行了商讨,双方达成了一致意见。

3 月 4 日　托电公司在呼和浩特市召开第八次、第九次股东会暨三届一次董事会。三家股东代表北京大唐发电股份有限公司副董事长、总经理于洪基,北京国际电力开发投资公司总经理助理刘海峡,内蒙古电力（集团）有限责任公司董事长乌若思及公司的全体董事参加了会议。公司监事、股东方有关部门负责人、法律顾问及托电公司领导列席了会议。会议由于洪基董事长主持。会议通过了托电公司新一届董事会及监事会成员名单,组成了公司第三届董事会。

3 月 16 日～4 月 12 日　托电工程铁路专用线工程招评标工作顺利结束,确定了 6 个标段的施工单位:第一标段中标单位为中铁十三局,第二标段中标单位为中铁十四局,第三标段中标单位为中铁五局,第四标段中标单位为中铁十九局,第五标段中标单位为中铁一局。

4 月 13 日　北京大唐公司张毅副总经理、魏远副总经济师在托电公司梁殿臣总经理的陪同下,与内蒙古自治区政府云公民副主席会商托电公司二期工程建设问题。

4 月 15 日　托电工程世行贷款正式启动。

4 月 17 日～5 月 17 日　托电一期工程主体施工公开招标完成:第一标段中标单位为天津电力建设公司,第二标段中标单位为北京电力建设公司。

5 月 1 日　由中铁五局承建的托电工程铁路专用线（第三标段）塔克隧道正式开工。

5 月 17～26 日　托电工程主体工程监理招标完成,确定的中标单位为河北电力建设监理有限责任公司。

5 月 23 日 主体施工单位天津电建公司、北京电建公司正式进驻托电工程现场，开始进行施工单位生活区临建施工。

5 月 29 日～6 月 1 日 托电公司一期工程初步设计最终版审查会召开，会议同意华北院提出的托电公司一期工程初步设计（最终版）。

6 月 8 日 托电公司与清水河县政府签署了征地协议，全部为铁路专用线用地。

6 月 9 日 国家电力公司电力规划设计总院组织完成了托电工程初设概算的收口工作，并以电规总计〔2000〕20 号文下发了托电（2 台 60 万千瓦）工程初步设计（最终版）审查会议纪要。

7 月 14 日 经股东会同意并经内蒙古工商局核准，"托克托发电有限责任公司"更名为"内蒙古大唐托克托发电有限责任公司"。

7 月 25 日 托电公司第十次股东会暨三届二次董事会结束，会议重点审议了关于托电公司一期工程开工条件落实情况及资金配置的预案，对下一步继续深入开展托电工程施工准备工作进行了部署。

8 月 1 日 托电公司一期工程主厂房基础工程正式开挖。截至 11 月，2 台机组主厂房回填至−0.5 米，其他工程回填工作全部结束，提前 50 多天完成了预定的目标。

8 月 12 日 国家发展计划委员会以计基础〔2000〕1169 号文件下达了《关于内蒙古托克托电厂新建工程初步设计概算的批复》文件，核定托电公司一期工程初步设计概算为 60.7008 亿元，其中静态投资 55.4121 亿元，利息 5.1349 亿元，生产铺底流动资金 1538 万元。

8 月 13 日 托电一期工程烟囱基础开挖。

8 月 23 日 北京大唐发电公司副总经理张毅检查托电工程，提出托电工程要努力实现六个"零目标"，即"安全事故零目标、投产后完善化及重大技改项目零目标、力争非计划停运零目标、零缺陷移交试生产、渗漏零目标、投产后基建痕迹零目标"。

9 月 25 日 托电公司成立"创精品工程、建一流电厂"领导小组。

10 月 26 日 托电公司一期工程开工报告正式通过国务院办公会批准。

10 月 内蒙古自治区建设厅特别邀请托电公司，在全区有形建筑市场建设工作会议上就招投标工作做了经验介绍。

11 月 1 日 举行了内蒙古自治区政府、国家开发银行第一次联席会议暨金融合作签字仪式，在签署的金融合作项目中包括了托电工程。

11 月 16 日 托电公司二期工程项目建议书由国家电力公司以国电规〔2000〕714 号文件正式上报国家计委。

11 月 27 日 托电公司第三届三次董事会暨第十一次股东会在北京召开，会议通过了《关于更换总经理的建议》，梁殿臣不再担任公司总经理职务，同意聘任朱平立为托电公司总经理。

12 月 6 日 国家计委以计投资［2000］2250 号下发了《国家计委关于下达 2000 年第十一批基本建设新开工大中型项目计划的通知》，其中包括托电公司一期工程 2 台 60 万千瓦机组。

是年 托电公司坚持两个文明一起抓，取得了显著成效，通过了托克托县的文明单位验收，获得了县级文明单位称号。

2001 年

2 月 8 日 托电公司第三届四次董事会同意聘任刘福阁、康波为托电公司副总经理。

3 月 20 日 托电公司三家股东召开临时股东会议，同意原股东之一内蒙古电力（集团）有限责任公司将其所持有的托电公司 15％的股权转让给内蒙古蒙电华能热电股份有限公司。当日转让双方正式签署股权转让协议。

3 月 31 日 托电工程 1 号机组锅炉钢架开始吊装。

4 月 15 日 托电工程输煤系统开工。

5 月 1 日 托电工程化学水系统开工。

6 月 1 日 托电工程厂外供水系统开工。

7 月 12 日 国家电力公司副总经理赵希正一行亲临托电公司进行视察。赵希正副总经理对托电工程建设的优质高速和安全文明施工等方面给予了充分肯定，并希望托电公司在我国创造一个火电厂连续建设、连续施工的 21 世纪新型火电基地的典型。

7 月 28 日 托电工程 2 号锅炉钢架开始吊装。

8 月 30 日 国家电力公司以国电电规［2000］503 号文件批复了托电工程初步设计及概算，批复后的托电公司一期工程计划总资金为 60.7008 亿元。

9 月 27 日 黄河流域水资源保护局在郑州召开会议，通过了《托电工程黄河取水水环境影响报告书》。

10 月 16 日 托电工程铁路专用线临管运输开通。

10 月 26 日 内蒙古自治区政府主席乌云其木格到托电视察指导工作。

11 月 1 日 托电工程 1 号锅炉汽包安装就位。

11 月 19 日 托电一期工程烟囱顺利封顶，高 240 米，比原计划提前了 40 天。即日一期工程五大形象进度全面完成（锅炉钢架结顶、汽包就位、主厂房封顶、水塔完成计划进度、铁路专用线临管开通）。

11 月 23 日　托电公司二期工程项目建议书通过国家计委批准。

2002 年

2 月 8 日　托电 2 号锅炉汽包安装就位。

5 月 15 日　托电 1 号发电机定子安装就位。

6 月 5 日　启动锅炉安装项目全部完成，开始单体试运。

7 月 10～13 日　华北电业管理局质检中心站对 1 号机组进行锅炉水压试验前的质量检查，监检组认为，托电公司一期工程 1 号锅炉整体水压试验条件已基本具备，在完成整改项目后，可以进行水压试验。

7 月 16 日　托电 1 号锅炉水压试验一次成功。

7 月 20 日　托电 1 号发电机穿转子一次成功。

8 月 16 日　托电 1 号锅炉风压试验圆满结束。

8 月 19 日　华北电业管理局质检中心站对 1 号机组进行汽轮机扣盖试验前的质量监督检查，并认为托电公司一期工程 1 号机组具备汽轮机扣盖条件。

8 月 20 日　由国家计委主持举行了"西电东送"北通道项目托安 500 千伏输变电工程暨托电公司二期工程开工典礼。托电公司董事长、北京大唐发电公司总经理于洪基，华北电力集团公司副总经理朱国祯，北京大唐发电公司副总经理金耀华及内蒙古自治区党委副书记、政府副主席岳福洪，内蒙古自治区党委常委、呼和浩特市市委书记杨晶等出席了开工典礼。

8 月 28 日　托电 1 号汽轮机扣盖结束。

9 月 21 日　华北电业管理局质检中心站经过 3 天认真细致的检查，对 1 号机组厂用电系统受电前各项工作的完成情况给予了高度评价，认为在完成本次监检所提出的整改项目后，可以进行厂用电系统启动受电工作。

9 月 28 日　托电 1 号机组厂用电系统受电结束。

10 月 6 日　托电 2 号发电机定子安装就位。

11 月 16 日　托电 2 号发电机穿转子一次成功。

11 月 20 日　托电公司胜利召开了第一届一次工会会员代表大会，这标志着托电公司工会组织正式成立，并正常开展工会工作。

12 月 27～30 日　华北电业管理局质检中心站对 2 号机组进行汽轮机扣盖试验前和锅炉水压试验前的质量监督检查，认为 2 号汽轮机已基本具备锅炉水压试验和正式扣盖条件。

12 月 30 日　托电 2 号机组汽机本体扣盖结束。

12 月 31 日　托电 2 号机组厂用电系统受电结束。

2003 年

1 月 4 日 托电 1 号锅炉酸洗圆满完成。

1 月 16 日 托电 2 号锅炉水压试验一次成功。

2 月 10 日 托电 1 号锅炉吹管圆满完成，共吹管 377 次。

2 月 23 日 托电 2 号锅炉风压试验圆满结束。

3 月 3 日 华北电业管理局质检中心站经过 2 月 27 日～3 月 3 日对托电工程认真检查，认为，1 号机组参建各单位应进一步研究和消除尚存的设备和调试问题，完成启动前规定的调试项目，使 1 号机组具备高水平的启动试运条件。

3 月 7 日 托电 CCMIS（基建管理系统）顺利通过北京大唐发电公司组织的验收。

3 月 8 日 托电一期工程启动验收委员会第一次会议在托电公司召开，会议审查确定了一期工程启动时间、方案及措施。

3 月 12 日 托电 1 号机组第一次启动成功。

3 月 15 日 托电 1 号汽机首次冲转一次成功，转速为 3000 转/分。

3 月 31 日 托克托—浑源—安定 500 千伏双回输变电工程投入运行。

4 月 4 日 1 时 29 分，托电 1 号机组首次成功并网发电。由于加强工程的有效控制，其工期缩短 7 个月。

4 月 26 日 托电 2 号锅炉酸洗圆满完成。

5 月 4 日 中共呼和浩特市市委书记牛玉儒来托电公司检查指导工作。

5 月 23 日 托电 1 号机组成功地完成 50％的甩负荷试验。

5 月 28 日 托电 2 号锅炉吹管圆满完成，共吹管 328 次。

5 月 31 日 托电 1 号机组成功地完成 100％的甩负荷试验。

6 月 9 日 12 时 58 分，托电 1 号机组完成 168 小时满负荷试运行，移交生产。试运期间，热工仪表保护投入率、自动投入率 100％，发电量 101943.84 兆瓦时，最高负荷为 607.689 兆瓦，平均负荷率 101.135％，厂用电率 4.803％.

6 月 16 日 托电公司第一届一次职工代表大会胜利召开，标志着托电公司工会工作和民主管理步入规范化轨道。

6 月 23 日 华北电业管理局质检中心站对托电 2 号机组进行整套启动前质量监督检查，并认为 2 号机组具备整套启动试验条件。

6 月 27 日～7 月 2 日 受华北电网安全委员会之委托，北京电机工程学会组织有关专家共 9 人，对托电 1 号机组及所属的 220 千伏、500 千伏电气设备进行并网安全性评价工作。查评必备项目 22 项，19 项完全符合标准，3 项基本符合标准，得分率 94.6%，评分项目单项得分率最低为 86.7%。

6 月 经托电公司董事会同意，聘任王海晨为公司副总经理。

7 月 2 日 托电 2 号汽机首次冲转一次成功，转速为 3000 转/分。

7 月 18 日 托电 2 号机组完成 50% 的甩负荷试验。

7 月 19 日 托电 2 号机组完成 100% 的甩负荷试验。

7 月 29 日 12 时 58 分，托电 2 号机组完成 168 小时满负荷试运行，移交生产。试运期间，热工仪表保护投入率、自动投入率 100%，发电量 101750.246 兆瓦时，最高负荷为 605.997 兆瓦，平均负荷率 100.943%，厂用电率 4.7%。

8 月 1 日 托电公司三期工程基础开挖。

8 月 12 日 托电公司举行一期工程竣工典礼，中国大唐集团公司党组书记、总经理翟若愚、副总经理钟俊、王琳及有关部门负责人，内蒙古自治区政府副主席赵双连、政府副秘书长牙萨宁、国家发改委能源局副局长吴贵辉、处长王祥进、托电公司董事长于洪基、北京大唐发电公司党组书记、总经理张毅、北京国际电力开发投资公司董事长李凤玲、总经理助理刘海峡、内蒙古电力（集团）公司董事长乌若思、电监会市场管理部处长向海平、审计署太原特派办处长姚晓星、华北电力集团公司副总经理孙正运、内蒙古计委党组书记武文斌、呼和浩特市计委副主任李苏军、电规总院副总经济师陈立新、中共托克托县县委、县政府、工商银行、开发银行的有关领导及各设计、施工、监理、调试、设备厂家的代表参加了典礼。国务院国有资产监督管理委员会发来了贺电。托电公司副董事长、北京大唐发电公司总经理张毅指出托电公司一期工程 1 号、2 号机组的竣工，工程进度在国内和华北电力系统创造了"三个第一"。即，一是 2 号机组第一次点火到移交生产时间小于 90 天，创华北同类机组最高水平；二是 2 号机组整套启动到移交投产为 28 天，是华北 30 万千瓦以上机组的最高水平；三是创造了 2 台 60 万千瓦机组投产间隔不超过 2 个月的国内水平。

8 月 14 日 华北电网安全委员会专家组对托电公司一期工程 2 号机组并网运行安全性评价工作进行验收查评。经过专家组对各专业的严格检查，2 号机组取得了 97.7% 的好成绩，为华北电网所有查评 20 余家发电厂的最高分。

8 月 29 日 华北电业管理局质检中心站对 2 号机组进行整套试运后质量监督检查。检查组研究评议认定，2 号机组建设工程，系统完整，安全技术性能可靠，机组调节品质优良，运行平稳；外观工艺质量比较美观，总体质量为优良等级，是华北网内一流水平，同意进入试生产阶段。

9月16日 托电公司被授予内蒙古自治区级"文明单位"称号和内蒙古自治区级"道德建设先进集体"称号。

11月26日 北京大唐发电公司副总经理杨洪明、总经济师邱陵等领导到托电公司检查工作，并宣布新领导应学军为副总经理、刘志勇为总会计师、肖敏文为总经理助理，三位同志即日到托电上任。

同日 托电公司召开了第一次全体党员大会，与会党员通过民主选举产生了第一届中共内蒙古大唐托克托发电有限责任公司委员会、纪律检查委员会、党委书记、纪委书记。

12月5日 托电公司EAM（资产管理系统）系统通过北京大唐发电公司组织的验收，正式上线运行，北京大唐发电公司副总经理魏远在会上做了重要讲话。

12月29日 在北京召开了托电公司第十七、十八次股东会暨四届一次董事会。成立了新一届即第四届董事会、监事会，重新聘任了公司总经理朱平立，副总经理郭殿奎、应学军、康波、卜保生及其他高级管理人员，卜保生兼任公司总工程师，刘志勇为公司总会计师，任期均至2006年12月29日。

2004 年

1月2～3日 在北京凯康国际酒店召开托电三期工程可行性研究报告审查收口会，并于2月6日取得电规总土水〔2004〕4号《关于印发托克托电厂三期工程可行性研究报告预审查纪要的通知》。

1月19日 北京大唐发电公司总经理张毅一行6人来到托电公司检查工作，张毅恳切地提出托电公司要努力成为北京大唐发电的"四个中心、一个窗口"，这四个中心分别是：保北京用电的安全供电中心；北京大唐发电的利润中心；人才培训和输送中心；生产管理、经营管理及基建管理的经验中心。一个窗口是：北京大唐的旗帜、窗口和象征。

2月6日 经董事会同意，聘任杨丰利为托电公司副总经理。

2月12日 北京大唐发电公司二届三次职代会在北京召开，会上，托电公司被评为"双文明单位"、"党建达标先进党委"及"模范职工之家"，公司小窑煤管理效能监察项目荣获"效能监察优秀成果奖"。同时，发电部被评为2003年度"爱祖国、爱大唐"先进集体，公司总经理朱平立和党委书记李文祚被评为"优秀职工之友"，公司党委副书记、纪委书记、工会主席王自成被评为"优秀工会主席"，公司副总工程师胡春涛被评为2003年度"爱祖国、爱大唐"先进工作者，政工部贾肇民被评为"纪检监察先进工作者"。

2月15日 托电二期工程3号机分部试运开始，同时，4号机厂用电系统

（临时）受电。

2月23日　在呼和浩特市召开了全区固定资产投资电视电话会议，托电公司党委书记李文祚参加了会议，托电公司被列为2003年自治区工业重点项目完成投资额前十名企业，并被授予2003年自治区工业重点项目突出贡献奖。

2月27日　托电公司二期3号机发电机转子穿装完成。

3月2日　国务院派驻监事会成员周志杰、张鸿雁、牛文革，北京大唐发电财务总监王宪周及财务部有关人员一行7人到托电公司进行年度审计。

3月6日　托电公司三期5号机锅炉钢架开始吊装。

3月9日　中国大唐集团公司副总经理刘顺达，安全生产部主任金耀华，北京大唐发电副总工程师佟义英等一行4人来托电公司检查指导工作，在公司领导的陪同下检查了托电公司各期工程现场及水厂，并就保"两会"政治用电工作进行了检查。并对"创一流"提出了新的要求。

3月10日　托电公司二期3号机汽轮机扣盖完成。

3月16日　托电工程3号机油循环开始。

3月23日　托电工程竣工决算顺利通过审计署太原特派办审计，并取得审太特财意〔2004〕3号《审计署太原特派办关于托电公司一期工程竣工决算的审计意见》，经过审计托电公司一期工程总投资为52.6748万元，较国家批准概算节约资金8.0260万元。

3月25日　在内蒙古饭店举行托电公司二期工程贷款合同及托电公司三期工程贷款意向书签字仪式，大唐国际发电股份有限公司副总经理魏远、内蒙古自治区党委常委、呼和浩特市委书记牛玉儒、农行内蒙古分行行长瞿建耀等领导参加签字仪式并作了重要讲话。

同日　下午，魏远来托电公司检查工作并代表大唐国际发电公司宣布董事会决议，聘任郭亚斌为托电公司总工程师，卜保生不再担任总工程师。

4月5日　托电公司4号锅炉水压试验。

同日　托电公司二期3号机组500千伏返送电完成。

4月6日　托电公司一届二次职工（会员）代表大会召开，会议讨论通过了2004年目标管理经济责任制考核办法和《企业发展与员工成长及福利待遇提升同步行动计划》。

4月8日　大唐国际发电公司总经理张毅、副总经理魏远及总经理工作部经理李永生等一行8人来托电公司检查指导工作。

同日　呼和浩特国能电厂（后更名为呼和浩特热电公司）举行基础开挖仪式，大唐国际发电公司总经理张毅、副总经理魏远，以及内蒙古自治区政府主席杨晶等领导参加。该厂是由托电公司牵头筹建的股份制企业，一期工程设计

2 台 30 万千瓦机组。

4 月 13 日 中共内蒙古自治区委书记储波一行来托电公司检查指导工作，并对托电工程现场和国能电厂进行了实地考察。

4 月 17 日 托电公司二期 3 号炉酸洗结束。

4 月 20～28 日 在北京诺林大酒店召开托电公司三期工程 DCS、除灰系统、空冷岛第三次设计联络会及第五批辅机设备招评标会。

4 月 22 日 托电公司团委被共青团内蒙古直属机关工委评为"先进团组织"。

4 月 23 日 托电公司四期工程正式开挖，出席开挖仪式的领导有：内蒙古自治区党委副书记、政府主席杨晶，自治区党委常委、呼和浩特市市委书记牛玉儒，自治区党委常委、组织部部长陈朋山，自治区人大常委会副主任周维德，自治区政府副主席赵双连，自治区政协副主席罗锡恩及自治区有关委办厅局负责人，呼和浩特市市委副书记、市长柳秀及市委、市政府有关领导和部门负责人，托克托县县委书记韩钊、县长燕天才及有关部门领导，大唐国际发电股份有限公司总经理张毅及有关领导，托电公司总经理朱平立、党委书记李文祚及有关领导，以及参与工程建设的设计、施工、监理、调试及设备制造厂家等有关单位的领导。

4 月 24～26 日 由大唐国际发电股份有限责任公司（简称大唐国际，此前称北京大唐）有关部门专业人员参加的"达标投产考核预检组"对托电公司一期工程 1 号、2 号机组进行了达标投产预检，经过专家组的认真评审，托电 1 号、2 号机组的六个考核项目全部合格。最终，1 号机组获得 547.02 的总分，2 号机组获得 563.73 的总分，顺利通过达标投产预检。

4 月 26 日 12 时 58 分，托电公司 3 号锅炉点火成功，开始吹管。5 月 4 日吹管结束，开始进行启动前监检工作。

4 月 28 日 托电公司召开了基建安全工作会议。

4 月 30 日 托电公司第四届二次董事会暨第十九次股东会在上海召开，会议审议通过了托电公司一期工程竣工决算、公司更名及康波不再担任托电公司副总经理职务等议案。

5 月 15 日 托电公司二期 4 号机组厂用电系统受电完成。

5 月 20 日 在北京诺林大酒店召开托电公司三期工程空冷岛钢结构、阀门皮带机输送带招评标会。

5 月 23 日 托电公司召开二期工程启动验收委员会会议。大唐国际总经济师、托电公司二期启动验收委员会主任委员邱陵做了总结讲话。

5 月 27 日 托电公司二期保安电源受电完成。

6月1日　托电公司1号机组开始小修，6月23日结束。

6月2日　托电公司被内蒙古自治区总工会直属企事业工会评为"2003年度'安康杯'竞赛先进集体"。

6月3日　托电公司3号机组在参建各方的努力下整套机组启动点火成功，6月4日8时10分，汽轮机首次顺利冲车，定速3000转/分。

6月6日　17时58分，托电公司二期工程3号机组首次并网成功，受到了大唐国际发电公司的高度赞扬。

6月7日　托电公司取得水利部水函［2004］85号《关于托克托电厂三期工程水土保持方案的复函》批文。

6月17日　托电公司在内蒙古自治区直属机关书法绘画及摄影展中荣获"特别组织奖"。

同日　托电公司四期主体工程施工、监理招标及6号塔施工招标结束。

6月19日　托电公司二期工程4号机扣盖结束。

6月23日　托电公司二期工程4号机组锅炉酸洗结束。

6月25日　托电公司被内蒙古自治区工会直属企事业工会评为"先进职工之家"。

同日　托电公司党委被大唐国际发电股份有限公司党组评为"先进基层党委"；公司发电部党支部被大唐国际和大唐集团分别授予"先进基层党支部"。发电部运行一值值长郝云飞被大唐国际和大唐集团分别评为"优秀共产党员"。同时，设备部党支部书记张胜利被大唐国际和大唐集团分别评为"优秀党务工作者"。

7月8日　大唐国际股份有限责任公司境外投资机构代表团一行11人，在大唐国际相关人员的陪同下来托电公司检查指导工作，代表团在参观了生产现场后，与公司领导进行了亲切交谈。

7月12日　托电公司党委、工会、团委联合举办了"爱祖国、爱大唐、爱托电"书法、绘画、摄影比赛，通过比赛进一步展现了托电人勇于拼搏、敢打硬仗、甘于奉献的精神风貌。

同日　内蒙古自治区政府主席杨晶来托电公司召开现场办公会，大唐国际发电股份有限公司总经理张毅、副总经理魏远，托电公司总经理朱平立、党委书记李文祚及相关领导参加了会议。

7月14日　23时58分，托电公司二期工程3号机组顺利完成"168小时"满负荷试运，正式移交生产，比原工期提前4个月。

7月16日　内蒙古自治区直属机关企业党建工作经验交流会在托电公司召开。自治区党委常委、秘书长任亚平，自治区党委组织部副部长王威，直属机关工委常务副书记曹树山等领导出席了会议并做了重要讲话；来自全区 63 个厅局、12 个企业的党委书记共 110 人参加了大会。自治区领导对托电公司的党建工作给予了积极的肯定和高度评价；同时，托电公司党建工作经验还在中央国家机关工委刊物《紫光阁》上刊登。此次经验交流会，极大地促进了托电公司党建工作水平的提升。

7 月 17 日　托电公司二期工程 4 号机组锅炉吹管结束。

7 月 21 日　中国大唐集团公司 2004 年上半年经济活动分析会在呼和浩特市召开。

同日　托电公司三期工程项目建议书通过国务院审批。

7 月 29 日　托电公司二期工程 3 号机组顺利通过华北电网安全委员会组织的并网运行安全性评价验收。

8 月 2 日　全国总工会副主席、书记处第一书记张俊九在内蒙古自治区总工会领导的陪同下，来托电公司慰问员工。

同日　托电公司取得内蒙古环境保护局内环字〔2004〕236 号《关于大唐托克托电厂三期工程（2×60 万千瓦机组）环境影响报告书的审查意见》批文。

8 月 4 日　托电公司取得国家发展和改革委员会发改能源〔2004〕1579 号《印发国家发展改革委关于审批内蒙古托克托发电厂三期工程项目建议书的请示的通知》批文。

8 月 6 日　华北电网有限公司以华北电网营〔2004〕47 号批复了托电公司二期工程 3 号机组商业运行。商业运行从 2004 年 8 月 1 日开始，上网电价（含税）按 270 元/兆瓦时执行。

8 月 9 日　托电公司 220 千伏升压站受电完成。

8 月 13 日　托电公司召开了 2004 年上半年经济活动分析会，托电公司董事长魏远参加了会议。

8 月 18 日　托电二期工程 4 号机组首次整套启动。

8 月 19 日　托电二期工程 4 号机组主机试运调试开始。

8 月 20 日　托电公司取得电力规划设计总院电规发电〔2004〕141 号《关于内蒙古托克托发电厂三期工程可行性研究报告的审查意见》批文。

同日　托电公司取得了内蒙古自治区安全生产监督管理局内安监管二字〔2004〕23 号《关于内蒙古大唐托克托发电有限责任公司三期（2×60 万千瓦机组）工程安全预评价报告的审查意见》的批文。

8 月 22 日　托电工业园区 220 千伏变电站正式投运。

9 月 6 日　全国人大农村工作委员会主任刘明祖一行来托电公司视察指导

工作，陪同的有内蒙古自治区政府主席杨晶及呼和浩特市与托克托县的有关领导，视察完成后杨晶主席要求托电公司进一步加快工业园区变电站及输电线路的建设速度，同时表示自治区同意自备电厂基础尽快复工，争取年底能够基础出零米。

9月7日　托电公司第一届消防运动会在厂区足球场隆重举行，参赛队伍分为发电、设备、云发、管理、下花园电厂（简称下电）及天津项目部六个队，在参赛队员热情、激烈的竞赛中，公司安全生产的理念得到了进一步深化。

9月10日　国家电网公司副总经理陆启洲一行亲临托电公司检查指导工作，同行的有国家电网公司生产运营部主任张丽英、国家电网公司总经理工作部副主任樊全喜、国家电力调度通信中心副总工程师史连军、华北电力调度局局长刘永奇、中国大唐集团公司总经济师朱明昆、大唐国际发电股份有限公司副总经理杨洪明等领导。陆启洲一行参观了托电公司一期、二期工程的生产现场及三期工程的施工现场，并对托电公司职工进行了慰问。

9月14日　11时58分，托电公司二期工程4号机组顺利通过168小时试运正式移交生产，较原计划提前投产4个月。二期工程4号机组投产的盛况被中央电视台、内蒙古电台、中国大唐报等10多家新闻媒体进行了宣传报道。

9月16日　托电公司组织第一批2003年度先进工作者外出旅游考察。

9月17日　中国大唐集团公司召开"迎峰度夏表彰会"，托电公司荣获2004年度迎峰度夏先进单位称号，托电公司发电部荣获先进集体称号。

9月19日　托电公司三期工程5号锅炉汽包吊装就位。

9月21日　托电公司2号机组开始小修，10月13日结束。

同日　中共呼和浩特市市委书记韩志然来托电公司检查指导工作。

大唐国际发电股份有限公司副总经理魏远来托电公司检查指导工作，同时魏远宣布张文生任托电公司副总经理。

9月25～28日　华北质检中心站组织进行了托电公司4号机整套启动质量监督检查。

9月29日　内蒙古自治区发展和改革委员会以内发改基础字［2004］1689号《关于审批托克托电厂三期扩建工程可行性研究报告的请示》上报国家发展和改革委员会。

10月1日　托电公司三期工程6号锅炉汽包吊装就位。

10月11日　在北京国电华北电力工程有限公司召开托电公司3号、4号、5号、6号机组的脱硫设计联络会。

10月19日　托电公司组织第二批2003年度先进工作者外出旅游考察。

同日　托电公司工会在内蒙古自治区总工会直属企事业工会举办的《工会法》、《劳动法》及相关配套法律法规知识竞赛中荣获"优秀组织奖"。

同日　"托电杯"为企事业改革发展和建设小康社会做贡献征文活动颁奖仪式及学习贯彻内蒙古自治区工会"八大"精神暨直属企事业工会一届三次委员会（扩大）会议在托电公司隆重举行，公司邵凤华、张胜利、修波等人在征文比赛中分别获奖。

10月21日　华北电网有限公司以华北电网营〔2004〕63号批复了托电公司4号机组商业运行。商业运行从2004年10月1日开始，上网电价（含税）按270元/兆瓦时执行。

10月26日　大唐国际发电股份有限责任公司副总工程师、安全环保部经理宋玉洛一行来托电公司检查秋季安全大检查的工作落实情况。

11月2日　内蒙古预备役高炮团双三七高炮营二营四连换装仪式在天津电建篮球场内隆重举行。此次连队统一着预备役军服，标志着连队真正以预备役部队的身份，担负起托电公司的安全保卫工作，开始履行其职责。

11月4日　中共河北省委书记白克明、河北省副省长郭庚茂等一行15人，在中共内蒙古自治区委书记储波、秘书长任亚平等的陪同下来托电公司参观生产现场。

11月9日　大唐国际FMIS系统托电项目实施专家评审会在托电公司召开，该评审组由中国大唐集团公司总会计师胡绳木（任评审组组长）、大唐国际发电股份有限公司总会计师王宪周（任评审组副组长），以及中国大唐、大唐国际和有关电厂的领导及财务工作人员组成。经过评审组和专家的认真考察、评议，一致认为大唐国际FMIS系统托电项目实施不仅是成功的，而且为托电公司提供了统一的信息平台和管理平台，有力地推动了托电公司的生产经营管理工作，实现了管理手段质的变革。并顺利通过本次验收，综合得分为91.16分。

11月12日　根据大唐电人〔2004〕220号文件通知，内蒙古大唐托克托发电公司自当日起更名为内蒙古大唐国际托克托发电有限责任公司。

11月15日　托电三期工程烟囱施工到顶。

11月23日　托电三期工程水塔筒身施工到顶。

11月25日　托电公司取得国家环境保护局环审〔2004〕486号《关于大唐托克托电厂三期工程（2×60万千瓦机组）环境影响报告书的审批意见》批文。

12月7日　大唐国际发电公司党建党风工作联查组来托电公司检查工作，并对托电公司的党建工作和党风廉政建设工作给予了很高的评价。

12 月 10 日　中共呼和浩特市委书记韩志然一行及大唐国际发电公司总经理张毅、副总经理魏远一行来托电公司检查指导工作，并分别作了重要指示。

12 月 12 日　内蒙古自治区人大代表一行 11 人，来托电公司检查工作。

12 月 15 日　华北电网有限公司副总经理刘铭刚一行及大唐国际副总经理于立滨一行，来托电公司检查托电工业园区临时供电设施。

同日　北京军区政治部副主任、少将郤万增等一行和内蒙古预备役三十师师长谷连栓、政委商庆平等人，在公司有关领导及托克托县预备役相关人员的陪同下，分别对内蒙古预备役驻托电公司的部队进行了检查。并对连队训练、管理等各方面的工作给予了高度评价，同时对未来一个时期内托电公司预备役的建设提出了新的要求。

同日　托电公司发电部高俊山、台哲学、郭春源代表公司参加了中国大唐集团公司在南京工程学院举行的 30 万千瓦级集控运行技能竞赛，在此次竞赛中取得了团体第二名的优异成绩。

12 月 20 日　中国大唐集团公司党群工作联查组领导抵达托电公司，并按照中国大唐集团文明单位考核细则要求，对托电公司 2004 年全年党群口的各项工作进行了检查，并给予了较高评价。

12 月 31 日　大唐国际副总工程师宋玉洛、安全监察处处长何志勇及下花园电厂范星龙等一行，来厂检查安全生产工作情况。

2005 年

1 月 17 日　中国大唐集团公司 2005 年工作会议在北京胜利召开，托电公司总经理朱平立、党委书记李文祚出席了会议。会上，托电公司被评为"2004 年度中国大唐集团先进单位"、"2004 年度中国大唐集团文明单位"，并在"创一流"活动中受到通报表扬。

1 月 21 日　托电公司喜获中国大唐集团公司基建先进单位称号，公司扩建工程处被评为集团公司基建先进集体；同时托电公司 1 号机、2 号机被集团公司评为"达标投产机组"，托电公司三期工程被评为"安全文明施工样板工地"。

1 月 25 日　大唐国际发电股份有限公司副总经理杨洪明一行，亲临托电慰问托电公司职工及各参建单位。杨洪明指出，2004 年托电工程的高速发展，使大唐国际的经营业绩有了很大的提升，同时，也进一步巩固了大唐国际在资本市场上的领先位置。

2 月 18 日　托电三期工程 5 号机组空冷钢结构开始吊装。

2 月 23 日　由托电公司安监部牵头，消防中队、天津电建经警队和下电运行人员配合，圆满完成了公司"保两会"活动前的消防演习工作。

3月8日 国家发改委以发改能源〔2005〕344号文件核准批复了托电公司三期工程项目，同意托电公司三期工程建设2台60万千瓦国产亚临界空冷脱硫发电机组，批准托电公司三期工程项目静态总投资为46.9亿元，动态总投资为50.1亿元。工程项目由托电公司负责建设、经营及还贷。

3月14日 大唐国际发电公司总经理张毅、总经济师邱陵、总经理助理赵清正等检查了托电公司的生产、基建及高铝粉煤灰项目建设现场，并与公司领导班子、中层干部和参建单位进行了座谈。会上张毅表示托电公司的现场总体状况较好，并要求全体参建人员要进一步加快基建工程进度，确保三期工程于2005年9月和11月实现双投。

3月15日 张毅总经理在托电公司就开发煤矿、修建铁路等事宜向内蒙古自治区政府顾问、原自治区副主席周德海作了汇报，周德海就上述项目筹建的有关问题做了重要指示。

3月21日 高铝粉煤灰开发220千伏A试验炉工程启动仪式隆重举行，托电公司总经理朱平立，党委书记李文祚，副总经理郭殿奎、应学军及粉煤灰项目筹备组的有关负责人出席了剪彩仪式。

3月24日 经大唐国际发电股份有限公司党组会议研究决定，任命王猛为托电公司纪委书记、工会代主席；免去王自成托电公司党委副书记兼纪委书记、工会主席职务。

3月25日 经大唐国际发电股份有限公司党组会议研究决定，应学军兼任托电公司四期工程筹建处主任，朱平立不再担任托电公司四期工程筹建处主任职务。

3月30日 托电公司一届三次职代会胜利召开，会议听取了公司朱平立总经理所作的《强化管理夯实基础开拓进取科学发展全面打造一流发电公司》的工作报告，审议了公司2005年经济责任考核办法等会议文件，并表彰了公司2004年的先进集体、先进班组和先进个人。

4月1日 托电公司1号机组开始小修，4月25日结束。

4月15日 托电公司三期工程5号机组完成锅炉水压试验。

4月25日 中国电力建设企业协会评审通过了托电公司一期2台60万千瓦机组工程申报全国电力行业优质工程的报告。

5月8日 托电三期工程5号机组完成厂用电系统受电。

5月13日 托电公司3号机组开始小修，6月3日结束。

5月19日 国家环保总局环境影响评价管理公司组织大唐国际发电股份有限公司、内蒙古自治区环保局、呼和浩特市环保局等单位，对托电一期（2

台 60 万千瓦机组）工程的环境保护设施进行了现场检查及验收。验收组经过认真讨论，认为托电公司一期工程环保手续齐全，环保设施、措施均按环评审查文件的要求落实到位，各项污染物的排放基本达到了国家标准，基本符合环保验收条件，与会代表一致同意通过环保验收。

5 月 20 日 托电 8 号机组锅炉钢架开始吊装。

5 月 30 日 根据大唐国际发电股份有限公司干部交流的有关规定，经大唐国际发电股份有限公司研究决定，李悦任托电公司副总经理（锻炼一年）。

6 月 1 日 根据中国大唐集团公司团党任［2005］26 号文件的意见，经大唐国际发电股份有限公司党组研究决定，郭殿奎任托电公司党委书记、委员，李文祚不再担任托电公司党委书记、委员职务。

6 月 6 日 中国电力建设企业协会以电建企协［2005］1 号文件命名托电公司一期工程为 2005 年度"中国电力优质工程"。

同日 托电二期工程竣工决算正式通过审计署太原特派办的审计，审计金额为 351028 万元，其中包括脱硫工程 21927 万元。

6 月 7 日 托电三期工程 5 号机组完成锅炉风压试验。

同日 大唐国际总经理张毅、副总经理郑文元、副总工程师王振彪、总经理工作部李永生、大唐国际内蒙古分公司总经理朱平立、党组（委）书记李文祚一行来托电公司检查指导工作。张毅一行视察了托电公司的生产、基建现场及粉煤灰项目试验炉的运行情况，并与公司有关领导进行了座谈。

6 月 11 日 三期工程 6 号机组完成锅炉水压试验。

6 月 15 日 托电公司史志编委会正式成立，下设史志编辑办公室，隶属政工部，即日召开史志编委会成立大会，并布置了编志资料收集工作，标志着公司史志修编工作正式启动。

同日 三期工程 6 号机组完成厂用电系统受电。

6 月 16 日 托电三期工程 5 号机组完成汽轮机本体扣盖。

6 月 17 日 中、美商会考察团亲临托电公司对现场的设备、投资环境进行了考察。

6 月 28 日 托电公司第一届共青团团员代表大会胜利召开，公司党委书记郭殿奎、自治区工委书记霍永旺出席大会并分别发表了讲话。大会审议通过了题为《加强团的建设 全面推进公司三个文明建设再上新台阶》的工作报告，并选举产生了第一届共青团委员会委员。

同日 根据中国大唐集团公司大唐集团人［2005］237 号文件的意见，经大唐国际发电股份有限公司党组研究，并经公司董事会通过，聘任应学军为内蒙古大唐国际托克托发电有限责任公司总经理，朱平立不再担任内蒙古大唐国际托克托发电有限责任公司总经理。

6月29日 原全国人大常委会副委员长布赫及夫人珠兰一行亲临托电公司现场视察工作。

6月30日 托电三期工程完成5号机组锅炉酸洗。

7月1日 托电公司隆重召开了庆祝中共建党84周年暨表彰会，公司全体党员和部分员工参加了大会，会议表彰了公司的3个先进党支部、1个先进党小组、20名优秀共产党员及3名优秀党务工作者，并组织20名新党员进行了入党宣誓。

7月4日 托电三期工程施工现场发生一起高空坠落1人死亡事故。

7月7日 托电三期工程6号机组完成汽轮机本体扣盖。

7月10日 大唐国际发电股份有限公司在张家口电厂举办了第四届"争创杯"职工羽毛球比赛，托电公司代表队荣获男子团体第三名。

7月15日 托电三期工程5号机组首次点火。

7月16～23日 中国大唐集团公司组织有关专家成立安全性评价小组，对现场人员、设备、环境、安全管理方面存在的安全隐患进行定性和定量的评价，最终全厂安全性评价综合得分率为67.4%。

7月19日 托电三期工程6号机组完成锅炉风压试验。

7月20日 中国作家看大唐"大唐光明行"艺术采风团亲临托电公司现场进行艺术采风，并发表多篇赞颂托电的专记文章。

同日 托电四期工程7号机组汽包就位。

同日 经过托电公司二期工程达标投产复检组为期3天的认真检查，二期工程3号、4号机组分别以920.1分和932.28分的总分顺利通过达标投产复检。

7月21日 托电三期工程5号组蒸汽吹管结束。

7月27日 在内蒙古自治区政府主席杨晶、呼和浩特市市长汤爱军等领导的陪同下，北京航空航天大学代表团参观了托电公司施工现场。

7月28日 托电公司保持共产党员先进性教育活动动员大会隆重召开，内蒙古第十二督导组组长云福俊、大唐国际巡回检查组组长孟宪琪、大唐国际内蒙古分公司党组书记李文祚、分工委主任王自成、公司党委书记郭殿奎、总经理应学军以及先进性教育活动领导小组的成员出席了会议，公司全体共产党员、入党积极分子、中层干部及公司领导共计150人参加了动员大会。此次大会的召开标志着公司保持共产党员先进性教育活动即日正式开始，于11月16日基本结束。11月18日通过测评，各项指标达到优良水平。

8月1日 大唐国际人力部以人部〔2005〕91号文件批复孟建国担任托电

公司副总工程师职务。

8月6日 托电四期工程 7 号机组空冷岛混凝土柱到顶。

8月7日 在全区两个文明建设经验交流会上，托电公司荣获内蒙古自治区"文明单位标兵"光荣称号。

8月10日 托电三期工程 5 号机组完成前四列空冷风压试验。

8月12日 托电四期工程 7 号机组完成汽轮机发电机机座浇注。

8月16日 托电三期工程 6 号机组完成锅炉酸洗。

8月18日 托电公司 4 号机组开始小修，9 月 22 日结束。

8月20日 在中国大唐集团公司党组书记、公司总经理、大唐国际发电股份有限公司董事长翟若愚和大唐国际发电公司副总经理杨洪明的陪同下，全国人大北京团代表亲临托电公司检查指导工作。各位代表首先视察了托电公司的生产和基建现场，并对托电公司的安全生产情况和后续工程的基建情况进行了了解。

8月22日 托电四期工程 8 号机组完成汽轮发电机机座浇注。

8月25日 托电四期工程 8 号机组空冷岛混凝土柱到顶。

8月27日 托电三期工程 6 号机组完成电除尘升压。

同日 托电三期工程 5 号机组整配套启动试运开始并完成后四列空冷风压试验。

9月1日 托电三期工程 5 号机组首交并网发电。

9月2日 托电三期工程 6 号机组首次点火。

9月5日 托电三期工程 6 号机组蒸汽吹管结束。

9月13日 河南省党政代表团在内蒙古自治区政府副主席郝益东、呼和浩特市市长汤爱军等领导的陪同下，对托电公司进行了考察指导。

9月15日 托电四期工程集控楼开始吊装。

9月15日~10月30日 托电公司以"防火、防寒、防冻、防风"为重点开展了秋季安全大检查工作，在秋查中设备隐患检查共计查出问题 91 项；劳动安全及作业环境检查共计查出问题 128 项；防寒、防冻检查共计查出问题 88 项。

9月18日 托电四期工程 8 号机组汽包就位。

9月21日 大唐国际发电股份有限公司总经理张毅、副总工程师佟义英、副总工程师王振彪一行莅临托电公司检查指导。张毅一行在大唐国际内蒙古分公司及托电公司领导的陪同下视察了公司生产、基建现场，并要求公司进一步加快三期基建工作进展，确保 11 月前完成三期双投任务。

9月24日~10月12日 托电三期工程 6 号机组完成前四列空冷风压

试验。

9月28日 托电三期工程5号机组顺利通过168小时满负荷试运，正式移交生产。

同日 内蒙古自治区劳动保障厅副厅长昝振英一行15人亲临托电公司对现场的劳动保障工作情况进行了检查。昝振英要求公司进一步做好劳动保障工作，注意员工休息和工时标准执行问题，切实保证职工的身体健康。

10月10日 托电三期工程5号机组正式进入商业运行，开始执行296元/兆瓦时的上网电价（含税）。

10月13日 托电三期工程5号机组顺利通过华北电网安全委员会组织的并网运行安全性评价验收。

10月15日 托电四期工程7号机组空冷岛钢结构开始吊装。

10月18日 托电四期工程7号机组主厂房结顶。

10月18～20日 托电公司一期工程2台60万千瓦机组通过中国电力建设企业管理协会组织的全国优质工程现场复审。

10月19日 托电6号机组整套启动试运开始。

10月20日 托电公司保持共产党员先进性教育活动第二阶段即分析评议阶段圆满结束，并经先进性教育督导组批准，公司先进性教育正式转入整改提高阶段。

同日 中共呼和浩特市委书记韩志然，市委副书记吴浩峰及副市长张院忠一行20余人来托电公司，视察了三期工程的基建进展情况。

托电四期工程8号机组主厂房结顶。

内蒙古自治区人大副主任、内蒙古自治区总工会主席云秀梅一行8人亲临了托电检查指导工作。云秀梅一行参观了托电公司的生产、基建现场，并要求公司工会继续做好维权工作，切实维护好职工的合法权益。

10月21日 托电公司2号机组开始小修，11月14日结束。

10月25日 13时52分，天津蓝巢电力检修有限公司托电项目部设备维护人员在检查缺陷时，误将交流电接入网控直流系统，致使运行中的3台60万千瓦机组、2台500千伏联络变压器跳闸，造成全厂停电重大设备事故。

10月31日 托电三期工程6号机组首次并网发电。

11月9日 大唐国际发电股份有限公司副总经理、托电公司董事长魏远亲临公司现场检查指导工作，并检查了高铝粉煤灰现场和托电公司三期的基建现场。

11月15日 托电四期工程烟囱结顶，四期工程主厂房封闭完成。

同日 四期工程7号机组电除尘设备开始吊装。

11 月 21 日　经托电公司总经理应学军提议并经公司董事会审议决定，大唐国际发电股份有限公司以大唐国际人〔2005〕272 号文聘任冯树礼担任托电公司副总经理职务。

11 月 22 日　托电三期工程 6 号机组顺利通过 168 小时满负荷试运，并正式移交生产。

11 月 24 日　大唐国际发电股份有限公司总经理助理安洪光、人力资源部人事处处长魏光宇莅临托电公司指导安全工作。

11 月 25 日　托电四期工程 8 号机组完成主厂房封顶。

同日　托电四期工程 8 号机组空冷钢结构开始吊装。

在中国大唐集团公司 2005 年火电机组运行事故处理技能大赛上，托电公司发电部郭春源取得了第一名的好成绩，同时参赛的发电部陆炳荣和台哲学也取得了较好名次。

11 月 27 日　经国家质量协会专家评议审定，托电公司一期工程荣获"全国优质工程"称号。

11 月 28 日　托电公司"增强团员意识"主题教育活动正式启动，为确保该活动能够在全厂广泛开展，公司团委下发了《托电公司增强团员意识主题教育活动实施方案》，成立了活动指导委员会和活动领导小组并制定了具体的活动安排表。

12 月 1 日　托电三期工程 6 号机组正式进行商业运行，开始执行 296 元/兆瓦时的上网电价（含税）。

12 月 2 日　托电公司 6 号机组顺利通过华北电网安全委员会组织的并网运行安全性评价验收。

12 月 5 日　托电四期工程 7 号机组汽机台板就位。

12 月 7 日　托电公司"增强团员意识"主题教育活动动员大会隆重召开，公司有关领导及 120 多名共青团员参加了大会，与会的公司党政领导作了重要讲话，鼓励青年员工要树立爱岗敬业、奋斗拼搏的精神，要千方百计地提高自己的综合素质，为企业发展做出更大贡献。

12 月 10 日　托电四期脱硫工程土建出零米。

12 月 13 日　在大唐国际举办的"青年杯"演讲比赛中，公司政工部杜娜荣获本次比赛的第二名。

12 月 18 日　托电公司四期工程 8 号机组电除尘设备吊装开始。

12 月 20 日　经托电公司、呼和浩特市人民检察院、托克托县人民检察院共同研究决定，托电公司预防职务犯罪教育基地成立暨揭匾仪式在托电公司隆重举行。呼和浩特市有关领导和公司领导班子成员、全体党员、干部及关键岗位工作人员参加了成立仪式。

12 月 22～24 日　华北电力质监中心站组织华北地区六省市质监专家对托电三期 5 号、6 号机组 168 小时整套启动试运后的质量情况进行了联合检查。经联合质量监督检查组研究评议认定：三期工程 5 号、6 号机组及其辅助系统投入完整，调节品质优良，各项主要经济技术指标均达到了设计要求，机组整体投产水平高，工程建设质量优良，为华北地区一流水平。

2006 年

1 月 5 日　托电公司全体职工向托克托县灾区捐助 30150 元。

1 月 10 日　中国电力建设企业协会授予托电公司一期工程 2005 年度中国电力优质工程银质奖。

1 月 16 日　北方联合电力有限责任公司总工程师李国宝一行 20 人就空冷岛防冻措施、脱硫设备的选型原则及电除尘器的使用情况和次同步谐振等问题来托电公司调研。

1 月 17～19 日　托电四期工程 7 号机组顺利通过华北电力质监中心站组织的锅炉水压试验前质量监督检查。

1 月 18 日　中国大唐集团公司 2006 年工作会议在北京召开，托电公司总经理应学军、党委书记兼副总经理郭殿奎出席了会议。中国大唐集团公司授予托电公司二期工程"中国大唐集团公司 2005 年度单位造价一流指标"称号；授予托电公司 4 号机组"中国大唐集团公司 2005 年度考核连续运行时间一流指标"称号；授予托电公司 6 号机组"中国大唐集团公司 2005 年度试运油耗一流指标"称号。

1 月 23 日　国家档案局经科司处长王燕民、中国大唐集团公司总经理工作部副主任鲁齐等领导出席了公司一、二期工程档案验收会议。会议认为托电公司二期工程归档文件材料完整、准确、系统、规范，同意通过验收。

1 月 26 日　托电公司燃料管理部正式成立，主要负责燃料的计划、采购、合同管理、调运、协调卸煤、检斤、检质、统计核算、煤质监督等工作，负责入厂煤的采样、制样和化验等工作。

2 月 7 日　托电四期工程 7 号机组圆满完成锅炉整体水压试验。

2 月 10～11 日　大唐国际发电股份有限公司召开三届一次职代会暨 2006 年工作会议，公司党政一把手和分管生产、经营、基建的领导参加了会议。

2 月 20～22 日　四期工程 7 号机组顺利通过华北电力质监中心站组织的厂用电系统受电前质量监督检查。

2 月 22 日　四期工程 7 号机组圆满完成厂用电系统受电工作。

3月9日 在托电一期储煤场输煤系统运行设备检修作业过程中，发生一起因检修人员违章作业、操作人员违章操作而导致的1人因机械伤害致死的生产安全事故。

3月13~15日 中国大唐集团公司副总经理刘顺达、副总工程师金耀华，大唐国际发电股份有限公司副总经理安洪光、副总工程师宋玉洛、副总工程师王振彪等一行13人来托电公司检查指导工作，刘顺达副总经理等领导作了重要指示。

3月15~16日 托电公司第二次职工（工会会员）代表大会、第二届一次职工（工会会员）代表大会暨2006年工作会议胜利召开，会议听取了公司应学军总经理所作的《加强管理、夯实基础、狠抓培训、提高素质，全面建设一流发电企业》的工作报告，明确了公司2006年的"管理年"主题定位，审议了公司2006年经济责任考核办法等会议文件，并表彰了公司2005年度先进集体、先进班组和先进个人。选举产生了第二届工会委员会和经费审查委员会委员。

3月19日 托电二期工程环保达标顺利通过验收，参加验收的专家有国家环保总局副司长臧玉祥、副研究员邢文利、高级工程师谢阳，内蒙古自治区环保局监督管理处副处长周云强、呼和浩特市环保局局长李鸣晓等。

3月21~23日 托电四期工程8号机组顺利通过华北电力质监中心站组织的锅炉水压试验前质量监督检查。

3月26日 托电四期工程8号机组完成厂用电系统受电工作。

3月29日 中国大唐集团公司召开"深入开展'解放思想、更新观念'大讨论活动视频会"。会后，托电公司总经理应学军、党委书记兼副总经理郭殿奎分别就公司开展大讨论活动提出了要求，并责成政工部负责制定实施方案。

3月31日~4月1日 托电四期工程7号机组顺利通过华北电力质监中心站组织的汽轮机扣盖前质量监督检查。

4月5日 华北电力工委大唐国际发电股份有限公司分工委正式下发大唐国际工[2006]8号文，同意公司第二届工会委员会第一次会议选举王猛为工会主席。

同日 托电四期工程7号机组顺利完成汽轮机扣盖工作。

4月6日 大唐国际发电有限公司纪检组张杰书记亲临托电公司就大监督体系的具体工作进行了专题研究和部署。

同日 托电四期工程8号机组完成锅炉整体水压试验。

托电公司召开了首次"党风廉政建设工作会议"，参加会议的人员有公司领导、各党支部书记、各部门负责人、关键岗位人员和全体党员共计 170 人。
会议传达学习了上级纪检监察会议精神，总结了 2005 年党风廉政建设工作，
部署了 2006 年党风廉政建设工作，签订了 2006 年党风廉政建设责任书。大唐
国际纪检组组长张杰到会并作了重要讲话，公司纪委书记王猛作了工作报告，
总经理应学军作了总结讲话。

4 月 16 日 托电四期工程 7 号机组完成锅炉酸洗。

4 月 23 日 全国电力行业优质工程专家评审组一行 6 人，对托电公司二期
工程申报全国电力行业优质工程进行了现场复查并召开了复查会议。

4 月 25 日 内蒙古自治区总工会在政府礼堂隆重召开全区庆"五一"国
际劳动节暨首届"五一"劳动奖状奖章表彰、建功"十一五"百万职工技术比
武动员大会。会上表彰了包括托电公司在内的 9 个全国"五一"劳动奖状获得
单位（班组）和 22 个全国"五一"劳动奖章获得者。表彰会上托电公司党委
书记郭殿奎代表"五一"劳动奖状获得者作了发言。

4 月 27 日 中国大唐集团公司安全监察处刘银顺副处长和大唐国际副总
工程师宋玉洛一行，亲临托电公司对大监督工作的实施情况进行了检查，并就
如何搞好大监督工作提出了具体要求。

4 月 28 日 托电四期工程 7 号机组完成电除尘升压。

4 月 29 日 内蒙古自治区精神文明建设委员会办公室和呼和浩特市精神
文明建设委员会联合授予托电公司 2005 年度"十佳诚信企业"称号。

4 月 30 日 托电四期工程 7 号机组锅炉首次点火。

5 月 4 日 四期工程 7 号机组吹管完成。

5 月 11 日 四期工程 8 号机组锅炉整体风压试验完成。

5 月 20～22 日 7 号机组顺利通过华北电力质监中心站组织的整套启动试
运前质量监督检查。

5 月 21 日 四期工程 7 号机组空冷系统风压试验完成。

5 月 22～25 日 华北电力质监中心站依据《火电工程试生产质量监督检
查典型大纲》的规定，对托电三期工程 5 号、6 号机组进行了试生产后的质量
监督检查，并认定 5 号、6 号机组已具备正式移交生产的条件，同意机组正式
移交生产。

5 月 24 日 呼和浩特市市长汤爱军、副市长武文元等领导陪同大唐集团
公司监事会彭树乐主任、吴来水监事、大唐国际纪检组张杰书记亲临托电公司
检查指导工作。

5 月 25～27 日 托电四期工程 8 号机组顺利通过华北电力质监中心站组织
的汽轮机扣盖前质量监督检查。

5 月 26 日 四期工程 7 号机组首次整套启动开始。

5 月 30 日 四期工程 8 号机组完成汽机本体扣盖。

6 月 1 日 四期工程 7 号机组首次并网发电。

6 月 8 日 电托公司首次完成了生产部门后备技术人才的选拔工作,通过公开选拔,有 18 名具有较高水平的青年技术专家、技术能手进入人才库。

6 月 10 日 托电四期工程 8 号机组完成锅炉酸洗。

6 月 16 日 托电公司代表队参加了在高井发电厂举行的大唐国际第五届"大唐杯"职工乒乓球比赛,并荣获了"女团道德风尚奖"。

6 月 19 日 11 时 58 分,托电公司 7 号机组顺利通过 168 小时试运。

6 月 20 日 托电公司参赛队在唐山热电举办的大唐国际发电公司"青春杯"安全生产知识竞赛上,取得了第二名的好成绩,为公司赢得了荣誉。

6 月 24 日 呼和浩特市副市长董恒宇陪同中国泛海控股有限公司董事长卢志强等一行 18 人来托电公司考察。

6 月 26 日 托电四期工程 8 号机组完成电除尘升压。

6 月 27 日 大唐国际发电有限责任公司刘和平副总经理一行 7 人亲临托电公司检查指导工作。

6 月 28 日 托电四期工程 8 号机组锅炉点火吹管开始。

6 月 30 日 托电四期工程 8 号机组完成吹管。

7 月 1 日 托电公司安全生产"大监督"工作正式启动。

7 月 4~6 日 四期工程 7 号机组顺利通过华北电力质监中心站组织的整套启动试运后质量监督检查。

7 月 6 日 呼和浩特市副市长龚晓峰等领导陪同邯郸市党政代表团一行 38 人来托电公司考察。

7 月 7 日 托电公司四届七次、八次董事会及第二十六、二十七、二十八次股东会在北京召开。

7 月 20 日 全国总工会经费审查委员会范凯声主任一行来托电公司检查指导工作,并对公司近年来的发展建设表示赞赏,对公司工会的工作给予了充分的认可。

7 月 21~22 日 托电四期工程 8 号机组顺利通过华北电力质监中心站组织的启动试运前质量监督检查。

7 月 25 日 托电公司 1~6 号机组顺利通过了并网安全性评价复查工作,同时 7 号机组也以 96.1% 的较高得分率,通过了并网安评检查。

8 月 16 日 天津蓝巢电力检修有限公司维护项目部检修人员在检修 1 号机 2 号高压加热器(简称高加)时,因加热器水室水未放净,在拆除人孔门时,发生一起高加人孔芯被顶出、热水喷出，造成 3 人被烫伤的人身伤害事故。

8 月 19 日 托电三期工程 6 号机组开始小修，9 月 16 日结束。

8 月 22 日 6 时 58 分，托电四期工程 8 号机组顺利通过 168 小时满负荷试运。至此，托电已具备 8 台 60 万千瓦机组，标志基建规模跨上新的里程碑。

8 月 23 日 托电二期工程消防系统通过验收。

8 月 24 日 托电公司完成了 8 台 60 万千瓦机组的组织机构、定岗和定薪（即确定岗位的基本薪点）工作。

8 月 31 日～9 月 2 日 托电四期工程 8 号机组顺利通过华北电力质监中心站组织的启动试运后质量监督检查。

9 月 1 日 托电公司一期工程 1 号、2 号机组脱硫系统开工建设。

9 月 6 日 托电公司四期工程项目申请报告编制完成。

9 月 10 日 托电三期工程 5 号机组脱硫系统完成 168 小时试运投入运行。

9 月 13～19 日 托电公司举行第三届"同心杯"职工篮球赛。

9 月 18 日 托电公司荣获大唐集团公司"2003～2006 年度投资管理先进单位"称号。

9 月 19～21 日 托电三期工程 5 号、6 号机组达标投产申报及迎检工作圆满结束。

10 月 1 日 托电公司荣获大唐集团公司"2003～2006 年度工程建设技经工作先进单位"称号。

10 月 7 日 托电二期工程 3 号机组脱硫系统完成 168 小时试运投入运行。

10 月 10 日 大唐国际发电有限责任公司人力部以人部〔2006〕127 号文同意尚怀伟任公司总经理助理职务。

10 月 11～16 日 北京电机工程学会组织有关专家对四期工程 8 号机组及相关的高压电器设备进行了并网运行安全性评价。经过专家组的查评，8 号机组得分率 98.54%，为华北网 60 万千瓦以上机组最好成绩。

10 月 23 日 托电三期工程 6 号机组脱硫系统完成 168 小时试运投入运行。

同日 大唐国际下发了大唐国际人〔2006〕226 号《关于刘志勇同志免职的通知》，并明确刘志勇同志不再担任托电公司总会计师，另有任用。

10 月 25 日 托电公司被内蒙古总工会评为全区工会干部教育培训工作先进集体。

10 月 26 日 呼准铁路托电支线工程正式竣工通车，大唐国际内蒙古分公司和托电公司有关领导出席了典礼仪式。

10 月 31 日 大唐国际派驻公司的安全生产技术指导组正式入厂，开始为期 2 个月的指导工作。

11月3日　黄河水利委员会副总工程师翟家瑞、水资源管理与调度局副局长袁东良在内蒙古水政监察总队及内蒙古水利厅有关领导陪同下，到托电公司黄河取水口查看取水情况。4日上午，公司有关领导就黄河取水口工程及五期工程前期进展情况作了工作汇报。

11月4日　托电公司党委书记兼副总经理郭殿奎当选为自治区第八次党员代表大会代表，并于11月18～24日参加了代表大会。

11月6日　根据内发改能源字〔2006〕1967号文件，托电公司五期工程项目被正式列入内蒙古自治区"十一五"电力规划。

同日　托电二期工程4号机组脱硫系统完成168小时试运投入运行。托电三期工程脱硫装置正式移交生产。

11月6～10日　托电公司发电部郭春源等三名同志在中央企业职工技能大赛中分别取得了第六名、第十五名和第十六名的好成绩，同时被授予"中央企业技术能手"荣誉称号，并获得了60万千瓦等级火电机组集控运行值班员决赛银奖。

11月7日　托电公司3号机组脱硫系统通过了内蒙古自治区环保局和呼市环保局的验收。

11月14日　托电二期工程脱硫装置移交生产。

同日　托电三期工程水土保持设施顺利通过了水利部的竣工验收，并取得了验收意见批复文件。

11月30日　托电公司被内蒙古自治区总工会评为全区厂务公开民主管理工作先进单位。

12月8日　大唐国际下发了大唐国际人〔2006〕294号文《关于李日龙同志职务任免的通知》，并明确由李日龙同志担任托电公司总工程师，郭亚斌同志不再担任公司总工程师。

同日　大唐国际发电有限责任公司下发了大唐国际人〔2006〕293号文《关于卜保生同志免职的通知》，并明确卜保生同志不再担任公司副总经理。

12月11～12日　托电公司党建工作顺利通过了大唐国际发电有限公司党建工作联查，测评总优良率达到98.3%，测评的各项指标都达到了优良水平。

12月12日　中国大唐集团公司和内蒙古自治区发改委分别将托电公司四期工程项目申请报告上报国家发改委。

12月22日　在首届中国电力系统企业文化建设高峰论坛上，托电公司被中企电联企业文化发展中心、中国企业竞争力促进会联合授予"2006年度中国电力行业企业文化建设十大最具社会责任感企业"的称号。

同日　大唐国际人力部以人部〔2006〕178号文同意孟建国同志任托电公

司总经理助理。

12 月 26 日　托电公司 4 号、5 号、6 号机组脱硫系统通过了内蒙古自治区环保局和呼和浩特市环保局的环保验收。

12 月 28 日　托电公司被内蒙古自治区总工会评为全区"安康杯"竞赛优胜企业。

12 月 30 日　托电公司荣获内蒙古自治区总工会"全区经济技术创新工程"活动奖状。

第一篇 基　　建

第一篇 基 建

托电工程是国家"九五"、"十五"计划的重点工程和实施"西电东送"战略、"西部大开发"战略的标志性工程，也是保证北京及华北地区用电和内蒙古自治区实施煤炭资源转化战略的一项关键性工程。

托电工程从筹备建设到正式批准开工，前期工作经历了漫长的时间。在2000年8月开工后，托电公司克服了施工条件艰苦、技术难度大等一系列特殊的困难，连续建设、连续施工，在2003年7月一期工程2台60万千瓦机组投产后，连续四年每年投产2台60万千瓦的机组。截至2006年，托电公司已建成四期共8台60万千瓦机组，总装机容量达到480万千瓦，为国内目前最大的火力发电厂。建成后的托电工程，通过500千伏线路直接向华北电网送电，有效地缓解了北京及华北地区电力供应紧张的矛盾，减轻了内蒙古地区煤炭外运的压力，实现了煤从空中走、电送北京城的目标。

在工程建设的整个过程中，托电公司始终坚持高速度、高效益和"建精品、创一流、站排头"的目标，按照新厂新制的要求，创新管理，超常规运作。在积极发挥施工队伍在工程建设中的主观能动作用的同时，按照"小业主大监理"的工程管理模式，充分发挥监理单位在工程建设中的监督作用，圆满完成了工程建设各阶段的目标任务。特别是在一期工程调试启动和二期工程建设的关键时期，"非典"疫情开始蔓延，1号机组又发生了高压缸闷缸、汽轮机高压缸通流部分损坏事故。当时国内外设备制造厂家代表和专家撤离现场，施工队伍组织困难，设备、物资运输受阻，施工中的一些技术问题只能通过电子邮件或发传真的方式联系解决。在此情况下，托电公司上下一心，攻坚克难，不仅"非典"防治取得了成功，而且各项工期任务也如期完成。

托电公司一至四期工程由于管理严谨有序、施工组织科学合理，不仅建设速度快，而且安全文明施工、工程质量、工程造价控制等都创造了较好水平。

第一章 一 期 工 程

托电公司一期工程属于国家重点工程，设计规模为2台60万千瓦机组。

1999 年 12 月 17 日，托电公司一期工程可研报告经国务院办公会议审批通过。同年 12 月 29 日，国家计委批准立项。2000 年 8 月 1 日，一期工程开工。2003 年 6 月 9 日和 2003 年 7 月 29 日，1 号、2 号机组分别完成 168 小时试运。2003 年 12 月 9 日和 2004 年 1 月 29 日，2 台机组先后完成半年试生产，正式移交生产运行。2004 年 6 月 18 日，被中国大唐集团公司命名为"基建移交生产达标投产机组"。

托电工程的总设计单位是北京国电华北电力工程有限公司，一期工程以华北电力设计院、东北电力设计院、西北电力设计院为设计单位。工程监理单位为河北电力建设监理有限责任公司。主要施工单位为天津电力建设公司和北京电力建设公司。三大主机的供货商分别是：锅炉由哈尔滨锅炉厂提供，汽轮机和发电机由日本日立公司提供。

托电一期工程是中国大唐集团成立以来投产的首期工程，同时也是内蒙古自治区境内投产的首台 60 万千瓦的机组。一期工程的竣工投产，使托电公司拥有了 120 万千瓦的发电能力。

第一节　前　期　准　备

一、可行性研究

（一）可行性研究过程

1983 年 11 月 8 日，水利电力部下达《关于托克托电厂可行性研究工作若干问题的批复》（[1983] 水电规字 94 号文），责成华北电力设计院负责编制可行性研究报告。

在可行性研究报告初步完成后，1991 年 3 月，能源部电力规划设计管理局下文，要求华北电力设计院继续做好托电工程可行性研究的补充工作（电规计 [1991] 8 号文）。

1992 年 3 月 12 日，内蒙古电管局与华北电力设计院签订托电工程可行性研究补充报告设计合同，正式委托华北电力设计院开展设计工作。

1993 年 2 月 6～9 日，由能源部电力规划设计管理局在呼和浩特市主持召开托电工程可行性研究报告预审查会议，3 月 9 日印发了会议纪要（电规发 [1993] 44 号文），要求补充完成各项工作。经华北电力设计院认真编制和反复修改，同年 11 月，《托克托电厂可行性研究补充工作报告》编制完成。

1994 年 10 月 9～10 日，电力工业部主持召开托电 A 厂新建工程可行性研究报告书预审会议。同年 12 月 9 日，电力工业部电力规划总院下发了《关于内蒙古托克托电厂新建工程可行性研究报告审查意见的函》，确认在燕山营（现厂址）新建 2 台 60 万千瓦容量的电厂是可行的。

1996 年 1 月 12 日，电力工业部向国家计委上报了《关于托克托电厂新建工程可行性研究报告的请示》（电计〔1996〕30 号文）。

1999 年 12 月 17 日，托电工程项目可行性研究报告经国务院办公会议审批通过。当年 12 月 29 日，国家计委印发了经国务院批准的托电公司一期工程可行性研究报告（计基础〔1999〕2310 号文）。

（二）建设条件

托电工程所在地托克托县（以下简称托县）属内蒙古呼和浩特市管辖，位于呼和浩特市西南约 70 千米，地处黄河中、上游交界处和黄河、大黑河冲积平原与和林格尔丘陵山前冲积倾斜平原的交汇地带。地势开阔，东北高西南低，仅东南部极少部分为丘陵地区，其余皆为平原。电厂厂址位于托县南端的燕山营境内，距托县县城 20 千米，厂区范围内无断裂层通过，厂址基本地震烈度为 7 度，地层基础良好，适宜于建设大型建筑。

厂区西侧为呼和浩特市至准格尔旗大饭铺的 S103 省级公路干线，厂区西 10 千米为从呼和浩特市至准格尔旗大饭铺的呼大高速公路。公路交通十分方便。电厂一条铁路专用线全长 38 千米与准丰铁路（内蒙古准格尔旗至丰镇市）在二道河车站接轨。另一条铁路专用线与呼准线（呼和浩特市至准格尔旗）接通。两条专用线可满足电厂 8 台 60 万千瓦机组规划容量的燃煤运输需要。工程建设期间所需的大件设备、材料，以及投运后的石灰石、材料等可采用铁路、公路两种运输方案。

托电工程建成后，发电所需燃煤主要由神华煤炭公司供应。神华煤炭公司经营的准格尔大型露天煤田，距托电工程厂址直线距离为 50 千米，铁路运输距离为 101 千米。煤田煤质优良，储量富足，年产量近期为 1500 万吨，远期可达到 3000 万吨以上。目前，神华煤炭公司正在开发第二露天煤田。第二露天煤田年产量近期为 3500 万吨，远期可达到 4500 万吨以上。不仅可以满足一期工程用煤，而且完全可以满足规划容量 8 台 60 万千瓦机组的用煤。同时，由于公路便捷，还可以通过公路吸收当地其他大型煤矿为电厂供应煤炭。

托电工程厂址南距黄河仅为 8 千米，因此拟定引用黄河水作为电厂供水水源。年取水量约为 2500 万立方米，全部在内蒙古自治区配额黄河取水量中解决。电厂排水经处理合格后大部分回收利用。

电厂贮灰场位于厂区南侧高宝什营村一带的丘陵坡地，距厂址约 3 千米。厂区东侧有至灰场的专用道路，灰渣、脱硫石膏渣除综合利用外，剩余部分可采用公路运输至灰场，以备以后利用。灰场有效贮灰容积为 7188 万立方米，可满足 8 台 60 万千瓦机组贮灰 15 年以上的需求。如开展粉煤灰综合利用，可延长灰场的使用年限。

托电工程投产发电后，全部电力送往京津唐和河北南部地区，电厂 500 千伏四回出线，经浑源开关站分别接河北徐水和北京安定 500 千伏变电所。一期工程利用双回 500 千伏送电线路直送北京安定变电站，可满足送出要求。

二、项目报批

从 1983 年 4 月提出托电工程建设的初步规划后，国家和内蒙古自治区有关部门做了长时间详细的考察与论证工作。同年 7 月 7 日，内蒙古自治区人民政府办公厅下发了《关于印发托克托电厂选厂的会议纪要》，同意华北电力设计院关于托电工程选厂工作的汇报，要求立即开展托电工程的可行性研究工作。11 月 8 日，水利电力部下达《关于托克托电厂可行性研究工作若干问题的批复》（［1983］水电规字 94 号文），同意托电工程的可行性研究先按铁路运输从今后的呼准线托县接轨考虑，同意先按国产 60 万千瓦机组准备资料，同意从黄河取水的方案，责成华北电力设计院抓紧编制可行性研究报告。

1991 年 3 月，能源部电力规划设计院下文明确由华北电力设计院继续进行托电工程的可行性研究补充工作（电设规计字［1991］8 号文）。

1992 年 10 月～1993 年 1 月，华北电力设计院完成了可行性研究设计及审评。1993 年 11 月，《托克托电厂的可行性研究补充工作报告》编制完成。

1994 年 1 月，完成了勘测、环保评价、初步设计及审评，并通过了可行性研究报告审查、初步设计审查、中资公司评估、开发银行评估、世界银行预评估和正式评估、世界银行贷款谈判、国际竞争性设备招标等一系列工作。同年 3 月 21 日，国家环保总局正式批复了托电一期工程环评大纲（环监建［1994］076 号文）。3 月 23 日，托电工程筹备处与准格尔煤炭公司签署了供煤意向性协议。5 月 1 日，国务院总理李鹏在视察内蒙古电管局时，对托电工程作了进一步的肯定，指出"托电要将准煤就地吃掉"，对托电工程尽快立项起到了积极的推动作用。8 月 12 日，托电工程正式取得了《国家计委关于内蒙古托克托电厂新建工程项目建议书的批复》（计交能［1994］1076 号文），同意对托电工程开展可行性研究。10 月 9～10 日，电力工业部主持召开托电 A 厂新建工程可行性研究报告书预审会议。12 月 9 日，电力工业部电力规划总院下发了《关于内蒙古托克托电厂新建工程可行性研究报告审查意见的函》，确认在燕山营新建 2 台 60 万千瓦容量的电厂是可行的。12 月 21 日，世界银行工业能源部出函确认托电工程国外咨询建议书的报告，同意与美国博莱克·威奇（BVI）公司签订咨询服务合同。

1995 年 4 月 12 日，内蒙古电力（集团）有限责任公司、华北电力集团公司、北京国际电力开发投资公司在北京召开会议，研究组建托克托发电有限责任公司，并签署了发起协议。同年8月9日，托电公司第一次股东会暨一届一次董事会在北京召开，原则通过了《托克托发电有限责任公司合资合同》，选举产生了董事会。8月30日，国家环保总局对托电A厂新建工程环境影响报告书予以批复（环监［1995］479号文），同意一期工程建设2台60万千瓦燃煤机组。

1996年1月12日，电力工业部向国家计委上报了《关于托克托电厂新建工程可行性研究报告的请示》（电计［1996］30号文）。同年5月3日，托电公司召开第二次股东会暨一届二次董事会，通过了公司章程，签署了《托克托发电有限责任公司合资合同》，托电公司正式开始运作。11月25日，中国国际工程咨询公司向国家计委上报《关于内蒙古托克托电厂一期配套500千伏输变电工程可行性研究报告的请示》（咨能［1996］314号文）。

1997年11月11日，电力工业部规划设计总院批复了托电公司一期工程初步设计（预设计）。

1998年7月14日，国家评标委员会审议通过了托电工程国际招标采购的评估报告。

1999年7月1日，国土资源部下发了《关于托克托电厂一期工程建设用地的批复》（国土资函［1999］271号文），正式批准托电公司一期工程的建设用地。同年12月17日，托电工程可行性研究报告经国务院办公会议审批通过。12月29日，国家计委印发了经国务院批准的托电公司一期工程可行性研究报告（计基础［1999］2310号文）。

2000年3月18日，国家电力公司下发了《关于下达2000年内蒙古托克托发电厂基本建设新开工计划的通知》（国电计［2000］777号文），将托电工程列入新开工项目。在同年4～5月间，托电公司通过招标方式确定了监理单位和主体工程各标段的施工单位。12月6日，国家计委下发了《关于下达2000年第十一批基本建设新开工大中型项目计划的通知》（计投资［2000］2250号文），托电公司一期2台60万千瓦机组工程被正式批准开工。

三、资金筹集

托电公司一期工程核定投资概算为人民币60.7008亿元，是华北地区第一个利用世界银行贷款建设2台60万千瓦机组的项目。

1996年6月4～22日，托电工程世界银行贷款预评估会议在呼和浩特召开，会议通过了托电工程世界银行贷款的预评估。同年8月11日，财政部复函（财世司字［1996］第119号文），同意托电公司上报的中国机械进出口总公司和中国电力技术进出口公司组成的联合体为世界银行贷款托电工程国际招标的代理机构。11 月 25 日，托电工程世界银行项目评估会议在北京召开，世界银行评估团对托电工程在原预评估的基础上进行了深入的评估，会后，世界银行方面形成了评估备忘录。

1997 年 4 月 14～20 日，财政部组团赴美国华盛顿与世界银行就托电工程世界银行贷款进行谈判，签署了备忘录。5 月 27 日，世界银行执行董事会批准托电工程世界银行贷款。8 月 12 日，托电工程通过了国家开发银行贷委会的审查。

1998 年 6 月 26 日，根据财政部授权，中国驻美大使馆在华盛顿与世界银行正式签署了托电工程贷款协议。同年 7 月 28 日，中国工商银行项目信贷部致函国家开发银行，同意参加托电公司一期工程的国内银团贷款。8 月 31 日，国家开发银行致函国家发展计划委员会，提出了对该项目的资金配置意见，同意向托电公司提供硬贷款人民币 19.3400 亿元，贷款期限为 14 年。9 月 22 日，托电工程世界银行贷款转贷担保会议召开，会议确定的托电工程世界银行贷款担保比例是：国家电力公司和华北电力集团公司共同担保 60%、北京市财政局担保 25%、内蒙古自治区财政厅担保 15%。11 月 24 日，财政部与托电公司签订了《内蒙古托克托火电项目的转贷协议》，财政部同意将世界银行提供的总额为 33000 万美元（按 1 美元＝8.28 元人民币换算，为人民币 27.3240 亿元）的贷款转贷给托电公司。12 月 22 日，世界银行正式来函，同意启动使用世界银行贷款，托电工程贷款协议同时正式生效。

1999 年 12 月 29 日，国家计委印发了《关于审批利用世界银行贷款建设内蒙古托克托电厂可行性研究报告的请示的通知》（计基础〔1999〕2310 号文），明确托电公司一期工程由北京大唐发电股份有限公司、内蒙古电力（集团）有限责任公司和北京国际电力开发投资公司分别按 60%、15% 和 25% 的比例出资，共同成立托克托发电有限责任公司，负责电厂的建设、经营管理及债务偿还，并先期按工程总投资的 20% 注入资本金。

2000 年 4 月 15 日，托电工程世界银行贷款正式启动。同年 8 月 12 日，国家发展计划委员会下达了《关于内蒙古托克托电厂新建工程初步设计概算的批复》（计基础〔2000〕1169 号文），核定托电公司一期工程初步设计概算为人民币 60.7008 亿元，其中静态投资为 55.4121 亿元，利息为 5.1349 亿元，生产铺底流动资金为 0.1538 亿元。

2001 年 4 月 29 日，托电公司在广州举行了第十三次股东大会，会议决定将内蒙古电力（集团）有限责任公司拥有的托电公司 15% 的股权转让给内蒙古蒙电华能热电股份有限公司。

按照国家发展计划委员会批准的概算，托电公司一期工程的资金来源除股东按 20%的比例配置自有资金外，其余资金配置均通过融资的方式解决。其中：向世界银行融资 25141 万美元（按 1 美元＝8.28 元人民币换算，为人民币 20.8167 亿元），向国家开发银行融资人民币 17.7440 亿元，向中国工商银行融资人民币 10 亿元。

四、工程设计

（一）设计原则

托电工程总设计单位是北京国电华北电力工程有限公司，一期工程以华北电力设计院、东北电力设计院、西北电力设计院为设计单位。其中：辅助系统（BOP）部分由华北电力设计院设计，锅炉岛及输煤系统由东北电力设计院设计，汽机岛由西北电力设计院设计，铁路系统由中铁第三设计院设计，取水工程由内蒙古水利勘察设计院设计。

工程设计过程中，各设计单位始终贯彻 21 世纪电厂设计思路和 ISO9000 质量管理体系及管理标准，严格执行国家的设计规程、规范和规定，在安全可靠和充分考虑电厂连续扩建的前提下，注重设计优化，从资金优化角度合理安排建设工期，从基建和生产两方面降低上网电价，为项目顺利实现竞价上网和发挥规模优势创造了有利条件。

（二）设计范围

一期工程的设计包括托电工程总规划、总平面布置、厂区规划、厂区绿化等设计，包括 1 号、2 号机组的生产、辅助生产和附属生产设施的工艺设计及主厂房布置、土建项目、热力系统、燃烧系统、锅炉点火系统、输煤系统、除灰系统、化学水处理系统、电气和厂用电系统、热工控制系统、采暖通风和空调系统、供水系统、给排水系统、消防系统、厂内通讯系统、远动系统、照明系统、防洪系统的设计，还包括环境保护设计、工程概算设计等。

（三）设计过程

2000 年初，北京国电华北电力工程有限公司同东北电力设计院、西北电力设计院设计人员进驻现场，开始联合设计。同年 5 月 29 日～6 月 1 日，召开托电公司一期工程初步设计最终版审查会，会议同意华北电力设计院提出的托电公司一期工程初步设计（最终版）。6 月 9 日，国家电力公司下发了托电公司一期工程初步设计（最终版）的审查会议纪要（电规总纪［2000］20 号文），工程初步设计概算收口工作完成。8 月 12 日，国家计委批复了该工程初步设计及概算（计基础［2000］1169 号文）。

（四）设计概况

按照设计，托电公司一期工程为 2 台 60 万千瓦燃煤发电机组，主厂房布置采用汽机房、除氧间、煤仓间及锅炉房四列纵向布置，两机一控，机炉电采取集中控制方式，主厂房框架为全钢结构。烟气除尘采用高效率的静电除尘器。2 台锅炉合用一座 240 米的双管集束式烟囱，每个单管烟囱出口直径 7 米。循环水系统为单元式，每台机组设一座 6500 平方米的自然通风冷却塔，冷却塔均建在汽机房 A 列的外侧。2 台机组共用一座循环泵房，连接水塔由 A 列接入厂房。通用侧是脱硫场地，一期工程场地内建有启动锅炉房，在脱硫厂地之间布置。燃煤以铁路运输为主，汽车运输为辅，铁路及汽车运输道路均布置在厂区南部。

五、设备选型

（一）设备选型过程

托电公司一期工程的主要设备全部通过公开招标的方式选定。1997 年 1 月 15 日，国家机电产品进出口办公室复函电力工业部，同意托电工程按照已核定的标书内容对锅炉、汽机岛及附属设备开展国际招标工作。同年 10 月，在北京开标。

1998 年 4 月完成了评标报告。同年 7 月 14 日，国家评标委员会审议通过托电工程国际招标采购设备的评估报告，同意将评标意见报世界银行。8 月 31 日，世界银行批复同意托电工程锅炉岛评标报告。

1999 年 3 月 24 日，世界银行正式批复托电公司汽机岛授标书。同年 5 月 6 日～6 月 11 日，进行了托电公司一期工程锅炉岛、汽机岛设备合同谈判，并草签了锅炉岛、汽机岛设备合同。

2000 年 1 月 25 日，锅炉岛、汽机岛设备合同在北京人民大会堂签订。合同金额为 26000 万美元（按 1 美元＝8.28 元人民币换算，为人民币 21.5280 亿元）。

（二）主要设备

1. 锅炉

托电公司一期工程 2 台锅炉均为亚临界参数、控制循环汽包炉、直流式燃烧器四角切圆燃烧方式、一次中间再热、平衡通风、固态排渣、紧身封闭、全钢构架的 Ⅱ 型汽包炉。锅炉型号、生产厂家及容量与主要参数情况见表 1-1-1 和表 1-1-2。

表 1-1-1　　　　　　　　　锅炉设备型号及生产厂家明细

设备名称	设备型号	生产厂家	合同总价（万美元）
锅　炉	HG-2008/17.4-YM5	哈尔滨锅炉厂	1680
干除灰（进口）	MD80	克莱德能源环保有限公司	
刮板捞渣机	GBL20C×56.0	青岛四洲电力设备有限公司	

设备名称	设备型号	生产厂家	合同总价（万美元）
螺旋捞渣机	LL70	山西电力设备厂	
空气预热器	32-VNT-2060	豪顿华工程有限公司	226
电除尘	2F480	浙江菲达环保有限公司	
空气压缩机及后处理设备	DZX-80	无锡盛达有限公司	39
磨煤机	MBF-24	美国福斯特·惠勒公司	1011
引风机	MF107/19	豪顿华工程有限公司	36
送风机	FAF26.6-14-1	上海鼓风机厂	39
一次风机	1788AZ/1302	上海鼓风机厂	42

表 1-1-2　　　　　　锅 炉 容 量 和 主 要 参 数

参　　数	单　　位	锅炉最大连续出力	额定工况（THA）
蒸发量	t/h	2008	1757
过热器出口蒸汽压力	MPa（g）	17.4	17.22
过热器出口蒸汽温度	℃	541	541
再热蒸汽流量	t/h	1700	1501.6
再热器进口蒸汽压力	MPa（g）	3.90	3.43
再热器出口蒸汽压力	MPa（g）	3.72	3.27
再热器进口蒸汽温度	℃	330.5	317
再热器出口蒸汽温度	℃	541	541
省煤器进口给水温度	℃	280.3	271.2

2. 汽轮机

一期工程汽轮机为亚临界、一次中间再热、冲动式、单轴、三缸四排汽、双背压凝汽式汽轮机。汽轮机型号、生产厂家及主要技术参数见表 1-1-3、表 1-1-4。

表 1-1-3　　　　　　汽轮机设备型号及生产厂家明细

设备名称	设备型号	生产厂家
汽轮机	TC4F-40	日立公司
高压加热器	卧式 U 型管	德国巴克杜尔公司
低压加热器	JD-1200-1-4	上海动力设备有限公司
给水泵组	FK4E39-K	威尔泵有限公司

表 1-1-4 汽 轮 机 主 要 技 术 参 数

参　数	单　位	额定工况	汽机最大连续出力工况	汽机阀门全开工况	能力工况
机组出力	MW	600	643	668.2	600
热耗	kJ/kW	7762	7750	7750	8202
主汽流量	t/h	1757.2	1912.2	2008	1912.2
主汽压力	MPa	16.67	16.67	16.67	16.67
主汽温度	℃	538	538	538	538
再热压力	MPa	3.28	3.55	3.72	3.53
再热温度	℃	538	538	538	538
再热流量	kg/h	1501590	1624133	1699750	1615838
背压	kPa	5.33	5.33	5.33	11.8
补水率	%	0	0	0	3
低压缸排汽流量	kg/h	1072670	1149692	1196428	1151944
循环水温度	℃	21	21	21	33
最终给水温度	℃	271.2	276.9	280.3	276.8

3. 电气

一期工程发电机为日立公司设计制造的 TFLQQ 型水-氢-氢冷却、三相交流两极同步汽轮发电机,采用瑞士 ABB 公司生产的自并励静态励磁系统。主变压器为单相式变压器,高压厂用变压器、备用变压器为三相三绕组有载调压变压器。电气设备型号、生产厂家及主要技术参数见表 1-1-5 和表 1-1-6。

表 1-1-5 电气设备型号、生产厂家明细

设备名称	设备型号	生产厂家	合同总价（万元）
发电机	TFLQQ-KD	日立公司	
离相及共箱封闭母线	QZFM-22/22000-Z/I	北京电力设备总厂	852
主变压器	DFP-250000/500	沈阳变压器厂	3750
6 千伏开关柜	ZS1 柜 VD4、F+C 系列开关	ABB 开关有限公司	2250
500 千伏 SF₆ 断路器	HPL550B2	北京 ABB 高压开关设备有限公司	955
高压厂用/备用变压器	SFF-40000/22	保定天威保变压器厂	1201

表 1-1-6   发 电 机 主 要 技 术 参 数

名　　称	单　　位	设 计 值
额定容量	kV·A	670000
额定功率	kW	603000
最大连续输出功率	MW	668.2
额定功率因数		0.9
定子额定电压	kV	22
额定氢压	MPa	0.414（额定功率为 600MW）
额定频率	Hz	50
额定转数	r/min	3000
定子线圈接线方式		YY

4. 仪控

一期工程仪控包含锅炉、汽机、除灰及化学水等。其中，全厂控制系统（DCS）系统采用美国西屋公司控制系统；汽轮机控制系统随主机由日本日立公司提供，型号为 HIACS-5000M；除灰渣控制采用瑞士 ABB 公司控制系统；汽机 TSI 系统由本特利公司提供；化学水仪控系统由华电胜鑫公司提供，采用瑞士 ABB 公司的 PLC 控制。相关设备型号、生产厂家情况见表 1-1-7。

表 1-1-7   仪控设备型号、生产厂家明细

设备名称	设备型号	生产厂家	合同总价（万元）
分散控制系统	OVATION	上海西屋控制系统有限公司	3498
仪表阀门		美国 HOKE 公司	560
锅炉炉膛火焰检测系统	IDD-IIU	上海神明公司	543
开关仪表	SOR	北京日域科技发展有限责任公司	231
变送器	3051 系列	罗斯蒙特公司	356

六、土地征用

托电厂址所在地没有大型工业企业，不属于国务院规定的"控区"范围，空气质量较好，环境质量优良。从项目规划提出后，负责筹备的人员就开始进行厂址选定和土地勘察工作。1993 年 12 月 22 日，托电工程筹备处成立后，征用土地的调查与测量工作全面展开。

1994 年，托电工程筹备处与托县政府共同组成了征地普查小组，同年 10 月进驻现场开始了征地普查工作。期间，先后四次对生产用地、筹建处用地、

储灰场用地、生活区用地等进行了全面普查。同时对地面附着物、树木、搬迁村庄，包括房屋建筑结构、人口构成等也进行了详查，年底完成了普查。期间，还多次与托县政府进行了协商，为征地及移民工作的实施奠定了基础。

1995年4月25日，由内蒙古电力（集体）有限责任公司主持召开会议，与托县政府共同商定了征地原则。随后，托电工程筹备处还专门成立了征地政策研究小组，对有关征地政策等进行研究和摸底，并与托县政府成立了联合征地领导小组，研究和制定征地及移民工作的方案。

托电公司成立并正式运作后，征地及移民工作进度加快。1996年，托电公司与托县政府完成了征地谈判。同年10月11日，就移民搬迁、移民新村选址及厂区的"五通一平"等用地与托县政府达成了协议。11月20日，移民新村开工建设。

1997年7月18日，托电公司与托县政府正式签署了征地协议。同年9月20日，托电工程移民新村落成。移民新村新建住房27户，并建有学校、商店等，还新开水地400亩。10月，移民搬迁工作完成，因征地迁移的农民得到妥善安置。

1999年7月1日，国土资源部批复了托电公司一期工程建设用地（国土资函〔1999〕271号文），同意托电公司征用各类用地11696.505亩。

托电公司一期工程建设项目包括厂区、灰场、铁路专用线和供水工程等几个部分。厂区、灰场和供水工程都在托县境内，铁路专用线分别途经内蒙古清水河县、和林格尔县和托县。其中，厂区共征地3350亩，拆迁27户，这些移民已通过集中新建移民新村的办法解决。铁路专用线征地2992亩，拆迁41户，由于拆迁户居住分散，对这些拆迁户按原住房类别、面积重置价的标准给予了补偿。征地及拆迁费用均按政策规定兑现给受损农户。

世界银行的官员在考察托电公司贷款条件时，对有关移民工作给予了高度评价。

第二节　工　程　建　设

1993年12月22日，托电工程筹备处的正式成立，标志着托电工程进入了前期准备阶段。托电公司一期工程的主体施工单位是天津电力建设公司和北京电力建设公司，辅助系统（BOP）部分由内蒙古电建一公司和内蒙古电建三公司联合体及内蒙古电建二公司等负责施工。其中，天津电力建设公司负责1号机组主体工程建筑、安装施工和烟囱工程施工，并参与了输煤系统的施工；北京电力建设公司负责2号机组主体工程建筑、安装和1号冷却塔的施工；内蒙古电建一公司和内蒙古电建三公司联合体负责综合给水排水泵房、污水处理站、制氧站、化学水、工业废水处理站、油区、输煤系统工程等的施工；内蒙古电建二公司主要负责净水工程、输水工程和2号冷却塔的施工；铁路专用线分六个标段，分别由中铁十三局、十四局、五局、十九局、一局和北京电气化局等六个单位施工；参加黄河供水工程施工的有：黄河工程局、内蒙古地质工程公司、内蒙古送变电公司、中国二冶蒙利达公司等；参加输煤系统施工的单位有：中铁十八局二处、五处等。

一、土建和水工建筑

（一）五通一平

1994年4月，托电工程筹备处开始组织进行厂区的五通一平及施工准备。同时着手施工水源、电源的勘查和现场围栏的设置工作。

1997年4月，厂前道路、招待所、夜休楼、车库、锅炉房、食堂等工程相继开工。同年9月20日，托电工程五通一平工程开工。年底，厂区平整工作完成，共完成填挖土量109.6万立方米。220千伏启备变电站建成，实现了施工通电。打建完成了13口水井，可初步满足每小时400吨的施工用水。

2000年底，厂区围墙基本完成，通讯和卫星接收系统投入使用，施工道路及厂前区硬化基本完成，为工程全面投入施工做好了准备。

（二）主厂房

2000年5月23日，托电公司一期工程主体施工单位天津电力建设公司、北京电力建设公司正式进驻托电工程现场。同年8月1日，一期工程主厂房基础开挖，标志着托电公司一期工程正式开工。2001年10月25日，一期工程主厂房建筑工程全部完工。

一期工程主厂房建筑工程共完成土方量约13万立方米，基础混凝土浇筑量2.291万立方米。

（三）输煤系统

一期输煤系统建筑工程包括煤场、火车卸煤沟、碎煤机室、转运站、输煤栈桥、输煤廊道、输煤综合楼、推煤机库等。火车卸煤沟地下部分为钢筋混凝土结构，地上部分横向为钢筋混凝土排架结构，纵向为框架结构。碎煤机室及转运站地下部分为现浇钢筋混凝土结构，地上部分为现浇钢筋混凝土框架结构。一期工程共设4座转运站和1座碎煤机室。斗轮机基础采用钢筋混凝土条型基础。输煤廊道采用现浇钢筋混凝土结构，出地面部分及采光间采用砖混结构。输煤栈桥桥面为压型钢板底模，现浇钢筋混凝土楼面。输煤综合楼、推煤机库为砖混结构。

2001年4月15日，输煤系统开工。2003年1月10日，输煤系统投入运行。

（四）烟囱

一期工程烟囱为钢筋混凝土全程负压型，基础为钢筋混凝土环板，烟囱外筒高240米，内筒高105米，在105米以上内外筒汇成单筒，出口直径为10米。烟囱基础土方开挖量为0.82万立方米，基础混凝土浇筑量为0.235万立方米，筒身混凝土浇筑量为0.9万立方米。

2000年8月13日，烟囱基础开挖。2001年11月19日，烟囱封顶。从基础开挖到封顶，烟囱施工比原计划提前40天。

（五）冷却塔

一期工程2台机组分别设一座双曲线型逆流式自然通风冷却塔，淋水面积6500平方米，塔高125米，进风口高度8米。基础为大体积环板型钢筋混凝土环基，宽度5米，厚度2米。每座冷却塔的挖方量为2.5837万立方米，基础混凝土量为0.4551万立方米，筒壁混凝土量为0.5485万立方米。

2001年4月5日，1号冷却塔开工。同年4月6日，2号冷却塔开工。2002年5月24日，1号冷却塔风筒混凝土浇注到顶。同年7月7日，2号冷却塔风筒混凝土浇注到顶。

（六）供水工程

托电公司一期工程供水工程包括取水工程和处理泥沙的净水工程及二次提升送至电厂的输水工程等三部分，全长11.072千米。

1999年10月10日，取水口围堰工程正式开工。2001年12月31日，厂外供水工程取水头部完工。2002年9月13日，供水工程具备供水条件。

（七）铁路专用线

铁路专用线起自大准（大同—准格尔）线DK189＋800处，线路正线全长42.05千米，设二道河、兰家窑、王玉营、卸煤场等4个车站。路基土方为352万立方米，路基附属污工15万立方米，大中桥11座、1426延长米，涵洞158座、3426横延米，隧道1个、990延长米，正、站线铺轨54千米，铺道岔40组，铺道砟13万立方米。

2000年5月1日，铁路专用线正式开工。2001年3月3日，铁路专用线的关键工程塔克隧道贯通，同年10月16日，铁路专用线实现了临时通车。

二、设备安装

（一）锅炉

一期工程锅炉采用单炉倒"U"型结构。每台炉安装了2台32VNT2060三分仓回转式空气预热器、3台无轴封水浸式电动炉水循环泵、6台MBF24型中速磨煤机、6 台耐压式电子称重给煤机、2 台动叶可调轴流式送风机、2 台导叶调节离心式一次风机、2 台静叶可调混流式引风机、2 台双室五电场静电除尘器。锅炉钢架宽 44.4 米，深 54 米，分五层八段，钢架总重 4750 吨。大板梁 8 根，最重为 987 吨。安装时采取分层吊装的办法进行。天津电力建设公司用 DBQ3000 塔吊和 CC1400 履带吊安装。北京电力建设公司用 DBQ3000 塔吊和 BTQ2000 履带吊安装。

（二）汽轮机

一期工程汽轮机安装主要包括汽轮机本体安装、高压管道安装和高压给水管道安装。汽轮机经铁路运抵现场，用 2 台 80 吨行车和 1 台 250 吨履带吊 3 机抬吊吊装就位。在 2 号机组汽轮机安装的过程中，采用了日立公司推荐的工艺和程序，并由日立公司现场指导把关。

（三）电气

一期工程电气工程共安装了 60 万千瓦同步发电机 2 台，2 台机组配备安装了 6 千伏厂用电系统及 2 台启动/备用变压器、0.4 千伏厂用电系统及各类变压器 21 台，还安装了各类开关、各类盘柜、各类电缆等。每台机还安装了一套快速启动的柴油发电机和不停电保安电源及 UPS 电源。

（四）仪控

一期工程安装包括共用热控安装、锅炉热控安装、汽轮发电机组热控安装、除氧给水热控安装、水处理热控安装、启动锅炉房热控安装、制氢站热控安装、供热系统热控安装、烟灰处理系统热控安装等 11 个单位工程、41 个分部工程。共安装热控保护、热工仪表、热工自动、传感器、仪表开关、指示表、分析仪等 2000 多套（台），安装各类控制盘（柜）、仪表柜（架）几百个，安装管路敷设 8300 多米。

（五）输煤

一期工程输煤系统共安装输煤皮带 16 条、叶轮给煤机 4 台、滚轴筛 2 台、环式碎煤机 2 台、斗轮取料机 2 台。煤仓间为全钢结构，用扭剪型高强螺栓连接，由三门峡水工机械厂供货。构架宽度 100 米，共 11 跨，以 15 轴为对称中心线。构架深度 11 米，共 2 列。构架分 4 层供货，顶标高 50.8 米。煤仓间总重 1789 吨，共计杆件 734 件，安装高强螺栓 48756 套。

（六）化学水处理

一期工程化学水处理部分由内蒙古电建一公司负责锅炉补给水系统的安装，天津电力建设公司负责 1 号机组精处理除盐系统的安装，北京电力建设公司负责 2 号机组精处理除盐系统的安装。每台机安装 2 台 100％容量的凝结水泵、2 台 50％容量的前置过滤器、2 台高速混床的中压凝结水精处理装置、1

台再循环泵，并安装了机、电、控一体化组合加药装置1套及各类槽、箱、罐和各类成套分析仪、各类阀门等若干。

（七）除灰渣系统

一期工程除灰渣系统主要安装的设备有：螺旋捞渣机、水浸式刮板捞渣机、皮带输送机、渣水循环泵、密封水泵、污水池排污泵、缓冲水箱排污泵及缓冲水箱等，每台炉省煤器还安装了6个灰斗、空气预热器安装了8个灰斗。

第三节 调 试 启 动

托电公司一期工程的主体调试单位为华北电力科学研究院有限责任公司。在调试启动开始前，成立了试运指挥组织机构，组织各专业调试人员进驻现场熟悉各种图纸资料、编写各专业启动调试措施，并召开会议讨论通过了机组调试大纲。从2002年9月27日1号机组厂用电系统临时受电开始，托电公司一期工程的调试工作全面展开。

一、调试过程

（一）分系统试运

在完成机组全厂控制系统（DCS）临时带电和6千伏厂用电系统临时受电后，2003年1月4日，1号机组锅炉酸洗一次成功。1月16日，1号机组锅炉首次点火进行机组热力系统吹管，2月10日吹管结束。在完成各项试验项目后，3月15日，1号机组的分系统试运工作结束。

2003年4月26日，2号机组锅炉酸洗结束。5月15日，2号机组锅炉首次点火进行机组热力系统吹管，5月28日锅炉吹管结束。在完成各项试验项目后，7月2日，2号机组的分系统试运工作结束。

（二）空负荷试运

2003年3月15日，1号机组开始整套启动程序。在完成各项试验项目后，4月4日，机组首次并网成功，空负荷试运完成。

2003年7月2日，2号机组开始整套启动。在完成各项试验项目后，7月8日，机组首次并网成功，空负荷试运完成。

（三）带负荷试运

2003年4月4日，1号机组开始带负荷试运。5月23日，完成50％甩负荷试验。5月31日，完成100％甩负荷试验及其他各项试验后，机组已经具备进入168小时试运条件，带负荷试运结束。

2003 年 7 月 8 日，2 号机组开始带负荷试运。7 月 18 日，完成 50％甩负荷试验。7 月 19 日，完成 100％甩负荷试验及其他各项试验后，机组已经具备进入 168 小时试运条件，带负荷试运结束。

（四）168 小时满负荷试运

2003 年 6 月 2 日 12 时 58 分，1 号机组开始进行 168 小时满负荷试运。6 月 9 日 12 时 58 分，1 号机组一次完成 168 小时连续满负荷试运，正式移交生产。

2003 年 7 月 22 日 12 时 58 分，2 号机组开始进行 168 小时满负荷试运。7 月 29 日 12 时 58 分，2 号机组一次完成 168 小时连续满负荷试运，正式移交生产。

二、调试期间发现的缺陷及处理

（一）电除尘效率达不到设计要求

由于受机组设计煤种灰特性的影响，电除尘效率不能达到设计要求，除影响环境外，也会对引风机叶片造成磨损，试运期间利用停炉的机会进行了检查，发现 2 台引风机的所有叶片根部已有磨损。通过修复，已能够正常运行。

（二）干除灰系统出力不足

干除灰系统的出力不能满足在锅炉满负荷运行时保证稳定、顺畅地输送电除尘灰斗的干灰，第一、第二电场排灰频繁堵塞。后已按照调试单位的建议予以解决。

（三）锅炉再热气温的调节问题

按照设计，锅炉再热气温的调节由摆动式燃烧器实现，在调试过程中发现，机组负荷 50％以上时，摆动燃烧器下摆到最低位置，再热蒸汽温度仍较高，严重影响机组效率。通过燃烧初调整、改变一次和二次风的比例、改变磨煤机组的配置方式、改变炉膛出口烟气中氧含量及改变反切风的开度等措施进行了修复。

（四）锅炉排烟温度测点设计位置不当

由于锅炉排烟温度测点设计位置不当，4 支排烟温度测量的数据偏差达 30℃，按算术平均值，锅炉满负荷时排烟温度比设计值高 10℃。后经调整排烟温度测点位置，问题得到解决。

（五）锅炉一次风机、送风机吸入口噪声较大

在机组高负荷时，锅炉一次风机、送风机吸入口噪声较大，经分析是由于暖风器装在吸入口，在风速较高时气流扰动而产生。后已把暖风器装在合适的位置，噪声较大的问题得以解决。

（六）给水泵缺陷

给水泵汽轮机在机组正常工作的范围内，2台汽泵工作，低压调门全开，高压调门还需开 10%～30%，与设计工况不符。后通过调整，已能够满足机组的正常运行。

（七）凝结水流量测量设计位置不当

由于凝结水流量测量设计位置不当，低旁减温水流量无法测量，在机组事故状态下，旁路开启时数次发生凝结水流量低的问题。调试过程中已做了调整。

（八）循环水温度偏高

2号机组在试运过程中，循环水温度偏高，主要原因是冷却塔散热面积与其他同类型机组相比偏小，影响真空，降低机组效率。由于增大冷却塔散热面积的可能性不大，所以调试单位建议经常检查循环水系统，保持通路畅通，同时在运行期间要控制循环水浓缩倍率，加强胶球系统投运，防止凝汽器钛管内壁结垢。

（九）电动给水泵振动超标

2号机组电动给水泵工作在 3300～3600 转/分区间时，振动超标。原因为芯包不合格，已重新购买了芯包并做了更换。

（十）汽轮机轴瓦温度偏小

2号机组4号、5号、6号轴瓦温度在全厂控制系统（DCS）上显示偏小，原因为图纸有误造成接线有问题，停机后已做了处理。

三、调试结论

从机组启动算起，至 168 小时连续满负荷试运结束，1号机组整套试运历时 88 天，2号机组整套试运历时 28 天。

在机组试运期间，热工仪表保护投入率、自动投入率均为 100%，并且1号、2号机组实现了锅炉水压实验、汽机本体扣盖、厂用电系统受电、酸洗、点火、吹管、冲转、并网、甩负荷及 168 小时满负荷试运等"十个一次成功"。主、辅设备功能基本达到合同及国家有关规程规范的要求，各项技术经济指标达到设计要求，能够满足长期满负荷稳定运行发电的要求，可以安全、稳定、可靠地投入商业运行。

第四节　试运行及达标投产

托电公司一期工程1号机组于 2003 年 6 月 9 日 12 时 58 分完成 168 小时试

运，正式进入商业运行；2号机组于2003年7月29日12时58分完成168小时试运，正式进入商业运行。2003年12月9日，1号机组半年试运行结束。2004年1月29日，2号机组半年试运行结束。

一、机组半年试运

托电公司一期工程在调试阶段没有遗留或未完项目。2003年12月，在1号、2号机组即将完成半年试运时，相继进行了机组性能试验。其中，汽机侧完成的性能试验项目有：100%负荷热耗试验、汽机最大负荷试验、汽机最大工况试验、高加切除试验、高背压能力工况试验、凝汽器运行试验、45万千瓦热耗试验等。锅炉侧完成的性能试验项目有：锅炉热效率、锅炉最大出力、锅炉额定出力、锅炉断油最低出力、制粉系统出力、磨煤机单耗、锅炉污染物排放、空预器漏风、除尘器效率等。化学侧完成的性能试验项目有：粉尘、噪声和散热等。

经机组性能试验，各项技术指标都能满足机组设计要求，符合达标投产的考核标准。

二、达标投产

（一）达标投产的组织

根据国家电力公司《火电机组达标投产考核标准（2001年版）》的要求，托电公司于2003年12月5日成立了以托电公司总经理朱平立为组长、各参建单位参与的1号、2号机组达标领导小组，领导小组下设安全管理、质量与工艺、调整试验、技术指标、工程档案、综合管理等六个工作组，明确职责、明确任务，有组织地开展达标投产工作。

（二）自检结果

为保证1号、2号机组能够顺利通过达标投产验收，托电公司按照国家电力公司《火电机组达标投产考核标准（2001年版）》，于2003年12月17日～2004年1月15日，先期组织达标领导小组各工作组进行内部自检和自检后的整改。2004年2月5日和3月25日，达标领导小组组织进行了两次集中自检，并进行了自评打分。在自检过程中，对发现的问题进行了及时的整改和处理。

经自检，1号、2号机组在半年试生产期间热工、电气保护正确动作率、程控投入率等都达到了100%。1号机组自动投入率达到99.2%，2号机组自动投入率达到99.1%。高加投入率均为100%。机组轴振最大49微米，各种油质、汽水品质合格率、优良率均达到优良。机组的可靠性指标均达到了先进水平，具备了达标投产的预检条件。2004年3月29日，托电公司向大唐国际发电公司提出请示，申请进行预检。

（三）达标检查结果

根据托电公司的申请，2004 年 4 月 24～26 日，大唐国际发电公司组织专家对托电公司 1 号、2 号机组进行了达标投产预检。

1. 安全管理

在 1 号、2 号机组建设过程中，参建各单位高度重视安全文明施工管理，认真落实安全生产责任制，施工现场安全生产保证和监督体系健全，安全生产规章制度齐全并执行严格，在建设和试生产期间没有发生人身死亡事故、重大机械设备事故和火灾事故，安全管理工作达到考核标准要求。

2. 质量与工艺

质量管理制度健全、得力，质量管理体系健全并能够有效运行，相关单位在提高施工质量与工艺方面做了实在而有效的工作，全部工作均按管理程序由监理与相关人员进行了验收签证，形成了管理的闭环，施工工艺质量和文明生产水平较高，2 台机组均以优质的水平投入商业运行。

3. 调整试运

调试组织机构齐全，指挥有力。调试的项目齐全、安排科学合理、指标先进、质量优良，无遗留项目。在半年试生产期间，完成了各项性能试验，试验措施齐全、报告及时准确。

4. 技术指标

1 号机组在半年试生产期间完成发电量 175972 万千瓦时，机组可用小时达到 4883.1 小时，等效可用系数达到 97.97％。2 号机组在半年试生产期间完成发电量 155573.928 万千瓦时，机组可用小时达到 4324.6 小时，等效可用系数达到 96.83％。

1 号机组在半年试生产期间供电煤耗为 349.25 克/千瓦时，汽机真空严密性为 0.2 千帕/分，月平均补水率为 2.59％，厂用电率测试值达到 5.95％，发电机漏氢量测试值为 12.4 立方米/日。2 号机组在半年试生产期间供电煤耗为 350.8 克/千瓦时，汽机真空严密性为 0.24 千帕/分，月平均补水率为 2.53％，厂用电率测试值达到 4.77％，发电机漏氢量测试值为 10.472 立方米/日。

2 台机组在半年试生产期间热工、电气保护、自动投入率、正确动作率、程控投入率、高加投入率和各种油、汽水品质合格率、优良率等各项经济技术指标均达到了国内同类机组新机投运的较高水平。

5. 工程档案

工程档案管理组织机构及规章制度健全，归档材料齐全、完整、准确，并实现了网络化管理。

6. 综合管理

项目法人及各参建单位自觉执行项目法人制、合同制、招投标制、资本金制及监理制。在执行设计规程规范的基础上，进行了多项设计优化，并在设备、监理、施工队伍的选择上全面实行了招标，工程造价得到了有效的控制，实现了效益的最大化。

经过专家组的认真评审，托电公司一期工程1号、2号机组的六个考核项目全部合格，1号机组获得547.02的总分，2号机组获得563.73的总分，顺利通过达标投产预检。

2004年6月18日，经过中国大唐集团公司的复检和动态考核，命名托电公司一期工程1号、2号机组为"基建移交生产达标投产机组"（大唐集团工[2004] 295号文）。2005年6月，托电公司一期工程被中国电力建设企业协会评为"2005年度中国电力优质工程"。2006年6月，又被中国工程建设质量审定委员会评为"2005年度国家优质工程"。

第五节　工 程 建 设 进 度

一、土建工程

2000年8月1日，1号、2号机组基础开挖。

2000年10月28日，1号机组基础出零米。

2000年11月2日，2号机组基础出零米。

2001年8月29日，1号机组主厂房结构到顶。

2001年9月14日，2号机组主厂房结构到顶。

2001年10月19日，1号机组主厂房封闭。

2001年10月25日，2号机组主厂房封闭。

二、安装调试

2001年3月31日，1号机组锅炉钢架开始吊装。

2001年7月28日，2号机组锅炉钢架开始吊装。

2001年10月18日，1号机组汽包吊装就位。

2002年2月8日，2号机组汽包吊装就位。

2002年7月16日，1号机组锅炉水压试验完成。

2002年8月28日，1号机组汽轮机本体扣盖完成。

2002年9月27日，1号机组厂用电系统受电完成。

2002年12月30日，2号机组汽轮机本体扣盖完成。

2002年12月31日，2号机组厂用电系统受电完成。

2003年1月4日，1号机组锅炉酸洗完成。

2003 年 1 月 16 日，1 号机组首次点火。

2003 年 1 月 16 日，2 号机组锅炉水压试验完成。

2003 年 2 月 10 日，1 号机组锅炉吹管结束。

2003 年 3 月 15 日，1 号机组首次联合启动。

2003 年 4 月 4 日，1 号机组并网。

2003 年 4 月 26 日，2 号机组锅炉酸洗完成。

2003 年 5 月 15 日，2 号机组首次点火。

2003 年 5 月 28 日，2 号机组锅炉吹管结束。

2003 年 6 月 2 日 12 时 58 分，1 号机组首次进入 168 小时试运行。

2003 年 6 月 9 日 12 时 58 分，1 号机组完成 168 小时试运，正式进入商业运行。

2003 年 7 月 2 日，2 号机组首次联合启动。

2003 年 7 月 8 日，2 号机组并网。

2003 年 7 月 22 日 12 时 58 分，2 号机组首次进入 168 小时试运行。

2003 年 7 月 29 日 12 时 58 分，2 号机组完成 168 小时试运，正式进入商业运行。

2003 年 12 月 9 日，1 号机组半年试运行结束。

2004 年 1 月 29 日，2 号机组半年试运行结束。

第二章 二 期 工 程

托电公司二期工程在国家实施"西部大开发"战略中被列入"西电东送北通道"首批开工的项目。设计规模为2台60万千瓦机组。2002年7月4日，国家计委批准托电公司二期工程立项。2002年5月1日，二期工程开工。2004年7月14日和2004年9月14日，3号、4号机组分别完成168小时试运。2005年1月14日和2005年3月14日，2台机组先后完成半年试生产，正式移交生产运行。2005年10月13日，被中国大唐集团公司命名为"基建移交生产达标投产机组"。

托电公司二期工程的总设计单位为北京国电华北电力工程有限公司。工程监理单位为河北电力建设监理有限责任公司。主要施工单位为天津电力建设公司和北京电力建设公司。三大主机的供货商分别是：锅炉由北京巴步科克·威尔科克斯有限公司提供，汽轮机由东方汽轮机厂提供，发电机由东方电机股份有限公司提供。

二期工程的竣工投产，使托电公司拥有了240万千瓦的装机容量，企业规模初步形成。

第一节 前 期 准 备

一、可行性研究

（一）可行性研究过程

托电公司二期工程的可行性研究由北京国电华北电力工程有限公司负责。

2000年11月，北京国电华北电力工程有限公司编制完成了二期工程的初步可行性研究报告。

2001年5月，二期工程的初步可行性研究报告通过中咨公司的评估。

2002年1月11～14日，国家电力公司电力规划设计总院在内蒙古自治区呼和浩特市主持召开审查会议，通过了《关于托克托电厂二期工程可行性研究报告的审查意见》（电规总水土〔2002〕1号文）。同年7月4日，国家发展计划委员会在报经国务院批准后，批复了托电公司二期工程的可研报告（计基础〔2002〕1053号文）。

（二）建设条件

托电公司二期工程项目的提出，正是国家实施"西部大开发"战略的关键时期，托电公司二期工程的建设符合"西部大开发"战略的总体要求，而且北京申请举办 2008 年奥运会已经成功，作为用以保证北京地区用电的托电工程，建设二期工程作用明显、意义重大。

托电公司二期工程完全利用一期工程已征场地，沿一期工程主厂房扩建端连续扩建。电厂按规划容量已完成土地征用，不仅能够满足二期工程设计需要，还可满足三期、四期工程共 8 台 60 万千瓦机组的厂区用地需要。大多公共设施已在一期工程中一次规划设计或建设完毕。一期工程已按天然地基方案建设，建设场地地势平坦开阔，工程地质条件良好。

二期工程仍采用冷却塔二次循环的冷却方式，供水水源仍由黄河引水，已获得黄河水利委员会的批复（国黄字申［2002］第 00001 号文），并且一期工程已在黄河蒲滩拐河段建设了满足取水需要的输水水工设施，供水条件较好，同时，二期工程采取了更为有效的节水措施，不会增加过多的取水量。

二期工程设计煤种仍为准格尔煤，托电公司与准格尔煤炭工业公司签署了煤炭供应及运输协议。一期工程已建成接自准煤外运专用铁路—准大（准格尔至大同）线上二道河站的电厂铁路专用线，可满足一、二期工程 4 台机组及规划容量 8 台机组燃煤运输的需要。考虑到煤炭供应的其他因素，二期工程还设计建设具备部分接卸地方煤矿汽车供煤的设施。

二期工程年排灰渣量约 100 万吨，除部分综合利用外，其余均排至一期工程已征用的高宝什灰场，可满足贮灰要求，也能够达到水土保持审批要求的灰场绿化防护带的标准。

托电工程地处非"两控"区，二期工程仍采用多项高效环保措施，排放指标均符合国家现行标准要求，已获得国家电力公司关于水土保持方案报告书的预审意见的批复（国电科［2002］105 号文）。

二期工程仍以 500 千伏一级电压等级直送京津唐电网，在一期工程已建两回至北京安定变电站的 500 千伏送电线路的基础上，采用架设第三回 500 千伏送电线路的方案解决，电力输出的条件已经具备。

二、项目报批

2000 年 3 月 31 日，大唐国际发电公司向中国华北电力集团公司上报《内蒙古大唐托克托发电厂二期项目建议书的请示》，提出扩建 2 台 60 万千瓦国产燃煤机组。同年 11 月 16 日，由国家电力公司正式上报国家发展计划委员会。11 月，北京国电华北电力工程有限公司根据建议书编制完成了二期工程的初步可行性研究报告。

2001年1月11日，国家环境保护总局环境工程评估中心受国家环境保护总局的委托，对《托电二期工程环境影响评价大纲》进行了评审。同年10月22日，水利部水土保持司下发《关于内蒙古托克托电厂二期工程水土保持方案大纲批复的函》（水保监便字〔2001〕42号文）。12月12日，托电公司二期工程项目建议书获得国务院总理办公会通过。12月30日，国家电力公司在北京市主持召开预审会议，通过了《关于内蒙古托克托电厂二期工程环境影响报告书》（国电科〔2002〕120号文）。会后，报告书编制单位北京国电华北电力工程有限公司根据专家组评审意见对报告书进行了修改补充。

2002年3月22日，二期工程环境影响报告通过了国家环保总局的审查（环审〔2002〕71号文）。同年7月4日，国家发展计划委员会在报经国务院批准后，批复了托电公司二期工程的可研报告，并列入国家"西电东送北通道"首批开工项目。8月2日，国家发展计划委员会下达了《2002年第八批基本建设新开工大中型项目计划的通知》（计投资〔2002〕1287号文），托电公司二期工程被正式列入新开工项目。

三、资金筹集

2002年1月15日，托电公司召开第十四次股东会议，通过了《关于投资扩建托电二期工程的决议》，决定由大唐国际发电公司、北京国际电力开发投资公司、内蒙古蒙电华能热电股份有限公司分别按60%、25%、15%的比例出资建设二期工程。由托电公司负责电厂的建设、经营、管理及债务偿还。按照批准的概算，二期工程概算为人民币40.7070亿元，各股东分别按20%的比例配置了自有资金，其余资金配置通过融资渠道解决。其中：向中国农业银行融资10亿元、向国家开发银行融资9亿元、向中国工商银行融资5亿元。2004年3月25日，托电公司二期工程贷款合同正式签字，融资工作完成。

四、工程设计

（一）设计原则

托电公司二期工程的总设计单位仍为北京国电华北电力工程有限公司。在工程设计过程中，依照"创精品、建一流、站排头"的工程建设与管理理念，设计单位以创精品为目标，遵循安全可靠、经济适用、符合国情和满足国家环保政策要求的设计原则，坚持执行ISO9001：2000质量保证体系程序，严格控制影响设计质量的各个环节，始终贯彻执行各项质量程序文件的规定，提高在方案设计、设计评审、工代服务、质量记录、质量改进等方面的控制能力，保证了设计的质量。

（二）设计范围

二期工程的设计主要包括3号、4号机组的生产、辅助生产和附属生产设施的工艺设计及主厂房布置、土建项目、热力系统、燃烧系统、锅炉点火系统、输煤系统、除灰系统、化学水处理系统、电气和厂用电系统、热工控制系统、采暖通风和空调系统、供水系统、给排水系统、消防系统、厂内通讯系统、远动系统、照明系统、防洪系统的设计，还包括环境保护设计、工程概算设计等。

（三）设计过程

2002年1月，托电公司二期工程在通过可研审查后即开始初步设计。同年4月12～16日，国家电力公司电力规划设计总院在内蒙古呼和浩特市主持召开了托电公司二期工程初步设计预审查会议，通过了初步设计审查。8月，开始施工图设计。

（四）设计概况

按照设计，托电公司二期工程为2台60万千瓦国产燃煤机组。主厂房在一期主厂房东侧连续扩建，采用汽机房、除氧间、煤仓间及锅炉房四列纵向布置。2台机组共设一个集中控制楼，布置于2炉之间。主厂房总长176.2米，采用全钢结构。横向结构由汽机房A列、汽机房屋面梁、除氧煤仓间B、C、D列组成钢接加支撑体系。纵向结构体系为铰接加支撑，每列纵向排架。运转层采用大平台布置，与主厂房结构连接，为全铰接带支撑的钢结构体系。

500千伏配电装置在一期工程东侧连续扩建，均采用三列式布置格局，以三回500千伏向北出线。启备电源为220千伏。每台机组主变压器采用三个单相变压器组成，4台机组主变压器设1台单相变压器作为备用。

循环水系统为单元制，每台机组设一座6500平方米的自然通风冷却塔。冷却塔布置在汽机房A列的外侧，2台机组共用一座循环水泵房。

烟道南侧是脱硫场地，两期脱硫场地之间布置除灰设施——贮灰罐和气化风机房。

一、二期工程共用一套输煤系统，贮煤、卸煤设施合并建设，布置在厂区南部。铁路卸煤采用地下卸煤沟方式。

五、设备选型

（一）设备选型过程

托电公司二期工程的主要设备全部通过公开招标的方式选定。2002年初，主要设备招标工作完成，同年3月30日，合同生效。随后，以托电公司牵头，集中华北电力系统的人力优势，成立设备监造委员会，派出多个监造小组，对设备实施监造，特别是对于重要主辅机设备，实行驻厂跟踪监造，保证了设备质量和供应进度。

（二）主要设备

1. 锅炉

二期工程2台锅炉均为亚临界参数、自然循环、前后墙对冲燃烧方式、一次中间再热、单炉膛平衡通风、固态排渣、紧身封闭、全钢构架的Ⅱ型汽包炉。锅炉型号、生产厂家及容量与主要参数见表1-2-1和表1-2-2。

表1-2-1　　　　锅炉设备型号及生产厂家明细

设备名称	设备型号	生产厂家	合同总价（万元）
锅炉	B&2WB-2028/17.7-M	北京巴布科克·威尔科克斯有限公司	32676
干除灰（国内）	$Q=180m^3/min\ 50kPa$	克莱德贝尔格曼华通物料输送有限公司	294
干除灰（进口）	AV-MD300	克莱德贝尔格曼物料输送有限公司	1006
捞渣机　贮渣仓	GBL20E	克莱德贝尔格曼物料输送有限公司	1609
空气预热器	VNT1830	豪顿华工程有限公司	2893
电除尘	F480-5	浙江菲达环保科技股份有限公司	3800
仪用螺杆式空压机	SA-250W	北京复盛机械有限公司	264
除灰空气压缩机及后处理设备	ML250W/C \ RD0500W \ SFF0540 \ MF0540	上海英格索兰压缩机有限公司	351
磨煤机	ZGM123G	北京电力设备总厂	7403
引风机	AN37E6	成都电力机械厂	1104
送风机	ANN2662/1400N	豪顿华工程有限公司	603
一次风机	ANT1938/1250N	豪顿华工程有限公司	1119

表1-2-2　　　　锅炉容量和主要参数

参　　数	单　　位	锅炉最大连续出力	额定工况（THA）
蒸发量	t/h	2028	1770.7
过热器出口蒸汽压力	MPa（g）	17.6	17.3
过热器出口蒸汽温度	℃	541	541
再热蒸汽流量	t/h	1717.3	1512.4
再热器进口蒸汽压力	MPa（g）	3.992	3.49
再热器出口蒸汽压力	MPa（g）	3.832	3.353
再热器进口蒸汽温度	℃	330	317.5
再热器出口蒸汽温度	℃	541	541
省煤器进口给水温度	℃	282.1	273.5

2. 汽轮机

二期工程汽轮机为亚临界、一次中间再热、冲动式、单轴、三缸四排汽、双背压凝汽式汽轮机。汽轮机型号、生产厂家及主要技术参数见表 1-2-3 和表 1-2-4。

表 1-2-3　　　　　　　　汽轮机设备型号及生产厂家明细

设备名称	设备型号	生产厂家	合同总价（万元）
汽轮机	N600-16.7/538/538	东方汽轮机厂	21322
高压加热器	JG-2061-1-3 JG2231-1-2，JG1745-1-1	上海动力设备有限公司	1773
低压加热器	JD-1060IV	东方汽轮机厂	6128
给水泵组	CHTC6/5	上海凯士比泵有限公司	1991

表 1-2-4　　　　　　　　汽轮机主要技术参数

项　目	单　位	额定工况	能力工况	汽机最大连续出力工况	汽机阀门全开工况
机组出力	kW	600001	600004	644986	671889
机组热耗值	kJ/（kW·h）	7773	8234	7754	7748
主蒸汽压力	MPa（a）	16.67	16.67	16.67	16.67
再热蒸汽压力	MPa（a）	3.3	3.545	3.571	3.737
高压缸排汽压力	MPa（a）	3.666	3.939	3.968	4.152
主蒸汽温度	℃	538	538	538	538
再热蒸汽温度	℃	538	538	538	538
主蒸汽流量	kg/h	1770700	1929650	1929650	2028000
再热蒸汽流量	kg/h	1512391	1631084	1639386	1717345
背压	kPa	5.33	11.8	5.33	5.33
低压缸排汽流量	kg/h	1077746	1162188	1157583	1205852
补给水率	%	0	3	0	0
循环水温度	℃	21	33	21	21
最终给水温度	℃	273.5	278.6	278.9	282.1

3. 电气

二期工程发电机为东方电机股份有限公司设计制造的 QFSN-600-2-22 型水-氢-氢冷却、三相交流两极同步汽轮发电机，采用瑞士 ABB 公司生产的自并励静态励磁系统。主变压器为单相式变压器，高压厂用变压器为三相分裂绕组变压器，备用变压器为三相分裂绕组有载调压变压器。电气设备型号、生产厂家及主要技术参数见表 1-2-5 和表 1-2-6。

表 1-2-5　　　　　　　　　　　电气设备型号、生产厂家明细

设备名称	设备型号	生产厂家	合同总价（万元）
发电机	QFSN-600-2-22	东方电机股份有限公司	11511
离相及共箱封闭母线	QZFM-22/22000-Z-I	江苏镇江电器设备厂	852
主变压器	DFP-250000/500	保定天威保变电气股份有限公司	37500
6千伏开关柜	ZS1；4000A，50kA	上海西门子开关有限公司	2250
380伏动力中心	JYD2000/70BFE系列	北京供电福斯特开关设备有限公司	953
500千伏 SF_6 断路器	HPL550B2	北京ABB高压开关设备有限公司	955
高压厂用/备用变压器	SFZ-63000系列	西门子变压器有限公司	1201
除尘器电气控制	GGAJ02－0.2A/72kV	北京华电润泽电力设备有限公司	1102

表 1-2-6　　　　　　　　　发 电 机 主 要 技 术 参 数

名　　　称	单　　位	设　计　值
额定容量	MV·A	667
额定功率	MW	600
最大连续输出功率	MW	717（与TMCR匹配）
额定功率因数		0.9
定子额定电压	kV	22
额定氢压	MPa	0.414（额定功率为600MW）
额定频率	Hz	50
额定转数	r/min	3000
定子线圈接线方式		YY

4. 仪控

二期工程仪控包含锅炉、汽机、除灰及化学水。其中，全厂控制系统（DCS）系统采用美国西屋公司控制系统，除灰渣控制采用瑞士ABB公司控制系统，汽机监测系统由德国EPRO公司提供，化学水仪控系统由华电胜鑫公司提供，采用瑞士ABB公司的可编程控制系统。相关设备型号、生产厂家见表 1-2-7。

表 1-2-7　　　　　　　　　仪控设备型号、生产厂家明细

设备名称	设备型号	生产厂家	合同总价（万元）
分散控制系统	OVATION	上海西屋控制系统有限公司	3498
仪表阀门	SSV11/S/SW-16MMOD	北京泰士特商贸有限公司	560
锅炉炉膛火焰检测系统	IDD-IIU	北京利顺翔电力技术有限责任公司	543
开关仪表	6NN-K5-M4	北京日域科技发展有限责任公司	231
变送器	3051系列	北京利顺翔电力技术有限责任公司	356

六、土地征用

托电公司一期已完成规划容量的全部征用，不仅可以满足一、二期工程设计需要，还可满足三、四期工程继续扩建的厂区用地需要。

<h2 style="text-align:center">第二节　工　程　建　设</h2>

托电公司二期工程的主体施工单位为北京电力建设公司和天津电力建设公司。北京电力建设公司负责 3 号机组单元、主控楼、循环水泵房及 3 号冷却塔的施工，天津电力建设公司负责 4 号机组单元、烟囱、地下管网、灰库及 500 千伏升压站等工程的施工。化学水系统、循环水排污水处理站及辅助系统（BOP）部分工程由内蒙古电建一公司和中铁十八局联合体负责施工。4 号冷却塔及其余辅助系统（BOP）工程由内蒙古电建二公司负责施工。

一、土建和水工建筑

（一）主厂房

二期工程 3 号、4 号机组主厂房零米以下为钢筋混凝土独基，埋深 6 米，局部 8 米。主厂房零米以上为钢结构，外围护墙采用复合保温压型钢板，内墙采用加气混凝土砌块。主厂房土方开挖量为 12.5 万立方米，基础混凝土量为 1.1890 万立方米。

2002 年 5 月 1 日，3 号、4 号机组主厂房基础开挖。同年 8 月 20 日，作为国家"西电东送"北通道首批开工项目，国家计委主持了开工典礼。2003 年 4 月 9 日，二期工程主厂房建筑施工完成。

（二）输煤系统

一、二期工程输煤系统共用，输煤系统已在一期工程建成。

（三）烟囱

二期工程 2 台机组共用一座烟囱。烟囱为钢筋混凝土全程负压型，基础为钢筋混凝土环板，埋深－5.0 米，外筒高 240 米，内筒高 105 米，在 105 米以上内外筒汇成单筒，出口直径为 10 米。烟囱基础土方开挖量为 0.82 万立方米，基础混凝土浇筑量为 0.235 万立方米，筒身混凝土浇筑量为 0.9 万立方米。

2002 年 5 月 20 日，烟囱基础开挖。2003 年 9 月 27 日，烟囱封顶。

（四）冷却塔

二期工程 2 台机组分别设一座双曲线型逆流式自然通风冷却塔，淋水面积 6500 平方米，塔高 125 米，进风口高度 8 米。基础为大体积环板型钢筋混凝土环基，宽度 5 米，厚度 2 米。每座冷却塔的挖方量为 2.5837 万立方米，基础混凝土量为 0.6785 万立方米，筒壁混凝土量为 0.5485 万立方米。

2002 年 8 月 28 日，3 号冷却塔开工。同年 9 月 14 日，4 号冷却塔开工。2003 年 9 月 10 日，3 号冷却塔风筒混凝土浇筑到顶。同年 10 月 4 日，4 号冷却塔风筒混凝土浇筑到顶。

（五）除灰工程

二期工程除灰建筑包括 3 号、4 号电除尘和除灰综合楼、灰渣浆泵房等。2 台机组共设 3 个直径 15 米、高 32 米的钢筋混凝土灰库，灰库土方开挖量为 0.264 万立方米，基础混凝土浇筑量 0.148 万立方米。

（六）循环水系统

循环水工程主要包括循环水泵房和循环水管道。二期工程循环水泵房长 42 米，宽 18 米，泵房地下部分为钢筋混凝土箱型结构，深 9.7 米，地上结构顶标高 18.5 米。基础土方开挖量为 1.2503 万立方米，基础混凝土浇筑量为 0.2245 万立方米。供排水管道长为 1880 米。

二、设备安装

（一）锅炉

二期工程 2 台锅炉汽包单重为 230 吨，经铁路运抵施工现场。用 2 套 200 吨液压提升装置（劳辛格）吊装就位。在锅炉安装过程中，北京电力建设公司用 BDQ3000 塔吊和 BDQ2000 塔吊完成了 3 号机组锅炉钢结构的吊装，天津电力建设公司用 BDQ3000 塔吊和 CKE2500 履带吊完成了 4 号机组锅炉钢结构的吊装。锅炉钢架设置在炉顶的 4 根大板梁总重达 400 吨。

二期工程锅炉安装工程共吊装锅炉钢结构 7205.4 吨，承压部件 11412.4 吨，安装各类风机 24 台，各类集箱 238 只，锅炉本体附件 21.6 吨。另外，制粉系统共安装了给煤机 12 台、磨煤机 12 台，制作安装了钢煤斗 12 只、铺设落煤管 2.3 吨、煤粉管 862 吨。锅炉烟道安装了烟道、风门、膨胀节 49 吨，制作安装支架 48 吨，安装其他风道 1380 吨。电气除尘安装钢结构 370 吨，阳极板 17600 块，阴极框架 800 只，振打装置 128 台。燃油系统安装燃油管道 648 米，及其管道阀门 144 只，蒸汽管道 684 米及其阀门 156 只。锅炉吹灰系统安装了吹灰器 128 只，蒸汽管道 2848 米，阀门 18 只。

（二）汽轮机

二期工程汽轮机安装包括汽轮机本体安装、油管道安装、凝汽器安装、电动给水泵组安装、泵的检修安装、除氧器安装、高低压加热器吊装、循环水泵安装、循环水泵房起重机安装、高压管道安装、中低压管道安装、凝结水精处理安装、给水泵及驱动汽轮机安装等。每台机组配置 3 台 50% 容量的水环真空泵、2台50％容量的汽动给水泵、1台带液力耦合器的30％容量的电动调速给水泵和2台100％容量的凝结水泵，其他辅助设备还有3台高加、1台除氧器、4台低加、1套凝结水精处理装置等。大机还配有2个储油箱、1个主油箱，小机有2个油箱。

汽轮机润滑油系统主要设备包括：1个主油箱、2个储油箱、2台冷油器、1套油净化装置、1台主油泵、1台交流电动辅助油泵、1台交流电动盘车油泵、1台直流电动事故油泵、2台交流电动顶轴油泵、2台交流电动排油烟风机。

（三）电气

二期工程电气部分安装了60万千瓦同步发电机2台，变压器2台，各类电动机610台，各类开关盘柜434台，电缆桥架2275吨，敷设动力电缆257058米，控制电缆1121503米，信号电缆657521米，封闭母线352米和架空线500米。

（四）仪控

二期工程仪控专业安装工程包含锅炉、汽机、除灰及化学水。化学水仪控系统包括化学水程控系统、废水控制系统、预处理控制系统、精处理除盐程控系统及加药取样控制等。3号机组共安装热控保护366套、热工自动109套、热工仪表515套。4号机组共安装热控保护366套、热工自动109套、热工仪表515套。2台机组共安装控制盘（柜）、仪表柜（架）399只，各类变送器、传感器、仪表开关2127只，指示表（计）502只，分析仪表63套，温度元件2719支，气（电）动执行机构236只，敷设了仪表管、保护管212318米和补偿导线63690米。

（五）输煤

二期工程输煤系统为一期工程8号输煤皮带的延长，输煤系统安装了皮带机2台，总长740米。

（六）化学水处理

二期工程化学水处理锅炉补给水系统的安装由内蒙古电建一公司负责，3号机组精处理除盐系统的安装由北京电力建设公司负责，4号机组精处理除盐系统的安装由天津电力建设公司负责。工程共安装各类槽、箱、罐等近百台，各类成套分析仪等几百套，各类泵、风机近百套和各类阀门近千只。

（七）除灰渣系统

二期工程3号机组除灰渣系统安装和灰库设备的安装由北京电力建设公司负责，4号机组除灰渣系统的安装由天津电力建设公司负责。除渣系统共安装了渣水循环泵4台，排污泵14台，板式换热器4台，反冲洗过滤器4台，刮板捞渣机 2 台，渣仓 2 座。除灰系统共安装了空压机 6 台，冷干机 6 台，MD仓泵 32 台，AV 仓泵 64 台，空气电加热器 8 台，气化风机 10 台，干灰散装机3 台，双轴搅拌机 9 台，敷设了输灰管路 986 米。

第三节　调　试　启　动

托电公司二期工程的主体调试单位为华北电力科学研究院有限责任公司。2003 年 12 月 18 日，托电公司二期工程试运指挥部成立，并召开第一次会议，讨论通过了机组调试大纲。2004 年 2 月，各专业调试人员进驻现场，编写各专业启动调试措施。同年 2 月 9 日，二期工程试运指挥部召开第二次会议，讨论通过二期工程启动调试管理规定。

一、调试过程

（一）分系统试运

在完成机组 DCS 系统临时带电和 6 千伏厂用电系统受电后，2004 年 4 月17 日，3 号机组锅炉酸洗结束，检查鉴定评价为"优"。4 月 26 日，锅炉首次点火进行机组热力系统吹管，5 月 4 日吹管结束，质量评定为"优"。6 月 1日，3 号机组的分系统试运工作结束。

2004 年 6 月 24 日，4 号机组锅炉酸洗结束，检查鉴定评价为"优"。7 月11 日，4 号机组锅炉首次点火进行机组热力系统吹管，7 月 15 日锅炉吹管结束，质量评定为"优"。8 月 28 日，4 号机组的分系统试运工作结束。

在 3 号、4 号机组分系统试运期间，进行了电动阀门、气动阀门传动及380 伏、6 千伏电动机和设备的试运转，完成了锅炉炉前化学碱洗、循环水泵试运、电动给水泵试运、锅炉酸洗、锅炉烟风系统试运、锅炉 FSSS 系统的调试、汽机润滑油系统试运、汽机投盘车、机组热力系统蒸汽冲管、发电机风压试验、汽机真空系统试运、控制油系统试运、4 号主变反送、汽动给水泵试运等工作。

（二）空负荷试运

2004 年 6 月 1 日，3 号机组开始整套启动程序。6 月 4 日，汽机采用中压缸方式首次冲转，完成了汽机润滑油压调整，打闸、注油试验，主跳闸电磁阀动作在线试验等试验项目。6 月 5 日，锅炉再次点火，完成了发电机短路和空载试验、发变组短路和空载试验、励磁系统闭环试验、假同期试验。6 月 6日，机组首次并网成功，并完成了中压缸切高压缸试验。

2004 年 8 月 18 日，4 号机组开始整套启动，进行机炉空负荷调试。在完成水压试验、完成炉膛负压动态试验后，8 月 19 日，汽轮机首次冲转，完成了除超速试验以外的全部空负荷试验。8 月 28 日，锅炉点火，汽轮机第二次冲转，进行电气空负荷调试及超速试验。在电气完成发电机短路试验、发电机空载试验、发变组短路试验、发变组空载特性试验、励磁闭环试验、假同期试验后，8 月 30 日，机组首次并网成功。8 月 31 日，锅炉再次点火，汽机第三次冲转，机组第二次并网，完成 15 万千瓦负荷点进相试验。9 月 1 日，锅炉再次点火，在进行电超速试验及两次机械超速试验后，发电机第三次并网。

（三）带负荷试运

2004 年 6 月 8 日，3 号机组锅炉再次点火，完成锅炉再热器安全门、过热器安全门校验，锅炉蒸汽严密性试验。6 月 9 日，机组进行第五次中压缸冲转，完成了调门严密性试验、主汽门严密性试验、汽机电超速试验及两次机械超速试验后，发电机第三次并网，并完成了 A 汽泵首次带负载试运、高加首次试投、电除尘试投。6 月 22 日，机组在完成消缺后点火进行第六次中压缸启动，机组第四次并网，并完成了 B 小机升速、超速试验。6 月 23 日，锅炉再次点火，机组开始第七次中压缸启动，发电机再次并网。6 月 25 日，机组首次升负荷至 60 万千瓦，在完成了有功 20 万千瓦、36 万千瓦、45 万千瓦、58 万千瓦发电机进相试验和励磁调节器各项限制试验以及电力系统稳定试验、转子一点接地保护整定试验后，机组进行第八次中压缸启动，并完成第六次并网。6 月 26 日，机组完成 50％甩负荷试验进行第七次并网，先后完成了单侧引风机、送风机、一次风机带 50％负荷试验，风机单侧运行试验，进相试验及稳定试验，真空严密性试验，阀门活动试验，锅炉低负荷稳燃试验等。6 月 28 日，完成消缺后锅炉再次点火，机组进行第九次中压缸启动。7 月 5 日，锅炉又一次点火，机组第十次中压缸启动，在完成励磁系统均流试验、大机变真空试验后，机组第八次并网。7 月 6 日，锅炉再次点火，机组第十一次中压缸冲转，机组完成第九次并网，升负荷至 60 万千瓦并完成了机组 100％甩负荷试验。7 月 7 日，锅炉再次点火，机组进行第十二次中压缸启动，完成第十次并网。当日，机组又一次点火，进行第十三次中压缸冲转，3 号机组带负荷调试阶段结束。

2004 年 9 月 1 日，4 号机组在负荷 19 万千瓦、汽压 11 兆帕工况下完成汽动给水泵 A 与电泵首次并列后，负荷分别升至 22.6 万千瓦、30 万千瓦、33.3 万千瓦、45 万千瓦、50 万千瓦、54 万千瓦，完成了电气试验和负荷点的进相试验及励磁试验。9 月 2 日，机组负荷 60 万千瓦，完成了 50％甩负荷试验后，机组进行第四次并网。9 月 3 日，完成机组甩 100％负荷试验后，机组进行第五次并网，并先后完成了单侧引风机、送风机、一次风机、单台汽动给水泵带50％负荷试验，辅机单侧运行试验，低负荷稳燃试验。9月5日，锅炉再次点火。9月6日，机组进行第五次中压缸冲转，第六次并网，进行负荷变动试验、真空严密性试验。9月7日，机组负荷60万千瓦，断油、投高加、投电除尘，汽水品质基本合格、主保护全部投入，厂用电系统可靠备用、自动控制系统在协调控制方式下已经基本具备进入168小时试运条件，机组带负荷调试阶段结束。

（四）168小时满负荷试运

2004年7月7日23时58分，3号机组带60万千瓦负荷开始进行168小时满负荷试运。7月14日23时58分，3号机组一次完成168小时连续满负荷试运，正式移交生产。

2004年9月7日11时58分，4号机组开始进入168小时满负荷试运。9月14日11时58分，4号机组一次完成168小时连续满负荷试运，正式移交生产。

二、调试期间发现的缺陷及处理

（一）锅炉过热汽温的调节

在调试过程中发现，机组额定负荷时，过热器减温水流量达150吨/时以上，影响机组效率。后已按要求进行了燃烧初调整，问题得到了解决。

（二）锅炉排烟温度偏高

3号机组在满负荷时排烟温度比设计值高约25℃。经过检查、分析发现，为排烟温度测点位置不当，后按要求调整了温度测点位置，排烟温度恢复正常值。

（三）高压加热器及低压加热器水位开关误动

在机组运行过程中，高压加热器及低压加热器水位开关经常误动而跳高/低加，特别是在投入高加时更为明显。根据调试单位的建议，对高加水位开关取样管进行改造后问题得到解决。

（四）调速汽门打不开

机组在阀门活动试验中，调速汽门偶尔出现打不开现象，原因是安全油回路卸载阀或伺服阀犯卡。调试单位建议加强滤油，并对阀门活动逻辑作临时修改，在短期内阀门活动试验时，快关电磁阀不参与活动，半年或者一年后再恢复原逻辑。已按调试单位的意见进行处理。

（五）机组阀门活动试验逻辑存在缺陷

在最初的设计中未进行调节级压力补偿，在进行第一次汽机调节阀门活动试验时机组负荷扰动大约在10万千瓦。随后对阀门活动试验逻辑进行了修改，增加了调节级压力补偿回路，在进行第二次阀门活动试验时，发现负荷有振荡现象，同时出现阀门活动试验尚未结束便有强行退出试验的情况。在对整个逻辑进一步确认后，将阀门活动试验中调节级压力补偿回路系数进行了调整（减半），对阀门活动试验强行退出指令增加滤波，问题得到了解决。

（六）循环水泵电机振动大

经相关的振动测试专家进行分析，基本确定振动大的原因为循环水泵支座强度不足。在对3号机组循环水泵电机支座进行加固后，振动明显下降，后又对4号机组1号循环水泵泵体下壳及电机支座进行加固，经试运振动达到良好。

（七）顶轴油压不稳定

在机组试运过程中，3号机组出现了顶轴油压不稳定的情况，顶轴油压多次突然下降，严重影响到机组正常停机。经查找和分析，原因系顶轴油泵出口泄压阀泄油量大引起，当时已做处理，问题得到解决。

（八）瓦温度高

3号机组在首次冲转定速后，6号瓦瓦温达到100℃（润滑油温度41℃），5号轴振动在60～90微米，且含低频分量。经分析认为，6号瓦温度高主要原因在于6号瓦润滑油供油不足或6号瓦负载重、5号瓦负载轻，5号瓦负载轻还引起5号瓦振动偏大。最后决定在5号瓦加5丝垫片。在机组再次启动定速后，6号瓦温度最高86℃，5号瓦振动也降至70微米以内，瓦温度高的问题得以解决。

（九）推力瓦温度测点不合格

3号机组在试运后不久即出现部分推力瓦温度测点显示坏点，原因为温度测点较多，引线引出部位开孔较小，在机组运行中这些测点引线陆续被磨损断。经过对推力瓦温度测点引出位置进行开孔固定，其后的运行中推力瓦温度测点未出现坏点。4号机组在首次冲转后不久即出现3个推力瓦温度测点显示坏点，在停机后，揭开推力瓦检查过程中发现系4号机组推力瓦温度测点热电阻质量不好，遂将所有的温度测点进行了更换，其后的运行中推力瓦温度测点未出现坏点。

（十）旁路系统低压旁路单侧跳闸

3号机组在调试过程中旁路系统出现了多次低压旁路单侧跳闸现象，经分析：一是低旁减温水压力低测点位置不合理，将该测点布置在低旁减温水门前或者取低旁减温水调整门前后压差来代替；二是由于低旁减温水供水母管和分管尺寸相近，可能存在两侧低旁减温水抢水问题。由厂家进行参数调整后，低压旁路单侧跳闸问题得到解决。

（十一）主油箱容积偏小

机组主机润滑油油箱偏小，加上主机润滑油冷油器布置在 6.8 米以上，设计位置偏高，且为管式冷却器，系统注油容积较大，在润滑油系统停运时，润滑油回油箱，油箱油位上升过高。已采取在主油箱侧面背一个辅油箱的办法解决。

（十二）4 号机组发电机 7 号瓦振动偏大

4 号机组在带负荷过程中出现 7 号瓦轴振偏大情况，通过在发电机对轮处加配重，并经过运行磨合，在控制发电机较低的无功负荷下，发电机 7 号瓦轴振可以达到优秀的水平。

三、调试结论

从首次冲转算起，3 号机组在整套试运期间共启动 13 次，并网 12 次，至 168 小时连续满负荷试运结束，历时 41 天。4 号机组共启动 5 次，并网 6 次，历时 28 天。

在机组试运期间，完成了机组甩负荷试验、锅炉不投油最低稳燃负荷试验、数字电液调节阀门切换及活动试验，汽水品质合格。热工控制系统全部经调试后正常投入。进行了协调控制系统升负荷变动试验、发电机进相试验。主、辅机和辅助系统全部经调试后投入，主、辅设备功能基本达到合同及国家有关规程规范的要求，各项技术经济指标达到设计要求。经各种试验和运行方式的严格考验，机组自动控制系统能够正常投入，调节品质优良。在机组协调控制方式下，升降负荷平稳且具有较好的调峰运行能力。主、辅机及系统能满足长期满负荷稳定运行发电的要求，可以安全、稳定、可靠地投入商业运行。

第四节　试运行及达标投产

托电公司二期工程 3 号机组，于 2004 年 7 月 14 日 23 时 58 分完成 168 小时试运，正式进入商业运行；4 号机组，于 2004 年 9 月 14 日 11 时 58 分完成 168 小时试运，正式进入商业运行。2005 年 1 月 14 日，3 号机组半年试运行结束，2005 年 3 月 14 日，4 号机组半年试运行结束。

一、机组半年试运

托电公司二期工程 3 号、4 号机组在半年试运期间，相继完成了机组的性能试验。主要完成的性能试验项目有：机组热耗试验、汽机最大连续出力（T-MCR 工况）试验、汽机最大出力（VWO 工况）试验、汽机额定出力试验、凝汽器单侧运行工况试验、汽机部分负荷试验、锅炉热效率试验、锅炉最大出力试验、锅炉额定出力试验、制粉系统出力及磨煤机单耗试验、空预器漏风试验、锅炉最低稳燃负荷试验、煤耗试验、污染物排放试验、噪声测试、粉尘测试、散热测试、锅炉电除尘效率试验等。

经机组性能试验，各项技术指标都能满足机组设计要求，符合达标投产的考核标准。

二、达标投产

（一）达标投产的组织

根据国家电力公司《火电机组达标投产考核标准（2001 年版）》的要求，托电公司于 2005 年 1 月 20 日，调整成立了以托电公司总经理朱平立为组长、各参建单位参与的 3 号、4 号机组达标投产领导小组，领导小组下设安全管理、质量与工艺、调整试验、技术指标、工程档案、综合管理等六个工作组，明确职责、明确任务，有组织地开展达标投产工作。

（二）自检结果

为保证 3 号、4 号机组能够顺利通过达标投产验收，托电公司 3 号、4 号机组达标投产领导小组按照国家电力公司《火电机组达标投产考核标准（2001 年版）》，于 2005 年 4 月 25 日和 5 月 15 日，组织开展了两次集中自检，并进行了自评打分。在自检过程中，对发现的问题进行了及时的整改和处理。

经自检，3 号、4 号机组在半年试生产期间，热工、电气保护投入率、正确动作率、自动投入率、高加投入率等都达到了 100％。机组轴振最大值除 4 号机组 7 瓦 Y 向轴振达 96 微米外，其余均在优良范围。各种油质、汽水品质合格率、优良率均达到优良。机组的可靠性指标均达到了先进水平，具备了达标投产的预检条件。2005 年 6 月 21 日，托电公司向大唐国际发电公司提出请示，申请进行达标预检。

（三）达标检查结果

根据托电公司的申请，2005 年 6 月和 7 月，大唐国际发电公司和中国大唐集团公司先后组织专家对托电公司 3 号、4 号机组进行了达标投产预检和复检。

1. 安全管理

在 3 号、4 号机组建设过程中，参建各单位高度重视安全文明施工管理，认真落实安全生产责任制，施工现场安全生产保证和监督体系健全，安全生产规章制度齐全并执行严格，在建设和试生产期间没有发生人身死亡事故、重大机械设备事故和火灾事故，实现了"安全事故零目标"，安全管理工作达到考核标准要求。

2. 质量与工艺

质量保证体系完善，管理制度健全并执行得力，施工工艺质量水平较高，实现了"单位工程优良率100％和精品率80％以上"的目标。

3. 调整试运

调试组织机构齐全，指挥有力。调试的项目齐全，安排科学合理，指标先进，质量优良，无遗留项目。在半年试生产期间，完成了各项性能试验，试验措施齐全，报告及时准确。

4. 技术指标

3号机组在半年试生产期间完成发电量20057.8万千瓦时，机组可用小时达到4216小时，等效可用系数达到92.92％，考核期供电煤耗为342.29克/千瓦时，厂用电率测试值达到4.539％。4号机组在半年试生产期间完成发电量20822万千瓦时，机组可用小时达到4253.4小时，等效可用系数达到96.28％，考核期供电煤耗为343.87克/千瓦时，厂用电率测试值达到4.435％。

2台机组在半年试生产期间，热工、电气保护投入率100％，自动投入率100％，正确动作率100％。机组热工、电气监测仪表投入率100％，准确率100％，高加投入率100％。各种油、汽水品质合格。各项经济技术指标均达到或优于设计水平，在国内同类机组中居于领先水平。

5. 工程档案

工程档案管理组织机构及规章制度健全，归档材料齐全、完整、准确，建立了计算机网络化管理系统，并实现了机组与工程档案同步移交。

6. 综合管理

在工程建设过程中，始终执行项目法人制、合同制、招投标制、资本金制及监理制。在执行设计规程规范的基础上，进行了多项设计优化，并在设备、监理、施工队伍的选择上全面实行了招标，工程造价得到了有效的控制。

经过专家组的认真评审，托电公司二期工程3号、4号机组的六个考核项目全部合格，3号机组获得920.1的总分，4号机组获得932.28的总分顺利通过达标投产预检和复检。2005年10月13日，中国大唐集团公司命名托电公司二期工程3号、4号机组为"基建移交生产达标投产机组"（大唐集团工[2005] 494号文）。

第五节 工 程 建 设 进 度

一、土建工程

2002年5月1日，3号、4号机组基础开挖。

2002 年 8 月 20 日，3 号、4 号机组基础出零米。

2003 年 3 月 26 日，3 号机组主厂房结构到顶。

2003 年 4 月 9 日，4 号机组主厂房结构到顶。

2003 年 10 月 31 日，3 号机组主厂房封闭。

2003 年 12 月 20 日，4 号机组主厂房封闭。

二、安装调试

2002 年 10 月 28 日，3 号机组锅炉钢架开始吊装。

2003 年 1 月 8 日，4 号机组锅炉钢架开始吊装。

2003 年 4 月 25 日，3 号机组汽包吊装就位。

2003 年 6 月 26 日，4 号机组汽包吊装就位。

2003 年 12 月 28 日，3 号机组锅炉水压试验完成。

2004 年 3 月 10 日，3 号机组汽轮机本体扣盖完成。

2004 年 4 月 5 日，4 号机组锅炉水压试验完成，3 号机组厂用电系统受电。

2004 年 4 月 17 日，3 号机组锅炉酸洗完。

2004 年 4 月 26 日，3 号机组首次点火。

2004 年 5 月 4 日，3 号机组锅炉吹管结束。

2004 年 5 月 15 日，4 号机组厂用电系统受电。

2004 年 6 月 1 日，3 号机组首次联合启动。

2004 年 6 月 6 日，3 号机组并网。

2004 年 6 月 19 日，4 号机组汽轮机本体扣盖完成。

2004 年 6 月 24 日，4 号机组锅炉酸洗完成。

2004 年 7 月 7 日 23 时 58 分，3 号机组进入 168 小时试运。

2004 年 7 月 11 日，4 号机组首次点火。

2004 年 7 月 14 日 23 时 58 分，3 号机组完成 168 小时试运，移交生产。

2004 年 7 月 15 日，4 号机组锅炉吹管结束。

2004 年 8 月 18 日，4 号机组首次联合启动。

2004 年 8 月 30 日，4 号机组并网。

2004 年 9 月 7 日 11 时 58 分，4 号机组进入 168 小时试运。

2004 年 9 月 14 日 11 时 58 分，4 号机组完成 168 小时试运，移交生产。

2005 年 1 月 14 日，3 号机组半年试运行结束。

2005 年 3 月 14 日，4 号机组半年试运行结束。

第三章　三　期　工　程

托电公司三期工程是内蒙古自治区首期采用空气冷却系统的发电机组。设计规模为 2 台 60 万千瓦机组。2003 年 8 月 1 日，三期工程开工。2005 年 3 月 8 日，国家发展与改革委员会批准托电公司三期工程立项。2005 年 9 月 28 日和 2005 年 11 月 22 日，5 号、6 号机组分别完成 168 小时试运。2006 年 3 月 28 日和 2006 年 5 月 22 日，2 台机组先后完成半年试生产，正式移交生产运行。2006 年 12 月 18 日，被中国大唐集团公司命名为"基建移交生产达标投产机组"。

托电公司三期工程的主体设计单位为北京国电华北电力工程有限公司。工程监理单位为河北电力建设监理有限责任公司。主要施工单位为天津电力建设公司和北京电力建设公司。三大主机的供货商分别是：锅炉由东方锅炉（集团）股份有限公司提供，汽轮机由东方汽轮机厂提供，发电机由东方电机股份有限公司提供。

三期工程的建成投产使托电公司具备了 360 万千瓦的发电能力，为企业的规模化发展奠定了基础。

第一节　前　期　准　备

一、可行性研究

（一）可行性研究过程

托电公司三期工程的可行性研究由北京国电华北电力工程有限公司负责。2003 年 3 月，北京国电华北电力工程有限公司初步完成了可行性研究。同年 5 月 3～5 日，在北京召开托电公司三期工程可行性研究报告预审查会，会议期间，电力规划设计总院根据反馈意见，多次与有关单位进行交流，并达成一致意见，通过了初审核。

2004 年 1 月 2～3 日，电力规划设计总院在北京召集有关单位对托电公司三期工程可行性研究报告技术问题进行了补充审查，会后印发了会议纪要（电规总土水 ［2004］4 号文），有关单位按照纪要的要求完成了各项补充工作。同年 8 月初，北京国电华北电力工程有限公司完成了《托克托电厂三期工程可行性研究报告》编制工作。8 月 20 日，国家电力规划总院下发了《关于内蒙古托克托发电厂三期工程可行性研究报告的审查意见》（电规发电［2004］141号文），批复同意托电公司三期工程的可行性研究报告。9月29日，内蒙古自治区发展和改革委员会向国家发展与改革委员会上报了《关于审批托克托电厂三期工程可行性研究报告的请示》（内发改基础字［2004］1689号文）。

2005年3月8日，国家发展与改革委员会批复了托电公司三期工程的可行性研究报告并核准了托电公司三期工程的建设（发改能源［2005］344号文）。

（二）建设条件

三期工程大多辅助生产、附属建筑、公用设施已在一期工程中进行了总体规划或建设完成。一、二期工程已采用了天然地基，根据勘测结果，三期工程仍可采用天然地基。已征用的土地，完全能够满足三期工程建设，无需新征土地。

三期工程采用空冷机组，其用水量仅为490万吨，比同类型湿冷机组节水70％以上。为了充分利用水资源、节约用水，工程采取超滤加反渗透技术。通过对一、二期工程循环过程的排污水进行处理后作为三期工程生产用水，完全可以在不增加黄河用水的前提下，满足工程用水需要。另外，在一期工程中，对包括二期和三期工程在内的黄河蒲滩拐取水工程进行了充分的研究论证，并委托中国水科院泥沙所和武汉水利电力大学进行了整体冻床模型实验，且通过了各级专家的鉴定。

三期工程设计煤种仍为准格尔煤，依靠国家大型露天矿——准格尔煤田丰富的贮量及已建成的电气化铁路专用线，完全可以满足电厂用煤要求。

三期工程仍沿用一、二期工程已建成的高宝什灰场。除部分综合利用外，通过分块使用和分级加高子坝等措施增加容量。

在环境保护和水土保持方面，二期工程已按规划容量完成了防护林带的建设，三期工程仍采用多项高效环保措施，排放指标均可满足国家现行标准要求。为进一步保护环境，三期工程同步建设烟气脱硫设施，并通过了国家环保总局和内蒙古自治区环保局对环境影响报告书的审查及水利部对水土保持方案的审查。

根据中国电力工程顾问集团公司对托电公司三期工程接入系统的评审意见，托电公司三期工程结合四期工程统筹考虑，新增一回500千伏出线，即：建设托浑（托县至浑源）第四回500千伏线路，并新建浑源至霸州第二回500千伏紧凑型线路，可满足送出要求。

二、项目报批

2002年11月30日，大唐国际发电公司向中国大唐集团公司上报《关于报送〈内蒙古托克托电厂三期工程项目建议书〉的请示》，提出扩建2台60万千瓦机组。

2003 年 1 月，国家环境保护总局评估中心在北京就北京国电华北电力工程有限公司编制的《内蒙古托克托电厂三期工程环境影响评价大纲》进行了评审，并予以批复（国环估纲［2003］45 号文）。之后，北京国电华北电力工程有限公司根据批复意见又进行了环境影响报告书的补充编制工作，同年 4 月通过了评审。9 月 10～12 日，电力规划设计总院在北京主持召开了托电公司三期工程初步设计预审查会，会后印发了会议纪要，各有关单位根据预审查会议纪要意见进行了设计补充和修改。

2004 年 7 月 21 日，托电公司三期工程项目建议书通过国务院审批。同年 8 月 4 日，国家发展与改革委员会下发了《关于审批内蒙古托克托发电厂三期工程项目建议书的请示的通知》（发改能源［2004］1579 号文）。11 月 25 日，取得了国家环境保护总局《关于内蒙古托克托电厂三期工程 2×60 万千瓦机组环境影响报告书审查意见的复函》（环审［2004］486 号文）。

2005 年 3 月 8 日，国家发展与改革委员会正式批复核准托电公司三期工程项目（发改能源［2005］344 号文）。

三、资金筹集

托电公司三期工程是内蒙古自治区实施"西部大开发"战略及"西电东送"北通道重点工程，国家发展与改革委员会核准的工程概算为人民币48.8548 亿元。项目资本金由大唐国际发电公司、北京国际电力开发投资公司和内蒙古蒙电华能热电股份有限责任公司分别按 60%、25% 和 15% 的比例出资注入。资本金以外所需资金通过申请银行贷款解决。托电公司作为项目法人，负责电厂的建设、经营管理及债务偿还。

四、工程设计

（一）设计原则

托电公司三期工程的主体设计单位仍为北京国电华北电力工程有限公司。在工程设计过程中，按照"安全可靠、符合国情、先进适用"和 2000 年示范电厂的设计思路及原则，利用前期工程规划和预留的厂内、外建设条件，以及北方地区其他工程反馈的信息，做到全厂布置协调统一，方案合理，并适当预留再扩建的条件，在合理简化工艺系统、优化配置设备的前提下，尽量采用新工艺、新布置、新方案、新材料、新结构，优化设计方案、降低工程造价。

（二）设计范围

三期工程设计的主要内容包括 5 号、6 号机组的生产、辅助生产和附属生产设施的工艺设计及主厂房布置、土建项目、热力系统、燃烧系统、锅炉点火系统、空冷系统、输煤系统、除灰系统、化学水处理系统、电气和厂用电系统、热工控制系统、采暖通风和空调系统、供水系统、给排水系统、消防系统、厂内通讯系统、远动系统、照明系统、防洪系统的设计，还包括环境保护设计、工程概算设计等。

（三）设计过程

托电公司三期工程于 2003 年 3 月完成可行性研究，同年 5 月通过函审，7 月先行开始了土建施工图设计，在 8 月 1 日开挖前制出了主厂房基础的开挖图，8 月完成初步设计，9 月通过了设计审核。

（四）设计概况

三期工程在一、二期工程已建及正在建设的 4 台 60 万千瓦湿冷机组基础上进行扩建。三、四期工程总平面布置遵循一、二期工程的总体规划。汽机房 A 列朝北，锅炉房朝南，固定端朝西，扩建端朝东，A 列及烟囱中心线与一、二期工程取齐。根据空冷机组模拟风洞试验结果，三期工程主厂房与二期工程主厂房平行脱开 80 米，布置在其东侧。主厂房从北向南依次布置为汽机房、除氧间、煤仓间、锅炉房、电气除尘器、引风机、烟囱及烟道。主厂房 A 列至烟囱及烟道中心线距离为 208.5 米。渣仓布置在每台炉的外侧，由刮板捞渣机将渣送入渣仓。烟囱及烟道南侧为脱硫场地；三、四期工程贮煤场合并建设，布置在脱硫场地的南侧，南临铁路线，西临一、二期工程煤场。贮灰罐及气化风机房布置在四期工程主厂房的东侧，南临厂区已有道路。

输煤综合楼、除灰综合楼、石灰石浆制备系统自北向南布置在二、三期工程主厂房之间。化学水处理室在原二期工程基础上向南连续扩建。二、三、四期工程循环水排污处理站建成联合建筑，布置在厂区西北角。

三期工程仍以黄河水作为供水水源，厂区外黄河水取水、净水及输水工程由内蒙古自治区水利勘测设计院负责设计，补给水输水管道的设计界限在电厂围墙外 1.0 米。空冷机组的辅机循环水采用带湿式冷却塔的循环供水系统。根据黄河水的供水特点，一、二期工程已获得内蒙古水利厅和黄河水利委员会批准，同意年取水 6.1 亿立方米，完全可以满足一、二、三期工程的取水量。

五、设备选型

（一）设备选型过程

托电公司三期工程的主要设备仍然通过公开招标的方式选定。在 2003 年通过设计审核后，就着手进行设备招标工作。经过分批招标，在 2004 年 4 月 20～28 日完成第五批辅机设备招标和 5 月 20 日完成空冷岛钢结构、阀门皮带机输送带招标后，托电公司三期工程的设备招标选型工作全面完成。

（二）主要设备

1. 锅炉

三期工程选用 2 台燃煤锅炉，为亚临界参数、自然循环、前后墙对冲燃烧方式、一次中间再热、单炉膛平衡通风、固态排渣、紧身封闭、全钢构架汽包炉。炉顶采用金属密封大罩壳，屋顶为轻型金属屋盖，汽包两端设有汽包小室。锅炉型号、生产厂家及容量与主要参数见表1-3-1和表1-3-2。

表1-3-1 锅炉设备型号及生产厂家明细

设备名称	设备型号	生产厂家	合同总价（万元）
锅炉	DG2070/17.5-2-1	东方锅炉（集团）股份有限公司	40218
干除灰	3.0/8	北京克莱德贝尔格曼能源环保技术有限公司	1577
捞渣机 贮渣仓	GBL20	青岛四洲电力设备有限公司	899
空气预热器	VNT1830	豪顿华工程有限公司	2943
电除尘	F480-5	浙江菲达环保科技股份公司	4607
螺杆式空压机	MM250	上海英格索兰压缩机有限公司	268
HP1103中速磨煤机	HP1103	沈阳施道克电力设备有限公司	6746
空气压缩机及后处理设备	ML250	上海英格索兰压缩机有限公司	577
磨煤机	HP1103		6746
引风机	AN37E6	成都电力机械厂	834
送风机	ANN-2660/1400N	豪顿华工程有限公司	657
一次风机	ANT1938/1250N	豪顿华工程有限公司	1250

表1-3-2 锅 炉 容 量 和 主 要 参 数

蒸发量	2070t/h	再热器出口蒸汽压力	3.88MPa（g）
过热器出口蒸汽压力	17.5MPa（g）	再热器进口蒸汽温度	334℃
过热器出口蒸汽温度	541℃	再热器出口蒸汽温度	541℃
再热蒸汽流量	1768.2t/h		
再热器进口蒸汽压力	4.062MPa（g）	省煤器进口给水温度	283.5℃

2. 汽轮机

三期工程汽轮机为亚临界中间再热、三缸四排汽、单轴冲动、凝汽式空冷汽轮机，汽轮机排汽采用直接空气冷却技术进行冷却。汽轮机型号、生产厂家及主要技术参数见表1-3-3和表1-3-4。

表1-3-3 汽轮机设备型号及生产厂家明细

设备名称	设备型号	生产厂家	合同总价（万元）
空冷汽轮机	KN600-16.7/538/538	东方汽轮机厂	26710
高压加热器	JG-2063-1-3	上海动力设备有限公司	1820
低压加热器	JD-1200-IV	东方汽轮机厂	1356
给水泵组	CHTC5/6；CHTC6/5	上海凯士比泵有限公司	2140

表1-3-4 汽轮机主要技术参数

项　目	单位	额定工况	能力工况	汽机最大连续出力工况	汽机阀门全开工况
机组出力	MW	600	600	635.611	650.774
汽轮发电机组热耗值	kJ/（kW·h）	8164	8529	8151	8150
主蒸汽压力	MPa（a）	16.67	16.67	16.67	16.67
再热蒸汽压力	MPa（a）	3.474	3.675	3.702	3.802
高压缸排汽压力	MPa（a）	3.860	4.083	4.113	4.224
主蒸汽温度	℃	538	538	538	538
再热蒸汽温度	℃	538	538	538	538
主蒸汽流量	t/h	325.4	330.6	331.8	334.5
再热蒸汽流量	t/h	1876.11	2010.7	2010.7	2070
背压	kPa	13.8	30	13.8	13.8
低压缸排汽流量	t/h	1170.18	1249.33	1239.49	1267.8
补给水率	%	0	3	0	0
最终给水温度	℃	277.1	281.2	281.6	283.5

3. 电气

三期工程发电机为东方电机股份有限公司设计制造的QFSN-600-2-22型水-氢-氢冷却、三相交流两极同步汽轮发电机。励磁系统采用瑞士ABB公司生产的自并励静态励磁系统。主变压器为单相式变压器，每台机组3台，共配6台。高压厂用变压器为三相分裂绕组变压器，每台机组1台，共配2台。备用变压器为三相分裂绕组有载调压变压器，三期工程只配1台。

500 千伏升压站为一个半断路器接线，扩建两个完整串即第五串和第六串及一台 500/220 千伏联络变压器和一回托—源—霸（托县—浑源—霸州）500 千伏出线，5 号、6 号机组经主变升压后分别进 500 千伏第五串和第六串，并入京津唐电网。电气设备型号、生产厂家及主要技术参数见表 1-3-5 和表 1-3-6。

表 1-3-5　　　　　　　　　　电气设备型号、生产厂家明细

设备名称	设备型号	生产厂家	合同总价（万元）
发电机	QFSN-600-2-22	东方电机股份有限公司	13678
封闭母线	QZFM-22/15000-Z-I	江苏长江沃特电气有限公司	1917
主变压器	DFP-250000/500	保定天威保变电气股份有限公司	3944
6 千伏中压开关柜	ZS1；4000A，50kA	厦门 ABB 开关有限公司	3312
380 伏动力中心	JYD2000/70BFE 系列	北京供电福斯特开关设备有限公司	2022
联络变压器（220 千伏站）	OSFPSZ-360000/500	保定天威保变电气股份有限公司	1534
高压厂备变	SFZ-63000 系列	西门子变压器有限公司	1356
500 千伏 SF_6 断路器	HPL550B2	北京 ABB 高压开关设备有限公司	1155

表 1-3-6　　　　　　　发 电 机 主 要 技 术 参 数

名　称	单　位	设 计 值	名　称	单　位	设 计 值
额定容量	MV·A	667	额定氢压	MPa	0.414
额定功率	MW	655	额定频率	Hz	50
最大连续输出功率	MW	650.7	额定转数	r/min	3000
额定功率因数	—	0.9	定子线圈接线方式		YY
定子额定电压	kV	22			

4. 仪控

机组热工控制设备主要采用美国西屋公司的 OVATION 分散控制系统，除灰渣控制系统采用 ABB 公司控制系统。汽机监测系统由爱蒲公司提供。化学水程控系统由华电胜鑫公司提供，采用 ABB 公司的可编程控制系统。相关设备型号、生产厂家见表 1-3-7。

表 1-3-7 　　　　　　　　仪控设备型号、生产厂家明细

设备名称	设备型号	生产厂家	合同总价（万元）
分散控制系统	OVATION	上海西屋控制系统有限公司	3715
仪表阀门	SSV11/S/SW-16MMOD	北京泰士特商贸有限公司	604
锅炉炉膛火焰检测及冷却风系统	IDD-IIU	北京利顺翔电力技术有限责任公司	460
开关仪表	6NN-K5-M4	北京日域科技发展有限责任公司	342
变送器	3051 系列	北京利顺翔电力技术有限责任公司	415

5. 空冷

托电公司三期工程是内蒙古自治区首期采用空气冷却系统的发电机组，空冷岛主要设备由德国 GEA 能源技术有限公司和北京基依埃能源技术有限公司供货。设备主要有散热器管束和下联箱、风机、风筒、电机、齿轮箱、变频器、真空泵等。钢结构平台由德国 GEA 公司和华北电力设计院设计，分散设计厂家为中国第九冶金建设公司。直接空冷系统主要参数见表 1-3-8。

表 1-3-8 　　　　　　　　直接空冷系统主要参数

项　目	单位	主　要　参　数	
凝汽器型式		顺　流	逆　流
管束尺寸/数量	mm	10000×2220×400/608	10000×2220×400/64
管束迎风面面积	m²	13495	1420
翅片管总面积	m²	1663150	175068
风机台数	台	48	8
风机直径	m	9.15	9.15
风机转数	r/min	63	63
电动机功率	kW	75	75

5 号、6 号机组设有两级旁路，由高压旁路和低压旁路两级串联而成，设计容量为 40%，由苏尔素公司生产，气动执行机构驱动。

六、土地征用

托电公司三期工程完全利用一期工程已征场地沿二期工程主厂房扩建端进

行扩建，大多辅助生产、附属建筑、公用设施已在一期工程中进行总体规划设计或建设完成，三期工程无需新增征地。

第二节　工　程　建　设

托电公司三期工程的主体施工单位为北京电力建设公司和天津电力建设公司。天津电力建设公司负责5号机组单元、主控楼、烟囱及除灰综合楼的施工；北京电力建设公司负责6号机组单元、地下管网、综合排水升压泵房、灰库、500千伏升压站及网络继电器楼等工程的施工。循环水泵房、循环水管线、输煤系统安装及化学水改造由内蒙古电建一公司和中铁十八局联合体负责施工。辅机冷却塔、输煤系统土建工程由内蒙古电建二公司负责施工。

一、土建和水工建筑

（一）主厂房

托电公司三期工程5号、6号机组主厂房零米以下为钢筋混凝土独基，零米以上为钢结构，外围护墙采用复合保温压型钢板，内墙采用加气混凝土砌块。主厂房土方开挖量为11.5万立方米，基础混凝土量为1.09万立方米。

2003年8月1日，三期工程5号、6号机组主厂房开挖。2005年1月31日，三期工程主厂房建筑工程完工。

（二）输煤系统

三期工程煤场按4×60万千瓦机组新建一套运煤系统，为5～8号机组供煤。煤场设斗轮机2台，轨距7米，钢筋混凝土条型基础，总长度325.3米，土方开挖量为2.3万立方米，基础混凝土浇筑量为0.49万立方米。火车卸煤沟1座，埋深－9.5米，地下采用地连墙与钢筋混凝土梁板组成的组合箱型结构，地上部分横向为钢筋混凝土排架结构，纵向为框架结构，土方开挖量为2.6万立方米，底板混凝土浇筑量为0.35万立方米。三期工程共设4座转运站和1座碎煤机室，输煤廊道采用现浇钢筋混凝土结构，出地面部分及采光间采用砖混结构，土方开挖量为1万立方米，混凝土浇筑量为0.27万立方米。输煤栈桥桥面为压型钢板底模，现浇钢筋混凝土楼面。输煤综合楼、推煤机库为砖混结构。

（三）烟囱

三期工程烟囱为钢筋混凝土全程负压型，基础为钢筋混凝土环板，埋深－5.0米，上部筒身高240米，出口直径为10米，2台机组共用一座烟囱。烟囱分内筒和外筒，外筒高240米，内筒高105米，在105米以上内外筒汇成单筒。三期工程烟囱的基础土方开挖量为 0.82 万立方米，基础混凝土浇筑量为 0.235 万立方米，筒身混凝土浇筑量为 0.9 万立方米。

2003 年 8 月 31 日，烟囱基础开挖。2004 年 11 月 15 日，烟囱封顶。

（四）冷却塔

三期工程建设汽动给水泵冷却塔一座，冷却塔为双曲线薄壳钢筋混凝土结构，塔内淋水构架采用装配式钢筋混凝土结构，塔高 84.5 米，进风口高度 5.4 米，淋水面积 2500 平方米，基础土方量为 1.5 万立方米，基础混凝土量为 0.259 万立方米，筒壁混凝土浇筑量为 0.17 万立方米。

冷却塔于 2004 年 5 月 10 日开挖，筒壁于 2004 年 11 月 23 日到顶，2005 年 5 月 15 日正式通水成功。

（五）除灰工程

三期工程除灰建筑包括 5 号、6 号机组电除尘，除灰综合楼和渣仓等。2 台机组共设 3 个直径 15 米、高 32 米的钢筋混凝土灰库，基础为现浇钢筋混凝土大板基础，灰库土方开挖量为 0.264 万立方米，基础混凝土浇筑量为 0.148 万立方米。

（六）循环水系统

三期工程循环水建筑包括循环水泵房和循环水管道施工。循环水泵房长 66 米，宽 9 米，高 8 米。泵房地下部分为钢筋混凝土箱型结构，地上部分为钢筋混凝土框架结构。循环水管道干管管径为 DN1200，2 台机组母管管径为 DN2000，供排水管道工程量为 1879 米。三期和四期工程辅机循环水泵共用一座循环水泵房，泵房的土建部分在三期工程中一次建成。

二、设备安装

（一）锅炉

三期工程汽包总重量为 215 吨，经铁路运抵施工现场。锅炉钢架设置在炉顶的 5 根大板梁总重达 432.5 吨。在锅炉安装过程中，天津电力建设公司采用 BDQ3000 塔吊和 CKE2500 履带吊进行吊装，北京电力建设公司采用 BDQ3000 塔吊和 BDQ2000 塔吊进行吊装。

三期工程锅炉安装工程共吊装锅炉钢结构 6915.6 吨，承压部件 10053.8 吨，安装各类风机 24 台，各类进、出口集箱 390 只，锅炉本体附件 17.6 吨。锅炉制粉系统共安装了给煤机 12 台，磨煤机 12 台，制作安装了钢煤斗 12 只，铺设落煤管 2.42 吨，煤粉管 904 吨。锅炉烟道安装了烟道、风门、膨胀节 46 吨，制作安装支架 39.2 吨，安装其他风道 1432 吨。电气除尘器安装钢结构 390 吨，阳极板 17600 块，阴极框架 800 只，振打装置 128 台。燃油系统共安装燃油管道 908 米，及其管道阀门 144 只，蒸汽管道 920 米及其阀门 152 只。

锅炉吹灰系统安装吹灰器 128 只，蒸汽管道 2568 米，阀门 18 只。

（二）汽轮机

三期工程汽轮机安装包括汽轮机本体安装、油管道安装、凝汽器安装、电动给水泵组安装、泵的检修安装、除氧器安装、高低压加热器吊装、循环水泵安装、循环水泵房起重机安装、高压管道安装、中低压管道安装、凝结水精处理安装、给水泵及驱动汽轮机安装等。

汽轮机长 26.03 米，宽 7.72 米，本体重 319.6 吨。汽轮机每台主机配置 3 台 50％容量的水环真空泵，2 台给水泵，2 台 100％容量的水环真空泵，2 台 50％容量的汽动给水泵。另外还配置 1 台带液力耦合器的 30％容量的电动调速给水泵，2 台 100％容量的凝结水泵，3 台高加，1 台除氧器，4 台低加，1 套凝结水精处理装置。大机有 2 个储油箱、1 个主油箱，小机有 2 个油箱。

润滑油系统主要设备包括：1 个主油箱、2 个储油箱、2 台冷油器、1 套油净化装置、1 台主油泵、1 台交流电动辅助油泵、1 台交流电动盘车油泵、1 台直流电动事故油泵、2 台交流电动顶轴油泵、2 台交流电动排油烟风机。

（三）电气

三期工程 5 号机组电气设备由天津电力建设公司承担安装，6 号机组电气设备由北京电力建设公司承担安装。共安装了 60 万千瓦同步发电机 2 台，变压器 2 台，各类电动机 1032 台，各类开关盘柜 631 台，电缆桥架 2757 吨，敷设动力电缆 193766 米，控制电缆 1388379 米，信号电缆 725746 米，封闭母线 394 米和架空线 600 米。

（四）仪控

三期工程仪控专业安装工程包含锅炉、汽机、除灰及化学水。天津电力建设公司负责 5 号机组仪控设备安装，北京电力建设公司负责 6 号机组仪控设备安装。5 号机组共安装热控保护 360 套、热工自动 121 套、热工仪表 6023 套。6 号机组共安装热控保护 360 套、热工自动 119 套、热工仪表 6023 套。2 台机组共安装各类控制盘（柜）、仪表柜（架）402 只，各类变送器、传感器、仪表开关 2215 只，指示表（计）560 只，分析仪表 60 套，温度元件 2820 支，气（电）动执行机构 222 只。敷设了仪表管、保护管 209894 米和补偿导线 43520 米。

（五）输煤

三期工程输煤系统安装了斗轮取料机 2 台，碎煤机 2 台，皮带机 14 台，除铁器 8 台，取样装置 1 套，链码校验装置 2 套。在钢结构安装中，安装了栈桥 4 条，输煤控制楼 1 栋及推煤机室 1 座，转运站 4 座和 1 座碎煤机室，配有处理量为 2000 吨/时滚轴筛及出力为 1200 吨/时的环锤式碎煤机。厂外运输采用铁路自卸式底开门车，厂内卸车装置采用缝式煤槽，上部一股铁路线，下部双路带式输送机。贮煤场容量 26 万吨，为 4 台 60 万千瓦机组 10 天的燃煤量。

（六）化学水处理

三期工程化学水处理设备供货公司与二期工程相同。其中精处理除盐系统由武汉凯迪水处理有限公司设计供货，加药系统由镇江华东列电有限公司设计供货，取样系统与二期工程相同。内蒙古电建一公司负责锅炉补给水系统的安装，北京电力建设公司负责 6 号机组精处理除盐系统的安装，天津电力建设公司负责 5 号机组精处理除盐系统的安装。共安装了各类槽、箱、罐等近百台，各类成套分析仪几百套，各类泵、风机上百套和各类阀门近千只。

（七）除灰渣系统

三期工程除渣系统设备由青岛四洲电力设备有限公司设计供货，北京电力建设公司负责 6 号机组除灰渣系统安装和灰库设备的安装，天津电力建设公司负责 5 号机组除灰渣系统的安装。除渣系统共安装了渣水循环泵 4 台，排污泵 14 台，板式换热器 4 台，反冲洗过滤器 4 台，刮板捞渣机 2 台，渣仓 2 座。除灰系统由克莱德贝尔曼物料输送公司设计供货，共安装了空压机 10 台，冷干机 10 台，MD 仓泵 80 台，AV 仓泵 14 台，空气电加热器 8 台，气化风机 10 台，干灰散装机 3 台，双轴搅拌机 9 台，敷设了输灰管路 2482 米。

（八）空冷岛

三期工程空冷岛空冷平台紧靠主厂房 A 列外，单元群排成矩形方阵，共 56 个单元按 7 行 8 列布置，平面尺寸 93.25 米×96.8 米。坐落在高度 37.593 米的 16 根混凝土柱上，平台由纵横交错的钢桁架连接而成。平台顶标高 45 米，桁架高度 7.407 米。桁架梁上下弦杆、立杆、腹杆等构件主材采用热扎 H 型钢，强度等级 Q235B-Z。杆件连接采用扭剪型高强度螺栓连接，采用等强度设计法。桁架上弦 H 型钢上翼缘连接采用全熔透焊接。平台总重量约 2500 吨，其中螺栓重量约 80 吨。每个冷却单元由 10 个鳍状散热管束（类型：ALEX）组成，管束安装在平台导向槽上。散热管束分顺流管束和逆流管束，逆流管束上部为不凝气体的抽出点。每列 70 个管束，其中逆流 20 个。管束下方布置有风机环、风机桥架及其上安装的变频电机、减速机、轮箍、风叶等设备。每个冷却单元由安装在 A 型框架的分割墙隔开。风机环、风机、A 型框架分割墙、管束等设备安装在钢平台上，重量由钢平台支撑。

一台机组空冷平台上共安装 56 组空冷凝汽器，每组空冷凝汽器由 12 个散热管束组成，一台空冷凝汽器换热面积为 180 万平方米，整个空冷凝汽器及相关管道的容积为 1.18 万立方米。空冷散热器配备有翅片清洗系统。

2005 年 1 月 5 日，空冷柱到顶。同年 3 月 18 日，空冷岛钢结构开始吊装。10 月 8 日，空冷岛吊装结束。10 月 12 日，空冷系统风压结束。

第三节　调　试　启　动

托电公司三期工程的主体调试单位是华北电力科学研究院有限责任公司。2005 年 5 月 8 日，托电公司三期工程试运指挥部成立，启动调试工作全面展开。

一、调试过程

（一）分系统试运

2005 年 5 月 8 日，5 号机组开始厂用电系统工作段带电。同年 6 月 30 日，5 号机组锅炉酸洗结束，检查鉴定评价为"优良"。7 月 15 日，锅炉首次点火成功，开始热力系统吹管，7 月 20 日吹管结束，质量检验评定为"优良"。8 月 26 日，5 号机组分系统试运工作结束。在 5 号机组分系统试运期间，先后完成了电动给水泵试运、炉前系统冲洗、锅炉酸洗工作，完成了锅炉冷态通风试验及一次风调平与标定试验、二次风风量标定试验，完成了发电机耐压试验、发电机风压试验、2 号联变和 5 号主变局放试验、发电机励磁系统静态调试、发变组保护静态调试，并先后完成三期工程扩建的 500 千伏 Ⅱ 母线和 Ⅰ 母线的过渡、6 千伏低电压保护传动试验、模拟直流接地试验、10 千伏保安电源传动试验、小机 MEH/TSI/ETS 调试、旁路系统调试、大机润滑油系统调试、大机顶轴油系统调试等。

2005 年 6 月 15 日，6 号机组厂用电系统工作段 6 千伏系统受电完成，6 号机组分部试运工作全面展开。同年 8 月 16 日，6 号机组锅炉酸洗结束，清洗效果检查鉴定评价为"优良"。9 月 2 日，锅炉首次点火成功，开始热力系统吹管，9 月 5 日吹管结束，质量检验评定为"优良"。10 月 15 日，机组具备整套启动条件，6 号机组分部试运工作结束。

（二）空负荷调试

2005 年 8 月 27 日，5 号机组锅炉点火，开始进入整套启动程序。同年 8 月 28 日，汽机首次冷态启动，完成了汽机润滑油压调整、打闸和注油试验、主跳闸电磁阀动作在线试验、变油温试验、变真空试验、试投旁路试验，还完成了 A、B 小机冲转、定速、超速以及其他相关试验，机组直接空冷系统首次启动采用 5～8 列启动方案，先后对 5～8 列空冷系统进行热态冲洗。8 月 29 日，锅炉再次点火，进行了锅炉冷再及热再安全门液压助跳整定以及实跳复核试验、锅炉膨胀检查、汽包和过热器系统安全门液压助跳整定以及实跳复核试验、蒸汽严密性试验，还进行了发电机变压器组短路试验、空载试验、6 千伏短路试验、励磁系统闭环试验、发电机带 500 千伏Ⅰ母线升压核相试验、假同期试验等。9 月 1 日，机组首次并网成功。

2005 年 9 月 2 日，6 号机组首次点火。同年 10 月 18 日，再次点火进入整套启动试运程序。在完成锅炉安全门整定、锅炉蒸汽严密性试验和 1、2 号小机冲转及相关试验后，10 月 19 日，机组首次冲车，并完成汽机相关保护动态试验及在线试验。10 月 29 日，锅炉再次点火，机组第二次冲车，开始电气试验。10 月 31 日，锅炉恢复点火，汽机第三次冲车，在完成电气试验后首次并网成功。11 月 1 日，机组正常解列，完成了汽机超速试验和汽门严密性试验，机组空负荷试验全部结束。

（三）带负荷调试

2005 年 9 月 9 日，5 号机组首次升负荷至 60 万千瓦，开始带负荷试运。期间先后完成锅炉首次全部断油、低负荷稳燃试验、空冷岛 1～8 列冲洗，还完成了 15 万千瓦、30 万千瓦、45 万千瓦、60 万千瓦发电机进相试验，励磁调节器动态整定试验，励磁系统稳定试验，厂用电切换试验，单侧引风机、送风机、一次风机带 50％负荷试验，变负荷试验，阀门活动试验，真空严密性试验，磨煤机降一半负荷试验，送风机、引风机降一半负荷试验，一次风机降一半负荷试验，1 号汽泵跳闸联启电泵降一半负荷试验、2 号汽泵跳闸不联电泵降一半负荷试验，甩 50％负荷试验，甩 100％负荷试验等。9 月 21 日，机组已经基本具备进入 168 小时试运条件，带负荷调试阶段结束。

2005 年 11 月 1 日，6 号机组第四次冲车、并网，开始带负荷调试。期间完成了精处理系统、高低加系统、制粉系统、电除尘器系统、锅炉吹灰系统、除灰除渣系统带负荷调试并投运。完成了各单项自动控制系统和机组协调控制系统试投和优化调整试验。完成了机组各工况点下发电机进相试验、磨组合工况试验、锅炉燃烧初调整试验、锅炉单侧风机带 50％负荷试验、锅炉最低稳燃负荷试验。11 月 5 日，机组第五次冲车、并网并继续带负荷调试。在完成了励磁系统稳定试验、50％甩负荷试验、100％甩负荷试验，机组协调控制方式下变负荷试验、变真空试验、发电机漏氢量试验、真空严密性试验，50％、100％甩负荷试验，制粉系统、送风机、引风机、一次风机、小机跳闸联启电泵及小机跳闸电泵不联启降一半负荷试验后，机组已经基本具备进入 168 小时试运条件，带负荷调试全部结束。

（四）168 小时满负荷试运

2005 年 9 月 21 日 16 时 58 分，5 号机组开始进入 168 小时满负荷试运。9 月 28 日 16 时 58 分，5 号机组一次完成 168 小时连续满负荷试运，正式移交生产。

2005 年 11 月 7 日 15 时 58 分，6 号机组开始进入 168 小时满负荷试运。

11月22日15时58分，6号机组完成168小时连续满负荷试运，正式移交生产。

二、调试期间发现的缺陷及处理

（一）磨煤机振动

在5号机组磨煤机首次启动时，发现磨振动较大，经召开专题会分析认为，磨振动较大为磨辊与磨盘安装间隙偏小所致，决定将此间隙提高至15毫米，经改造后，磨振动正常，且没有影响磨煤机出力和煤粉细度。

（二）发电机跑氢

5号机组在3000转暖机时，发电机突然跑氢，氢压急剧下降，汽机打闸，同时锅炉停炉、焖炉。事后经分析，认为是在电气试验前进行检查时，误认为要将发电机出口至主封母检修孔打开，在松开检修孔螺母时，氢压将检修孔垫斥开，导致发电机跑氢。后及时进行了修复，机组重新启动后运行正常。

（三）机组振动

5号机组在带负荷运行期间，3号瓦Y向轴振较大。经分析，主要原因在于3号瓦标高偏低，当时已采取加平衡块配重的办法解决。

6号机组在首次冲车、机组3000转时，7号瓦Y向轴振在7.8丝左右，最大至10.5丝，6号瓦瓦温偏高。经分析认为，主要原因是由于6号瓦荷载较大、7号瓦荷载较小所致，最后，采取将7号瓦下瓦基础标高抬高5丝的办法使问题得到了解决。

（四）机组跳闸

5号机组在负荷60万千瓦时，因脱硫旁路门突然关闭，锅炉正压保护动作，机组跳闸。经判断为脱硫旁路烟气挡板关闭所致，后对脱硫旁路烟气挡板采取了焊接加固措施，并对2号引风机静叶执行机构拉杆进行了整体更换，机组恢复正常。

（五）锅炉受热面泄漏

5号机组在进行168小时满负荷试运期间，锅炉炉管泄漏，监测仪报警，就地判断为锅炉有漏点，但锅炉运行稳定，各项参数正常，各级受热面壁温未出现超温现象。机组随即降负荷至50万千瓦稳定运行，后锅炉补水量突然增加，尾部烟气、主/再热蒸汽温度均出现显著变化。判断为锅炉漏点显著扩大，被迫降负荷至24万千瓦继续168小时试运。机组168小时试运结束后停机处理时，发现锅炉后烟井顶棚集箱至低过第55根管根部爆裂断开，并将其周围两根管撞断，另外后烟井顶棚过热器在该第55根管根部附近有一漏点。停机后更换了30根管束，机组再次启动，大负荷时四管泄漏监测仪未见报警。

6号机组在负荷45万千瓦时，锅炉发生炉管泄漏，大致区域为炉右屏过处，锅炉被迫停炉。经检查确认为后屏夹持管（管材为 T91）发生爆管，原因为短期过热所致。经更换后，锅炉恢复正常运行。

（六）发电机耐压试验不合格

6 号机组在进行发电机交流耐压试验时，当电压升至 33000 伏时，定子线圈 B 相被击穿。事后经揭开发电机端盖检查，做通流试验时发现定子线圈下部有一上层线棒有击穿痕迹。经分析判断，认为是在发电机穿转子过程中，转子钢丝绳的马鞍卡子四个中已有两个的螺母完全松动，导致转子滑落，转子将下层线棒扎伤所致。后将受伤线棒进行修复，发电机整体耐压试验合格后，机组进入整套启动程序，运行正常。

（七）发电机对地绝缘不合格

6 号机组首次冲车前，在进行发电机绝缘测量时，发现发电机对地绝缘不合格，事后分析发现为发电机定子冷却水电导率超标所致。将定子冷却水整体更换，并进行冲洗合格后，发电机绝缘恢复正常运行。

（八）发电机密封瓦漏油

6 号机组首次冲车期间，发现密封瓦漏油。后经判断，为密封瓦油档间隙偏大。进行停机处理后，机组再次启动，密封瓦仍然存在漏油问题，但较以前减少。随着机组带负荷试运，密封瓦漏油显著减少。

（九）锅炉 380 伏活动中心 A 段跳闸导致锅炉停炉

6 号机组 3000 转正在进行电气空载试验时，锅炉 380 伏活动中心 A 段由于开关问题跳闸，2 台引风机油站失电，导致 2 台引风机跳闸，锅炉停炉。后通过更换锅炉 380 伏活动中心段的电压互感器柜测控装置，使低电压的判断延时由 3 秒缩短为 1 秒送至全厂控制系统，并将全厂控制系统中延时由 1 秒改为 0.5 秒，问题得到了解决。

（十）主变冷却器全停，保护误动，机组跳闸

6 号机组负荷 8 万千瓦在投主变冷却器全停保护时，由于继电器接点接反，导致机组跳闸。事后将此继电器回路按正确接线更改，并经传动检查正常后，机组恢复并网。

三、调试结论

从首次冲转算起，5 号机组点火 5 次、启动 5 次、并网 4 次，至 168 小时满负荷试运结束，历时 32 天。6 号机组共点火 4 次、启动 4 次、并网 5 次，至 168 小时满负荷试运结束，历时 35 天。

在机组试运过程中，实现锅炉断油投粉、投入电除尘、高加投入、吹灰系统投入、厂用电切换装置正常投入，机组协调（BF＋MW），电气的保护投入率 100%、仪表投入率 100%、自动投入率 100%，汽水品质合格，设备状况良

好，机组运行稳定，各项参数正常，各项技术指标均达到优良水平。主、辅机及系统能满足长期满负荷稳定运行发电的要求，可以安全、稳定、可靠地投入商业运行。

第四节 试运行及达标投产

托电公司三期工程 5 号机组于 2005 年 9 月 28 日 16 时 58 分完成 168 小时试运，正式进入商业运行；6 号机组于 2005 年 11 月 22 日 15 时 58 分完成 168 小时试运，正式进入商业运行。2006 年 3 月 28 日，5 号机组半年试运行结束。2006 年 5 月 22 日，6 号机组半年试运行结束。

一、机组半年试运

托电公司三期工程 5 号、6 号机组在半年试运期间，相继完成了机组的性能试验，主要完成的性能试验项目有：机组额定出力试验、机组最大出力试验、机组热耗及煤耗试验、机组轴承振动试验、锅炉热效率试验、空气预热器漏风试验、制粉系统出力及磨煤机单耗试验、锅炉额定出力试验、锅炉最大出力试验、锅炉断油最低稳燃负荷试验、污染物排放试验、电除尘效率试验、粉尘测试、噪声测试、散热测试、机组降一半负荷试验等。

经机组性能试验，各项技术指标都能满足机组设计要求，符合达标投产的考核标准。

二、达标投产

（一）达标投产的组织

为保证机组的顺利达标投产，托电公司成立了以总经理应学军为组长、各参建单位参与的三期工程 5 号、6 号机组达标投产领导小组，领导小组下设安全管理、质量与工艺、调整试验、技术指标、工程档案、综合管理等六个工作组，明确职责、明确任务，有组织地开展达标投产工作。

（二）自检结果

为保证 5 号、6 号机组能够顺利通过达标投产验收，托电公司三期工程 5 号、6 号机组达标投产领导小组按照国家电力公司《火电机组达标投产考核标准》的要求，于 2006 年 6 月 5 日和 6 月 10 日，组织开展了两次集中自检，并进行了自评打分。在自检查过程中，对发现的问题进行了及时的整改和处理。

经自检，5 号、6 号机组在半年试生产期间热工、电气保护投入率 100%，机组热工自动投入率分别为 97.52% 和 97.48%，机组热工、电气监测仪表投入率 100%，机组高加投入率 100%，各种油质、汽水品质合格。主要经济指标均达到或优于考核标准，具备了达标投产的条件。2006 年 7 月 12 日，托电公司向大唐国际发电公司提出请示，申请进行预检。

（三）达标检查结果

根据托电公司的申请，2006 年 7 月和 9 月，大唐国际发电公司和中国大唐集团公司先后组织专家对托电公司 5 号、6 号机组进行了达标投产预检和复检。

1. 安全管理

在 5 号、6 号机组建设过程中，项目法人单位安全管理组织机构健全，各级人员的责任制基本到位，安全文明施工管理制度健全，安全管理体系运转正常，安全管理基本处于受控状态。施工和半年考核期内没有发生重大机械设备事故、火灾事故和重大责任性交通事故及其他重大责任事故，安全管理工作达到考核标准要求。

2. 质量与工艺

主厂房设备安装总体观感质量较好，焊接质量符合规程规范要求，电气设备安装和导线连接工艺良好，2 台机组安装静态质量优良，施工安装记录和质量验评资料齐全，实现了"单位工程优良率100％"的目标。

3. 调整试运

在调试过程中，措施审批齐全，参与各方责任清晰、措施到位、问题处理及时，2 台机组单体调试、单机试运和分系统试运合格率与优良率较高。

4. 技术指标

5 号机组在半年试生产期间完成发电量 154600 万千瓦时，机组可用小时达到 3471 小时，等效可用系数大于 95％，考核期供电煤耗为 344.5 克/千瓦时。6 号机组在半年试生产期间完成发电量 163900 万千瓦时，机组可用小时达到 4048 小时，等效可用系数大于 95％，考核期供电煤耗为 333.2 克/千瓦时。

2 台机组在半年试生产期间热工、电气监测仪表投入率100％，热工保护投入率100％，热工自动投入率100％，电气保护投入率100％，正确动作率100％，电除尘、高加投入率100％。各种油、汽水品质合格。各项经济技术指标均达到或优于设计水平，机组具备安全、稳定运行的能力。

5. 工程档案

建设单位在工程档案管理中具有依法治档的观念，工程建设文件、设计文件、设备文件、施工文件、调试资料、质量监督文件、监理文件、竣工验收文件、运行资料等齐全完整、准确规范，实现了机组与工程档案同步移交和计算机网络化管理。

6. 综合管理

工程设计、施工、调试、监理都通过了 GB/T 19001—2000 质量体系认证，项目配备资源适宜，各单位质量体系运行正常，体系各要素的运行在工程中能够得到有效体现，直接要素控制良好，各项验评数据能够反映过程实施结果，工程造价得到了有效的控制。

经过专家组的认真评审，托电公司三期工程 5 号、6 号机组的六个考核项目全部合格，5 号机组获得 903.86 的总分，6 号机组获得 902.18 的总分，顺利通过达标投产预检和复检。

2006 年 12 月 18 日，中国大唐集团公司命名托电公司三期工程 5 号、6 号机组为"基建移交生产达标投产机组"（大唐集团工［2006］657 号文）。

第五节 工程建设进度

一、土建工程

2003 年 8 月 1 日，5 号、6 号机组基础开挖。

2003 年 11 月 20 日，5 号机组基础出零米。

2003 年 11 月 27 日，6 号机组基础出零米。

2005 年 1 月 30 日，5 号机组主厂房封闭。

2005 年 1 月 31 日，6 号机组主厂房封闭。

二、安装调试

2004 年 3 月 6 日，5 号机组锅炉钢架开始吊装。

2004 年 4 月 20 日，6 号机组锅炉钢架开始吊装。

2004 年 9 月 21 日，5 号机组汽包吊装就位。

2004 年 9 月 30 日，6 号机组汽包吊装就位。

2005 年 4 月 15 日，5 号机组锅炉水压试验完成。

2005 年 5 月 7 日，5 号机组厂用电系统受电。

2005 年 6 月 11 日，6 号机组锅炉水压试验完成。

2005 年 6 月 15 日，5 号机组汽轮机本体扣盖完成。

2005 年 6 月 15 日，6 号机组厂用电系统受电。

2005 年 6 月 30 日，5 号机组锅炉酸洗完成。

2005 年 7 月 7 日，6 号机组汽轮机本体扣盖完成。

2005 年 7 月 15 日，5 号机组首次点火。

2005 年 7 月 20 日，5 号机组锅炉吹管结束。

2005 年 8 月 16 日，6 号机组锅炉酸洗完成。

2005 年 8 月 27 日，5 号机组首次联合启动。

2005 年 9 月 1 日，5 号机组并网。

2005 年 9 月 2 日，6 号机组首次点火。

2005 年 9 月 5 日，6 号机组锅炉吹管结束。

2005 年 9 月 21 日 16 时 58 分，5 号机组进入 168 小时试运。

2005 年 9 月 28 日 16 时 58 分，5 号机组完成 168 小时试运移交生产。

2005 年 10 月 18 日，6 号机组首次联合启动。

2005 年 10 月 31 日，6 号机组并网。

2005 年 11 月 7 日 15 时 58 分，6 号机组进入 168 小时试运。

2005 年 11 月 22 日 15 时 58 分，6 号机组完成 168 小时试运移交生产。

2006 年 3 月 28 日，5 号机组半年试运行结束。

2006 年 5 月 22 日，6 号机组半年试运行结束。

第四章　四　期　工　程

托电公司四期工程设计规模为 2 台 60 万千瓦空冷机组。2004 年 4 月 23 日，四期工程开工。2006 年 6 月 19 日和 2006 年 8 月 22 日，7 号、8 号机组分别完成 168 小时试运。2006 年 12 月 19 日，7 号机组完成半年试生产，正式移交生产运行；8 号机组半年试生产将在 2007 年 2 月 22 日完成。达标投产工作正在申请办理之中。

托电公司四期工程的主体设计单位为北京国电华北电力工程有限公司。工程监理单位为河北电力建设监理有限责任公司。主要施工单位为天津电力建设公司和北京电力建设公司。三大主机的供货商分别是：锅炉由东方锅炉（集团）股份有限公司提供，汽轮机由东方汽轮机厂提供，发电机由东方电机股份有限公司提供。

四期工程的建成投产使托电公司总装机容量达到了 480 万千瓦，成为目前国内最大的火力发电厂，为企业的规模化发展奠定了基础。

第一节　前　期　准　备

一、可行性研究

（一）可行性研究过程

托电公司四期工程的可行性研究由北京国电华北电力工程有限公司负责。2003 年 3 月，开始进行初步可行性研究。同年 4 月，编制完成了初步可行性研究报告。

2004 年 4 月，完成了《内蒙古托克托电厂四期工程可行性研究报告》编制及其修改工作。

2005 年 2 月 2～3 日，电力规划设计总院在北京主持召开了托电公司四期工程可行性研究报告审查会，会后印发了会议纪要（电规发电［2005］67 号文），基本同意北京国电华北电力工程有限公司编制的可研报告。同年 5 月 15 日，电力规划设计总院下发了《关于内蒙古大唐国际托克托电厂四期工程可行性研究报告的审查意见》（电规发电［2005］535 号文），通过了四期工程可行性研究报告的审查。

（二）建设条件

托电公司四期工程建设规模为2台60万千瓦国产亚临界凝汽式空冷机组。在三期工程设计过程中已对四期工程进行了统筹规划，在三期扩建端预留的扩建场地可以满足四期工程建设用地的需要，不需新增厂区用地。厂区防洪堤、围墙等公用设施及场地的"五通一平"已在前期工程中统一考虑，分步实施。厂区设计地坪标高高于百年一遇的防洪水位，防排洪计划已在三期工程做了补充完善，厂区较为安全，能够保证不受洪水威胁。

四期工程采用节水型的空冷发电机组，年用水量为490万吨，比同类型湿冷机组节水70%，特别是通过对一、二期工程循环水、排污水采用超滤加反渗透技术处理，无需新增黄河取水量。水源、铁路、灰场、输煤栈桥等公用设施已分别在一、二、三期工程中建成，四期工程建设造价低、建设条件优越。

二、项目报批

2003年10月31日，大唐国际发电公司向中国大唐集团公司上报《关于大唐托克托发电厂四期扩建工程项目建议书的请示》，提出扩建2台60万千瓦燃煤空冷发电机组。

2004年3月，北京国电华北电力工程有限公司开始着手进行托电公司四期工程的施工图设计。

2005年4月13日，华北电网有限公司下发了《关于托克托电厂四期2×60万千瓦发电机组并网意见的通知》（华北电网管[2005]20号文），同意托电公司提出的四期工程并网的申请。当月，四期工程的初步设计完成。同年5月28～29日，国家环保总局环境工程评估中心就北京国电华北电力工程有限公司编制的《托电四期工程环境影响报告书》，在内蒙古呼和浩特市召开技术评估会，会上从环境保护角度分析，认为托电公司四期工程的建设是可行的。7月8日，提出了评估报告。11月20日，取得了国家环境保护总局《关于大唐托克托电厂四期工程（2×60万千瓦机组）环境报告书的批复》（环审[2005]890号文）。8月1日，国土资源部下发了《关于托克托电厂四期2×60万千瓦机组工程建设用地预审意见的复函》（国土资预审函[2005]299号文），同意托电公司四期工程建设用地。8月12日，水利部下发了《关于内蒙古大唐托克托发电有限责任公司托克托电厂四期工程水土保持方案的复函》（水保函[2005]322号文），同意四期工程的水土保持方案。12月1日，国家电网公司下发了《关于托克托电厂四期工程2×60万千瓦机组接入电网意见的函》（国家电网发展函[2005]194号），同意四期工程机组接入电网。

2006年3月28～30日，在北京召开了托电公司四期工程初步设计预审查会议。同年4月25日，电力规划设计总院印发了关于托电公司四期工程初步设计预审查会议纪要(电规发电[2006]172号文)。5月15日,电力规划设计总院印发了《关于内蒙古大唐国际托克托电厂四期工程可行性研究报告的审查意见》(电规发电[2006]535号文)。9月6日,托电公司四期工程项目申请报告编制完成。12月12日,内蒙古自治区发展和改革委员会向国家发改委上报了《关于核准内蒙古托克托电厂四期工程2×60万千瓦空冷机组项目申请报告的请示》(内发改能源字[2006]2179号文),现已获得国家发改委批复。

三、资金筹集

根据大唐国际发电公司《关于出资建设托克托发电厂四期工程的意向书》,四期工程项目资本金占发电总工程的20%,工程总投资为人民币48.4833亿元,单位投资为人民币4040元/千瓦,资本金为人民币9.6967万元,由大唐国际发电公司垫付,剩余建设资金申请银行贷款解决。

四、工程设计

(一)设计原则

托电公司四期工程的主体设计单位仍为北京国电华北电力工程有限公司。其设计原则与三期工程相同,在工程设计过程中,确立了多个专题研究项目,包括总平面布置方案优化、主厂房布置优化、空冷系统优化、节水方案优化、动力设备基础方案优化以及各个工艺系统的选择研究等。重点还考虑了四个方面的内容:一是综合考虑了设计煤种和校核煤种的问题,将两种煤对锅炉、燃烧系统及灰系统的影响减到最小;二是提前考虑了生产、运行和检修的问题,在方便生产、运行和检修维护的条件下,尽量压缩建筑体积,减少钢材、混凝土、管道和电缆工程量;三是充分考虑了水资源节约的问题,采取了更为有效的节水措施,减少工业废水的排放量,实现工业废水的排放量为"零"的目标;四是超前考虑了信息化管理的问题,对仪表与控制系统采用了新的设计思路,实现了全厂监控和信息系统网络化。

(二)设计范围

四期工程设计的主要内容包括7号、8号机组的生产、辅助生产和附属生产设施的工艺设计及主厂房布置、土建项目、热力系统、燃烧系统、锅炉点火系统、空冷系统、输煤系统、除灰系统、化学水处理系统、电气和厂用电系统、热工控制系统、采暖通风和空调系统、供水系统、给排水系统、消防系统、厂内通讯系统、远动系统、照明系统、防洪系统的设计,还包括环境保护设计、工程概算设计等。

(三)设计过程

2003年3月,北京国电华北电力工程有限公司开始进行四期工程初步可行性研究。同年4月,编制完成了初步可行性研究报告。为满足工期需要,

2004 年 4 月在尚未进行初步设计的情况下，就开始了土建施工图设计。先期抢出了主厂房、锅炉房等一批基础开挖图。然后按照进度要求，陆续交出了汽轮发电机基础、磨煤机基础及烟囱基础等 30 余册基础施工图纸，基本满足了工程进度要求。

2005 年 4 月，四期工程初步设计完成。同年 6 月，通过初步设计审核。2006 年 3 月 28～30 日，四期工程初步设计预审查会议在北京召开，会后，国家电力规划设计院于 4 月 25 日下发了《关于印发托克托电厂四期工程初步设计预审查会议纪要的通知》（电规发电 [2006] 172 号文），通过了四期工程的设计审查。

（四）设计概况

按照设计，托电公司四期工程建设容量仍为 2 台 60 万千瓦燃煤空冷发电机组，四期工程主厂房在三期工程主厂房扩建端连续扩建。布置格局与三期工程保持一致。即由南向北依次为储卸煤设施区—主厂房区—直接空冷设施区—500 千伏配电装置区。主厂房按汽机房—除氧间—煤仓间—锅炉房的顺序排列。2 台机组共设一个集中控制楼，布置于两炉之间。煤仓间在单元控制楼处断开，通过输煤皮带栈桥连接。

四期工程与三期工程共用一套输煤系统，同步建设烟气脱硫设施。四期工程 500 千伏配电装置仍为三列式布置，在三期工程基础上向东连续扩建一个间隔，500 千伏引线采用铁塔支撑。空冷平台布置在汽机房 A 列的外侧，与三期工程空冷平台相连。四期工程辅机自然通风冷却塔布置在三期工程辅机冷却塔的东侧，辅机循环水泵房为三、四期工程共用。四期工程新建制氢站布置在新建的冷却水塔北侧，不再新建化学水处理室及循环水排污处理站。空冷系统布置成 56 个空冷单元，在主厂房 A 列呈 7 行 8 列布置，空冷平台高度 45 米。

五、设备选型

（一）设备选型过程

托电公司四期工程的主要设备通过公开招标的方式选定。在初步设计通过审核后，就着手进行设备招标工作。经过分批招标，2004 年完成了设备招标选型工作。

（二）主要设备

1. 锅炉

四期工程 2 台锅炉为亚临界参数、自然循环、前后墙对冲燃烧方式、一次中间再热、单炉膛平衡通风、固态排渣、紧身封闭、全钢构架的 Π 型汽包炉。炉顶采用金属密封大罩壳，屋顶为轻型金属屋盖。锅炉型号及生产厂家见表 1-4-1。

表 1-4-1　　　　　　　　　　　　锅炉型号及生产厂家

设备名称	设备型号	生产厂家	合同总价（万元）
锅炉	DG2070/17.5-2-1	东方锅炉（集团）股份有限公司	40218
干除灰	布袋除尘器 A ＝ 180m²/排汽风机 Q ＝ 180m³/min 50kPa	克莱德贝尔格曼能源环保技术（北京）有限公司	1580
捞渣机　贮渣仓	GBL20	克莱德贝尔格曼能源环保技术（北京）有限公司	989
空气预热器	VNT1830	豪顿华工程有限公司	2951
电除尘	F480-5	浙江菲达环保科技股份公司	6125
螺杆式空压机	MM250	阿特拉斯·科普柯（上海）贸易有限公司	218
空气压缩机及后处理设备	ML250	上海英格索兰压缩机有限公司	612
磨煤机	HP1103		7072
引风机	AN37E6	成都电力机械厂	90
送风机	ANN-2660/1400N	豪顿华工程有限公司	650
一次风机	ANT1938/1250N	豪顿华工程有限公司	1250

四期工程锅炉的性能参数同三期。

2. 汽轮机

四期工程的汽轮机仍为亚临界、一次中间再热、冲动式、单轴、三缸、四排汽、直接空冷凝汽式汽轮机。空冷汽轮机的高中压缸采用合缸结构，引进日本日立公司的先进技术制造。汽轮机的型号及生产厂家见表 1-4-2。

表 1-4-2　　　　　　　　　　　　汽轮机型号及生产厂家

设备名称	设备型号	生产厂家	合同总价（万元）
空冷汽轮机	KN600-16.7/538/538	东方汽轮机厂	26990
高压加热器	JG-2063-1-2，JG-2231-1-2 JG-1745-1-1	上海动力设备有限公司	1820
低压加热器	JD-1620-I 低加 JD-1620-II 低加	东方汽轮机厂	1356
给水泵组	CHTC5/6/SQ250-560C HTC6/5SQ300-670	上海凯士比泵有限公司	2140

四期工程汽轮机的性能参数同三期。

3. 电气

四期工程 7、8 号机组发电机由东方电机股份有限公司生产，发电机采用水氢冷却、静态励磁汽轮发电机。在额定功率因数和额定氢压条件下，发电机额定功率与汽轮机额定功率相匹配，发电机性能参数同三期。变压器励磁系统采用机端励磁变静态励磁方式，调节器为瑞士 ABB UN5000 系列。相关设备型号及生产厂家见表 1-4-3。

表 1-4-3　　　　　　　　电气设备型号及生产厂家

设备名称	设备型号	生产厂家	合同总价（万元）
发电机	QFSN-600-2-22	东方电机股份有限公司	13719
封闭母线	QZFM-22/22000-Z-I	江苏长江沃特电气有限公司	3316
主变压器	DFP-250000/500	保定天威保变电气股份有限公司	3941
6 千伏开关柜	ZS1；4000A，50kA	厦门 ABB 开关有限公司	2678
380 伏动力中心	JYD2000/70BFE 系列	北京供电福斯特开关设备有限公司	2899
联络变压器	OSFPSZ-360000/500	保定天威保变电气股份有限公司	1534
高压厂用变压器、启动/备用变压器	SFZ-63000 系列	西门子变压器有限公司	1617
阻塞滤波器及扭振继电器		美国 GE 公司	23307

4. 仪控

四期工程仪控系统的性能参数与三期工程相同。仪控系统的型号、生产厂家见表 1-4-4。

表 1-4-4　　　　　　　　仪控系统设备型号、生产厂家

设备名称	设备型号	生产厂家	合同总价（万元）
分散控制系统	OVATION	上海西屋	3715
仪表阀门	SSV11/S/SW-16MMOD	北京泰士特商贸有限公司	604
锅炉炉膛火焰检测系统	IDD-IIU	北京利顺翔电力技术有限责任公司	467
开关仪表	6NN-K5-M4	北京日域科技发展有限责任公司	351
变送器	3051 系列	北京利顺翔电力技术有限责任公司	411

5. 空冷

四期工程空气冷却系统的型号及性能参数与三期工程相同。

六、土地征用

在托电公司一期工程建设时已经取得了工程建设用地批复，可以满足工程建设的需要，四期工程不需要新增征地。

第二节　工　程　建　设

托电公司四期工程主体施工单位仍为北京电力建设公司和天津电力建设公司。北京电力建设公司负责 7 号机组的土建、安装工程及灰库的建设。天津电力建设公司负责 8 号机组的土建、安装工程及 500 千伏升压站和烟囱工程施工。冷却塔由内蒙古电建二公司施工。循环水管道土建和安装分别由中铁十八局和内蒙古电建一公司施工。

一、土建和水工建筑

（一）主厂房

托电公司四期工程主厂房横向结构体系由汽机房 A 列、汽机房屋面网架、除氧煤仓间 B、C、D 列框架组成，为钢筋混凝土框排架结构。主厂房纵向结构体系为"钢筋混凝土框架＋剪力墙"结构。楼板次梁采用钢次梁。运转层采用大平台布置。主厂房零米以下为钢筋混凝土独基，零米以上为钢结构，外围护墙采用复合保温压型钢板，内墙采用加气混凝土砌块。主厂房土方开挖量为 11.5 万立方米，基础混凝土量为 1.48 万立方米。

2004 年 4 月 23 日，四期工程主厂房开挖。2005 年 12 月 25 日，主厂房完成封闭。

（二）输煤系统

四期工程和三期工程共用一套输煤系统，已在三期工程中一次建成。

（三）烟囱

四期工程烟囱为钢筋混凝土全程负压型，基础为钢筋混凝土环板，埋深 −5.0 米，上部筒身高 240 米，出口直径为 10 米。2 台机组共用一座烟囱。烟囱分内筒和外筒，外筒高 240 米，内筒高 105 米，在 105 米以上内外筒汇成单筒。烟囱基础土方量为 0.82 万立方米，基础混凝土量为 0.2973 万立方米。

2004 年 9 月 10 日，烟囱基础开挖。2005 年 11 月 15 日，烟囱封顶。

（四）冷却塔

四期工程建设汽动给水泵冷却水塔 1 座，2 台机组共用一座冷却塔。冷却塔为双曲线薄壳钢筋混凝土结构，淋水面积 2500 平方米，塔高 84.5 米，进风口高度 5.4 米。水塔基础土方量为 1.5 万立方米，基础混凝土量为 0.259 万立方米。

冷却塔于 2005 年 4 月 10 日开挖，筒壁于 2005 年 11 月 8 日到顶。

（五）除灰工程

四期工程除灰建筑包括 7 号、8 号机组电除尘和除灰综合楼及渣仓等。2 台机组共设 3 个直径 15 米，高 32 米的钢筋混凝土灰库。基础为现浇钢筋混凝土大板基础，埋深—3.5 米，灰库土方开挖量为 0.264 万立方米，基础混凝土浇筑量 0.148 万立方米。

（六）循环水系统

四期工程和三期工程辅机循环水泵共用一座循环水泵房，泵房的土建部分已在三期工程中一次建成。四期工程厂区循环水管道的供排水干管管径为 DN1200，2 台机组母管管径为 DN2000，供排水管道工程量为 2030 米。

二、设备安装

（一）锅炉

四期工程汽包总重量为 215 吨，经铁路运抵现场，用 200T 液压提升装置（劳辛格）吊装就位。北京电力建设公司用 BDQ3000 塔吊和 BDQ2000 塔吊完成了 7 号机组锅炉钢结构的吊装，天津电力建设公司用 BDQ3000 塔吊和 CKE2500 履带吊完成了 8 号机组锅炉钢结构的吊装。设置在炉顶的 5 根大板梁总重达 432.5 吨。

四期工程锅炉安装工程共吊装锅炉钢结构 3457.8 吨，承压部件 5026.9 吨，安装各类风机 24 台，各类进/出口集箱 390 只，锅炉本体附件 8.8 吨。

四期工程锅炉制粉系统设备安装工程共安装了给煤机 12 台、磨煤机 12 台。制作安装了钢煤斗 12 只，铺设落煤管 2.42 吨、煤粉管 872 吨。锅炉烟道安装了烟道、风门、膨胀节 46 吨，安装其他风道 1426 吨。电气除尘器安装钢结构 370 吨，阳极板 17600 块，阴极框架 800 只，振打装置 128 台。

四期工程锅炉燃油系统安装工程共安装燃油管道 788 米，管道阀门 144 只，蒸汽管道 764 米及其阀门 152 只。锅炉吹灰系统安装了吹灰器 248 只，蒸汽管道 2428 米，阀门 18 只。

（二）汽轮机

四期工程汽轮机长 26.893 米，直径 2.09 米，本体重 223 吨。汽轮机安装包括汽轮机本体安装、油管道安装、凝汽器安装、电动给水泵组安装、泵的检修安装、除氧器安装、高低压加热器吊装、循环水泵安装、循环水泵房起重机安装、高压管道安装、中低压管道安装、凝结水精处理安装、给水泵及驱动汽轮机安装等。

汽轮机每台主机配置 3 台 50% 容量的水环真空泵，2 台给水泵，2 台

100％容量的水环真空泵，2台50％容量的汽动给水泵，另外还配置1台带液力耦合器的30％容量的电动调速给水泵，2台100％容量的凝结水泵，3台高加，1台除氧器，4台低加，1套凝结水精处理装置。大机有2个储油箱、1个主油箱，小机有2个油箱。

润滑油系统主要设备包括：1个主油箱、2个储油箱、2台冷油器、1套油净化装置、1台主油泵、1台交流电动辅助油泵、1台交流电动盘车油泵、1台直流电动事故油泵、2台交流电动顶轴油泵、2台交流电动排油烟风机。

（三）电气

四期工程安装了60万千瓦同步发电机2台、变压器2台、各类电动机724台、各类开关盘柜479台，安装了电缆桥架1025吨，敷设动力电缆342364米、控制电缆401700米、信号电缆281880米、封闭母线394米和架空线700米。

（四）仪控

四期工程仪控安装工程包含锅炉、汽机、除灰及化学水。北京电力建设公司负责7号机组仪控设备安装，天津电力建设公司负责8号机组仪控设备安装。7号机组共安装热控保护339套、热工自动106套、热工仪表8678套。8号机组共安装热控保护330套、热工自动106套、热工仪表8315套。2台机组共安装控制盘（柜）、仪表柜（架）402只，各类变送器、传感器、仪表开关2215只，指示表（计）560只，分析仪表60套，温度元件2820支，气（电）动执行机构222只。敷设了仪表管、保护管199890米和补偿导线40800米。

（五）输煤系统

三期工程已按4台60万千瓦新建一套输煤系统，故四期工程建设只需将三期工程输煤系统煤仓间7号带式输煤机延长至8号机原煤仓，为5～8号机组供煤。四期工程输煤系统安装了皮带机2台，总长800米。

（六）化学水处理

四期工程精处理除盐系统设计供货与三期工程相同，加药系统、取样系统与三期工程完全相同。北京电力建设公司负责7号机组精处理除盐系统的安装，天津电力建设公司负责8号机组精处理系统的安装。共安装了各类槽、箱、罐等几十台，各类成套分析仪近百套，各类泵、风机近百套和各类阀门近千只。

（七）除灰渣系统

四期工程除灰渣系统设备由克莱德贝尔曼物料输送公司设计供货。除渣系统共安装了渣水循环泵4台、排污泵14台、板式换热器4台、反冲洗过滤器4台、刮板捞渣机2台，渣仓2座。除灰系统共安装了空压机6台、冷干机6台、MD仓泵80台、AV仓泵14台、空气电加热器8台、气化风机10台、干灰散装机3台、双轴搅拌机9台，敷设了输灰管路1248米。

（八）空冷岛

四期工程空冷系统的安装结构与三期工程相同。安装的主要设备有散热器管束和下联箱、风机、风筒、电机、齿轮箱、变频器、真空泵等。汽轮机排汽冷却系统采用直接空冷方式，空冷凝汽器采用钢制大直径管道，现场配置。每块管束由制造厂家组装完成，管束与配汽联箱的焊接在现场完成。用250吨履带吊完成了空冷岛所有设备安装任务。

2005年8月6日，7号机组空冷柱结顶。8月25日，8号机组空冷柱结顶。9月14日，7号机组空冷钢结构吊装。10月18日，8号机组空冷钢结构吊装。2006年5月21日，7号机组空冷系统风压结束。7月13日，8号机组空冷系统风压结束。

第三节 调 试 启 动

托电公司四期工程的主体调试单位为华北电力科学研究院有限责任公司。2006年2月，各专业调试人员进驻现场，开始熟悉各种图纸资料，编写各专业启动调试措施。3月8日，托电公司四期工程试运指挥部成立并召开第一次会议，讨论通过机组调试大纲，启动调试工作全面开展。

一、调试过程

（一）分系统试运

在完成6千伏厂用电系统受电之后，7号和8号机组开始进行分系统试运工作。

2006年4月16日，7号机组锅炉酸洗结束，经检查鉴定评价为"优良"。5月1日，7号机组锅炉首次点火成功，开始机组热力系统吹管，5月4日锅炉吹管结束，质量评定为"优良"。5月25日，7号机组的分系统试运工作结束。

2006年6月10日，8号机组锅炉酸洗结束，经检查鉴定评价为"优良"。6月28日，锅炉首次点火成功，开始机组热力系统吹管，6月30日锅炉吹管结束，质量评定为"优良"。7月27日，8号机组的分系统试运工作结束。

（二）空负荷试运

2006年5月23日，7号机组进入整套启动程序。5月25日，7号机组锅炉再次点火。5月26日，汽机首次中压缸冷态启动冲车，先后完成了电气试验、空冷系统热态冲洗、汽机汽门严密性试验、锅炉冷再及热再安全门液压助跳整定以及实跳复核试验、锅炉膨胀检查、汽包和过热器系统安全门液压助跳整定以及实跳复核试验和锅炉蒸汽严密性试验等。5月31日，7号机组锅炉第三次点火，机组第二次整套启动，完成了发电机带500千伏Ⅰ母线升压核相试验。6月1日，7号机组锅炉第四次点火，机组第三次整套启动，在完成了发电机假同期试验后，7号机组于6月1日首次并网成功。

2006年7月25日，8号机组进入整套启动程序。7月28日，8号机组锅炉第二次点火，开始汽机保护、连锁动态传动和在线试验。7月29日，开始电气试验。7月30日，在完成机组假同期并网试验后，机组首次并网成功，开始带初负荷试验，8号机组空负荷调试结束。

（三）带负荷试运

2006年6月2日，7号机组第二次并网，开始带负荷试运，先后完成了锅炉单侧辅机带50%负荷试验、各单项控制系统和机组协调控制系统优化调整试验、变负荷试验、锅炉低负荷稳燃试验、磨降一半负荷试验、送引风机降一半负荷试验、汽机动平衡试验等。同年6月9日，锅炉再次点火，机组第四次整套启动、第三次并网，在完成了各工况下发电机进相试验和励磁系统试验、小机降一半负荷试验、甩50%负荷试验、甩100%负荷试验后，于6月10日第五次并网，完成了汽门活动试验。6月11日，机组第五次整套启动。6月12日，机组第六次整套启动，在机组带负荷试运期间，完成了厂用电系统切换试验、锅炉断油试验、最低负荷稳燃试验，单侧引风机、送风机、一次风机、单汽泵带50%负荷试验，各单项自动控制系统、机组协调控制系统试投和优化调整试验，变负荷试验及各自动控制系统扰动试验，磨煤机降一半负荷试验，送风机、引风机降一半负荷试验，一次风机降一半负荷试验，汽动给水泵降一半负荷试验，直接空冷系统1～8列热态冲洗。还完成了励磁系统稳定试验、真空严密性试验、漏氢率试验、变真空试验、调门活动试验、机组轴系振动监测试验、磨组合工况试验、锅炉燃烧初调整试验、机组部分性能试验和并网安全性评价所规定的所有试验项目。

2006年7月30日，8号机组在完成空负荷调试后，机组再次并网，开始带负荷试运。先后完成了厂用电系统切换试验、各单项控制系统和机组协调控制系统优化调整试验、变负荷试验、单辅机带50%负荷能力工况试验、锅炉最低稳燃负荷试验、甩50%负荷试验、甩100%负荷试验及各工况点下的发电机进相试验和励磁系统试验。同年8月8日，在机组消缺工作结束后开始第二次启动，锅炉第三次点火，机组并网，继续带负荷试运。8月13日，锅炉第四次点火，机组并网，开始第三次带负荷试运。期间完成了真空严密性试验、送风机（引风机）降一半负荷试验、一次风机降一半负荷试验、给水泵降一半负荷试验。8月

15日，锅炉第五次点火，机组开始第四次启动，汽机进行冲车，机组再次并网进行满负荷试运。期间还完成了漏氢率试验、变真空试验、调门活动试验、机组变负荷试验、机组轴系振动监测试验、磨组合工况试验、锅炉燃烧初调整试验、机组部分性能试验和并网安全性评价所规定的所有试验项目。

（四）168小时满负荷试运

2006年6月12日11时58分，7号机组正式进入168小时满负荷试运。6月19日11时58分，顺利完成168小时满负荷试运并移交生产。

2006年8月15日6时58分，8号机组正式进入168小时满负荷试运。8月22日6时58分，顺利完成168小时满负荷试运，移交生产。

二、调试期间发现的缺陷及处理

（一）机组振动大

由于轴系本身的原因，7号机组从最初的空负荷试运直到最后168小时试运，轴振幅值偏大。尽管经过5次加平衡块进行消缺，仍没有获得理想的结果。由于时间所限，试运期间未能进一步处理。停机后已做处理。

8号机组在首次带负荷试运期间，7～9号瓦振动有所上升。停机后在低发对轮处加配重580克（两面各一半），机组恢复运行。

（二）锅炉过热器减温水量大

7号机组在额定负荷时，过热器减温水流量较大，影响机组效率。虽经燃烧初调整，仍不见明显效果。调试单位认为这一问题与锅炉受热面设计有密切关系，已由生产厂家进行了改造。

（三）大机真空泵频繁跳闸

7号机组试运期间，大机真空泵频繁外部跳闸。在试运期间曾对就地设备进行严密监控，对可能的原因作了分析，对控制回路也进行了防干扰的改造，但问题没有得到彻底解决。由于时间所限，试运期间未能进一步处理。正式运行后已做了改进。

（四）B汽泵犯卡

7号机组在进行B小机冲转、B汽泵试运期间，因B汽泵推力瓦温高停运。在处理完推力瓦温高、B汽泵再次试运时不能启动，后联系KSB厂家人员现场检查。解体后发现一级叶轮及密封圈有划痕，随即进行清理回装，再次试运后恢复正常。

（五）磨煤机电机轴瓦烧瓦

在7号机组168小时试运后期及结束后，曾发生F磨和C磨电机非驱动端轴瓦烧瓦事故。其中，F磨运行了几个小时，而C磨则总共运行了将近300小时。原因主要是电机轴瓦质量问题。联系厂家更换轴瓦后运行正常。

（六）过热器减温水调门犯卡

在 7 号机组试运期间，过热器减温水调门经常犯卡，影响过热汽温的控制。经分析，主要原因在于调门长期处在较高的温度环境下，可能因膨胀变形而使阀门动作力矩较大，接近执行机构的上限，容易造成过力矩，致使阀门不能动作。停炉时已做了处理。

（七）发电机漏氢

在 8 号机组带负荷试运期间，发电机漏氢量较大。经检查确认，漏氢是由于发电机出线法兰面密封不严所致（此问题为厂家原因）。在停机消缺期间，问题得到解决。在机组以后的带负荷试运期间，发电机漏氢量正常。

（八）锅炉受热面泄漏

在 8 号机组负荷 60 万千瓦时，锅炉四管泄漏报警，经检查为锅炉发生炉管泄漏，大致区域为炉右屏过处。在机组相继完成 50％ 及 100％ 甩负荷试验后，检查确认为后屏右数第三、四屏间夹持管水平段爆开断裂，后屏右数第五屏第十四根管弯头爆裂 3 处。从爆口分析判断均为短期过热所致，随即对所有爆破管段及弯头进行了更换。在机组第二次带负荷试运期间，锅炉四管再次泄漏报警。经检查确认，锅炉发生炉管泄漏，大致区域仍为炉右屏过处。机组滑停进炉检查确认，后屏右数第五屏第十四根管自身绕制的固定弯头爆开，判断为短期过热所致。对此管段进行内窥镜检查，发现已被杂物堵塞，清理并进行更换后，锅炉恢复正常。

（九）发电机定冷水冷却器泄漏

8 号机组在停机消缺期间，发现定子冷却水箱水位下降速度较快。经就地检查初步判断为冷却器铜管胀口处泄漏所致。在解列冷却器仔细检查发现为大量铜管泄漏所致。后将 7 号机组定冷水备用冷却器更换至 8 号机组，保证了 8 号机组的如期启动。

（十）2 号引风机振动

8 号机组在第一次带负荷试运结束、锅炉停炉后，在启动 2 号引风机对锅炉进行强制通风冷却时，振动超过 100 微米。停止引风机运行，进行多次检查并经过找动平衡、加配重，振动问题得到解决，振动小于 20 微米。

（十一）2 号汽泵抱死

8 号机组在冲 2 号汽泵时，2 号汽泵抱死，启动失败。后经解体检查，发现汽泵第四级叶轮处有异物，将汽泵抱死，并沿叶轮圆周方向均有磨痕。经打磨处理后，2 号汽泵恢复正常。

三、调试结论

从首次整套启动算起，在整套试运期间，7 号机组共启动 6 次、并网 7 次，至机组 168 小时满负荷试运结束，历时为 25 天。8 号机组共启动 4 次、并网 4 次，至机组 168 小时满负荷试运结束，历时为 26 天。

在 7 号、8 号机组 168 小时满负荷试运期间，汽水品质优良、机组保护投入率 100％、机组自动投入率 100％、热工仪表投入率 100％。机组设计的主、辅机和辅助系统全部经调试后投入，经带负荷试运和 168 小时满负荷试运考验，机组主、辅设备功能达到合同及国家有关规程规范要求，各项技术经济指标达到设计要求。机组运行稳定、安全可靠，各项自动调节品质和协调控制系统调节品质优良。机组具备快速升降负荷和深度调峰能力，可以投入商业运行，能够形成稳定的发电能力。

第四节　试运行及达标投产

托电公司四期工程 7 号机组，于 2006 年 6 月 19 日 11 时 58 分完成 168 小时试运，正式进入商业运行；8 号机组于 2006 年 8 月 22 日 6 时 58 分完成 168 小时试运，正式进入商业运行。

2006 年 12 月 19 日，7 号机组半年试运行结束。7 号机组在试运行期间完成发电量 6147.1 万千瓦时，机组可用小时达到了 4392 小时，等效可用系数达到 100％，考核期供电煤耗为 341.6 克/千瓦时，厂用电率测试值 5.51％。期间热工、电气保护投入率 100％；机组热工自动、程控和连锁投入率均达到 100％；机组热工、电气监测仪表投入率 100％，机组高加投入率 100％；各种油质、汽水品质合格。半年试生产考核期内 7 号机组主要经济指标均达到考核标准。8 号机组半年试运行在 2007 年 2 月 22 日结束。

四期工程 7 号、8 号机组的达标投产工作正在申请办理中。

第五节　工程建设进度

一、土建工程
2004 年 4 月 23 日，7 号、8 号机组基础开挖。
2004 年 11 月 30 日，7 号、8 号机组基础出零米。
2005 年 12 月 25 日，7 号、8 号机组主厂房封闭。
二、安装调试
2005 年 1 月 17 日，7 号机组锅炉钢架开始吊装。

2005 年 5 月 20 日，8 号机组锅炉钢架开始吊装。

2005 年 7 月 11 日，7 号机组汽包吊装就位。

2005 年 9 月 19 日，8 号机组汽包吊装就位。

2006 年 2 月 7 日，7 号机组锅炉水压试验完成。

2006 年 2 月 20 日，7 号机组厂用电系统受电。

2006 年 3 月 26 日，8 号机组厂用电系统受电。

2006 年 4 月 5 日，7 号机组汽轮机本体扣盖完成。

2006 年 4 月 7 日，8 号机组锅炉水压试验完成。

2006 年 4 月 16 日，7 号机组锅炉酸洗完成。

2006 年 5 月 1 日，7 号机组首次点火。

2006 年 5 月 4 日，7 号机组锅炉吹管结束。

2006 年 5 月 23 日，7 号机组首次联合启动。

2006 年 5 月 30 日，8 号机组汽轮机本体扣盖完成。

2006 年 6 月 1 日，7 号机组并网。

2006 年 6 月 10 日，8 号机组锅炉酸洗完成。

2006 年 6 月 12 日 11 时 58 分，7 号机组进入 168 小时试运。

2006 年 6 月 19 日 11 时 58 分，7 号机组完成 168 小时试运移交生产。

2006 年 6 月 28 日，8 号机组首次点火。

2006 年 6 月 30 日，8 号机组锅炉吹管结束。

2006 年 7 月 25 日，8 号机组首次联合启动。

2006 年 7 月 30 日，8 号机组并网。

2006 年 8 月 15 日 6 时 58 分，8 号机组进入 168 小时试运。

2006 年 8 月 22 日 6 时 58 分，8 号机组完成 168 小时试运移交生产。

2006 年 12 月 19 日，7 号机组半年试运行结束。

8 号机组半年试运行在 2007 年 2 月 22 日结束。

第五章 脱 硫 工 程

　　托电公司所在地区虽不属于国务院划定的"二氧化硫污染控制区"，但是，为保护当地的大气环境质量，减少二氧化硫排放量，托电公司于 2004 年开始着手规划脱硫工程的建设。同年 10 月 11 日，在北京国电华北电力工程有限公司召开会议，专题研究托电公司的脱硫设计。2005 年 3 月 15 日，三期工程脱硫土建工程开工，标志着托电公司的脱硫工程全面启动。首批实施脱硫的工程包括二期和三期工程 3～6 号机组，随后，一期和四期工程 1 号、2 号、7 号、8 号机组脱硫工程也相继开工。在脱硫工程建设的过程中，托电公司专门成立了领导小组和脱硫攻关小组，多次召开攻坚会议，就脱硫工程建设存在的问题进行专题研究，及时提出了相应的解决办法，保证了脱硫工程的顺利进行。

　　托电公司脱硫工程由北京国电清新环保技术有限公司为工程的总承包单位，中国有色工程设计研究总院负责工程的全部设计工作，北京电力建设公司、内蒙古电建一公司和中铁十八局联合体负责土建、安装施工，监理单位仍为河北电力建设监理有限责任公司。

　　脱硫工程建成后，机组的脱硫效率不小于 95％，全厂每年可减少 9.2 万吨的二氧化硫排放。

第一节 工 程 概 况

一、工艺设计

　　托电公司的脱硫工程采用石灰石/石膏湿法（简称 FGD）工艺，其中 FGD 不设烟气再热系统，为全烟气脱硫。通过为各机组配套建设烟气脱硫装置，处理燃煤机组的烟气。脱硫装置的烟气处理能力为一台锅炉最大负荷工况时的烟气量（按 30％～100％考虑烟气量波动），脱硫效率≥95％。脱硫系统设置 100％烟气旁路，以保证脱硫装置在任何情况下不影响发电机组的安全运行。脱硫副产品石膏回收贮存或利用，脱硫系统关键设备（如搅拌器、调节阀、重要的仪表）采用进口设备。脱硫装置按年运行 6000 小时设计，FGD 系统可利用率≥95％，脱硫装置出口烟气温度按 50℃设计。

　　每台机组 1 套 FGD（共 4 套），1 炉 1 塔。公用系统包括石灰石浆液制备、石膏脱水处理、脱硫废水处理系统，按照8台机组共用一套设置，随一期脱硫工程一次建成。并按8台机组烟气脱硫总量设计，设置可编程控制系统，脱硫后的烟气再通过烟囱进行排放。

二、系统组成

脱硫系统主要包括工艺系统、供电系统、控制系统、火灾报警控制系统等组成。脱硫工程的工艺系统由石灰石浆液制备及供应系统、二氧化硫吸收系统、氧化空气系统、烟气系统、石膏脱水系统、工艺水系统、事故浆液和排空系统组成。

三、设备配置

（一）石灰石卸料及贮存系统配备有：石灰石卸料斗、石灰石卸料布袋除尘器、振动给料机、刮板输送机、斗式提升机、石灰石仓、石灰石贮仓布袋除尘器、振动给料斗、输送皮带等。

（二）石灰石浆液磨制系统配备有：称重给料机、湿式球磨机、湿磨浆液罐、湿磨浆液泵、石灰石浆旋流分级站等。

（三）石灰石浆液输送系统配备有：石灰石浆液中间槽、石灰石浆液输送泵、石灰石浆液分配器等。

（四）石灰石浆液供应系统配备有：石灰石浆液贮槽和石灰石浆泵。

（五）烟气系统配备有：动叶可调轴流式风机、进口挡板、出口挡板、旁路挡板、密封风机和烟道、膨胀节等。

（六）吸收系统配备有：吸收塔、浆液循环泵、侧入式搅拌器、吸收塔排水坑、吸收塔排水坑泵等。

（七）氧化空气系统配备有：氧化风机和阀门、不锈钢管道等。

（八）石膏浆液排放及石膏旋流脱水系统配备有：石膏浆排放泵、石膏浆液旋流器站、石膏旋流底流槽、石膏旋流底流泵、石膏旋流溢流槽、石膏旋流溢流泵等。

（九）真空皮带脱水系统配备有：真空脱水给料槽、真空脱水给料泵、真空皮带脱水机、气水分离器、真空泵等。

（十）混合液输送系统配备有：混合液中间槽和混合液输送泵。

（十一）石膏仓系统配备有：皮带输送机、卸料小车、输送螺旋、斗式提升机等。

（十二）事故浆液系统配备有：事故浆液槽、事故浆液泵、事故浆液系统地坑、事故浆液系统地坑泵等。

（十三）废水处理系统配备有：中间水槽、中间水槽泵、污泥槽、污泥加压泵、石灰乳搅拌槽、石灰乳投加泵、混合加药装置、硫酸储槽、混合槽、反应槽、过滤器、隔膜压滤机、压滤机加压用水箱、压滤加压用水泵、滤布洗槽、pH 调节池、潜水泵、污水调节池、潜水泵等。

（十四）排水系统配备有：集水地坑和冲洗系统。

四、资金构成

托电公司一至四期脱硫工程资金构成见表 1-5-1。

表 1-5-1　　　　托电公司一至四期脱硫工程资金构成　　　　单位：万元

序号	项目名称	建设总投资	建筑工程费	安装工程费	设备购置费	其他费用
1	一期脱硫	23268	1890	6358	10352	4668
2	二期脱硫	21927	1709	5644	11984	2590
3	三期脱硫	32334	4334	8092	15482	4426
4	四期脱硫	25342	2618	6929	12048	3747
	合计	102871	10551	27023	49866	15431

第二节　工　程　建　设

一、一期工程

一期工程的脱硫工程是最后一期脱硫工程。2006 年 9 月 1 日，土建开挖。同年 11 月 30 日，1 号、2 号吸收塔基础完工，交付安装。12 月 1 日，综合楼结构封顶，开始墙体砌筑。一期工程的脱硫工程在 2007 年 9 月完工。

二、二期工程

托电公司二期和三期工程 3～6 号机组是托电公司首批进行脱硫改造的工程。

2005 年 5 月 15 日，托电公司二期工程脱硫土建工程开工。同年 7 月 19 日，3 号、4 号吸收塔基础完工并交付安装。同日，增压风机和脱硫零米设备开始安装。9 月 15 日，3 号吸收塔安装完毕，开始防腐施工。9 月 27 日，综合楼结构封顶，开始墙体砌筑。10 月 5 日，4 号吸收塔安装完毕，开始防腐施工。

2006 年 8 月 27 日，6 千伏和 380 伏脱硫系统带电完成。同年 8 月 28 日，脱硫系统开始调试。10 月 7 日，3 号机组脱硫系统完成 168 小时试运投入运行。11 月 11 日，4 号机组脱硫系统完成 168 小时试运投入运行。

三、三期工程

2005 年 3 月 15 日，托电公司三期工程脱硫工程土建开挖。同年 4 月 15 日，5 号、6 号吸收塔基础完工并交付安装。8 月 10 日，综合楼结构封顶，开始墙体砌筑。10月11日，5号吸收塔安装完毕，开始防腐施工。10月20日，增压风机和脱硫零米设备开始安装。11月20日，6号吸收塔安装完毕，开始防腐施工。

2006年1月3日，浆液制备车间结构封顶。同年1月20日，废水处理车间结构封顶。3月23日，石膏脱水车间结构封顶。5月1日，6千伏和380伏脱硫系统带电完成。5月2日，脱硫系统开始调试。9月8日，5号机组脱硫系统完成168小时试运投入运行。10月26日，6号机组脱硫系统完成168小时试运投入运行。

四、四期工程

2005年11月2日，托电公司四期工程脱硫土建工程开工。同年12月27日，7号、8号吸收塔基础完工并交付安装。

2006年5月6日，综合楼结构封顶，开始墙体砌筑。同年6月6日，增压风机和脱硫零米设备开始安装。10月5日，7号吸收塔安装完毕，开始防腐施工。11月10日，8号吸收塔安装完毕，开始防腐施工。12月22日，6千伏和380伏脱硫系统带电完成。12月26日，脱硫系统开始调试。四期工程的脱硫工程在2007年1月完工。

第三节 环 保 验 收

2006年11月7日，由内蒙古自治区环境保护局组织呼和浩特市环保局、内蒙古自治区环境监测中心站对托电公司二期工程3号机组脱硫系统进行了验收。通过验收认为：3号机组脱硫工程各项环保手续齐全，环保设施基本具备了正常运转的条件，二氧化硫排放浓度、排放总量、脱硫效率均达到执行标准、设计指标和总量控制指标，同意通过验收。

2006年12月29日，由内蒙古自治区环境保护局污控处组织呼和浩特市环保局、内蒙古环境监察总队、呼和浩特市环境监察支队和内蒙古自治区环境监测中心站对托电公司二期工程4号机组、三期工程5号和6号机组脱硫系统进行了验收。通过验收认为：托电公司二期工程4号机组和三期工程5号、6号机组脱硫工程各项环保手续齐全，环保设施、措施落实到位，运行稳定，二氧化硫排放浓度、排放总量、脱硫效率均达到标准和设计指标及总量控制指标要求，同意通过验收。

一期工程1号、2号机组和四期工程7号、8号机组的脱硫系统验收，待工程全部完工并完成168小时试运后进行。

第六章 施 工 管 理

托电公司连续完成了一至四期工程建设，工程规模大、工期紧、任务重、施工范围广、参与单位多、施工管理难度大。在工程建设过程中，托电公司按照"建精品、创一流、站排头"目标要求，在充分发挥业主主导作用的同时，坚持"小业主大监理"的工程建设理念，积极发挥现场监理的全能监督作用，采用现代化的工程管理模式抓好施工的组织与管理，全面加强过程监督，施工管理始终处于受控状态。为保证工程的进度与质量，在施工队伍、监理单位的选择和设备与材料的购进上，严格实行公开招标的办法，并以合同的形式明确甲乙双方的权力、责任。从 2003 年 7 月 29 日一期工程投产到 2006 年 8 月 22 日四期工程建成投产，平均每年投产 2 台 60 万千瓦机组，为全国最快。托电公司的总装机容量已经达到了 480 万千瓦，为国内目前最大的火力发电厂。

第一节 工程指挥机构

一、工程建设指挥机构

1992 年 11 月 26 日，内蒙古电力（集团）有限责任公司下发了《关于成立托克托发电厂前期工作办公室的通知》（内电劳 [1992] 153 号文），决定成立托电工程前期工作办公室。

1993 年 12 月 2 日，内蒙古电力（集团）有限责任公司任命郭殿奎为托电工程前期工作办公室主任，着手开展前期工作。同年 12 月 22 日，内蒙古电力（集团）有限责任公司下发了《关于成立托克托发电厂筹备处的通知》（内电劳 [1993] 258 号文），正式成立托电工程筹备处，郭殿奎改任筹备处主任，并先后任命郭勇、张计栓、白玉庆、章祖堃、赵正谋为副主任，组成筹备处班子，设立有关办事机构。托电工程筹备处成立后，全面开展了土地征用、项目申报、五通一平和基础设施建设等各项前期工作，对推动托电工程立项及做好工程建设的筹备工作，发挥了重要的作用。

1996 年 5 月 3 日，召开托电公司第二次股东会暨第二次董事会，聘任梁殿臣为总经理、郭殿奎为副总经理，设立有关办事机构和办事部门，企业开始运作。同年 10 月 28 日，李文祚任党委书记（兼副总经理）、增聘张浩为副总经理（兼总会计师）。1997 年 8 月 29 日，又聘任朱平立为副总经理、王振彪为总工程师，公司班子配置齐全。之后，班子内部进行了分工，明确由朱平立负责主体工程、郭殿奎负责辅助工程。

在这之后，为推动托电工程加快立项和全面做好工程建设管理工作，1998 年 3 月 20 日，内蒙古自治区人民政府成立了以云公民副主席为组长的支持托电工程建设协调领导小组。同年 4 月 6 日，呼和浩特市人民政府也相应成立了以市长冯士亮为组长的支持托电工程建设协调领导小组。托县政府也成立了支电办公室。4 月 16 日，托电公司召开二届一次董事会，成立了"前期及施工工作、项目资金工作、财务工作、人事劳动工作"等四个专业委员会，托电公司朱平立、张浩、王自成等分别为专业工作委员会成员。

2000 年 3 月 30 日，大唐国际发电公司下文成立了由梁殿臣兼任组长的托电公司二期工程筹备组（大唐电人［2000］39 号文），全面负责二期工程的筹备工作。同年 7 月 27 日，内蒙古电力（集团）公司下文成立了由王维维任组长的托电工程建设施工领导协调组（内电基［2000］5 号文），全面负责施工过程的协调工作。11 月 27 日，根据工程建设的需要和托电公司总经理梁殿臣已达到退休年龄的实际情况，大唐国际发电公司调整了托电公司的主要领导，聘任朱平立为总经理，免去梁殿臣的总经理职务。8 月 1 日一期工程开工后，托电公司新一届领导班子及公司各部门全面投入工程管理，积极做好组织、协调和指挥领导工作，发挥了业主在工程建设中的主导作用。

2002 年 8 月 27 日，根据工程建设的需要，将二期工程筹备组更名为扩建工程处，具体负责组织开展二期至四期工程的施工管理工作。在二至四期工程建设过程中，扩建工程处全面负责施工现场的组织、协调和监管工作。

2005 年 6 月，根据工作需要，大唐国际发电公司再次调整了托电公司的主要领导，聘任应学军为总经理，免去朱平立的总经理职务；任命郭殿奎为党委书记（兼任副总经理），免去李文祚的党委书记、副总经理职务，组成新一届领导班子。新班子组成后，按照职责分工，全力投入施工管理，三期、四期工程建设步伐加快。

二、工程试运指挥机构

2002 年 8 月 26 日，托电公司一期工程试运指挥部成立，总指挥由朱平立担任，常务副总指挥为刘福阁，副总指挥有康波、卜保生、孙亚夫、梁燕钧、程彦明、邢建海等 6 人，成员 19 人，下设分部试运组、整套试运组、验收检查组、生产组、综合组等五个小组。

2003 年 12 月 16 日，托电公司二期工程试运指挥部成立，总指挥由朱平立担任，常务副总指挥为卜保生，副总指挥有应学军、康波、肖敏文、孙亚夫、于广军、程彦明、常林、周留才等 8 人，成员 21 人，下设分部试运组、整套试运组、验收检查组、生产准备及试生产组、综合组等五个小组。

2005 年 5 月 8 日，托电公司三期工程试运指挥部成立，总指挥由应学军担任，常务副总指挥为卜保生，副总指挥有郭亚斌、尤海君、郝建军、孙亚夫、刘少军、吴军、常林、郭永胜、温成湖、周留才等 10 人，成员 21 人，下设分部试运组、整套试运组、验收检查组、生产准备及试生产组、综合组等五个小组。

2006 年 3 月 3 日，托电公司四期工程试运指挥部成立，总指挥由应学军担任，常务副总指挥为卜保生，副总指挥有冯树礼、郭亚斌、郝建军、孙亚夫、刘少军、吴军、常林、郭永胜、温成湖、姜金尧、周留才等 11 人，成员 21人，下设分部试运组、整套试运组、验收检查组、生产准备及试生产组、综合组等五个小组。

试运指挥部全面负责各期工程试运期间的各项工作，保证了工程调试、试运工作的顺利进行。

第二节　安全文明施工管理

托电公司从一期工程建设开始，就把安全文明施工放在首位，常抓不懈。2001 年 6 月，在华北电管局组织的全国 15 家在建大型火电工程安全文明施工现场评比中获得第一名。同年 11 月，在全国电源建设安全文明生产大检查和全国电源建设大型机械联检中获得第一名。2003 年 4 月，在华北电力工委大唐国际发电公司分工委组织的"保安全、增效益、促发展"劳动竞赛中荣获先进集体称号。同年 6 月，在内蒙古自治区总工会直属企事业工会组织的 2003年度"安康杯"竞赛中获得先进单位称号。2005 年 1 月，托电公司三期工程被大唐集团公司评为"安全文明施工样板工地"。同年 2 月，托电公司被呼和浩特市人民政府授予"2004 年度安全生产工作先进集体"称号。

一、组织体系建设与制度建设

托电公司在工程建设的整个过程中，始终注重安全文明施工管理的组织体系建设。工程建设一开始就明确了安全文明施工的管理和组织机构，并在各工地组织成立了专职的安全监督小组。1998 年 4 月 1 日，托电公司正式成立了安全生产委员会。2000 年，一期工程开工后，又专门成立了一期工程施工安全委员会。2002 年 9 月，为统一抓好企业的安全管理与安全监督，专门成立了安全监察部，并在各有关部门设置了专兼职安全员。到 2006 年底，托电公司已经建立并形成了党政工团共同参与、各部门齐抓共管的安全文明施工管理网络，为营造良好的安全文明施工环境提供了有力的组织保障。

在抓好组织体系建设的同时，托电公司还根据安全文明施工管理的实际需要，不断建立和完善企业安全文明施工管理的各项制度及考核管理办法。先后制定出台了《安全文明施工管理制度（基建部分）》、《公司、部门、班组三级安全教育制度》、《外包工程管理标准》等多项安全文明施工管理制度，还明确了工程施工现场的10大安全文明施工纪律，编制了49个重大或突发事件的应急预案。到2006年底，托电公司安全文明施工的考核标准、考核办法已经完善，安全文明施工管理工作走上了规范化运作、制度化运行的轨道。

二、管理措施

从一期工程开始，托电公司就制定了"死亡事故为零、重伤事故为零、群伤事故为零、重大机械事故为零、火灾事故为零、交通事故为零、垮塌事故为零、职业卫生伤害事故为零、轻伤事故频率低于3‰、实现'事故零目标'"的"十大"安全目标以及创全国一流文明施工现场的文明施工目标。各参建单位按照既定的安全理念，围绕刚性目标，开展全方位系统化的安全教育、安全培训、安全监督和安全考评。并通过文明施工环境的营造、文明施工工艺和工序的应用、文明参建职工队伍的培养，保证了安全文明施工氛围的形成。

在对外包队伍的安全管理上，避免"以包代管"、"以罚代管"现象，安监部门和安监人员经常性地跟踪检查外包队伍人员的安全教育情况、外包队伍的安全资质情况、外包工程的承包合同履行情况和外包队伍人员的体检情况等，把避免人身伤亡、火灾、交通、中毒、触电、停电、恶性误操作、起重运输、机械设备事故等，作为安全管理的重点工作来抓。加强对危险源的控制，对特种设备、起吊运输机械定期进行检测、维护。严格重大起吊运输、高空作业、特殊作业方案与措施的审批、交底，确保做到施工安全、文明、健康、环保。

与此同时，在每期工程建设中都与各部门负责人及各参建单位的第一安全责任人签订安全责任书，把托电工程的总目标融入各参建单位的分目标，通过分目标保证总目标，通过一级保一级，最终实现安全事故零目标，落实了安全文明施工的各项目标、任务、措施。

在日常的安全文明施工管理上，一方面通过设置安全警示牌和搭建安全围栏、防护网等硬件设施的配置，为施工作业提供基本的安全保证。另一方面，通过每周召开一次安全工作例会和定期开展动态的安全文明施工检查和考核，及时解决施工过程中存在的安全问题，将事故消除在萌芽状态。同时，对于新入厂人员严格实行三级安全教育，对在岗人员定期进行安全教育和考试，凡没有通过安全教育或安全知识考试不合格的人员，一律不安排上岗。在施工过程中，还经常组织开展"安全文明施工流动红旗"、"大型机械红旗台车和优秀操作手"等评比活动，让施工作业人员养成良好的安全文明施工习惯，在现场形成了比、学、赶的安全文明施工氛围。

从 2002 年开始，托电公司结合全国安全生产月活动的开展，每年在 6 月集中开展安全检查、警示教育、安全培训等各项安全知识普及活动，并结合活动的开展建立了安全文明施工管理的长效机制。

2006 年，托电公司启动"一体化"管理，将外包队伍纳入公司的整体管理，安全文明施工也及时跟进，实行了"大监督"管理模式，由单个部门管变为各部门、各单位共同管、互相监督。凡事有人负责、凡事有章可循、凡事有据可查、凡事有人监督的安全文明施工管理格局已经形成。

第三节　工程进度控制

一、管理措施

托电公司从一期工程开始，每期工程均提前编制网络进度计划，在确保安全、质量的前提下，严格按照网络进度组织施工，并提前做好协调工作，保证图纸设计、设备监造、施工组织、材料供应等能够满足工程建设的需要。

在工程建设过程中，每日召开工程碰头会，每周召开工程协调会，及时解决施工中存在的问题。并按照小业主、大监理的模式，支持监理单位按照有关规定对工程实施有效监理。还使用了 P3 工程项目管理软件，开发了 CCMIS（基建管理信息系统），准确、科学地反映工程建设的实际需求。通过这些措施的实施，在保证安全、质量的前提下，各期工程始终能够按照进度要求及时推进，没有发生工期延误和进度滞后的问题。

二、工期进度

一期工程从 2000 年 8 月 1 日开工到 2003 年 7 月 29 日全部投产发电，建设工期为 35 个月 28 天，较合同工期缩短 9 个月 17 天。其中，1 号机组合同工期为 40.5 个月，实际建设工期为 34 个月 9 天，比合同工期缩短了 189 天；2 号机组合同工期为 44.5 个月，实际工期为 35 个月 28 天，较合同工期缩短 9 个月 17 天。同时，一期工程 2 号机组的投产当年在国内和华北电力系统还创造了三项记录：即从 2 号机组第一次点火到移交生产时间小于 90 天，为华北地区同类机组用时最少；2 号机组从整套启动开始到移交生产只用 28 天，为华北地区 30 万千瓦以上机组用时最短；2 台 60 万千瓦机组投产间隔时间不到两个月，为同类机组全国最快。

二期工程 2002 年 5 月 1 日开工到 2004 年 9 月 14 日全部投产发电，建设工期为 28 个月 13 天，较合同工期缩短 8 个月 17 天。其中，3 号机组合同工期为 32 个月，实际建设工期为 26.5 个月，比合同工期缩短了 5.5 个月；4 号机组合同工期为 37.5 个月，实际工期为 28.5 个月，较合同工期缩短 8.5 个月。同时，3 号机组当时还创造了国内北方地区 60 万千瓦机组建设工期最短的纪录。

三期工程从 2003 年 8 月 1 日开工到 2005 年 11 月 22 日全部投产发电，建设工期为 28 个月，较合同工期缩短 1 个月。其中，5 号机组合同工期为 27 个月，实际建设工期为 25 个月 27 天，比合同工期缩短了 1 个月 4 天；6 号机组合同工期为 29 个月，实际工期为 28 个月，较合同工期缩短 1 个月。同时，三期工程 2 台机组的提前投产发电，还创造了当时国内同类型火电机组投产工期的先进水平。

四期工程从 2004 年 4 月 23 日开工到 2006 年 8 月 22 日全部投产发电，建设工期为 27 个月 29 天，较合同工期缩短 9 天。其中，7 号机组合同工期为 26 个月 8 天，实际建设工期为 25 个月 27 天，比合同工期缩短了 11 天；8 号机组合同工期为 28 个月 8 天，建设工期为 27 个月 29 天，较合同工期缩短 9 天。同时，四期工程 2 台机组的提前投产发电，还创造了连续四年平均每年投产 2 台 60 万千瓦机组的全国最快记录。

第四节　质量与工艺技术管理

一、质量管理

托电公司从一期工程开始就提出了"建精品、创一流、站排头"的目标定位，要求机组做到"无缺陷移交"。

1997 年 11 月 25 日，托电公司成立了由分管基建的副总经理担任站长的发电工程质量监督站（以下简称质监站），专门负责对工程质量进行监督。2000 年 4 月 30 日，下发了《关于规范托电工程施工质量监督、检验的办法》。2001 年 6 月 27 日，下发了《内蒙古大唐托克托电厂一期工程质量管理规定》。2003 年 7 月 18 日，下发了《托克托发电有限责任公司工程质量管理制度》。这三个文件对施工质量监督、检验提出了明确的要求，对工程质量管理做出了明确的规定。

与此同时，在一期工程刚开工不久，托电公司就成立了创精品工程领导小组，并制定了创精品工程的实施细则，下发了《关于印发〈托电一期工程创精品项目考核办法〉的通知》（托电质监［2001］3 号文），与各施工单位签订了创精品责任状，严格按责任状兑现奖惩，实行质量目标一票否决。

在工程建设过程中，建立和完善了以工程管理部门、质监站、监理单位为主的"三位一体"质量监督检验体系，严格监督工作程序，加强现场施工的质量管理和检查验收。质监站严格按照质量监督检查典型大纲的规定进行质量巡检和定期监控，并充分发挥监理单位的重要作用，坚持事前、事中、事后三个环节的监督，对重要项目严格实行旁站制监控，一些质量通病得到了及时的治理，工程质量有了根本的保证。

在设备监造环节，率先执行大唐国际发电公司关于设备监造的指示，集中华北电力系统的人力优势，统一组织、统一领导，落实责任、落实项目，分工协作，将检验工作前移至生产厂家，加大监造和检验量，保证了出厂设备的质量。

二、工艺技术管理

在工艺技术管理上，各施工单位不断优化施工方案，认真分解和细化精品工程建设的每一个环节，对工艺性项目坚持执行"样板引路"的管理模式，从措施的编审到过程能力的认可和工艺纪律的执行等，严格加强审核和监督。对违反工艺纪律的行为及时纠正，对不符合工艺技术标准的项目限期进行整改。

在施工过程中，各施工单位还倡导技术进步，注重技术攻关。在一期工程建设中，北京电力建设公司组建了 30 多个 QC 小组，进行工艺与技术攻关，开展了 13 项小发明、小创造活动，使混凝土外观工艺、电缆敷设、二次接线等施工工艺有了大的提高。特别是起重工地发明的安全扶手卡具，解决了其生根需焊接在钢结构上的问题，大大减少了钢结构上的临时焊点，保证了钢结构的外观质量。天津电力建设公司制定了 26 个精品工程技术施工措施，推动了技术革新和工艺改进，保证了工程的总体质量。在二期工程建设过程中，针对水塔环基具有超长大体积的特点，北京电力建设公司采用低热化矿渣水泥内掺混凝土微膨胀剂、环基内设两层直径 16 毫米间隔 200 毫米的水平温度筋，将环基分 12 段，采取分段跳仓施工工艺，克服了由于温度和收缩应力所产生的裂缝。在三期工程建设过程中，北京电力建设公司对混凝土表面工艺控制技术和大体积混凝土施工裂缝防控技术进行了攻关，还应用了电缆敷设计算机辅助设计技术、集箱内部检查清理技术、DBQ3000 吨米塔吊转向技术和无损检测管理系统，并对 P91 钢的焊接工艺进行了改进，对提高工效、改进质量提供了保证。在四期工程建设过程中，各施工单位也采取了多项新工艺和新技术，加快了工程进度，保证了工程质量，为创优质精品工程打好了基础。

三、工程质量评价

（一）一期工程

托电公司一期工程 1 号机组共验收单位工程 75 项，其中建筑 31 项、安装

44 项，合格率 100％、优良率 100％。2 号机组共验收单位工程 73 项，其中建筑 35 项、安装 38 项，合格率 100％、优良率 100％。1 号机组无损检验焊口 37650 道，无损检验当量 47270，返修当量 334 道，一次检验合格率 99.3％。2 号机组无损检验焊口 33489 道，无损检验当量 46657，返修当量 350 道，一次检验合格率 92.25％。

2004 年 4 月 26 日，托电公司一期工程 1 号、2 号机组通过了中国大唐集团公司的达标验收。同年 6 月 18 日，中国大唐集团公司命名托电公司一期工程 1 号、2 号机组为"基建移交生产达标投产机组"。2005 年 3 月，托电公司获得内蒙古自治区人民政府 2004 年度自治区重大项目建设成绩突出奖。同年 6 月，托电公司一期工程被中国电力建设企业协会评为 2005 年度中国电力优质工程。2006 年 6 月，托电公司一期工程荣获 2005 年度国家优质工程。

（二）二期工程

托电公司二期工程 3 号机组共验收单位工程 65 项，其中建筑 26 项、安装 39 项，合格率 100％、优良率 100％。4 号机组共验收单位工程 60 项，其中建筑 23 项、安装 37 项，合格率 100％、优良率 100％。3 号机组受监焊口 35371 道，无损检验焊口 31253 道，无损检验当量 39959，一次检验合格率 99.38％。4 号机组受监焊口 37090 道，无损检验焊口 28383 道，一次检验合格率 99.29％。

2005 年 10 月 13 日，中国大唐集团公司命名托电公司二期工程 3 号、4 号机组为"基建移交生产达标投产机组"。

（三）三期工程

托电公司三期工程 5 号机组共验收单位工程 73 项，其中建筑 29 项、安装 44 项，合格率 100％、优良率 100％。6 号机组共验收单位工程 63 项，其中建筑 25 项、安装 38 项，合格率 100％、优良率 100％。5 号机组受监焊口 37261 道，无损检验焊口 34109 道，一次检验合格率 99.25％。6 号机组受监焊口 42083 道，无损检验焊口 34229 道，无损检验当量 40707，一次检验合格率 99.38％。

2006 年 12 月 18 日，中国大唐集团公司命名托电公司三期工程 5 号、6 号机组为"基建移交生产达标投产机组"。

（四）四期工程

托电公司四期工程 7 号机组共验收单位工程 66 项，其中建筑 23 项、安装 43 项，合格率 100％、优良率 100％。8 号机组共验收单位工程 63 项，其中建筑 24 项、安装 39 项，合格率 100％、优良率 100％。7 号机组受监焊口 45081 道，无损检验焊口 34558 道，无损检验当量 41639，一次检验合格率 99.3％。

8 号机组受监焊口 46287 道，无损检验焊口 47594 道，无损检验当量 54976，一次检验合格率 99.6%。

四期工程 7 号、8 号机组的达标验收工作到 2006 年底仍在准备之中。

第五节　资金管理与工程造价控制

一、管理措施

（一）优化设计

托电公司从工程筹备开始就确立了节俭办企业的思想，从严控制工程造价。在工程设计上，按照好中选优的原则，反复优化设计方案，从源头上避免了建设资金的浪费。仅一期工程优化设计的项目就包括总平面设计、铁路工程设计、供水工程设计、灰场工程设计等多个方面的内容，通过优化设计累计节约资金 2.3 亿元。二期、三期和四期工程，在总结一期工程设计经验的基础上，进一步做好设计优化工作，减少了重复建设，节约了建设资金。

（二）公开招投标

按照国家及行业关于工程建设实施招投标管理的规定，托电公司在工程建设过程中对施工队伍选择、设备和建筑材料的采购，均实行招标的方式，并且对设备和建筑材料实行比价采购。一期工程施工及设备物资采购全部进行了招标，招标金额为 28.4 亿元。二期工程施工招标共 19 个标段，全部公开招标，金额为 7.4554 亿元；设备物资招标共 346 个标段，其中：公开招标 91 个、金额为 14.5786 亿元，邀请招标 255 个、金额为 2.6072 亿元。三期工程施工招标共 15 个标段，全部公开招标，金额为 8.5859 亿元；设备物资招标共 281 个标段，其中：公开招标 29 个、金额为 13.2446 亿元，邀请招标 253 个、金额为 7.5055 亿元；沿用前期招标结果 37 个、金额为 6.1632 亿元。四期工程施工招标共 8 个标段，全部公开招标，金额为 6.7293 亿元；设备物资招标共 45 个标段，其中：公开招标 4 个、金额为 8.1227 亿元，邀请招标 41 个、金额为 4.1214 亿元；沿用前期招标结果 261 个、金额为 14.8830 亿元。

通过公开招投标降低工程造价占总降造的 20%。

（三）财务管理

在财务管理上，开发了 FMIS（财务管理信息系统），先后出台了财务管理办法、财务预算管理办法、各种款项的支付和报销实施办法、资金管理办法、专用材料核算办法、工程价款结算管理办法等多项财务管理制度，工程费用、设备资金，严格按照有关制度进行支付、管理和控制，工程建设各项开支的全过程始终处于受控状态。针对工程建设资金调用额度大并具有一定的不确定性，建立了资金调度审批制度，成立了资金委员会和资金调度小组，对工程资金实行严格审批和有序调度。

（四）优化融资结构

在各期工程建设过程中，注意做好资金使用计划，经常与各银行做好沟通协商工作，取得了优惠贷款利率，在优先使用资本金的前提下，针对银行短期贷款和长期贷款存在的利率差，科学使用短期贷款，尽量减少建设期贷款利息的负担，减少了财务费用。

二、工程概决算

从一期工程开工到四期工程完工，托电公司历时 6 年，建成了总装机容量为 480 万千瓦的大型火力发电厂。通过优化设计、实行公开招投标和强化财务管理及优化融资结构等，各期工程实际工程造价均明显低于概算，节约资金成果显著。2006 年 9 月，被中国大唐集团公司评为 2003～2006 年度投资管理先进单位。

一期工程批准概算为 60.7008 亿元。项目投产后，经中华人民共和国审计署驻太原特派员办事处审计，2004 年 3 月 23 日做出审计决定，确定托电公司一期工程决算为 52.6748 亿元，较概算节约资金 8.026 亿元。

二期工程批准概算为 40.707 亿元。项目投产后，2005 年 1 月，荣获"中国大唐集团公司 2005 年度单位造价一流指标"称号；2005 年 6 月 6 日，中华人民共和国审计署驻太原特派员办事处做出审计决定，确定托电公司二期工程决算为 35.1028 亿元，较概算节约资金 5.6042 亿元。

三期工程批准概算为 48.8548 亿元。工程竣工决算经中华人民共和国审计署驻太原特派员办事处审计，确定完成投资为 41.889238 亿元，较概算节约资金 6.965561 亿元。

四期工程计划总投资为 47.6393 亿元，决算报告尚在进行中。

第六节 工 程 监 理

托电公司一至四期工程主体工程的施工监理单位为河北电力建设监理有限责任公司，通过公开招标的方式确定。河北电力建设监理有限责任公司是建设部批准的甲级监理企业、甲级招标代理单位和甲级工程造价咨询单位，具有国家计委颁发的甲级工程咨询资质和原电力部颁发的送变电类甲级、火电工程类甲级监理资质。河北电力建设监理有限责任公司于 1998 年通过 GB/T 19002

质量体系认证，后又通过 GB/T 19001—2000—ISO 9001：2000 标准换版认证，是中国建设监理协会会员单位、中国电力建设企业协会电力工程监理专业委员会副会长单位、河北省建设监理协会常务理事单位。

2000 年 5 月 26 日，河北电力建设监理有限责任公司中标，之后即成立了现场项目监理机构——河北电力建设监理有限责任公司托克托监理处。委派孙亚夫任总监理工程师。孙亚夫具有建设部颁发的总监理工程师、原电力部颁发的总监理工程师、国家注册监理工程师、国家注册造价工程师等资质。

按照监理合同的要求，河北电力建设监理有限责任公司托克托监理处在托电工程的监理范围为：工程项目总概算所涵盖的全部项目，包括从施工阶段起至整个工程通过国家验收止的全部过程。确定的监理目标是：整体工程质量优良，进度按照计划进度完成，投资控制在预定的造价内，安全文明施工符合规定要求。

河北电力建设监理有限责任公司托克托监理处现场常驻监理人员 43 人，高峰期 57 人。现场组织机构健全，专业齐全配套，管理制度完善，监理措施到位。在工程监理过程中，严格按照"四控两管一协调"的要求，认真抓好投资控制、进度控制、质量控制、安全控制，加强信息管理、合同管理，做好各方面的协调工作，实现了既定的监理目标。

第七节　施　工　队　伍

托电公司一至四期工程的施工队伍通过公开招投标的方式确定。2000 年 5 月 17 日，主体施工单位天津电力建设公司和北京电力建设公司中标后，于同年 5 月 23 日正式进驻现场开始筹备施工。

天津电力建设公司组建于 1964 年，拥有电力工程施工总承包一级、高耸构筑物工程专业承包一级、无损检测工程专业承包二级资质。金属实验室具有电力部认证的一级资质，调试试验所具有电力部甲级调试资质。同时还拥有 GA1 级、GA2 级、GB 类、GC1 级压力管道许可证。并通过了 ISO 9002：1994 质量管理体系标准认证、ISO 9001：2000 质量体系认证、ISO 14001 环境管理体系认证、OSHMS 职业安全卫生管理体系认证。公司具有国家一级项目经理资质人员 74 人、国际项目经理（IPMP）28 人、一级建造师 69 人、总承包项目经理 31 人、专业监理工程师 45 人。拥有 250 吨级以上履带式起重机 21 台、各种大型机械设备 62 台（件），单机最大起重能力 1000 吨。

北京电力建设公司组建于 1964 年，为全国 500 强建筑企业。北京电力建设公司拥有电力工程施工总承包一级、高耸构筑物工程专业承包一级、钢结构工程专业承包一级、环保工程专业承包一级资质。通过了电力设施一级承装类资质认证，具有 30 万千瓦及以上机组调试资格和电力工程金属试验室一级资质，具有国家质量技术监督局认定的 GA1 级、GB 类和 GC1 级压力管道安装资格，为"AAA"级信用等级单位。公司有高、中级专业技术人员 486 人，拥有机械设备 1900 台套，其中大型机械设备 80 台。

在托电工程建设中，天津电力建设公司和北京电力建设公司施工措施得力，组织严密，一至四期工程所承担的工程建设任务均提前完成，且质量优良。其中，一期工程分别荣获"中国电力优质工程"和"国家优质工程银质奖"，天津电力建设公司承建的 1 号机组工程还被评为全国优秀焊接工程。

第七章 外 事 工 作

托电公司的一些主要设备是从国外引进。一期工程是华北地区第一个利用世界银行贷款建设2台60万千瓦发电机组的项目。由于工作需要，在工程建设过程中因公出国人次较多、对外接待任务较重、外事活动频繁。为保证公司各项外事活动的正常开展，公司成立了专门的外事工作办事机构，建立了各项制度，加强了对外往来事务的管理，为工程贷款、设备选购、施工建设等提供了有效保证。

截至2006年，托电公司因公出国人员共有224人次，对外接待31批次，没有发生一起外事事故或违反外事纪律的事件。

第一节 外 事 工 作 概 况

一、外事机构设置

1993年，托电工程筹备处成立后，在筹备处机构设置中就设立了外事办公室。托电公司成立后，进一步加强了外事管理力量，1998年9月21日，正式成立外事处（托电人〔1998〕13号文），选拔外语基础好、熟悉电力生产的外语专业人员从事外事工作。外事处隶属托电公司行政部管理，在行业管理上归口华北电力集团公司外事局领导。为规范涉外项目的管理，外事处先后在十三陵抽水蓄能电站、扬州、邹县、三河等电厂对世界银行在华贷款的电力项目进行调研。

外事处的主要职责是负责项目贷款、技术引进、商务交往中的对外事务和翻译工作。前期主要是围绕项目贷款，完成了世界银行贷款协议、移民行动计划、环保评估报告的谈判和翻译工作，协助世界银行项目小组（包括项目经理贝拉、汽机专家赵建平、环保专家巴拉兹、移民专家朱幼宣等）完成了对托电工程的评估和资料收集工作。

二、外事制度

在外事管理过程中，托电公司除严格执行国家和行业关于外事管理的规定外，还按照华北电力集团公司外事局的相关规定制定了《内蒙古大唐托克托发电有限责任公司因公出国（境）人员护照管理办法》、《内蒙古大唐托克托发电有限责任公司因公出国（境）护照签证办理制度》、《内蒙古大唐托克托发电有限责任公司因公出国事项管理办法》和《内蒙古大唐托克托发电有限责任公司外国专家管理办法》等四个规范性的文件，外事管理逐步规范。

三、外事管理

在出国人员选派方面，托电公司严格按照华北电力集团公司外事局和大唐集团公司国际部的要求，选拔专业对口责任心强的技术管理人员出国执行任务，严格按照外事管理规定，对出国人员进行出国外事教育，并对资格审查、护照申请、签证办理、外出礼仪、出国（境）纪律等都提出了明确的要求。

对应邀或应聘前来参与现场工作及技术指导与咨询的外国专家，从生活安排、工作要求、安全管理等各方面都做了严格的规定。同时，还就日常的外事接待提出了有关要求。托电工程开工后，第一批进入现场服务的专家是日立公司汽轮机专家。之后，日本日立公司、美国福斯特惠勒公司、德国西门子公司、瑞士 ABB 公司、英国克莱德公司等多家国外公司先后派专业技术人员到托电公司进行长期或短期技术服务。为了给外国专家创造良好的工作和生活环境，充分调动外籍人员的工作积极性，托电公司外事处从专家入厂前的安全教育抓起，确保外国专家在华工作期间的人身安全。同时在日常工作中最大限度地体现人性化管理，从生活起居、工作联络、签证延期、交通安排等方面，最大限度地为国外专家从工作和生活各方面提供帮助和方便，保证了外国专家的正常工作。

第二节 外 事 活 动

一、主要外事活动

外事处成立后，就积极开展了各项外事工作。

1997 年，世界银行正式批准托电工程贷款，委托中国机械进出口总公司负责托电工程锅炉岛和汽机岛的国际招标，包括美国、日本、德国、意大利、俄罗斯和中国在内的 10 多家汽轮机和锅炉生产厂家参加了投标。外事办公室人员按汽轮机、锅炉、电气、热工、土建等专业先后在河北怀来和北京进行设备评标工作，翻译了投标文件的主要内容和全部澄清文件。在设计联络和项目专题会议中，承担了世界银行聘请的咨询公司博莱克·威奇公司的翻译工作，顺利完成了汽机岛和锅炉岛设备的评标工作。

设备评标工作结束后，1998 年，世界银行分别批复同意托电工程汽机岛中标单位为日本伊藤忠株式会社代理的日立制作所，锅炉岛中标单位为哈尔滨电站工程有限公司。

1999年5月6日～6月11日，在北京香山饭店举行了托电工程一期工程锅炉岛和汽机岛设备合同谈判。谈判分综合、汽机、锅炉、电气等主要谈判小组。博莱克·威奇公司派出了经验丰富的专业谈判小组协助业主进行谈判，同时日本伊藤忠株式会社和日立制作所也组成了强有力的谈判班子，外事处人员负责会议和文件的翻译，保证了合同谈判的顺利进行。2000年1月25日，托电工程汽机岛和锅炉岛设备合同在人民大会堂正式签订。

一期工程建成后，托电公司的涉外工作大幅减少，外事处的主要工作转为日常的外事接待。其中，世界银行每年都要对托电工程进行例行检查，一些海外投资机构、外国官方组织机构或国际性组织机构也多次来托电公司访问，外事处承担具体的接待任务。

二、外事接待

1993年5月3～6日，美国乔亚电力公司总裁伊文思等一行3人来内蒙古访问，期间考察了托电工程厂址，就双方进行合作交换了意见。同年10月29日～11月1日，世界银行中蒙局中国电力组组长维克多·马斯特洛维奇、高级顾问片冈与赵建平一行3人就托电工程项目来内蒙古电力（集团）有限责任公司进行访问。期间听取了托电工程筹备处领导和华北电院关于托电工程前期工作的汇报，并实地考察了电厂厂址和煤矿。

1994年11月1～4日，托电工程世行贷款项目准备会议在呼和浩特市召开，世行官员托电工程项目经理维克多·马斯特洛维奇、环境评价专家丝纳德·巴拉兹、高级能源经济师努尔丁·贝拉及世行驻华代表赵建平，以及电力工业部、国家开发银行、华北电管局等单位领导、专家80多人参加了会议。世行官员对托电工程的建厂条件表示满意，这标志着托电工程已正式纳入世行项目轨道。同年12月21日，世界银行工业能源部出函确认托电工程国外咨询建议书的评估报告，同意托电工程筹备处与美国博莱克·威奇公司（BVI）签订咨询服务合同，合同金额为240万美元。

1995年2月27日，内蒙古电力（集团）有限责任公司与美国博莱克·威奇公司（BVI）正式签订咨询服务合同。同年11月2日，以努尔丁·贝拉为组长的世界银行官员检查团结束对托电工程的检查，为下一步预评估奠定了基础。

1996年3月5日，世界银行驻中国代表处在北京钓鱼台国宾馆召开托电工程专题汇报会，世界银行的官员听取了托电工程的汇报。同年11月25日，托电工程世界银行项目评估会议在北京召开。以项目经理努尔丁·贝拉先生为首的世行评估团对托电工程（包括北京输电配电工程）在原预评估的基础上进行了深入的评估，内容包括购售电合同、煤质分析、成本估算、标书文件、项目实施计划、资产转移、财务预测、环境保护、移民行动规划等。其中重点讨论了购售电合同和移民行动规划。会后，世行方面形成了评估备忘录。

1997年1月15日，国家机电产品进出口办公室复函电力工业部，同意托电公司按照已核定的标书内容对锅炉、汽机岛及附属设备开展国际招标工作。同年2月22日，澳大利亚雪山工程公司中国部经理Nigel Barattin和蒋南在国家开发银行咨询专家黄元鼎先生的陪同下来托电公司考察，托电公司副总经理郭殿奎与Nigel Barattin、蒋南和黄元鼎先生就托电工程的财务咨询方案交换了意见。2月24日，德国西门子驻京机构的有关人员来呼和浩特，与内蒙古电力（集团）有限责任公司领导及托电公司领导就托电工程的进展情况和招标情况进行了会谈。4月18日，世界银行正式回复托电公司，托电工程锅炉、汽机两岛标书可以发标。5月5日，美国西屋电气公司发电系统部（中国地区）销售经理古斯科先生一行来呼和浩特，就托电工程招标有关事宜与托电公司领导进行了会谈。5月17~21日，世界银行移民专家托逊·阿雷江里及世界银行官员基普森先生来呼和浩特，对托电工程移民工作进行了现场咨询指导，重点对铁路和供水工程的移民安置工作进行了检查和指导，并实地到受铁路和供水工程影响的四个村庄进行了考察。5月27日，托电工程世行贷款在世行执董会上被正式批准。5月30日，美国巴威公司驻京办主任朱彦和沃克先生来托电公司拜会托电公司领导。10月7日，在北京四川大厦举行了锅炉、汽机两岛开标仪式，来自美国、日本、法国、德国、俄罗斯和国内的有关厂商参加了开标仪式。10月31日，托电公司与博莱克·威奇公司就有关合同执行情况和下一步工作安排召开座谈会，博莱克·威奇国际咨询公司工程设计经理陈桓、销售经理朱德华参加了会议。

1998年2月24日，美国艾伦公司中方项目经理刘钦等一行4人和德国曼德斯曼公司驻亚洲代表一行3人，分别来托电公司就电厂干除灰系统及除渣、水力除灰系统进行了技术介绍。同年6月26日，根据财政部授权，中国驻美大使馆在华盛顿与世界银行正式签署了托电工程贷款协议。7月14日，国家评标委员会审议通过托电工程国际招标采购设备的评估报告，同意将评标意见报世界银行。7月22~27日，世界银行项目官员努尔丁·贝拉先生在国家电力公司项目官员刘加宇的陪同下来托电公司考察。8月31日，世界银行批复同意托电公司机、炉岛评标报告。8月31日~9月4日，托电公司与澳大利亚普华永道财务咨询公司及澳大利亚太平洋国际电力公司就托电公司的机构改革及财务管理信息系统项目咨询合同，在呼和浩特进行了首轮谈判，双方就咨询工作范围达成了共识。11月5~8日，应澳大利亚普华永道财务咨询公司及中国电力技术进出口公司的邀请，托电公司财务部赵建雄、陈颖赴上海，就托电公司机构改革及财务管理信息系统项目咨询进行了第二轮合同谈判。12月22日，世界银行正式通知托电公司贷款协议于1998年12月22日生效。

1999年1月11日，托电工程汽机岛设备开标仪式在北京四川大厦举行，参加投标的厂商有日本伊藤忠株式会社、德国西门子公司、美国通用电气公司、法国阿尔斯通公司。随后进行了评标，同年1月27日，评标工作结束，日本伊藤忠株式会社最后中标。3月24日，世界银行正式批复汽机岛授标书，授标单位为日本伊藤忠株式会社（合作中标单位为中国东方集团公司）。

2001年11月4～6日，世界银行项目官员努尔丁·贝拉先生再次来托电公司考察。

2002年2月19日，日本汽机安装专家川又浩来托电公司现场进行汽机安装指导。同年4月1日，日本油管道专家玉田浩昭来托电公司现场进行管道质量检验。4月25日，日本油管道技术员高桥节绪、丹下、龙崎敏夫、宗平治等四人来托电公司现场进行管道消缺。4月26日，日本发电机专家小野寺信彦来托电公司现场指导电机安装。5月13日，日本项目经理涉谷一郎来托电公司参加有关会议。5月27日，日本专家加纳佳明来托电公司进行现场指导。5月28日，日本项目专家增山岩来托电公司进行现场指导。6月6日，日本发电机专家小野寺信彦来托电公司现场指导电机安装。6月24日，美国磨煤机专家 Paul Rakers 来托电公司指导磨煤机安装。

2003年8月5日上午，美国驻华大使馆参赞爱伦先生在内蒙古自治区外经贸厅和呼和浩特市政府领导的陪同下来托电公司参观，并就电厂规模、后续建设、环保、安全等方面的情况与托电公司的领导进行了交流。

2005年6月17日，中、美商会考察团来托电公司现场对设备情况及投资环境等进行了考察。

2006年2月16日，英国假日酒店总经理恩佐曼布朗先生来托电公司参观。同年2月24日，世界银行官员来托电公司视察环保情况。3月29日，西班牙客人来托电公司参观。8月16日，德国曼内斯曼公司有关人员来托电公司考察。

三、因公出国统计

托电公司从1997年开始，多次组团分别赴日本、美国、英国、德国、奥地利、法国以及澳大利亚和新西兰等国家执行设备出厂前检验、培训以及设计联络任务。具体人员出国情况见表1-7-1。

表 1-7-1　　　　　　　　　1997～2006 年托电公司因公出国汇总

年度	出国任务	国别	出国人员	出国日期	备　注
1997	与世界银行就托电项目贷款问题进行谈判	美国	梁殿臣　李文祚	4 月 14～20 日	随财政部代表团
1998	考察电厂除渣、除灰系统	德国英国等	郭殿奎	4 月 20 日～5 月 5 日	随国家电力公司考察团
	考察电厂环保工作	英国法国	朱平立　王振彪等 6 人	4 月 30 日～5 月 15 日	托电公司组团
2001	参加 DCS 二联会（美国西屋公司）	美国	朱平立　郭　勇　杨青柏　李彦良	2 月 14 日～3 月 5 日	
	参加锅炉给水泵检验（英国威尔公司）	英国	张　浩	5 月 22 日～6 月 7 日	
	参加锅炉大板梁检验（日本新日公司）	日本	李建强　魏保和	6 月 1～14 日	
	参加空气预热器工厂检验（英国豪顿公司）	英国	兰　瑜　井涌泉	7 月 26 日～8 月 9 日	托电公司组团
	参加博莱克·威奇施工管理培训（美国 BVI 公司）	美国	卜保生　李俊岐　尤海君　陶鸿昌　侯蒙原	9 月 9～28 日	
	参加 1 号炉磨煤机工厂检验（美国 FW 公司）	美国	刘福阁　李　斌	9 月 11～27 日	
	参加高压加热器工厂检验（德巴公司）	德国	王自成　吴耀勋	9 月 25 日～10 月 8 日	
	参加 1 号发电机转子组装检验（日本日立公司）	日本	陈利民　张新瑞	10 月 21 日～11 月 5 日	托电公司组团
	参加汽机运行培训（日本日立公司）	日本	闫红雄　王有忠　马广强　方　亮　王智杰　王　俊　张金良	10 月 22 日～11 月 18 日	
	参加 1 号炉强制循环泵检验（德国 KSB 公司）	德国	李文祚　李爱民	10 月 29 日～11 月 14 日	
	参加汽轮机调节控制装置检验	日本	裴　林　佟嘉正	11 月 11～25 日	

续表

年度	出国任务	国别	出国人员	出国日期	备 注
2001	参加 DCS 四联会（美国西屋公司）	美国	康 波　班 亮　郭瑞先	11 月 13～29 日	
	参加 1 号汽轮机机械检验（日本日立公司）	日本	韩子勇　李振川	11 月 25 日～12 月 9 日	
	参加 1 号汽轮机转子检验（日本日立公司）	日本	郭景晗　昌洪深	12 月 13～26 日	
	参加磨煤机安装及运行培训（美国 FW 公司）	美国	郝建军　郭善柱　吴 斌　张成锐　牛通彪　李智强	12 月 17 日～2002 年 1 月 2 日	
2002	参加励磁系统工厂检验（瑞士 ABB 公司）	瑞士	梁殿臣	1 月 5～19 日	
	参加汽轮机出厂试验验收	日本	葛海滨	1 月 12～27 日	
	参加 2 号发电机转子组装检验（日本日立公司）	日本	葛海滨　史艳秋	1 月 14～26 日	
	参加汽机运行培训（日立公司）	日本	侯穆峰　李国青　李小军　刘 军　尚志强　张泽亮　白 宇	1 月 20 日～2 月 16 日	托电公司组团
	参加汽机旁路系统工厂检验（瑞士 CCI 公司）	瑞士	郭殿奎	1 月 22 日～2 月 4 日	
	参加锅炉岛仪控设备检验	美国	李朗红　张胜利	1 月 26 日～2 月 12 日	
	参加 DCS 运行培训（美国西屋公司）	美国	秦 毅　高怀中　康海东　刘云山　赵志刚　李兴旺　沈钦峰　程 晖	2 月 3 日～3 月 8 日	
	参加汽机维护培训（日立公司）	日本	雷增顺　于海东　刘 阳　岳鹏九　董姝琳　刘淑颖　田金平　郭争气	2 月 6 日～3 月 2 日	托电公司组团
	参加干除灰二联会（克莱德公司）	英国	门景龙　贾肇民　刘晓汉	2 月 28 日～3 月 14 日	
	参加 2 号炉强制循环泵检验（德国 KSB 公司）	德国	赵润宽　史永文	3 月 1～14 日	

年度	出国任务	国别	出国人员	出国日期	备　注
2002	参加汽机调试培训（日立公司）	日本	郭亚斌　王　辉 王维军　胡延清 宋国飞　包海林	3月6～30日	托电公司组团
	参加1号发电机整机出厂检验（日立公司）	日本	杜春玲	3月19日～4月2日	
	参加给水泵小汽机检验（西门子公司）	德国	张卫宝	3月20日～4月3日	
	参加DCS1号机检验（美国西屋公司）	美国	杨青柏　赵子昂	3月21日～ 4月5日	
	参加汽机设备安装培训（日本日立公司）	日本	赵树峰　石建东 张保顺　王建强 张　强　张海波	3月24日～ 4月19日	托电公司组团
	参加2号汽轮机转子检验（日本日立公司）	日本	赵子清　石建东 董贵林	4月2～14日	
	参加财务FMIS培训（澳大利亚普华永道）	澳大利亚 新西兰	朱平立　张　浩	4月3～21日	
	参加凝结水泵出厂检验（英国威尔公司）	英国	马长城	4月15日～5月6日	
	参加2号汽轮机机械检验（日立公司）	日本	徐怀斌　张　望 徐向阳	4月16～26日	
	参加财务FMIS培训（澳大利亚普华永道）	澳大利亚 新西兰	康　波　赵建雄 佟嘉正　刘　鹏 刘根乐	5月7～25日	
	参加2号磨煤机验收（美国福斯特惠勒公司）	美国	卢存河	5月9～22日	
	参加凝结水精处理设备验收	英国 奥地利	李文才　高岩松	5月28日～ 6月10日	
	参加干除灰培训（克莱德公司）	英国	王自成　刘福阁	7月4～17日	
	参加发变组保护工厂验收（GE）	西班牙	朱平立　潘　惠	7月18～29日	
	参加锅炉强制循环泵培训（德国KSB公司）	德国	任　渺　王子强 高俊山　郭三虎 雷增顺	7月18～29日	

年度	出国任务	国别	出国人员	出国日期	备注
	参加2号机发电机整机出厂检验（日本日立公司）	日本	薛福林　方志和	7月25日～8月5日	
	参加DCS设备2号机工厂检验（美国西屋公司）	美国	刘福坤　乔　利	8月1～14日	
	参加世界银行环保培训项目	德国　澳大利亚	卜保生　李国瑾　侯蒙原	8月26日～9月15日	
	参加锅炉安全阀工厂检验	美国	高学峰　陈　颖	8月27日～9月7日	
	参加给煤机培训	美国	张成锐　杨灵生	9月16～27日	
2002	参加财务FMIS培训（澳大利亚普华永道）	澳大利亚　新西兰	李文祚　张卫平　张靖伟	9月12～30日	
	参加柴油发电机工厂检验	英国　意大利	吴耀勋　于海洋	9月16日～10月1日	
	参加财务FMIS培训（澳大利亚普华永道）	澳大利亚　新西兰	郭殿奎　史艳秋　吴德涛　王　猛	10月20日～11月3日	
	参加空冷机组考察	德国	刘福阁　郭　勇	10月20日～11月3日	
	参加干除灰工厂培训（英国克莱德公司）	英国	陶鸿昌　郭亚斌　郝建军　侯穆峰　闫文毅　包海林　范全保	10月27日～11月16日	托电公司组团
	参加一次风机培训（豪顿公司）	德国　英国	沈钦峰　班　亮　卢存河　曹志刚　唐志宏	3月13～24日	
2003	参加一次风机工厂验收（豪顿华）	丹麦	朱平立　郭瑞先　李振川	4月15～28日	
	参加凝结水泵设备验收（苏尔寿公司）	英国	郭包生　梁楷楹　石建东	8月7～15日	
	参加锅炉给水泵设备验收（德国KSB公司）	德国	郭殿奎　尤海君　裴　林	8月12～25日	

年度	出国任务	国别	出国人员	出国日期	备注
2003	参加托电一期工程世行环保考察	瑞典 德国	李文祚	8月14~28日	大唐组团
	考察锅炉岛消防监测系统（曼诺斯曼公司）	德国	王自成　康波	8月15~30日	
	参加空冷考察	巴西 秘鲁 阿根廷	卜保生	9月13~27日	大唐组团
	参加磨煤机设备验收	美国	王梦津	10月14~28日	大唐组团
2004	参加1号机转子工厂验收（日本日立公司）	日本	马长城　朱晓光 裴玉东　石建东	5月29日~ 6月9日	
	参加二期工程捞渣机验收（英国克莱德公司）	英国	巴大智　郑锦艳 曳前进	6月9~21日	大唐组团
	参加六氟化硫开关验收（瑞士ABB公司）	瑞士	李文祚　赵子昂	6月26日~7月8日	
	参加一期烟气调质设联会（美国Landstrong）	美国	郭殿奎　兰瑜 赵志清　蔡广宇 徐向阳	10月28日~ 11月10日	大唐组团
	参加一期烟气调质设计验收（美国Landstrong）	美国	肖敏文　胡春涛 米晖　江志文 张成锐	11月18日~ 12月2日	大唐组团
	参加空冷岛第四次设计联络会	德国	卜保生　尤海君 梁晓华　郝云飞	12月27日~ 2005年1月10日	
2005	参加一期工程高压变频调速装置验收	美国	刘志勇　李爱民 刘阳　付强 王芳	1月17~30日	大唐组团
	参加四期高低压旁路装置出厂验收（CCI瑞士公司）	瑞士	郭勇　郭亚斌 赵建雄　韩志胜 吕春波　仲维辉	10月19~28日	
2006	参加四期工程分散控制系统设备验收（西屋公司）	美国	杨丰利　赵润宽 于海东　于洪涛 李金祥	2月10~22日	
	参加四期空冷设备验收（德国GEA）	德国	冯树礼　王治东 王志勇　赵有 尚怀伟	12月12~24日	

第二篇　生　　产

托克托发电公司
TUOKETUO POWER CO.,LTD.

第二篇　生　　产

托电公司在基建施工的同时抓紧生产准备工作。早在 1997 年就开始进行全方位的生产准备，按照现代企业的要求逐步建立起与先进水平的生产技术相适应的员工队伍和生产管理体系。一期工程 2 台 60 万千瓦机组分别于 2003 年 6 月 9 日和 7 月 29 日投产发电，当年实现发电量 35.93 亿千瓦时。此后，连续三年每年投产 2 台 60 万千瓦机组，到 2006 年 8 月 22 日四期工程 2 台机组投产运行，全厂装机容量达到 480 万千瓦，并完成当年发电量 222.67 亿千瓦时。至此，托电公司成为现今国内最大的火力发电厂。

托电公司在近几年的高速发展中始终坚持生产与基建并重，坚持两个重点同步发展、同步提升的原则。按照新厂新制的建厂精神，逐步建立和完善了与之相适应的生产管理体制和组织机构。应用计算机网络技术建立了以 EAM 工单为载体的缺陷管理模式、以点检定修为中心的设备管理模式、以值长为中心的运行管理模式、以项目部经理负责制为中心的检修管理和项目管理模式，检修维护工程采用委托制，生产人员全部经过培训持证上岗。始终坚持数字托电、效益托电、环保托电的理念，呈现出生产管理、安全文明、科技进步同步发展的良好局面。发电任务连年超额完成，经济效益逐年提高。企业规模，经营业绩，企业形象均达到国内先进水平。

第一章　生　产　组　织

托电公司按照新厂新制的建厂精神，建立健全生产指挥系统、管理机构、夯实基础工作，进行人员培训。到 2002 年机组投产之前已经形成由发电部、设备部、安监部组成的安全生产管理体制，并明确其任务和职责，严格执行规章规程，坚持生产例会制度，使生产组织工作紧张而有序。

第一节 管理机构

1993 年，托克托电厂筹备处成立以后，有关工程筹备、建设、生产准备等方面的工作，主要由下设的工程技术部负责。1996 年 12 月底，根据华北电集人〔1996〕491 号文件通知，按照新厂新制的要求，设立了生产部门，即：发电部和生产技术部（在机组建设期间为工程部，第一台机组投产后，工程部改为生产技术部，主要负责基本建设管理、安全监察、环境保护以及生产准备

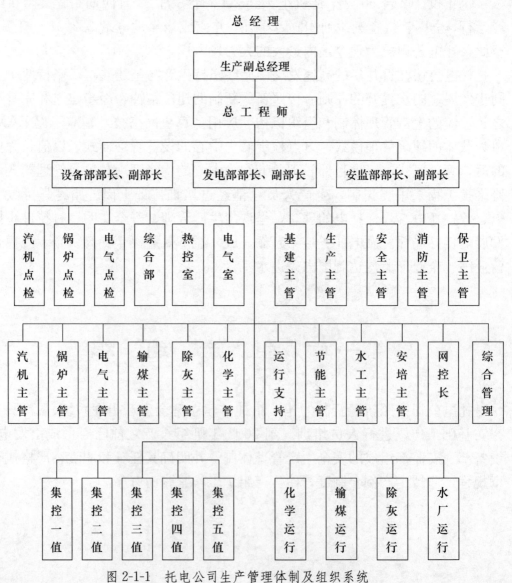

图 2-1-1 托电公司生产管理体制及组织系统

等工作）。发电部（包括运行、维护）主要负责发电机组及燃料系统、除灰系统、除尘系统、化学水系统等的运行和维护工作，燃料的采购、统计、检斤、检尺、检卡等工作，后来又增加了输煤运行的安全、经济生产管理工作等，并负责领导、协调运行值及生产关联公司或项目部全面完成运行生产目标。生产技术部主要负责机组的技术管理、各种技术监督、安全监察、科技档案、资料、环境保护和基本建设管理等工作。

随着工程建设的深入和生产形势的需要，2001年生产技术部又分为设备部和扩建处，其职能也随之发生变化，设备部主要负责设备点检定修和设备维护工作，扩建处负责有关工程建设方面的工作。同年11月，运行专业和生产班组陆续形成，运行管理工作开始起步。

2002年安监部成立，此时在公司总经理和主管生产的副总经理直接领导下，由发电部、设备部、安监部组成的生产与生产管理系统基本形成。

2006年1月成立燃料部，负责燃煤调运、验收、采样、制样、化验以及燃煤管理和燃油管理。

生产管理体制及组织系统见图2-1-1。

第二节　基　础　建　设

2000年，托电公司一期工程开工，围绕工程建设，生产部门参与了设计方案优化、设备选型、现场安装、调试以及点检定修制的培训、维护工器具的准备、设备台账、各种规章制度的建立和实验室的建设等。

2001年底，编制了17项运行管理制度和标准，各专业统计支持系统工作初步开展起来。管理人员已经能熟练应用自动化办公软件OA，部门网页制作工作日趋完善。

2002年，逐步建立起设备台账、标准操作票，着手进行运行管理MIS系统工作。完成了化学系统图册、运行规程审核出版并试行；化学实验室投入使用，启动锅炉系统图册、运行规程审核出版并试行；取水、净供水系统图册、运行规程审核出版并试行；集控运行系统图册、运行规程审核完毕；输煤系统、燃油系统图、运行规程审核完毕；除灰系统图、运行规程审核完毕；铁路运输系统图、运行规程审核完毕；220千伏、500千伏系统及运行规程审核完毕；编制运行竞争上岗方案并实施，建立健全生产体系的岗位责任制和技术规范、标准；运用现代化管理手段，进行运行支持系统计算机管理；完成了设备运行维护手册说明书、技术资料、档案的整理和印制，运行生产管理制度逐步完善。

2003 年，托电公司按照"提前介入，全程参与"的要求，在设备部、发电部指定部门领导来落实生产准备及新机移交工作。编写了 1 号、2 号机组的运行规程、绘制系统图，在 1 号机组投产前 2 个月第一版运行规程正式出版使用。

2004 年，编制了点检定修"四大标准"（检修技术标准、点检标准、检修作业标准、给油脂标准）及检修规程等规范、标准和制度，建立了设备、备件定额档案。对土建、暖通、水工的图纸台账进行了整理、归档。修改完善了《运行交接班制度》、《巡回检查制度》、《五防管理制度》、《托电保厂用电的措施》、《25 项反措实施细则草案》、《化学危险品清单、特性及控制措施》等 7 个制度 26 个措施。新增并完善了 500 千伏、220 千伏、6 千伏微机五防管理操作系统，使用专家标准操作票和录音笔，从装置上杜绝电气误操作。

2005 年，在总结一、二期工程生产准备工作的基础上，编制了三期生产准备责任制，组织生产人员及两个外委单位提前进入现场，并全程跟踪现场的设备安装及调试工作。最终使三期 2 台机组投运后的非停次数得到了有效控制，开创了机组投产即安全运行的新纪录。

2006 年，四期工程生产准备期间，健全了生产及试运机构，成立了试运指挥部，下设分部试运组、整套启动组、验收检查组、生产组和综合组。编制出版了化学制水系统运行规程及系统图、集控运行辅机规程及系统图、主机规程、除灰运行规程及系统图、集控事故处理规程。全过程地参与了设备安装、单体调试、分部试运、质量验收等工作。收集、整理、归档了设备设计、安装、试验资料、图纸。参与编写了控制逻辑说明，进行了逻辑、保护定值的审查。配合了逻辑组态、通道测试、信号传动、系统试验。各运行值班外线电话、调度电话投入使用，配备了对讲机、万用表、测温仪、测振表等工具，运行台账记录本准备完毕，绝缘工器具校验合格。化验药品、燃料、电气熔断等准备齐全。完成了系统设备编号，陆续安装标志牌。系统地建立了专业台账。点检定修人员基本实现 A、B 角配置。

2005～2006 年，还编制或修订了以下规章制度：《发电部工作标准及分工》、《设备退役复役管理标准》、《生产指挥信息传递制度》、《日分析管理制度》、《操作票试用和管理标准》、《发电部经济责任制考核办法汇编》、《发电量运行值间竞赛管理办法》、《燃油考核管理办法》、《发电部仿真机培训考核管理办法》、《节能管理手册》、《厂区照明管理办法》。

第三节　人　员　状　况

1997～2000 年底，生产部门（运行）人员增加为 33 名，先后分四批入厂。其中 1 名部长和 6 名值长是通过行业内部公开招聘上岗，其余 26 人是从各电力院校毕业直接分配入厂的学生。

生产运行人员入厂后，首先接受岗前培训，1997 年 8 月开始，先后派出学员赴达拉特电厂、邹县电厂、张家口电厂、陡河电厂、盘山电厂进行现场实习。

2000 年 9～10 月，2001 年 4～6 月，2002 年 3～11 月，先后分 6 批派学员赴内蒙古电力学校、哈尔滨第三发电厂、济南电专进行了 30 万千瓦和 60 万千瓦仿真机上模拟操作培训，学员上机动手的能力都不同程度地有了提高。2001 年 8～10 月，在华北电力大学（北京）对当年分配来的 35 名大学生进行了集控理论培训。同年 9 月选送 40 名中专毕业生在北方交大（原北京电力专科学校）参加为期两年的集控学历教育培训，课程完全按照全日制设置。

2001 年 10～11 月，2002 年 1～2 月，公司派遣 14 人分两批赴日本日立公司参加汽轮机设备运行培训。

在分期分批派员到兄弟单位现场实习培训结束后，公司从 2002 年 5 月开始系统的内部培训。编制了培训教材，进行现场授课。集控、化学运行值以班组为单位，在系统图、运行规程、现场辨认、安全知识、厂用参数等方面进行强化培训，开展传、帮、带活动，签订师徒合同，到 12 月底，先后组织技术比武 4 次。2003 年，1 号、2 号机组主岗运行人员通过严格考核，分别于 1 月、2 月上岗值班。期间又集中进行了 4 次大规模技术练兵活动，技术讲课 40 余次，共 80 多课时；至此，运行人员基本具备了操作大机组的能力。与此同时，值长也通过了华北调度考试，具备上岗资格。

在完成一期工程生产准备的前提下，二期工程生产准备也同时进行。从 2003 年下半年至 2004 年上半年，先后组织各系统和设备的技术培训工作，进行技术讲课 34 次，200 多个学时。2004 年 4 月，3 号、4 号机组第一批运行人员上岗，6 月，全部上岗值班。

2005 年三期工程生产准备工作期间，2004 年分配的学生首先在一、二期机组实习，同时抽调前期人员 40 名到相关厂家进行学习，并参与设备监造和组织技术考察、调研工作。5 月，5 号、6 号机组第一批运行人员上岗值班，6 月，集控运行人员全部上岗值班。

2006 年，四期生产准备工作期间，定员 40 人经过同类型机组的实习和集控理论培训，均参加职业技能鉴定考核并合格。第一副值以上人员参加过仿真机模拟操作，值长均参加过华北调度局举办的华北电网调度规程学习班并通过华北调度认定。5 月，运行人员全部上岗，当年底运行人员增加为 205 人、点检及维护人员 127 人。

第四节　生　产　例　会

一、日生产调度会

托电公司从 2003 年 1 号机组正式交付生产，即建立日生产调度会制度。日生产调度会由主管生产的副总经理主持，各生产部门主管领导、职能部门领导、值长参加。会议主要内容是汇总前一天的生产情况，通报机组运行动态和存在的问题，协调、平衡各项工作，落实设备缺陷处理的措施。

二、安全生产分析会

公司每月的第一周周四下午召开安全生产例会，由总经理主持。各部门主要领导和安全员、各项目部负责人参加。会议主要内容是总结、分析上个月的安全生产情况，部署当前和下个月的安全工作，安监部做会议记录，并形成会议纪要，在 OA 上公告。2006 年，公司在坚持每月一次的安全例会基础上又增加了每周一下午的安全例会，各生产部门、总经理工作部、政工部等部门负责人参加，例会由生产副总经理主持，内容主要是通报上周安全生产工作中出现的不安全事件和大监督工作的开展情况，深刻剖析各种问题的主客观因素，划分安全责任，明确整改措施，并按照职责分工责成相关部门出台相关管理制度，堵塞管理漏洞，督促各有关生产部门每周进行安全总结，每月召开安全例会。此外公司还根据安全生产情况，召开季度安全委员会会议和安全网例会。

三、机组检修调度会

机组检修期间，每天上午 9：00 召开检修计划调度会，下午 3：00 召开小修质量进度平衡会。主持人是设备部主管小修的副部长，参加人包括公司小修总指挥、发电部、安监部、物资部负责人、施工单位、监理、设备部各专业等。会议内容主要是计划性地安排当天检修工作先后程序，以使各专业间相互平衡、相互配合，并进行进度和质量跟踪、总结、考核。检修时间通过 OA 公告全体员工。

此外，各生产专业每天上、下午开班时都要召开例行的平衡协调会，以及时传达、布置、总结生产方面的情况。

第二章　生　产　设　备

托电公司生产设备主要由锅炉、汽机、发电机三大主机以及热控、输煤、除灰、化学、供水、脱硫、通信、远动、消防等系统组成。设备来源通过招投标分别选自国内外知名生产厂家，确保其先进水平。

第一节　锅　　炉

托电公司从 2000 年开工以来，分四期装备 8 台 2000 吨级蒸发量的亚临界、一次中间再热、固态排渣，按燃用准格尔烟煤设计的燃煤锅炉。锅炉制粉系统为一次风机正压直吹式系统，均设计了 6 台中速磨煤机、6 台电子称重式给煤机、6 只独立的原煤斗，一期工程 2 台机组选用 2 台离心式一次风机，二、三、四期工程采用 2 台动叶可调轴流式一次风机。锅炉烟风系统采用平衡通风，均配置了 2 台静叶可调式引风机、2 台动叶可调式送风机和 2 台三分仓回转式空气预热器。

1 号、2 号 2 台 60 万千瓦燃煤机组锅炉，采用美国燃烧工程公司（CE）的引进技术，由哈尔滨锅炉厂设计制造，并分别于 2001 年 10 月 30 日、2002 年 2 月 8 日安装就位。锅炉型号为 HG-2008/17.4-YM5 型，亚临界参数、一次中间再热、3 台循环泵控制循环汽包炉，锅炉采用平衡通风、直流式燃烧器四角切圆燃烧方式，设计燃料为准格尔烟煤。

锅炉受热面省煤器布置在锅炉尾部竖井烟道下部，水平蛇形管。过热器由 5 个主要部分组成：末级过热器、过热器后屏、过热器分隔屏、立式低温过热器和水平低温过热器、顶棚过热器和后烟道包墙系统，过热器采用两级过热器喷水减温器。再热器由 3 个主要部分组成：末级再热器、再热器前屏、墙式辐射再热器，再热器进口装有事故喷水减温器。锅炉燃烧器采用水平浓淡煤粉燃烧技术，以提高锅炉低负荷运行能力，水平浓淡煤粉燃烧器是利用煤粉入燃烧器一次风喷嘴体后，经百叶窗的离心分离作用，将一次风气流分成浓淡两部分；两部分之间用垂直隔板分开，燃烧器出口处设有带波纹形的稳燃钝体。浓相气流的煤粉浓度高着火特性好，即使在低负荷情况下，浓相气流的风煤比仍可保持在较合适的范围内，使着火特性不会明显恶化。钝体形成的高温烟气回流区又充分为煤粉着火提供了热源，这两者的结合为低负荷稳燃提供了保证。油枪共四层 16 只伸缩式油枪。锅炉配备了 40 台长伸缩式吹灰器，110 台炉膛吹灰器。

3 号、4 号 2 台 60 万千瓦燃煤机组锅炉，为北京巴威（B&W）公司按美国 B&W RBC 系列锅炉技术标准生产的，分别于 2003 年 5 月 1 日，6 月 30 日安装就位。锅炉型号为 B&W B-2028/17.6-M，亚临界参数、自然循环、前后墙对冲燃烧方式、一次中间再热、单炉膛平衡通风、固态排渣、紧身封闭、全钢构架的Ⅱ型汽包炉。

锅炉受热面省煤器布置在锅炉尾部竖井前、后烟道下部，水平蛇形管。过热器由四个主要部分组成：二级过热器、屏式过热器、立式低温过热器和水平低温过热器、顶棚过热器和后烟道包墙系统，过热器采用两级过热器喷水减温器。再热器由两个主要部分组成：尾部竖井的水平低温再热器管组和水平烟道的高温过热器垂直管组。再热器进口装有事故喷水减温器。锅炉配用 B&W 公司研制的煤种适应性优良的 EI-XCL 型低氮氧化物双调风旋流燃烧器，前、后墙对冲布置，每层燃烧器配用油枪 6 只，共 36 只伸缩式油枪。锅炉配备了 62 台长伸缩式吹灰器，68 台炉膛吹灰器。

5~8 号 4 台 60 万千瓦燃煤空冷机组锅炉，是东方锅炉厂与英国三井·巴布科克公司（MB）进行技术合作，联合设计制造的。分别于 2004 年 9 月 21 日、9 月 30 日和 2005 年 7 月 11 日、9 月 19 日安装就位。锅炉型号为 DG2070/17.5-II4，亚临界参数、自然循环、前后墙对冲燃烧方式、一次中间再热、单炉膛平衡通风、固态排渣、紧身封闭、全钢构架汽包炉。

锅炉受热面省煤器蛇形管位于后竖井烟道内，低温再热器及低温过热器的下方，沿烟道宽度方向顺列布置。过热器系统由顶棚过热器、包墙过热器、低温过热器、屏式过热器和高温过热器组成，过热器采用两级过热器喷水减温器。再热器系统按蒸汽流程依次分为低温再热器和高温再热器，再热器进口装有事故喷水减温器。锅炉共配有 30 只由三井·巴布科克公司设计、东方锅炉（集团）股份有限公司制造的 LNASB 低 NO_x 轴向旋流式煤粉燃烧器，30 只 LNASB 燃烧器分三层分别布置在锅炉前后墙水冷壁上，每层各有 5 只 LNASB 燃烧器。燃烧器上部布置有燃尽风调风器，10 只燃尽风风口分别布置在前后墙上，每面墙各 5 个，布置成一排。每个燃烧器配 1 支油枪，共 30 只，油枪及组合式高能点火器采用气动推动器，布置在燃烧器中心风管内，由各自的气动执行器控制。锅炉配备了 10 台长吹伸缩式吹灰器，10 台半伸缩式吹灰器，64 台炉膛吹灰器。

锅炉主要技术规范见表 2-2-1。

表 2-2-1 锅 炉 主 要 技 术 规 范

名　称	1号、2号	3号、4号	5~8号
最大连续蒸发量(吨/时)	2008	2028	2070
过热器出口蒸汽压力(兆帕)	17.4	17.6	17.6
过热器出口蒸汽温度(℃)	541	541	541
再热蒸汽流量(吨/时)	1700	1717.3	1768.2
再热器进口蒸汽压力(兆帕)	3.9	3.992	4.161
再热器出口蒸汽压力(兆帕)	3.72	3.832	3.981
再热器进口蒸汽温度(℃)	330.5	330	333
再热器出口蒸汽温度(℃)	541	541	541
省煤器进口给水温度(℃)	280.3	282.1	283.5
生产厂家	哈尔滨锅炉厂	北京巴威(B&W)公司	东方锅炉厂与英国三井·巴布科克公司
安装时间	2003年	2004年	2005年、2006年

第二节 汽 机

托电公司分四期共安装8台汽轮机,每期2台。一期1号、2号汽轮机由日本日立公司设计制造,于2002年3月安装,2003年6月9日和7月29日分别完成168小时满负荷试运行移交投产。二至四期3~8号汽轮机均为东方汽轮机厂设计制造,3号、4号机组于2004年7月14日和9月14日分别完成168小时试运移交投产;5号、6号机组于2005年9月28日和11月22日分别完成168小时试运移交投产;7号、8号机组于2006年6月12日和7月22日分别完成168小时试运移交投产。

8台60万千瓦汽轮机均为亚临界、一次中间再热、三缸四排汽、单轴、凝汽式,机组额定转速3000转/分钟。汽轮机通流部分均由1个高压缸、1个中压缸和2个低压缸组成,高中压缸采用双层合缸结构,高压、中压、低压转子均为整锻挠性转子,各转子由刚性联轴器连接。机组可采用中压缸启动或高中压缸联合启动方式,1~4号机组为湿冷凝汽式,5~8号机组为直接空冷凝汽式。

1~4号汽轮机的回热系统由4台低加、1台除氧器、3台高压加热器组成,5~8号汽轮机的回热系统由3台低加、1台除氧器、3台高压加热器组成。各机组的给水系统均由2台50%容量的汽动给水泵、1台30%容量的电动给水泵组成。凝结水系统由 2 台 100% 容量的凝结水泵、凝结水精处理装置、轴封加热器、4 台低加（5~8 号机为 3 台低加）及除氧器组成。加热器及除氧器均设有水位保护，以防止汽轮机进水。

机组的循环冷却水采用黄河水，对于湿冷机组（1~4 号机组），每台机组配 2 台立式循环水泵。经由开式循环冷却水塔冷却的闭式循环冷却水为汽轮机、锅炉和发电机的辅助设备的冷却用水。各台汽轮机发电机组的润滑油系统及其汽动给水泵组的润滑油系统均相互独立，配置有各自的润滑油净化处理装置。各机组均设置有主机直流事故润滑油泵、发电机直流事故密封油泵、汽动给水泵直流事故润滑油泵，在交流油泵失电或故障时投入运行，以防止厂用电失去时发生断油烧瓦等恶性事故的发生。

日立公司制造的 1 号、2 号汽轮机凝汽器抽真空系统均由 2 台 100% 容量的水环式机械真空泵组成。东方汽轮机厂制造的 3~8 号汽轮机凝汽器抽真空系统均由 3 台 50% 容量的水环式机械真空泵组成。各机组均为配油顶轴油系统的低速盘车机组。

汽轮机主要技术规范见表 2-2-2。

表 2-2-2　　　　　汽 轮 机 主 要 技 术 规 范

名　　称	1 号、2 号	3 号、4 号	5~8 号
设备型号	TC4F-40	N600-16.7/538/538	NZK600-16.7/538/538
额定功率（兆瓦）	600	600	600
最大计算功率（兆瓦）	668.2		
主蒸汽压力（兆帕）	16.7	16.7	16.7
再热蒸汽压力（兆帕）	3.28	3.3	3.43
主蒸汽温度（℃）	538	538	538
再热温度（℃）	538	538	538
主蒸汽流量（吨/时）	1757.223	1770.7	1831.03
最大蒸汽流量（吨/时）	2008	2028	2070
额定排汽背压（千帕）		13.7	
给水温度（℃）	271.2	273.5	275.9
冷却水温度（℃）	21	20	
最高冷却水温（℃）		33	
额定工况下热耗（千焦/千瓦时）	7762	7773	7994
额定转速（转/分）	3000	3000	3000
生产厂家	日本日立公司	东方汽轮机厂	东方汽轮机厂

第三节　电　　气

一、发电机和主变压器

托电公司装有 8 台发电机，均为与汽轮机同轴的 60 万千瓦，三相、全封闭、具有阻尼绕组的隐极式转子和采用水-氢-氢的冷却方式的发电机。发电机的定子线圈、转子线圈及定子铁芯均为 F 级绝缘，定子线圈为双星形结线，发电机引出线与封闭母线相连接；中性点引出线在机外连接，并经 60 千伏安、22 千伏/230 伏配电变压器接地。

1 号、2 号发电机组引进日立公司 TFLQQ 型发电机，3～8 号发电机组为东方电机厂生产的 QFSN-600-2-22B 型发电机，8 台发电机均采用静止可控硅、机端变自励方式励磁系统，励磁电源取自发电机机端励磁变压器二次侧，经可控硅整流后，再经灭磁开关供给发电机正负极电刷，通过正负极集电环供给转子；两集电环间设有离心式风扇供集电环和电刷空气冷却。其初励电压取自 220 伏直流电源；发电机轴承为强迫润滑（由汽机润滑油系统供油）；发电机配有氢油水控制系统，以提供和控制发电机冷却用氢气，密封用油和定子线圈冷却用水。发电机主要技术规范见表 2-2-3。

表 2-2-3　　　　　发 电 机 主 要 技 术 规 范

名　　称	1 号、2 号发电机	3～8 号发电机
设备型号	TFLQQ	QFSN-600-2-22B
额定容量（兆伏安）	670	667
额定有功出力（兆瓦）	600	
额定定子电压（千伏）	22	
额定定子电流（安）	17583	17495
额定频率（赫）	50	
额定功率因数	0.9	
励磁方式	静止可控硅，机端变自励方式励磁系统	
额定励磁电压（伏）	520	400.1
额定励磁电流（安）	5308	4387.34
冷却方式	水-氢-氢	
制造厂	日立公司	东方电机厂

8 台发电机均配置 3 台单相主变压器，单相接线组别为 YNd11，三相接线

方式为 Y0/△-11 连接，与高压厂用变压器（简称高厂变）组成发电机—变压器组。主变压器采用强迫油循环冷却方式，为无励磁分接。

主变压器主要技术规范见表 2-2-4。

表 2-2-4　　　　　　　　　　　　主变压器主要技术规范

技术规范	一期主变压器	二、三、四期主变压器
设备型式	单相 50 赫户外使用	
型号	DFP-250000/500	
额定容量（千伏安）	250000	
额定电压（千伏）	$(550-2\times2.5\%)/22$	$550/\sqrt{3}/22$
额定电流（安）	787.3	
冷却方式	强油冷却（ODAF）	
器身重量（吨）	138	140.5
绝缘油重（吨）	28	36.2
总重量（吨）	201	213.7
生产厂家	沈阳变压器有限责任公司	保定天威变电气股份有限公司

二、500 千伏、220 千伏升压站

托电公司通过托源（托县—浑源）一线到托源四线给北京供电。500 千伏升压站通过 2 台联络变压器和 220 千伏升压站连接，220 千伏升压站负责 3～8 号机组启动/备用变压器（简称启备变）的供电任务。

500 千伏升压站内的接线为 3/2 接线，站内运行的 18 台断路器为瑞士 ABB 公司生产的 SF$_6$ 断路器，操作机构为弹簧机构；隔离开关为河南平高产品；电抗器为西安西电变压器有限公司生产；联络变压器为保定天威变电气股份有限公司生产。

220 千伏站内的接线方式为双母接线方式，站内投运 6 台断路器为河南平高公司生产的 SF$_6$ 断路器，操作机构为液压机构。

三、厂用配电装置

托电公司 8 台发电机组均采用单元接线，1 号、2 号发电机组配置 2 台保定天威变电气股份有限公司生产的三绕组户外厂用变压器，其他机组配置 1 台德国西门子三绕组厂用变压器。1 号、2 号 2 台厂用变压器带 A、B、C、D 四段母线，3～8 号发电机组为 A、B 两段母线供厂用电。1 号、2 号机组 2 台变压器从燕山营 220 千伏变电站引接，3～8 号机组启备变从托电 220 千伏变电站引接，并独立供给每台机组。高厂变及启备变为独立系统，在高厂变不能正常供电时，启动/备用变压器可以保证厂用电源正常供电。

400 伏厂用系统各机组分为汽机、锅炉及外围动力中心（PC），各 PC 又向马达控制中心（MCC）供电，这就形成了全厂的供电系统。动力中心电源引接至 6 千伏厂用段及 10 千伏保安段（一期取自柴油发电机组）。在厂用电源失电的情况下由保安电源提供，保证全厂的重要负荷供电。另外，还备有直流系统（分为 110 伏及 220 伏），由蓄电池供电，保证直流电机、各控制电源及 UPS 的可靠运转。

四、继电保护

托电公司有一个 500 千伏升压站、一个 220 千伏升压站，于 2003 年 3 月建成投入使用。4 条出线至浑源站，2 台 500 千伏联络变压器，输出线路由北京超高压负责维护。500 千伏、220 千伏线路保护及联络变压器保护采用了双重化的微机保护。500 千伏托源一线、二线线路保护配置光纤纵联电流差动保护均为 MCD、P544 各 1 套、远传装置 CSI-125 1 套、电抗器电量保护 WDK-600 2 套、非电量 FST 1 套；500 千伏托源三线线路保护配置光纤纵联电流差动保护 L90、RCS-931 保护各 1 套、电抗器电量保护 WDK-600 2 套，非电量 FST 1 套；500 千伏托源四线线路保护配置光纤纵联电流差动保护 P544、RCS-931 保护各 1 套、电抗器电量保护 WDK-600 2 套，非电量 FST 1 套。500 千伏 1 号、2 号联络变压器保护均配置 DGT801 2 套、RCS-978BH 1 套。500 千伏断路器保护柜 21 面，每面柜分别配置 RCS-921、RCS-922、CZX-22A；220 千伏启备变线路配置 RCS-931 8 套，RCS-923 4 套，断路器操作箱 4 套。

1 号、2 号机组的发变组保护均采用美国通用公司（GE）生产的微机保护，其中包括主变保护和短引线保护装置 DTP 2 台，发电机保护装置 DGP，发电机阻抗及失步保护 LPSO，励磁变保护 MIF，发变组差动保护 SR745 以及高厂变保护装置 SR745 2 台。

3～8 号机组发变组保护均采用双重化配置，保护装置分别使用 GE 公司生产的 T60、G60、T35 微机保护和国电南京自动化股份有限公司（简称南自）生产的 DGT801 微机保护。

8 台机组发电机励磁控制均使用的是瑞典 ABB 公司生产的励磁自动控制系统，可实现自动调压、低励限制、过励限制、过激磁限制和动态功率稳定等功能。

厂用电系统，1 号、2 号机组使用的是南自公司生产的微机保护装置，其中电动机过流保护均使用 WDZ-1.1B 微机保护装置，电动机差动配置装置型号为 WCZ-1.1B，变压器过流为 WCB-1.1C，差动为 NEP9800。3 号、4 号机组厂用电系统保护采用的是西门子公司生产的 7UM621 和 7SJ621 微机保护装置。5～8 号机组厂用电系统保护采用的是南京东大金智公司生产的 WDZ 系统微机综合保护。

发变组测量系统，分别用于测量发电机、主变及高厂变、励磁变的电流、电压、有功功率、无功功率、功率因数、频率等参数。其中1号、2号机的发变组变送器采用的是日立公司进口的变送器，3号、4号机组的发变组变送器采用的是珠海德徕的变送器，5～8号机的发变组变送器采用的是海盐普博的变送器。

计费系统选用的设备先进、稳定、可靠，能够在未来相当长的时间内满足电网运营的需要，而且系统可靠性高，采用的主备计量方式、UPS电源向电能表处理器和电能表供电方式、失压告警装置等有效地解决了远方电量计费系统在非正常运行情况下的可靠性问题。

关口计费系统采用的是兰吉尔的U表，等级为0.2S级，计费系统的采集器采用的是北京煜邦电力公司的EDAD2001型，计费软件采用的北京煜邦电力公司的EDMS2001，通过拨号的方式向调度及电厂终端传送电量数据。

2006年，四期工程结束后，共有四条出线，分别是托源一线、托源二线、托源三线、托源四线，主备表配置，实现电厂与网调的贸易结算。

第四节　热　　　控

一、集散控制系统（DCS）

1～8号机组均选用美国西屋控制公司生产的OVATION控制系统，实现机组的全过程控制，DCS系统是单元机组的控制中枢，包括数据采集系统（DAS）、顺序控制系统（SCS）、闭环调节系统（MCS）、燃烧管理系统（FSSS）和电气控制系统（ECS）。分别于2003年5月、2004年5月、2005年5月和2006年5月安装调试。OVATION控制系统，使用UNIX操作系统SOLARIS 2.6（2.8）版本。控制器全部为成对配置，以实现冗余切换、相互备用。控制器配有英特尔奔腾处理器，主频133兆赫，内存32MB，闪存32MB，可以监测16000个原始点，可容纳逻辑300页，分5个控制区，其中1区控制周期为10毫秒，2区控制周期为1秒。控制器配有网络接口卡（NIC），通过通讯介质连接至FDDI网络集线器或以太网网络，实现数据通讯。每个控制器最多配有两块本地或远程输入/输出（I/O）接口卡，本地I/O接口卡至多可容纳4个机柜、16分支、128个I/O模件，远程I/O接口卡最多可容纳8个接点、每个接点至多可容纳64个模件。控制器拥有专门的互为备用电源转换器，将220伏交流转换为内部使用24伏直流电源，且在控制器内部配有供电电源模件。通讯网络大致分为三层：控制器与模块之间 PCI 总线、控制器与控制器和工作站之间的数据网络、集散控制系统与外围设备和生产实时系统（SIS）及其他系统之间的快速以太网。人机接口主要硬件包括：工作站、显示器、SUN 专用键盘、SUN 专用鼠标、操作员薄膜键盘、大屏幕等设备。

二、电液调节系统（DEH）

1 号、2 号机组选用日立公司生产的 5000M 控制系统，3～8 号机组均选用美国西屋控制公司生产的 OVATION 控制系统，来实现汽轮机的调节控制和保护。汽轮机调节系统（D-EHG）采用数字电液调节系统，冗余设计，互为备用，可以实现无扰切换，其主要目的是控制汽轮发电机组的转速和功率，保证汽轮发电机组可靠、稳定的工作。机组在启动和正常运行过程中，电液调节系统（DEH）接收机组协调控制系统（CCS）指令或操作人员通过人机接口所发出的增、减指令，采集汽轮机发电机组的转速和功率以及调节阀的位置反馈等信号，进行分析处理，综合运算，输出控制信号到电液伺服阀，改变调节阀的开度，以控制机组的安全运行。

三、汽轮机监视系统（TSI）

1 号、2 号机组选用日立配套的本特利 3500 系列仪表，3～8 号机组选用东汽配套的爱普（EPRO）公司的 MMS6000 系列仪表，用来监视汽轮机本体的转速、振动、串轴、胀差、缸胀、偏心、键相等重要参数。1 号、2 号机组成套配备振动分析诊断系统（TDM），3～8 号机组成套配备华电科研生产的振动分析诊断系统（TN8000）。本系统均采用积木式模块方式，可在其框架内安装不同种类及数量的插件，完成各种测量。本特利 3500 系统与本特利 3300 系统不同，它没有面板显示，其测量显示通过上位机显示及在 DCS 中显示，大部分内部设置都在软件中完成。

四、汽轮机危急跳闸系统（ETS）

1 号、2 号机组采用日立汽轮机控制系统（TCS）配套设备，3～8 号机组采用东汽电液调节系统配套设备，跳闸系统由跳闸通道及就地跳闸电磁阀组成，以保障汽轮机的安全运行。

五、汽动给水泵控制系统（MEH）

1 号、2 号机组小汽机的控制系统选用了 WOODWARD505 转速控制系统，控制器布置在就地控制柜内，通过电液转换器实现对液压系统的控制，电液转换器布置在汽轮机旁边。本汽轮机盘车装置采用齿轮盘车和手动盘车。保护系统选用了德国西门子公司生产的 S7 系列可编程序控制器，配有危急保安装置，用于超速保护和轴位移保护。监视系统选用美国本特利公司生产的 3300 系列监视仪表。3～8 号机组汽动给水泵控制系统，采用西屋公司

OVATION 控制系统的硬件和软件，专门配合杭州汽轮动力集团股份有限公司生产的汽轮机，以微处理器为基础的冗余的数字式转速调节器。

汽动给水泵控制系统接受三个转速探头检测的汽轮机转速信号（频率信号），与内部设定值比较，经转速 PID 放大器作用后，输出两路 4～20 毫安控制信号。一路信号送经电液转换器，转换成二次油压信号，二次油通过油动机控制低压调阀开度；另一路信号送经电液转换器转换成二次油压信号，二次油通过油动机控制高压调阀开度。两个调阀共同作用调节进汽量，调整汽机出力，使汽轮机稳定在设定值。

汽动给水泵控制系统控制速关阀的开启与关闭。也接受来自集散控制系统的转速遥控信号，以使汽轮机满足工艺流程的需要。

六、旁路控制系统（BPS）

1～4 号机组、7 号、8 号机组旁路系统采用瑞士 CCI 公司的 AV6＋系统配套设备，1 号、2 号机组由旁路控制系统和液压油站及液压执行器组成，3 号、4 号、7 号、8 号机组由旁路控制系统和汽动执行机构组成。5 号、6 号机组采用德国西门子公司的配套设备，由旁路控制系统和电动执行机构组成。

该系统由施耐德可编程控制器单 CPU 和相应的 I/O 模件、阀门定位器和电源装置组成。立屏上装有触摸屏，实现参数的调整以及运行工况的操作。系统的电源采用双路冗余配置，提高了系统的可靠性。其控制功能为自动启动，包括冷态启动、热态启动和极热态启动三种启动方式。锅炉压力小于 1 兆帕时为冷态启动方式；锅炉压力大于 1 兆帕且小于 8.6 兆帕时为热态启动方式；锅炉压力大于 8.6 兆帕时为极热态启动方式。运行模式有：启动、压力控制、跟踪和快减（RUNDWON）四种。当锅炉点火后，为了使蒸汽流过再热器，阀门将开启到最小开度 10%。随着锅炉蒸发量的升高，压力开始上升。当压力升高到最小压力 1 兆帕时，为了维持最小压力，阀门将逐渐开启。当阀门开度达到预设阀位的 17% 时，阀门开度维持不变，压力开始升高，当锅炉压力达到 8.6 兆帕时，转为压力控制方式。当汽轮机高压缸开始进汽后，为了维持冲转压力 8.6 兆帕，阀门将逐渐关小，直到阀门完全关闭。系统将转为跟踪方式。此时，压力给定值将跟踪锅炉出口压力，并在锅炉压力基础上，加上压差值 0.5 兆帕，以保证阀门处于完全关闭状态。

七、空调暖通系统

1 号、2 号机组暖通程控系统由哈尔滨天达控制工程有限公司设计并调试完成，3～8 号机组由上海自动化仪表有限公司设计制造。均采用美国 AB 公司生产的 Logix5555 Controller 模块式可编程控制器作为整个监控系统的控制硬件基础，运行操作界面设计友好，操作方便。其工艺系统可分为：制冷站系统、集中空调系统、锅炉房自然通风系统、汽机房机械进风和自然排风系统。1号、2号机组程控系统包括：中央监控系统（2台工控机、1台打印机、1台集线器）、3个可编程控制系统PLC程控柜、4台热力系统配电箱。其中，制冷站系统和汽机房机械进风、自然排风系统采用就地设PLC控制装置，与控制室上位机通过MODBUS通讯的方式进行监控。为实现集中式控制，3号、4号和5号、6号以及7号、8号暖通程控系统，制冷站、集中空调系统、锅炉房自然通风各设计一套程控系统，汽机房机械进风自然通风各设计一套程控系统，各自的两套程控系统均通过通讯联系在一起，各由一个控制室统一监控。

八、胶球清洗系统

1号、2号机组胶球清洗系统采用的是青岛华泰电力设备有限公司的成套设备，3～8号机组采用上海达极水技术工程有限公司的成套设备，均是比较独立的小系统。

1号、2号机组动态模拟屏由时序电路、驱动电路、显示电路、控制电路以及电源电路构成，时序电路采用NE555、CD4017，驱动电路采用CD4041、T401，该电路工作可靠，输出稳定，用以驱动红绿灯，使之疏流导通和截止，模拟胶球及冷却水的流动状态，其工作状态分别由胶球的启动、停止和相应开关控制。指示灯（LED）由驱动电路共同使用一张环氧阻燃线路板，其与控制柜的连接采用CH3.96插头座连接，其导线采用不小于0.75毫米的BVR导线。模拟屏采用PVC材料印制而成。

3～8号机组可编程控制器Control Logix5000控制系统由可编程逻辑控制单元构成，用于胶球清洗系统的运行、控制和监测。所需控制程序存储在一个内存子模块中。其程序包括：启动清洗运行，从控制面板和控制室启动该程序。收球网处于OPERATION（运行终位），将胶球与冷却水隔离开。胶球循环泵将循环水送入胶球循环管。然后，清洗球从集球器中流出来，以完成清洗过程。

九、精处理程控系统

1号、2号机组凝结水精处理系统由英国Thompson Kennicott水处理公司设计制造，3号、4号机组由苏州东方水处理有限公司设计制造，5～8号机组由武汉凯迪水务公司设计制造，负责全套设备以及自动控制系统的设计供货。

每台机组均配一套中压凝结水精处理装置，1号、2号机组共用一套体外再生系统，控制系统为Allen-Bradley公司的PLC可编程控制系统。2台机组采用集中控制方式，共用一组双冗余、热备用的控制器。控制系统采用Allen-Bradley公司的双冗余Logix5000可编程控制器，两组控制器可通过热备模块自动切换。PLC控制器与3个DEVICENET SCANNER模块之间的通讯通过3个机架上的CONTROL NET模块组成的CONTROL NET网络进行，DEVICENET SCANNER与就地的I/O卡件通过每个I/O槽架的第一个模块ADPTER进行数据交换。2台上位机通过两块ETHERNET网卡与控制器进行通讯，2台交换机（HUB）之间也通讯，这样可以从上位机对生产过程进行实时监控。此外，凝结水精处理系统通过一块MODBUS模块和1号、2号机组的集散控制系统进行通讯，并根据其要求将凝结水精处理的运行状态、参数送到集散控制系统，同时集散控制系统还可以实现对凝结水精处理电动旁路门的控制。根据凝结水精处理设备的特点，将控制系统的I/O模块安排在精处理设备的附近，所以2台机组共有15个控制柜，除中心控制柜位于精处理控制室内，其余的14个都分布在就地。

3号、4号机组共用一套体外再生系统。控制系统为美国施耐德（Modicon）公司的Quantum系列可编程控制系统（PLC）。2台机组共用一组双冗余、热备用的控制器，每台机组精处理系统设置处理$3\times50\%$凝结水流量的高速球型混床，并设置100%的旁路系统。当电导率或者钠含量升高至设定值时，自动投运第三台备用混床，失效混床自动退出运行，失效树脂用水力输送至体外再生系统，以进行分离和彻底的化学再生。已再生好的备用树脂自体外再生系统输送至该混床中备用。

5号、6号机组和7号、8号机组都分别由2台阳床和2台阴床组成，实现凝结水的精处理。5号、6号机组共用一套，7号、8号机组共用一套体外再生系统：阳再生系统和阴再生系统。控制系统为Allen-Bradley公司的PLC可编程控制系统。2台机组采用集中控制方式，共用一组双冗余、热备用的控制器。控制系统通过冗余双向通讯接口与集中控制室辅助车间集中监控系统进行通讯，通讯接口支持百/千兆以太网传输，通讯协议为TC/PIP。通过集中控制室辅助车间操作员完成对凝结水精处理系统及其设备的整体启停操作、成组启停操作和单个设备的操作。

十、光字报警系统

1号、2号机组光字报警系统是由上海自动化仪表股份有限公司成套生产的AN-3100系列产品，其特点是：基本微机报警单元，普通型外壳，内装可互换的逻辑板和灯/窗显示组合件。完全组件式结构，积木式单元，机械连结，组成任何尺寸的外形结构，组装简便，扩展容易。多微机逻辑，每个单元装有独立的、组件式的逻辑板。每个单元的单片微机可处理4个输入点，具有独特的在线（现场）扩展能力。现场可改变报警程序，跨接矩阵可使每个单元在现场选择报警程序，可选择多种标准程序，包括三种首出方式的程序：任选的重复继电器、在线扩展能力、完全表面可达性。

抽屉式结构可使灯组件和逻辑板从面板前抽出。不管这个单元是一、二、三或四点，均有充足的灯光。

3～8号机组光字报警系统，是由西安宏庆公司成套生产的 XXS-2A-64(32)系列产品。XXS-2A-64(32)微机闪光报警装置，采用最新单片机技术，输入输出信号采用光电隔离技术，具有功能强大、使用安全可靠、抗干扰能力强、性能稳定、操作简单、安装方便等特点，可广泛应用于工业自动化生产中工业参数的越限报警，显示部分（光字牌）采用新型固体平面发光管（冷光源），其连续工作寿命大于 50000 小时。

十一、四管泄漏检测系统

1号、2号机组四管泄漏检测系统是由江西华电生产的 HDE-Ⅲ 型检测装置，3～8号机组是由东电开元公司生产的 HDE-Ⅲ 型检测装置，该装置是利用锅炉、声学、电子线路和微机等学科技术，通过特制的传感器来采集锅炉内漏管泄漏的噪声信号，在消除锅炉运行时各种复杂噪声干扰的基础上，实现对漏管泄漏的早期预报，并判断出泄漏的位置和泄漏的严重程度，使电站能及时采取防护措施，防止事故扩大，尽量减少经济损失。

十二、火焰检测系统

1～8号机组火焰检测系统是由美国 FORNEY 公司生产的设备，IDD-IIU 探头的运行是瞄准主燃烧区域的，火焰发射的辐射能量通过一根直管或光纤传送到感光元件的表面，接受到辐射能的 IDD-II/IIU 探头中硫化铅光敏元件的偏置电压为直流 50 伏，由于火焰辐射强度有增减，硫化铅感光胶层的阻力也会随之变化，该阻力的变化反过来产生一个与火焰辐射能变化量和变化率成正比的交流电压输出信号。该信号经过火焰放大器处理后，送出有火/无火开关量信号和火焰强度 4～20 毫安模拟量信号。

十三、吹灰程控系统

1～4号机组吹灰程控系统是由上海克莱德公司设计制造的，5～8号机组吹灰控制系统是由东方锅炉厂设计制造的。控制系统采用美国 AB 公司的 Logix5500 可编程控制系统（PLC），它采用先进的 PLC 实现对锅炉吹灰器的程序控制，其主要的控制方式有吹灰器顺序控制、手动的单独控制。该装置还具有故障报警功能。

十四、等离子点火控制系统

等离子点火控制系统是由烟台龙源公司设计制造的，型号 DLZ-200，该装置利用直流电源（大于 200 安）在介质气压大于 0.1 兆帕的条件下接触引弧，并在强磁场下获得稳定功率的直流空气等离子体，该等离子体在燃烧器的一次燃烧筒中形成梯度极大的局部高温区，煤粉颗粒通过该等离子"火核"受到高温作用，在短时间内迅速释放出挥发物，并使煤粉颗粒破裂粉碎，从而迅速燃烧。由于反应是在气向中进行，使混合物组分的粒级发生了变化，因而使煤粉的燃烧速度加快，也有助于加速煤粉的燃烧，这样就大大地减少促使煤粉燃烧所需的能量。

十五、仪用空压机程控系统

1号、2号仪用空压机程控系统由西安兴仪公司设计制造，3号、4号仪用空压机由西安超滤公司设计制造，5~8号仪用空压机由英格索兰公司设计制造。控制系统采用美国AB公司Logix5500，该仪用空压机的程控系统主要是完成空压站干燥塔的控制切换工作。它和现场空压机的可编程控制系统建立了通讯，将现场的各项参数在显示器上实现了在线监视。

十六、输煤程控系统

输煤程控系统由一、二期和三、四期2套系统组成，均为冀东电力检修公司设计制造，输煤系统采用就地集中的监控方式。一、二期输煤程控系统采用施耐德PLC控制系统，三、四期采用美国AB公司Logix PLC控制系统，分别设1个主控站和4个远程分站；主控站布置在输煤综合楼的电子设备间内，远程站布置于就地输煤皮带转运站，采用上位机加可编程控制系统组成工业控制网，将组态监控软件和多媒体语言报警等技术应用于输煤程控系统。

十七、除灰程控系统

除灰程控系统是采用英国CLYDE公司的密相气力输送系统，控制系统采用美国AB公司Logix5500。本系统充分利用了计算机及AB公司的可编程控制系统组成工业控制网，将组态监控软件和多媒体语言报警等新技术应用于除灰控制系统。采用程控、远操、就地的控制方式，每种方式可任意选择切换。

十八、化学水程控系统

化学水程控系统是华电水处理公司设计制造，化学水处理控制系统采用Allen-Bradley公司的Logix5555 PLC系列，其产品特点是：所有模件均可带电插拔，包括CPU；模块组建灵活，不分槽位；支持多个CPU同时工作；此系统包括制水系统、生活污水程控系统、工业废水处理程控系统、制氢站等子系统。

第五节 输 煤

一、汽车卸煤沟

与一、二期机组配套建设的一、二期输煤系统汽车卸煤沟于2006年12月建成。该卸煤沟设计 6 个卸车位，年设计卸煤能力为 180 万吨。汽车卸煤沟通过 0 号胶带机与 2 号胶带机相接，与整个输煤系统相连。

二、储煤场

输煤系统各建有 6 个储煤场，其中一、二期的煤场长 279 米，宽 185.4 米，堆高 13.5 米，总储煤能力 18.5 万吨左右；三、四期的煤场长 400 米，宽 172.1 米，堆高 13 米，总储煤能力 26 万吨左右。

三、输煤系统

一、二期输煤系统 4 号胶带机，安装有 2 台额定出力为 1500 吨/时的悬臂式斗轮堆取料机；三、四期输煤系统 4 号胶带机，安装有 2 台额定出力为 2000 吨/时的悬臂式斗轮堆取料机。

一、二、三、四期输煤系统采用两套上煤方式：一种为火车来煤，通过火车卸煤沟来实现卸储煤的要求，另一种为汽车来煤直接卸到煤场，通过悬臂式斗轮堆取料机来满足上煤的要求。

一、二期输煤系统有转运站 5 个，输煤皮带 16 条，输煤系统的带式输送机均为双路。带式输送机的带宽为 1400 毫米、带速为 2.5 米/秒、出力为 1500 吨/时。三、四期有转运站 5 个，皮带 14 条，输煤系统的带式输送机均为双路。带式输送机的带宽为 1600 毫米、带速为 2.5 米/秒、出力为 2000 吨/时。

一、二期输煤系统设备由沈阳起重运输机械厂生产配套，系统皮带机单线额定出力为 1500 吨/时；三、四期输煤系统设备由山东矿山机械有限公司生产配套，系统皮带机单线额定出力为 2000 吨/时。

输煤系统中还包括计量、采样、除铁、检修起吊、事故监测及保护、除尘、喷洒抑尘、水力清扫、噪声防治、消防等系统。

输煤系统中入厂煤采用地磅衡和入炉煤采用电子皮带秤计量的二级计量，并且采用了入厂煤和入炉煤的二级取样装置。

四、燃油系统

燃油系统接锅炉用轻油（0 号柴油）点火和助燃，有轻油、轻油拌热系统。厂区油库建有 2 座 1500 立方米油罐和燃油泵房及其他辅助设备。其中包括：卸油部分、供油部分、蒸汽部分、油罐排污及污油处理系统。

卸油部分：采用汽车卸油，按单侧卸油布置，共计 3 个卸车油位，每个卸油位均有上卸油装置，本系统上卸采用强吸卸油方式，即靠电动卸油泵进行卸油，卸油母管处装有 1 台粗网滤油器，清除杂质，经 1 台卸油泵升压打入贮油罐。

供油部分：供油泵入口采用单母管来油方式。在供油泵入口母管前安装 2 台细网滤油器。供油泵安装了 2 台，按照供油量的要求一般运行 1 台，备用 1

台，检修 1 台。供油泵出口母管采用双母管供油方式，2 条供油管道之间设联络管，供油时可保证 2 条供油管道互为备用，其中 1 条也可兼作回油管。供油的调节方式通过供油泵的变频调速来实现。

蒸汽部分：蒸汽母管 1 条，由现场引来，由它供给油区设备和管路的吹扫汽源。卸油管、来油母管、油泵都分别装了吹扫点，以便设备和管路检修长期停用时吹净里面的存油。卸油管、供油管、回油管（室内除外）分别安装了蒸汽伴热管。其疏水部分对地直接排放。

油罐排污及污油处理系统：为了收集、容纳泵冷却水及冲洗地面的污水、污油，污油泵房内设置了污油坑，在污油坑附近安装了 1 台排污泵，将污油、污水打入污油处理系统，分离出来的油打到油罐，污水由排污泵打到下水井。

第六节　除　　灰

托电公司除灰、渣系统按单元制布置，均为除渣系统、电除尘器、干除灰系统和灰库四部分组成。

一、除渣系统

除渣系统为渣水循环式除渣系统，主要设备有螺旋捞渣机、水浸式刮板捞渣机、皮带输送机、渣水循环泵、密封水泵、污水池排污泵，缓冲水箱排污泵及缓冲水箱等组成。炉渣处理采用刮板捞渣机连续将螺旋捞渣机捞出的渣脱水后，排落至皮带输送机，卸入渣斗运走。沉淀过的灰水溢流到缓冲水箱，再由渣水循环泵打入炉底水封槽进行炉底密封及螺旋捞渣机箱体内进行补水。

二、电除尘器

每台锅炉配置 2 台双室 5 电场静电除尘器，由浙江菲达电除尘器总厂设计生产（电控部分由大连电子研究所生产）。锅炉烟气流经静电除尘器的 5 个串联电场进行除尘后，由烟囱排出。每台锅炉采用 2 台 5 电场的静电除尘器，每台除尘器每个电场 4 个灰斗，1 台炉共计 40 个灰斗。电除尘器除尘效率不小于 99.78%。

三、除灰系统

除灰系统采用英国 CLYDE 公司的正压浓相气力输灰系统，每台炉的输灰系统各自为一个单元，包括省煤器输灰系统和一至五电场输灰系统共 6 个子系统。另一期 2 台炉各增加一套空预器输灰系统。一期省煤器每台炉设 6 个灰斗，空预器设 8 个灰斗，二期省煤器每台炉设 8 个灰斗，三、四期省煤器每台炉设 7 个灰斗，每个灰斗下设置 1 个输灰器，将灰用压缩空气输送到灰库。

压缩空气系统由空压机、空气净化装置和储气罐组成。每台炉为一个供气单元，每期 2 台炉的供气母管上安装一个联络门，可互为备用。空压机全部为上海英格索兰压缩机公司生产的喷油螺杆式空压机，一、二、三期的空气净化装置为西安超滤公司生产的冷干机及前后置过滤器，四期冷干机为杭州嘉隆公司生产。

四、灰库系统

每一期工程各设有三座直径 15 米、有效容积 3300 立方米的灰库，其中 2 座粗灰库、一座细灰库，可满足 2 台机组同时满负荷运行 48 小时排灰量的贮存要求。

为保障灰库内的乏气排放不污染环境，每座灰库顶部设有 1 台布袋除尘过滤器。输送空气在每一个灰库中经由一个反吹式除尘器进行过滤，然后排放到大气中。在输灰系统运行过程中，除尘器必须连续进行反吹清洗。任何时候，除尘器都保证工作在畅通无阻地对大气排放的状态；同时保证泄漏到系统中的压缩空气或者由于温度升高引起膨胀的空气能够被安全排放。

第七节　化　　学

一、精处理系统

1 号、2 号机精处理采用英国 Kennicott 公司产品，每台机组设置处理 $2\times50\%$ 凝结水量的前置过滤器和高速混床，前置过滤器设有 100% 旁路，为气动蝶阀；混床设有 100% 旁路，为气动蝶阀。精处理系统单元设置 100% 大旁路系统，设有电动调节蝶阀。每台机组设一台再循环泵，其出力相当于每台混床出力的 70%。2 台机组共用 1 套体外再生系统，每台过滤器及高速混床的最大出力为 768 立方米/时。再生采用 CONESEP 锥斗分离法，可保证阴阳树脂分离后，阴树脂在阳树脂层内的含量（体积比）小于 0.4%，阳树脂在阴树脂层内的含量（体积比）小于 0.1%。

3 号、4 号机精处理采用苏州东方水处理有限公司产品，每台机组设置处理 $3\times50\%$ 凝结水量的高速混床。每台机组的 3 台混床采用并联形式连接，混床内部采用"双速水帽"布水器，保证混床布水的均匀性。失效混床卸树脂采用气水卸树脂技术，可保证残留树脂小于 0.01%。精处理系统单元设置 100% 大旁路系统，设有电动调节蝶阀。2 台机组共用一套体外再生装置，再生装置由 1 台阴再生兼树脂分离罐、1 台混脂隔离罐、1 台阳再生罐和 1 台树脂储存罐及附属系统组成，用来进行树脂的清洗和再生。

5～8 号机精处理采用武汉凯迪水务公司产品，每台机组设置 2×50％高速阳床和高速阴床系统。并设置 100％阳床大旁路及阴床大旁路。每台机组的高速阳床和阴床分别设置一台流量再循环泵。2 台机共有 1 套体外再生系统，包括 1 台阳树脂再生罐、1 台阴树脂再生罐、1 台阳树脂贮存罐、1 台阴树脂贮存罐以及酸碱系统。

8 台机组的化学加药系统均由给水加氨、加联氨，凝结水加氨及联氨、炉水加磷酸盐及附属设备组成，都采用自动连续加药方式，实现了自动准确的加药控制。每台机都配有给水、炉水、蒸汽、凝结水水样在线测量仪表，主要有硅表、磷表、溶氧表、pH 表、联氨表、钠表、电导表等。

二、补给水除盐系统

一期工程建有 5 台 80～112 吨/时的双滤料过滤器，6 台 48～64 吨/时的细砂过滤器，2 套 100 吨/时的超滤，3 套 75 吨/时的反渗透，除盐系统采用"一级除盐＋混床"除去水中含盐量，达到锅炉补给水的要求。

二期水处理除盐系统采用 1 套"一级除盐＋混床"除去水中含盐量，达到锅炉补给水的要求。

三、四期水处理除盐系统均采用 2 套"一级除盐＋混床"除去水中含盐量，达到锅炉补给水的要求。

三、制氢系统

8 台发电机共用 2 台型号 DQ-10/3.2 型的中压水电解制氢设备，设计每小时 10 标准立方米，氢气纯度≥99.8％，容量 13.9 立方米氢气贮存罐 6 个。

四、废水处理系统

（一）工业废水处理

工业废水出力为 100×2＝200 吨/时，处理一、二、三、四期化学制水设备及凝结水处理的日常排放废水，还有燃油泵房区域排水、机组空气预热器的冲洗水、机组的酸洗废水。

工业废水处理方式：全厂废水经各自的收集系统收集后输送到废水贮存箱，通过水射器吸入空气进行搅拌，混合均匀后的废水经 pH 初步调整处理后，根据工艺需要，加杀菌剂、絮凝剂、助凝剂澄清处理后自动流进最终中和池，进行中和处理后排入清水池。清水池出水经纤维球过滤器过滤后送至综合给水泵房前池或工业废水前池。处理合格的工业废水优先进行综合利用。如用于电厂道路喷洒、煤场除尘、地面冲洗、消防用水等，并能满足污水一级排放标准，即 GB 8976—1996《污水综合排放标准》。

（二）生活污水处理

生活污水设施出力为 20×2＝40 吨/时，处理全厂3000人排放的全部生活污水。其处理方式为，生活污水经排水管道排至生活污水处理站，采用常规"生物接触氧化"工艺，经三级生化处理达到污水一级排放标准。所处理后的中水，热季用于厂区及灰场的绿化，冷季补入2号水塔水池。

（三）综合给水系统

综合给水系统由生活饮用水系统、中压服务水系统、高压消防水系统、低压消防水系统组成，泵房外设有1000立方米的服务水、消防水蓄水池和150立方米生活饮用水蓄水池。服务水、消防水蓄水池主要以回收工业废水作为水源，备有以循环水排污水作为供水水源的系统。生活饮用水蓄水池以黄河水作为供水水源。其中服务水由2台流量100吨/时的服务水泵和1台160吨/时的服务水泵组成；高压消防系统由1台12.6吨/时的稳压泵和3台280吨/时的消防泵组成；低压消防水系统由1台12.6吨/时的稳压泵和2台100吨/时的消防泵组成。

（四）综合排水系统

综合排水泵系统设有雨水排水系统、工业废水排水系统。厂区内的雨水（煤场雨水除外）经雨水排水管网汇集至综合排水泵房雨水前池，通过雨水排放泵排至距电厂约3.5千米的毛不拉沟。生产废水经分项处理和利用后，多余的生产废水排至综合排水泵房工业废水前池，通过废水排放泵排至距电厂约8千米的耿庆沟。

雨水系统由2台3000立方米/时、2台1600立方米/时的雨水泵、容积为200立方米的雨水前池组成，工业废水系统由容积为200立方米的生产废水前池、3台400立方米/时的废水泵组成。

第八节 供 水

托电公司的水源来自黄河，黄河水首先由岸边取水泵提取，经设计规模为4.5立方米/分的两根直径1200毫米的引水管线送入面积为（1088×170）平方米平流池进行一次沉淀，然后经升压泵站送入机械加速澄清池（简称机加池）进行二次混凝沉淀，平流池所沉淀下来的泥渣由挖泥船吸取送往排泥场，机加池沉淀下来的泥渣，全部集中到排泥泵站由排泥泵送往排泥场；在排泥场沉淀澄清后的水二次利用，经节水泵站送回平流池。经过二次混凝沉淀净化后的水进入二级泵站前池，除水厂自用水外，其余全部由二级泵站加压后通过两条直径1200毫米的钢管输送，上坡约80米高程联络后，分成三条输水管线，经一、二期调压塔后，再通过两条输水管线直接送至厂区供生产用循环水、化学、消防及生活用水。

供水系统主要由取水工程、净化水工程、二级泵站输水工程三大部分组成，设计单位是内蒙古水利勘测设计院。

一、取水工程

主要由取水泵站及两根引水管线组成。取水泵站有 3 台 XXKZb-2500 旋转滤网设备，1 台 YCB 型清污机，3 台取水泵；2 台用于冬季采暖的快装锅炉：1 台 DRC-216 电热水锅炉和 1 台 DRC-Q216 电热蒸气锅炉。由内蒙古黄河管理局工程四处 2002 年 4～9 月安装、调试。

其设备规范见表 2-2-5 和表 2-2-6。

表 2-2-5　　　　　取水泵站设备参数

项　　　目	1 号、3 号泵	4 号泵
取水泵	24LBXA-13.7	32LBXA-13.7
数　量（台）	2	1
流　量（立方米/时）	2700	5400
制造厂家	长沙通大集团长沙水泵厂	

表 2-2-6　　　　引水管线设备规范

数　量	长　度	材　料	直　径	设计流量
2	2610 米	钢管	1200 毫米	1.83 立方米/秒

二、净化水工程

主要由平流池、升压泵站、机加池、排泥泵站、加药间、自备水厂、厂区地下管区、排泥场、蓄水前池、厂前区建筑物、河道整治、排洪工程及防洪堤等组成。

平流池分两期建成，一期面积为 1088×170 平方米，有效容积为 88 万立方米；建成于 2002 年 9 月；二期面积为 400×600 平方米，有效容积为 60 万立方米，建成于 2006 年 9 月。

一期、二期净水工程设备分别于 2002 年和 2005 年 6～9 月，由内蒙古电建二公司安装，内蒙古电科院调试。

净化水工程设备参数见表 2-2-7。

表 2-2-7　　　　　净化水工程设备参数

项　　　目	升压泵	机加池	排泥泵	加药泵
型　　　号	20LBSA-8.6Y315M-8V1		150ZJ-I-A50/Y2-100L1-4W	IB79C8269M
数　　　量	5 台	5 座	4 台	6 台

续表

项　目	升压泵	机加池	排泥泵	加药泵
流　量	2844 立方米/时	1800 立方米/时		0～416 升/时
池　径		29 米		
总容积		2835 立方米		
制造厂家	长沙通大集团长沙水泵厂		浙江黄岩电机厂	美国米顿罗公司

排泥泵站安装有 4 台 150ZJ-I-A50 排泥泵，2 台 200QW350-40-75 节水泵，排泥场分 3 个排泥池，设计积泥总容积 75 万立方米。加药系统有 6 台 B40 型/IB79C8269M 计量泵。工业水系统由 4 台 65DL×2 水泵组成，生活水系统由 2 台 BTG-10-30 变频供水泵组成。平流池电动绞吸挖泥船，取水泵站入口柴油机绞吸挖泥船，均由江苏省扬州市昭关船厂生产组装，并于 2006 年 4 月调试。排泥量分别为 80 立方米/时和 40 立方米/时。

三、输水工程

主要由二级泵站及输水管线组成。二级泵站加压泵一期 4 台，二期 2 台，分别由内蒙古电建二公司、内蒙古电科院于 2002 年和 2005 年安装调试。输水管线由内蒙古电建二公司分两期，于 2002 年和 2004 年安装完毕。

其设备参数见表 2-2-8 和表 2-2-9。

表 2-2-8　　　　　加 压 泵 设 备 参 数

项　　目	2号、5号	3号、4号	1号、6号
型号	20SAP-5A	350S125A	20SAP-5A
数量（台）	2	2	2
流量（立方米/时）	2160	1080	2160
扬程（米）	115	115	115
转速（转/分）	980	1450	980
制造厂家	长沙通大集团长沙水泵厂		

表 2-2-9　　　　输 水 管 线 设 备 参 数

管　段	数　量	长　度	材　质	直　径	设计流量
1	2	899 米	钢管	1000 毫米	0.7 立方米/秒
2	2	11.072 千米	钢筋混凝土	1000 毫米	0.7 立方米/秒
1	1	11.353 千米	钢管	1000 毫米	0.7 立方米/秒

此外，还有全自动 DRC-360 电热水锅炉 2 台，3.5 DRC-216 电热水锅炉 1 台、DRC-Q216 电热蒸气锅炉 1 台。

供水电气系统由 35 千伏变配电系统、6 千伏配电系统、380 伏配电系统等组成。

第九节 脱 硫

托电公司烟气脱硫工程处理 8 台 60 万千瓦机组的燃煤烟气，进行石灰石-石膏湿法全烟气脱硫，每台机组 1 套湿式石膏脱硫器（FGD），1 炉 1 塔。公用系统按石灰石浆液制备、石膏脱水处理、脱硫废水处理系统 8 台机组共用一套设置，并一次建成，系统的脱硫率不小于 95％。该工程的总承包单位是北京国电清新环保技术有限公司，中国有色工程设计研究总院负责工程的全部设计工作，北京电建公司、内蒙古电建一公司和中铁十八局联合体负责土建、安装施工，河北电力建设监理有限责任公司负责监理。

其工艺系统由石灰石浆液制备及供应系统、二氧化硫吸收系统、氧化空气系统、烟气系统、石膏脱水系统、工艺水系统、事故浆液和排空系统组成。

其工艺流程为，将来自石灰石贮仓的石灰石送入湿式球磨机，研磨后制成石灰石浆液，该浆液被输送到吸收塔内，经浆液循环泵升压后提升到吸收塔上部，并以雾状形式分两层向下喷洒，来自烟道的烟气在升压风机的作用下，由下向上流动，与喷洒浆液进行充分逆向混合，气液接触后，烟气中的二氧化硫溶解于石灰石浆液并被吸收，反应物在吸收塔浆液池内由氧化风机进行强化氧化，反复循环使用的浆液经一定时间化学反应，进而形成脱硫副产品二水石膏，再经脱水后形成固态石膏。洗涤后的烟气通过除雾器脱水后经烟囱排放，达到脱硫目的。

系统脱硫工程于 2005 年开工建设，2006 年全面展开。其中 5、6、3、4 号机组脱硫系统，分别于 2006 年 9 月、10 月、11 月完成大负荷试运行考验投入运行，并通过内蒙古环境监测中心站的测试，脱硫效率分别为 97.51％、96.89％、97.3％和 98.56％。12 月，这 4 台机组脱硫装置通过环保验收。时至 2006 年年底，一期、四期脱硫工程正在建设当中。

第十节 通 信

一、行政通信

2003 年初，由石家庄远东哈理斯（Harris）生产的 H20-20 型交换机安装调试完毕并投入使用。2004年6月，安装了可扩展至5000多门的深圳华为技术有限公司生产的C&C08B型交换机。

二、系统光纤电路通信

2002年底，托永（托县—永圣域）、托源线路上采用了复合光缆架空地线（OPGW光缆），内有24芯光纤，并开通了21个2兆赫数字口。同年，安装调试了由武汉日光电通信工业有限公司提供的2套U-NODE/BBM600V设备，接入华北电网公司的同步数据环路网络。经由武汉日光电通信工业有限公司提供的2套NEC 6062PCM交换机，以及分别于2004年7月和2005年6月，安装调试了2套由桂林马克尼通信技术有限公司提供的NOKIA-DB2设备中的脉冲编码复用单元，通过光纤电路连接到华北总调的脉冲编码复用终端，构成了托电到华北总调的电力调度和自动化信息通道。2005年10月，安装了华北电网提供的ATM交换机，用于电网专有业务的扩展。2006年，由于托浑线600V设备有缺陷，将托源线600V设备退役，改为武汉日光电通信工业有限公司提供的BM设备。

三、生产调度通信

主要包括托电到华北总调、内蒙古中调、燕山营变电站的调度电路、调度总机、调度电话录音系统，以及厂区内的低电平呼叫系统。2003年，在通信机房安装了由石家庄远东哈理斯通信技术有限公司生产的MAP型调度交换机，并于2003年在一单元集控室、2004年在二单元集控室、2005年在三单元集控室安装了值长调度台。

2006年，根据华北电网公司将组网调度交换机与厂内调度交换机分开的相关要求，托电公司新上一套由石家庄远东哈理斯通信技术有限公司生产的MAP新型调度交换机，以满足生产的需要。

作为通信反事故措施之一，2003年初增加了由北京易海峰通信技术有限公司生产的8通道录音系统，该系统采用计算机硬盘为记录媒体，录音资料每月刻录成为光盘永久保存，2004年将该系统扩容至48通道，并对公司生产的主要和关键岗位进行了24小时不间断电话录音。在主要生产场所和输煤系统安装了低电平呼叫系统。

第十一节 远　　动

托电公司自动化系统（NCS网络）2003年开始建设，到2006年8月，形成8台机、7串2/3主接线、4回500千伏线路、两座500千伏网控楼，一座

220千伏网控楼的最终规模。托电自动化系统担负着向调度端的远传信息，全厂网络控制系统即500千伏升压站、220千伏变电站全部一次设备的监视和控制功能。500千伏升压站设备全部由后台遥控操作，机组侧主设备大部分电气信号的监视也进入NCS系统，机组全部投入AGC运行。托电自动化系统设计比较先进，功能比较完善，截至2006年，已形成由远动前置机、NCS服务器、后台、保护管理机、通信管理机、五防（指电力系统在倒闸操作中，防误入带电间隔、防误拉合开关、防带负荷拉合隔离开关、防带电挂地线即合地刀、防带地线合闸）专家站等30多台计算机构成的复杂庞大网络。网络采用南京中德公司的NSC200NT系统，采用分层、分布式结构，以光纤构成网间联络主架构，采用双网，主、副服务器方式以提高网络安全性。因为分别设置了500千伏站1号、2号网控楼和220千伏站网控楼共三座，各间隔层设备数据采集由各自网控楼测控装置完成。测控装置采用德国西门子公司6MD66、524装置完成，由各网控楼的远动前置机处理，各网控的远动前置机采用南京中德公司的LS67改进系统，采用双机、双网配置，分担了各前置机负担并提高了系统安全性。远传信息分别向华北网调和内蒙古中调传送，传输通道采用托源和托永两个方向的OPGW光纤复用通道传送。

第十二节　消　　防

托电公司具有完整的消防设施，包括消防水系统和消防自动报警与灭火设备。消防水系统由消防泵和遍布厂区的环形管网及934只消火栓组成。消防泵房有三套，一期普通消防及特殊消防共用综合水泵房的消防泵。二、三期的普通消防来自综合水泵房的普通消防泵，二、三期的特殊消防来自二期特殊消防水泵房。四期有单独的普通及特殊消防水泵。为了保持高区压力达到要求，在一期的52米及三期的46米，各建了一个升压泵。整个消防水系统符合国家有关消防标准的要求，能够满足应急时消防用水的要求。

消防系统与自动灭火系统见表2-2-10。

表2-2-10　　　　　　　　　消防系统与自动灭火系统

区域		安装调试单位	控制系统	报警系统	生产厂家	灭火系统	生产厂家
一期	主控楼	北京雅狮消防器材有限公司	自动或手动	感温探头感烟探头	日本松下公司	烟烙尽	北京雅狮消防器材有限公司
	汽机房			感温电缆		雨淋阀预作用阀	

续表

区域		安装调试单位	控制系统	报警系统	生产厂家	灭火系统	生产厂家
一期	变压器	北京雅狮消防器材有限公司	自动或手动	感温探头	日本松下公司	雨淋阀	北京雅狮消防器材有限公司
	锅炉房			感温电缆		雨淋阀	
	送引风机室			感温电缆		预作用	
	磨煤机			感温电缆		消防蒸汽	北京电建
	原煤斗			感温电缆		消防蒸汽	
	输煤系统			感温电缆		水幕雨淋阀	北京雅狮消防器材有限公司
	制氢站			氢气探测		水幕雨淋阀	
	网控楼			感温探头感烟探头		烟烙尽	
二期	主控楼			感温探头感烟探头	美国Modelfire公司	烟烙尽	北京首安消防安全工程公司
	汽机房			感温电缆		雨淋阀预作用阀	
	变压器			感温探头		雨淋阀	
	锅炉房			感温电缆		雨淋阀	
	送引风机室			感温电缆		雨淋阀	
	磨煤机			感温电缆		消防蒸汽	北京电建
	原煤斗			感温电缆		消防蒸汽	
三期	主控楼	北京首安消防安全工程公司		感温探头感烟探头	美国Modelfire公司	烟烙尽	北京雅狮消防器材有限公司
	汽机房			感温电缆		雨淋阀预作用阀	北京首安消防安全工程公司
	变压器			感温探头		雨淋阀	北京首安消防安全工程公司
	锅炉房			感温电缆感温探头		雨淋阀	
	送引风机室			感温电缆		预作用	
	磨煤机			感温电缆		消防蒸汽	
	原煤斗			感温电缆		消防蒸汽	
	输煤系统			感温电缆		水幕雨淋阀	
	网控楼			感温探头感烟探头		烟烙尽	北京雅狮消防器材有限公司

续表

区域		安装调试单位	控制系统	报警系统	生产厂家	灭火系统	生产厂家
四期	主控楼	河南天王	自动或手动	感温探头感烟探头	美国Modelfire公司	烟烙尽	北京雅狮消防器材有限公司
	汽机房			感温电缆		雨淋阀预作用阀	以色列波尔梅特
	变压器			感温探头		雨淋阀	
	锅炉房			感温电缆感温探头		雨淋阀	
	送引风机室			感温电缆		雨淋阀	
	磨煤机			感温电缆		雨淋阀	
	原煤斗			感温电缆		消防蒸汽	北京电建

第三章 运 行

　　托电公司生产运行工作设有较完备的生产指挥和自上而下的运行调度系统，编制和实施了运行管理制度及规程，确立了科学运行方式，并进行经常性的运行分析。机组运行操作任务主要由发电部来完成，确保每年都按计划或超额完成各项生产指标。

第一节 生 产 指 挥

　　托电公司实行总经理负责制，总经理对公司的运行生产工作负全面领导责任，是安全生产的第一责任人。生产副总经理分管全厂生产组织及管理工作，受总经理委托管理安全监察部，组织完成安全监察工作。总工程师分管全厂技术工作，协助生产副总经理完成安全生产组织及管理工作。发电部部长负责全公司的运行管理工作，各专业设高级主管、主管，现场运行指挥调度系统以值长为首。运行值采用值间制管理，负责管理全厂运行工作。

　　值长在调度关系上受华北网调指挥，在行政上受发电部领导，在生产上受副总工程师、总工程师、主管生产的副总经理领导，值班期间代表生产副总经

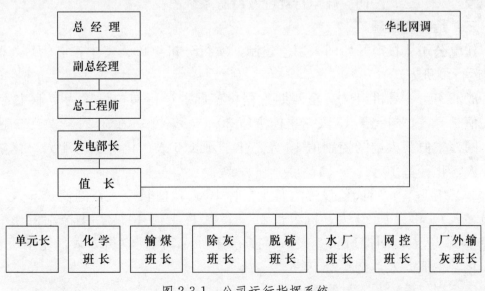

图 2-3-1　公司运行指挥系统

理对全厂生产系统行使调度权和指挥权。值长是全厂安全运行、经济调度、运行操作、事故处理的具体指挥者和领导人。各专业运行值班人员在运行工作上属值长直接领导。值长同时也是全值行政负责人，负责各单元集控化学的日常管理工作。公司行政领导不干预调度系统，公司各级领导发布的生产调度命令，要通过值长发布。

公司运行指挥系统见图 2-3-1。

第二节　运行管理制度及规程

一、运行管理制度

运行管理制度包括《发电部岗位规范》、《发电部工作标准》、《定期工作及设备倒换试验制度》、《动火工作票管理标准》、《防止电气误操作管理制度》、《化学监督制度》、《集控室管理制度》、《节能管理实施细则》、《经济责任制考核细则》、《两票管理制度》、《培训管理制度》、《缺陷管理制度》、《学习日活动管理制度》、《巡回检查制度》、《异常差错标准》、《运行监盘管理制度》、《运行分析制度》、《运行规程与制度管理标准》、《运行交接班制度》、《运行人员文明规范》、《发电部技术措施汇编》。

二、运行规程

运行规程包括启动锅炉运行规程，水厂运行规程，化学运行规程，集控辅机运行规程，集控主机运行规程，除灰运行规程，输煤运行规程，500 千伏运行规程，一、二、三期脱硫运行规程及所有系统图。

三、运行岗位制

托电公司从投产开始即采用值建制，实行分机组单元集中控制管理，5 值 3 倒运行倒班方式。

2003 年，1 号机组试运至四期工程投产前，运行岗位设置为专业主管 11 人，值长 5 人，单元长 15 人，集控主值 30 人，集控一副 30 人，集控二副 14 人，网控主值 5 人，网控副值 10 人，化学班长 6 人，化学主值 4 人，化学学员 4 人，化验室 10 人。

2006 年底，运行岗位设置为专业主管 16 人，值长 5 人，副值长 6 人（含备员 1 人），单元长 20 人，机组长 40 人，集控主值 40 人，集控副值 40 人，集控学员 20 人，网控班长 5 人，网控主值 4 人，网控学员 3 人，化学班长 6 人，化学主值 5 人，化验室 10 人。

运行岗位设置和人员配置见图 2-3-2。

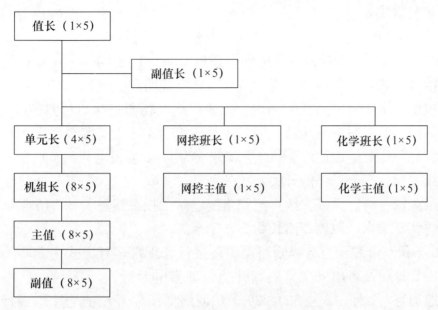

图 2-3-2　2006 年运行岗位设置和人员配置

注　表中（1×5）表示 5 个值，每值 1 人，共 5 人，其他以此类推。

第三节　生　产　指　标

托电公司从 2003 年一期 2 台机组投产发电，至 2006 年四期 2 台机组投产发电，4 年内共有 8 台 60 万千瓦机组相继投产发电。各项生产经营指标均按计划或超额完成。主要生产指标见表 2-3-1。

表 2-3-1　　　　　　　　　　2003～2006 年主要生产指标

指标 年度	发电量 （亿千瓦时）	厂用电率 （%）	供电煤耗 （克/千瓦时）	单位燃料成本 （元/兆瓦时）	等效可用系数 （%）
2003	35.93	5.41	349.24		97.59
2004	108.18	5.01	340.72	48.86	92.43
2005	163.43	5.04	344.28	70.96	90.83
2006	222.67	5.26	340.00	80.93	95.53

第四节　运　行　调　度

一、电气运行方式

托电公司生产运行以 500 千伏系统为主，辅以 220 千伏系统和厂用电系统，其运行方式如下。

（一）500千伏系统

500千伏系统直接接入华北电网，送电至京津唐电网。采用双母线一个半断路器接线方式，一至四期工程共有4条输电线路和2台联络变压器，进线共有8台机组。出线分别为托源一线、托源二线、托源三线、托源四线。500千伏升压站接有2台联络变压器，通过1号联变、2号联变接至厂用220千伏系统。500千伏系统有7个完整串，进线分别为1～8号发电机组。四回500千伏托源出线并列运行经过浑源开关站，分别经过源安一线、源安二线接至安定变电站，经源霸一线、源霸二线接至霸州变电站。托源线路长约210千米，源安线路长约270千米，源霸线路长约300千米。

500千伏双母线经过各串断路器闭环运行，正常运行方式为500千伏系统Ⅰ母线、Ⅱ母线及各串开关、隔离开关全部带电运行。1～8号主变中性点均直接接地运行，1号、2号500/220千伏联络变压器高压侧均接地运行。各进出线详细接线如下：

1号发电机—变压器组经500千伏第1串由5011开关和5012开关带，即接线于5011—2隔离开关和5012—1隔离开关之间；2号发电机—变压器组经500千伏第2串由5023开关和5022开关带，即接线于5022—2隔离开关和5023—1隔离开关之间；3号发电机—变压器组经500千伏第3串由5031开关和5032开关带，即接线于5031—2隔离开关和5032—1隔离开关之间；4号发电机—变压器组经500千伏第4串由5041开关和5042开关带，即接线于5041—2隔离开关和5042—1隔离开关之间；5号发电机—变压器组经500千伏第5串由5051开关和5052开关带，即接线于5051—2隔离开关和5052—1隔离开关之间；6号发电机—变压器组经500千伏第6串由5061开关和5062开关带，即接线于5061—2隔离开关和5062—1隔离开关之间；7号发电机—变压器组经500千伏第7串，由5071和5072开关带，即接线于5071—2隔离开关和5072—1隔离开关之间；8号发电机—变压器组经500千伏第7串，由5073开关和5072开关带，即接线于5073—1隔离开关和5072—2隔离开关之间。发电机与主变之间均为封闭母线，1、2、7、8号不设断路器和隔离开关，500千伏进线设有隔离开关，分别接于1、2、7、8号主变高压侧；3号、4号发电机出口设有断路器和隔离开关，500千伏进线直接接于3号、4号主变高压侧；5号、6号不设断路器和隔离开关，500千伏进线直接接于5号、6号主变高压侧。托源一线经500千伏第1串由5012开关和5013开关带，即接线于5012—2隔离开关和5013—1隔离开关之间；托源二线经500千伏第二串由5021开关和5022开关带，即接线于5021—2隔离开关和5022—1隔离开关之间；托源三线经 500 千伏第三串由 5032 开关和 5033 开关带，即接线于 5032—2 隔离开关和 5033—1 隔离开关之间；托源四线经 500 千伏第六串由 5062 开关和 5063 开关带，即接线于 5062—2 隔离开关和 5063—1 隔离开关之间。托源一线、二线出线均设有隔离开关，三线、四线线路不设隔离开关，线路侧经隔离开关接有 3×50 兆伏安（托源四线为 3×60 兆伏安）高压并联电抗器，线路开关均安装合闸电阻。

1 号联络变压器经 500 千伏第 4 串由 5042 开关和 5043 开关带，即接线于 5042—2 隔离开关和 5043—1 隔离开关之间，500 千伏出线设有隔离开关。

2 号联络变压器经 500 千伏第 5 串由 5052 开关和 5053 开关带，即接线于 5052—2 隔离开关和 5053—1 隔离开关之间，500 千伏出线设有隔离开关。

500 千伏升压站一次设备操作均为 NCS 监控系统操作，NCS 系统采用集中控制方式，采用完全互为备用的两个主控单元通过双重配置的星型光纤网与间隔层相连。NCS 系统具有数据采集和处理、系统监视和报警、控制和操作以及 GPS 时钟系统等功能。为有效防止误操作，专门设置 UT—2000Ⅳ型微机防误闭锁装置。

（二）220 千伏系统

220 千伏系统电气一次设备采用双母线接线方式，采用半高型布置，系统进线和出线均为电缆线路，并留有扩建余地。电源均取自 500 千伏升压站，由 2 台 500/220 千伏联络变压器供电。正常运行方式时，五母线上接有 1 号联络变压器、三期启备变。四母线上接有 2 号联络变压器、二、四期启备变（规划中还有一期启备变电源）。1 号、2 号 500/220 千伏联络变压器中性点直接接地，220 千伏避雷器、电压互感器等随所属一次设备同时投入运行，双母线经母联断路器闭环运行。

220 千伏系统的监控与 500 千伏监控系统相同。220 千伏站具有单独的直流系统和交流站用电 MCC，提供保护装置、电动操作以及站用其他电源。

（三）厂用电系统

机组正常运行时，厂用电系统电源由高厂变供电，在机组启动、停机和高厂变检修时，由 220 千伏系统经高压厂用备用变压器（高备变）供厂用电源。一期启备变由蒙西网经燕山营变电站 220 千伏供电，二至四期启备变由厂内 220 千伏供电。

主要有 35 千伏、10 千伏、6 千伏、380/220 伏和直流 220 伏、直流 110 伏等系统。一期 6 千伏系统设有四段母线，二、三、四期 6 千伏系统分别设有两段母线。一期每台机组装设一台柴油发电机，作为厂用 380 伏系统的保安电源；二、三、四期保安电源取自厂内 10 千伏供电系统。

输煤、除灰、化学、脱硫用电均取自 6 千伏厂用电源，水厂用电取自 1号、2 号机 6 千伏母线，经 2 台水源地升压变、35 千伏一、二回线、水厂 1号、2 号主变供电。

二、汽机运行方式

1～4 号机组为湿冷机组，5～8 号机组为直接空冷机组，正常运行时全部回热系统投入，轴封系统为自密封。每台机组配置 2 台 50%容量的汽动给水泵及一台 30%容量的电动给水泵。正常运行时，2 台汽动给水泵运行，电动给水泵备用。给水泵汽轮机正常由四抽供汽，冷段为备用汽源，辅汽为机组启动汽源。工业水取自循环水泵出口，主要供汽机房和锅炉房各工业水用户。1～4 号机组夏季运行时，每台机组运行 2 台循环水泵，冬季运行时，每台机组运行 1 台循环水泵。5～8 号机组每 2 台机组设置一个 2500 平方米逆流式自然通风冷却塔，配置 3 台辅机循环水泵，提供辅机冷却水及汽动给水泵循环水，其中每台机组运行 1 台辅机循环水泵，另外 1 台为 2 台机组共用的备用泵。5～8 号机组每台机组配置 56 台变频空冷风机，环境温度高于 2℃时，投入全部 56 台空冷风机运行，环境温度低于 2℃时，空冷机组进入冬季运行期，根据当时环境温度停运部分空冷风机，并确定机组的最低允许负荷及真空，防止空冷凝汽器在蒸汽流量低的情况下冻结。

三、锅炉运行方式

一期安装 2 台四角切圆强制循环锅炉，二、三、四期分别安装 2 台前后墙对冲自然循环锅炉。每台锅炉配置 6 台正压直吹制粉系统，满负荷运行时 5 台运行 1 台备用。正常运行中，锅炉总煤量及总风量受 CCS 指令控制，各台磨煤机均在"自动"方式运行，各台磨煤机煤量基本平衡，也可根据运行方式需要进行偏值修正。送风量及炉膛负压投入"自动"方式，总风量控制根据"负荷与风量曲线"自动进行调整，氧量控制投入自动方式作为修正。锅炉启停、增减负荷、煤种变化、投停制粉系统以及制粉系统故障时，需加强对锅炉运行工况的监视和调整。

四、运行分析

运行分析是一种重要运行管理活动。它通过对设备状态、操作监视、异常现象和运行经济指标完成情况进行专题或综合分析，及时发现和找出生产运行方面存在的问题及薄弱环节，有针对性地提出改进运行工作的措施和对策。

运行人员每班进行运行表单的分析，指导运行操作和调整。运行分析的重点内容是：设备的主要运行参数和运行方式的安全性、可靠性、经济性、合理性，安全性评价结果在生产运行中的反映，生产运行的技术监控和经济指标，生产运行的可靠性指标，重大和频发性的设备缺陷，生产运行中的异常情况及技术监控情况，"两票三制"、值班纪律及文明生产的执行情况，运行操作、调整及运行规程执行情况，设备检修质量、试验状况及设备的健康水平，热工、继电保护及自动装置的动作情况，仪表的指示情况。

运行分析包括：岗位分析，专业分析，专题分析，事故、障碍、异常、差错运行分析，运行综合分析。

（一）岗位分析

要求运行值班人员在值班时间内对仪表指示、设备参数变化、报警及超限、设备异常和缺陷、操作异常以及各种危险点、危险源等情况进行分析。并将分析和处理情况记录在岗位分析专用记录簿内，由班长、单元长、值长逐级审核。

（二）专业分析

由运行专责技术人员负责，每月将运行记录整理加工后，对运行方式及影响机组安全、可靠、经济、环保等各种因素进行系统的分析。通过分析，及时了解和掌握机组运行的发展变化趋势，提出改进措施。

（三）专题分析

由总工程师负责组织，各专业运行负责人及相关技术人员参加，在总结经验的基础上，进行某些专题分析。如设备小修或技术改进前后运行状况的分析，技术经济指标完成情况的分析和其他专业性试验分析等。

（四）事故、障碍、异常、差错运行分析

根据其性质和涉及范围，由总工程师负责组织，安监部负责人、发电部负责人、值长、单元长、班长以及其他相关人员参加，在事故、障碍、异常、差错情况发生后，及时对其经过、原因及责任进行分析，并提出防范对策。

（五）运行综合分析

由总工程师负责，每年、季、月定期进行分析。安监部、发电部和其他有关部门人员参加，重点分析安全性、可靠性、经济性指标的完成情况及存在问题，提出分析报告，并用以指导此后的运行工作。

通过分析，公司在节能降耗方面采取了如下技术措施：

（1）一、二期循环水系统在夏季采用"两机三泵"运行方式。

（2）为了提高机组真空，分别对一、二期机组凝汽器高背压侧抽真空手动门做了节流限制。

（3）合理启停辅助设备，最大限度地节约厂用电、节约点火及助燃用油。

（4）机组启动时锅炉单侧风机运行以降低厂用电。

（5）7号、8号炉实现了无油点火，大幅度降低了燃油消耗量。

（6）合理调整空冷机组空冷风机转速与真空匹配关系，达到最佳运行方式。

（7）对全厂照明系统进行优化整改，节约照明用电。

（8）对厂内采暖系统疏水回收至凝结水系统，降低除盐水补水率。

（9）汽轮机通过试验采用深度滑压运行，提高了机组效率。

（10）规范疏、放水阀门操作，建立阀门管理台账并责任到人，消除阀门内漏，减少热损失。

第四章 设备管理与检修

托电公司从开工以来，始终坚持基建和生产并行，在抓基建的同时，着力落实设备的维护管理，按照新厂新制管理办法，实行符合托电实际情况的点检定修制。在实践中，从管理人员、技术人员到操作人员齐心协力，积极探索，制定了设备检修与管理标准，进行计划检修，开展技术监督、技术改造、可靠性管理和缺陷管理，努力提高设备健康水平，为机组的安全稳定运行奠定了扎实的基础。

第一节 检修体制的确立

一、检修体制的确立

托电公司针对以往电力行业传统检修制度存在的弊端，充分吸取兄弟企业检修体制积累的丰富经验，与状态检修实际相结合，按照新厂新制的原则，探索新的设备管理检修体制。于 2001 年 11 月进行检修体制的建立，确定实行点检定修制的设备管理体制，这是公司实现大机组、多机组高水平设备管理的有效途径。

托电公司的设备检修工作实行总经理负责制，由分管设备的副总经理和总工程师具体领导。设备部作为设备、技术管理、点检定修的责任部门和全厂设备管理归口的管理部门，对全厂生产设备的健康水平负责。检修作业由外委企业来实施。

（一）规范化管理

搞好发电厂的检修管理工作是保证发电设备安全、经济运行的重要措施之一，也是设备全过程管理中的重要环节。因此，托电公司结合本公司点检定修制的管理体制，于 2004 年 5 月编制了《大、小修管理标准》、《检修质量管理标准》、《检修计划管理标准》、《检修工程管理标准》、《检修费用管理标准》、《检修重大特殊项目管理标准》、《大、小修册管理标准》、《点检定修管理标准》、《维修管理标准》、《设备缺陷管理标准》等，标准的颁布与实施，使托电公司的检修管理工作步入了规范化管理阶段。

（二）岗位设置与职责

设备部设有部长、副部长及各专业高级主管、班长岗位，同时根据机组设备特点将设备部划分为一个部务和 6 个专业，分别为锅炉、汽机、电气一次、继电保护（含远动、通信）、热工（下设三个班组）、综合点检（含环境保护）。每个专业设高级主管 1 名，主要职责是负责专业管理、技术监控（兼职）、精密点检工作。除热工、继电保护专业以外，其他专业都实行点检定修制。不实行点检制的专业也把点检定修的理念贯穿到设备管理过程中，所有点检专业均实行点检基础上的定修制。机、电、炉每个专业每台机组有两名点检员，互为 A、B 角。综合点检负责金属监督、土建暖通、除灰渣。部务负责可靠性指标、技术监控、费用和缺陷管理。

（三）检修模式

1. 日常维护

日常维护是指运行巡检、专业点检发现的缺陷、定修项目、给油脂工作、无渗漏任务、文明卫生工作，均在设备资产管理系统通过点检员以工单的形式下达给各项目部，各项目部完成任务后，经三方确认工作终结。未实行点检的专业对于平时的日常维护工作由各专业人员自己负责。

2. 定修

定修是指在推行设备点检管理的基础上，根据预防检修的原则和设备点检结果确定检修内容、检修周期和工期，并严格按计划实施设备检修的一种检修管理方法。其目的是合理延长设备检修周期，缩短检修工期，降低检修成本，提高检修质量，并使日常检修和定期检修负荷达到更加优化的状态。定修方式为：

（1）A 类设备以年度计划检修为主，时间安排服从电网计划部门要求，其内容根据点检结果和状态评估来决定。

（2）B 类设备实行状态检修，根据点检结果和状态评估来决定，是定修的重点。

（3）C 类设备实行事后维修。

（4）节日检修是上述三种定修方式的重要补充。

（5）设备给油脂是定修工作的重要组成部分，按年度、月度给油脂计划执行。

（6）不论何种定修方式，均制定检修计划，并严格按照"五定"的原则（定技术措施、定组织措施、定检修方案、定责任人、定费用）做好准备。检修工作结束后要及时对检修计划执行情况进行分析，不断提高检修计划的编制水平。

（7）因条件限制不能按规定时间处理的设备缺陷，自动转入定修流程。

3. 节日检修和临修

托电公司对已经发生的或突发事件，需要在机组停运时处理的缺陷、定修项目和技术监控、两措、安评整改措施、技术改造等项目，按照"五定"的原则做好准备。在机组停运前根据停运时间编制检修计划，确定每个项目的专责人并积极协调各方力量保证顺利实施。

二、外委承包

托电公司不设常规的检修队伍，所有的检修作业都是通过外委队伍施工完成，并对全厂生产设备的检修管理和检修质量负责。主机（汽机、电气一次、锅炉、化学）设备日常维护分工如下：1～4号机组，由天津蓝巢电力检修有限公司项目部承担；5～8号机组，由大唐长山热电厂有限公司承担。一、二期输煤、除灰系统设备的日常维护工作，由下花园电厂托电项目部承担。三、四期输煤、除灰系统设备的日常维护工作，由大唐恒山发电厂托电项目部承担。电气二次、热工设备由设备所属检修班组负责维修。为了对外委队伍进行有效的管理，保证其施工的安全、进度和质量，实施了有效的管理措施。

（1）根据检修维护的性质不同，设备部领导进行了分工，有专门的部门领导负责临修、日常维护或大小修管理，做到了专人专责。

（2）通过公开招标、竞标，选择有相当技术力量、质量保证体系和设备等资质的外委承包单位，并制定了一系列切实可行的外委作业施工管理办法，进行严格要求。

（3）在检修中引入监理制度，一事一议，通过监理的工作协助点检员进行把关，保证施工质量。

（4）对维护项目部和维护队伍，严格按照维护技术合同及相关的技术标准进行考核。同时要求维护人员在检修中对外委施工队伍进行监督，一方面是监督，另一方面是学习，提高维护技术人员的水平。

（5）加强了点检员的管理，重要的作业要求点检员到位，重要的质量控制点由点检员把关，以保证检修质量。

（6）加强外委队伍的安全管理，在外委队伍签订合同以前，就对其资质、人员状况进行严格的审核，不符合要求的不能进入托电。在开工前进行安全教育、考试、签订安全保证书，在施工过程中加大安全检查的力度，成立专门的安全检查小组，对存在的安全隐患及时纠正。

（7）在外委队伍的施工进度方面，严格执行工期的计划管理，按照网络图所排定的进度进行。

通过以上检修体制的确立和对外委承包单位的严格把关，以及一系列措施的制定实施，公司设备消缺率始终保持在99.8%以上，保证了设备健康水平的平稳提高，机组实现了安全、稳定、经济运行。

第二节 计 划 检 修

托电公司的检修计划按内容分有工期计划、项目计划和费用计划；按时间分有三年滚动检修计划，年度、季度、月度和周检修计划，以及节日检修计划；按检修规模分有机组大、中、小修计划和维修、临修计划。

机组大修理间隔，根据电力行业标准《发电企业设备检修导则》和设备完善状况，确定为 6 年（截至 2006 年还未进行过机组大修），期间安排一次中修、4 次小修或 D 级维修。检修工期一般为 A 级大修 60～70 天，B 级中修 35～45 天，C 级小修 25～30 天，D 级维修 10 天，附属设备和辅助设备则根据状态检测的评估和制造厂要求予以确定。检修计划中的项目、工期、费用计划均由设备部编制，其中，项目计划作为计划部门测算年度、月度发电量计划的主要依据；工期和费用计划，列入年度计划上报，列入月度计划任务书下达。此后还逐步形成了检修计划月度例会、周例会制度，以规范检修计划实施的检查、协调和考核。

公司不配备机组大小修人员，凡机组大小修均需通过项目发包形式，委托给具有相应检修资质的电力检修单位或专业检修队伍。在机组检修期间，成立由总经理、党委书记、主管生产的副总经理、总工程师等组成的检修指挥部，形成包括施工单位在内的检修现场管理网络，定期召开协调会议，保证机组大小修的正常进行。

一、2004 年完成 1 号、2 号机组 C 级检修

2004 年 6 月 1～22 日和 9 月 21 日～10 月 10 日，分别完成了 1 号、2 号机组第一次 C 级检修工程，较批准工期分别提前 3 天和 5 天，圆满完成计划检修任务，且首次尝试利用状态诊断技术指导检修工作。其中 1 号机完成标准项目 729 项、非标项目 54 项、技改项目 112 项，发现处理了 35 项较大缺陷。2 号机完成标准项目 790 项、非标项目 41 项、技改项目 88 项，发现处理了 27 项较大缺陷。

二、1 号机组第二次 C 级检修

2005 年 4 月 1～24 日，完成 1 号机组 C 级检修，期限较计划提前 1 天。此次检修完成标准项目 1186 项，特殊项目 33 项，非标准项目 53 项、技改项目 33 项，发现处理了 166 项较大缺陷。

（一）施工组织与安全

检修队伍是采取招投标方式选择的。分三个标段，机岛部分由长山电力检

修公司承担；锅岛部分由清河电力检修公司承担；除灰渣部分由清河电力检修公司承担。所有检修项目的质量监督工作中的二级验收均由安徽田家庵电厂监理承担。检修过程中严格执行作业指导书，安全情况良好，人员无轻伤及以上不安全事故发生，设备无由于检修行为不当造成损坏事故发生。

（二）检修文件包及工序卡的应用

（1）汽机专业：共编制检修作业指导书24份，检修质量验收卡84份，质量监督计划表117份，全部按要求实施。

（2）锅炉专业：编制作业指导书60个，全部按要求实施，合格率达100%。

（3）电气专业：共编制检修作业指导书3份，检修质量验收卡149份，质量监督计划表149份，全部按要求实施，合格率100%。

（4）继电保护专业：共编制检修作业指导书70份，全部按要求实施。合格率100%。

（5）热控专业：共编制检修作业指导书49份，质量监督计划表49份，全部按要求实施，合格率100%。

检修项目完成情况见表2-4-1。

表2-4-1　　　　　检 修 项 目 完 成 情 况　　　　　单位：项

项目 ＼ 专业	汽机专业		锅炉专业		电气一次		电气二次		热控专业		总　计	
	计划	实际	计划	实际	计划	实际	计划	实际	计划	实际	计划	实际
标准项目	250	258	342	342	133	114	412	421	51	51	1188	1186
特殊项目	5	5	28	28	0	0			0	0	33	33
非标项目	27	37	0	0	0	0			11	16	38	53
技改项目	6	3	4	6	1	1	18	18	5	5	34	33
合　　计	288	303	374	376	17	17	439	439	67	72	1185	1207
完成率（%）	100	105	100	101	100	87.4	100	102	100	107	100	102
增加项目	—	23	0	3	0	2	0	9	0	5	0	42
减少项目		8	0	3	0	10	0	0	0	0	0	21

三、3号机组C级检修

2005年5月12日～6月7日，进行3号机组C级检修。此次检修完成标准项目1106项，非标项目130项，技改项目151项，发现处理了259项较大缺陷。期间汽机侧自投产以来首次将凝结水泵、真空泵等主要辅机解体大修。

检修项目完成情况见表2-4-2。

表 2-4-2　　　　　　　　检 修 项 目 完 成 情 况　　　　　　单位：项

专业 项目	汽机专业		锅炉专业		电气一次		电气二次		热控专业		总 计	
	计划	实际	计划	实际	计划	实际	计划	实际	计划	实际	计划	实际
标准项目	266	266	38	38	743	738	8	8	55	56	1110	1106
特殊项目	23	58	37	40	0	0	0	0	5	32	65	130
技改项目	117	113	9	12	9	9	3	3	14	14	152	151
合 计	406	437	84	90	752	747	11	11	74	104	1327	1389
完成率（%）	100	107	100	100	100	98	100	100	100	140	100	109
增加项目	0	36	0	6	0	9	0	0	0	28	0	79
减少项目	0	5	0	0	0	5	0	0	0	0	0	10

（一）施工组织与安全

本次 3 号机组小修是该机组于 2004 年 7 月 14 日投产后的第一次小修，检修队伍是采取招投标方式选择的。分三个标段：机岛部分由长山电力检修公司承担；锅岛部分和除灰增容改造部分由清河电力检修公司承担，除灰、除渣系统标准检修项目由蓝巢检修公司承担。所有检修项目的质量监督工作中的二级验收均由安徽田家庵电厂监理公司承担。检修过程中严格执行作业指导书，安全情况良好，人员无轻伤及以上不安全事故发生，设备无由于检修行为不当造成损坏事故发生。

（二）检修文件包及工序卡的应用

（1）热控专业：共编制检修作业指导书 60 份，质量监督计划表 60 份，合格率 100%。

（2）汽机专业：共编制检修作业指导书 52 份，质量监督计划表 52 份，合格率 100%。

（3）锅炉专业（包括除灰、除渣）：共编制检修作业指导书 89 个，质量监督计划表 80 份，合格率 100%。

（4）电气专业：共编制检修作业指导书 20 份，检修质量验收卡 433 份，质量监督计划表 433 份，全部按要求实施，合格率 100%。

（5）继保专业：各检修文件包及工序卡能够正确使用，各环节没有发生越级现象。

四、4 号机组 C 级检修

2005 年 8 月 18 日～9 月 22 日，完成 4 号机组 C 级检修。检修期间，发电机检修时发现定子冷水含氢量超标，定子绕组端部查漏时发现转子端部绝缘件松动，所以检修工期延长至 36 天。发现并处理了 210 项较大缺陷。

检修项目完成情况见表 2-4-3。

表 2-4-3　　　　　　　　检 修 项 目 完 成 情 况　　　　　　　单位：项

项　目\专　业	汽机专业		锅炉专业		电气一次		电气二次		热控专业	
	计划	实际	计划	实际	计划	实际	计划	实际	计划	实际
标准项目	281	285	230	230	1407	1415	175	175	59	59
特殊项目	75	104	14	14	5	5	1	1	13	32
技改项目	53	72	5	5	14	14	8	8	15	21
合　计	409	461	249	249	1426	1434	184	184	87	112
完成率（%）	—	113	—	100	—	100.5	—	100	—	129
增加项目	—	52	—	19	—	8	—	2	—	25
减少项目	—	0	—		—		—		—	0

（一）施工组织与安全

4 号机组小修是该机组投产后的第一次小修，本次小修电气专业对发电机进行抽转子检修工作。检修队伍是采取招投标方式选择的，分四个标段，机岛部分由长山电力检修公司承担；锅岛部分由清河电力检修公司承担；除灰增容改造部分由唐山冀东电力检修公司承担；除灰、除渣系统标准检修项目由蓝巢检修公司承担，所有检修项目的质量监督工作中的二级验收均由安徽田家庵电厂监理公司承担。检修过程中施工组织有序，基本能按计划进行。总体安全情况良好，人员无不安全事故发生，设备无由于检修行为不当造成损坏事故发生。

（二）检修文件包及工序卡的应用

（1）热控专业：共编制检修作业指导书 81 份，质量监督计划表 81 份，全部按要求实施，合格率 100%。

（2）汽机专业：各检修文件包及工序卡能够正确使用，各环节没有发生越级现象。

（3）锅炉专业（包括除灰、除渣）：锅炉专业（本体），执行作业指导书 77 个，检修质量作业卡 56 份，质量监督计划表 8 份，全部按要求实施，合格率 100%。锅炉专业（辅机），执行作业指导书 42 个，检修质量验收卡 25 份，质量监督计划表 18 份，全部按要求实施。合格率 100%。

（4）电气专业：共编制检修作业指导书 3 类，即变电设备作业包、厂用设备作业包、转机设备作业包。所有的检修工作严格按照检修作业包进行，合格率 100%。

（5）继保专业：共编制检修作业指导书 46 份，全部按要求实施，合格率 100%。

五、2 号机组第二次 C 级检修

2005 年 10 月 21 日～11 月 12 日，进行 2 号机组 C 级检修，较计划工期提前 2 天完成。

检修项目完成情况见表 2-4-4。

表 2-4-4　　　　　　　　　　检修项目完成情况　　　　　　　　单位：项

专业　项目	汽机专业		锅炉专业		电气一次		电气二次		热控专业	
	计划	实际	计划	实际	计划	实际	计划	实际	计划	实际
标准项目	265	245	177	207	158	158	151	151	66	66
特殊项目	14	14	12	12	0	0	1	1	28	49
非标项目	47	79			11	12	3	6	12	20
合　计	326	338	189	219	169	170	155	158	106	135
完成率（%）	100	103		116	100	101	100	102	100	127
增加项目		32				1		3		29
减少项目		20				0		0		0

（一）施工组织与安全

检修队伍是采取招投标方式选择的，热工部分检修分 3 个标段，机炉岛部分由清河电力检修公司承担；除灰增容改造部分由张电兴唐电力检修公司负责；除灰、除渣系统标准检修项目由蓝巢检修公司承担。所有检修项目的质量监督工作中的二级验收均由安徽平圩电厂监理公司承担。检修过程中严格执行作业指导书，安全情况良好，人员无轻伤及以上不安全事故发生，设备无由于检修行为不当造成损坏。

（二）检修文件包及工序卡的应用

（1）热控专业：共编制检修作业指导书 92 份，质量监督计划表 92 份，全部按要求实施。

（2）继电保护专业：共编制检修作业指导书 56 份，全部按要求实施，合格率 100%。

（3）汽机本体专业：共编制检修作业指导书 8 份，检修质量验收卡 21 份，质量监督计划表 43 份，全部按要求实施。

（4）汽机调油专业：共编制检修作业指导书 3 份，检修质量验收卡 27 份，质量监督计划表 30 份，全部按要求实施。检修过程中质量控制组共下发"不符合项处置单" 14 份，针对具体的不符合项内容全部采取了有效措施进行处理，运行结果显示措施得当。

（5）汽机辅机专业：共编制检修作业指导书 13 份，检修质量验收卡 36

份，质量监督计划表 44 份，全部按要求实施。检修过程中质量控制组共下发
"不符合项处置单" 20 份，针对具体的不符合项内容全部采取了有效措施进行
处理，运行结果显示措施得当。

（6）锅炉专业：执行作业指导书 28 个，全部按要求实施，合格率 100%。

（7）电气专业：共执行检修文件包 105 份，完工后全部正常关闭，检修文
件包内容充实，符合检修设备的实际情况，但对于一些进口电机，此次所列项
目均为解体检修，就健康状况而言，可以不进行检修，通过一些预防性试验确
定没有问题后即可。

六、3 号机组第二次 C 级检修

2006 年 4 月 6 日～5 月 16 日，进行 3 号机组 C 级检修。完成标准项目
1173 项、非标准项目 149 项、技改项目 52 项，发现处理了 275 项较大缺陷。
机组检修时发现部分炉内管存在安全隐患，加上同时开工的项目较多，工期由
25 天延长至 41 天。

检修项目完成情况见表 2-4-5。

表 2-4-5　　　　　　　　检 修 项 目 完 成 情 况　　　　　　　单位：项

专　业 项　目	汽机专业		锅炉专业		电气专业		金属专业		热控专业		总　计	
	计划	实际	计划	实际	计划	实际	计划	实际	计划	实际	计划	实际
标准项目	311	354	181	181	380	380	201	201	57	57	1130	1173
非标项目	18	36	7	7	0	0	106	106	0	0	131	149
技改项目	8	5	1	1	5	5			41	41	55	52
合　计	337	395	189	189	385	385	307	307	98	98	1316	1374
完成率（%）	—	117	—	100	—	100	100	100	100	100	—	104
增加项目	—	58		14	15	15			0	16	15	103
减少项目	—	14		5	0	0			0	0	0	19

（一）施工组织与安全

检修队伍是采取招投标方式选择的。分三个标段，机岛部分由清河电力检
修公司承担；锅岛部分由中电投华北电力公司承担；除灰渣部分由下花园电力
检修公司承担。所有检修项目的质量监督工作中的二级验收均由淮南中发监理
承担。检修过程中严格执行作业指导书，安全情况良好，人员无轻伤及以上不
安全事故发生。

（二）检修文件包及工序卡的应用

（1）热控专业：共编制检修作业指导书 79 份，质量监督计划表 1571 份，
全部按要求实施。

（2）锅炉专业（包括除灰、除渣）：共执行作业指导书 67 个，检修质量作业卡 1 份，质量监督计划表 99 份，全部按要求实施，合格率达 100％。验证 W 点 525 个、H 点 391 个。执行标准项目 181 个、非标准项目 7 个、增加项目 14 个。在整个小修过程中，坚持做到严格把守验证每道工序，及时帮助协调解决检修过程中遇到的难题。监理工程师除与点检人员共同履行业主职责以外，还以监理的惯性思维，观察出一些检修过程中的错误或不规范的做法，并提出了整改意见，经过甲乙双方共同努力，计划检修的项目全部完成，质检点验收合格。

（3）电气专业：共执行文件包 357 份，W 点 1667 点、H 点 573 点，文件包全部合格关闭。工序卡执行良好，全部验收通过，并且在小修中严格执行五方验收卡，每台设备检修后必须通过五方验收后才算该项目关闭。

（4）继保专业：共编制检修作业指导书 24 份，全部按要求实施，合格率 100％。

七、6 号机组 C 级检修

2006 年 8 月 19 日～9 月 16 日，进行 6 号机组 C 级检修。此次检修完成标准项目 914 项、非标准项目 21 项、技改项目 105 项，发现处理了 159 项较大缺陷。并对发电机进行了大修，完成了发电机氢置换、发电机抽装转子、转子槽楔和通风孔检查和试验、发电机定转子空气间隙测量、发电机定子冷却水系统正反冲洗等一系列工作。这次发电机检修整体良好，完成预定检修项目，消除许多运行中难以消除的缺陷，发电机整体风压一次成功。

小修指挥部在小修期间每天主持召开计划平衡会和调度平衡会，并收到了很好的协调效果。小修指挥部建立了奖惩机制，奖励与考核分明，鼓励大家发现缺陷，同时也对质量进度各项工作严格把关，发现了许多设备重大隐患，其中发现缺陷 246 条，共奖励现金 95730 元。发出嘉奖、考核通报 9 项。

检修项目完成情况见表 2-4-6。

表 2-4-6　　　　　检 修 项 目 完 成 情 况　　　　　单位：项

专业 项目	汽机专业		锅炉专业		电气一次		电气二次		热控专业		总　计	
	计划	实际	计划	实际	计划	实际	计划	实际	计划	实际	计划	实际
标准项目	187	198	203	203	428	396	57	58	55	59	930	914
特殊项目	0	0	11	9	5	2	0	0	0	0	16	11
非标项目	13	10	0	0	0	0	0	0	0	0	13	10
技改项目	43	68	2	2	1	1	0	0	26	34	72	105
合　计	243	276	216	214	422	393	57	58	81	93	1019	1034

专　业　　项　目	汽机专业		锅炉专业		电气一次		电气二次		热控专业		总　计	
	计划	实际	计划	实际	计划	实际	计划	实际	计划	实际	计划	实际
完成率（％）	100	113.5	100	99	100	93.1	100	101.8	100	114.8	100	101.5
增加项目	—	25	—		—	2	—	11	—	1	—	22	2	59
减少项目	—	1	—		—		—	41	—		—	10	0	52

（一）施工组织与安全

6 号机组小修是该机组于 2005 年 11 月 22 日投产后的第一次小修，也是托电公司空冷机组中的第一次小修。检修队伍是采取招投标方式选择的，整个机组机岛部分全部由冀东电力检修公司负责。所有检修项目的质量监督工作中的二级验收均由安徽田家庵电厂监理承担。检修过程中严格执行作业指导书，安全情况良好，人员无轻伤及以上不安全事故发生，设备无由于检修行为不当造成损坏事故。

（二）检修文件包及工序卡的应用

（1）汽机专业：共编制检修作业指导书 70 份，质量监督计划表 136 份，除不具备检修和测量条件的以外，全部按要求实施，并进行三级验收。检修过程中质量控制组共下发"不符合项处置单"9 份，针对具体的不符合项内容全部采取了有效措施进行处理，运行结果显示措施得当。

（2）锅炉专业：本体，执行作业指导书 43 个，合格率 100％。转机，执行作业指导书 28 个，合格率 98.2％。除灰，执行作业指导书 8 个，合格率 99％。

（3）电气专业：共编制检修作业指导书 3 类，检修质量验收卡 265 份，质量监督计划表 265 份，全部按要求实施，合格率 100％。

（4）继电保护专业：共编制检修作业指导书 58 份，全部按要求实施，合格率 100％。

（5）热控专业：共编制检修作业指导书 99 份，质量监督计划表 1466 份，全部按要求实施。

八、1 号机组第三次 C 级检修

2006 年 10 月 17 日～11 月 3 日，进行 1 号机组 C 级检修，完成时间较计划工期提前 7 天。完成标准项目 937 项、特殊项目 145 项、技改项目 76 项，发现处理了 158 项较大缺陷，完成设备重大技术改造 56 项。

检修项目完成情况见表 2-4-7。

表 2-4-7 检 修 项 目 完 成 情 况 单位：项

项 目 \ 专 业	汽机专业		锅炉专业		电气一次		电气二次		热控专业		总 计	
	计划	实际	计划	实际	计划	实际	计划	实际	计划	实际	计划	实际
标准项目	270	270	30	30	162	162	421	421	54	54	937	937
特殊项目	100	103	15	15	4	7	0	0	15	20	134	145
非标项目	11	11	5	5	0	0	0	0	0	0	16	16
技改项目	9	13	2	2	1	1	18	18	34	42	64	76
合 计	379	386	47	47	167	170	439	439	103	116	1135	1158
完成率（%）	100	103	100	100	100	101.7	100	100	100	112	100	102
增加项目	0	7	0	3	1	1	3	3	0	13	4	27
减少项目	0	0	0	0	0	0	16	16	0	0	16	16

本次小修在上次 6 号机组小修的基础上，各参修单位之间形成有效的配合，互相协作，发现了许多设备重大隐患，其中发现缺陷 226 条，共奖励现金 7 万元，发出嘉奖、考核通报 11 项。

（一）施工组织与安全

检修队伍是采取招投标方式选择的。分两个标段，机、锅岛部分由清河电力检修公司承担，除灰渣部分由下花园发电厂承担。所有检修项目的质量监督工作中的三级验收均由唐山冀东电力（陡河电厂检修）监理承担。检修过程中严格执行作业指导书，安全情况良好，人员无轻伤及以上不安全事故发生，设备无由于检修行为不当造成损坏事故。

（二）检修文件包及工序卡的应用

（1）汽机专业：共编制检修作业指导书 41 份，检修质量验收卡 208 份，除不具备检修和测量条件的外，全部按要求实施，并进行三级验收。

（2）锅炉专业：检修标准项目 30 项，非标准项目 152 项，编制质量监督计划表 125 份，设置质检点共计 1127 点，其中 W 点 528 点，H 点 599 点。检修过程中，各检修文件包及工序卡能够正确使用，各环节没有发生越级现象。对全部检修项目的安全、质量、进度和文明生产工作进行了全方位的监督，努力协调各相关方的关系，在各相关方的大力支持和积极配合下，使检修按计划顺利完成。

（3）电气专业：共执行文件包 162 份，W 点 485 点、H 点 351 点，文件包全部合格关闭。工序卡执行良好，全部验收通过。并且在小修中严格执行五方验收卡，每台设备检修后必须通过五方验收后才算该项目关闭。

（4）继电保护专业：共编制检修作业指导书 51 份，全部按要求实施，合格率 100%。

（5）热控专业：共编制检修作业指导书 104 份，质量监督计划表 104 份，全部按要求实施。

第三节　点　检　定　修

一、点检定修制

点检定修制是在设备运行阶段以点检为核心对设备实行全员、全过程的管理模式，其特点是管理层次下移，点检员是设备的主要管理者，对设备实行"以作业长为中心，以计划值为目标，以设备点检定修制为重点，以标准化作业为准绳，以自主管理为基础"的管理模式，全员参与设备管理。点检员既负责设备点检，又负责设备全过程管理，点检、运行、检修三方之间，点检处于核心地位。点检定修制的推行，有效地防止了设备"过维修"、"欠维修"，能有效地提高设备可靠性，降低故障发生率，减少设备维护检修费用。

设备点检是按照"五定"（定点、定法、定标、定期、定人）的方法，对设备实施全面的管理，其实质是按照预先设定的部位（包括结构、零部件、仪器仪表），对设备进行检查、测定，了解和掌握设备劣化的程度及发展趋势，提出防范措施并及时加以处理，确保设备性能稳定，延长零部件寿命，达到以最经济的维修费用来完成设备维修的目的。

设备定修是指在推行设备点检管理的基础上，根据预防检修的原则和设备的实际状况确定检修内容、周期和工期，并严格按计划实施设备检修的一种检修管理方式。其目的是合理延长设备检修周期，缩短检修期限，降低检修成本，提高检修质量，并使日常检修和定期检修负荷达到最均衡状态。

定修工作按项目下达任务单，其内容包括检修工艺步骤、质量标准、质量监督控制点、安全措施、工时定额、材料和备品配件的消耗，以及主要大型工器具的使用等。已建立检修文件包的项目，在工作任务单中可不重复下达有关内容，但需在有关栏目内注明。对于定修项目的安全措施和质量标准，点检员除在工作任务单上标明外，还需对上述内容在实际工作过程中组织有关人员确认。此外，定修工作中对跨工序、跨部门的作业执行"工序服从"的原则，以及时协调专业之间需相互配合的工作。

二、点检模式

（一）加强专业点检，做好设备全过程管理

按照大唐国际的要求，托电公司依照盘电的模式，采用新厂新制，机组投产后即实施以点检定修为核心的设备管理模式。将设备管理由传统的以"修"为主，转变为以"管"为主，逐步实现了对设备的全过程管理。

托电公司最初实施的点检定修模式，是从宝钢自备电厂学回来的。早在2001年生产准备期间，公司就派机、炉、电专业人员去宝钢自备电厂进行跟班学习，带回了基本的点检定修管理理念和工作模式。同时，参照当时盘电的初步经验，在设备部机、电、炉三个专业，建立了以点检为核心的设备点检管理机制，初步制定了设备的四大标准，确立了点检员的工作职责和考核标准，划分责任区域，确定点检路线。结合公司的 EAM 系统（企业资产管理）编制了缺陷管理流程和备件材料采购流程。这些标准和管理流程的建立，有效地保证了托电公司投产初期机组的安全、稳定、可靠运行。

随着机组陆续投产，所管辖的设备越来越多，点检员的技术水平和工作经验已不能满足机组安全、可靠、稳定运行的需要，特别是专业技术方面粗放的现象十分突出。为此，公司决定将原来的以区域为中心的点检模式，改为以同类设备为中心的专业点检模式，以迅速提高点检员的专业技术水平，收到了较好的效果。

为了将点检定修工作切实做到实处，充分发挥以"管"为主的优势，除了编制一系列的管理制度和标准以外，公司在充分应用 EAM 进行管理的基础上，开发了一套一体化管理及绩效考核管理系统（软件管理平台），将缺陷管理的全过程（工单、工作票、操作票、作业指导书、检修过程、验收评价等环节）进行综合跟踪，大大提高了点检员的工作规范性和主动性，使点检定修工作的开展逐步走向正轨。

（二）点检的几种方式

在实施点检定修制过程中，托电公司以日常点检、专业点检、精密点检、辅助点检组成既相互独立，又相互联系的点检模式。

日常点检主要是依靠五官对设备运转情况进行检查，重点是检查和发现设备的突发异常以及设备检测装置与实际设备状况的不对应。

专业点检是由专业点检员承担的工作，点检员的第一工作地点是现场，点检员通过感官和简单的点检仪器对设备做出一个基本的、直接的判断，根据点检标准规定的点检部位、质量标准、点检手段、点检周期制定的点检路线进行专业点检，检测结束后将现场采集的数据上传至设备点检管理系统。专业点检包括周期在一个月左右的点检。

精密点检是用精密仪器、仪表，对设备进行综合检查测试，或在不解体的情况下，运用诊断技术，测定设备的技术状况和劣化程度及倾向，以判断修理或零部件更换的最佳时间。

辅助点检主要是由外聘维护人员，通过五官和简单仪器、仪表对周期在一周以内的点检，进行点检记录和异常处理。

在设备点检定修管理体制中，点检人员综合利用运行岗位的日常巡回检查、点检员及其他专业人员的定期点检、精密点检、技术诊断和劣化倾向管理、综合性能测试等五个方面的力量和手段，形成保护设备健康运转的五层防护体系，使设备故障控制在萌芽状态。运行点检作为日常点检，是设备点检管理的第一层防护线，每两个小时一次的现场巡检和交接班检查比点检员每天上午的专业点检更能及时发现设备的突发缺陷。为充分发挥运行巡检的这一作用，公司严格规范运行巡检的巡检内容、标准、路线、时间要求，并认真执行。

（三）点检员的权利及工作要求

点检定修制以点检员为核心人物，点检员是设备的主人，其主要职责是管理、策划、组织、协调和指挥，并有对设备进行管理的权利，按照工序服从原则在所属设备为主工序时，有指挥和协调辅助工序相关人员的权利；有对维修、检修承包商和辅助工序人员进行考核的权利；有根据工作需要接受培训和学习的权利。

对点检员的要求。制定专业点检员培训标准和培训计划，按应知应会进行培训并建立培训档案，各级点检员经考试合格后方可上岗。同时按"一专多能"要求，有计划地对点检员进行多岗位培训，在设备分工中实行 A、B 角制和岗位轮换。A、B 角制是点检管理分工责任制的一种补充。即对每一台（件）设备，都有明确的设备点检责任人，该人即为设备的 A 角；与此同时，又必须明确当该责任人因故不在时的备用管理人员，该备用管理人员即为该设备的 B 角。设备 A、B 角能互相交流，点检人员在担任某些设备 A 角的同时，还可担任另外一些设备的 B 角。

三、制度落实

2004 年，在进一步完善点检定修制的同时，对公司的运行机组进行了细致的点检工作。下半年又针对二期工程投产后的安全稳定运行大力开展了二期点检的定点、定标、定法和定周期工作，使二期设备的点检工作及时走向了正规。在定修方面，按照年初的工作部署并统筹考虑 1 号、2 号机组的健康水平，对 2 台机组进行了为期 24 天的小修工作，两次小修都采用招投标确定了技术水平高、相对维修费用低的队伍，而且还引进了小修监理制，进行全程监理，保证了机组维修质量。

2005 年，调整了点检定修的工作结构，即将区域点检（全能点检）转变为专业点检，并初步建立了相应的点检定修责任制和奖惩办法，使每个点检员都能够有针对性地深入学习掌握专业知识，以进一步促进点检水平的提高。邀请点检定修工作比较成熟的宝钢自备电厂对公司的点检人员进行培训。请中电联有关电厂的专家及技术人员到公司进行了专业培训。并着手建立点检定修试题库，通过定期组织考试进一步激励点检员学习，有效地提高了点检工作水平。

2006 年，重新完善和充实了点检四大标准，各专业累计修改、完善各类标准及检修作业指导书共计 3160 份，并编制了《人员到位管理制度》等 110 多个检修、设备管理制度和规定；重新进行了设备分级，并进一步细化了点检周期，使设备管理更加科学、合理；深入开展了设备运行状态劣化分析，使设备管理基本实现了预知、预防、预控；同时，针对点检人员年轻、经验不足的实际情况，加强了点检规程及规章制度的配置、学习与培训，并通过大力倡导自我学习、自我培训和有针对性地聘请专家集中讲授等措施，使公司的点检定修水平得到了稳步提高。

几年来，托电公司坚持以设备管理为主线、以点检定修为手段、以创一流火力发电企业为平台、以技术进步为动力，落实设备管理责任制，实现管理创新，逐渐探索并形成了一套以点检定修为核心的设备管理模式。

第四节　设　备　改　造

一、集中消缺

2003 年，托电公司 1 号、2 号机组投产试运。由于工期紧，在移交生产后，还存在部分遗留缺陷和不完善系统，按照提高机组可靠性、经济性及创一流发电企业的要求，有关部门进行了认真的分析和讨论，确定了需要完善和整改的项目，组织进行了一个月的集中消缺，消除了大量的设备缺陷，使机组的健康水平得到提高。特别是结合 1 号、2 号机组并网安评、168 小时试运后的监检、电量计费系统、AGC 系统投入试验等关键项目验收工作，整改了不符合要求的设备和系统，消除了事故隐患。在此基础上协调控制系统又投入了滑压运行方式，特别是对风机噪声、输煤系统、烟气调质、给排水系统的完善化治理，大大提高了机组的安全稳定运行能力。

二、一期烟气调质改造

2004 年 4 月 27 日～8 月 5 日，进行一期烟气调质改造，安装硫磺储罐间及系统集成箱。改造后，降低燃煤飞灰的比电阻，除尘效率达到 99.78%，负荷粉尘排放浓度要求在 100 毫克/立方米范围之内的标准，实际烟尘排放浓度为 50 毫克/立方米，大大降低由于高粉尘排放而引起引风机叶片磨损的情况，提高了环保效益。

三、一期汽轮机旁路油站改造

2004 年 6 月 1 日～11 月 20 日，一期汽轮机旁路油站改造结合一期 2 台机组小修进行。每台机组各增加 1 台 HV200 油站，专为高旁阀提高压力源。原 HV350 油站改为专为 2 台低旁阀提供压力源，且位置不变。改造后系统闭锁情况已经完全消除，系统运作更为稳定。

四、一期循环水系统两机三泵改造

2004 年 6 月 1 日～11 月 24 日，一期循环水系统两机三泵改造结合一期 2 台机组小修进行。1 号、2 号机组循环水供水管路和水塔之间进行联络，在控制方面将阀门的操作连接到了 2 号机主控的显示器（CRT）上。改造后循环水系统实现了 2 台机只启动 3 台循环水泵的运行方式，减少厂用电率，提高了安全性和经济性。

五、一期主机冷油器改造

2004 年 6 月 1 日～11 月 10 日，一期主机冷油器改造结合一期 2 台机组小修进行。在原并联冷却器后润滑油出口母管上再串联一个冷却器。改造后，油温可以得到有效控制。主机润滑油冷却系统提高了对环境温度变化的适应能力，消除夏季主机润滑油油温高隐患，提高机组稳定性。

六、一期锅炉渣井关断门改造

2004 年 6 月 1 日～10 月 20 日，一期锅炉渣井关断门改造结合一期 2 台机组小修进行。渣井关断门改为液压插板式，液压系统为手压油泵形式，焊接门下灰斗安装液压缸。改造新增一套油系统和一套冷却水系统。改造后，原渣井关断门经常掉落将螺旋捞渣机卡住的缺陷已消除，减少锅炉漏风量，提高锅炉运行的安全可靠性和锅炉效率。

七、一期煤泥水沉淀池改造

2004 年 6 月 1 日～11 月 22 日，一期煤泥水沉淀池改造结合一期 2 台机组小修进行。新增加一级煤泥水沉淀系统和煤泥桥抓系统。改造后使煤泥水处理系统满足输煤系统的生产需要，也对输煤系统的防尘防火起到重要作用。

八、一期凝结水泵变频装置改造

2004 年 6 月～2005 年年底，一期凝结水泵变频装置进行改造。同时，一期 4 台一次风机加装变频装置，并于 2 号机小修后调试投入。这两项变频装置的改造加装，解决了当时托电公司运行存在的能耗大，因电动机不具备随负荷变化调节出力的能力，长期运行在额定出力状况下造成大量电能的浪费；挡板调节不理想，在挡板调节的过程中存在卡塞隐患，常使电动机出现短时间强烈振动现象，影响电机寿命；调节范围有限等不足。改造后有效地避免了以上缺陷，不但能起到节能降耗的作用，还可实现跟踪负荷等参数变化通过调节电动机频率实现调节，具有平滑稳定、调节范围大、节能降耗的效果，经济性较高。

九、一期磨煤机技术改造

2005 年 2 月 23 日～6 月 23 日，一期磨煤机技术改造。改造后制粉系统漏粉现象根除。排渣量大大减少，节能降耗。人孔门改造和加装检修平台减轻劳动强度。提高磨煤机整体运行的稳定性。

十、水平衡监控系统改造

2004 年 10 月 18 日～2005 年 7 月 22 日，全厂水平衡监控系统改造。新增 7 台超声波流量计，在化学主控室上位机加入水平衡监控画面。改造后，可以实时监控全厂的黄河水使用情况，科学合理利用水资源。

十一、500 千伏站安装带电显示装置

2005 年 5 月 21～29 日，500 千伏站安装带电显示装置。改造后消除了带电误拉、误合隔离开关恶性事故的发生。

十二、4 号机组电液调节系统改造

2005 年 8 月 25 日～9 月 8 日，4 号机组电液调节系统改造。原阀门系统控制系统未采用冗余设计，单回路运行，如果阀门定位器和阀门位置传感器（LVDT）任意一处出现故障，将导致控制系统对阀门不能进行控制，而此类缺陷又不能在线处理，最终引起负荷摆动，严重时将导致机组停运。系统改造后，大大提高了运行安全可靠性。

十三、2 号机组加装喷射器

2005 年 8 月 25 日～11 月 8 日，购置喷射器，对 2 号机组实施了改造。改造后将泵入口真空由原先 4～8 千帕提升至 9～15 千帕（绝对压力），从而大大消除泵内的汽蚀现象。增加喷射器后，可提高凝汽器在低真空状态下的抽气量，提高系统真空度。同时，由于增加喷射器的影响，至少可在当前的水平下再将机组真空提升 1 千帕，保证机组的经济运行。按无喷射装置，一个大修期约需要更换一组叶轮，更换费用约为 15 万元左右（不计其他更换费用），增加一组喷射器约 30 万～40 万元，可保证在整个机组的有效设计寿命内不需要更换叶轮，因此直接静态投资可在 2～3 个大修期内得到回报。同时由于增加喷射器还可以提高机组平均真空，按 1 千帕计算，根据经验，可降低标准煤耗 3～4 克/千瓦时，对节能降耗具有相当重要的意义。

十四、二期增设烟气调质装置

2005 年 6～11 月，二期增设烟气调质装置。改造后，使除尘器能正常投

入，烟尘排放浓度明显降低，由于高粉尘排放而引起引风机叶片磨损问题也相对缓解。降低燃煤飞灰的比电阻，经电科院初步测定除尘效率达到 99.78％，基本达到设计要求，烟尘排放浓度为 50 毫克/立方米，符合粉尘排放浓度要求在 100 毫克/立方米范围之内的标准。

同期，新增汽机快速冷却装置，对 2 号机组加装了快冷装置，改造后，有效安全的缩短停机时间，为后续检修工作开展和机组的提前启动创造了有利条件。还购置 500 千伏站检修升降车等，方便了 500 千伏检修工作的开展，并保证了安全性。

十五、一期锅炉渣水循环系统改造

2005 年 7～11 月，一期锅炉渣水循环系统改造。由缓冲水箱溢流到酸碱废液池去化学水处理的灰水中，仍有少量细灰渣及悬浮颗粒，增加了化学水处理的负荷，并导致化学处理水罐灰渣沉淀。在渣水循环泵出口加装的 DH 高效污水净化装置，使 2 号炉的除渣系统完全实现渣水零排放，而且运行成本较低，具有显著的节水、节能及环境、社会、经济效益。该净化器为公司废水"零排放"起到很大的促进作用。

十六、3 号锅炉整屏更换

2006 年，3 号机组小修期间，对 3 号锅炉水冷壁结垢量超标、鼓包较为严重的现象，进行整屏更换。更换管排总重量 131.47 吨。改造后水冷壁鼓包严重的管子得到部分消除，提高了设备安全可靠性和锅炉吸热效率。

同期，对 3 号炉暖风器进行改造。将原送风机风道内暖风器拆除，新安装 14 组卧式暖风器，在送风机入口风道前增加一级活动式暖风器（简称立式），改造后防止了暖风器振动现象、减少了暖风器内漏现象，防止风机喘震，空预器跳闸，避免机组降负荷，延长空预器使用寿命，降低补水率，提高全厂的经济性。

十七、辅机设备增加状态诊断系统设备

2006 年 8 月，完成在重要辅机设备增加状态诊断系统的设备改造。此项目实施针对小汽机、汽动给水泵、电泵已有 DCS、DM2000 的基础上加装状态诊断系统（装载数据管理、分析、诊断软件的主控 PC 机），通过数据采集将原有系统采集的数据引入主控机 PC 内，通过专家系统准确诊断出设备的状态。该项目的应用，很大程度上改变了以往仅靠事后维修和定期维修进行设备缺陷发现和消除的状态，对设备运行中故障有了一定程度的提前预控，大大降低了设备检修次数，一定程度降低了检修维护成本，提高设备可利用率。

十八、化学制水用压缩空气系统扩容改造

2006 年 4 月，进行化学制水用压缩空气系统扩容改造。根据现在设备运

行所要求的供气量，增加一台6立方米/分钟的空压机；加装一套压缩空气干燥装置，一个压缩空气贮气罐，新增空压机自动控制系统并接入化学主控室的上位机，实现远方控制，从根本上解决了化学制水压缩空气容量不够的突出问题，实现化学制水压缩空气系统有备用设备，便于压缩空气系统设备的检修维护。

十九、直流系统改造

2006年6～9月，直流系统改造。改造后，500千伏1号网控楼新增一套220伏直流系统，新增一间蓄电池室。500千伏升压站3、4串保护及控制电源等移至新增直流系统供电。一期综合给排水泵房220伏成套直流系统新增一套直流小成套电源装置，主要为综合给排水泵房及网控PC段直流负荷供电。在一期输煤新增一套直流小成套装置，供给一期输煤一部分直流控制电源，与原直流屏互为备用。在三期输煤新增一套直流小成套装置，供给三期输煤一部分直流控制电源，与原直流屏互为备用。在二期消防泵房，新增一套直流小成套装置，供给二期消防PC段直流控制电源。该项目的应用，消除了外围系统对500千伏站直流系统的影响；每2串保护用一套直流系统，消除了发生事故进一步扩大的可能性，避免全厂停电事故的发生；输煤直流系统可靠性大大增强，并可进行直流设备的停电定期检修工作。

二十、输煤系统增加火车采样装置

2006年10～12月，输煤系统增加一套火车采样装置。原火车煤采样为固定式悬臂采样机，采样机自主移动不能和火车的临机移动相匹配，火车运送燃煤采制样效率低，采样过程和方法困难，采样用时太长，无法满足采样的需要。增加火车采样装置以后，不仅可以避免人工采样，减少工人的劳动强度，而且也避免了人工采样带来的局限性，保证采样深度和准确，及时发现煤质问题，减少经济损失。

二十一、锅炉吹灰优化改造

2006年9月6日，锅炉吹灰优化投入。通过电站锅炉智能吹灰优化系统的加装改造，实现了水冷壁、过热器、再热器、省煤器"四管"和省煤器后尾部烟道空气预热器对流受热面污染状态的在线监测，实现锅炉智能吹灰指导。运行人员可以此作为依据，直观地了解锅炉的运行状况，进行优化调整。

二十二、王玉营煤场加装高杆照明设施

2006年6～11月，王玉营煤场加装高杆照明设施。王玉营煤场为托电中转煤站，主要担负着冬储煤任务。加装高杆照明后原煤场变压器负荷增加了74千瓦，但还没有达到变压器的额定容量，变压器额定容量为174千伏安。改造后王玉营煤场储运站区域内的照明有了保证，大大减少了发生交通事故及

人身伤害事故的几率。

二十三、1～4号炉落灰管改造

2006年6月，1～4号炉落灰管改造。在1～5电场电除尘器灰斗上落灰管上加装放灰管，一电场的放灰管从落灰管引到室外进行排放，并设水喷雾系统，以减小环境污染。2～5电场从电除尘器灰斗上落灰管接引至平台以下100毫米处，放灰时，搭设灰棚进行放灰。由于加装了放灰装置，能够在输灰系统故障时，及时放掉灰斗内的灰，保证了电除尘的运行安全，同时也避免了锅炉降负荷事件的发生。通过改造，保证了一、二期电除尘及输灰系统的正常运行，同时也避免了机组降出力运行。

二十四、1～4号炉电除尘器平台改造

2005年2月～2006年7月，1～4号炉电除尘器平台局部改造。为便于对一、二电场的检查与检修，提高干除灰系统和电除尘器的安全稳定运行水平，进行该改造项目。改造后，方便了料位计的检查工作，能够及时监督灰斗料位的情况，杜绝了堵管现象，使输灰系统运行正常。

二十五、主变进线加装隔离开关

2006年12月，完成3串、4串主变进线加装隔离开关改造项目。托电处在华北电网中为北京供电的这一特殊位置，对供电可靠性的要求也相对高得多。当主变检修时，3串、4串应能够在不解环的情况下可靠供电。若没有主变进线隔离开关，当停主变进行检修时，3串、4串解环运行，这时，三串的5033—2隔离开关、5033开关、3串Ⅱ母侧电流互感器、5033—1隔离开关中的任何一个发生故障将使托源三线供电中断。按机组满负荷运行方式考虑，降负荷30万千瓦，每度电纯利润按0.17元计算，降负荷一次发电损失为51万元；4串的5043—2隔离开关、5043开关、4串Ⅱ母侧电流互感器、5042隔离开关中的任何一个发生故障则1号联变停止供电，而220千伏开关站的主电源失去，将使220千伏开关站全停，造成重大事故。改造后上述缺陷完全消除。

第五节　技　术　监　督

技术监督工作，是随着托电机组建设、投产逐步开展的一项工作。由总工程师总负责，下设技术监控办公室负责日常工作。华北电力科学研究院有限责任公司，负责每年对托电的技术监控动态检查及技术服务；技术监督的上级主管单位是中国大唐集团及大唐国际发电股份有限公司。按照上级单位的要求托电公司定时上报各种报表。

2002～2003 年 12 月，随着机组建设、投产，初步开展技术监控工作。

2004 年 1～12 月，完善技术监督网，落实责任，技术监督工作步入正轨。

2006 年，完善了 9 项监督和 5 项管理的管理标准和技术标准，通过技术监督动态检查，共查出 132 项问题，并已按计划完成了 112 项问题的整改工作。

技术监督的内容包括：电能质量、金属、化学、绝缘、热工、电测、环保、继电保护、节能九项技术监督，振动、励磁、计量、特种设备、锅炉压力容器五项技术管理，统称为十四项技术监控，涉及了公司各个专业。在执行 14 项技术监控时，相应设立完善了技术监控网络，并明确了各级监督部门及人员的职责，增强了监督力度。

一、电能质量监督

频率和电压质量的监督，是电能质量监督的主要内容。频率指标为频率允许偏差；电压质量指标包括允许偏差、允许波动和闪变、三项电压允许不平衡度和正弦波形畸变率。从机组投产开始就开展了电能质量的监督工作，发供电能各项指标均符合标准。

2003 年，公司对电气系统电压质量技术监督做了归口管理。5 月，建立了远方电能测量计费系统，实现了对电压质量指标监测的连续性及数据的连续采集。6 月成立标准试验室，并购置部分仪器。

2004 年，完成 1 号、2 号机组小修的技术监督、试验工作。

2005 年，完成 1～4 号机组小修的技术监督、试验工作。

2006 年，完成 1 号、3 号、6 号机组小修技术监督、试验工作。每季度对 1～4 号发电机、500 千伏各线路关口计量点电能表进行定期检定工作，电能表定期检定合格率达到 100％。完成 7 号、8 号机组计费系统调试工作。根据电能计量装置技术管理规程的规定，完成了对各关口计量点的 PT 二次压降全面测试工作，测试结果满足规程要求。由网控值班员依照典型点电压汇报制度，统计 500 千伏母线电压连续运行，年内电压合格率为 99％以上。电测试验室及保护试验室全部试验仪器均按期送检，保证了试验仪器的准确性。

二、金属监督

对高温金属部件、承压容器和管道及部件、蒸汽管道、高速旋转部件、高温紧固件，储存有害、有毒、易燃、易爆介质的管道及容器的金属母材和焊缝的材质成分、金相、性能、裂纹及其他缺陷的监督检验，是金属监督的主要项目。

2002 年，随着机组基建、投产就开始进行金属技术监督工作。

2003 年，成立试验室，并购置部分仪器。

2004 年，完成 1 号、2 号机组小修的金属监督、试验工作。

2005 年，完成 1～4 号机组小修的金属监督、试验工作。

2006 年，主要完成 1、3、6 号机组小修的金属监督、试验工作。同期，解决了 3 号机汽缸存在裂纹问题。对仍存在裂纹部位和补焊处理合格部位加强监督。对高压主汽阀和高压调节阀的裂纹等缺陷加强监督检查，掌握裂纹发展趋势，必要时更换。结合 3、4、6 号机组中修中揭缸的机会，由华北电科院金属所对主汽门、中联门、缸体及汽轮机、发电机转子、叶片、护环等进行了检验，并对发现的缺陷进行处理，经检验后合格。大修对 EH 油管、压力油管的焊缝、弯头、阀门进行无损检测，并对其他润滑油管道弯头等进行检测。

三、化学监督

水、汽、油、气、燃料品质、热力设备的腐蚀、结构、积盐的监督检验，是化学监督的主要项目。

2001 年 10 月，开始化学化验室的筹建工作。

2002 年 10 月，化学化验室具备化验监督条件。

2003 年，完成 1 号、2 号机组基建酸洗化学监督工作。

2004 年，完成 3 号、4 号机组基建酸洗化学监督工作，1 号、2 号机组第一次小修化学监督工作。

2005 年，完成 5 号、6 号机组基建酸洗化学监督工作，1 号、2 号机组第二次小修化学监督工作，3 号、4 号机组第一次小修化学监督工作。

2006 年，完成 7 号、8 号机组基建酸洗化学监督工作，1 号、3 号、6 号机组小修化学监督工作。

四、绝缘监督

电器设备的绝缘强度，过电压保护及接地系统的监督检验，是绝缘监督的重点。

2002 年 12 月 31 日，成立电气高压试验室。首先进行了投产以后的生产维护预防性试验工作。

2004 年，1 号、2 号机组开始小修绝缘监督工作。

2005 年，1～4 号机组开始小修绝缘监督工作。

2006 年，完成 1 号、3 号、6 号机组小修热工监督工作。同期监督了水源一、二线及水源变压器的停电检修及预防性工作，220 千伏升压站两条母线及所有开关、隔离开关、PT、CT、避雷器等电气设备的检修及预防性试验工作。监督了厂 220 千伏及 500 千伏所有绝缘子的零值检测工作。监督了 500 千伏升压站四期Ⅰ、Ⅱ母线的过渡工作，托源四线电抗器 C 相乙炔含量超标的检查处理工作，二、三期启备变的检修及预防性试验工作，1 号联络变压器的检修及预防性试验工作，以及部分 1 号、2 号机组 110 伏、220 伏电池充电机的改造工作（共 8 组充电机完成改造 4 组）。

五、电测监督

电压、电流、功率、电量、频率、相位及其测量装置的监督检验，是电测监督的主要内容。

2003 年，完成电测标准室的变送器检定装置、绝缘电阻表检定装置和交直流电压、电流、功率表检定装置的购进，11 月开始启动电测标准室的建标工作。

2004 年 6 月 12 日，华北电科院人员对标准装置进行验收，6 月末，电测标准室投入使用。同年，完成电能表检表装置的购进，以及人员取证的工作，还完成 1 号、2 号机组小修的监督工作。

2005 年，完成 5 号、6 号机组投产后的电测监督工作，1 号、2 号机组第二次小修的电测监督工作，3 号、4 号机组第一次小修的电测监督工作。

2006 年，完成 1 号、3 号、6 号机组小修电测监督工作。同期完成了仪表人员的变送器、电能表、指示仪表、交流采样四个项目的取证工作。配合全厂脱硫系统的仪表调试工作，监督在调试过程中的指示表、变送器、电能表的规范检定。完成了对厂内各职能关口使用仪表的周期检定工作；二、三期起备变、500 千伏第一串、500 千伏第二串、500 千伏第三串、500 千伏第六串及线路的交流采样装置虚负荷测试工作。完成 5 号、6 号机组 6 千伏电度量从 ECS全部引进 DCS 系统的工作。至此，托电所有 6 千伏以上的电量计费全部实现自动采集计算工作，并实现升级。完成了计费实验室 UPS 改造，保证了计费服务器在失电的情况下，可以正常、可靠地运行 8 小时以上。

六、热工监督

压力、温度、流量、重量、转速、振动检测装置，自动调节、控制、保护、连锁系统及其投入率、动作正确率的监督检验，是热工监督的主要项目。

2002 年 10 月，开始热工实验室的筹建工作。

2003 年 4 月 1 日，开始试运行。

2004 年 5 月 13 日，通过华北电网有限公司计量办公室验收，验收合格正式投入运行；同年完成 1～4 号机组热工监督工作，及 1 号、2 号机组第一次小修热工监督工作。

2005 年，完成 5 号、6 号机组投产后热工监督工作；1 号、2 号机组第二次小修热工监督工作；3 号、4 号机组第一次小修热工监督工作。

2006 年，完成 1 号、3 号、6 号机组小修热工监督工作。同期完成 1～8 号机组顺序阀控制逻辑改造，锅炉火检系统改造工作。对 6 套温度基地调节系统进行改造，3 号、4 号汽轮机循泵液控阀改造，控制回路优化，提高系统可靠性。完成 5 台机组 DCS 系统的网络柜电源切换装置故障导致机组跳闸问题的专项治理工作。对 1 号机组 DCS 系统机柜风扇使用系统电源问题，进行外接直流电源改造，完成 3 号、4 号锅炉炉前燃油流量计技术改造工作，配合电气专业进行1~8 号机组的 AVC 系统操作控制逻辑改造。

七、环保监督

污染排放监测与环保设施效率的监督检验，是环保监督的主要任务。

1995 年 8 月，一期工程环境影响报告书通过国家环保总局批复。

2002 年 3 月，二期工程环境影响报告书通过国家环保总局批复；7 月组建环保实验室，并订购相关仪器。

2004 年 11 月，三期工程环境影响报告书通过国家环保总局批复。

2005 年 5 月，一期工程环保设施顺利通过国家环保总局验收。

2006 年，一、二期烟气调质系统投入，情况非常稳定，因此烟尘排放浓度和排放量完全满足国家标准要求。灰场覆土、碾压、喷淋都很及时，得到国家环保总局和内蒙古环保局的充分肯定。制定了《环保监督预警制度》、《环保监督考核细则》等。当年 3 月，二期工程环保设施通过了国家环保总局的验收。11 月，3 号机组脱硫设施通过内蒙古环保局验收。4 号、5 号、6 号机组脱硫工程验收现场监测工作已经完成，监测站正在进行数据整理，年底全部通过了验收。

八、节能监督

节能监督主要包括发电设备的效率、能耗，输电线路、变电设备损耗的监督检验。

2003 年 6 月、7 月，托电一期 2 台机组相继投产发电，节能管理设在设备部，节能专工参加节能培训及有关会议，以提高节能意识和管理水平，同时录入机组基础参数等相关基础工作。

2004 年，由于工作原因，节能管理设在发电部，同时建立包括承包单位、参建单位参加的三级节能管理网，建立各项规章制度，编写节能管理手册，进行了相关的基础性工作。2 月，华北电科院召开年度节能技术监督会议后，及时传达会议精神，让各专业清楚所有的监督项目及考核标准，按照标准精心检修设备，对照标准，搞好设备治理和维护；3 月，参加华北电力科学研究院举行的运行支持系统研讨会；4 月，大唐国际在托电召开节能工作会议，并进行了《发电厂节能管理动态评价办法》试点检查以及华北电科院进行的动态评价检查。通过检查，对在节能管理和设备管理方面存在的问题，按照专家组提出的意见，认真落实整改，使经济性评价的各项标准得到一定的贯彻和执行，在完成年度生产任务的同时，提高公司的盈利能力；7 月，大唐国际副总经理魏远等有关领导参加托电半年经济活动分析会议，对如何开展经济活动分析和节能工作提出具体建议和要求。此后，节能工作步入正规，每月开展一次节能分析。2004年7月、9月，托电3号、4号机组相继投产，重新修订有关制度和管理方法。当年公司计划节能措施16项，增加2号锅炉安装飞灰等速取样装置1项，到11月末完成13.5项，完成率达到90％。

2005年1月，公司召开经济活动分析会议，提出了全厂节能工作的方向和有关建议，4月、6月，北京大唐的节能专工到托电现场进行节能管理指导，增强了一线人员的节能意识和节能积极性。5月，参加中国电力企业联合会科技服务中心在扬州发电厂举办的全国大机组（600兆瓦级）竞赛评比活动，公司1号、2号机组首次参赛，分获第九名和第十七名。6月，响应中国大唐号召开展节能周活动，举办节能知识竞赛并广贴节能标语，营造建设节约型企业氛围。7月，及时更新了三级节能管理网。

2006年初，制定了节煤、节油管理办法，开展了小指标劳动竞赛。7月，编制了节能监督行动计划，成立了监督组织机构，保证了节能工作的有计划进行。此外，年内还完成了8台机组的顺序阀改造，空冷机组3台循环泵的改造，1号、2号机组的凝结水泵和一次风机变频运行；优化了输煤和除灰系统的运行方式，使输煤和除灰单耗较年初明显降低；优化了2号机组滑压曲线，强化了胶球系统管理，并按季节特性确定了机组经济运行方式，提高了设备可靠性；加强了燃料管理，组织实施的燃煤效能监察行动成果显著；全面开展了动态达标工作，在SIS系统中增加了初步的耗差分析，指导运行生产；完成1号、3号、6号机组小修节能监督工作。

九、继电保护监督

电力系统继电保护和安全自动装置及其投入率、动作正确率的监督检验，是继电保护监督的职责。

2001年10月，开始继电保护设备的筹建工作。

2002年10月，继电保护具备试验监督条件。

2003年，完成1号、2号机组继电保护监督工作。

2004年，完成3号、4号机组继电保护监督工作，1号、2号机组第一次小修继电保护监督工作。

2005年，完成5号、6号机组继电保护监督工作，1号、2号机组第二次小修继电保护监督工作，以及3号、4号机组第一次小修继电保护监督工作。

2006年，完成1号、3号、6号机组小修继电保护监督工作，以及2号、4号、5号机组继电保护监督工作。

十、振动监督

汽轮机及机组辅助设备的振动监督检验，是振动监督的主要任务。

2003 年，随着机组的投产开始了振动数据的管理，并开始建立各种管理制度。

2004 年，编制了完善的管理实施细则，并完善了监督网络。在日常工作中对各种主机、辅机的数据进行检测。发现了许多振动超标的情况，及时进行了分析、处理，保证了设备的正常运行。

2005 年，按照振动监督标准，完成汽机、锅炉、电气专业受监督设备的振动台账建立和完善工作。4 号机小修中，组织电科院及厂家，与热控室共同完成过程量的引入工作，同时对 TN8000 系统进行优化。全年共发生振动指标超标 14 次，其中汽机专业 9 次，电气专业 2 次，锅炉专业 3 次，经过在抢修及小修中治理，振动指标已全部合格。

2006 年，监督设备共发生振动异常 15 次，同电科院进行配合测振动 18 次，出具振动报告 18 份。同时解决 6 号机组在 530 兆瓦附近存在的汽流激振问题，三、四期机组循环水泵电机超电流、泵振动问题。对二期机组低压缸轴瓦振动问题进行研究，并及时拿出具体解决方案。完成二、三、四期汽动给水泵前置泵漏泄及轴承振动大的改造。解决凝结水泵振动问题。

十一、励磁监督

发电机励磁系统的监督检验，是励磁监督的主要任务。

2003 年 10 月，完成全公司励磁监督网络工作。

2004 年，完成 1 号、2 号机组小修励磁监督工作，以及 3 号、4 号机组励磁投产监督工作。

2005 年，完成 1～4 号机组励磁小修监督工作，5 号、6 号机组励磁投产监督工作。

2006 年，完成 1 号、3 号、6 号机组小修励磁监督工作。同时更改 7 号、8 号机组励磁 PSS 参数；完成 8 台机组励磁系统技术监督自查整改及无功调差试验，1～6 号机励磁系统交直流混用自查及整改，5 号机励磁 COB 控制板更换及试验。3 号机励磁均流实验完毕，均流达到规定要求。

十二、计量监督

计量标准、工作计量器具、法定计量单位等的监督检验，是计量监督的职责。

2003 年，开始建立各种计量标准。

2004 年，设计量监督管理专工，负责全厂的计量管理工作。并制定相应的计量管理制度，统一进行计量器具的年度检定工作。开始建立各种台账。

2005 年，计量管理工作正常开展，逐步完善各种计量台账。

2006 年，计量管理工作初见成效，编制完善了计量管理的各项规章制度。

十三、锅炉压力容器监督

锅炉压力容器监督,主要是锅炉及热力系统压力容器及其附件的监督检验。

2003 年,随着机组基建、投产逐步开展锅炉压力容器的监督检验工作。并开始建立部分台账。

2004 年,完善各种台账格式,组织汽机点检、锅炉点检专业进行登录。

2005 年,初步完善了锅炉压力容器的管理体系,并且开展了锅炉及压力容器的定期检验工作。

2006 年,完成 1 号、3 号、6 号机组小修的压力容器的监督、定期检验工作。还建立了压力容器安全技术登记簿,对 EBV 阀电气回路做定期试验,再热冷段安全阀和吹灰联箱安全阀的有缝排汽管改用无缝钢管,修正完善膨胀指示器,高低压加热器加装水侧安全阀。定期校验压力表,并划高限红线,加铅封;补充仓泵的登录和登记使用,取得使用证,并纳入压力容器监管。

十四、特种设备监督

起重设备、电梯及其他特种设备的监督检验,归特种设备监督。

2003 年,特种设备的管理由各专业、各部门分散管理。2004 年,设立全厂特种设备管理专工,对全厂的起重设备进行统一管理和全面检查,发现存在问题的电动葫芦 102 台,利用半年多时间的修理改造,全部修好,修理维护单位为河南中原起重机械责任公司。2005 年,三期机组投产,新移交电动葫芦 280 多台,逐步开始检查消缺。

2004~2005 年期间,通过技术监督的检测、检查,发现 100 多项影响机组安全稳定运行的缺陷,在公司领导、技术监控办公室及技术监控各位专工及专业人员的共同努力下全部得到了消除,保证了机组的安全稳定运行。

2006 年,完善了起重设备管理制度。对四期机组的电动葫芦办理了使用证书。二期机组包括外围输煤、化学、除灰、水厂等已到检验周期的电动葫芦进行了重新检定。在检定过程中发现 12 台电动葫芦存在不同程度的缺陷,组织维护人员,经过 1 个多月的努力,对存在的问题全部进行了彻底消除。完成了安评专家组提出的起重设备存在问题的整改消缺工作,保证了起重设备的正常使用。

第六节 设备可靠性管理

托电公司的可靠性管理工作,从首台机组投产时开始起步,到 2005 年底已逐渐完善并取得一定成效。设备可靠性管理是指对发电设备从规划、设计、制造、安装、运行、管理等各个环节，全面保证安全发供电，提高经济效益的一种科学管理方法，它的实质就是电力生产的全过程安全管理和全面质量管理。可靠性管理中反映发电设备可靠性程度的是机组等效可用系数指标。

保证发电设备的安全可靠性对整个电网的安全稳定运行，对电厂本身和全网的经济效益都有着重要影响。因此，托电公司长期坚持开展设备可靠性管理，以提高机组的可用系数，降低故障停运率，同时对提高安全生产水平和促进企业升级达标起到了一定的作用。

为使此项工作顺利开展，公司成立了以生产副总经理为组长的领导小组，设备部综合室为可靠性管理常设机构，配备了可靠性管理专工，专用微机管理及传输储存，档案柜等硬、软件设备，规范地形成了自上而下层层有人抓，事事有人管，各负其责、相互协调的可靠性管理体系。

2005 年 7 月，公司正式运用了中国电力企业联合会电力可靠性管理中心下发的《发电设备可靠性信息管理系统（网络版）》和《输变电设施可靠性信息管理系统（网络版）》软件，并按照其要求及下发的《发电设备可靠性评价规程》、《输变电设施可靠性评价规程》，结合公司具体情况编写了托电公司发电、输变电设备可靠性管理制度（试行）版，并于 2005 年 10 月开始施行。

一、落实设备可靠性管理的措施

主要是制定了五层防护体系。

第一层防护体系：通过岗位运行人员负责的日常巡（点）检，发现异常，排除小故障，进行小维修。

第二层防护体系：点检员应该对重点设备实行倾向检查管理，发现和消除隐患，分析和排除故障，组织故障修复。

第三层防护体系：在日常点检、辅助点检、专业点检的基础上，定期对设备进行严格的精密检查、测试、调整和分析。

第四层防护体系：凡是点检发现的异常或故障，必要时都可以借助技术诊断的办法，探查其原因提出最佳处理方案或控制缺陷发展的办法，同时，为倾向管理提供必要的数据，以帮助专业点检员做出决策。设备技术诊断是设备在运转时或非解体状态下，对设备进行点检，定量测试的重要手段之一，是防止设备故障发生的有效防护体系。

第五层防护体系：设备劣化有其自身的规律，通过上述四层防护，尽可能探清这种规律，减缓设备劣化的进程，延长设备的寿命。尽管如此，设备劣化还会超过允许的极限，甚至产生突发故障，一旦发生这种情况，就需要进行修理，来排除故障和消除劣化。而维修技术的高低、维修质量的优劣，又直接影响着设备劣化的速度。因此需要有一支维修技术高、责任心强的维修队伍，以确保维修质量的高水平，这是设备的第五层防护体系。

通过以上五层防护体系，增强设备管理水平，将设备缺陷故障消除在萌芽状态，大大减少非停事故和降出力事故的发生，机组的可靠性水平得以提高。

二、可靠性指标综合分析

2003 年，1 号、2 号机组等效可用系数完成 97.35％。

2004 年，1 号、2 号机组等效可用系数完成 92.1％，比大唐国际全年目标（90.35％）高 1.75 个百分点。3 号、4 号机组等效可用系数完成 93.53％，比大唐国际全年目标（95.13％）低 1.6 个百分点，未完成指标。

2005 年，大唐国际下达的等效可用系数全年目标 1～4 号机组为 90.12％，实际完成 90.82％，高于指标 0.7 个百分点。5 号、6 号机组等效可用系数完成 94.21％，比大唐国际全年目标（97.7％）低 3.49 个百分点，未完成目标。截至 12 月底，6 台机组共发生 10 次非计划停运事故，78 次非计划降出力事故，台平均分别非计划停运 46.2 小时、降低出力等效停运 76.69 小时，共计影响机组等效可用系数为 1.53 个百分点。

2006 年等效可用系数完成情况：1～6 号机组完成 94.86％，比年度指标 93.4％高 1.46 个百分点，7 号、8 号机组完成 100％，比年度指标 93.32％高 6.68 个百分点；共发生非计划停运事故 8 次，其中考核非停 6 次，统计非停 2 次。当年在由国家电力监管委员会和中国电力企业联合会举办的电力企业可靠性指标发布会上，托电公司 2 号机组、5 号机组荣获年度全国火力发电可靠性金牌机组称号。

第七节　设备缺陷管理

托电公司根据大唐国际下发的《设备缺陷管理标准》，结合公司具体情况，于 2005 年 5 月制定了《设备缺陷管理单项考核管理办法》。设备缺陷管理工作由生产副总经理负责总体协调，设备部部长主要负责。贯彻"预防为主"、"应修必修，修必修好"的原则，有关人员认真履行各自的责任，加强巡回检查、上岗检查和设备维护。当设备存在缺陷时，及时消除，对不能及时消除且威胁安全生产和设备完整的重大缺陷，及时通知维护单位采取措施，以避免设备缺陷的沉淀。对设备管理和维修部门进行月度缺陷消除率、消缺及时率和设备缺陷填写合格率考核，考核领导小组对频发性和重大设备缺陷进行原因分析，提出整改措施。每季度对设备及状况进行全面分析总结，找出薄弱环节，提出对策，作为下季度检修维护工作的方向。

设备缺陷管理工作主要是通过点检员、运行人员共同发现缺陷，并用微机录入 EAM 系统形成工单。2003 年 8 月开始正式应用 EAM 系统来实现设备缺陷管理软件化。工单经由 EAM 系统生成，分为一类、二类、三类和其他缺陷。2006 年 9 月，在填报缺陷的同时，新增可以选择该缺陷是否列入下周检修计划消除的选项。点检员负责策划消缺办法及工具和检修期限等，一类以上工单由值长审批后，发至维护单位，维护单位接单后开票处理缺陷。

2006 年 8 月，正式使用一体化绩效考核管理软件，EAN 中的缺陷工单一经策划即进入一体化绩效考核系统，缺陷消除后，点检员将标准工作票、作业指导书及修后评价都要填入其中，运行人员需要填入操作票和操作危险点分析，使缺陷管理真正实现标准化、一体化闭环管理。同时对点检员的缺陷管理工作由软件自动进行分数统计，实现了绩效考核。

从机组投产截止到 2006 年底，共发生设备缺陷 38006 条，消除 34835 条，消缺率为 91.66%。

第八节　计量管理

托电公司筹建伊始，就按照《中华人民共和国计量法》，从公司安全、经济生产的需要出发，开展计量管理工作，此项工作涉及全公司检修、运行、维护各有关单位、部门。由总工程师担任主要领导，实行公司、车间（专业）、班组三级管理制度，通过计量工作管理体系统一管理。它的归口单位是设备部，各级人员设置均为兼职，部门、班组由专工或技术人员兼管。

一、计量标准

（一）计量标准的建立

2003 年，根据公司生产、经营需要，建立了二级电测计量标准室，二等热工标准计量室。电测、热工计量标准经华北电科院考核（复查）合格，并取得计量标准合格证书。电测、热工以外的计量标准，经地方政府计量行政部门主持考核合格。热工标准计量室建立 4 套压力标准，1 套温度标准，1 套转速标准，用于公司内次等级工业用仪表的检定。二级电测标准计量室，建立公司最高等级计量标准三套。单相、三相指示仪表检定装置，直流毫安、微安表检定装置，直流电压表检定装置，用于公司内次等级的电能仪表检定。

（二）工作计量器具的检定

水汽质量检验使用计量器具管理按 GB 12145089《火力发电机组及蒸汽动

力设备水汽质量标准》执行。运行中变压器油质量的检验按国家标准 GB 7595—7605—87《运行中变压器油、汽轮机油质量标准及试验方法》执行。电气设备的预防性试验按部颁〔1985〕水电生字第 05 号《电气设备预防性试验规程》执行。煤质检验用计量器具按 GB 213—87《煤的发热量测定方法》、GB 483—87《煤质分析试验方法一般规定》，SD 322—89《燃料检验工作全面质量管理准则》、SD 323—89《煤灰成分分析方法》执行。继电保护装置检验按《保护继电器检验》执行。大宗物料进、出公司，根据物料的吞吐量，配备电子皮带秤，入炉煤装置皮带秤实物校验装置。贵重的物料进、出公司及定额发料和消耗，配备与其测量准确度及规格相适应的工业天平和精密天平。电测、热工计量器具由电力部门检定机构执行检定。非强检的计量器具应向地方政府计量部门申请检定。公司自行检定的计量器具，编制自校规程。

二、计量设备、器具和数据管理

托电公司所有测量设备、测量器具实行分级、分类统一管理，分级建立台账，分类编制周检计划，有关使用、维修、检定等技术资料、档案均实行计算机管理。国家和行业主管部门尚未颁发检定规程的测量器具，由专业技术人员自编校验方法，并经主管计量工作领导批准，报上级主管部门备案后进行校验。当需购置或配备测量设备、测量器具时，需由计量管理及计量专业人员提出条件，选定型号、规格、生产厂家及计量性能要求。在用测量器具的总数及检测点，采用计算机管理，使之处于动态管理之中。

对能源、经营管理、安全生产、安全环保以及质量等方面进行计量检测，实行计量数据管理，以确保原始检测数据的准确、可靠。对各类测量数据，计量人员采取随机抽样、检定、溯源的方法，进行监督抽查。测量数据分为经营管理、技术监督、生产工艺过程控制、检修质量五类数据，分别输入微机，并存档备份。

三、设置计量试验室，开展各项试验工作

（1）色谱实验室，建于 2004 年 11 月 20 日，组成人员 3 人，均持有油色谱分析证书。仪器设备情况：有河南中分色谱分析仪 1 台、振荡仪 1 台，主要开展全厂变压器油色谱分析及油务监督工作。

（2）电气高压试验室，建于 2002 年 12 月 31 日，组成人员 13 人，只有 1 人持证。

（3）电测标准室，建于 2003 年 11 月，2004 年 6 月 12 日通过华北电科院的验收建标后正式投入运行。负责全厂 6 千伏以上电测表计的校验。组成人员 3 人，分别持有指示仪表、变送器、电能表检定证书。计量标准装置有电测量变送器检定装置，三相电能表标准装置，交、直流仪表检定装置，绝缘电阻表

检定装置，交流采样检定装置。可以开展的检测项目有0.2级及以下单三相电能表、0.2级及以下交直流电流表电压表功率表、0.2级及以下交流变送器、1.0级及以下绝缘电阻表、0.2级及以下交流采样装置等的校验。

（4）入厂煤化验室，建于2004年9月1日，2004年12月1日通过内蒙古计量测试院验收合格正式投入运行。仪器设备情况：化验室有6台量热仪、3台定硫仪、3台马弗炉、1台微波水分测试仪、4台破碎机、3台制粉机和9台天平、3台烘箱。检测项目及开展情况：煤的全水分、空干基水分、灰分、挥发分、全硫和发热量。

（5）热控实验室，建于2003年4月1日，2004年5月13日通过华北电网有限公司计量办公室的验收，正式投入运行。计量检定人员持证率100%，有转速、温度、压力等计量证。实验室有温度自动校验装置1套，二等标准活塞压力计4套，转速标准装置1套，-0.1～160兆帕精密压力表2套，二等标准热电阻，热电耦各2套，FLUKE744数字压力校验装置1套，以及用于现场校验的信号源。

（6）发电部化验室，建于2001年10月，2002年9月通过验收。化验室正式员工10人，其中10人持有油本，10人持有煤本，2人持有环保本，8人通过技能鉴定，7人通过水化验技能鉴定，1人通过煤化验技能鉴定。化验室配备的仪器分为五大类：水化验仪器、煤化验仪器、油化验仪器、环保化验仪器、氢气化验仪器。化验室开展的监测项目共分为五大块，即水、煤、油、环保、氢气。水化验主要包括循环水、系统查定、全分析，煤化验主要包括入炉煤、入厂煤抽查、飞灰密度及可燃物的化验，油化验主要包括汽轮机油、抗燃油、变压器油，环保主要包括厂外排放废水、厂内处理的废水、噪声，氢气包括发电机氢气的纯度和露点及制氢站氢气的纯度和露点。

2005年和2006年期间，重新修订了《计量管理实施细则》，使公司的计量管理工作有法可依，编制完善了计量管理的各项规章制度，共计18项。重新建立了全公司的计量管理网络，使各项管理职能全部分解落实到各级人员。对全公司计量器具进行了摸底，查清了底数，保证了此后顺利开展各项管理活动。对电气一次、金属、锅炉、汽机、热工、电气二次、天津维护、水厂、入厂煤化验、化学化验室等专业的计量器具全部由华北电科院、中国计量院、北京测试所、内蒙古电科院、内蒙古计量院等单位进行了校验，共计校验计量器具800多件，其中包括汽车衡，轨道衡，长度，金属试验仪器，煤、水、汽、油化验设备，高压试验设备，热工、电测标准设备等。发现不合格的计量器具6件（长度器具），无修理价值，报废处理；完成年初制定的周期检定计划。

第五章 安　　　全

为贯彻"安全第一、预防为主、综合治理"的安全生产方针，确保公司全方位的安全生产，托电公司从工程建设开始，就建立了安全生产委员会，以后又逐步建立健全了安全生产保障体系，制定了规章制度，对已投产运行的机组及时进行安全性评价，开展安全生产记录，并通过形式多样的安全生产活动对全体职工进行安全教育，使大家牢固树立安全意识。

第一节　安全监察保障体系

1998 年，托电公司前期生产准备工作已初具规模，为切实抓好安全生产的基础工作，成立了安全生产委员会，公司总经理担任安委会主任，制定了安全生产目标及主要措施。

2000 年，成立一期工程施工安全委员会，在开工建设伊始提出"安全为天，重于泰山，以人为本，善待生命"的安全理念，并逐步形成了四大保证体系：即以总经理为首的安全生产行政指挥体系，以党委书记为首的安全生产思想政治工作保证体系，以总工程师为首的安全生产技术管理保证体系，以工会主席为首的安全生产群众监督体系。层层签订了安全责任书，形成责任分明、责任利益相结合、一级保证一级的局面。具体的安全工作由企业策划部负责，主要设消防主管和工程设备基建施工安全高级主管，后又增加保卫主管。

2002 年 9 月，成立安全监察部（简称安监部），设部长 1 人，定员 5 人，2006 年增加为 7 人。

安监部主要职责是，负责全公司现场总平面安全管理工作，包括生产和基建安全工作、交通安全、消防管理工作及安全保卫工作。各有关部门均设置专兼职安全员，全公司共有 19 名，建立了自上而下，党政工团共同参与的安全监察保障体系。

2006 年，成立了公司治安防范领导小组、重大危险源评估小组。同年，为了解决新厂新制定员限制，监督人员力量不足的问题，同时启动"一体化"管理，将外委队伍纳入公司的整体管理，从各项目部抽调了 8 名安监人员，组建了安全生产大监督监察办公室。这部分人员在公司安监部领导下，对各项目部和生产部门的安全工作进行监督检查。截至 12 月 31 日，大监督办公室检查两票 11836 张，纠正现场违章 268 起；重要检修作业到位监督 696 次；组织安全培训 13 次，参加培训人数 1393 人次；检查现场工作 226 次；检查小外包单位 81 次；对 26 起异常以上事件进行了调查。同时，为了扭转安全生产的被动局面，在原来的月安全例会的基础上，又增加了每周一次的安全例会，为进一步营造安全气氛发挥了积极的作用。

第二节　管　理　制　度

2001 年，制定《安全文明施工管理制度（基建部分）》。

2002 年，建立了公司、部门、班组三级安全教育制度。

2003 年，制定《托克托发电公司安全文明施工管理制度（草案）》、《公安保卫管理制度》。

2004 年，编制实施了《工作票操作票使用和管理标准》、《二十五项反措实施细则》、《文明生产考核办法》、《安全考问标准》、《安全生产危急事件管理办法》、《临时用工管理办法》、《外包工程管理标准》《动火工作标准化管理》等，修改完善了《运行交接班制度》、《巡回检查制度》、《五防管理制度》,《托电保厂用电的措施》、《化学危险品清单、特性及控制措施》、《防止输煤皮带着火的预案》。

2005 年，制定了《安全生产责任制》、《生产准备责任制》、《胶球清洗系统管理规定及考核办法（试行）》、《外来人员进入生产现场管理的补充规定》、《关于消防器材设备的定期检查及试验制度》、《关于易燃易爆物品管理制度》、《防火责任制》。

2006 年，制定《安全管理规章制度（安全生产管理标准及公司安全生产责任制）》。按照《二十五项反措实施细则》和重大危险源的管理要求，针对重大危险源方面检查出的问题，制定了 16 项管理制度和实施细则。编制了 49 个重大或突发事件的应急预案，还进行了演练。重新修订完善了 31 项安全生产管理规章制度，并印制成册，这些制度有：《安全生产奖惩规定》、《安全生产大监督实施细则》、《安全生产问题结案制度实施细则》、《安全生产问题督办制度实施细则》、《工作票使用和管理标准》、《操作票使用和管理标准》、《动火工作票使用和管理标准》、《工作票操作票动火工作票考核补充管理规定》、《"安措"与"反措"管理标准》、《重大危险源安全监督管理规定》、《安全生产危急事件管理办法》、《外包工程管理标准》、《生产重要操作（作业）管理人员到位管理标准》、《发电设备二类障碍标准》、《异常统计标准》、《典型违章管理标准》、《漏电保护器安装使用和安全管理规定》、《脚手架使用管理标准》、《电动工具使用安全管理规定》、《起重机械安全管理标准》、《安全工器具管理制度》、《安全生产教育管理标准》、《外来人员进入生产现场管理的补充规定》、《特殊工种管理标准》、《班组安全活动日管理标准》、《安全考问管理标准》、《节假日及夜间消缺管理规定》、《生产现场作业施工安全管理标准》、《现场使用无线通讯设备的安全管理规定》、《特种劳动防护用品使用管理实施细则》、《职工劳动防护用品管理办法》。

至此，托电公司安全文明施工、生产的考核标准、考核办法、管理机制已经基本完善，并走上了规范化管理、制度化运行的轨道。

第三节 安 全 性 评 价

一、全厂安全性评价

根据中国大唐集团公司在集团公司范围内全面开展安全性评价的总体部署，依照大唐国际安全性评价办法及《火力发电厂安全性评价》第二版的规定和要求，对照国标、行标、国电公司《关于防止电力生产重大事故的二十五项重点要求》及大唐集团公司、大唐国际发电股份有限公司颁布的有关安全生产文件、管理制度、措施及标准等规定，2005 年 7 月 14 日，由中国大唐集团公司组织的专家组对托电公司进行了全厂安全性评价。评价内容包括汽机、锅炉、电气（一、二次）、热控、燃料（煤、油）、金属、化学、作业环境、安全生产管理共 11 个项目。检查得分为 6401 分，得分率为 67.4%。查出问题 422 项，其中管理问题 302 项，重大问题 120 项，已整改 312 项，整改率为 73%。

2006 年，进行全厂安全性评价自查，查出 268 项问题，整改完成了 210 项，未整改的也已制定了整改计划、编制了整改方案。

二、并网安全性评价

受华北电网安全委员会委托，北京电机工程学会组织有关专家 9 人，分别于 2003 年 6 月、8 月，2004 年 7 月、9 月，2005 年 10 月、11 月，2006 年 7 月、10 月，对托电公司 1~8 号机组进行并网运行安全性评价。

（一）1 号机组安全性评价

2003 年 6 月 27 日~7 月 2 日，1 号机组及所属的 220 千伏、500 千伏电气设备进行并网安全性评价工作。查评必备项目 23 项，实查 22 项，19 项完全符合标准，3 项基本符合标准，查评评分项目 151 项，应得分 1735 分，实得分

1641.5 分，得分率 94.6%，评分项目单项得分率最低为 86.7%。

（二）2 号机组安全性评价

2003 年 8 月 8～13 日，2 号机组及 500 千伏电气设备进行并网安全性评价，查评必备项目 23 项，实查 22 项，评分项目共查评 151 项，应得分 1735 分，实得分 1694.5 分，得分率 97.7%，为华北电网所有查评 20 余家发电厂的最高分。

（三）3 号机组安全性评价

2004 年 7 月 23～29 日，3 号机组及相关的 500 千伏电气设备进行并网运行安全性评价，同时也对设备的运行工况进行现场查评。本次查评必备项目 23 项，实查 22 项，符合要求的 18 项，基本符合要求的 4 项。评分项目共查评 153 项，应得分 1775 分，实得分 1721 分，得分率 97%。

（四）4 号机组安全性评价

2005 年 9 月 17～21 日，4 号机组及相关的 500 千伏、220 千伏升压站进行并网安全性评价。本次查评必备项目 23 项，实查 22 项，符合要求的 17 项，评分项目共查评 160 项，应得分 1875 分，实得分 1831.5 分，得分率 97.7%。

（五）5 号机组安全性评价

2005 年 10 月 9～13 日，5 号机组及相关的 220 千伏、500 千伏电气设备共 13 个专业进行并网安全性评价。本次查评必备项目 23 项，实查 22 项，符合要求的 18 项，基本符合要求的 4 项。评分项目共查评 156 项，应得分 1820 分，实得分 1779.5 分，得分率 97.8%。

（六）6 号机组安全性评价

2005 年 11 月 25 日～12 月 1 日，6 号机组及相关的 220 千伏、500 千伏电气设备进行并网安全性评价。本次查评必备项目 23 项，共查 22 项，符合要求 18 项，查分项目共查评 155 项，应得分 1810 分，实得分 1738 分，得分率 96%。

（七）7 号机组安全性评价

2006 年 7 月 19～24 日，7 号机组及相关的高压电器设备共 13 个专业进行并网运行安全性评价。本次查评，7 号机组应查评必备项目共 23 项，共查评 22 项，符合要求的 19 项，基本符合要求的 3 项。评分项目共查评 160 项，扣分项目 19 项，应得分 1875 分，实得分 1802 分，得分率 96.1%。

（八）8 号机组安全性评价

2006 年 10 月 13～16 日，8 号机组及相关的高压电器设备共 13 个专业，进行了并网运行安全性运行初评价，评分项目共 160 项，扣分项目 7 项，占查评项目总数的 4.38%；应得分 1885 分，实得分 1857.5 分，得分率 98.54%。

这一得分，是当时华北网 60 万千瓦以上机组的最好成绩。年内结合安评整改工作，公司还对 20 余项安全生产管理制度进行了补充完善。

每次查评结束后，公司都针对专家组查出的问题和整改意见提出具体整改措施，明确当年全部整改项目，并责成有关部门制定整改计划、方案，在限定的期限内落实完成。

（九）1～6 号机组安全性评价复查

2006 年 7 月，在对 7 号机组进行安全性评价的同时，对 1～6 号机组进行安全性评价复查。原查评中发现的必备项目问题共 25 项，全部完成整改的 18 项，占问题总数的 72%。部分完成整改的 6 项，占问题总数的 24%。未整改的 1 项，占问题总数的 4%。原查评中发现的评分项目问题共 87 项，全部完成整改的 66 项，占问题总数的 75.9%，部分完成整改的 18 项，占问题总数的 20.7%，未整改的 3 项，占问题总数的 3.4%。评价中新发现的必备项目问题 5 项，评分项目问题 21 项。本次复查顺利通过。

第四节　安　全　活　动

一、安全检查

基建期间，自 2001 年开始，每年 5 月由上级主管部门对托电公司进行安全生产大检查。当年，国家电力公司对托电公司安全文明施工进行巡回检查，给予同行业中最高评分。因此，全国各地多家在建公司纷纷派员前来参观学习。此后至 2006 年，连续被华北电网公司基建联合安全检查组、大唐国际基建联合检查组评为优秀和安全文明施工样板工地。

每年 6 月"安全生产活动月"期间，公司在开展广泛宣传动员的同时，对设备、生产现场、员工生活区域等都要进行安全检查。同时在一些重大节日或重大活动，如元旦、春节、"五一"、"十一"和"两会"期间都要进行设备隐患、火灾和治安等方面的安全检查，并督促各部门做好安全防范工作。

每年在春季、秋季各组织一次安全生产大检查，并成立以总经理为首的领导小组，在全厂范围内各部门、各专业按岗位、专责，从思想、管理、制度、设备等方面以先自查、后检查、再复查的形式进行，发现问题提出整改措施、整改期限，责任落实到人，做到不留死角。

2004 年，在春、秋季安全检查中共查出重大设备隐患 397 项，一般缺陷 3121 项，大部分已整改完毕，其中暂不能实施整改的都做了整改计划。

2005年，在秋查中设备隐患检查共计查出问题91项；劳动安全及作业环境检查共计查出问题128项；防寒、防冻检查共计查出问题88项，大部分得到整改或做出整改计划。

2006年，在春季安全大检查中共查出问题938项，已整改862项，未整改76项，整改完成率91.89％。秋查中，重点进行了关于设备隐患检查、劳动安全及作业环境的现场检查和防寒、防冻检查。其中：设备隐患检查共计查出问题848项，整改801项，整改率94.5％，未整改47项；劳动安全及作业环境检查共计查出问题541项，整改314项，整改率58％，未整改227项；防寒、防冻检查共计查出问题651项，整改579项，整改率89％，未整改72项。经过春秋季的安全大检查活动，为机组安全稳定运行奠定了基础。

基于公司所处的地理位置及气候特点，每年春、秋季分别进行"防污、防风、防雷、防洪、防闪"安全检查，冬季进行以"防风、防寒、防冻、防火"工作为主的冬季安全大检查活动，逐级落实责任制，保证全年设备的安全运行。

二、安全活动

每年6月是"全国安全生产月"。期间，公司通过安全漫画，图片展览、征文、主题演讲会，安全知识竞赛、消防运动会、安全大讨论、橱窗、条幅、网页、广播、OA等载体形式进行广泛的宣传。同时，以安全月活动为基点，开展经常性的职工喜闻乐见的安全教育，施工和生产现场干净整洁，安全标语、警示牌等一应俱全，基本做到"凡是有人工作的地方，必须有安全设施；凡是有人工作的地方，必须有安全监督"，形成了底蕴深厚的安全文化景观。

每年"两会"期间，为保证安全发供电和电网稳定运行，根据上级及公司关于保"两会"的工作要求，全公司各项工作立足于高标准、严要求，突出责任制，落实到岗、到人、到位，加强对突发事件的管理，确保"两会"期间的安全供电。

每年夏季用电高峰期，全面贯彻落实集团公司、大唐国际有关保夏季大负荷的文件精神要求，成立以生产系统为主的保夏季大负荷领导小组。制定保"夏季大负荷"安全发电措施并严格执行，保证机组稳发、满发，确保京津唐电网的安全用电。

2003年，一期2台机组移交生产，公司走上了生产运营的正式轨道。因此运行安全渐显重要，公司在强化"两票三制"、缺陷管理的执行上进行了普遍宣传，做到班班有统计，值值有交接，层层有考核。结合安全生产月活动的开展，以"我懂安全，我要安全，从我做起，保证安全"为主题，公司工会以发电部、设备部、水厂等生产一线分工会为主，组织开展了以"九个一"为主要内容的具体活动，即"读一本安全书，提一条安全建议，查一起违章行为，写一篇安全体会，做一件预防事故实事，看一场安全录像片，接受一次安全培训，忆一次安全事故，当一天安全员"。

2004 年，开展在 OA 上发布"安全生产一句话"活动以及安全生产录像专题培训教育、《电业安全生产工作规程》专门培训和考试，进行了人身救护专题讲座、《安全生产法》培训以及《安全手册》的编制和使用。开展"零违章，零违纪"活动、"三不伤害"活动（即不伤害自己、不伤害他人、不被他人伤害），完善了现场安全设施，通过对"7.29"岩滩事故、"11.01"事故安全教育学习，使公司全体人员的安全素质得到了提高，同时进行了紧急救护知识及技能的培训，使人身安全有了更可靠的保证。针对 6 月全国用电紧张的形势，按照集团公司要求开展了"迎峰度夏"大检查活动，对查出的问题有针对性地制定了防范措施，顺利地完成迎峰度夏工作，被集团公司评为"迎峰度夏"先进单位。同年还开展公司首届消防运动会。

2005 年，认真开展 25 项反措工作，通过对每项措施每个内容细化分解到每个岗位及人员，从而达到对整个生产系统进行全面细致检查的要求。组织全体员工及各外委单位对厂内符合重大危险源要求的设备及系统进行了摸底统计并仔细记录在案，然后通过逐级明确各个危险源的责任人及加强日常维护检查工作，较好地实现了对各个危险源的长效安全管理。举办了油区旁消防演练活动。

2006 年，公司与各部门逐级签订安全生产责任状，将责任落实到岗位、人员，并将外委项目部的管理责任与部门挂钩，确保项目部出现问题有人落实、落实到人。全年共对 60 多起人员违章及由于管理不到位造成的设备异常进行了通报、考核。年内举办 5 号炉侧架子管消防演练，开展义务消防员培训工作，培训内容主要包括固定灭火器使用方法、特殊消防喷淋系统、特殊消防烟烙尽系统使用方法。秋检期间，在全公司范围内进行安全规程和相关安全生产管理规章制度的考试，引起全体员工的普遍重视，参加考试 551 人，80 分以上 461 人，及格率达 83.7%。按集团公司要求，组织编制应急预案 49 项，组织各专业人员进行了 23 次演练，参加人员近 500 人。共组织大型安全培训13 次，参加人数 1393 人次；对外来施工人员安全培训近 1110 人，短期调试人员培训 260 人，外来实习人员培训 150 人。

第五节 安 全 生 产 记 录

一、安全生产

托电公司从 2000 年开工基建以来，由于十分重视安全生产，基建工程一直呈现良好态势。根据中国大唐集团公司决定，从 2002 年开始进行安全生产考核。

公司历年安全日记录见表 2-5-1，机组非计划停运次数见表 2-5-2。

表 2-5-1　　　　　　　　　历年安全日记录

序　号	时　间	天　数	安全日记录中断原因
1	2001	全年	
2	2002	全年	
3	2003.6.9～2005.7.4	754	发生一起死亡事故
4	2005.7.5～2005.10.25	112	发生"10.25"全厂停电事故
5	2005.10.26～2006.3.9	134	发生一起死亡事故
6	2006.3.10～2006.8.16	156	发生一起受伤事故
7	2006.8.17～2006.12.31	134	

表 2-5-2　　　　　　　　历年各台机组非计划停运次数

机　组＼年　份	2003	2004	2005	2006
1	4	1	1	
2	4	1	1	
3		6	1	1
4		2	5	4
5			2	1
6				2
7				
8				
合　计	8	10	10	8

二、事故选例

2005 年 7 月 4 日上午 9 时左右，外委单位天津市翠湖建筑公司在 6 号机组输煤皮带层地面施工过程中，把 2 号落煤口的安全网掀起后，没有采取必要的安全防护措施，导致设备部生产准备人员张世璇失足坠落到煤斗内，经过抢救无效死亡。定性为一般责任事故。

2005 年 10 月 25 日 14 时左右，外委单位天津蓝巢电力检修公司托电项目部设备维护人员在检查缺陷时，误将交流电接入网控直流系统，致使运行中的 3 台 60 万千瓦机组、2 台 500 千伏联络变压器跳闸，造成全厂停电的重大设备事故。

2006 年 3 月 9 日 13 时 10 分，托电公司一期储煤场输煤系统运行设备在检修作业中，发生一起检修人员违章作业，操作人员违章操作，造成一人因机械伤害致死的安全生产事故。

2006 年 8 月 16 日，托电公司蓝巢维护人员在高压加热器检修作业中，因加热器水室水未放净，在拆除人孔门时，人孔芯顶出，热水喷出，造成两人重伤、一人轻伤的烫伤事故。

第六节 消 防 安 全

2000 年，根据北京大唐发电股份有限公司安全保卫工作会议要求，托电公司成立消防安全领导小组，并组队在当年北京大唐发电公司举办的首届职工消防比武大会上，荣获团体优胜奖。

2001 年，基建施工期间制定《公司消防安全管理制度》、《公司消防动火管理制度》、《电缆消防安全防护管理制度》。

2003 年 1 月，呼和浩特市消防支队派现役消防队员 12 人，常驻托电公司。同时本着专群结合的原则，托电公司配合组建 6 支义务消防队，人员分别来自发电部、设备部、云发公司、北京电建、天津电建、内蒙古电建一公司、内蒙古电建二公司、内蒙古电建三公司，津维项目部、下花园项目部等共 68 人。消防队的工作职责是抓好日常消防工作，审查全厂防火措施，并监督执行。消防队在公司遇有紧急火灾的情况下发挥着积极的作用，并参与防火管理工作和警民共建活动。

2004 年制定《动火工作标准化管理》，修改完善了《消防系统规程》，举办首届消防运动会。

2006 年初，成立公司防火委员会，执行三级安全防火责任制。委员会主任由公司总经理应学军担任，办公室设在安监部。委员会的成立进一步明确了各外委单位、各部门的防火职责和义务。同年，制定了《消防灭火应急预案》，防火重点部位有油区、制氢站、物资库、电缆夹层、输煤皮带，并定期对物资库和化学危险品库进行巡回检查。还配有完备的消防器材，并通过定期检查使之经常处于戒备状态。化学危险品有专门的药品仓库，安装了专门的防盗系统并设专人保管。严格执行三级防火检查制、动火工作票制，仅一级动火现场监护就出动消防及警卫人员 100 余人，车辆 80 余辆。当年一共进行消防培训、救疏散、演习培训 3 次，下达消防隐患通知单 12 起，已整改 11 起，待整改 1 起。

根据《呼和浩特市公安局建筑工程消防验收意见书》，公司一期、二期消防工作，分别于 2004 年 3 月 4 日、2006 年 6 月 22 日经呼和浩特市公安消防支队验收并通过。

第七节　保卫与交通安全

一、治安保卫

托电公司保卫和交通安全工作的主要任务是，在党委书记及主管负责人的领导下，保障现场安全生产，制定全厂要害部位的出入管理制度，维护内部治安。

2001 年 12 月，成立联合保卫部，对现场各单位、各部门的保卫力量实行统一指挥，协同作战，层层把关，交叉管理的工作原则。每年年初，与各施工单位签订《托电施工现场安全保卫管理责任书》，把安全保卫工作层层分解到每个施工单位，做到了"横向到边、纵向到底、责任到人"。定期组织召开保卫干部及各施工单位领导联席会议，听取安全保卫工作汇报，安排布置下一步保卫工作。同时利用 OA 办公系统、广播、音像、宣传栏、讲座等多种手段对员工进行普法教育，通过开展学习，不断提高员工学法、懂法、用法、依法办事的理念。各部门、各施工单位以自己的安全防范责任区为主，配合保卫部监督检查协调现场的安全保卫工作。联合保卫部的成立为托电机组的建设、试运、生产提供了安全可靠的保障。

其后，随着基建和生产的快速发展，托电公司又补充制定了《公安保卫制度》、《预防突发事件制度》、《厂区出入管理制度》、《主厂房出入管理制度》、《油区出入门禁制度》、《油区安全工作制度》、《制氢站出入门禁制度》、《制氢站安全工作制度》、《综合办公楼安全保卫管理规定》、《综合办公楼门卫制度》、《托电公司治安奖励管理办法（试行）》。

2005 年，制定了《工业电视监控系统管理制度》、《各类应急预案》。制作了门禁制度牌安放在各岗门旁，安装监控设施、增设停车检查指示牌，保卫室内制度上墙。

2006 年 3 月，成立公司治安防范领导小组，组长、副组长分别由总经理应学军和党委书记郭殿奎担任，办公室设在安监部。同时，制定《托电公司治安考核标准》、《托电公司交通考核标准》。根据大唐集团公司［2007］28 号文的有关规定，对相关人员出入生产现场实施准入制度，更换人员出入证。对外来项目部工作人员、厂家人员及临时用工等人员进行审查和发放临时工作证或出入证。同时进行治安培训工作，负责做好防盗、反内盗工作，物资外出按照治安防范领导小组会议纪要的要求，填写物资调运单，使现场物资调运过程中未发生严重的丢失现象，对外来人员和车辆入厂进行严格的登记、审验。

二、交通安全

托电公司拥有自主车辆 64 辆，又地处郊区，交通安全管理也是安全管理的任务之一。在基建施工期间，施工现场约有大小机动车辆 2000 多辆，交通管理工作曾一度出现混乱。公司及时采取有力措施，首先，厂区门卫对无有效证件的车辆、车况不好的车辆严禁进入厂区；其次，在厂区内每半月进行一次交通联合大检查，对手续不全、车况不好的车辆，通知使用单位限期清理出厂区。

1997 年，制定《托电公司车辆管理规章制度》。

2000 年，配合交通安全管理工作的开展，公司曾向员工发出《关于加强车辆安全管理的通知》。

2004 年，制定《交通管理制度》，按照《大唐国际准驾证管理办法》要求每位驾驶员办理准驾证。当年因输煤大道送煤车数量较多，一度造成交通秩序混乱，制定了《送煤车堵车应急预案》。

2005 年，成立了交通安全委员会，制定《交通安全管理制度》、《交通安全应急预案》，每半年进行一次交通应急预案演习。

2006 年，组织驾驶员交通规则考试 3 次，联合检查处理专项治理煤场、灰车超速现象 5 次，编制交通管理制度 5 项。重新印发交通专项治理管理制度，控制住了现场机动车辆的超速现象。同年，还处理了 2 次交通肇事事故并发布通告，大力宣传安全行车。在厂区各主要路口、架空管道安装减速带和限高标志，在铁路平交道口安装液压杆、严禁跨越铁道、减速慢行等交通安全标志，在厂区南马路规划了交通标志线并安放交通隔离墩，在主要道路设立反光镜。

第六章　科　　技

托电公司在基建和生产的同时，从实际出发建立科技组织，开展科技活动，广大工程技术人员在实践的基础上积极进行科技攻关，撰写科技论文，并在电力行业技术刊物上发表，有些论文被评为优秀科技成果奖，取得了可喜的成绩。

第一节　科　技　组　织

托电公司的科技工作由总工程师负责。2005年8月成立了科学技术协会（简称托电科协），编制了协会章程，明确规定协会代表大会和它选举产生的科协委员会是托电科协的领导机构。协会组织是公司全体科技工作者组成的群众团体，是公司联系科技工作者的纽带和桥梁，是推动托电科学技术事业发展的重要力量。其宗旨是坚持"科技强企，创建一流发电企业"。协会每三年举行一次代表大会，每年举行一次科协委员会会议，每年至少举行两次常务委员会会议；科协委员会闭会期间，常务委员会领导科协工作；科协秘书长和副秘书长由科协委员会推举产生。

2004年6月，托电公司创办基层技术刊物《托电技术监控》月刊，由托电技术监控办公室主办。该刊每月出版一期，到2006年12月已经出版32期，刊登各种论文160篇，各种技术分析130多篇。撰稿人都是托电公司设备部、发电部、维护项目部的生产人员。该刊物的宗旨是提供技术支持平台，服务企业生产管理。同年，公司制定了《合理化建议和技术攻关管理办法》，并成立领导小组，总经理和党委书记分别担任组长、副组长，成员包括公司其他领导班子成员。下设生产、经营管理、基建、党群四个评审小组。

第二节　科　技　活　动

托电公司自成立以后，特别是2003年工程投产以后，一直积极开展各项技术改造活动，进行科技攻关，为加强内部管理、提高设备健康水平、增加社会及经济效益作出了较大的贡献。以下是公司几年间科技项目选介。

一、一期工程烟气调质改造

一期机组锅炉调试后，粉尘排放严重超标，电除尘效率达不到设计要求，造成环境污染。影响电除尘效率的主要原因之一是燃用的准格尔煤，煤中硫的含量较低，而比电阻高达 1012～1013 欧姆·厘米，高比电阻灰直接导致电除尘效率降低。因此，2004 年 4 月，公司有关技术人员与北京蓝德世通公司，对一期 2 台机组进行了烟气调质改造。

通过烟气调质改造，烟尘排放浓度明显下降，经电科院初步测定，锅炉满负荷情况下，1 号炉烟尘排放浓度为 32～40 毫克/立方米，2 号炉烟尘排放浓度为 91～100 毫克/立方米（测定期间，电除尘处于故障运行状态）。调质后 1 号炉电除尘效率达到 99.77％～99.80％，2 号炉电除尘效率达到 99.46％～99.48％，大大降低由于高粉尘排放而引起引风机叶片磨损，提高了环保效益与社会效益。

二、1 号、2 号机组深度滑压运行研究

1 号、2 号机组在 30 万～60 万千瓦负荷之间采用滑压运行，滑压范围 14.5～16.1 兆帕，滑压程度很浅，给水泵在部分负荷时低压汽源满足不了给水泵出力要求，高压汽源伴有开度，影响机组经济性。通过研究合理的机组滑压运行方式，来降低给水泵耗功，克服小汽轮机在部分负荷工况（30 万千瓦、51 万千瓦）高压汽源开启的弊端，进一步提高机组的经济性。通过试验，2 号机组在 30 万～60 万千瓦负荷之间滑压范围调整为 14.5～16.6 兆帕，主汽压力提高了 0.5 兆帕，提高了机组运行的经济性。

三、循环水两机三泵改造与应用

一期 2 台机组在春、秋、冬季运行时，如投入一台循环泵，则凝汽器背压显著下降，煤耗也增加，机组运行不安全也不经济；如投入 2 台循环泵，则厂用电率增加，经济性不强。因此，在 2004 年 6 月，有关技术人员进行两机三泵运行方式的设计改造。两机三泵运行中 1 台机器保持常开，另 1 台机器用为调节阀，根据机组的负荷及真空调节循环水量。循环水的两机三泵系统，实际上是循环水系统的扩大单元制，这样使 2 台机组的循环水系统有很强的互补性，提高了单台循环水泵的备用率。尤其在机组大负荷期间，不但能保证机组的负荷率，而且还能为循环水泵的退备检修提供充足的时间和机会。对提高循环水泵的健康水平，防止设备的带病运行，杜绝设备损坏和保证机组大负荷迎峰度夏有着十分重要的意义。改造后循环水系统实现了 2 台机只启动 1 台循环泵的运行方式，可以是 1 号机启动 2 台泵加 2 号机启动 1 台的泵方式；也可以是 1 号机启动 1 台泵加 2 号机启动 2 台泵的方式。这

就需要电源系统和阀门操作系统更可靠，否则将造成 2 台机同时跳机的严重后果，因此将阀门操作速度由原先的 3 分钟改到了 40 秒左右，增加了阀门操作的可靠性。

四、小机滑停运行研究

2003 年，进行小机滑停运行研究，经过实践证明，滑停时间需 3 小时左右，停止后盘车时间需 8 小时左右，总共需 11 小时左右，而正常停机到停盘车需 45 小时左右，可节约 34 个小时。如果按每小时平均负荷 55 万千瓦计算，减少经济损失为 25.84 万元；如果按每小时平均负荷 50 万千瓦计算，减少经济损失为 12.92 万元。如将电泵平均电流按 410 安计算，则由于公司用电量的升高使上网电量减少损失为 12892.80 元。由此可见采用辅助蒸汽进行小汽机滑停所带来的经济效益是非常可观的。

五、汽泵代电泵运行研究

1 号机组给水系统改造前，机组启动期间，从锅炉上水至机组并网升负荷，直至第二台汽泵带负荷，电泵才退出运行。机组停运时，负荷降至 30%，额定负荷还要进行汽泵、电泵切换；电泵运行直至机组停机，机组启停过程中厂用电率较高。2003 年，该系统改造后，通过试验证实，机组启动期间用汽泵代替电泵运行是可行的，且在机组启动过程中可降低厂用电率，还可提高给水系统运行的灵活性。

六、逆止门制造缺陷补焊处理

2003 年，通过对汽泵逆止门及电泵出口逆止门内外表面检查处理，对超标缺陷进行挖除补焊处理，并在焊后进行了热处理，大大减弱了由于阀体本身存在的制造缺陷而带来的安全隐患，提高了系统长期安全运行的可靠性，避免了机组非计划停运事故的发生。

七、单向物理隔离装置在生产实时系统（SIS）中的应用

2004 年，SAF—3000 单向物理隔离装置在 SIS 系统网络中的成功应用，保证了集散控制系统（DCS）的安全性，保证了公司积极响应国家经济贸易委员会关于《电网与电厂计算机监控系统及调度数据网络安全防护规定》的要求，为及时、合理利用生产实时数据，打造"数字托电"品牌的全面信息化建设提供可靠的技术保障。

八、一期 220 千伏启备变过负荷限制器研制与应用

2003 年，进行一期 220 千伏启备变过负荷限制器的研制，解决了当时启备变的过载问题，它能监视启备变现有的负荷及其即将切换过来的负荷大小情况，将启备变现有负荷与即将切换过来的负荷计算相加，判断新负荷切换过来后启备变是否会过载，来决定是否允许新增负荷切换过来。

九、财务管理系统（FMIS）的实施与应用

FMIS 系统于 2003 年 11 月正式启动，2004 年 7 月完成整个系统的上线，大大节约了劳动力（详见第三篇中的《信息化管理》记述）。

十、6 千伏防误闭锁操作改造

2003 年，对 6 千伏防误闭锁操作进行五防系统加装改造，经过将近一年时间的稳定运行，切实起到了防误闭锁的作用，从根本上杜绝了各种人为误操作。

十一、3 号机组阀门在线整定

电液调节系统（DEH）阀门在线整定系统，在 2004 年 3 号机组临修期间完成，并投入使用。该系统的使用不但大大缩短了阀门整定的时间，在线参数监视和修改及在线 VP 卡件电压输出的实时监视功能，极大地方便了维护人员的检修工作、系统参数记忆及下装功能，也为 VP 卡件的在线更换提供了技术保障。在 4 号机组小修期间，公司就积极推广这一系统，更好地保证了机组的安全稳定运行。

十二、2 号机组协调控制系统优化

2 号机组协调控制系统从 2003 年 7 月调试结束投入生产后，经过两年的运行，锅炉动态特性发生改变，调试期间设置的参数已经不再适合机组的运行特性，协调控制系统的品质变差。为此，对该系统进行了一系列优化调整：增加负荷指令对煤量的前馈，修改煤量—负荷对应关系的基值，设计煤种改为 300 吨对应 60 万千瓦，以增加负荷变动时煤量前馈的变化量；增加负荷变动期间目标负荷对负荷指令的动态补偿环节，以改善锅炉的动态特性；加强负荷指令的微分前馈，在负荷变动开始期间尽快提前变化部分煤量；调整锅炉主控稳态时的 PID 参数，以缩短变负荷过程结束后压力、负荷的稳定过程；增大一次风量前馈，确保在增负荷时，可以提前将磨中的存粉吹入炉中；修改机组的滑压曲线，以提高机组的经济效益。机组协调控制系统优化后，特别是机组滑压曲线的修改，都较大地提高了机组的经济效益。同时避免了在机组高负荷时负荷变动造成机组超压现象的发生，消除了机组的重大安全隐患，保证了机组的安全稳定运行。

十三、一期机组定子绕组端部安装振动在线监测系统

发电机定子绕组损坏是严重威胁电网安全运行的重大设备故障，因修复难度大和抢修时间长，往往给发电企业造成巨大的经济损失和恶劣的社会影响。2002 年 10 月～2003 年 5 月，托电公司与日立公司合作在 2 台发电机定子绕组端部安装了端部振动在线监测系统，在发电机汽侧和励侧分别安装了 4 个测点光纤传感器的振动测试系统。该监测系统可以早期预报发电机端部松动磨损等

异常运行情况，防止发电机定子绕组损坏的重大恶性事故的发生。系统投运以后，各测点一直运行正常，目前已经成为托电公司监测发电机安全运行的一项非常有效的措施。

十四、重大危险源增加在线监视仪表

3号、4号发电机漏氢在线监测仪为北京中科华宝公司 HK-I 型监测仪表，共安装8个测点，其监测氢气浓度范围为 0.1%～2%，氢浓度额定报警值为1%。氢站系统为船舶总公司第七研究院 H/FQCB87B 型漏氢监测仪表，其测量范围为 0～4%，报警点为 1%。2005年7月24日改造完成后，可以对3号、4号机组发电机油系统及制氢站储气罐、燃油泵房进行有效的可燃气体监测，有效预防可燃气体爆燃事故。

十五、一、二期输灰系统改造

一、二期工程输灰系统设备是由克莱德公司生产的，由于煤质及电场故障等原因，造成输灰系统输灰困难等问题，有时造成机组被迫降出力运行。2005年2～12月，对该输灰系统进行改造，经过改造以后，计算出力增加到120吨/时，调试后的系统能够满足锅炉飞灰的输送要求。经过除灰出力性能试验测试，在灰分堆积密度小于 0.8162 克/立方厘米情况下，输送出力在 169 吨/时～185 吨/时之间。一电场的 45MD 泵更换成 80MD 泵，并新增加了一台除灰空压机系统；储气罐由原来的8立方米增加到30立方米。其中1号炉和2号炉增加2台灰斗气化风机系统设备。

十六、汽轮机快速冷却装置

2005年10月31日～11月15日，公司对汽轮机快速冷却装置进行系统改造。改造后，快冷装置就位于2号机汽机房0米，装置设5个压缩空气接口，冷却气流分别由第6级、第11级进入高中压汽缸中压部分由连通管导入凝汽器，装置压缩空气气源来自2号机杂用压缩空气系统。投入快冷装置后可实现机组提前停机3～4天，就是说可以实现机组提前启动3～4天，按每台机组平均日发电量 1000 万千瓦时，每千瓦时利润 0.08 元，3天就可以增加发电利润240万。

十七、膜法处理循环水排污水工程

本工程利用膜法过滤的原理，采用超滤膜将水中的悬浮物、胶体以及大颗粒有机物等杂质去除，然后再经过反渗透膜进行脱盐处理，产出的淡水全部回收利用。工程特点为：系统占地面积小、自动化程度高而且出水水质好，为火力发电厂在全国范围内真正实现"零排放"奠定了坚实的技术基础。当时，类似工程在全国范围内大多数尚处在设计施工阶段，真正成功投入运行的只有托电的膜法处理循环水排污水系统。该系统从投运至2006年底，已经累计处理

循环水排污水几千万吨，这些处理完的淡水与我们日常饮用的纯净水相比，含盐量更低，水质更洁净。这些水全部用于锅炉补给水的制备，为保证托电8台600兆瓦机组发电用水做出了巨大的贡献。该科研项目于2006年获得内蒙古自治区科技进步三等奖。

十八、直流改造工程

500千伏1号网络继电器室直流系统在设计上，用一套直流系统为1～4串设备供电，并且还引出外围泵房用直流电源，当直流系统发生故障或其他因素干扰，将直接影响1～4串所有设备的稳定运行，导致全厂停电或电网瓦解事故的发生。由于系统庞大，直流系统设置多而分散，直流系统关系整个厂网控制保护负荷供电，其地位至关重要，因此，公司在2006年5～9月对存在的隐患和不足进行技术改进，以防患于未然。改造后升压站内设备，每两串为一套直流系统，优化了直流系统及负荷的合理性，完全遵守相关反措要求，并有所突破，使站用直流系统更加合理、安全、可靠，具有显著的经济效益与社会效益。

第三节　科　技　成　果

一、科技成果

托电一期烟气调质改造荣获公司2004年度科技成果一等奖，获大唐国际发电股份有限公司分工委2004年度优秀合理化建议奖、科技成果进步奖，参与该项目的主要技术人员是胡春涛、张成锐等。二期循环水排污水处理系统应用、二期发电机出口加装断路器等科技成果荣获大唐国际2004年科技成果进步奖，获奖人是胡延青。功能膜及膜分离技术荣获内蒙古自治区2005年科技进步三等奖，获奖人是梁楷楹。一期220千伏启备变过负荷限制器研制与应用技术开发项目，荣获大唐国际2006年科技成果三等奖，参与该项目的主要技术人员是胡延青、潘惠、卜保生、郭亚斌、胡春涛、刘阳、于海洋、王敏。

二、科技论文

托电公司工程技术人员在基建和生产中边实践边学习，运用科技方法攻克了生产、建设和管理中出现的重大课题和难题，并及时总结经验教训，撰写科技论文，在公司内外交流。截至2006年底，在系统内发表科技论文20余篇。12月，公司与《华北电力技术》杂志合作，出版专刊，共有18篇科技论文发表，此后在该刊发表论文两篇。

论文发表情况见表2-6-1。

表2-6-1　　　　　　　　　　　《华北电力技术》刊登论文

分类	题　目	作　者	刊登时间
试验研究	600MW 机组 RUNBACK 性能试验的研究	赵志刚　张贵生	2005 年第十二期
	大唐托电 SIS 系统的设计与实施	康海东　李兴旺　秦毅	
	托电公司 500kV 升压站单母运行时对系统安全的影响	江志文　于海洋	
	OVATION 协调控制系统简介及优化	徐向阳　王战领	
	励磁调节器中 PSS 对系统稳定的作用及参数设置	杨海龙	
	循环水排污水膜处理系统运行分析	郭包生　杨立君　宋莲杰　韩磊	
新技术应用	O₃ 烟气调质系统在托电的应用	胡春涛　张成锐　蔡广宇	
	日立 600 兆瓦汽轮机结构特点及启动方式	李小军	
	电除尘器除尘效率的探讨	毕烨伟　林晓东　梁晓华	
	32VNT2060 空预器分析及处理方案探讨	刘健全	
	大唐国际托克托发电厂一期输煤程控技术简介	张贵生　张明军　戴祎	
故障分析	ZGM123G 型磨煤机基础台板振动分析及处理	张宝武　王锐　卢立宇　张成锐	
	托电 3 号机组阀门试验负荷摆动原因分析	王维军　王时雨	
	过热器爆管原因分析及"四管"爆漏的防范措施	王鹏	
技术改进	MBF-24.0 型磨煤机技术改造	卢立宇　蔡广宇　张成锐	
	1 号机定子冷却水泵保护改造	高翔	
	大唐国际托克托发电厂二期循环水泵改造分析探讨	石建东　徐军锋	
	大唐国际托克托发电厂输煤除尘系统水喷雾改造	胡瑞清	
	给水逆止门补焊处理	李建强	2006 年第一期
	插入式联箱角焊缝的无损探伤	白占桥	2006 年第二期

O_3 烟气调质系统在托电的应用

2006 年向大唐集团申报优秀论文 19 篇，其中两篇荣获科技论文三等奖，一篇荣获科技论文优秀奖，具体获奖情况见表 2-6-2。

表 2-6-2　　　　　　　　大唐集团科技论文奖获奖情况

论　文　题　目	获奖等级	作　者
4 号炉末级过热器爆管原因分析	科技论文三等奖	王　鹏
插入式联箱角焊缝的无损探伤	科技论文三等奖	白占桥
4×100 吨/时循环水排污水膜处理系统运行实践及优化分析	科技论文优秀奖	郭包生　杨立军 张英贤　白振锋

第七章　环　境　保　护

托电公司始终坚持"环保托电"的工作理念，重视环境治理和保护工作。从环保设备选型、方案设计到施工建设至试运行，始终贯彻高标准、高质量的要求，严格按照国家要求进行环境评价。严格执行环保设施与主体工程同时设计、同时施工、同时投产使用的"三同时"规定。还积极开展厂区绿化和周边绿化，取得了显著的成效。

第一节　环　保　投　入

托电公司8台机组均采用低氮燃烧技术，安装了双室五电场的静电除尘器并进行烟气脱硫，引进先进的废水处理系统等。主要环保设施有烟气治理设施、废污水治理设施、灰场灰渣治理设施、噪声防治设施、输煤系统煤尘防治设施、湿式脱硫设施、厂区绿化设施、环境检测设施等。

根据内电计［1995］16号文件记载，1995年按照世界银行对托电项目的要求，需在厂址附近建立长期环境监测站，因此下达环保监测费63万元，其中设备费60万元，运行、维护费3万元。

一期用于环保治理的总投资达20915万元，占工程静态总投资的2.4%。其中静电除尘设备及建筑4654万元，环境监测站设施150万元，240米高烟囱及烟道支架3995万元，工业废水处理系统700万元，生活污水处理系统405万元，灰场、除灰系统10836万元，消音器75万元，绿化费用100万元。

二期用于环保治理的总投资达64862万元，占工程静态总投资的约8.6%。其中静电除尘器设备及建筑9308万元，烟气连续监测系统、环境监测站设施恢复300万元，240米高烟囱及烟道支架7990万元，废水处理系统18890万元，灰场、除灰系统28124万元，消音器150万元，绿化费用100万元。

三期用于环保治理的总投资达72799万元，占工程静态总投资的约17.6%。其中静电除尘器设备及建筑6380万元，烟气连续监测系统150万元，烟气脱硫系统45632万元，240米高烟囱及烟道支架2333万元，废水处理系统162万元，灰场及除灰系统17832万元，绿化费用310万元。

四期用于环保治理的总投资达 57640 万元，占工程静态总投资的 13.16％。其中除尘器设备及建筑 7502 万元，烟气脱硫系统 35808 万元，240 米高烟囱及烟道支架 2462 万元，灰场 103 万元，除灰系统 11525 万元，绿化费用 160 万元，环境影响评价编制 70 万元，环保竣工验收 10 万元。

第二节　环　境　治　理

托电公司在项目批复阶段就做了环境管理计划，环境监测计划，并严格按照计划实施。环境监测主要包括大气质量、水污染监测、噪声和电磁辐射的监测等。

大气质量监测：采用美国热电子公司的烟气在线监测系统 8 套，对烟囱进行日常监测维护，运行状况良好。

水污染监测：托电公司环境监测站每月监测 3 次，委托黄河水文监测站每月监测 3 次。灰场地下水，委托呼和浩特市防疫站按照标准每月作一次理化指标监测。

对噪声和电磁辐射的监测：托电公司监测站对车间及厂区外均作每月 4 次的该项目监测。

环境管理计划的实施主要通过以下具体项目的治理来完成。

一、烟尘治理

采用双室五电场静电除尘器加烟气调质系统进行除尘治理，除尘效率为 99.79％，出口烟尘浓度为 37 毫克/立方米。经过除尘后的烟气，由引风机送入 240 米高的烟囱，把烟气送到相当高的大气边界层内，经大气的扩散送至更远的范围稀释，降低空气中的二氧化硫、氮氧化物及烟尘等污染物的落地浓度。同时，严格采用美国热电子公司的烟气在线监测系统进行自动连续监测。

二、二氧化硫治理

所用煤含硫量为 0.43％～0.5％，排放浓度 1175 毫克/立方米，符合世行和中国标准要求。2004 年以后 3～8 号机组相继投产，燃煤消耗量增加，二氧化硫排放总量也随之增加。2006 年，托电公司开始加装湿式脱硫设备，每台机组一套湿式石膏脱硫器，当年 11 月已完成 5 号、6 号、3 号、4 号机组脱硫系统的试运、测试工作。

三、氮氧化物治理

采用低氮氧化物燃烧器，排放浓度 437.5 毫克/立方米，符合 GB 13223—

2003《火电厂大气污染物排放标准》要求。

四、噪声治理

1号、2号锅炉各安装19台消音器，接触噪声各有80个测点，达标率100%，厂界噪声符合GB12348—90《工业企业厂界噪声标准》三类标准要求。运煤火车采用弹性轨道，将噪声减到最小。

五、污水治理

生活污水采用生物接触氧化法，经三级生化处理达到GB8976—1996《污水综合排放标准》要求，用于厂区绿化等。工业废水经过中和、杀菌、絮凝、过滤后用于厂区道路喷洒、煤场除尘、地面冲洗、消防用水等，并能满足污水综合排放标准。

六、粉煤灰治理

除灰方式为干式除灰，灰场为干灰场。灰场周围三面作了截渗沟排放雨水系统。干除灰还能更好地进行粉煤灰综合利用。仅2005年和2006年就出售干灰41万吨，主要用于制造水泥、混凝土等；出售湿灰0.9万吨，主要用于制砖。粉煤灰综合利用率达13.4%。一批粉煤灰利用项目，如粉煤灰提炼氧化铝、粉煤灰分选等正在筹建中。干灰排入灰库由专用运输车运至储灰场。灰场已使用部分覆盖了黏土，边坡铺空心砖固定，以防止水土流失，灰场配备喷淋装置并有洒水车定时喷洒，保证灰中含水率在15%~25%左右。

七、煤尘治理

煤场有48个中压喷水枪定期喷洒，煤尘测点10个，炉尘测点38个，达标率100%。输煤皮带为封闭式，14台除尘器和集尘室已投入运行。

八、燃油治理

油水分离系统安装在工业废水集中处理站，储油箱已做抗渗基础。油区相对独立，配有消防设施。

由于一期工程环保要求的起点很高，带动了二、三、四期工程环保指标要求也高于国家的标准（按一期标准执行）。一期环保实验室设计得非常合理，常规仪器配置很全，整个实验室建设在华北地区处于领先水平。

2005年5月19日，国家环保总局环境影响评价管理公司组织大唐国际发电股份有限公司、内蒙古自治区环保局、呼和浩特市环保局等单位对托电公司一期工程环境保护设施进行了现场检查及验收。结论为，内蒙古大唐托克托发电有限责任公司一期工程环保手续齐全，环保设施、措施按要求落实，各项污染物的排放基本达到了国家标准，基本符合环保验收条件，验收组一致同意通过环保验收。

2006年3月19日，二期工程进行环保检查和验收，结论同一期。

第三节　绿　　化

托电公司位于内蒙古自治区呼和浩特市托县境内，北靠大青山，南临库布齐沙漠，黄河横贯东西，属于中温带半干旱地区的大陆性气候。当地风大沙多，沙尘暴频繁，风沙对电厂建设和生产有一定的影响。同时，由于生产规模大，锅炉排灰量大，而且干粉煤灰在大风天气容易引起粉煤灰尘的污染，不仅影响电厂的生产，还严重影响周围居民的生活。为此，基建初期就提出"建设一个电厂，播种一片绿洲；送出光明无限，还回绿地蓝天"的口号。根据厂区建筑分布情况及厂区生产、生活环境的需要，从项目建设初期每年投入大量资金对风沙环境进行治理并建立了综合风沙防治体系。在风沙防治体系的建设中，根据因地制宜，适地适树，统一规划、合理布局、综合治理，兼顾远景与近期利益的原则，为有效防止风沙侵袭，采取厂区西侧以防护林为主，厂区内道路绿带结合各单体建筑基础绿化的绿化体系。

一、厂区绿化

2000～2004 年，建成苗圃 35333.76 平方米、防护林 21.2 万平方米、各单体绿化 18.8858 万平方米、道路两旁及固定端路种植草坪和苜蓿 5.2509 万平方米。

2005 年，在人工湖周围种植垂柳、香花槐、龙爪槐、桧柏球等各类树木 194 株，各类灌木 29 丛，共绿化 9600 平方米；新建餐厅周围种植各类树木 107 株，灌木 60 丛，绿化 2600 平方米；其他区域种植各类树木 115 株。

2006 年，在 4 号、5 号、6 号冷却塔周围绿化 4.7311 万平方米，空冷岛北侧绿化 2.1344 万平方米，三期厂房前绿化 1.2925 万平方米，除灰楼周边绿化 3480 平方米，王玉营煤场绿化 1000 平方米，3 号、4 号值班公寓周边绿化 1400 平方米。三年总绿化面积共 46.4 公顷。

二、净水厂绿化

2000～2004 年，供水管线两侧绿化 50.8 万平方米，种植柳树 5652 株，灌木 4400 丛。净水厂种植各类乔木、灌木 1000 余株，草坪 3000 平方米，办公楼附近紫花苜蓿 4 万平方米，5 号机加池附近苜蓿 1 万平方米，2005 年，补植杨树、柳树、果树等 885 株，绿化面积共 56.1 公顷。

三、灰场绿化

2004 年，种植杨树、樟子松、沙柳、红柳等各类树木 19908 株，各类灌木 2032 丛，草木樨 24012 平方米。绿地（不含护坡植物）面积 25.18 万平方米。

2005 年，补植樟子松、杨树、沙枣等 7285 株，并进行灰堆顶苜蓿覆盖 310 亩。

2006 年，进行灰场顶部苜蓿覆盖 755 亩，护坡 44.5 亩。排泥场绿化 10 万平方米。三年绿化总面积 99.15 公顷。

四、铁路绿化

铁路专用线沿线共种植乔木 106352 株，灌木丛 360227 株，铁路护坡种草 38.0741 万平方米，面积 98 公顷。

配合以上绿化工程，公司制定了《厂区卫生管理制度》、《办公楼管理制度》、《厂区绿化方案及环境卫生管理制度》等，划分了各部门的责任区，进行区域动态管理，为员工创造了整洁、舒适、文明、优美的工作、生活环境。

第八章 创一流企业

托电公司于2000年开工建设，并于2003年双投发电，随后二、三、四期工程分别于2004年、2005年和2006年实现了连续双投发电的建设目标，并创下了连续四年每年投产2台60万千瓦机组的高速发展记录，一举成为国内第一大火力发电厂，其建设规模之大、发展速度之快、经济效益之优在全国火电行业内可谓名列前茅。但距开工之初提出的"建精品、创一流、站排头"的奋斗目标还有一定距离。因此企业创一流工作更提上了公司日常工作的重中之重。

根据2004年1月《中国大唐集团公司创一流管理办法》，为深入贯彻落实其精神实质，加强公司创一流工作的领导和管理，落实责任，理顺创一流工作秩序，保证创一流工作与公司安全生产、经营管理、党群工作状况的一致性，圆满完成公司的创一流工作，托电公司随后成立了领导小组，并制定了管理办法。

领导小组组长是公司总经理和党委书记，副组长是公司其他领导，成员包括公司中层正职。办公室设在总经理工作部，主任由总经理工作部副部长担任，成员包括各部门相关人员共计15人。

管理办法明确了各部门职责、管理流程以及考核奖励，将各项指标分解到各部门，并要求准确、准时地上报创一流的各项数据。

总经理工作部是创一流综合管理指标的归口负责部门，负责对标准化管理提出评价指标和要求，并对各部门提出年度考评意见。

发电部是创一流主要生产指标考评的归口负责部门，主要负责发电量、环境保护、供电标准煤耗的指标评价和要求，并对各部门提出年度考评意见。

设备部是创一流设备可靠性管理的归口负责部门，主要负责科技进步、检修管理、等效可用系数、技术监控等的指标评价和要求，并对各部门提出年度考评意见。

财务部是创一流经营管理指标的归口负责部门，主要负责发电单位固定成本、成本费用利润率、三年平均资本保值增值率、电热费回收周期、单位装机容量利润率、发电单位边际利润、净资产收益率等指标评价和要求，并对各部门提出年度考评意见。

安监部是安全生产的归口负责部门，主要负责事故率、非计划停运次数、危急事件管理、安全性评价等指标评价和要求，并对各部门提出年度考评意见。

人力部是创一流人力资源开发综合指标考评的归口负责部门，主要负责人力资源开发、企业形象与管理等指标评价和要求，并对各部门提出年度考评意见。

燃料部是创一流燃煤采制化指标考评的负责部门，主要负责煤质合格率，标煤单价，入厂、入炉煤热值差等的指标评价和要求，并对各部门提出年度考评意见。

政工部是创一流精神文明建设、党风廉政建设指标考评的归口负责部门，主要负责精神文明建设、党风廉政建设、企业文化建设等指标评价和要求，并对各部门提出年度考评意见。

2004～2006 年度"创一流"指标得分及对比分析情况见表 2-8-1～表2-8-3。

表 2-8-1　　　　2004 年"创一流"指标得分及对比分析情况

指标名称	2004 年公司得分	集团公司最高分	集团公司标准分	集团公司平均分	与集团公司最高分比较	与集团公司标准分比较	与集团公司平均分比较
发电量	225	225	150	220	相当	75	5
环境保护	100	100	100	47	相当	相当	53
供电标准煤耗	143.55	225	150	73	−81.5	−6.45	70
市场占有率（旧）	145.7	150	100	115	−4.3	45.7	30
科技进步	50	150	100	48	−100	−50	2
检修管理	−50	150	100	75	−200	−150	−125
等效可用系数	−4.5	100	100	73	−104.5	−104.5	−77
技术监控	150	150	150	108	相当	相当	42
成本费用利润率	150	150	100	49	相当	50	101
三年平均资本保值增值率	150	150	100	50	相当	50	100
净资产收益率	150	150	100	46	相当	50	104
电价（旧）	179.85	225	150	170	−45.15	29.85	10
电热费回收率（旧）	150	225	150	158	−75	相当	−8
资产负债率（旧）	145.3	150	100	101	−4.7	45.3	44
单位燃料成本（旧）	105.6	150	100	105	−44.4	5.6	1
利润指标完成率（旧）	150	150	100	129	相当	50	21
发电单位成本（旧）	225	225	150	161	相当	75	64

续表

指标名称	2004 年公司得分	集团公司最高分	集团公司标准分	集团公司平均分	与集团公司最高分比较	与集团公司标准分比较	与集团公司平均分比较
事故率	75	100	100	92	－25	－25	17
非计划停运次数	0	150	150	76	－150	－150	－76
危急事件管理	80	100	100	87	－20	－20	－7
安全性评价	－45	150	150	85	－195	－195	－130
人力资源开发	100	100	100	73	相当	相当	27
企业形象管理	130	150	0	45	－20	130	85
标煤单价	150	150	150	28	相当	相当	122
入厂、入炉煤热值差	88.2	148.8	79	－60.6	－11.8	9
标准化管理	80	100	100	86	－20	－20	－6

表 2-8-2　　　　　2005 年"创一流"指标得分及对比分析情况

指标名称	2005 年公司得分	集团公司最高分	集团公司标准分	集团公司平均分	与集团公司最高分比较	与集团公司标准分比较	与集团公司平均分比较
发电量	101.55	225	150	167.35	123.45	－48.45	－66
环境保护	100	100	100	36.12	相当	相当	64
供电标准煤耗	92.1	225	150	122	－132.9	－57.9	－30
市场占有率（旧）	113.5	150	100	102	－36.5	13.5	11
科技进步	100	100	100	74	相当	相当	26
检修管理	－50	150	100	110	－200	－150	－160
等效可用系数	55.5	100	100	75	－44.5	－44.5	－19
技术监控	150	150	150	134	相当	相当	16
成本费用利润率	150	150	100	52	相当	50	98
三年平均资本保值增值率	150	150	100	38	相当	50	112
净资产收益率	150	150	100	59	相当	50	91
电价（旧）	215.25	225	150	175	－9.75	65.25	40
电热费回收率（旧）	203.7	225	150	163	－21.3	53.7	40
资产负债率（旧）	114.6	150	100	104	－35.4	14.6	10
单位燃料成本（旧）	27.8	120.4	100	34	－92.6	－72.2	－6
利润指标完成率（旧）	150	150	100	95	相当	50	55

指标名称	2005年公司得分	集团公司最高分	集团公司标准分	集团公司平均分	与集团公司最高分比较	与集团公司标准分比较	与集团公司平均分比较
发电单位成本（旧）	117	225	150	105	−108	−33	12
事故率	75	100	100	88	−25	−25	−13
非计划停运次数	30	150	150	99	−120	−120	−69
危急事件管理	20	100	100	57	−80	−80	−37
安全性评价	150	150	150	128	相当	相当	22
人力资源开发	100	100	100	78	相当	相当	22
企业形象管理	150	150	0	57.08	相当	150	93
标煤单价	94.7	150	150	81.36	−55.3	−55.3	13
入厂、入炉煤热值差	95.2	130.2	100	77.65	−35	−4.8	18
标准化管理	0	100	100	86.67	−100	−100	−87

表 2-8-3　　　　2006 年"创一流"指标得分及对比分析情况

指标名称	2006年公司得分	集团公司最高分	集团公司标准分	集团公司平均分	与集团公司最高分比较	与集团公司标准分比较	与集团公司平均分比较
发电量	197.9	225	150	165.7	27.3	47.7	32
环境保护	−50	100	100	33.68	−150	−150	−84
供电标准煤耗	163.2	225	150	109	−61.8	13.2	54
科技进步	−20	150	100	97	−170	−120	−117
检修管理	150	150	100	131	相当	50	19
等效可用系数	71.7	100	100	84	−28.3	−28.3	−12
技术监控	150	150	150	133	相当	相当	17
发电单位固定成本（新）	180.9	196.2	150	144	−15.3	30.9	37
成本费用利润率	150	150	100	76	相当	50	74
三年平均资本保值增值率	150	150	100	54	相当	50	96
电热费回收周期	225	225	150	154	相当	75	71
单位装机容量利润率（新）	225	225	150	55	相当	75	170
发电单位边际利润（新）	170.55	225	150	152	−54.45	20.55	19

指标名称	2006年公司得分	集团公司最高分	集团公司标准分	集团公司平均分	与集团公司最高分比较	与集团公司标准分比较	与集团公司平均分比较
净资产收益率	150	150	100	73	相当	50	77
事故率	83.3	100	100	95	−16.7	−16.7	−12
非计划停运次数	60	150	150	109.62	−90	−90	−50
危急事件管理	100	100	100	97.96	相当	相当	2
安全性评价	75	150	150	148.46	−75	−75	−73
人力资源开发	96	100	100	93.45	−4	−4	3
企业形象管理	150	150	0	79.39	相当	150	71
标煤单价	106.1	150	150	99.53	−43.9	−43.9	7
入厂、入炉煤热值差	95.2	150	100	95.37	−54.8	−4.8	相当
标准化管理	0	100	100	93.47	−100	−100	−93

第三篇　管　　理

第三篇　管　　理

内蒙古大唐国际托克托发电有限责任公司，于 1995 年 11 月在呼和浩特市注册成立。公司资本金由大唐国际发电股份有限公司、北京能源投资（集团）有限公司和内蒙古蒙电华能热电股份有限公司三家股东分别以 60%、25%、15% 的比例出资注入。托电公司按照现代企业制度的要求运营，负责托电公司的建设、经营和管理，实行在股东会、董事会、监事会领导下的总经理负责制，负责项目的建设、运营及债务偿还。

托电公司全面实施新厂新制，本着精干、高效、务实的原则设置管理部门机构，到 2006 年底公司共设 9 部 1 处 1 室，即总经理工作部、人力资源部、财务部、物资供应部、燃料管理部、安全监察部、发电部、设备部、政工部、扩建工程处、粉煤灰综合利用办公室。对于检修工程和社会服务业，实行外委承包。在深化改革和加强管理的各个方面做了许多有益的探索，并取得一定成效。

在管理中推行先进的管理手段和方法，把"建精品、创一流、站排头"确立为奋斗目标，建立了一整套严密的质量保证体系，并充分体现商业化营运、法制化管理的现代企业制度。通过新的管理模式和管理标准的建立，强化了各级领导班子，提高了员工队伍的素质，达到了高效率、高效益的目的。

第一章　人　力　资　源　管　理

托电公司按照现代企业制度和企业法人治理结构的要求，坚持以人为本、人才强企的理念，本着精干、高效、务实的原则，确定岗位设置及定员；通过员工招聘、毕业生接收、签订劳动合同等管理措施，促进了员工队伍的建设；由岗位技能工资制转到实行岗位薪点工资制，并结合经济责任制考核，调动了员工的积极性，采取多种形式加强员工的教育培训和人才培养，妥善地安排员工的社会保险、劳动保护和医疗保险，解决了员工的后顾之忧。

第一节 公司组织结构

托电公司的前身为托克托电厂筹备处，按照现代企业制度的要求，进行股份制改革，经过三年多的筹备，于 1995 年 11 月成立内蒙古托克托发电有限责任公司。根据《公司法》及《公司章程》的有关规定，按照法人治理结构要求，成立股东会、董事会、监事会，在董事会的领导下实行总经理负责制。董事会由各出资方代表组成，履行出资人的职责，严格依法经营通过"三会"行使权力，坚持决策的过程合理、合法，完善公司的治理结构。

一、托电公司历次股东会

第一次股东会

时　　间：1995 年 8 月 9 日。

地　　点：北京市。

股东代表：李昌富（华北电力集团公司）、乌力吉（内蒙古电力总公司）、闫迅（北京国际电力开发投资公司）。

主要议题：

审议关于托电项目前期工作进展情况的汇报。

第二次股东会

时　　间：1996 年 5 月 3 日。

地　　点：北京市。

股东代表：杨济（华北电力集团公司）、乌力吉（内蒙古电力总公司）、闫迅（北京国际电力开发投资公司）。

主要议题：

1. 更换董事。

2. 通过更换的副董事长。

3. 聘任公司总经理、副总经理。

4. 听取电厂筹备处对项目前期工作和世行预评估准备工作进展情况的汇报。

5. 研究确定公司注册资本金由 10% 提高到 25%；1996 年公司注册资本金到位时间及数额。

6. 签署《合资合同》、《公司章程》。

7. 研究确定公司 1996 年用款计划。

8. 确定招标领导小组股东各方参加人员。

9. 研究确定公司下一步的管理问题。

第三次股东会

时　间：1996 年 10 月 28 日。

地　点：河北省怀来县华北电力地热疗养院。

股东代表：焦亿安（华北电力集团公司）、乌力吉（内蒙古电力总公司）、闫迅（北京国际电力开发投资公司）、赵建国（华北电力集团公司）。

主要议题：

1. 介绍并通过股东方推荐的监事。

2. 讨论通过监事会召集人。

3. 介绍并通过更换董事的名单。

第四次股东会

时　间：1997 年 8 月 29 日。

地　点：华北电力地热疗养院。

股东代表：焦亿安（华北电力集团公司）、乌力吉（内蒙古电力总公司）、闫迅（北京国际电力开发投资公司）。

主要议题：

1. 审议公司董事会 1996 年度工作报告。

2. 审议公司监事会 1996 年度工作报告。

3. 审议公司财务报告。

4. 通过公司 1997 年度工程及用款计划和股本金注入计划。

5. 通过股本金注入股东决议。

6. 通过公司监事会工作暂行规定。

第五次股东会

时　间：1998 年 1 月 24 日。

地　点：内蒙古自治区呼和浩特市。

股东代表：钱遵培（华北电力集团公司）、乌若思（内蒙古电力总公司）、闫迅（北京国际电力开发投资公司）。

主要议题：

1. 讨论通过华北电力转让出资。

2. 讨论通过北京大唐受让华北电力出资。

3. 通过并签署股东会出资转让的决议。

第六次股东会

时　间：1998 年 1 月 24 日。

地　点：呼和浩特市满都拉宾馆。

股东代表：杨洪明（北京大唐发电股份有限公司）、闫迅（北京国际电力开发投资公司）、乌若思（内蒙古电力总公司）。

主要议题：

1. 研究调整股东出资比例。

2. 修改公司《合资合同》、《章程》。

3. 讨论更换公司董事、监事人选。

4. 公司 1997 年注册资本金到位及使用情况说明。

5. 通过并签署股东调整出资比例的决议。

第七次股东会

时　　间：1998 年 4 月 16 日。

地　　点：北京市。

股东代表：杨济（北京大唐发电股份有限公司）、闫迅（北京国际电力开发投资公司）、乌若思（内蒙古电力总公司）。

主要议题：

1. 审议关于内蒙古电力总公司垫付的前期费转作股本金的意见。

2. 审议关于股东按时足额缴纳注册资本金的意见。

第八次股东会

时　　间：2000 年 3 月 4 日。

地　　点：内蒙古自治区呼和浩特市。

股东代表：于洪基（北京大唐发电股份有限公司）、刘海峡（北京国际电力开发投资公司）、乌若思（内蒙古电力集团有限责任公司）。

主要议题：

1. 听取《托克托发电有限责任公司监事会 1998 年度、1999 年度工作报告》。

2. 审议《关于托克托发电有限责任公司更名的议案》。

3. 审议《关于修改〈托克托发电有限责任公司章程〉的议案》。

4. 审议《关于修改〈托克托发电有限责任公司合资合同〉的议案》。

5. 听取《托克托发电有限责任公司关于职工代表监事选举结果的报告》。

6. 审议《股东各方推选董事的议案》。

7. 审议《股东各方委派监事的议案》。

8. 审议《关于内蒙古电力（集团）有限责任公司垫付的前期费及利息转作资本金的议案》。

9. 通报《内蒙古电力（集团）有限责任公司关于托克托电厂前期工作商品化的书面议案》。

第九次股东会

时　　间：2000 年 3 月 4 日。

地　　点：内蒙古自治区呼和浩特市。

股东代表：于洪基（北京大唐发电股份有限公司）、刘海峡（北京国际电力开发投资公司）、乌若思（内蒙古电力总公司）。

主要议题：

1. 审议《关于托电公司一期工程总体进度及投资安排的议案》。

2. 审议《关于托电公司一期工程 2000 年工程进度及投资建议计划的议案》。

3. 审议《内蒙古大唐托克托发电有限责任公司财务收支报告》。

第十次股东会

时　　间：2000 年 7 月 25 日。

地　　点：内蒙古自治区呼和浩特市。

股东代表：于洪基（北京大唐发电股份有限公司）、刘海峡（北京国际电力开发投资公司）、乌若思（内蒙古电力集团有限责任公司）。

主要议题：

1. 审议托电公司三届二次董事会《关于开工前准备工作的报告》。

2. 审议托电公司三届二次董事会《关于开工前准备工作资金配置的议案》。

3. 股东方代表对《关于开工前准备工作资金配置的议案》进行表决。

第十一次股东会

时　　间：2000 年 11 月 27 日。

地　　点：北京市。

股东代表：于洪基（北京大唐发电股份有限公司）、刘海峡（北京国际电力开发投资公司）、乌若思（内蒙古电力集团有限责任公司）。

主要议题：

审议托电公司第三届三次董事会《关于托电工程 2001 年度工程进度及投资计划的议案》。

第十二次股东会

时　　间：2001 年 2 月 8 日。

地　　点：北京市。

股东代表：于洪基（北京大唐发电股份有限公司）、杨家义（北京国际电力开发投资公司）、乌若思（内蒙古电力集团有限责任公司）。

主要议题：

1. 审议《关于更换部分董事的议案》。

2. 听取《关于职工代表董事选举结果的报告》。

第十三次股东会

时　　间：2001 年 4 月 29 日。

地　　点：广州市。

股东代表：于洪基（北京大唐发电股份有限公司）、邢焕楼（北京大唐发电股份有限公司）、乌若思（内蒙古蒙电华能热电股份有限公司）。

主要议题：

1. 听取《监事会 2000 年度工作报告》。

2. 审议《关于修改〈公司章程〉的议案》。

3. 审议《关于托电项目国内外融资及担保的议案》。

4. 审议《关于股东方案签署〈担保协议〉的议案》。

5. 审议《关于对托电项目世行贷款进行利率掉期的议案》。

6. 审议《关于调整 2001 年度托电工程用款计划的议案》。

7. 审议《关于托电工程建设若干重大事项的议案》。

第十四次股东会

时　　间：2002 年 1 月 15 日。

地　　点：北京市。

股东代表：于洪基（北京大唐发电股份有限公司）、仇明（北京国际电力开发投资公司）、乌若思（内蒙古蒙电华能热电股份有限公司）。

主要议题：

1. 听取《监事会关于核查审计遗留问题的报告》。

2. 审议《关于更换部分董事的议案》。

3. 审议《关于投资扩建托电二期工程的议案》。

4. 审议《关于修改〈公司章程〉的议案》。

5. 审议《关于聘请公司会计师的议案》。

第十五次股东会

时　　间：2002 年 1 月 15 日。

地　　点：北京市。

股东代表：于洪基（北京大唐发电有限公司）、仇明（北京国际电力开发投资公司）、乌若思（内蒙古蒙电华能热电股份有限公司）。

主要议题：

1. 审议第三届六次董事会《关于〈内蒙古大唐托电一期工程造价管理奖惩办法〉的议案》。

2. 审议第三届六次董事会《关于 2002 年度托电一期工程进度及投资建议计划的议案》。

3. 审议第三届六次董事会《关于托电二期工程施工准备工作的议案》。

4. 审议《关于托电二期工程融资方案的议案》。

5. 审议第三届六次董事会《关于 2002 年度托电二期工程进度及投资建议计划的议案》。

6. 审议第三届六次董事会《关于参股投资神华西部铁路运输股份有限公司的议案》。

第十六次股东会

时　间：2002 年 9 月 10 日。

地　点：北京市。

股东代表：于洪基（北京大唐发电股份有限公司）、邢焕楼（北京国际电力开发投资公司）、乌若思（内蒙古蒙电华能热电股份有限公司）。

主要议题：

1. 审议《关于处理审议遗留问题的议案》。

2. 审议《关于托电二期工程总体进度及投资安排的议案》。

3. 审议《关于托电二期工程 2002 年投资建议计划及 2003 年投资建议计划的议案》。

4. 审议《关于托电二期工程安全、质量及工期控制奖惩方法的议案》。

第十七次股东会

时　间：2003 年 12 月 29 日。

地　点：北京市。

股东代表：魏远（北京大唐发电股份有限公司）、仇明（北京国际电力开发投资公司）、吕慧（内蒙古蒙电华能热电股份有限公司）。

主要议题：

1. 审议《董事会工作报告》。

2. 审议《监事会工作报告》。

3. 听取《关于第四届董事会职工代表董事选举结果的报告》。

4. 听取《关于第四届董事会职工代表监事选举结果的报告》。

5. 审议《关于第四届董事会人员组成的议案》。

6. 审议《关于第四届监事会人员组成的议案》。

7. 审议《关于变更公司注册登记住所的议案》。

8. 审议《关于增资扩建托电三期工程的议案》。

9. 审议《关于出售旧职工宿舍的议案》。

10. 审议《关于参股投资神华西部铁路运输股份有限公司的补充议案》。

第十八次股东会

时　间：2003 年 12 月 29 日。

地　点：北京市。

股东代表：魏远（北京大唐发电股份有限公司）、仇明（北京国际电力开发投资公司）、吕慧（内蒙古蒙电华能热电股份有限公司）。

主要议题：

1. 审议《2002 年度财务决算报告》。

2. 审议《关于托电工程 2003 年度工程建设进度、投资计划及资金配置的议案》。

3. 审议《2003 年度财务预算报告》。

4. 审议《关于 2003 年度利润预分配方案的议案》。

5. 审议《关于托电工程 2004 年度工程建设进度、投资计划及资金配置的议案》。

6. 审议《2004 年度财务预算报告》。

7. 审议《关于修改〈公司章程〉的议案》。

第十九次股东会

时　间：2004 年 4 月 30 日。

地　点：上海市。

股东代表：魏远（北京大唐发电股份有限公司）、仇明（北京国际电力开发投资公司）、吕慧（内蒙古蒙电华能热电股份有限公司）。

主要议题：

1. 审议《2003 年度财务决算报告》。

2. 审议《2003 年度公司利润分配方案》。

3. 审议《2004 年度财务预算报告》。

4. 审议《关于托电一期工程竣工决算的议案》。

5. 审议《关于增加公司注册资本的议案》。

6. 审议《关于公司更名的议案》。

7. 审议《关于修改〈公司章程〉的议案》。

第二十次股东会

时　间：2005 年 5 月 21 日。

地　点：北京市。

股东代表：朱平立（大唐国际发电股份有限公司）、仇明（北京国际电力开发投资公司）、张彤（内蒙古蒙电华能热电股份有限公司）。

主要议题：

关于北京国际电力开发投资公司股权转让给北京能源投资（集团）有限公司的议案。

第二十一次股东会

时　间：2005 年 5 月 21 日。

地　点：北京市。

股东代表：朱平立（大唐国际发电股份有限公司）、仇明（北京国际电力开发投资公司）、张彤（内蒙古蒙电华能热电股份有限公司）。

主要议题：

审议《关于投资建设宾馆的议案》。

第二十二次股东会

时　间：2005 年 6 月 22 日以通讯方式。

股东代表：魏远（大唐国际发电股份有限公司）、李凤玲（北京能源投资集团有限公司）、吕慧（内蒙古蒙电华能热电股份有限公司）。

主要议题：

审议关于 2004 年度公司利润分配方案的议案。

第二十三次股东会

时　间：2006 年 4 月 14 日以通讯方式。

股东代表：杨洪明（大唐国际发电股份有限公司）、李凤玲（北京能源投资集团有限公司）、吕慧（内蒙古蒙电华能热电股份有限公司）。

主要议题：

通过关于调整部分监事的决议。

第二十四次股东会

时　间：2006 年 6 月 7 日以通讯方式。

股东代表：杨洪明（大唐国际发电股份有限公司）、李凤玲（北京能源投资集团有限公司）、吕慧（内蒙古蒙电华能热电股份有限公司）。

主要议题：

通过关于投资建设内蒙古托克托工业园区自备电厂的决议。

第二十五次股东会

时　间：2006 年 6 月 13 日以通讯方式。

股东代表：杨洪明（大唐国际发电股份有限公司）、李凤玲（北京能源投资集团有限公司）、吕慧（内蒙古蒙电华能热电股份有限公司）。

主要议题：

1. 通过《关于审议实施职工住房货币化方案》的决议。

2. 通过《关于审议 2005 年度公司利润分配方案》的决议。

3. 通过《关于审议出售职工住房》的决议。

第二十六次股东会

时　间：2006 年 7 月 7 日。

地　点：北京市。

股东代表：安洪光（大唐国际发电股份有限公司）、仇明（北京能源投资集团有限公司）、刘亚洲（内蒙古蒙电华能热电股份有限公司）。

主要议题：

1. 通过《关于审议〈2005 年度监事会工作报告〉的决议》。

2. 通过《关于审议〈2005 年度财务决算报告〉的决议》。

3. 通过《关于托电工程 2005 年度工程建设进度、投资建议计划及资金建议计划的决议》。

4. 通过《关于〈2006 年度财务决算方案〉的决议》。

第二十七次股东会

时　间：2006 年 7 月 7 日。

地　点：北京市。

股东代表：安洪光（大唐国际发电股份有限公司）、仇明（北京能源投资集团有限公司）、刘亚洲（内蒙古蒙电华能热电股份有限公司）。

主要议题：

审议关于投资建设托电一期烟气脱硫改造工程的议案。

第二十八次股东会

时　间：2006 年 7 月 7 日。

地　点：北京市。

股东代表：安洪光（大唐国际发电股份有限公司）、仇明（北京能源投资集团有限公司）、刘亚洲（内蒙古蒙电华能热电股份有限公司）。

主要议题：

1. 通过《关于〈2005 年度监事会工作报告〉的决议》。

2. 通过《关于〈2005 年度财务决算报告〉的决议》。

3. 通过《关于托电二期工程竣工决算的决议》。

4. 通过《关于酒店项目进展及投资计划的决议》。

5. 通过《关于〈2006 年度财务预算方案〉的决议》。

6. 通过《关于 2006 年度融资的决议》。

7. 通过《关于增加公司注册资本的决议》。

8. 通过《关于改变银行担保方式的决议》。

二、托电公司历届历次董事会

第一届一次董事会

时　间：1995年8月9日。

地　点：北京市。

董事长：焦亿安。

副董事长：乌力吉、闫迅、李昌富（常务）。

董　事：赵建国、钱尚廉、闫迅、金永纯、铁木尔、郭殿奎、胡绳木、李雨田、朱金楠董事的授权代表杜慧英，李昌富、乌力吉二位董事缺席。

主要议题：

1. 通过董事长、副董事长人选。

2. 商量主要工作。

（1）股东会原则通过了《托克托发电有限责任公司合资合同》（股东会讨论稿）。

（2）股东会决定本期发电工程投资总额定为80亿元人民币。

（3）股东会决定成立托克托发电有限责任公司董事会。

（4）董事会决定托克托发电有限责任公司总经理、副总经理和财务负责人，在华北电力集团范围内公开招聘。

第一届二次董事会

时　间：1996年5月3日。

地　点：北京市。

董事长：焦亿安。

副董事长：乌力吉、闫迅、杨济。

董　事：杨济、乌力吉、闫迅、钱尚廉、朱金楠、金永纯、张沛和、胡绳木、李丰、郭新明。

主要议题：

1. 更换董事

——由中国华北电力集团公司人事部副部长李兵汇报。

2. 通过更换的副董事长。

——由中国华北电力集团公司人事部副部长李兵汇报。

3. 聘任公司总经理、副总经理。

——由中国华北电力集团公司人事部副部长李兵汇报。

4. 听取电力筹备处对项目前期工作和世行预评估准备工作进展情况的汇报。

——由托克托发电厂筹备处主任郭殿奎汇报。

5. 研究确定公司注册资本金由 10％提高到 25％；1996 年公司注册资本金到位时间及数额。

——由中国华北电力集团公司计划部经理金永纯汇报。

6. 签署《合资合同》、《公司章程》。

——由中国华北电力集团公司计划部项目处长王树民汇报。

7. 研究确定公司 1996 年用款计划。

——由托克托发电厂筹备处主任郭殿奎汇报。

8. 确定招标领导小组股东各方参加人员。

——由中国华北电力集团公司外事局局长董汉杰汇报。

9. 研究确定公司下一步的管理问题。

第一届三次董事会

时　　间：1996 年 10 月 28 日。

地　　点：河北省怀来县华北电力地热疗养院。

董事长：焦亿安。

副董事长：乌力吉、闫迅、杨济。

董　　事：赵建国、钱尚廉、朱金楠、于幼文、张沛和、王树民、李丰、郭新明、张纲。

主要议题：

1. 聘任公司高级管理人员。

2. 通过设备招评标领导小组成员名单。

3. 通过公司管理制度（人事、计划、工程、生产、财务管理制度）。

4. 公司注册资本金到位及使用说明和 1997 年工程用款计划。

5. 听取托电公司工作汇报。

第一届四次董事会

时　　间：1997 年 8 月 29 日。

地　　点：华北地热培训中心。

董事长：焦亿安。

副董事长：乌力吉、杨济、闫迅。

董　　事：钱遵培、于幼文、王树民、朱金楠、王宪周。

主要议题：

1. 审议公司总经理工作报告。

2. 聘任公司高级管理人员。

第一届五次董事会

时　　间：1998 年 1 月 24 日。

地　点：呼和浩特市满都拉宾馆。

董事长：焦亿安。

副董事长：乌力吉、杨济、闫迅。

董　事：钱遵培、于幼文、王树民、朱金楠、王宪周、乌力吉、钱尚廉、张纲、李丰。

主要议题：

1. 讨论通过华北电力转让出资。

2. 讨论通过北京大唐受让华北电力出资。

3. 通过并签署股东会出资转让的决议。

第二届一次董事会

时　间：1998年4月16日。

地　点：北京市。

董事长：焦亿安。

副董事长：杨济、闫迅、乌若思。

董　事：于幼文、胡绳木、李德彪、梁殿臣、寇炳恩、王树民、钱遵培。

主要议题：

1. 梁殿臣做《总经理报告》。

2. 朱平立做《1999年度工程项目安排及资金安排意见》的报告。

3. 寇炳恩做《关于设立董事会专业工作委员会意见》的报告。

4. 寇炳恩做《关于设立董事会秘书意见》的报告。

5. 寇炳恩做《董事会工作暂行规定》的报告。

第三届一次董事会

时　间：2000年3月4日。

地　点：内蒙古自治区呼和浩特市。

董事长：于洪基。

副董事长：张　毅、刘海峡、乌若思。

董　事：乌若思、于幼文、胡绳木、蔡恩治、吕慧、魏远、梁殿臣、李德标、逯敏。

主要议题：

1. 董事会秘书通报新一届董事会成员名单。

2. 审议《关于股东方提名新一届董事长的建议》。

3. 审议《关于股东方各方提名新一届副董事长的建议》。

4. 董事会秘书通报新一届监事会成员名单。

5. 审议《关于提名新一届董事会秘书的建议》。

6. 审议《关于调整董事会各专业工作委员会成员的议案》。

7. 审议《总经理工作报告》。

8. 审议《关于托电一期工程总体进度及投资安排的议案》。

9. 审议《关于托电一期工程 2000 年工程进度及投资建议计划的议案》。

10. 审议《内蒙古大唐托克托发电有限责任公司财务收支报告》。

11. 审议《关于 2000 年度内蒙古大唐托克托发电有限责任公司领导干部考核、奖惩的议案》。

12. 审议《关于实施托电精品工程相关管理办法的议案》。

第三届二次董事会

时　　间：2000 年 7 月 25 日。

地　　点：内蒙古自治区呼和浩特市。

董事长：于洪基。

副董事长：张毅、刘海峡、乌若思。

董　　事：于幼文、胡绳木、蔡恩治、魏远、梁殿臣、李军、李德标、杨美茹。

主要议题：

1. 审议《关于形成深化托克托电厂开工前期准备工作议案的决议》。

2. 审议《关于形成开工前准备工作资金配置议案的决议》。

第三届三次董事会

时　　间：2000 年 11 月 27 日。

地　　点：北京市。

董事长：于洪基。

副董事长：刘海峡、乌若思。

董　　事：胡绳木、蔡恩治、魏远、梁殿臣、郭明星、张纲。

主要议题：

1. 审议《总经理工作报告》。

2. 审议《关于托电工程 2001 年度工程进度及投资计划的建议》。

3. 审议《关于更换总经理的建议》。

第三届四次董事会

时　　间：2001 年 2 月 8 日。

地　　点：北京市。

董事长：于洪基。

副董事长：张　毅、刘海峡、乌若思。

董　　事：王宪周、蔡恩治、魏远、梁殿臣、杨家义、郭明星、吕慧、朱平立。

主要议题：

1. 审议《总经理工作报告》。

2. 审议《关于组织机构及定员的议案》。

3. 审议《关于聘任公司高级管理人员的议案》。

第三届五次董事会

时　　间：2001 年 4 月 29 日。

地　　点：广州市。

董事长：于洪基。

副董事长：刘海峡、乌若思、张毅。

董　　事：王宪周、魏远、梁殿臣、杨家义、郭明星、吕慧、朱平立。

主要议题：

1. 审议《总经理工作报告》。

2. 审议《财务工作报告》。

3. 审议《关于 2000 年度托电工程进度及投资计划执行情况的议案》。

4. 审议《关于梁殿臣同志离任审计问题落实情况的报告》。

5. 审议《关于调整 2001 年度托电工程用款计划的议案》。

6. 审议《关于托电工程建设若干重大事项的议案》。

7. 审议《关于聘任高级管理人员的议案》。

第三届六次董事会

时　　间：2002 年 1 月。

地　　点：北京市。

董事长：于洪基。

副董事长：刘海峡、乌若思、张毅。

董　　事：王宪周、魏远、蔡恩治、宋玉洛、李文祚、杨家义、郭明星、吕慧、朱平立。

主要议题：

1. 审议《总经理工作报告》。

2. 审议《2001 年度财务工作报告》。

3. 审议《关于解聘公司高级管理人员的议案》。

4. 审议《关于 2001 年度托电一期工程进度及投资计划执行情况的报告》。

5. 审议《关于托电一期工程建设重大事项的议案》。

6. 审议《关于〈托电一期工程造价管理奖惩办法〉的议案》。

7. 审议《关于 2002 年度托电一期工程进度及投资建议计划的议案》。

8. 审议《关于托电二期工程施工准备工作的议案》。

9. 审议《关于 2002 年度托电二期工程进度及投资建议计划的议案》。

10. 审议《关于参股神华西部铁路运输股份有限公司的议案》。

第三届七次董事会

时　　间：2002 年 9 月 10 日。

地　　点：北京市。

董事长：于洪基。

副董事长：刘海峡、乌若思、张毅。

董　　事：王宪周、魏远、蔡恩治、宋玉洛、杨家义、郭明星、吕慧、朱平立、李文祚。

主要议题：

1. 审议《关于形成〈托电二期工程总进度及投资安排的议案〉的决议》。

2. 审议《关于形成〈托电二期工程 2002 年投资建议计划及 2003 年投资建议计划的议案〉的决议》。

3. 审议《关于形成〈托电二期工程安全、质量及工程控制奖惩办法的议案〉的决议》。

第四届一次董事会

时　　间：2003 年 12 月 29 日。

地　　点：北京市。

董事长：魏远。

副董事长：朱平立、仇明、吕慧。

董　　事：宋玉洛、佟义英、刘立志、刘和平、刘海峡、关天罡、任树亭、李文祚、王裕建。

主要议题：

1. 审议《关于委派第四届董事会董事长、副董事长的议案》。

2. 审议《关于聘任第四届董事会秘书的议案》。

3. 审议《关于聘任总经理的议案》。

4. 审议《关于聘任公司高级管理人员的议案》。

5. 审议《总经理工作报告》。

6. 审议《2002 年度财务决算报告》。

7. 审议《关于托电工程 2002 年度工程建设进度及投资计划执行情况的报告》。

8. 审议《关于托电三期工程总体工程进度及投资安排的议案》。

9. 审议《关于托电工程 2003 年度工程建设进度、投资计划及资金配置的议案》。

10. 审议《关于托电工程造价管理奖惩办法的议案》。

11. 审议《关于 2003 年度生产经营计划的议案》。

12. 审议《关于 2003 年度经营责任制考核办法的议案》。

13. 审议《2003 年度财务预算报告》。

14. 审议《关于 2003 年度利润预分配方案的议案》。

15. 审议《关于托电工程 2004 年度工程建设进度、投资计划及资金配置的议案》。

16. 审议《关于 2004 年度生产经营计划的议案》。

17. 审议《关于 2004 年度生产技改项目和重大非标项目的议案》。

18. 审议《2004 年度财务预算报告》。

第四届二次董事会

时　　间：2004 年 4 月 30 日。

地　　点：上海市。

董事长：魏远。

副董事长：仇明、吕慧、朱平立。

董　　事：宋玉洛、佟玉英、刘立志、王振彪、刘海峡、关天罡、李文祚、陈崧。

主要议题：

1. 审议《总经理工作报告》。

2. 审议《关于 2003 年度托电工程建设进度及投资计划完成情况的报告》。

3. 审议《2003 年度财务决算报告》。

4. 审议《2003 年度公司利润分配方案》。

5. 审议《2004 年度财务预算报告》。

6. 审议《公司 2004 年度经济责任制考核办法》。

7. 审议《公司 2004 年度生产考核办法》。

8. 审议《关于 2004 年度小型基建项目的议案》。

9. 审议《关于 2004 年度技术改造及检修费用的议案》。

10. 审议《关于托电一期工程竣工决算的议案》。

11. 审议《托电工程安全、工程、质量管理奖惩办法》。

12. 审议《关于对大唐托电二期工程提前工期给予主体施工单位施工费用奖励的议案》。

13. 审议《关于康波不再担任公司副总经理的议案》。

第四届三次董事会

时　间：2005 年 3 月 22 日以通讯方式。

主要议题：

审议《关于李文祚、张文生不再担任公司副总经理的议案》。

第四届四次董事会

时　间：2005 年 6 月 22 日以通讯方式。

主要议题：

1. 审议《关于更换总经理的议案》。

2. 审议《关于 2004 年度利润分配方案的议案》。

第四届五次董事会

时　间：2005 年 11 月 29 日以书面传签方式。

主要议题：

通过关于聘任副总经理的决议。

第四届六次董事会

时　间：2006 年 4 月 14 日以通讯方式。

主要议题：

1. 通过关于调整董事长、副董事长的决议。

2. 通过关于调整董事会秘书的决议。

第四届七次董事会

时　间：2006 年 7 月 7 日。

地　点：北京市。

董事长：安洪光。

副董事长：仇明、刘亚洲、朱平立。

董　事：宋玉洛、潘宇、张仁伟、李峰、马光成、刘海峡、关天罡、任树亭、应学军。

主要议题：

1. 关于审议《年度工程建设进度、投资建议计划及资金计划完成情况报告》的决议。

2. 通过《关于 2005 年度生产经营计划的决议》。

3. 通过《关于 2005 年度检修和技术改造项目计划的决议》。

4. 通过《关于 2005 年度小型基建和非生产性资产购置计划的决议》。

5. 通过《关于 2005 年度信息化建设项目计划的决议》。

6. 通过《关于〈公司 2005 年度经济责任制考核办法〉的决议》。

7. 通过《关于〈公司 2005 年度生产考核办法〉的决议》。

第四届八次董事会

时　间：2006 年 7 月 7 日。

地　点：北京市。

董事长：安洪光。

副董事长：仇明、刘亚洲、朱平立。

董　事：宋玉洛、潘宇、张仁伟、李峰、马光成、刘海峡、关天罡、任树亭、应学军。

主要议题：

1. 通过《关于托电二期工程建设重大事项的决议》。

2. 通过《关于 2006 年度生产经营计划的决议》。

3. 通过《关于 2006 年度检修和技术改造项目计划的决议》。

4. 通过《关于 2006 年度小型基建、非生产性修理及非生产性资产购置计划的决议》。

5. 通过《关于 2006 年度信息化建设项目计划的决议》。

6. 通过《关于〈公司 2006 年度经济责任制考核办法〉的决议》。

三、监事会

托电公司监事会设立于 1996 年 10 月 28 日，它对公司股东会负责，代表股东会执行监督职能并向股东会报告工作。根据《公司章程》，公司监事会成员为 3 人，其中股东双方各委派 1 人，职工代表监事暂缺。自监事会成立以来，监事会成员遵照《中华人民共和国公司法》，国家有关政策、法规及公司章程的规定，认真履行职权，维护股东权益，维护本公司利益，遵守诚信原则，谨慎、积极、努力地开展工作。主要工作有：列席董事会会议；对公司运作是否符合国家的法律、法规及本公司章程进行监督，对是否维护股东及员工权益进行监督；审查公司财务报表；核对董事会提交股东会的年度财务报告等。

1996 年 10 月 28 日，在托电公司第三次股东会暨第三次董事会，会议上决定公司成立监事会，监事会由四人组成，其中甲方一名为乐晓红，乙方一名为薛芬，丙方一名为高春起，公司职工代表一名暂缺。监事会推选乐晓红为监事会召集人。

2000 年 3 月 4 日，在托电公司第三届一次董事会上，决定由北京大唐发电股份有限公司刘和平、北京国际电力开发投资公司张伟、内蒙古电力（集团）有限责任公司杨美茹任本公司监事，王自成出任本公司职工代表监事。经监事一致推选，北京大唐刘和平出任托电公司监事会召集人。

鉴于托电公司第三届监事会任期已到，按照《公司章程》规定，应组成新一届监事会。根据股东各方的提议，第四届监事会成员北京大唐发电股份有限公司委派岳红出任公司监事，北京国际电力开发投资公司委派王祥能出任公司监事，内蒙古蒙电华能热电股份有限公司委派蒋顺梅出任公司监事。

2006 年 4 月 14 日，在托电公司第二十三次股东会上，股东会一致同意蒋顺梅不再担任托电公司监事，一致同意高原担任监事。托电公司王自成已调离公司无法行使职工代表监事的相应权利，职工代表一致选举王猛出任公司职工代表监事。调整后的监事会成员为王祥能、岳红、高原、王猛。

第二节 公司行政领导

托电公司工程前期由内蒙古电力公司领导，于 1993 年 12 月成立托克托电厂筹备处，任命郭殿奎为主任，并设若干名副主任。

1995 年由华北电力集团公司控股进行公司制改革筹备工作，1995 年 11 月 17 日在呼和浩特市工商局注册，正式成立内蒙古托克托发电有限责任公司。1996 年 5 月聘任梁殿臣为总经理，郭殿奎为副总经理。2000 年 7 月，更名为内蒙古大唐托克托发电有限责任公司，2000 年 11 月聘任朱平立为总经理。自 2004 年 11 月 12 日起，内蒙古大唐托克托发电有限责任公司更名为内蒙古大唐国际托克托发电有限责任公司。2005 年 6 月，聘任应学军为总经理。公司实行董事会领导下的总经理负责制。公司领导成员由各股东方派员，由总经理提名，经董事会任命。截至 2008 年 5 月，筹备处、公司行政领导任职，见表 3-1-1、表 3-1-2。

表 3-1-1 筹备处行政领导任职名单

单位名称	职务	姓名	任职时间
筹备处	主 任	郭殿奎	1993.12～1996.7
	副主任	章祖堃	1993～1994.10
		郭 勇	1994.3～1995.11
		张计栓	1994.6～1995.11
		白玉庆	1996.1～1996.7
		赵正谋	1993～1996.7
		陈云生	1993～1996.7

表 3-1-2 公司行政领导任职名单

单位名称	职务	姓名	任职时间
公司领导	总经理	梁殿臣	1996.5～2000.11
		朱平立	2000.11～2005.6
		应学军	2005.6～

续表

单位名称	职务	姓名	任职时间
公司领导	副总经理	郭殿奎	1996.7～
		李文祚	1996.10～2005.5
		朱平立	1997.9～2000.11
		张 浩	1996.10～2002.2
		刘福阁	2001.2～2003.11
	副总经理	康 波	2001.2～2004.4
		王海晨	2003.6～2003.11
		应学军	2003.11～2005.6
		卜保生	2004.3～2006.12
		杨丰利	2004.2～
		张文生	2004.9～2005.5
		冯树礼	2005.11～
		胥成增	2007.4～
	总工程师	王振彪	1997.9～2001.2
		卜保生	2001.2～2004.3
		郭亚斌	2004.3～2006.12
		李日龙	2006.12～
		胡春涛	2008.3～
	总会计师	张 浩	1996.10～2002.2
		刘志勇	2003.11～2006.10
		丁文光	2007.4～
	总经济师	尚怀伟	2007.5～

第三节 机 构 设 置

一、公司体制沿革

1993年12月22日，由内蒙古电力公司下文成立托克托发电厂筹备处。隶属于内蒙古电力公司。

1995年11月17日，经呼和浩特工商局注册，成立托克托发电有限责任公司，股东为华北电力集团公司、内蒙古电力总公司、北京国际电力开发投资公司。由华北电力集团公司控股。

2000年7月14日，经股东会同意由内蒙古工商局核准"托克托发电有限责任公司"更名为"内蒙古大唐托克托发电有限责任公司"。由北京大唐发电股份有限公司控股。

2004年11月12日，根据大唐电人〔2004〕220号文通知内蒙古大唐托克托发电有限责任公司更名为内蒙古大唐国际托克托发电有限责任公司。由大唐国际发电股份有限公司控股。

二、机构及职能

（一）筹备处期间

（1）根据内电劳［1993］258 号文件，经内蒙古电力公司总经理会议研究决定，成立托克托发电厂筹备处，托克托电厂筹备处暂定员 15 人，主要负责人定为 19 岗级，托电筹备处成立后，要尽快运作，抓紧做好电厂的前期工作、各项设计和筹备工作。

（2）1994 年 2 月，内蒙古自治区电力总公司根据托电［1994］5 号《关于托克托发电厂筹备处设置组织机构的申请报告》，同意公司设办公室、财务部、综合部、工程技术部四个职能部门。

（二）公司成立初期

1996 年 12 月，华北电力集团公司以华北电集人［1996］491 号下发成立托电公司组织机构设置的通知。托电公司是集团公司控股的大型发电企业，因此，在组织机构设置上要采用"新厂新制"的管理模式，以符合现代化企业管理的要求。

根据新厂新制的要求，托电公司职能机构的设置实行部建制，部内原则不设处，在管理体制上实行基本建设与生产运行一体化的管理模式。党政职能部门按八部设置，即：发电部、生产技术部（在机组建设期间为工程部，第一台机组投产后，工程部改为生产技术部）、综合计划部、行政部、物资部、财务部、人力资源开发部、政治工作部。各部门职能如下：

（1）发电部（包括运行、维护）：主要负责发电机组及燃料系统、除灰系统、除尘系统、化学水系统等的运行和维护工作，以及燃料的采购、统计、检斤、检尺、检卡等工作。

（2）生产技术部（包括生产技术、安全监察、环境保护、基本建设管理等）：主要负责机组的技术管理、各种技术监督、安全监察、科技档案、资料、环境、基本建设管理等工作。在机组的建设期间生产技术部暂为工程部，主要负责基本建设管理、安全监察、环境保护等工作。第一台机组投产后，工程部改为生产技术部。

（3）综合计划部：主要负责公司的计划管理、综合统计、概预算管理和有关合同的管理工作。

（4）行政部（包括办公室、审计、保卫、生活服务等）：主要负责公司的行政事务、文书、档案、生活后勤管理（包括车辆、房产、劳动保护用品、办公用品、环境卫生、绿化等）、治安、保卫、消防的管理工作。

（5）物资部：主要负责公司的物资供应、备品备件管理等工作。

（6）财务部：主要负责公司的财务管理、成本核算等工作。

（7）人力资源开发部：主要负责公司的劳动人事管理、员工培训和社会保险工作。

（8）政治工作部（包括组织、宣传、纪检、监察、武装、团委等）：主要负责公司党的组织工作、宣传、纪检、监察、武装、共青团及工会工作。

（三）基建时期

2001年2月，根据北京大唐发电股份有限公司以大唐电人［2001］17号文件批复了公司上报的《关于组织机构及定员方案的请示》（托电人［2000］16号），董事会通过的大唐托电公司组织机构、岗位设置及定员方案。大唐托电公司设备的运行、设备维护、检修和经营管理工作全部由大唐托电公司负责。在生产管理上，主机设备的运行工作，热工、继电保护、通讯的维护、检修工作由大唐托电公司正式职工负责；燃料、除灰设备的运行及其他设备的维护、检修工作在大唐托电公司的领导下通过招标的方式委托其他单位组成的运行、检修服务公司完成；后勤服务等工作采取招投标形式外包完成。大唐托电公司设企业策划部、财务部、计划供应部、人力资源部、发电部、工程设备部、政治工作部、二期筹备处、粉煤灰综合利用办公室。共设六部一处一室。各部门职能如下：

（1）企业策划部：是行使综合管理的职能部门。负责为公司的决策提供信息、政策建议；负责文秘、接待、外事、信访、文书档案的管理；负责法律事务管理；负责计划生育工作；负责企业保卫及消防工作；负责房地产及后勤工作；负责办公用品计划制定与发放、劳保用品的采购与发放工作；负责公司内部审计工作；负责公司交办的其他事务。

（2）财务部：是负责公司财务管理和会计核算的职能部门。负责为公司的财务、经营决策提供有关信息和建议；负责财务资金计划的制定与实施；负责日常各项资金的审核与管理；负责财务活动分析；负责财务报告与表记的填报；负责公司资金运行的监督。

（3）计划供应部：是负责公司计划、供应采购的综合管理部门。负责收集经营生产信息，为公司决策提供依据和建议；负责公司购销管理；负责公司综合计划的制定，基建、生产计划制定；负责基建、生产统计，负责公司综合统计；负责概预算、终审决算的管理；负责物资计划的制定；负责物资的采购和保管；负责煤、油燃料计划的制定及采购管理；负责外包工程的费用计划以及其他事宜的管理。

（4）人力资源部：是负责公司全口径人力资源的管理和开发的职能部门。具体负责人力资源管理方面的研究，为公司人事政策提供决策信息和建议；负责公司组织机构、劳动定额和定员的研究与制定；负责对中层干部的考核与管理；负责岗位和人员变动、调动的管理；负责职称评定与考试有关事宜；负责劳动合同的管理；负责劳动力计划的制定、工资计划的制定和工资日常管理及社会保险的管理；负责劳动统计的管理、劳动保护管理；负责职工教育培训工作。

（5）发电部：是负责公司所有生产设备的运行并进行管理，完成发电生产任务和各项技术经济指标的职权部门。具体负责发电主辅设备的运行管理；负责完成发电量以及完成各项生产技术指标；负责开展生产竞赛；负责水源、除灰、化学、燃料等外围系统的运行管理；负责启动锅炉运行期间的各项管理；对有关运行承包单位进行监督考核。

（6）工程设备部：是负责公司所辖生产设备管理、基建工程管理和各项安全工作管理的职权职能部门。具体负责公司所辖生产设备的管理、重要设备的维护、技术监督、热力试验；负责公司各项事务安全制度的制定及日常管理；负责设备检修计划的制定以及各项管理工作；负责设备技术改造项目的技术、经济论证、立项、一审概算的管理；负责基建工程各程序、各项目的管理及基建工程的监理；负责设备和备品备件等的技术性能与质量的监督把关；直接管理公司热工、继电保护等设备的维护、检修工作；负责对承包检修及维护的合同单位的监督考核。

（7）政治工作部：负责公司党群工作和企业文化建设工作，是党群系统的综合管理职能部门。具体负责党委办公室、组织（统战）、宣传、纪检（监察）、工会、团委（青年工作）的日常管理工作。

（8）公司设二期筹备处：负责二期项目筹备工作。

（9）公司设粉煤灰综合利用办公室：负责粉煤灰的综合利用工作。

（四）基建后期

2003年，北京大唐发电股份有限公司以大唐电人〔2003〕1号文件批复了公司上报的《关于重新核定内蒙古大唐托克托发电有限责任公司组织机构、岗位设置及定员方案的请示》（大唐托克托发电人〔2002〕35号），结合内蒙古大唐托克托发电有限责任公司组织机构、岗位设置及定员方案明确如下（大唐电人〔2001〕17号文件停止执行）。

大唐托电公司作为一个独立的法人实体，全面负责公司的基建、安全、生产和经营管理工作。在生产管理上，主机设备运行工作，热工、继电保护、通讯设备的维护、检修工作，由大唐托电公司正式职工承担；燃料、除灰设备的运行及其他设备的维护、检修工作在大唐托电公司的领导下通过招投标的方式委托其他单位组成的运行、检修服务公司完成；物业管理等生活后勤服务工作采取招投标形式承包完成。

大唐托电公司设企业策划部、财务部、人力资源部、物资供应部、安全监察部、发电部、工程设备部、政治工作部、扩建工程处、粉煤灰综合利用办公室。共设八部一处一室。各部门职能如下：

（1）企业策划部：是行使公司综合计划的制定、负责公司的决策提供信息、政策建议；负责公司综合计划的制定、负责基建计划、生产计划制定；负责公司综合统计工作；负责牵头组织合同的签订以及合同履行全过程的监督和管理；负责公司工程概预算、审核工程决算的管理；负责公司内部审计工作；牵头负责公司股东会及董事会的会议准备工作；负责文秘、接待、外事、信访、文书档案的管理；负责法律事务管理；负责计划生育工作；负责企业保卫及消防工作；负责房地产及其后勤工作；负责办公用品计划制定与发放、劳保用品的采购与发放工作；负责公司内部审计工作；负责公司交办的其他事务。

（2）财务部：是负责公司财务管理、会计核算的职能部门。负责为公司经营决策提供有关财务方面的信息和建议；负责资金的筹集、调度、审核与管理；负责组织财务预算的编制、实施与考核；负责财务活动分析利润核算；负责财务报表的编制；负责税务申报等工作；负责电价的测算与报批。

（3）人力资源部：是负责公司全口径人力资源管理的职能部门。具体负责公司劳动人事政策提供决策信息和建议；负责公司组织机构、职能职责、劳动定员的制定与管理；负责权限内的干部和后备干部的考核与管理工作；负责劳动力计划的制定与调剂、人员入口管理、新进人员分配；负责劳动力计划的制定与调动资金和各项奖金的管理；负责社会保险的管理；负责职称考试与评定；负责劳动统计的管理、劳动保护、工业卫生的管理；负责职工教育培训工作；负责人事档案管理；负责经济责任制考核兑现。

（4）物资供应部：是负责公司物资供应采购的综合管理部门。根据生产部门的要求和企业策划部门的采购计划，负责公司设备、材料、燃料、办公用品、劳保用品的采购和保管；负责与财务部配合做好资金结算工作。

（5）安全监察部：是负责公司全面安全管理工作的职能部门。具体负责公司生产、基建过程中的人身和设备安全监察工作；负责现场总平面管理工作；负责公司生产必需的危险品使用全过程的安全监察工作；负责消防管理工作。

（6）发电部：是负责发电生产设备的运行管理，完成发电生产任务和各项技术经济指标任务的职权部门。具体负责发电主辅设备以及水源、除灰、化学、燃料等外围系统的运行管理；负责完成发电量以及完成各项生产技术指标；负责节能管理；负责生产统计分析。负责对启动锅炉运行期间的管理；负责对有关运行承包单位的工作进行领导、监督、考核。

（7）工程设备部：是负责公司所辖生产设备管理的职权部门和一期基建工

程管理的职能部门,是公司设备管理的主人,设备管理实行点检定修;工程设备部具体负责所辖生产设备的点检定修管理工作;负责热工、继电保护和通讯设备的维护、检修工作;负责电气高压、金属、设备及热力实验工作;负责设备技改项目的技术经济论证、立项管理、招投标管理、质量监督、质量验收工作;负责节能环保;负责设备和备品备件的技术性能与质量的监督把关;直接领导、管理公司全部生产设备维护和辅助设备的检修工作;负责有关检修及维护承包单位的管理工作。

(8) 政治工作部:负责公司党群工作、思想政治工作、精神文明和企业文化建设工作,是党群系统的综合管理职能部门。具体负责党委办公室、组织(统战)、宣传、纪检(监察)、工会、团委(青年工作)的日常管理工作。

(9) 扩建工程处:是负责管理托电公司扩建工程建设和筹备托电公司所有扩建的综合管理部门。

(10) 粉煤灰综合利用办公室:负责粉煤灰的处理、综合利用与开发等工作。

(五)全面投产时期

2006 年,公司为切实加强对组织机构、岗位设置及岗位的管理,确保各项岗位责任落实,根据大唐国际发电股份有限公司大唐电人〔2004〕58 号文件《北京大唐发电股份有限公司新型火力发电厂组织机构及岗位设置指导意见(试行)》的精神,以及公司的工作特点和实际情况,内蒙古大唐国际托克托发电有限责任公司拥有 8 台 60 万千瓦机组,组织机构设总经理工作部、财务部、人力资源部、物资供应部、燃料管理部、安全监察部、发电部、设备部、政治工作部、扩建工程处、粉煤灰综合利用办公室。共设九部一处一室。各部门职能如下:

(1) 总经理工作部:是负责公司计划、行政管理的职能部门。负责为公司的决策提供信息、政策建议;负责公司综合计划和生产计划的制定;负责公司的综合统计和生产统计;负责牵头组织合同的签订以及履行全过程的监督和管理;负责资金计划及工程概预算;负责对公司经济活动进行定期分析;负责公司经济责任制的考核;负责市场营销;牵头公司股东会、董事会及监事会会议的准备工作;负责文秘、会务、接待、外事、内保、车辆交通、档案、法律事务、计划生育及房地产和后勤的管理;负责生产技术、文书、人事档案的管理;负责信息化、计算机网络管理工作;负责办公用品采购计划的制定和发放;负责公司交办的其他事务工作。

(2) 人力资源部:是负责公司人力资源管理和开发的职能部门。具体负责公司全口径人力资源管理,负责为公司提供劳动人事方面的政策信息和建议;负责公司组织机构、劳动定员的研究与制定;负责对中层干部的考核与管理;负责工资基金和各项奖金的管理;负责社会保险管理;负责劳动力计划的制定和员工招聘工作；负责劳动力调配；负责职称管理；负责专业技术工作；负责劳动合同、劳动统计、工业卫生的管理；负责劳动保护管理工作；负责劳保用品采购计划；负责工伤、职业病管理；负责职工教育培训；负责人事档案管理；根据总经理工作部的考核结果负责经济责任制考核兑现。

（3）财务部：是负责公司财务管理、会计核算以及内部审计的职能部门。负责为公司经营决策提供有关财务方面的信息和建议；负责资金的筹集、调度、审核与管理；负责资产管理；负责组织财务预算的编制、实施与考核；负责财务活动的分析和公司利润的核算；负责财务报表的编制；负责电价管理；负责编制企业财务会计报告；负责公司内部审计工作；负责税务申报等工作。

（4）物资供应部：是负责公司物资供应计划和采购管理的职能部门。根据生产部门的要求和总经理工作部的采购计划，负责公司设备、材料等物品的采购和保管等管理工作；负责与财务部配合做好资金结算工作。

（5）燃料管理部：是负责燃料管理的职能部门。主要负责燃料的计划、采购、合同管理、调运、协调卸煤、检斤检质、统计核算、煤质监督等工作，负责入厂煤的采样、制样、化验等工作。

（6）安全监察部：是负责公司全面安全管理的职能部门。具体负责公司生产、基建过程中的人身和设备安全监察工作；负责特种设备、特种工器具的安全监察；负责劳动保护、作业环境安全监察；负责现场总平面管理；负责生产必需的危险品使用全过程的安全监察；负责安全技术劳动保护措施计划和反事故措施计划；负责文明生产管理工作。

（7）发电部：是负责公司生产运行管理和完成发电生产任务及各项技术经济指标的职权部门。负责公司发电主辅设备以及水源、除灰、化学、燃料、脱硫等外围系统的运行管理；负责入炉煤的采样、制样和化验工作；负责完成发电量和各项生产技术指标；负责运行生产各项指标的统计分析工作；负责节能环保工作；负责对有关运行承包单位的工作进行领导、监督和考核；负责化学监督工作；负责仿真机日常管理工作。

（8）设备部：是负责公司生产设备点检定修管理的职权部门。设备部具体负责生产设备的点检、定修管理工作；负责热工、继电保护和通讯设备的维护、检修工作；负责设备技术改造项目的技术经济论证和立项的管理工作；负责电气电压、金属、设备及热力试验工作；负责技术监督管理工作；负责设备和备品备件的技术性能与技师的监督；负责检修计划制定；负责设备技改项目的技术经济论证、立项、招投标、质量监督、质量验收；直接领导和管理全部生产设备维护和辅助设备的检修；负责对有关检修及维护承包单位的工作进行领导、监督和考核。

（9）政治工作部：负责党群工作和企业文化建设工作，是党群的综合管理职能部门。具体负责公司党建、思想政治工作、精神文明和企业文化建设工作；负责信访管理工作；负责党委办公室、组织（统战）、宣传、纪检（监察）、工会、团委（青年工作）的日常管理工作。

（10）扩建工程处：是负责管理托电公司扩建工程建设和筹备托电公司后期扩建工程的综合管理部门，包括与扩建工程有关的设计、设备、土建、安装、质量监督、调试和移交试生产等工作；前期工作项目的各种评估、评审和报批工作；基建计划的制定和基建统计工作；概预算和终审决算的管理；物资的计划制定和采购工作。

（11）粉煤灰综合利用办公室：负责粉煤灰的处理、综合利用与开发等工作。

2006 年托电公司行政组织机构见图 3-1-1。

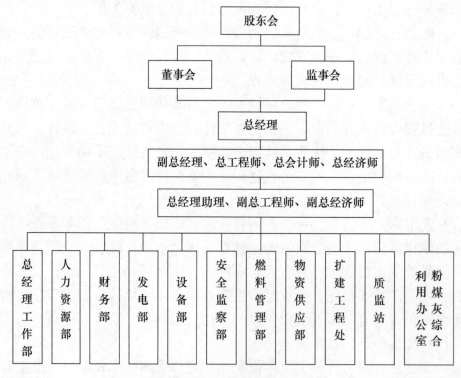

图 3-1-1 托电公司行政组织机构

第四节 岗位设置与人员结构

一、岗位设置及定员

根据华北电集人〔1996〕491 号文件，按集团公司对实行新厂新制的发电

企业人员配置要求，结合托电公司的实际情况，确定托电公司一期工程定员为
500 人（包括部分二期筹建人员）。其中：管理人员 79 人，占职工总数的
16%，工程技术人员 63 人，占职工总数的 13%，生产人员 358 人，占职工总
数的 71%，所需人员根据机组的建设和生产情况实行分批按比例配置。

根据大唐电人〔2003〕1 号文件，大唐托电公司定员依照国家电力公司 1998
年《火力发电厂劳动定员标准》中新型火力发电厂的定员标准，并结合公司投产
后的总体运作模式及实际的管理体制，大唐托克托发电 4 台 60 万千瓦机组的
定员为 299 人，加上三期前期 10 人，总定员 309 人。现仍按此方案执行，个
别定员曾进行调整。截至 2006 年底，总人数达 481 人，岗位设置见表 3-1-3。

表 3-1-3　　　　　　　托电公司 4 台 60 万千瓦机组岗位设置　　　　　单位：人

部门岗位设置	定员（一、二期）	三期前期定员	岗位层次
定员总计	299	10	
一、公司领导	7		高级
二、企业策划部	17		
部长	1		高级
副部长（兼综合计划高级主管）	1		高级
部长助理（兼接待）	1		高级
秘书	1		高级
信息管理高级主管	1		高级
信息管理主管	1		中级
企业管理高级主管（兼外事、法律）	1		高级
文档主管	1		中级
保卫主管	1		中级
综合统计主管	2		中级
综合计划主管	2		中级
概预算主管	2		中级
合同管理主管	2		中级
三、财务部	7		
部长	1		高级
副部长	1		高级
设备核算高级主管	1		高级
费用核算高级主管	1		高级
生产核算高级主管	1		高级

续表

部门岗位设置	定员（一、二期）	三期前期定员	岗位层次
审核会计主管	1		中级
财务电算化主管（兼出纳）	1		中级
四、人力资源部	4		
部长（兼干部管理）	1		高级
副部长（兼人事管理）	1		高级
劳动工资高级主管	1		高级
保险高级主管（兼教育培训）	1		高级
五、物资供应部	7		
部长	1		高级
设备采购高级主管	1		高级
设备采购主管	1		中级
材料采购主管	1		中级
煤料采购高级主管	1		高级
燃料采购主管	1		中级
仓库保管主管	1		中级
六、安全监察部	4		
部长	1		高级
安全高级主管	1		高级
安全主管	1		中级
消防主管	1		中级
七、发电部	143		
（一）管理人员	12		
部长	1		高级
副部长（兼安培）	1		高级
汽机运行高级主管	1		高级
锅炉运行高级主管	1		高级
电气运行高级主管	1		高级
运行支持系统高级主管	1		高级
运行支持系统主管（兼小指标）	1		中级
热力试验主管	1		中级

部门岗位设置	定员（一、二期）	三期前期定员	岗位层次
化学运行主管	1		中级
水工运行主管	1		中级
除灰运行主管	1		中级
燃料运行主管	1		中级
（二）运行人员	126		
1. 集控运行	108		
值长	5		高级
单元长	10		高级
主值班员	20		中级
副值班员（含备员）	63		初级
网控值班员（兼单元电气）	10		初级
2. 化学运行	18		
化学运行班长（兼主值班员）	5		高级
化学运行主值班员	5		初级
副值班员	8		初级
3. 化学化验	5		
化验班班长	1		高级
化验员	4		初级
八、工程设备部	105		
（一）管理人员	46		
部长	1		高级
副部长	3		高级
汽机点检长	1		高级
汽机高级点检员	3		高级
汽机点检员	5		中级
锅炉点检长	1		高级
锅炉高级点检员	3		高级
锅炉点检员	5		中级
电气一次点检长	1		高级
电气一次高级点检员	2		高级
电气一次点检员	3		中级
电气二次高级点检员	1		高级
电气二次点检员	1		中级
热控点检长	1		高级

部门岗位设置	定员（一、二期）	三期前期定员	岗位层次
热控高级点检员	2		高级
热控点检员	5		中级
通讯主管	1		中级
化学环保主管	1		中级
机械工程主管（兼机、炉外围）	2		中级
金属监督（压力容器）主管	1		中级
金属焊接主管	1		中级
节能主管	1		中级
可靠性、技术监督主管	1		中级
（二）维护人员	59		
1. 热控专业	36		
锅炉专业			
班长	1		高级
高级工	9		中级
中级工	9		中级
汽机控制			
班长	1		高级
高级工	7		中级
中级工	9		中级
2. 电气专业	17		
继电保护			
继电保护主任	1		高级
高级工	6		中级
中级工	10		中级
3. 综合试验室	6		
电气高压、金属、热力试验			
综合试验主任	1		高级
高级工	2		中级
中级工	3		中级
九、政治工作部	2		
部长（兼党务高级主管）	1		高级
部长助理（兼党委秘书、群众工作）	1		高级
十、粉煤灰办公室	3		
主任	1		高级

续表

部门岗位设置	定员（一、二期）	三期前期定员	岗位层次
书记	1		高级
副主任	1		高级
十一、扩建工程处	23	10	
主任	1	1	高级
副主任	1	1	高级
（一）综合科			
科长	1	1	高级
前期主管	4	4	中级
（二）工程科			
科长	1		高级
主任工程师（兼电气高级主管）	1		高级
汽机高级主管	1		高级
锅炉高级主管	1		高级
热控高级主管	1		高级
土建主管		1	中级
水工主管		1	中级
化学主管	1		中级
质量监督高级主管	1		高级
质量监督主管	1		中级
（三）计划供应科			
科长		1	高级
概预算管理高级主管	1		高级
计划主管	1		中级
合同主管	1		中级
设备供应主管	1		中级
材料供应主管	1		中级

二、人员结构

（一）筹备阶段

1993 年 12 月，内蒙古自治区电力总公司根据托电［1994］5 号文件，同意托电筹备期间设办公室、财务部、综合部、工程技术部四个职能部门，机构逐步配置，暂定员 40 人，根据人员设置要精干、高效的原则和工作需要，逐步配齐所需工作人员。1993 年 12 月，托克托电厂筹建处共有正式职工 34 人，新分配大学生 14 人（待分配）；其中筹备处主任、副主任 6 人，副总工程师 1

人，部长（科长）5人。1994年有高级政工师6人，占正式职工总数的18%，工程师、经济师、统计师、馆员、翻译共12人，占正式职工总人数的35.6%，助理级技术员计10人，占职工总人数的29.4%，整个职工队伍基本上是大专以上文化程度。

（二）托电公司前期

托电公司1995年成立，1997年有职工63人，按技术职称划分，高级职称12人，中级职称29人，初级职称12人，无职称10人；按文化程度划分，研究生1人，大学生36人，大专生23人，中专生2人；按年龄划分，21~30岁20人，31~35岁21人，36~40岁6人，41~45岁7人，46~50岁4人，50岁以上3人。

1998年有职工97人，按技术职称划分，高级职称16人，中级职称48人，初级职称13人，无职称20人；按文化程度划分，研究生1人，大学生56人，大专生31人，中专生8人，初中生1人；按年龄划分，21~30岁28人，31~35岁31人，36~40岁15人，41~45岁9人，46~50岁8人，51岁以上6人。

（三）托电公司发展时期

托电公司到2006年底共设9部1处1室，分别是发电部、设备部、安全监察部、总经理工作部、财务部、人力资源部、燃料管理部、物资供应部、政治工作部和扩建工程处、粉煤灰综合利用办公室。

托电公司自成立以来，进行了四次大规模的招聘。1997年2月进行了第一次招聘，同年5月，招聘人员到位，计50余人。第二次是2001年面向全国的大型招聘，当时报名者达3000余人，分别来自全国各地电厂，共计招聘70人。2003年，又进行了第三次招聘，共招聘9人。2004年进行了第四次招聘，共招聘了70名在职人员、150名毕业大学生。

（四）历年职工基本结构情况

1997~2006年职工基本结构情况见表3-1-4。

表3-1-4　　　　　　　　1997~2006年职工基本结构情况　　　　　　单位：人

年度	职工	技术工人	工程技术人员	行政管理人员	党群管理人员	生产经营管理人员	其他人员
1997	61	9	21	8	3	17	3
1998	97	26	15	4	45	7
1999	97	20	26	3	48	7
2000	103	33	22	4	37	27
2001	239	133	19	5	55	34
2002	278	178	8	12	5	41
2003	301	177	48	17	6	53

续表

年度	职工	技术工人	工程技术人员	行政管理人员	党群管理人员	生产经营管理人员	其他人员
2004	522	330	102	13	6	71	
2005	505	291	92	17	11	94	
2006	481	298	80	10	9	84	

截至 2008 年 5 月，托电公司有中层和享受中层待遇的人员 87 人，其中生产部门 40 人、管理部门 22 人、基建部门 10 人、其他部门 15 人，借调到大唐国际系统内 2 人。

截至 2006 年底公司生产运行、点检及维护人员 321 人，其中 30 岁及以下 250 人，平均工龄不足 5 年，占一线人员总数的 86.76％。

公司员工具有年轻化、学历高、职称低等特点。因此需要进一步加强岗位、技能培训，提高人员素质，以适应公司快速发展的需要。

2006 年底人员年龄、学历、职称结构情况见表 3-1-5～表 3-1-7。

表 3-1-5　　　　年 龄 结 构 情 况

年龄	25 岁及以下	26～34 岁	35～44 岁	45～49 岁	50 岁以上	合计
人数	132	228	101	8	12	481
男	108	209	89	8	11	425
女	24	19	12		1	56
比例（％）	27.44	47.4	21	1.66	2.49	100

表 3-1-6　　　　学 历 结 构 情 况

学历	大本及以上	大专	中专	技校（高中）	合计
人数	315	146	18	2	481
比例（％）	65.49	30.35	3.74	0.42	100

表 3-1-7　　　　职 称 结 构 情 况

职称	高级及以上	中级	初级	无职称	合计
人数	58	115	254	54	481
比例（％）	12.06	23.91	52.81	11.23	100

第五节　人　才　建　设

一、人才队伍建设

托电公司作为现代化的大型企业，全员培训和吸引、留住人才，建设高素质人才队伍是公司能否持续发展的关键和基础。公司始终坚持企业需要和员工价值实现与提升相结合的原则，使培训工作的成效既满足企业需要又符合员工发展要求，努力提高了培训的效益；托电公司拥有大批青年大学生，把"人才强企的可持续发展战略"作为指导思想开展各项培训工作。

（一）积极储备人才

托电公司一期至四期工程共 8 台机组，人员保持在 420 人。为了配合公司以及集团公司的发展战略，考虑到国能电力有限责任公司 2 台 30 万千瓦机组生产需要，人员将控制在 520 人左右。为人才的培养和成熟提供了充分的空间和机会，从而为企业的长远发展奠定了坚实的人力基础和保障。

（二）建立稳定人才的机制

人才的稳定来自两方面因素，一是企业和个人的发展空间，二是企业提供的待遇优势。公司从成立以来就对这些问题非常重视，在吸引和稳定人才方面，公司用足、用好现有政策，不断探索出新的办法。如在解决家属的工作安排、子女的入学入托、在呼和浩特市解决住房、优厚的退休待遇、多种产业提供的福利等方面得到保障，特别是为员工提供的岗位晋升空间和宽广的事业发展平台。

二、人才输送

按照大唐集团公司的规划，托电公司要建成人才培训中心和人才输送中心，历年来公司向外输送中层以上干部 40 多人。

2001 年 3 月 1 日，王振彪调至北京大唐发电股份有限公司，任副总工程师兼工程建设部经理。

2002 年 3 月 1 日，张浩调至张家口发电总厂，任副总经理。

2003 年 6 月 1 日，郭勇调至北京大唐发电股份有限公司，任发展与规划部副经理。

2003 年 9 月 1 日，范振国调至北京大唐发电云南分公司，任总经理助理。

2003 年 10 月 6 日，田金平调至广东大唐国际潮州发电有限责任公司，任人力资源部部长。

2003 年 10 月 6 日，李国瑾调至江苏大唐吕四港发电有限责任公司，任副总经理。

2003 年 10 月 6 日，刘鹏调至江苏大唐吕四港发电有限责任公司，任财务部副部长。

2003 年 10 月 6 日，高学峰调至江苏大唐吕四港发电有限责任公司，任总工程师。

2003 年 10 月 6 日，宋国飞调至江苏大唐吕四港发电有限责任公司，任设备工程部电气点检长。

2003年10月6日，史永文调至江苏大唐吕四港发电有限责任公司，任设备工程部副部长。

2003年10月6日，韩子勇调至江苏大唐吕四港发电有限责任公司，任二期筹备处副主任。

2003年10月6日，杨灵生调至江苏大唐吕四港发电有限责任公司，任总经理工作部部长。

2003年11月3日，李朗红调至福建大唐宁德发电有限责任公司，任副总经理。

2003年11月3日，张靖伟调至福建大唐宁德发电有限责任公司，任总经理工作部副部长。

2003年11月3日，张海波调至福建大唐宁德发电有限责任公司，任工程部副部长。

2003年11月3日，刘福阁调至浙江大唐乌沙山发电厂，任项目部副经理。

2003年11月3日，刘云山调至浙江大唐乌沙山发电厂，任设备部副部长。

2003年11月3日，李振川调至浙江大唐乌沙山发电厂，任副主任。

2003年11月3日，佟嘉正调至浙江大唐乌沙山发电厂，任财务部部长。

2005年1月14日，刘蕴德调至北京大唐发电股份有限公司，任财务部副经理兼电价预算处处长。

2005年3月1日，侯蒙原调至大唐国际发电有限责任公司，任国际合作部外事处主管。

2005年3月1日，王自成调至大唐国际发电股份有限公司内蒙古分公司，任纪检组组长，分工委主任。

2005年5月1日，李文祚调至大唐国际发电股份有限公司内蒙古分公司，任党组书记兼副总经理。

2005年6月1日，朱平立调至大唐国际发电股份有限公司内蒙古分公司，任总经理。

2005年6月1日，肖敏文调至北京大唐发电股份有限公司，任综合计划与投融资部主任经济师。

2005年10月1日，尤海君调至大唐国际内蒙古分公司，任克什克腾发电厂项目筹建处主任。

2006年4月30日，史艳秋调至宁德核电，任财务部部长。

2006年10月11日，赵建雄调至宁德核电，任总审计师。

2006年8月1日，周军调至大唐国际发电股份有限公司内蒙古分公司，任总经理助理兼锡林浩特矿业有限公司党委书记、副总经理，胜利矿区煤矸石电厂项目筹备处主任。

2006年8月1日，张文生调至大唐国际发电股份有限公司内蒙古分公司，任酒店项目筹备处主任。

2006年8月1日，李爱民调至大唐国际发电股份有限公司内蒙古分公司，任人力资源部部长。

2006年8月1日，班亮调至大唐国际发电股份有限公司内蒙古分公司，任总经理工作部部长。

2006年8月1日，高波调至大唐国际发电股份有限公司内蒙古分公司，任总经理工作部部长助理。

2006年8月1日，陈颖调至大唐国际发电股份有限公司内蒙古分公司，任财务部部长。

2006年8月1日，赵志清调至大唐国际发电股份有限公司内蒙古分公司，任燃料有限公司负责人。

2006年8月1日，于振水调至大唐国际发电股份有限公司内蒙古分公司，任发展与计划部主任工程师。

2006年8月1日，张广宁调至大唐国际发电股份有限公司内蒙古分公司，任锡林浩特五间房煤矿项目筹备处副主任。

2006年8月1日，高岩松调至大唐国际发电股份有限公司内蒙古分公司，任多伦发电厂筹备处副主任。

2006年8月1日，刘波调至大唐国际发电股份有限公司内蒙古分公司，任酒店项目筹备处主任经济师。

2006年8月1日，徐春调至大唐国际发电股份有限公司内蒙古分公司，任卓资风电公司主任工程师。

2006年8月1日，赵润宽调至大唐国际发电股份有限公司内蒙古分公司，任鄂尔多斯煤矿项目筹备处主任。

2006年8月1日，郝建军调至大唐国际发电股份有限公司内蒙古分公司，任鄂尔多斯煤化工项目筹备处主任。

2006年8月1日，冯文革调至大唐国际发电股份有限公司内蒙古分公司，任鄂尔多斯煤矿项目筹备处党支部书记。

2006年12月1日，刘志勇调至盘山发电厂，任副总经理兼总会计师。

2007年1月1日，卜保生调至大唐国际工程建设部，任副总经理。

2007年1月1日，郭亚斌调至盘山发电厂，任总工程师。

2007年6月1日，李斌调至浙江大唐乌沙山发电厂，任总经理助理。

2007 年 7 月 1 日，兰瑜调至云南大唐红河发电有限责任公司，任总会计师。

2007 年 8 月 1 日，刘福坤调至大唐国际发电股份有限公司内蒙古分公司，任工程管理高级主管。

2007 年 9 月 1 日，高士富调至内蒙古大唐国际同方硅铝科技有限公司，任副总经理。

2007 年 12 月 1 日，杨烨华调至内蒙古大唐国际同方硅铝科技有限公司，任安全高级主管。

第六节　员　工　培　训

托电公司在前期筹备工作十分紧张的情况下，就先后派出部分人员外出进行培训学习，学习工程概预算和热控等专业；并几次派人出去到同类型电厂参观调研。始终围绕着"人才强企的可持续发展战略"，努力探索适应新型火力发电企业体制的培训模式，认真落实各项培训具体任务，为保证公司基建、生产等各项任务的完成、提高员工素质发挥了积极的支持和保证作用。同时，通过不断探索、学习、总结，正逐步形成具有托电公司特点的培训模式与机制。

托电公司从长远着想，自 1997 年以来，历届领导班子高瞻远瞩，树立"以人为本"的人力资源管理理念。通过各种形式，分期分批对职工进行专业技术培训，提高人员的技术素质，确保人员能够独立上岗，以满足基建和投产运营后各岗位对专业技术人员的需要。公司每年投入大量培训经费用于员工培训，呈现高学历、年轻化的人员结构，使托电公司成为生产技能人员和管理复合型人才成长的摇篮。因此，培训工作也获得累累硕果，为把托电公司打造成人才培养和输送的"培训中心"，奠定了坚实的人力资源基础。为努力提高全员的综合素质及人力资源可持续发展的需要，制定了《后备人才管理办法》及其配套制度，出台了《托电公司员工成长三年规划》，从而激发了员工工作积极性，为拓展员工的成长空间搭建平台。具体培训工作可归纳为基建期间培训和生产期间培训两个阶段。

一、机组投产前培训

托电公司自 1997 年 9 月开始至 2003 年初，先后派人到多家电厂和设备制造厂家以及学校进行培训学习。经过学员的刻苦努力，取得了较好的成绩。特别是从学校到企业的毕业生，能掌握基本的实践知识，拥有了基本的实践经验，为此后的工作奠定了较好的理论和实践基础。在运行方面，为了培养集控运行人员的操作技能，托电公司派值长带队，组织集控运行人员在类似电厂进行了实习工作。集控运行人员的培训大约经历了以下四个阶段：

第一阶段：全面了解电厂集控运行特点。先在全厂各专业熟悉情况，然后分别在电气、锅炉、汽机专业集中实习3～4个月，每月进行1～2次结合实际的考试。按照逐步认识、熟悉设备结构原理、调试及运行操作、事故预想、事故处理、运行分析等步骤进行。同时，现场带队严格管理、采取奖金同考试挂钩、定期组织答辩工作、按照考试结果调整岗位工资等办法，有效地激发了学员积极向上的学习热情。

第二阶段：从实践转到理论培训。通过在大学组织集控理论学习或针对原来专业交叉进行理论培训（一般进行一个学期或自选课程进行），不断充实集控理论基础和大机组集控运行的理念。这一阶段对专业单一的人员十分重要，是培养集控全能值班员奠定扎实理论基础的重要环节。为了调动学员的学习积极性，学习期间，严格进行考试，并按照成绩合理分配奖学金。

第三阶段：进行现场见习。按照培训结果逐步分岗位实习，及时进入安装现场跟踪设备安装，参加设备调试、试运的全过程。运行人员参加全部运行操作和验收工作，熟悉设备安装到运行的全过程，逐步建立起电厂集控运行的整体观念，进一步把培训、考核、使用、待遇等问题落实到工作当中。

第四阶段：参加仿真机模拟操作。在现场进行一段时间后，需要在仿真系统熟悉系统界面、了解系统调整操作的相关内容，培养集控整体协调的方法，锻炼事故处理、运行分析、对异常情况的快速反应等方面的能力。

二、维护人员培训

托电公司对维护人员在点检业务方面的培训，侧重到设备制造厂家及规模相近的电厂学习、参观和考察。从华东电网聘请有关点检方面的专家到公司讲解点检知识，树立点检理念。公司全体员工都认真学习，转变观念。派人员到上海宝钢学习点检的实际操作和管理模式。强化热控和继保人员的培训。随着公司招聘人员的陆续到位，安排继电保护、热控专业的人员分别到上海、甘肃等地的设备厂家和工厂对设备的工作原理、工艺特点、操作要领等内容进行学习。对新分配的中专生进行了纯理论培训。2001年将派遣到公司的40名中专生送到北方交通大学进行为期2年的集控运行理论学习。完成了上级安排的管理人员培训任务。参加工商管理培训的公司领导6名，中层干部11名，参加高级经营管理培训的中层干部2名。完成了部分专业的出国培训任务。其中机组运行14名、热控技术8名、财务管理12名。进行了公司内部英语、计算机培训100多人次。完成每年的入厂教育培训。各部门根据业务还进行了有针对性的调研，为今后自身工作水平的提高奠定了基础。

三、机组投产后培训

2003 年，公司机组开始投产发电。由于 2003 年经历了"非典"，对培训工作造成了一定的影响。"非典"之后，公司加大了对全员的培训力度，修订《内蒙古大唐托克托发电有限责任公司培训管理制度（试行）》、《内蒙古大唐托克托发电有限责任公司培训考核办法（试行）》。公司一号机组投产前后，分别组织了 2 批共 400 人次的技术比武，目的是强化生产人员对系统、设备的进一步熟悉和掌握，为机组投入运行后的各项操作、设备点检定修以及故障判断和处理做进一步的技术准备。先后外派 271 人参加了专业培训，内部自我组织培训：热控专业培训 653 人次，电气专业 464 人次，汽机专业 259 人次，锅炉专业 195 人次，集控 6895 人次，2 名中层干部参加大唐举办的财务管理学习班，4 人次参加项目管理培训班。还出版了《内蒙古大唐托克托发电有限责任公司企业工作标准——生产部分》。

2004 年，公司总结以往培训经验并结合工程进度，制定了培训计划，通过目标管理拓展人才成长空间。2004 年，托电公司培训开展很多，先后派出 38 人参加专业培训及内部自我组织培训；热控专业培训共计 685 人次，电气专业共计 325 人次，汽机专业共计 210 人次，锅炉专业共计 266 人次，发电部共计 6266 人次，电气点检共计 201 人次。组织播放了 25 项反措学习录像。积极开展学历再教育，与内蒙古工业大学联合在托电公司举办工程硕士研究生班。开展了计算机知识培训。对新招聘的 69 名员工进行了入厂教育及安全规程考试。组织 2004 年毕业生分别前往张家口、陡河电厂学习。组织发电部 3 人参加了中国大唐集团公司举办的集控运行操作及事故处理大赛，并在比赛中获得团体第二名、个人第一名和个人第四名的好成绩。

2005 年，托电公司随着 5 号、6 号机组的投产，对发电部集控运行、化学运行（含外委单位）各值都按照年初制定的学习计划，进行规定的业务学习。主要学习系统、规程、设备原理和构造、特点，学习系统与设备运行逻辑，学习操作方法、了解运行特点、总结运行规律；学习紧急状态下的处理措施，做好事故预想，熟悉掌握处理预案。进行规定的仿真机训练，主值及以上人员训练时间每月不少于 24 小时、副值和巡操不少于 32 小时，培训考核不合格要求上岗之前运行人员都必须进行 56 小时规定程序训练，连续休假 20 天以上的人员都必须进行 40 小时训练。设备部多次组织人员参加技术培训班技术交流会，包括 OVATION 控制系统、炉管检漏、STOCK 给煤机及汽水、烟风、制粉、协调系统的学习。尤其是针对 2005 年新接三期 2 台机组，热控室抽调专人介入前期调试工作，联系设备厂家调试人员进行现场讲解和技术讲课工作。

2005 年，托电公司共进行了 4 次机组小修，热控室组织各班组对每一次小修工作及时总结，对于小修中发现的问题和个人心得体会，进行深入交流、探讨，以提高下一次小修的工作水平。电气点检外出培训总共 101 人次，内部培训共计 1649 人次。利用机组扩建及小修机会，加强对点检员对现场实际的培训，这种方式有效提高了每个点检员的动手能力及实际处理故障的能力。汽机点检针对 2004 年毕业学生及招聘人员的专业知识面的不同和管理标准的要求，开展了专家、厂家技术人员、专业内部人员经验传授、赴厂家学习等灵活多样的培训学习，以及结合现场小修、临检进行实际技能讲解、操作。全年全员共进行培训讲课 1557 人次，平均每人不少于 40 课时；赴厂家学习 46 人次，多次请厂家技术人员、专家等进行讲解；现场实际培训 156 人次。锅炉点检共进行各类技术培训 1132 人次。电气室如期完成了 2005 年的培训计划，在励磁、线路保护、发变组保护、电抗器保护、6 千伏综合保护装置、保护的整定计算、母差保护、故障录波器、保护管理机、远动机、通讯 PCM、光端机等的基本原理以及报警处理、调试、监控操作、数据传输等方面进行了讲解。另外，相关人员也进行了外出至厂家培训。

管理部门也根据本部门自身的特点和需求，制定了详细的培训计划，全年人员培训都大于 40 学时。主要包括公司规章制度的培训，专业基础理论的培训，工商管理的脱产培训学习，利用业余时间，对公司全体管理人员进行了计算机应用知识及安全生产的业余轮训，以不断提高公司全体管理人员的计算机水平及安全意识。也通过走出去、请进来，以及内部讲解等开展了一系列的培训活动。

2006 年培训工作是公司的重点工作之一，更是人力资源部的重点工作之一。

（一）点检、维护人员培训

（1）组织公司各专业点检员给维护队伍进行专业讲课，每次讲课必须有一名公司领导听课。一是提高维护队伍的专业和技能水平，二是促进点检员自我学习专业和技能，三是根据讲课内容结合实际进行探讨和技术交流，达到共同提高的目的。

（2）成立了钳工培训中心，通过理论讲解和实际操作演练，提高了点检岗位员工和维护队伍的基本技能水平。

（3）分批、分次安排点检员外出到检修经验丰富的电厂参加机组的大修工作，熟悉机组的结构、性能、检修工艺以及点检标准和关键点把握，提高点检员的实际工作水平，增加点检员的检修、维护经验等。

（4）通过聘请厂家和专业人员讲课、日常的考问讲解以及师带徒等多种方式，坚持"随时、随地、随人、随事"的"四随"原则，迅速提高点检、维护队伍的实际技能水平。

（二）运行人员培训

（1）运行员工的仿真机培训，每个值班员 1 个月上仿真机 1～2 次，坚持在每年的 5 月和 10 月各举行 1 次仿真机比赛。

（2）坚持每个班的运行分析、事故预想及考问讲解，坚持每个学习班由值长组织进行技术讲解及典型事故案例分析，查找自己的问题或隐患，制定防范措施或改进方案。

（三）综合培训

（1）每季度组织一次培训工作会议，监督培训的落实情况，并要求各部门及各外委项目部每季度进行一次培训工作总结，人力资源部根据培训工作的落实情况每季度发行一期培训简报，以利于广大员工对公司培训工作的监督，改进培训方法，增强培训效果。

（2）为加强中层干部含外委项目部领导的管理能力、提升安全意识，购买了《卓有成效管理者》和《战神鹰犬》等书籍供中层干部学习。为加强中层干部培训，分批安排在任中层干部参加中国企业管理培训中心举办的《高效能人士的七个习惯》和《如何建立高绩效的中层管理团队与中层经理人员执行力提升》培训。还根据公司实际情况，为各部门员工配备了共 4000 多册专业技术书籍。为全面提升员工职业素养，增强企业凝聚力、向心力，督导员工进行品行的修炼和能力的提升，公司为全体员工购买了《成为企业最受欢迎的人》一书。

（3）为了拓宽管理员工的知识面，提高管理员工的管理技能，人力资源部组织了 4 次公司内部的部门互讲，专业涉及财务、人力资源管理、计划及物资管理，要求公司各部门及各项目部管理人员积极参加。还外聘高级讲师进行《公司法》讲解和为期两个月的《公文写作综合知识》及《公共关系》培训，均收到了比较好的效果。为了提高员工的凝聚力和战斗力，增强团队合作精神，在呼市仁和·九州方圆主题拓展训练基地举办了拓展训练培训班，员工参加积极踊跃。

（4）为生产一线部门班组长进行了为期 2 天的"杰出班组长日常管理互动训练营"专题培训讲座，使班组长对自身的角色认识和必备技能、杰出的班组长所应具备的能力有了较深刻认识，参加培训的班组长深感意犹未尽、受益匪浅。

（5）加强新进员工培训工作。完成了 2006 年毕业生接收和 2005 年毕业生转正工作。专门制定了《新员工培训管理办法（试行）》，对新毕业生进行了规范的入厂教育。对 2005 年接收的毕业生的转正工作进行了认真考核。外派 3 名汽机和继电保护专业的"112 人才"参加集团公司为期 18 天的技术提升培训。组织生产人员及外委项目部人员参加了由呼市 253 医院院长主讲的烧伤、烫伤急救知识培训。

（6）建立了智能化网络培训考试系统，通过考试系统可完成试题管理、出卷、评分、考试、结果汇总和分析统计等功能，并将考试系统纳入公司的 VOD 系统当中，使员工不仅在工作时间可以随时进行学习和培训，在家里或寝室也可以随时通过电视或网络进行学习和自我培训，增加了培训的灵活性，大大提高了培训效果；培训考试系统中现有电力专业试题 60351 道，其中包含职业技能鉴定试题 34269 道。

四、组织开展技能大赛

托电公司经过选拔派出 4 名集控运行人员代表大唐集团公司参加了国资委举办的技能竞赛，其中 3 人获得二等奖，为其他职工树立了学习榜样，形成了讲学习、比技术的良好氛围，真正起到以赛促训、以训促赛的目的。

五、职业资格取证

（1）加强特种作业的取证工作。2006 年，托电公司举办了 9 期特种作业培训班和一期安全管理人员培训班，特种作业工种涉及电工、锅炉及危险品操作。含外委项目部和外聘员工共 872 人次参加了培训，有 849 人次完成了特种作业的取证工作。

（2）全力以赴为专业技术人员的职称工作搞好服务。为调动专业技术人员的积极性，尽最大努力为员工申报职称提供方便的服务。2006 年共进行了 26 人的初级职称认定，有 18 人评定为高级职称，有 37 人评定为中级职称，有 7 人进行了技师的评定工作。

（3）开展技能鉴定工作。在 2005 年工作的基础上，继续组织职业技能鉴定工作，截至 2006 年，共完成了 462 人的职业技能鉴定工作。

六、职业技能鉴定

职业技能鉴定由中国大唐组织，由于托电公司隶属华北地区，华北地区的考试是由唐山发电公司负责，托电公司的职业技能鉴定是由唐山发电公司派人前来进行笔试和面试的考试。

2004 年，128 人参加，102 人通过，通过率为 79.7%。

2005 年，178 人参加，104 人通过，通过率为 58.4%。

2006 年，183 人参加，133 人通过，通过率为 72.7%。

历年职工培训情况见表 3-1-8、表 3-1-9。

表3-1-8　　　　　历 年 职 工 培 训 情 况

年份	培训人数	培训率（%）	总人数	年份	培训人数	培训率（%）	总人数
2000	89	86	103	2004	486	93	522
2001	210	88	239	2005	465	92	505
2002	250	90	278	2006	457	95	481
2003	268	89	301				

注　培训人数＝总人数×培训率。

表3-1-9　　　　　历 年 仿 真 机 培 训 情 况

年份	运行人员初训取证		运行人员轮训提高		非运行人员		外单位人员	
	人次	人天	人次	人天	人次	人天	人次	人天
2004			820		70			
2005	52		2016				49	
2006	123		2402				30	

第七节　工资与经济责任制考核

一、工资

（一）第一次工资调整

根据北京大唐发电职工工资调整方案（讨论稿）的精神，结合托电公司实际情况，制定托电人［1999］8号《关于报批工资结构调整实施细则的请示》，从1999年8月1日起在工资总额计划不变的情况下，调整职工工资结构。调整工资结构主要指调整岗位工资标准、调整岗位工资等级和工龄工资标准。

（1）岗位工资标准由原来的一级150元，调整到一级200元。岗位工资级差由原来的25元，调整为35元。

（2）符合条件的职工每人上调一级岗位工资等级。

（3）工龄工资由原来的每年每月1元，调整为每年每月4元。

（二）第二次工资调整

根据大唐电人［2001］76号《关于转发华北电力集团公司〈关于提高工资标准调整工资分配结构实施意见〉的通知》的有关精神，结合公司实际情况，制定托电人［2001］20号《关于上报〈内蒙古大唐托克托发电有限责任公司提高工资标准调整工资分配结构实施细则〉的请示》，从2001年9月1日起，提高工资标准调整工资分配结构。

（1）岗位工资：起点标准不变（210元），调整岗位工资级差。

（2）各类毕业生见习期工资执行新标准。

（3）技能工资：将原有共享工资、缴费增资与原技能工资合并，就近就高套入技能工资标准后再晋升二级工资。

（4）工龄工资：原浮动工资与工龄工资合并。执行新的工龄工资标准：按工龄每满一年 7 元计算。工龄计算的标准为：7 月 1 日前参加工作的，当年计算工龄；7 月 1 日以后参加工作的，当年不计算工龄；中断 6 个月以上的不计算连续工龄，中断 6 个月以下的可计算连续工龄。

（5）基础补贴：合并限电津贴、物价补贴、交通费，统一基础补贴标准为 60 元。少数民族地区物价补贴的差额予以保留。离退休人员的洗理卫生费、交通费、书报费、电贴仍按原标准执行。

（三）工资改革

根据大唐国际工资改革试点会议精神和《大唐国际发电股份有限公司工资制度改革实施办法（试行）》有关规定，为顺利完成托电公司本次工资改革工作，于 2005 年 1 月制定《内蒙古大唐国际托克托发电有限责任公司工资制度改革实施细则》。本次工资改革是对自 1993 年以来实行的以岗位技能为主体的工资体系的改革，它以一岗多薪为主要内容，以基本工资、辅助工资、奖金和加班三部分为主体框架，更加强调了岗位的责任与贡献，加大了对运行岗位及有关生产岗位的倾斜力度，体现公司对核心人力资源的重视。

（1）基本工资由基础工资和岗位薪点工资组成。基础工资是保障职工基本生活需要的劳动报酬，考虑了当地省会城市最低工资标准、原各项津补贴以及部分技能工资的因素，本次确定为 500 元，此后根据大唐国际规定进行变动。岗位薪点工资以工作岗位为基础，以岗位技能等基本劳动要素评价为依据，通过岗位竞争确定员工工资标准，采取"一岗多薪"的模式用薪点确定水平。

（2）辅助工资由工龄工资和特殊津贴两部分组成。工龄工资是对员工积累的劳动贡献和原技能工资的补偿，反映工作年限、劳动熟练程度、积累的劳动贡献的差别。月工龄工资以周年计算，标准为 15 元/年。特殊津贴是指对从事运行工作的员工、企业特殊人才给予的岗位津贴以及政府特殊津贴。

（3）奖励与加班。公司将根据生产和经营情况，制定相应的责任制考核办法，使奖金的发放起到积极的激励作用。公司加班加点工资的计发基数按国家及上级有关规定执行。

（四）薪点工资制

2006 年 4 月，根据《中华人民共和国劳动法》、劳动和社会保障部《工资支付暂行规定》和大唐国际《大唐国际发电股份有限公司工资支付办法》的有关政策规定，结合公司实际情况制定了《内蒙古大唐国际托克托发电有限责任公司工资支付办法》。主要涉及以下内容：

（1）工资支付形式及支付管理：托电公司以岗位薪点工资为主体的结构工资为主要工资支付形式。工资支付项目主要包括：岗位薪点工资、基础工资、工（运）龄工资、国家及地方政府（经集团公司或大唐公司批准参照执行）和集团公司或大唐国际规定的各种津贴和补贴及加班加点工资。岗位薪点工资分为基础点值岗位薪点工资和效益点值岗位薪点工资两部分。基础点值为薪点点值的 25％。

（2）各种假期及特殊情况下的工资支付。

（3）新进员工的工资支付。

（4）内部岗位或职务变动的工资支付：员工在单位内部岗位（职务）发生变动的，按公司《薪点工资动态管理办法》执行。

（5）工龄工资的支付。

（6）加班加点工资的支付。

（7）日工资及最低工资的支付。

二、经济责任制考核

2001 年 6 月，为加强托电公司内部管理，使公司各项工作目标明确，责任落实，奖惩兑现，真正体现"奖优罚劣、多劳多得"的奖励分配原则，调动各部门及全体员工的工作积极性，公司组织制定了《内蒙古大唐托克托发电有限责任公司 2001 年度目标管理经济责任制考核奖惩办法》（试行），并经公司总经理办公会及工会小组讨论通过。

2002 年 3 月，为加强公司内部管理，使公司各项工作目标明确，责任落实，调动各部门及全体员工的工作积极性，公司组织制定了《内蒙古大唐托克托发电有限责任公司 2002 年度目标管理经济责任制考核奖惩办法》。

2003 年 6 月，为全面完成 2003 年度公司各项任务，根据托电公司基建、生产、前期工作同时开展的实际，组织编写了《2003 年度目标管理经济责任制考核办法》，并经公司一届一次职代会讨论通过。

2004 年 4 月，为全面完成 2004 年度公司各项任务，根据公司基建、生产、前期工作同时开展的实际情况，公司组织修订了《2004 年度目标管理经济责任制考核办法》，并经公司一届二次职代会讨论通过。

2005 年 3 月，为全面完成公司各项生产、经营、基建任务，以及大唐国际下达的各项内控指标，使各项工作目标明确、责任落实、考核兑现，结合公司本年的工作重点，对上一年的经济责任制考核办法进行修订，使考核更全面、更合理，更具可操作性，公司组织修订了《2005 年度经济责任制考核办法》，已经公司一届三次职工（会员）代表大会讨论通过。原经济责任制考核办法（托电办 [2004] 8 号文）同时废止。

2006 年，托电公司结合本年的工作重点，总经理工作部组织对上一年的经济责任制考核办法进行了修订，《内蒙古大唐国际托克托发电有限责任公司 2006 年度目标管理经济责任制考核办法》已经公司二届一次职工（会员）代表大会讨论通过，原经济责任制考核办法（托电办〔2005〕3 号文）同时废止。

第八节 福利与保险

一、基本养老保险

托电公司自 1997 年 6 月起，全体员工根据上级有关规定，参加了电力行业基本养老保险统筹，向华北社保局缴纳基本养老保险。基本养老保险的构成是企业缴纳一部分，员工个人缴纳一部分，其中企业缴费比例为 20％，员工个人缴费比例为 8％。当年企业缴费＝当年月缴费基数×当年企业缴费比例×当年缴费月数，当年个人缴费＝当年月缴费基数×当年个人缴费比例×当年缴费月数。历年均按时缴费。

二、住房公积金

托电公司自 1998 年 1 月起，全体员工根据上级有关规定实行了住房公积金制度，将住房公积金缴纳至呼和浩特住房资金管理中心，实行属地管理。住房公积金的构成是企业缴纳一部分，员工个人缴纳一部分，缴费比例近几年有所调整，见住房公积金缴纳情况说明表。当年企业缴费＝当年月缴费基数×当年企业缴费比例×当年缴费月数，当年个人缴费＝当年月缴费基数×当年个人缴费比例×当年缴费月数。历年均按时缴费。

住房公积金缴纳情况说明见表 3-1-10。

表 3-1-10　　　　　住房公积金缴纳情况

年份	员工总数	办理人数	缴费比例（％）	已缴数额（元）	备注
2003	301	301	8	472887	
2004	522	522	15	2540322	1～5 月缴费比例 8％，6 月以后 15％
2005	505	505	20	4224189	1～6 月缴费比例 15％，7 月以后 20％
2006	481	481	20	7076938	全年比例均为 20％

三、企业年金

托电公司自 1997 年 6 月起，全体员工根据上级有关规定实行了企业年金制度，2003 年 12 月 31 日前的企业年金由大唐国际管理，2004 年 1 月 1 日至 2006 年底的企业年金由中国大唐社保处管理。企业年金由企业缴纳的部分与个人缴纳的部分比例为 3：1。

四、医疗保险

托电公司自 2000 年 1 月起，全体员工根据上级有关规定实行了医疗补助金制度，由大唐国际管理。

2001 年 1 月起，全体员工实行了医疗补贴制度，由公司人力资源部管理。

（一）医疗补贴

托电公司在医疗方面制订了《内蒙古大唐托克托发电有限责任公司医疗管理办法》，自 2002 年 1 月 1 日起执行。

根据该管理办法，医疗费用由个人与公司共同承担；门诊和药店买药自费；慢性病、大病及急病治疗按比例报销。凡属于报销的医药费，先在公司统一管理的个人账户内支付，超出部分按照规定标准执行。

该办法规定每年对职工发放医疗补贴，每年一月份将全年补贴额的一半发放给在职职工和退休人员，打入其个人账户，供门诊及平时买药使用，余下 50％由公司统一管理，以备职工在当年治疗慢性病、大病或急病时使用。当年没报销医药费，年底将剩余的 50％发放给享受补贴的人员。独生子女的医药费报销首先使用补贴额，如果当年没有报销医药费或报销后有剩余，则在年底将余额补贴一次性发放给子女的家长。

医疗补贴标准：

（1）在职职工　每年龄月享受医疗补贴 3 元、每工龄月享受医疗补贴 2 元。

（2）退休职工　每年龄和每工龄各月享受医疗补贴 3.50 元。

（3）独生子女　从出生至年满 18 周岁，每月享受医疗补贴 50 元。

（二）医疗补助金

根据《北京大唐发电股份有限公司医疗补助金实施办法》，公司决定建立职工企业医疗补助金，用以妥善解决职工超出基本医疗保险支付范围之外的医疗费用，维护托电公司职工合理的医疗消费水平，保障职工抵御疾病风险的能力。

医疗补助金标准根据年龄分档确定。不满 35 周岁的职工，月医疗补助标准为本人当年基本医疗保险月缴费基数（以下简称基数）的 3％，月补助金额不足 50 元的，按 50 元标准划入。满 35 周岁不满 45 周岁的职工，月医疗补助标准为本人月基数的 5％，月补助金额不足 70 元的，按 70 元标准划入。45 周岁以上（含 45 周岁）的职工，月医疗补助标准为本人月基数的 7％，月补助金额不足 90 元的，按 90 元标准划入。职工月补助金额最高不超过 300 元。不满 70 周岁的退休人员，月补助金额为 150 元。70 周岁以上（含 70 周岁）的退休人员，月补助金额为 175 元。

五、失业保险

托电公司自 2001 年 1 月起，全体员工根据上级有关规定实行了失业保险制度，将失业保险缴纳至呼和浩特市托克托县失业局，实行属地管理。失业保险的构成是企业缴纳一部分，员工个人缴纳一部分，其中企业缴费比例为 2％，员工个人缴费比例为 1％。当年企业缴费＝当年月缴费基数×当年企业缴费比例×当年缴费月数，当年个人缴费＝当年个人缴费比例×当年缴费月数。历年均按时缴费。

六、工伤保险

托电公司自 2005 年 12 月起，全体员工根据上级有关规定实行了工伤保险制度，将工伤保险缴纳至呼和浩特市托克托县，实行属地管理。工伤保险的构成是企业缴纳，缴费比例为 1.2％。当年企业缴费＝当年缴费基数×当年企业缴费比例×当年缴费月数。历年均按时缴费。各类保险缴纳情况见表 3-1-11～表 3-1-14。

表 3-1-11　　　　2003 年各类保险缴纳情况

险　种	员工人数	办理人数	缴费比例（％）	已缴数额（元）
基本养老保险	301	301	20	1141758
失业保险	301	301	20	43176

表 3-1-12　　　　2004 年各类保险缴纳情况

险　种	员工人数	办理人数	缴费比例（％）	已缴数额（元）
基本养老保险	522	522	20	2674735
失业保险	522	522	20	78179

表 3-1-13　　　　2005 年各类保险缴纳情况

险　种	员工人数	办理人数	缴费比例（％）	已缴数额（元）
基本养老保险	505	505	20	4444398
失业保险	505	505	20	196583
工伤保险	505	505	1.2	19118

表 3-1-14　　　　　　　2006 年各类保险缴纳情况

险　种	员工人数	办理人数	缴费比例（%）	已缴数额（元）
基本养老保险	481	481	20	6494065
失业保险	481	481	2	280000
工伤保险	481	481	1.2	310388

七、员工体检

托电公司制定了《职工体检管理办法》，规范了体检管理工作。完成了各年新接收毕业生及新进员工的入厂体检工作，每年均完成了公司员工和接触职业病危害员工的健康体检和职业病健康检查工作，并为职工建立了健康台账。另外，根据每年体检结果，组织无乙肝抗体员工进行了乙肝疫苗的注射。

八、职业卫生

为了贯彻国家职业病防治法，制定了《职业病防治管理办法》、《"十一五"职业安全卫生工作规划》、《工作现场职业病危害因素监测及评价制度》、《2006年度职业卫生工作计划》、《现场紧急救援预案》、《职工个人劳动防护用品管理办法》等一系列职业病相关的方案和规划。成立了职业病防治管理机构。

由公司委托取得技术资质的医疗卫生服务机构会同人力资源部对新录用或聘用、调离、换岗、离退休人员，在上岗或变动岗位时进行健康检查，建立劳动者职业健康监护档案并妥善保管。结合企业实际情况对所有员工进行职业病防治法律法规的宣传和教育，对接触职业危害的职工进行职业卫生培训，分为上岗前职业卫生培训、定期对在岗期间的劳动者进行职业卫生培训，职业卫生培训不合格者不能上岗。

2005 年 6 月，聘请了包钢劳动卫生职业病防治研究所的专家为员工讲解了有关职业病的防治及常识。组织职业病危害因素的日常监测工作，制定符合技术要求的监测方案，委托依法取得资质的职业卫生机构进行定期工作场所职业病危害因素的日常检测、评价。配合呼和浩特市卫生局的现场检查，积极进行建设项目职业病危害项目申报、职业病危害评价等前期预防工作。由依法取得资质的职业卫生机构对新建、扩建、改建建设项目和技术改造项目进行职业病危害的预评价工作和防护设施效果评价。公司委托包钢（集团）公司劳动卫生职业病防治研究所，对托电公司一至四期工程建设项目开展了职业病防治控制效果评价工作。根据作业环境、生产设备接触造成职业危害的不同，配置相应的职业病防护设施，并建立防护设施管理台账。定期进行职业病防护设备应急救援设施和个体防护用品的检测、及时维护及进行防护效果的评价。建立个人防护用品发放登记台账，个体防护用品应符合国家标准，符合作业环境的要求，达到防治职业病的目的。

九、员工福利费

根据国家有关规定，员工福利费主要用于解决公司员工的特殊生活困难以及用于集体福利。员工福利费的使用要严格执行财务制度，专款专用，切实用于员工福利，不得挪作他用。福利费当年节余，可以累计到以下年度使用。2006年11月制定了《内蒙古大唐国际托克托发电有限责任公司福利费管理办法（暂行）》。人力资源部作为公司福利费管理部门，负责对福利费的使用牵头进行管理。公司福利费总额按当年工资总额的规定比例计提。已入保险不存在欠缴情况。

十、劳动保护

托电公司根据大唐国际劳动防护用品发放管理办法，结合托电公司的实际情况，制定了《职工个人劳动防护用品管理办法》，每年依据管理办法为职工配备劳动防护用品，由人力部组织发放。2001～2006年，为公司员工发放工作服夏装和春秋装1800余套。2003～2006年，为员工发放防寒服549套，为员工发放手套4500余副。2005年11月为全体员工发放西服。2003～2006年，为员工发放阻燃防静电服夏装和春秋装279套，防酸服24套，绝缘鞋609双。2006年为员工发放口罩382个。

辅助劳保用品，从2006年1月起，按照大唐国际有关规定分季度为全体员工发放。辅助用品主要包括：毛巾、肥皂、洗手液、洗衣粉、洗发水、沐浴液。

生活配套设施：每年为员工发放冬季取暖补贴、夏季防暑降温费。每年为独生子女发放医疗补贴，为员工购买意外伤害险。

第九节 管理制度

1997年制定的制度有《职工脱岗培训待遇的暂行规定》、《关于交流专业技术骨干享受出差伙食补助费的管理办法》、《托克托发电有限责任公司关于临时工使用管理暂行办法》、《跨地区交流专业技术骨干享受出差伙食补助费的管理办法》、《业余培训及教师讲课费计发管理办法》。

1998年制定的制度有《全面实行劳动合同制的总体安排》及有关规章制度。

1999年制定的制度有《托克托发电有限责任公司贯彻华北电力集团公司〈调整基本工资标准增加职工收入〉的实施细则》、《托克托发电有限责任公司生产准备培训管理办法》。

2000 年制定的制度有《施工现场补助管理办法》、《内蒙古大唐国际托克托发电有限责任公司关于工作服、工作证的使用管理规定（暂行）》。

2001 年制定的制度有《关于外聘员工使用管理办法》、《内蒙古大唐托克托发电有限责任公司提高工资标准调整工资分配结构实施细则》、《内蒙古大唐托克托发电有限责任公司职工医疗制度》。

2002 年制定的制度有《内蒙古大唐托克托发电有限责任公司运行人员上岗考核方案（试行）》、《内蒙古大唐托克托发电有限责任公司医疗管理办法》。

2003 年制定的制度有《企业医疗补助金实施办法》、《职工个人劳动防护用品管理办法》、《奖金管理暂行办法》、《岗级管理暂行规定》、《内蒙古大唐托克托发电有限责任公司培训工作管理制度（试行）》、《内蒙古大唐托克托发电有限责任公司培训考核办法（试行）》、《内蒙古大唐托克托发电有限责任公司对外生产培训管理办法（试行）》。

2004 年制定的制度有《内蒙古大唐托克托发电有限责任公司企业年金实施细则（试行）》、《内蒙古大唐托克托发电有限责任公司外出实习人员管理办法》、《内蒙古大唐国际托克托发电有限责任公司工资制度改革实施细则》。

2005 年制定的制度有《内蒙古大唐国际托克托发电有限责任公司内部岗位变动管理办法》、《内蒙古大唐国际托克托发电有限责任公司对获得荣誉称号的集体和个人进行奖励的暂行规定》、重新修订后的《内蒙古大唐国际托克托发电有限责任公司教育培训工作管理制度（试行）》。

2006 年制定的制度有《内蒙古大唐国际托克托发电有限责任公司职工个人劳动防护用品管理办法》、《内蒙古大唐国际托克托发电有限责任公司单项奖管理办法》、《内蒙古大唐国际托克托发电有限责任公司薪点工资动态管理办法》、《内蒙古大唐国际托克托发电有限责任公司工资支付办法》、《内蒙古大唐国际托克托发电有限责任公司员工离职管理办法》、《内蒙古大唐国际托克托发电有限责任公司新员工培训管理办法（试行）》、《内蒙古大唐国际托克托发电有限责任公司月度综合奖暂行管理办法》、《内蒙古大唐国际托克托发电有限责任公司职业病防治管理办法（暂行）》、《内蒙古大唐国际托克托发电有限责任公司 8 台 60 万千瓦机组组织机构岗位设置及岗位基本薪点（暂行）》、《关于开展安全风险抵押管理的通知》、《内蒙古大唐国际托克托发电有限责任公司"十一五"职业安全卫生工作规划》、《内蒙古大唐国际托克托发电有限责任公司生产中层管理人员下现场工作标准》、《内蒙古大唐国际托克托发电有限责任公司人力资源一体化管理办法（暂行）》、《内蒙古大唐国际托克托发电有限责任公司员工体检管理办法（暂行）》、《内蒙古大唐国际托克托发电有限责任公司加班加点管理办法（暂行）》、《内蒙古大唐国际托克托发电有限责任公司特种作业人员管理办法（暂行）》、《内蒙古大唐国际托克托发电有限责任公司岗位动态管理办法（暂行）》、《内蒙古大唐国际托克托发电有限责任公司中层干部管理办法（暂行）》、《内蒙古大唐国际托克托发电有限责任公司退休人员管理办法（暂行）》、《内蒙古大唐国际托克托发电有限责任公司外委项目部员工进入、退出管理有关规定》、《内蒙古大唐国际托克托发电有限责任公司部门职责（试行）》。

第二章　财　务　管　理

托电公司在前期筹备期间的 1994 年就设有财务机构，随着以后基建开工到投产，逐步完善了相关的制度，加强资产和资金管理，控制财务预算和成本管理，实现管理信息，坚持审计制度，不断提高企业的经济效益。

第一节　管　理　体　制

托电公司财务管理的任务是：做好各项财务收支预算、控制、核算分析和考核工作，依法合理筹集资金，有效利用公司的各项资产，努力提高经济效益。财务部门应严格执行国家规定的各项财务开支范围和标准，如实反映公司的财务状况和经营成果，依法准确计算应上缴的国家税收，接受上级主管财政、审计、税务机关的检查监督。

托电公司财务部在公司总经理和总会计师的领导下，按照职能要求开展工作。截至 2006 年底，财务部有工作人员 6 名，其中部长助理 1 名，主任会计师 1 名，其余为会计主管，文化程度均为大学学历。

第二节　固定资产与流动资金

托电公司的固定资产管理执行大唐国际发电股份有限公司资产管理办法并制定相应的实施细则。固定资产的分类和目录，参照华北电力集团公司工业企业固定资产目录、编码。

托电公司成立于 1995 年，截至 2006 年 12 月底，历时 12 年。流动资产由原来的 424 万元增加到 2006 年底的 80664.45 万元，固定资产由原来的 637 万元增加到 2006 年底的 1121099.19 万元，流动负债由原来的 1061 万元增加到 2006 年底的 225356.43 万元，长期负债由原来的 0 元增加到 2006 年底的 623849.6 万元，股本金由原来的 0 元增加到 2006 年底的 171402 万元，所有者权益合计由原来的 0 元增加到 2006 年底的 352557.6 万元，资产合计由原来的 1061 万元增加到 2006 年底的 1201763.65 万元，总资产增长了 1132.67 倍。

历年资产负债情况见表 3-2-1。

表 3-2-1　历年资产负债情况

单位：万元

资产＼年度	1995	1996	1997	1998	1999	2000	2001	2002	2003	2004	2005	2006
货币资金	45	657	1924	472	420	4401	3394	325	4253	28785	6186	1419.39
应收账款						2363			24478	26139	28237	57415.98
其他应收款	379	1441	421	55	54	674	3489	1153	3572	3654	5511	2281.53
预付账款				113	32	120	1903	3377	3378	7393	12679	2132.12
存货			17						2576	9401	16713	17415.43
其中:燃料									1237	4396	7359	3518.11
原材料									1340	5005	9354	13897.32
流动资产合计	424	2098	2362	640	506	7558	8786	4855	38257	75372	69326	80664.45
固定资产原价	75	287	416	2508	3164	3710	6844	9574	528805	858188	1256429	1262294.67
减:累计折旧	17	41	41	41	41		824	1186	18303	63023	128920	222388.46
固定资产净额	58	246	375	2467	3123	3710	6020	8388	510502	795165	1127509	1039906.21
固定资产清理				9	73	56						
工程物资				105	132	25902	72934	74857	57470	74593	24193	10799.22
在建工程	579	1340	10928	16012	19413	81282	198746	459674	143464	101823	20632	70393.76
固定资产合计	637	1586	11303	18488	22609	85048	204766	468062	711436	971581	1172334	1121099.19
长期待摊费用				503			1118	2860	629	2137		
无形资产及其他资产合计				503			1118	2860	629	2137		
资产总计	1061	3684	13665	19631	23115	92606	214670	475777	750322	1049090	1241660	1201763.65
流动负债:												
短期借款						12000	5312	8200	100000	100000		88420
应付账款			928.2	1081.2	1381.2	2096.96	4047.9	9433.1	28703.5	73464.1	108220.4	73095
应付工资							−221.6				4000	0

续表

年度／资产	1995	1996	1997	1998	1999	2000	2001	2002	2003	2004	2005	2006
应付福利费	-0.9	-0.02	-2.3	-22.7	-19.4	4.1		-182.8	10.8	295	423.9	376.3
应付利润(股利)									9122.1	1368.3		
应付利息									328.7	5224.4	2143.6	5217
应交税金								-211.6	2872	3139.6	-4817.8	-4385.4
其他应交款									56.7	118.7	306.9	-121.7
其他应付款	1061.6	3684.3	1150.9	970.99	968	453.76	496.9	3836.9	54062.5	44546.5	13508	2590.1
一年内到期的长期负债											60302	60165
流动负债合计	1060.7	3684.3	2076.8	2029.49	2329.8	14554.82	9635.2	21075.6	195156.4	228156.6	184087.6	225620.4
长期借款				403.7	765.8	33268	135226	313369.5	392154	569293.8	748871.3	623462.5
专项应付款											367	387.1
长期负债合计				403.7	765.8	33268	135226	313369.5	392154	569293.8	749238.3	623712.6
负债合计				2433.19	3095.6	47822.82	144861.2	334445.1	587310.4	797450.4	933325.9	849206
实收资本			11598	17198	20019.4	44782.4	69809.4	141332	161402	167402	171402	171402
其中:法人资本			11598	17198	20019.4	44782.4	69809.4	141332	161402	167402	171402	171402
资本公积												9.9
盈余公积									1609.8	14004	33396.7	48171.5
其中:法定盈余公积									1073.1	9336	22264.5	47673
法定公益金									536.6	4668	11132.2	
未分配利润			11598	17198	20019.4	44782.4	69809.4	141332	163011.79	70234	109891.9	132974
所有者权益小计			11598	17198	20019.4	44782.4	69809.4	141332	163011.79	251640	314690.6	352459.8
所有者权益合计			11598	17198	20019.4	44782.4	69809.4	141332	163011.79	251640	314690.6	352459.8
负债及所有者权益合计	1060.7	3684.3	13665	19631	23115	92606	214670.6	475777.1	750322.2	1049090	1241660	1201763

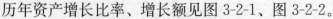

历年资产增长比率、增长额见图 3-2-1、图 3-2-2。

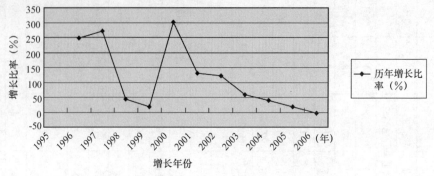

图 3-2-1　历年资产增长比率

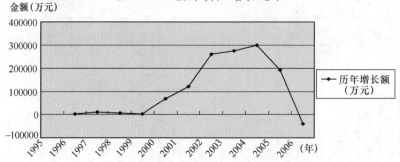

图 3-2-2　历年资产增长额

从上图可以看出，托电公司 1996 年、1997 年增长率较高，1998 年、1999年明显降低，2000 年增长率达到最高，从 2001 年开始逐年降低，其主要原因是，1996 年、1997 年公司刚刚成立，资产基数很小，较小的投资就可以引起较大的增长率。1998 年、1999 年公司处于经营困难期，项目没有被批准，项目投资基本处于停止状态，投资额很少，1999 年 12 月 28 日公司一期项目得到国家计委的批复，2000 年开始大规模建设，而且基于 1999 年资产基数不大，2000 年的资产增长率达到了最高，从 2000 年以后公司稳步发展，投资额逐年增加，从而资产基数也不断增大，资产增长率不断降低，但资产增长额却不断提高，到 2004 年资产增长最多，高达 298768 万元，资产增长率达到 39.82％，2005 年开始资产增长率下降为 18.36％，但资产增长额还是在不断升高。到2006 年资产增长率为－3.21％，主要原因是项目投资基本完成，在资产保持不变的前提下折旧额增大，导致资产增长率呈下降趋势。

第三节　生产成本与利润管理

托电公司严格执行国家规定的成本开支范围和董事会决定的成本开支标

准，并按照权责发生制的原则及时准确进行成本核算，如实反映经营成果。电力产品的成本项目按大唐国际发电股份有限公司的成本管理办法执行。按照国家有关规定、办法和标准，提取工会经费、职工福利费、养老保险和住房公积金等费用。

托电公司 2003 年 7 月、8 月，1 号、2 号机组投产发电；2004 年 8 月、10 月，3 号、4 号机组进入商业运行；2005 年 10 月、12 月，5 号、6 号机组进入商业运行。历年成本利润情况见表 3-2-2。

表 3-2-2　　　　　　历 年 成 本 利 润 情 况　　　　　　单位：万元

年份 项目	2003	2004	2005	2006
主营业务收入	71093.00	226985.49	378151.24	518439.21
主营业务成本	48012.00	118160.01	217220.42	305335.12
减：主营业务税金及附加	836.00	2511.14	4455.51	5132.73
主营业务利润	22245.00	106314.35	156475.32	207971.36
加：其他业务利润	29.00	7.90	167.95	381.08
减：财务费用	8779.00	24146.85	27279.23	38860.02
营业利润	13495.00	82175.40	129364.04	169492.42
加：营业外收入	0.32	480.02	5.53	52.37
减：营业外支出	124.00	27.21	85.00	3192.87
利润总额	13371.00	82628.21	129284.57	166351.92
减：所得税	2006.00			12246.51
净利润	11365.00	82628.21	129284.57	154105.41

历年成本、利润显示见图 3-2-3。

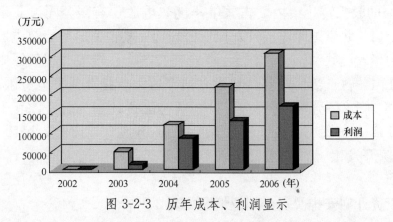

图 3-2-3　历年成本、利润显示

从上图可以看出，2003～2004 年托电公司的利润增长幅度很大，远远大于成本的增长幅度。2003 年净资产收益率为 6.97％，2004 年高达 32.84％，效益可观。但是，2005 年的利润增长幅度相对于成本的增长幅度较小，主要是因为 2005 年的煤价上涨导致成本的升高。尽管如此，2005 年的净资产收益率也高达 45.65％。2006 年利润增长幅度明显低于成本增长幅度，但 2006 年净资产收益率仍略高于 2005 年，为 46.64％。

托电公司为了完成每年的成本、利润，严格实行预算控制，以计划定预算、以预算保成本、以成本保利润的链式管理，从而使得每年的成本基本控制在预算范围以内，超计划完成利润预算任务。

第四节　投　资　与　纳　税

一、投资

1999 年，国家计委以计基础〔1999〕2310 号文印发《国家计委关于审批利用世界银行贷款建设内蒙古托克托发电厂可行性研究报告请求的通知》，明确本期发电工程由北京大唐发电股份有限公司、内蒙古电力公司和北京国际电力开发投资公司分别按 60％、15％和 25％的比例出资，共同成立托克托发电有限责任公司，负责电厂的建设、经营管理及债务偿还，并按工程总投资的20％注入资本金。

经托克托发电有限责任公司第八次股东会会议决定，于 2003 年 3 月 13 日起，将托克托发电有限责任公司更名为内蒙古大唐托克托发电有限责任公司（简称大唐托电公司）。大唐托电公司于 2001 年 4 月 29 日在广州举行了第十三次股东大会，会上根据大唐托电公司 2001 年 2 月采用通讯方式召开的临时股东会特别决议，决定内蒙古电力（集团）有限责任公司将其拥有的大唐托电公司全部 15％的股权转让给内蒙古蒙电华能热电股份有限公司。北京大唐发电股份有限公司，北京国际电力开发投资公司和内蒙古蒙电华能热电股份有限公司依据《中华人民共和国公司法》，本着利益共享、风险共担的原则，经协商一致决定在内蒙古自治区呼和浩特设立内蒙古大唐托克托发电有限责任公司。股东按 20％的比例配置自有资金，其余资金配置计划为融资，其中向世界银行融资 25141 万美元（1 美元＝8.28 元人民币换算，折合人民币 208167 万元）；向国家开发银行融资人民币 177440 万元，向中国工商银行融资人民币100000 万元。

历年投资计划安排及资金到位情况见表 3-2-3。

表 3-2-3　　　　　　　　历年投资计划安排及资金到位情况　　　　　　　单位：万元

资金来源	计划配置金额	2000 年及以前年度		2001 年		2002 年		2003 年		累计	
		投资计划	资金到位	投资计划	资金到位	投资计划	资金到位	投资计划	资金到位	投资计划	资金到位
资本金	121402	50121	44782.4	25000	25027	46280	51122.6		70	121402	121402
其中：大唐发电	72814	30073	30073.4	15000	15000	27768	27768			72841	72841.4
北京国投	30350	12530	12503	6250	6277	11570	11570			30350	30350
蒙电华能	18211	7518	2206	3750	3750	6942	12184.6		70	18211	18210.6
融　资	485607	37027	28069.4	91430	102786.9	162820	177663.3	92700	29132.8	427577	337652.6
其中：世界银行	208167	19879	27061.5	22350	26606.0	95300	110143	38000	1813.8	195129	16.6
财政部			10082.6								10082.0
开发银行	177440	17148		42000	41181	40000	40000	41100	27319	155648	108500
工商银行	100000			27080	35000	27520	27520	13600	0	76800	62520
合计	607008	87148	72851.8	116430	127814.0	209100	22878.6	92700	29202.8	505378	46.0

一期工程累计投资完成 526748 万元，比概算降低 80260 万元，降低率 13.22％，其明细见表 3-2-4。

表 3-2-4　　　　　　　　一期投资计划及资金到位情况　　　　　　　单位：万元

项目名称	概算数	累计基建工程支出	占概算（％）	占全部支出（％）
一、建筑工程	129685	137525	22.65	26.11
二、安装工程	53831	54623	9.00	10.37
三、在安装工程（包括世行贷款 208167 万元）	259893	232431	38.29	44.12
四、待摊基建支出	163599	96129	15.84	18.25
小　　计	607008	520708	85.78	98.85
五、未通过基建工程支出核算性支出		6040	1.00	1.15
1. 不需安装的固定资产		2244	0.37	0.43
2. 办公家具				
3. 其他				
4. 长期待摊费用		2008	0.48	0.55
5. 移交生产的流动资产		916	0.15	0.17
合　　计	607008	526748	86.78	100.00

托电公司二期工程仍由三方股东按原订股比出资。股东按 20％的比例配置自有资金，其余资金为融资配置。其中向中国农业银行融资人民币 100000 万元、向中国开发银行融资人民币 90000 万元、向中国工商银行融资人民币 50000 万元。历年投资计划安排及资金到位情况见表 3-2-5。

表 3-2-5　　　　　　　二期投资计划及资金到位情况　　　　　　单位：万元

资金来源	资金配置计划	2002年		2003年		2004年		累计	
		投资计划	资金到位	投资计划	资金到位	投资计划	资金到位	投资计划	资金到位
资本金	81414	20000	20000	20000	20000	16053	16053	56053	56053
其中：大唐发电	48848	12000	12000	12000	12000	9632	9632	33632	33632
北京国投	20354	5000	5000	5000	5000	4013	4013	14013	14013
蒙电华能	12212	3000	3000	3000	3000	2408	2408	8408	8408
融资	325656	25000		130000	60000	107612	180000	262612	
其中：开发银行	195394	15000		78000	10000	80000	80000	173000	90000
工商银行	130262	10000		52000	50000			62000	50000
农业银行						100000	100000	100000	100000
						−72388		−72388	
合计	407070	45000	20000	150000	80000	123665	196053	318665	296053

　　二期工程累计投资完成 329101.25 万元，比概算降低 77968.75 万元，降低率 19.15%，具体明细见表 3-2-6。

表 3-2-6　　　　　　　二期工程累计投资完成情况　　　　　　单位：万元

项目名称	概算数	累计基建工程支出	占概算（%）	占全部支出（%）
一、建筑工程	67340	55546.96	82.49	16.88
二、安装工程	70242	48677.97	69.30	14.79
三、在安装设备	175210	158859.36	90.67	48.27
四、待摊基建支出	94278	64636.07	68.56	19.64
小　计	407070	327720.36	80.51	99.58
五、未通过基建工程支出核算的基建性支出		1570.37		0.48
1. 不需安装的固定资产		272.08		0.08
2. 办公家具		113.48		0.04
3. 其他		0.00		
4. 长期待摊费用		1184.81		0.36
5. 移交生产的流动资产				
6. 应冲减固定资产折旧		−189.48		−0.06
合　计	407070	329101.25	80.85	100.00

托电公司三期工程由三方股东按原股比出资，股东按20%的比例配置自有资金，其余资金为融资配置。其中：向中国农业银行融资人民币130000万元、向中国银行融资人民币110000万元、向中国工商银行宣武支行融资人民币100000万元。历年投资计划安排及资金到位情况见表3-2-7。

表3-2-7　　　　　　　　　三期投资计划及资金到位情况　　　　　　　单位：万元

资金来源	资金配置计划	2004 年		2005 年		累　计	
		投资计划	资金到位	投资计划	资金到位	投资计划	资金到位
资本金	97709.60	10000.00	6000.00		4000.00	10000.00	10000.00
其中:大唐国际发电股份有限公司	58625.76	6000.00	6000.00			6000.00	6000.00
北京能源投资(集团)有限公司	24427.40	2500.00			2500.00	2500.00	2500.00
内蒙古蒙电华能热电股份有限公司	14656.44	1500.00			1500.00	1500.00	1500.00
融资	390838.40	128800.00		252000.00	340000.00	380800.00	340000.00
其中:中国银行					110000.00		110000.00
宣武工行					100000.00		100000.00
农业银行					130000.00		130000.00
合　计	488548.00	138800.00	6000.00	252000.00	344000.00	390800.00	350000.00

三期工程累计投资完成418892.38万元，比概算488548万元降低69655.62万元，降低率14.26%。其明细见表3-2-8。

表3-2-8　　　　　　　　　三期工程累计投资完成情况　　　　　　　单位：万元

项目名称	概算数	累计基建工程支出	占概算（%）	占全部支出（%）
一、建筑工程	78536	59643.45	75.94	14.25
二、安装工程	91257	72583.09	79.54	17.34
三、在安装设备	231384	214409.76	92.66	51.23
四、其他费用支出	87371	69548.93	79.60	16.62
小　计	488548	416185.23	85.19	99.44
五、未通过基建工程支出核算的基建性支出		2349.05		0.56
1. 不需安装的固定资产		454.38		0.11
2. 办公家具				
3. 其他				
4. 长期待摊费用		1813.52		0.43
5. 移交生产的流动资产		81.15		0.02
6. 应冲减固定资产折旧		12.52		0.00
已完成投资合计	488548	418521.76	85.67	100.00
7. 未完项目预留费用		370.62		0.09
总　计	488548	418892.38	85.74	

四期工程投资完成情况正在决算中。

1993年，成立托克托电厂筹备处，此时基建发生的费用主要为勘查设计费用及可行性研究费用，分别为 18 万元和 14 万元。

1995 年，托克托发电有限责任公司正式成立。当年土地征用及迁移补偿费发生 1.2 万元，勘查设计费用发生 6.4 万元，可行性研究费用发生 18 万元。1994 年、1995 年托电处于前期工作阶段，并没有正式建设。所发生的与基建有关的费用大部分都是前期费用等。

1996 年，开始有建筑安装工程发生，全年完成 9.9 万元。当年前期费用发生 66.2 万元。

1997 年，建筑工程完成 284.3 万元，在安装设备完成 6.9 万元，待摊费用发生 777.5 万元。

1998 年，建筑工程完成 271.4 万元，安装设备完成 3.4 万元，在安装设备完成 34.4 万元，待摊费用发生 424.6 万元。

1999 年，建筑工程完成 40.5 万元，在安装设备完成 0.16 万元，待摊费用发生 296.6 万元。

2000 年，建筑工程完成 2097.9 万元，安装工程完成 50.9 万元，在安装设备完成 32.2 万元（包括以前年度临时采暖锅炉和施工水源支出的 35 万元设备，根据概算项目划分由本科目调出，故值为负），待摊基建支出完成 1493.4 万元。

2001 年，建筑工程完成 4692.1 万元，安装工程完成 795.4 万元，待摊基建支出完成 1470.4 万元。

2002 年，建筑工程完成 42558.6 万元，安装工程完成 2976.1 万元，在安装设备完成 15579.2 万元，待摊基建支出完成 3089.3 万元。

2003 年，建筑工程完成 5461.4 万元，在安装设备完成 12472.7 万元，待摊基建支出完成 5625.2 万元。

2004 年，托电公司建筑工程完成 8274.9 万元，安装工程完成 4658 万元，在安装设备完成 13760.5 万元，待摊基建支出完成 1835.1 万元。2004 年，托电公司处于一期、二期生产经营，三期工程开工建设的阶段。三期主体工程由天津电建公司承担 5 号机，北京电建公司承担 6 号机施工任务，由河北电建监理公司承担主体施工监理。在时间紧、任务重的情况下，三期工程已完成了基建投资 17.19 亿元，完成总概算投资 41.9 亿元的 41%。11 月底，三期 5 号机组空冷 AB、AD 轴柱子结顶；加热器钢结构吊装完；烟囱结顶；水塔结顶；锅炉炉顶吊装就位；汽轮发电机砂浆块浇筑完，台板检查、清理完。

二、纳税

由于托电公司属于西部地区新建电力企业，托电公司所得税享受西部大开发的税率优惠政策，即在 2001～2010 年间，所得税的优惠税率为 15%。在此基础上，托电公司自 2004 年开始，施行"两免三减半"的税收政策，即 2004

年和 2005 年减免企业所得税，2006～2008 年所得税按照 7.5％的优惠税率征收；增值税销售税收按照销售收入的 17％计算。城建税、教育费附加费和地方教育附加费分别按照实际上缴的增值税和营业税之和的 5％、3％以及 1％上缴。以下就历年来的情况做一个简单记述：

托电公司自 2003 年 6 月，1 号机组正式投产以来，实现收入 71093 万元，净利润 11365 万元；当年实现各项税金 11170 万元，其中增值税 8561 万元，企业所得税 1099 万元。

2004 年，实现收入 226985 万元，实现利润 82628 万元，实现各项税金 37010 万元，其中增值税 31671 万元。

2005 年，实现售电收入 378151.2 万元，实现利润 129284.6 万元，上缴税金 6.51 亿元，其中增值税 5.67 亿元。同时，为响应自治区政府加快水利基础设施建设的号召，根据《内蒙古自治区人民政府关于印发自治区水利建设基金筹集和使用管理实施细则的通知》（内政字［2005］3 号）精神，从 2005 年开始，公司以上网电量为基数，按照 0.05 元/兆瓦时的标准按月足额向内蒙古自治区政府上缴水利建设基金。从增值税税收负担来说，2003 年为 14.7％，2004 年为 14.4％，2005 年为 15％，连续三年突破 14％的高税赋。

2006 年 1～12 月，上缴税金 8.41 亿元，其中增值税 6.4 亿元，企业所得税 9480 万元。这一系列的数字证明，作为国有企业，托电公司深知企业、国家和政府的利益是一个相互依托、相辅相成的统一整体。政府和企业建立起"政府服务企业，企业回报社会"的新型关系，有利于创造和谐社会环境。而托电公司正是本着"依法诚信纳税，共建小康社会"的原则跟托克托县政府形成"诚信、互利、发展"的良性循环，既确保了托电公司的合法权益，也确保了国家税收的缴纳。2006 年，托县经济已经在托电公司的拉动下取得了突飞猛进的发展，2006 年，托克托县由过去的全国贫困县一举跃入全区旗县财政收入前三名的行列。

第五节　审　　计

托电公司每年由普华永道会计师事务所进行财务报表中期及年报的审计。审计署太原特派办曾进行一、二、三期世行贷款项目审计，另外由中审会计事务所华晋分公司进行不定期的内部审计。

1998 年，由北京中达永会计师事务所有限责任公司审计了公司 1997 年度的会计报表。认为公司会计报表的有关规定在所有重大方面公允地反映了 1997 年 12 月 31 日的财务状况和现金流量情况，会计处理方法的选用遵循了一贯性原则。

1999 年，北京中达永会计师事务所有限责任公司审计了公司 1998 年 12 月 31 日的资产负债表。审计认为在所有重大方面公允地反映了当年的财务状况和现金流量情况，会计处理方法的选用遵循了一贯性原则。

2000 年，由北京中达永会计师事务所有限责任公司审计了公司 1999 年 12 月 31 日的资产负债表和现金流量表。该事务所认为上述会计报表符合有关规定，在所有重大方面公允地反映了当年的财务状况和现金流量情况，会计处理方法的选用遵循了一贯性原则。

2001 年 3 月，由安达信·华强会计师事务所对公司 2000 年 12 月 31 日的会计报表进行了审计。通过本次审计，该事务所认为会计报表符合国家《企业会计准则》和有关财务法规及制度的规定，在所有重大方面公允地反映了 2000 年 12 月 31 日的财务状况及 2000 年度的现金流量情况。会计处理方法的选用遵循了一贯性原则。

2002 年 2 月，由中审会计师事务所有限公司对公司 2001 年 12 月 31 日的会计报表进行了审计。通过本次审计，该事务所认为会计报表符合《企业会计准则》和《企业会计制度》的有关规定，在所有重大方面公允地反映了 2001 年 12 月 31 日的财务状况及 2001 年度的现金流量情况，会计处理方法的选用遵循了一贯性原则。

2003 年 9 月，审计署驻太原特派员办事处对公司 2002 年 12 月 31 日的资产负债表及 2002 年度的现金流量表等会计报表进行了审计。通过本次审计，该办事处认为会计报表符合《企业会计准则》和《企业会计制度》以及有关财务法规及制度的规定，在所有重大方面公允地反映了 2002 年 12 月 31 日的财务状况及 2002 年度的现金流量情况，会计处理方法的选用遵循了一贯性原则。

2004 年 3 月，普华永道中天会计师事务所有限公司北京分所对公司 2003 年 12 月 31 日的资产负债表以及 2003 年度的利润表和现金流量表进行了审计。通过本次审计，普华永道认为会计报表符合国家颁布的《企业会计准则》和《企业会计制度》的规定，在所有重大方面公允地反映了 2003 年 12 月 31 日的财务状况及 2003 年度的经营成果和现金流量情况，会计处理方法的选用遵循了一贯性原则。

2005 年 2 月，普华永道中天会计师事务所有限公司北京分所对公司 2004 年 12 月 31 日的资产负债表以及 2004 年度的利润表和现金流量表进行了审计。通过本次审计，普华永道认为会计报表符合中华人民共和国国家颁布的《企业会计准则》和《企业会计制度》的规定，在所有重大方面公允地反映了 2004 年 12 月 31 日的财务状况及 2004 年度的经营成果和现金流量情况，会计处理方法的选用遵循了一贯性原则。

2006 年 2 月，普华永道中天会计师事务所有限公司北京分所对公司 2005 年 12 月 31 日的资产负债表以及 2005 年度的利润表和现金流量表进行了审计。通过本次审计，普华永道认为会计报表符合中华人民共和国国家颁布的《企业会计准则》和《企业会计制度》的规定，在所有重大方面公允地反映了 2005 年 12 月 31 日的财务状况及 2005 年度的经营成果和现金流量情况。

2007 年 3 月，普华永道中天会计师事务所有限公司北京分所对公司 2006 年 12 月 31 日的资产负债表、2006 年度的利润表、现金流量表以及会计报表进行了审计。通过本次审计，该事务所认为会计报表已经按照《企业会计准则》和《企业会计制度》的规定编制，在所有重大方面公允地反映了 2006 年 12 月 31 日前的财务状况以及 2006 年度的经营成果和现金流量。

截至 2006 年 12 月底，普华永道会计师事务所出具的审计报告全部发表的是无保留审计意见；审计署太原特派办对该公司进行的世行贷款审计，出具的全部是无保留审计意见，并且对该公司一期、二期、三期工程进行了竣工决算审计；中审会计师事务所华晋分公司从 2000 年开始每年对公司进行内部审计，都出具了无保留审计意见的报告。

第六节　财　务　制　度

托电公司财务制度及管理办法的编制为公司财务管理工作进行了规范并提供了依据，托电公司财务工作完全按照中华人民共和国和地方政府相关的法律、法规、企业会计制度及公司制定的财务管理办法或实施细则执行。

托电公司编制如下财务制度及管理办法：

《财务管理办法》、《账务处理程序管理标准》、《财务预算管理办法》，《月度目标成本预算考核办法》、《财务报销审批程序管理办法》、《各种款项的支付和报销实施办法》、《会计工作内部稽核制度》、《备用金管理暂行规定》、《资金管理办法》、《票据印鉴及有价证券管理办法》、《低值易耗品管理办法》、《专用材料核算办法》、《设备核算办法》、《固定资产管理办法》、《职工福利管理办法》、《工程造价款结算管理办法》、《会计档案管理办法》、《技术改造工程及小型基建财务管理实施细则》、《个人所得税代扣代缴管理标准》、《缴纳企业所得税管理标准》、《增值税管理标准》、《经济活动分析管理标准》、《成本核算管理实施细则》、《会计工作交接管理办法》、《托电公司现金管理办法》、《托电公司票据粘贴管理办法》、《托电公司会计基础工作管理办法》等。

第三章 物 资 管 理

物资管理是电力生产建设的保障，物资管理部负责公司设备、材料、燃料等物品的采购与供应工作。公司成立前期，成立物资管理部统管全面工作，2006年1月，为了适应燃料市场的需要，单独成立了燃料管理部，负责燃煤和燃油的采购供应管理工作。

第一节 管 理 体 制

1996年，托电公司成立物资管理部门，负责托电公司一期工程设备、材料的物资管理职能。主要划分为设备和材料两个专业，设备专业招标、采购、报关、接运、验收、入库、出库等工作。最高峰时，有正式员工8名，外聘员工5名。

2001年，托电公司一期工程物资职能临时机构与计划部门合并，成立计划供应部。

2003年5月，为了适应一期工程建设投产发电，加强生产管理工作，成立了物资供应部，主要负责生产物资和燃料的采购和合同执行，同时监督物资仓库的管理。

2003年9月，物资供应部接收了由云发公司管理的物资仓库，增加了全面仓库管理的职能。

2006年1月，为了适应燃料的市场变化，单独成立燃料部，负责燃煤、燃油的采购、调运、贮备等管理工作。物资供应部主要负责生产材料的采购、存储、运输。2006年7月，对物资仓库按功能、计划分别成立各功能班组，成立了验收、保管、装卸、统计、综合等5个组，实行班组化管理；2006年10月，按采购职能划分为计划、采购两个组，提出以计划为龙头的采购运作模式。根据托电公司四期工程竣工的实际情况，物资部补充新的员工，截至2006年底，物资部有正式员工9名，劳务输出人员25名。物资供应和燃料管理由总经济师分管。

第二节 管 理 制 度

2003 年，为了适应物资管理的需要，出台了公司级的管理制度《物资计划管理标准》、《物资采购、加工管理标准》、《物资入库验收、出库发放管理标准》和部门级的《仓库管理办法》，并且成立了大宗物资采购效能监察领导小组和燃料领导小组两个机构。此后，又相继出台了《内蒙古大唐托克托发电有限责任公司积压、闲置、废旧物资管理标准》、《生产招投标管理办法》、《托电公司废品回收奖惩办法》、《内蒙古大唐托克托发电有限责任公司合同管理制度》、《大唐托电公司关于易燃易爆物品管理制度》、《关于加强廉政建设工作的几项规定》、《EAM 系统使用管理奖励考核办法》、《化学危险物品管理制度》、《起重机械安全管理标准》、《安全工器具管理制度》等一系列管理制度，并且成立了生产招投标领导小组，进一步规范了物资管理工作。

2006 年，为了适应安全生产的管理要求，编制了《托电公司化学危险品运输、存放、使用突发事件应急预案》和《化学危险品仓库着火应急预案》，并按照大唐国际重大危险源管理的要求，编制了《仓库重大危险源管理细则》，加强了仓库安全的管理。

第三节 物 资 采 购 供 应

托电公司的物资采购是由使用部门根据生产、检修的需要，向物资供应部提出所需物资的需用计划和大型设备和备件的招标计划。同时，物资供应部根据物资储备定额和仓库存储数量，提出物资补充计划，两种计划经过审批，由物资供应部根据库存情况进行汇总，编制采购计划。物资供应部根据各部门提交的大型备件和设备的招标计划，编制出物资招标计划报招标领导小组批准。物资供应部采购员依据采购计划和批准的招标计划进行询价和招标采购。

2003 年 12 月，托电公司 EAM（资产管理）系统上线运行，其中包括项目管理、物资采购和仓储功能，从 2004 年起托电公司的需求计划全部由使用部门根据项目计划从 EAM 系统录入，由 EAM 系统流程批准后，由物资部进行采购。并且全公司各部门人员都可以通过 EAM 系统查询采购过程的实时信息，了解到货情况。

2004 年，物资部加入了晨砻采购网，实现从晨砻采购网进行招标和询价，并将询价结果倒入 EAM 系统中进行决标和签订合同。2005 年，根据大唐国际公司的安排，大唐国际公司下属公司的网上采购统一由大唐物资网完成。

2005 年 4 月，托电公司完成了从晨砻网向大唐物资网的切换，网上询价和数据整理由大唐物资网完成。

根据托电公司《合同管理制度》，物资采购合同采用书面合同，1 万元以下的合同由物资供应部部长审批；1 万元及以上 10 万元以下的由公司分管领导批准，10 万元以上的由总经理批准。在合同招标和询价完成后，根据所采购的备件的技术复杂性，还需相关生产人员进行技术谈判，签订技术协议。合同签订后，由采购人员负责督促合同的执行，严格按照合同办理财务的收、付款等手续。

2005 年，根据托电公司公布的《生产招投标管理办法》的要求，物资单项采购合同或同类设备、材料批量采购预算价在 10 万元（含 10 万元）以上的要实行招标采购，其中新时期采购合同预算价在 300 万元以上或以外币结算、集中采购、重点技术改造项目、重大特殊项目的采购要由上级控股的大唐国际公司主持或参加。

第四节　物　资　储　备

托电公司物资仓库的总库容为 4300 平方米，分为钢铁库、非金属库、办公劳保库、五金、工具库、油脂化工库、轴承库、阀门库、锅炉备件库、汽机备件库、电气库、电热备件库、专用物资库等 12 个库，配有 2 吨单轨吊车 1 台和 5 吨叉车 1 辆。

托电公司仓库是按照零库存的要求设计。但是公司地处内蒙古，物资流通不发达，又距离呼和浩特市 73 公里，运输成本较高。因此中心仓库应设在托电公司内，达到大批量送货，小批量多次使用的最经济的方案。由此，公司于 2005 年开工建设新物资仓库，一期工程 4500 平方米，于 2006 年 4 月正式投入使用。2006 年，公司机组达到 8 台 60 万千瓦机组的装机容量，库存物资的品种也由 2003 年的 1792 种增加到 2006 年的 17000 种。为了适应物资储备品种的增加，公司于 2006 年向上级单位上报了物资仓库二期工程。

2003 年，物资供应部对所有物资进行了计算机编码；2004 年 4 月 1 日实现仓库所有物资使用 EAM 系统管理，账目实时与财务联网，使各部门人员均能从 EAM 系统及时了解到物资库存的实时信息，并运用系统办理出库手续。

2005 年，为探索 60 万千瓦机组的合理库存，托电公司开始制定库存定额。2005 年 7 月批准了仓库消耗定额，其他轮换备件定额和事故备件定额还在继续制订中。

2006 年，为了实现物资采购由完成需用部门计划型转变为以提高物资保障率为目标的按经济订购量采购模式，按年度消耗预测出下年度的物资消耗清单，据此制订了消耗备件储备定额，准备按备件性质签订长期供货合同，以提高公司的物资储备管理水平。历年年底物资库存情况见表 3-3-1。

表 3-3-1　　　　　　　历年年底物资库存情况　　　　　　单位：万元

年份 库存	2003	2004	2005	2006
年底库存	1237	4417	8766	13897
全年入库量	3425	8825	17507	17950
全年出库量	2711	5274	13158	12957
年底库存物资品种（种）	1729	5960	11894	16278

第五节　燃　料　管　理

2006 年 1 月 26 日，为了适应燃料的市场变化，成立了燃料管理部。部门编制 8 人，设部长、副部长各 1 名，部门管理人员 6 人，分别为燃料调运高级主管、燃料采制化高级主管、燃料调运主管、燃料采制化主管、采制样班班长、化验班班长。

一、燃煤调运

托电公司机组的设计燃用煤种为内蒙古准格尔地区的煤。通过铁路和公路两种方式运到电厂。火车煤主要来源于中国神华能源股份有限公司准格尔煤炭运销分公司，其他一部分由地方小煤矿通过公路运输送到电厂，另外一部分由地方煤矿将煤先运至王玉营煤场储存，再通过火车短途盘运至厂内。

托电公司的王玉营煤场位于托电东王玉营乡，距离托电公司仅 1 公里，设计储煤量 30 万吨，煤场内有铁路直达电厂，可实现火车短途盘煤。2006 年 2 月，王玉营煤场正式投入使用后，增强了公司煤场的储煤能力，提高了公司汽车煤的接卸能力；通过王玉营煤场至厂内的火车短途盘煤，又增加了燃料供应的可靠性。

托电公司根据次年的生产计划编制年度、季度及月度燃料耗用量计划，并设计煤种比例及煤质要求，上报大唐国际。由大唐国际与中国神华能源股份有限公司准格尔煤炭运销分公司签订火车煤供应合同，不足的煤量由地方煤矿补充。地方煤矿的采购由公司燃料领导小组牵头，以燃料管理部为主进行价格谈判与合同签订。由于地方煤矿的煤质多样性，需及时调节锅炉的掺烧方案，以满足锅炉设计的要求，并达到经济燃烧。随着托电公司三期和四期工程的投产，燃煤日耗用量增加到 4 万吨以上，汽运煤将占到 50％以上，地方小窑煤将发挥越来越重要的作用。

二、燃煤验收

托电公司对入厂煤结算数量以到厂衡器计量为准，过衡率达 100％；入厂汽车煤车车采样，结算以托电公司化验热值为准，日化验热值加权平均得出月度热值，入厂煤化验率达 100％，因此燃煤不存在亏吨、亏卡情况。

三、采样、制样、化验

托电公司采样、制样、化验分为入厂、入炉两部分，入厂化验结果作为对供煤单位的结算依据，入炉化验作为公司内部指标的计算以及对入厂化验的监督。

入厂煤采样、制样、化验分为 5 个采样运行班，1 个制样班，1 个化验班共 135 人，员工全部为外聘员工。采样分汽车采样和火车采样。汽车采样全部为全断面机械采样，火车采样一期机械采样装置已调试完成，三期火车机械采样装置正在立项，2006 年火车采样仍为人工采样。采样标准依据国标《商品煤样采取方法 GB 475—1996》。制样标准依据国标《煤样的制备方法 GB474—1996》，化验依据国标对煤样的发热量、水分、灰分、挥发分、硫、氢、灰熔点等进行化验。

入厂煤采样、制样、化验使用了采制化信息系统，全过程信息化，在样本容器使用分配、样本采集、制样、化验等多个关键环节，采用独特的设计，保证化验过程不受外部因素的影响，减少人为的错误，保证化验结果的公正和准确。另外在入厂、入炉采制化的各环节安装了摄像监控系统，对人员的操作进行监控，避免人为误差。

四、煤场管理

托电公司一、二期煤场设计可储煤 18.5 万吨，三、四期煤场设计可储煤 26 万吨。在煤场管理中，坚持"烧旧存新"原则，合理控制各煤种的平均储备量，减少堆放时间。根据季节变化、到煤情况及锅炉掺烧特性，制定合理库存。每月对煤场存煤进行盘点，每季度对煤场的沉降以及煤种比重进行测量，确保盘点数据的准确性。采取压实、喷淋等措施，防止存煤自燃，努力降低煤场内煤的风化、破碎和热值损耗。

五、燃油

（一）燃油管理

托电公司燃油管理，由北京智仁信息技术有限责任公司于 2003 年 3 月 23

日完成了燃油系统功能的开发测试。2003 年 3 月 24～31 日进行燃油接口的测试。2004 年 4 月 1 日，燃油管理信息系统（DT-RIS）正式上线运行。

（二）燃油结算

托电公司从建厂初期开始，建立燃油管理统计台账和报表，并逐步完善规范。到 2004 年 4 月，公司启用北京智仁信息技术有限责任公司的"燃料管理信息系统"，实现了燃油管理的信息化，将合同管理与合同款的支付管理在软件中实现，智仁燃油管理信息系统与进厂油罐直接连接，既可记录燃油每天的收、耗、存台账，又可形成燃油月报、统计日报、生产月报等报表。

六、统计结算

托电公司从建厂初期开始建立燃煤管理统计台账和报表，并逐步完善规范。2003 年 12 月起，公司正式启用北京智仁信息技术有限责任公司的"燃料管理信息系统"，实现了燃料管理的信息化，将合同管理与燃煤结算管理在软件中实现，保证了燃料管理的科学性、规范性、将人为出错率降至最低。智仁燃料管理信息系统与进厂衡器直接连接，既可记录每天的收、耗、存入厂煤验收台账，又可生成燃料月报、统计日报、生产月报等报表。

托电公司对每天入厂煤都要进行审核，审核煤种、热值、挥发分和硫分等是否符合要求，严格按所签订的合同进行结算。为了确保所签订合同合法有效，使用了经过律师审核的统一规范的合同样本。在签订合同时双方认真核对合同条款，确认无误后签字，燃料部对合同实行统一管理、专人负责。每月、每季度进行燃料经济活动分析，燃料部对燃料成本，入厂煤收、耗、存情况，入厂煤质状况等做了综合分析，分析各种影响因素，提出整改措施。

七、管理制度

2006 年 2 月，托电公司成立燃料管理部，为了规范燃料管理工作，出台了公司级的管理制度《燃料计划管理标准》、《汽车煤采购管理标准》、《燃料合同管理标准》、《燃料调运管理标准》、《入厂煤计量管理标准》、《入厂煤质量管理标准》、《燃料结算管理标准》、《燃料统计与分析管理标准》，并且成立了燃煤效能监察领导小组和燃料领导小组两个机构。此后又相继出台了《燃料管理部班组员工绩效考评管理办法》、《燃料管理部安全健康卫生文明工作制度》、《燃料管理部班组管理工作制度》、《燃料管理部周工作会议制度》、《燃料管理部培训管理制度》、《燃料管理部物品领用、保管与发放管理制度》、《燃料管理部节能与节约办公管理标准》、《燃料管理部实验室及档案资料管理制度》、《燃料管理部廉洁自律制度》等一系列管理制度，进一步规范了燃料管理工作。

第四章 计 划 管 理

托电公司的计划管理包括计划、统计、招投标、合同管理及经济活动分析会等方面的综合性工作，为领导及时提供决策依据。在总经理的领导下由总经理工作部负责实施。

第一节 计 划 管 理

计划管理的重点就是加强过程管理，注重计划的实施和执行，确保目标任务的完成。托电公司成立后，基建期间的计划管理一直由计划部承担。2001年4月开始，归属计划供应部统一管理。2003年，随着一期机组的投产发电，计划管理又从计划供应部分支出来，列入总经理工作部（原为企业策划部）的管理范畴。2001～2003年，计划管理在总经理工作部的领导下，逐步走向正规、充实和完善。

2004年上半年，由于公司刚刚步入生产阶段，许多制度规范还不完善，所以着重进行了各种制度和规程的编制。制定下达的有《内蒙古大唐托克托发电有限责任公司计划管理暂行办法》、《内蒙古大唐托克托发电有限责任公司煤耗管理考核暂行办法》、《经济活动分析暂行管理办法》、《对外提供水、电、汽等资源的暂行管理办法》、《节约用水管理办法》等。

2004年的另一个重点工作，就是公司计划的下达。根据托电公司的计划管理办法以及各部门的职责，下达了《2004年度电量计划》、《2004年非生产性资产购置计划》、《2004年度小型基建项目计划》以及《2004年度检修维护费用计划》。另外还针对2004年的各项指标，编制了2005年生产、经营指标计划。

2005年，公司及时下达了年度、月度项目费用计划，按照"计划定预算，预算控成本，成本保利润"的工作思路积极开展工作。其中下达的年度计划包括主要生产经营指标计划、财务年度预算、检修维护费用年度计划、机组年度检修计划、技改项目年度计划、检修重大非标项目年度计划、一般技措项目年度计划、安措与反措项目年度计划、科研项目年度计划、非生产性资产购置年度计划、信息化项目年度计划和小型基建项目年度计划。在实际工作中为有效实现费用可控，公司将年度计划结合生产、经营等实际情况进行分解并下达月度计划。

2005年，根据工作的改进和需要，重新制定了《内蒙古大唐托克托发电有限责任公司计划管理办法》。新制定的制度为《燃料预警管理办法（试行）》。

2005年下达的计划有《2005年度电量计划》、《2005年度检修计划》、《2005年度生产基建计划及经营管理目标》、《2005年度检修总费用计划》、《2005年度重大技改项目计划》、《2005年度重大非标项目计划》、《2005年度基层掌握技措安措、反措项目计划》、《2005年度生产材料费用计划》、《2004年度非生产性资产购置计划》、《2004年度小型基建项目计划》。

2006年，计划部门进行了十项制度和标准的编制与修订，分别是《计划管理制度》、《合同管理制度》、《招投标管理办法》、《经济活动分析管理标准》、《生产经营统计管理标准》、《评标专家库管理办法》、《节约用水管理办法》、《对外用水汽管理办法》、《燃料预警管理办法》、《盘煤盘油管理办法》、《供电煤耗计算标准》、《生产期间工程设计变更、签证、委托和超计划项目管理办法》。

2006年下达的计划有《2006年度电量计划》、《2006年度检修计划》、《2006年度生产基建计划及经营管理目标》、《2006年度检修总费用计划》、《2006年度重大技改项目计划》、《2006年度重大非标项目计划》、《2006年度基层掌握技措安措、反措项目计划》、《2006年度生产材料费用计划》、《2006年度非生产性资产购置计划》、《2006年度小型基建项目计划》、《2006年度托电公司财务预算》。

第二节 统 计 管 理

通过统计分析，及时发现生产管理过程中存在的各种问题，提出决策咨询建议，便于领导正确决策和部门改进工作。2003年，托电公司开始设立生产统计管理，统计岗位设一人，综合统计与经济活动分析岗位设一人，一直从事公司各项生产经济指标统计工作以及对内、对外的各项指标、报表的报送工作。统计工作包括日、月、季、年度及不定期统计工作。生产日报为厂内部报表，统计和综合反映前一天全厂生产及各台机组的运行情况。生产月报和年报内容包括总产值、发电量、厂供电量、供电煤耗、厂用电率等主要生产经济技术指标。通过对生产经营数据的统计管理，满足公司对生产经营数据的需求，满足报表需求和有关单位对报表的需求。为规范统计管理工作，2006年下发了《生产经营统计管理标准》，并编制了《托电生产指标统计资料汇编》。

第三节 招投标管理

托电公司对重大工程项目、采购项目，以及选择施工、监理队伍时，均按照国家的有关规定、法规通过招投标选定。招投标根据《中华人民共和国招标投标法》、《电力工程招标管理规定》和《电力工程监理招标管理规定》的要求，采用登报或上互联网的方式在全国范围公开招标。工程施工、监理的招标，由内蒙古自治区建设行政主管部门批准并全过程监督指导，在内蒙古自治区建设工程交易中心履行有关手续，按照法定程序进行。

托电公司的招投标纳入内蒙古自治区承发包交易中心办理，在工程方面由股东方参加，自治区建设厅监督，来自专家库的专家作评委以及业主代表本着公平、公开、公正的原则进行评标，选择质量、工期、造价等相对优秀的单位；其次，在项目招标前明确项目在概算的对应位置以及对应的概算额，尽量将标底和中标价控制在概算额以下；对正在和将要进行的招投标项目做好监管，定期与概算作对比，以保证在招投标过程中不出现超概算情况。

托电公司执行招投标规定上较为规范，得到内蒙古自治区的好评。2000年10月，在全区有形建筑市场建设工作会议上，托电公司就招投标工作做了经验介绍。

第四节 合同管理

2004年，托电公司下发了《内蒙古大唐托克托发电有限责任公司合同管理制度》。此制度是依据《中华人民共和国合同法》、《中华人民共和国仲裁法》及国家和地方的有关法律法规以及投资方的有关规定制定。2004年，签订合同150余份，2005年签订合同180余份。2006年，公司计划的重大技改项目32项，重大非标项目10项，实际实施完毕重大技改项目22项，重大非标项目10项，生产项目共签订合同152份。2006年，共计划非生产修理项目6项，小型基建项目4项，非生产性资产购置项目13项，总经理工作部主管的其他费用项目9项，全部实施完毕。非生产项目共签订合同88份。

第五节　经济活动分析

经济活动分析是企业革新挖潜、不断提高盈利的必要手段。2004年下半年，托电公司以经济活动分析为载体，紧密围绕公司的发展战略和经营计划的执行情况，对全公司的经济活动进行了全面、深入的分析，通过将每月的各项指标完成情况与计划指标、历史指标以及先进指标的比较和分析，及时发现公司生产、经营和基建管理过程中存在的一些问题，并通过制定相应对策和改进措施，为提高公司整体经济效益，确保总体经营管理目标的实现奠定基础。公司于2004年8月，首次召开了经济活动分析会，并在以后的几个月中通过不断尝试与实践，出台了经济活动分析管理办法，通过不断摸索，公司的经济活动分析已经逐步走向正轨，更重要的是通过经济活动分析，及时发现并解决了生产、经营活动中的一些问题，极大地促进了企业的生产经营、管理水平的提高。自开展经济活动分析以来，有关部门的经济活动分析人员通过学习兄弟电厂经验和自我摸索创新，不断提高分析水平，初步形成了具有托电特色的经济活动分析模式，为公司的生产经营管理工作提供了较好的参考和决策依据。但是不足之处也逐渐暴露出来，分析重点不突出，数据多于结论，今后要向多元化和分析的闭环管理方向继续努力。

2005年的经济活动分析，除了对各种存在的问题进行系统分析以外，着重加强了对问题的处理和落实。将月度"创一流"工作会议与经济活动分析会议有机结合，通过分析原因，明确提出了每个月度影响"创一流"成绩的主要因素和应该采取的措施。为规范经济活动分析管理工作，先后制定了《经济活动分析暂行管理办法》、《经济活动分析管理标准》。

2006年，由总经理工作部组织召开的月度经济活动分析会及时、详尽，对于会议要求的内容跟踪落实到位，得到了托电公司领导的认可。2006年完成指标管理体系工作，包括指标管理体系的编制、下发文件、组织执行等。制定"创一流"三年规划，同时修订了各项管理办法。

第五章 信 息 化 管 理

托电公司以网络平台为基础，以打造"数字托电、环保托电、效率托电"品牌为目标，以事务操作层、事务管理层、决策指挥层三个应用层面为重点，贯彻"需求驱动"、坚持"重点突破"的原则开展信息化建设。经过 6 年的信息化建设，托电公司在软件开发上取得了重要成果。这项工作由总经理工作部负责。

第一节 网 络 建 设

托电公司从 2002 年开始着手计算机网络的建设，此项工作一直紧密跟随托电工程的建设而发展。截至 2006 年，公司网络已具相当规模，网络点遍布厂区 30 余处，使用的交换机达到了 80 台，其中北电网络（Nortel）设备占约90%。接入层交换机与中心交换机为千兆光纤连接。Internet 出口 100 兆带宽，通过 VPN 和多媒体广域网与总公司连接。

2000 年，临时搭建了托电厂区第一个小型局域网，由三台二层交换机和三台 HP NetServer LX Pro PII200 服务器组成，通过 CC Proxy 与 Internet 连接，租用联通 2 兆带宽线路。

2002 年 6 月，随着托电一期工程建设投产，综合办公楼建成，公司的网络建设开始初具规模，在办公楼一层建设了 60 平方米专用机房。网络设备采用北电网络（Nortel），中心交换机为 2 台 8606，二层交换机采用 BPS2000，网络点包括综合办公楼、一期主控（8606）、除灰、输煤、化学、车衡网络、网控、天津维护、云发公司、值班楼；服务器引进了 4 台 HP 5470 小型机。在网络出口安装了清华德实 Net ST5000 防火墙与 Internet 连接，并将线路改为网通线路，带宽为 10 兆。

2004 年，二期工程投产，网络延伸至二期主控、除灰、物资库、重车衡、水厂以及天津电建、北京电建等外围施工单位，与 Internet 连接带宽改为100 兆。

2005 年是公司网络大发展的一年。伴随三期工程投产，公司以集团公司信息化建设总体规划为依据，相继完成了中国大唐广域网、大唐国际广域网、中国大唐VPN虚拟专用网的建设。厂区的网络又延伸到三期主控、除灰、输煤、化学、长山维护、发电部办公楼、南化学楼和二号值班楼，同时通过VPN专用网实现了呼市家属区和办公网的连通。此外，随着设备部人员的增多，新增交换机对办公楼网络进行了局部的改造。交换设备继续采用Nortel系列，增加了1624、420、470、425、350等型号。值得一提的是，基地网络与厂区连接的VPN网络，是在刚完成的中国大唐VPN专用网厂网的基础上进行的，节省了设备资源，实现了三方互通。网络安全方面，使用了瑞星的网络版杀毒软件、防毒墙（RSW9000）、入侵检测（RIDS-100）和网控设备（RNM-100）。

2006年，随着四期工程的建设，公司MIS网络规模进一步扩大。主要开展了如下的网络工程：即网络综合布线工程：四期主控、四期除灰、四期输灰和三期脱硫控制室、脱水车间、新物资库、长山维护办公区、天津维护电机班的网络建设；网络优化项目的实施：对现有的网络进行了安全区域划分，在局域网内部署防火墙（JUNIPERIGS1000）设备，各区域间通过相应访问策略进行通讯，加强网络的安全性。与此同时，对厂区的部分网络（一期除灰、一期输煤、一期化学、车衡以及云发公司）进行了必要的网络改造和割接。核心交换机增加了千兆和百兆电口板，将现有的服务器及其他网络设备直接与核心交换机相连，提高了应用资源的访问速度。配合综合办公楼部门搬迁，调整和改造了办公网络。这次调整在设备的选型上采纳了大唐国际的统一规划，引进了国产品牌的网络设备——华为交换机（3928P）。

第二节　软件开发应用

一、开发并完成了办公自动化系统（OA）

2000年12月，开发并完成了办公自动化系统（C/S架构，基于Lotus Notes数据库平台开发）。2003年5月，开发并完成了办公自动化系统的升级。2005年12月～2006年5月，将办公自动化系统彻底改造，由基于Lotus Notes数据库平台改造为基于Oracle数据库平台。通过这套系统，完成公文的电子流转，实现无纸化办公。

二、分期开发基建管理信息系统（CCMIS）

2001年9月～2003年1月，开发并完成了一期基建管理信息系统（CCMIS）。2003年3～11月，开发并完成了二期基建管理信息系统（CCMIS）。2003年11月～2004年5月，开发并完成了三期基建管理信息系统（CCMIS）。

2004 年 9～11 月，开发并完成了四期基建管理信息系统（CCMIS）。

这套系统的应用在托电公司发挥了加强投资控制，降低工程成本，加强合同监控力度，保证工程质量，提供设备及材料管理，实现基建企业信息共享，及时完成工程竣工决算和固定资产移交等作用。使得托电公司的业务流程化、阳光化，能够及时了解资金需求，降低融资成本；及时反映工程进度和安全；提高了工作效率和管理水平。

（1）2001 年 11 月，开发并完成了清华紫光档案管理系统。

（2）2002 年 8 月，开发并完成了公司内外部网站，对内实现了信息的流通，对外实现了企业形象的展现。

（3）分期开发财务管理系统（FMIS）。

2002 年 11 月～2003 年 5 月，开发并完成了一期财务管理系统（FMIS）。2003 年 8～11 月，开发并完成了二期财务管理系统（FMIS）。2003 年 6 月～2004 年 5 月，开发并完成了三期财务管理系统（FMIS）。2004 年 10 月～2005 年 2 月，开发并完成了四期财务管理系统（FMIS）。

FMIS，即财务管理系统。FMIS 提出的财务管理系统是一个以财务系统为核心，整合了燃料系统、设备资产管理系统、生产统计系统后形成的一个集电厂资金流、信息流、物流于一体的完整解决方案。该系统具有强大的财务分析功能和信息发布功能，为会计管理提供了强有力的手段，多维数据库和分析模型的建立，能够非常容易地实现对公司短期和长期的盈利、现金流情况的预测。从业务出发，不仅反映各项经济活动的结果，同时也记录经济活动发生的过程；准确反映公司经营成果的同时，对经济活动的过程进行有效监控和管理；不仅能够履行会计的反映和监督职能，同时还能履行决策、控制和分析职能；实现了财务会计与管理会计的有机统一，使会计由单纯的事后反映变为事后反映与事前预警、事中控制的有机统一；实现了托电公司财务管理由核算型会计向业务型、管理型会计的转变。

（4）2003 年 11～12 月，开发并完成了燃料采制化管理系统。通过这套系统，实现了托电公司燃料管理的流程化、智能化、网络化，提升燃料管理水平及燃料利用的经济性和安全性水平，达到了节约增效、辅助领导决策的作用。

（5）2003 年 12 月～2004 年 4 月，开发并完成了智仁燃料管理系统。

（6）2005 年 9 月～2006 年 3 月，开发并完成了安全性评价系统。

安全性评价是综合运用安全系统工程的方法对电厂的安全进行度量和预测。通过对电厂存在的危险性进行定性和定量的分析，确认系统发生危险的可能性及其严重程度，提出必要的措施，以寻求最低的事故率、最小的事故损失和最优的安全投资效益。

安全性评价针对火力发电厂生产设备系统、劳动安全和作业环境以及安全管理三个方面可能引发事故的危险因素，以防止人身事故、特大和重大设备事故及频发性事故为重点，进行查评诊断。其目的是要评出一个单位或一个系统安全工作的现状和水平，尤其是预知和掌握客观存在的危险因素及严重程度，明确反事故工作的重点和需要采取的措施，实现超前控制、减少和消灭事故。

（7）分期开发资产管理信息系统（EAM）。

2003年8～12月，开发并完成了一期资产管理信息系统（EAM）。2004年2～8月，开发并完成了二期资产管理信息系统（EAM）。2005年8月～2006年1月，开发并完成了三期资产信息系统（EAM）。

企业资产管理系统（EAM）是以设备资产台账为基础，以工单的提交、审批、执行为主线，按照维修规划、维修处理和维修分析3个层次循环，实现提高维修效率、降低总体维修成本的系统目标。从设备和物资两大方面划分。其中，设备方面实现了各机组设备台账的归集汇总、机组的点检定修管理、日常消缺功能、与其他业务系统的接口开发、各种业务报表的开发等功能模块。物资方面实现了公司的物资从需求计划、询价、购买及付款转账整套流程的电子化。

（8）2004年3～8月，开发并完成了生产统计软件系统。计划统计是企业经营活动中主要的组成部分之一，统计是对企业过去的经营活动的总结分析，计划是企业未来的经营活动的预测和指导。托电计划统计管理软件负责本厂的生产经营的统计、计划、指标分析等管理工作，它帮助计划管理人员更好地做好本职工作，减轻烦琐的统计和制表，提高工作效率，加快信息的整理和传递，为托电的生产经营服务。

计划统计管理信息软件应达到加强电厂对生产成本的控制，提高电厂经济效益的目的。计划统计管理信息软件主要包括计划管理、统计计算、报表打印、指标数据分析、计算公式维护和查询定制等功能。

（9）2005年1～11月，开发并完成了电视监控系统。

（10）2005年8月～2006年底，开发了人力资源管理系统。通过这套系统，实现了工资管理、奖金管理、保险管理、组织机构岗位设置、考勤休假管理、夜餐加班管理、收入管理、培训管理、统计报表以及人事资料等多项功能模块，从而实现了人力资源的数字化管理。

（11）2005年12月～2006年1月，开发并完成了VOD视频点播管理系统。通过这套系统，实现了人事培训、考核系统以及党政宣传等教育题材的网络和电视点播，做到了办公与休闲的有机结合。

（12）2005年12月～2006年1月，开发并完成了物资采购网。通过这套系统，实现了托电公司的物资采购透明化、电子化，实现透明采购。

（13）2006年4～6月，开发并完成了部分问题库系统。所谓问题管理是现代企业管理理念的转变，是以解决问题为导向，以挖掘问题、表达问题、归结问题、处理问题为线索和切入点的一套管理理论和管理方法。通过问题库系统，对生产过程中问题的提出、落实、执行、验收的闭环控制和责任追究，降低问题发生的数量，避免问题的重复发生，实现发电生产管理尤其是安全监督的各个环节的可控、在控，开创安全监督的新手段和新局面，为实现企业的本质安全而奠定基础。

（14）2006年5～8月，开发并完成了一体化绩效考核管理系统。通过这套系统，实现了闭环管理的理念，便于领导及时掌握工作的实施情况和完成状态。

（15）2006年6～8月，实施了两票系统的开发。两票（操作票、工作票）是电力系统安全生产的重要操作依据，发电公司对两票的开票、审批都有非常严格的规定。以往两票的工作流程都是由相应的工作负责人开票，再送各相关负责人核实审批，并且需要经过多人的审批，大大降低了工作效率。通过两票系统的实施，实现了两票的填票、签发、签字、审核、检查、抽查的电算工作化，减轻了两票的审批工作强度，实现了高效率的审批签字，提高了日常办公的效率。

第三节 管 理 制 度

为了加强对信息化建设的监督管理，规范信息化应用行为，提高信息化应用水平和投资效益，以信息化建设总体规划和具体实施为依据，托电公司陆续出台和完善了相应管理制度或管理办法，详细制度如下：

2002年4月，出台了《办公自动化系统管理办法》。

2002年4月，出台了《管理信息系统网络维护管理办法》。

2002年4月，出台了《内外部网站管理办法》。

2002年4月，出台了《信息中心专业管理制度》。详细制度有《MIS设备管理制度》、《MIS用户管理制度》、《MIS数据库管理制度》、《MIS服务器管理制度》、《MIS文档管理制度》、《MIS软件开发/实施管理制度》、《机房管理制度》。

2003年12月4日，出台了《EAM使用管理规定》。

2004年1月19日，出台了《计算机及其外部设备采购领用和维修等暂行管理办法》。

2004 年 4 月 20 日，出台了《EAM 系统使用管理奖励考核办法》。

2004 年 7 月 14 日，对《信息中心专业管理制度》进行了修订完善，出台了《信息系统暂行管理办法》。

2005 年 5 月 17 日，出台了《VPN 数字证书及相关软件管理办法（暂行)》。

2005 年 5 月 19 日，出台了《信息中心管理制度》。

2005 年 5 月 23 日，出台了《设备缺陷管理单项考核管理办法》。

2006 年 2 月 22 日，出台了《办公自动化系统管理办法及开始升级版 OA 系统试运行》。

2006 年 2 月 22 日，出台了《视频点播（VOD）系统暂行管理办法》。

2006 年 4 月 6 日，出台了《信息中心值班管理办法》。

2006 年 9 月 20 日，出台了《EAM 系统管理办法》。

第六章 档 案 管 理

档案中心是档案管理的职能部门。在公司主管领导和总经理工作部领导下，负责科学技术档案、文书档案、会计档案、人事档案、声像档案、照片档案、实物档案及电子档案、图书技术资料的管理工作，并接受上级主管机关及地方档案部门的业务指导和监督。

第一节 组 织 机 构

一、隶属关系、人员配置及职能

托电公司为了全面做好工程基建档案管理工作，在 1999 年工程开工准备时，就积极组织成立了资料室，隶属工程设备部，设置了两名档案管理员，负责基建资料的收发和工程文件的传递工作。

2000 年 12 月，经总经理办公会讨论研究决定成立文档中心，由当时的行政部组建和管理。文档中心负责托电公司所有科技档案、文书档案、会计档案、人事档案、声像档案以及电子档案的收集、整理、提供利用服务，同时配备了专职档案人员。

档案中心现定编 8 人，其中主任 1 人，文档管理员 1 人，科技档案管理员 4 人，基建资料管理员 2 人。托电公司对档案实行集中统一管理，以现代化管理为目标，实行规范化、制度化、网络化管理。

二、档案管理网络流程

公司建立了内部的档案管理网络，在 2004 年 5 月明确了各部门档案工作负责人及兼职档案人员。公司总工程师分管档案，各部门设有分管档案的负责人（副部长）、兼职档案员，兼职档案人员全部接受了内蒙古自治区档案局举办的为期一个月的岗位培训，全部获取上岗资格证书，负责本部门档案的收集、整理和档案的移交工作，同时督促所管辖的下属施工、运行、维护单位的资料整理工作，统一接受档案中心业务指导。通过档案管理网络，层层把关，保证了公司档案工作的顺利开展和档案实体的齐全、完整。

内蒙古大唐国际托克托发电有限责任公司档案管理网络见图 3-6-1。

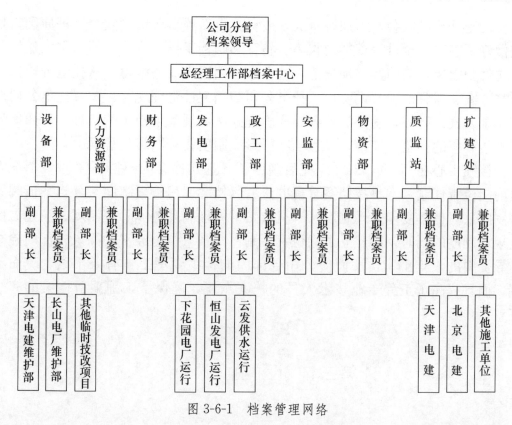

图 3-6-1　档案管理网络

第二节　管理职责与制度

托电公司档案中心从成立之初就本着"服务基建，服务工程"的原则，认真贯彻国家档案局和上级档案主管部门对档案管理的有关规定，建立健全了档案管理组织机构，做到了工程档案管理与基本建设进程同步，做到了"三统一"（统一领导、统一制度、统一管理）；按照中国电力建设企业协会印发的《火电机组达标投产考核标准》要求，建立了完善的档案管理制度，落实了档案工作的"四同步"（企业在下达科技、生产计划任务与提出文件材料的形成、积累、整理、归档要求同步，检查科技、生产活动计划进度与检查文件材料的形成、积累情况同步，鉴定、验收科技、生产成果与鉴定验收文件材料是否完整、准确、系统，是否符合归档要求同步，上级登记科技成果及成果申报获奖、科技人员提职考核与档案部门出具归档情况证明材料同步）；"三纳入"（档案管理工作纳入主管领导和有关人员的岗位责任制、纳入企业发展规划和现代化管理规划及年度工作计划、纳入生产、技术、经营等各项管理制度）；"四参加"（参加生产调度会、经济责任制考核会，参加工程竣工验收会，参加主要设备开箱验收会，参加科研成果或科技更新项目鉴定验收会）等原则，切实做好了基建期全过程资料的收集、整理和归档工作。按照《国家重大建设项目文件归档要求与档案整理规范》的要求，档案人员还编写了《托电公司档案分类方案、保管期限及说明》、《托电公司归档文件整理规范》及《托电公司部门及个人文件归档管理办法》等档案管理办法，规范了档案的管理，从而保证了档案收集的齐全、完整。工程档案已形成制度化和网络化管理。

档案中心在 2000～2006 年先后制定了《基建档案的归档制度》、《档案人员的岗位责任制》、《科技档案管理办法》、《档案库房管理制度》、《档案借阅管理制度》、《档案复印管理制度》、《科技图书管理制度》等管理制度。在建立健全规章制度的同时，还建立了岗位责任制。档案人员也经常的深入各部门检查指导资料的收集工作，从而使公司各部门的档案管理工作有条不紊、疏而不漏，而且提高了工程专业技术人员的档案意识，确保了工程项目档案的齐全完整。

第三节　设　施　设　备

一、设备配置

在工程开工建设初期，公司就为档案管理部门配备了与工程规模相适应的现代化管理软、硬件设备。配备了微机 10 台、工程复印机 2 台、激光打印机 3 台、针式打印机 1 台（打卷皮）、彩色打印机 1 台、空调 4 台、数码相机 1 部、温湿度表 2 块。

2005 年，更换了服务器，型号为 HP ProLiant DL380 G4。该服务器为工业标准服务器，机架式结构，性能优良，硬盘容量为 288G，能满足档案电子化的需要。

二、档案库房

2002 年 8 月，按照档案达到国家一级的标准，为档案部门配备了库房，做到了库房、阅览室、办公室三分开，档案库房分为科技档案库房和文书档案库房，面积为 220 平方米，办公室面积 47.52 平方米，阅览室面积 48.96 平方米。为安全保护好各类档案，公司通过招投标的方式为档案部门配备了密集架、防磁柜。档案库房有足够的余量，并严格按照"九防"（防火、防盗、防光、防紫外线、防有害气体、防潮、防湿、防虫、防尘）要求进行了布置，保证了档案的安全保管。责成专人每日记录档案库房温度、湿度变化情况，定期清洁库房、检查档案设施、设备的运行情况。2006 年 4 月，通过招投标的方式安装了档案库房气体灭火装置,该装置为柜式三氟甲烷自动灭火装置,轻便可移动、自动监测火灾、自动报警、自动灭火的现代消防设备,现代化程度高,其控制部分可与计算机控制中心相衔接,保障了库房的存储安全。

三、档案软件

为了进一步提高档案管理的工作效率,托电公司在 2001 年就积极引入了清华紫光档案管理系统。该档案管理系统符合国家档案管理规范,不仅能管理档案目录、摘要,还可将档案的原件也纳入到档案管理系统中,同时还可利用清华紫光自有的汉字识别技术对图像文件进行 OCR 识别,对原件的某些信息进行提取。清华紫光软件先后于 2003 年、2005 年进行了两次系统升级,应用了双层 PDF 技术,这也是清华紫光特有的图像存储技术,可将快速 OCR 识别的文本依附于 PDF 图像之上,既满足了档案管理真实的存储需求,又满足档案数字化利用的需求,而且配合快速 OCR 的自动识别,不会给用户带来任何操作上的麻烦,是一个非常适合档案存储的数据格式。到 2006 年底,清华紫光软件使用状况一直良好,通过已有的办公自动化系统,实现了公文网上运转传阅后,电子文件即时归档,为文书档案的整理、归档、提供利用提供了便捷的条件,节省了时间,提高了工作效率。档案管理系统功能结构见图 3-6-2。

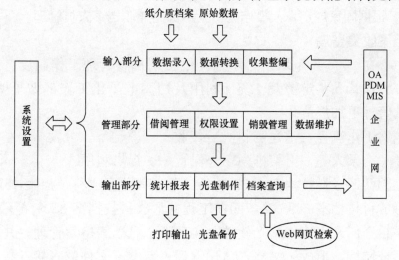

图 3-6-2 清华紫光企业档案管理系统 TH-AMS 功能结构

第四节 基础业务建设

一、档案管理

公司档案管理是为基建、生产和运行服务的,档案内容涵盖了公司所有部门，内容涉及党群工作、行政管理、经营管理、生产技术管理、财务审计、人事劳资、电力生产、科学技术研究、基本建设及设备等。档案的构成见图3-6-3。

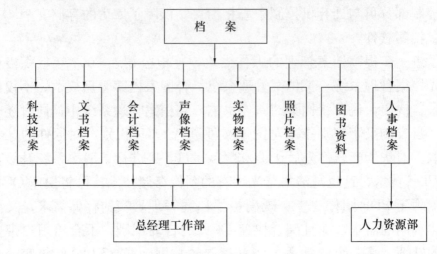

图 3-6-3　档案的构成

截至2006年底，托电公司共形成科技档案19414卷，其中文书档案8453件，照片档案564张，光盘档案248张，实物档案40件，会计档案1310卷，声像档案275条记录。根据国家规定，人事档案由人事部门兼职档案人员管理。

二、档案收集整理

档案中心在2006年重新出台了《托电公司档案管理工作制度》对档案的收集、整理、保管、鉴定销毁、统计利用及档案电子化工作都做了明确规定，使得档案的管理更加规范化。

基建档案工作流程：基建资料——接收——登记——分发——整理——分类——组卷——录入——上架排列——保管——提供利用。

一期工程共形成科技档案7835卷，二期工程共形成科技档案4575卷。三期工程共形成科技档案3895卷，四期工程共形成科技档案3109卷。所有整理好的档案条目全部录入清华紫光软件，实现了全息档案检索管理，并和OA办公自动化系统链接，形成了文档一体化管理；有电子文件的直接挂接，工程设备图纸经过扫描大部分实现了网上查阅、网上浏览，极大地提高了档案的利用率。归档的案卷质量也符合《科学技术档案案卷构成的一般要求》，并保证了归档文件材料的完整、准确、系统。

三、配合工程评优

托电一、二期工程档案，于2006年1月23日，通过了国家档案局和中国大唐集团公司共同组织的档案专项验收。托电一、二期工程分别于2004年6月18日和2005年7月22日，顺利通过了由中国大唐集团公司组织的达标投产复检，被评定为"达标投产机组"。托电一期工程被评为全国电力优质工程，获得了国家优质工程银奖。由中国大唐集团公司组织的专家组于 2006 年 9 月 19～20 日，对托电三期工程进行了达标投产复检，托电基建档案的整理、保管工作得到了专家组的好评，最终以 5 号机组档案总分 93.35 分，6 号机组总得分 93.59 分，位居参评电厂 7 个组中的第一名。

第五节　档案管理信息化

2000 年，公司为档案中心购置了清华紫光企业档案信息管理系统软件，配备了专用服务器，还配置了集扫描、复印、打印为一身的大型工程复印机、绘图仪等硬件设备，工程复印机能复印 0 号图纸，2005 年更换服务器，型号为 HP ProLiant DL380 G4，硬盘容量为 288G。

有了现代化的设施，档案人员录入科技档案案卷级目录 20180 条，卷内文件目录 244061 条，全部能在公司内部网站上检索到，其中所有施工单位移交的竣工文件都有电子版，二、三、四期工程华北设计院所有竣工图纸都有电子文件，并且全部挂接完毕，利用者只要双击该条目就可以实现网上浏览，利用 OCR 中文识别系统，还可以实现拷贝、复制功能，大大提高了利用效率。并为主体施工单位、主体监理单位安装了清华紫光管理软件单机版，方便参建单位归档录入。

文书档案于 1993～2002 年按照分类方案组卷，共形成案卷 849 卷，从 2003 年后按件组卷，共有 5244 条记录，全部录入微机，并且挂接了电子文件，个别保密文件还加设了密级，满足了不同用户的需求。

档案人员共整理出照片档案 564 张，按照文书档案（0～5 大类）组卷，并且全部录入微机，挂接了数码照片，利用者只要进入局域网内的档案查询系统查找点击电子文件就可利用。实物档案、声像档案也按照档案管理办法全部归档整理、保管并部分实现了电子化。

截至 2006 年底，档案中心每年以不少于 3000 张的速度对纸质档案进行电子化处理，力争尽快完成档案电子化转化工作。

第六节　开　发　和　利　用

截至 2006 年年底，托电公司基建工作基本结束，档案中心的工作重心也转向提供利用和服务。利用现有库存档案，正在着手出版档案编研成果。其中检索目录做了案卷目录、卷内目录、全引目录、专题目录、存放地点索引、档案全宗指南等。

近几年，档案中心通过馆藏文件编写了一些汇编文件，2005 年出版了《托电公司 2003 年事故汇编》、2006 年出版了《托克托发电公司大事记（2000～2005 年度）》、《托电公司一期工程简介》、《托电公司 2004 年事故汇编》、《托电公司 2005 年事故汇编》等通用性编研成果。还组成了由专业人员、档案人员共同组成的档案编研领导小组，对现有档案进行深层次加工。每年出版2～3个有深度、利用价值高的档案深层次编研成果。

据不完全统计，2005 年网上浏览查阅 3539 次，2006 年 9714 次。为了做到双保险，档案中心共作好科技档案全引目录 50 多册，文书档案全引目录 22 本，会计档案全引目录 24 本，还制作了档案专题目录 10 本，极大地方便了检索和利用。

档案中心还通过电话调卷，提供电子版文件、发放专题目录等多种方式为利用者提供更加方便、快捷的利用服务。

第四篇 党 群

第四篇　党　　群

中共托电公司委员会在工程建设伊始就提出"创精品工程，建一流企业"的战略目标，后确定为"建精品、创一流、站排头"的奋斗目标。党委还积极倡导"务实和谐，同心跨越"的企业精神，并在这一目标、精神的鼓舞下取得一个又一个胜利。

托电公司党委严格按照新厂新制确立并执行规章制度，积极参与企业重大问题的决策，紧紧围绕企业的奋斗目标和企业精神开展思想政治工作，创建企业文化。不但建设了一个坚强有力、团结和谐、能打硬仗的领导班子，还培养和造就了一批无私奉献、热爱电力事业的建设者，使得公司在快速发展中有了重要的政治思想保证和坚实的群众基础。

公司党委在企业建设、生产和经营的实践活动中，不断加强党的自身建设，不断完善组织机构，设置政工部为党委综合办事部门。制定、实施了《党委工作条例》、《"三重一大"实行集体决策制度》等党委工作制度，并将包括党建、组织、宣传、纪检、工会、共青团等一系列的规章制度汇编成册，使党委工作有章可循。通过开展党支部达标创先和党员民主评议、评优、党员教育活动，使基层党支部的战斗堡垒作用和党员的先锋模范作用得以充分发挥，党员队伍从党委成立时的 22 人，到 2006 年底发展为 168 人，占员工总数的 35％。通过开展党风廉政建设，进一步规范了各级党员干部廉洁奉公意识；通过加强对工会、共青团等群众组织的领导，发挥其桥梁和纽带作用，使党和广大群众密切相连；通过一系列的企业文化建设活动提升了全体员工同心意识，在努力创建"同心文化"氛围中，实行了大政工、一体化管理。在把托电打造成为"综合速度最快、综合效益最好、亚洲规模最大的火电基地"的进程中，勇敢迎接挑战，努力创造辉煌。

第一章　党　的　组　织

托电公司在上级党组织的领导下，根据党的组织原则建立中国共产党组织，进行党的思想建设和制度建设。召开党员大会，建立党委组织机构，下设基层党支部。通过党委中心组学习、民主生活会、党支部达标创优活动、先进党支部和优秀共产党员评比活动、发展新党员工作，以及组织员工的政治学习和宣传教育，以保证党在企业中的政治核心作用。

第一节 党委组织机构

根据中共内蒙古电业管理局委员会内电组［1993］102号文件决定和托克托电厂党务工作的需要，托克托电厂筹备处党支部于1994年1月29日成立，党支部书记由郭殿奎担任，组织委员陈云生，宣传委员赵正谋，基建委员于和智，青年委员刘德起；7月，增补郭勇为副书记。根据上级党组织要求，筹备处党支部组织关系隶属内蒙古电管局机关党委领导。

1996年1月，托克托电厂筹备处党支部以托电党［1996］4号文件，增补吕义生为生产委员，张计栓为青年委员。

1996年10月，中共华北电管局党组以华北电党［1996］89号文件，批准中共托克托发电有限责任公司委员会成立，任命李文祚为党委书记。

1997年11月，中共华北电管局党组以华北电党［1997］87号文件，正式批复中共托克托发电有限责任公司委员会由李文祚、梁殿臣、朱平立、郭殿奎、张浩五人组成。

2000年12月，中共内蒙古直属机关工委以内直党工组字［2000］56号文批复，同意梁殿臣退休，不再担任党委委员。

2001年3月，中共大唐国际发电股份有限公司党组，以大唐电党［2001］6号文批复，增补王自成、刘福阁、康波为托电公司党委委员，与李文祚、朱平立、郭殿奎、张浩7人组成中共托电公司委员会。

2002年2月，张浩调离。

2003年11月，刘福阁调离。同年11月，召开中共托电公司第一届党员大会，选举产生新的委员会，由李文祚、朱平立、王自成、郭殿奎、康波5人组成，选举李文祚为党委书记。

2004年2月，增补应学军为托电公司党委委员。同年4月，康波调离，增补杨丰利为托电公司党委委员。

2005年3月，王自成调离。6月，李文祚、朱平立调离，郭殿奎担任托电公司党委书记，增补卜保生、刘志勇、郭亚斌、王猛、尤海君为托电公司党委委员。

2007年4月，卜保生、刘志勇、郭亚斌、尤海君调离，增补冯树礼、李日龙、尚怀伟为党委委员。

中共托电公司委员会按照属地管理的原则，接受中共内蒙古自治区直属机关工委领导，同时接受中共大唐国际发电股份有限公司党组和中共中国大唐集团公司党组的领导。

截至 2008 年 5 月，党委组织机构见图 4-1-1。历届党委书记、副书记及党委委员任职情况见表 4-1-1～表 4-1-3。

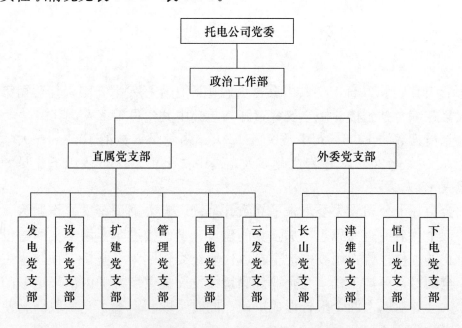

图 4-1-1　2006 年党委组织机构

表 4-1-1　　历届党委书记任职

任职人员	起止时间
李文祚	1996 年 10 月～2005 年 6 月
郭殿奎	2005 年 6 月～

表 4-1-2　党委副书记任职

任职人员	起止时间
王自成	2001 年 3 月～2005 年 3 月

表 4-1-3　　　历　届　党　委　委　员　任　职

任职人员	起止时间
李文祚　梁殿臣　朱平立　郭殿奎　张　浩	1997 年 8 月～2000 年 11 月
李文祚　朱平立　郭殿奎　张　浩	2000 年 11 月～2001 年 3 月
李文祚　朱平立　郭殿奎　张　浩　王自成　刘福阁　康　波	2001 年 3 月～2002 年 2 月
李文祚　朱平立　郭殿奎　王自成　刘福阁　康　波	2002 年 2 月～2003 年 11 月
李文祚　朱平立　郭殿奎　王自成　康　波	2003 年 11 月～2004 年 2 月
李文祚　朱平立　郭殿奎　王自成　康　波　应学军	2004 年 2～4 月
李文祚　朱平立　郭殿奎　王自成　应学军　杨丰利	2004 年 4 月～2005 年 3 月

续表

任 职 人 员	起止时间
李文祚　朱平立　郭殿奎　应学军　杨丰利	2005 年 3~6 月
郭殿奎　应学军　杨丰利　卜保生　刘志勇　郭亚斌　王　猛　尤海君	2005 年 6 月~2007 年 4 月
郭殿奎　应学军　杨丰利　王　猛　冯树礼　李日龙　尚怀伟	2007 年 4 月~

第二节　党　员　大　会

2003 年 11 月 26 日，中共内蒙古大唐国际托克托发电有限责任公司第一次党员大会在综合办公楼 6 楼会议室召开。与会中共党员 111 人，其中女党员 14 人，占党员人数的 12.6%；少数民族 12 人，占党员人数的 10.8%；大学文化 76 人，大专文化 26 人，中专文化 5 人，高中文化 4 人；35 岁以下党员 60 人；列席代表 15 人。

大会由托电公司党委委员朱平立致开幕词。党委书记李文祚作题为《认真贯彻"三个代表"重要思想　加强党的建设　全面推进企业两个文明建设再上新台阶》的工作报告；纪委书记王自成代表纪委作题为《坚持"预防为主"的方针　全面打造廉洁工程　为企业健康持续发展提供良好的内部环境》的工作报告，大会并对以上两个报告形成决议；同时听取和审查了党费收缴、使用情况的报告。

大会通过无记名投票差额选举，选出李文祚、王自成、朱平立、郭殿奎、康波 5 人，组成中共托克托发电有限责任公司第一届委员会，李文祚当选为党委书记，王自成当选为党委副书记；选出王自成、王猛、赵建雄 3 人组成中共托克托发电有限责任公司第一届纪律检查委员会，王自成当选为纪委书记。

第三节　党的制度与组织建设

一、制度建设

中共托电公司党组织自组建以来始终坚持党的路线、方针、政策。在上级党组织的领导下，围绕党的中心任务开展工作，在企业建设和发展的各个时期都能充分发挥党组织的政治核心作用。

托电厂筹备处党支部十分重视领导班子建设和员工培训、教育工作。每年定期召开两次民主生活会，并倡导制定了"艰苦创业、优质高效、建设一流"的企业精神，组织员工讨论企业精神，还开展党员之间、党员与群众之间有意义的谈心活动，举办"七一"庆祝活动以及发展新党员工作。

托电公司党委成立以后，党的工作逐步步入正规，并于 1997 年成立了党委专门工作机构政工部，负责党的组织、党建、宣传、纪检监察、精神文明建设、企业文化建设及工会、共青团等党群系统的具体工作，以及对党委决议的组织实施。先后建立健全了一系列党委工作制度和细则，主要包括：

《中共内蒙古大唐国际托克托发电有限责任公司委员会议事规则》、《中共托克托发电公司委员会关于加强党建工作的实施办法》、《中共内蒙古大唐国际托克托发电有限责任公司委员会党群工作例会制度》、《中共内蒙古大唐国际托克托发电有限责任公司委员会党支部书记例会制度》、《内蒙古大唐国际托克托发电有限责任公司"三重一大"实行集体决策制度》、《内蒙古大唐国际托克托发电有限责任公司关于同干部谈话制度》、《中共内蒙古大唐国际托克托发电有限责任公司委员会民主生活会制度》、《中共内蒙古大唐国际托克托发电有限责任公司委员会政治学习制度》、《中共内蒙古大唐国际托克托发电有限责任公司委员会中心组学习制度》、《中共内蒙古大唐国际托克托发电有限责任公司委员会党员领导干部参加双重组织生活会制度》、《中共内蒙古大唐国际托克托发电有限责任公司委员会委员联系党支部制度》、《中共内蒙古大唐国际托克托发电有限责任公司委员会领导和支持工会开展工作制度》、《中共内蒙古大唐国际托克托发电有限责任公司委员会领导和支持团青开展工作制度》、《中共内蒙古大唐国际托克托发电有限责任公司委员会领导干部联系基层单位工作制度》、《中共内蒙古大唐国际托克托发电有限责任公司委员会员工思想动态分析制度》、《中共内蒙古大唐国际托克托发电有限责任公司委员会关于创建文明单位责任分工及考核细则》、《中共内蒙古大唐国际托克托发电有限责任公司委员会党支部工作考核细则》、《内蒙古大唐国际托克托发电有限责任公司宣传报道工作制度》、《中共内蒙古大唐国际托克托发电有限责任公司委员会实行"一岗双责"工作责任制》等，以及纪检、工会、团委等方面的一系列工作制度，使党委工作走上程序化、规范化、科学化的轨道。

1998 年 4 月，将上述制度统一编印成《党委工作制度汇编》，7 月，制定《行政工作制度汇编》。

2002 年 4 月，将党群和行政制度合编为《规章制度汇编》。

2005 年底，党委以长效性、实效性、规范性为原则，对照大唐国际党群系统相关制度全面修订、整合、完善了《党群工作制度汇编》，并增加了《托克托发电公司各层面共产党员保持先进性的具体要求》等新的内容。

2006 年上半年，为了便于对现场各维护单位实行有效管理，确保安全文明生产有效进行，托电公司党委下发了《中共内蒙古大唐国际托克托发电有限责任公司委员会加强对现场各维护、运行单位党群工作指导和管理意见》，要求公司各部门及各外委单位以全面提高公司各项工作水平为目标，以"务实和谐、同心跨越"为理念，按照统一、协调、优化的原则，通过党政工团齐抓共管，有效整合公司及各外委单位的各类资源，全面打造"七个一体化"的管理模式。即发展目标一体化、组织体系一体化、业务流程一体化、管理要素一体化、制度标准一体化、信息资源一体化和党群工作一体化；全面落实"六同"要求，即思想政治工作同做、精神文明工作同建、党建工作同干、大型文体活动同搞、安全文明生产同抓、一流业绩同创，使托电能够成为一个协调统一、兼容互补、荣辱与共的有机整体。

同年，在总结党群工作开展多年来所取得的成绩、经验和实践需要的基础上，归纳提炼出了符合公司特点并具有长远指导意义的党委工作思路"23451"。即注重"两个坚持"（开展党群工作要始终坚持"围绕中心服务大局"方针，坚持继承与创新相结合的原则），实施"三个保证"（保证党的路线方针政策在本企业的贯彻执行，保证公司行政依法充分发挥其职能，保证完成董事会和上级领导制定的生产、基建、经营、党风廉政工作任务），抓住"四个加强"（加强党章赋予基层党委的政治核心地位，加强党的先进性建设，加强思想政治工作，加强企业文化建设），打造"五个模式"（党群工作"大政工"模式，党群工作"一体化"模式，党群工作"网络化"模式，党风廉政"大监督"模式，安全生产"大监督"模式），实现"一个目标"（与时俱进，开拓进取，不断创新党群工作，打造一流火力发电企业）。使党群工作更加规范化、系统化和模式化，党的组织和制度建设更趋完善。

二、组织建设

（一）领导班子建设

托电公司领导班子成员在几年中经过几次调整，每一次都保持了高学历、高职称结构，因此具备了领导班子高水平、高素质、精干高效、具有坚强战斗力的基本要求，为建设"政治素质好、经营业绩好、团结协作好、作风形象好"的四好领导班子，奠定了良好的基础。

托电公司党委在班子建设中首先注重抓好思想建设、组织建设和作风建设。做到政治上立场坚定，自觉与党中央保持一致；工作上秉公办事、勤政廉洁；生活上作风正派、艰苦朴素。党委要求各级领导干部，特别是中层以上领导干部带头实践，率先垂范，用科学发展观，正确的业绩观和权利观，加强和改进领导作风，提高工作效率和工作水平，用实际行动保证了公司各项制度的贯彻落实。

坚持每月召开一次党委会和一次党政联席会。会后都要按计划进行中心组理论学习。中心组成员包括公司党政领导、党委成员、政工部正副部长、团委书记。党委书记担任学习组长，总经理和纪委书记担任副组长，政工部宣传干事担任学习秘书。学习内容主要包括三个方面，一是马列主义、毛泽东思想、邓小平理论和"三个代表"重要思想，以及社会主义荣辱观；二是党中央、国务院、自治区党委（政府）等上级机关的重要文件及领导人的讲话、重要会议等；三是与电力改革、发展相关的高科技知识、决策管理知识、市场经济知识、法律知识和历史知识、国际知识等。具体学习内容，根据上级党委的统一部署和要求，坚持理论联系实际、学以致用的原则，结合公司实际，围绕公司的安全生产中心工作以及党的思想、组织、作风、制度、廉政建设，特别是中心组成员世界观、人生观、价值观改造的重大课题，以及干部群众中比较突出的思想问题来确定。中心组成员每年至少写一篇学习体会或论文。

每年召开一至两次领导班子民主生活会，进行政治理论教育、勤政廉洁教育，开展批评与自我批评。并坚持做到"三不开"、"两必须"：即主要领导不在家不开，会前没有征求群众意见不开，没有书面发言材料不开；群众提出的主要意见必须回复，针对存在的问题必须提出整改措施。定期上会讨论员工的合理化建议，并按制度认真参加双重组织生活和党支部其他载体活动。

领导班子在工作中严格执行民主集中制原则，公司内的重大问题都是按有关规定和程序由党政领导集体决定，增加透明度，使决策民主化、科学化。坚持参与"三重一大"决策，即重大决策、重要项目安排、重要干部任免和大额度资金的使用等都经过班子成员集体讨论研究决定，不搞一言堂，防止了决策失误。领导班子分工明确，责任明晰，大家各司其职，团结一心，互相支持，互相补台。既体现了民主集中制，又发挥了班子的群体优势。

领导干部中有的家在外地，在工程建设中以厂为家，经常是加班加点，吃住在现场，与员工一起奋战。每天就餐时间领导干部和职工一样，都在食堂排队买饭，从未搞过特殊，吃过小灶。领导干部的身先士卒极大地影响和带动了广大员工，因此，也培养和造就了一批无私奉献，作风过硬，专业精良，热爱电力事业，而且能适应480万千瓦大型火力发电企业需要的员工队伍，构建了托电特有的建设模式。从2003～2006年4年间，每年投产运行2台60万千瓦机组，而且整个过程中未发生一起设备和人员方面大的事故，真正形成了一种紧张而宽松的环境，和谐而有序的氛围。

（二）基层组织建设

托电公司党委为加强基层党支部建设，加强对党员的管理，充分发挥党支部的战斗堡垒作用和党员的先锋模范作用，根据党员的数量和分布情况成立了党支部，同时制定了《党支部达标创先工作考核制度》、《党支部工作制度》和《"三会一课"制度》等有关基层组织建设的规章制度。坚持每年发展新党员和开展党员民主评议、评优活动，根据各个时期党的工作重点要求和本公司的实际情况，适时以党委或党支部为单位，开展了一系列主题教育活动。

1. 党支部建立

1997年7月，托电公司党委根据当时党建工作的需要，建立了三个基层党支部，分别是管理一支部、管理二支部、管理三支部，当时有党员22人。

1998年12月，按行政部门的设置，随行政部门建制的变动建立了云发党支部。

2001年4月，建立发电党支部。

2002年1月，建立二期党支部（后更名为扩建党支部）。

2003年6月，合并管理一、二支部为管理党支部。

2004年3月，管理三支部更名为设备党支部。

2004年9月，建立国能党支部。

2006年，为便于公司"一体化"管理，将外委单位纳入党委统一管理范围，设置了4个外委党支部，分别是津维党支部、长山党支部、下电党支部、恒山党支部（上述支部同时受托电公司党委和本单位党委的领导）。至2006年底，托电公司党委下设共10个党支部，309名党员（含外委4个支部的党员），其中预备党员25名。

2006年底，党支部名称和党员人数见表4-1-4。截至2008年5月党支部书记任职情况见表4-1-5。

表4-1-4　　　　　　　　　2006年底基层党支部及党员人数

党支部名称	党员人数	党支部名称	党员人数
管理党支部	21	国能党支部	10
设备党支部	47	津维党支部	10
发电党支部	44	长山党支部	59
扩建党支部	12	下电党支部	47
云发党支部	34	恒山党支部	25
合　　计		309人	

表 4-1-5　　　　　　　　　党 支 部 书 记 任 职

职　务	姓　名	起 止 时 间
管理一支部书记	王自成（兼）	1997 年 7 月～2003 年 6 月
管理二支部书记	赵建雄	1997 年 7 月～2003 年 6 月
管理三支部书记（后更名为设备党支部）	张胜利	1997 年 7 月～2007 年 10 月
	杨青柏	2007 年 11 月～
云发党支部书记	李　斌	1998 年 12 月～2001 年 3 月
	兰　瑜	2001 年 4 月～2003 年 6 月
	王　猛	2003 年 6 月～2005 年 3 月
	贾肇民	2005 年 5 月～
发电党支部书记	郭亚斌	2001 年 4 月～2003 年 6 月
	兰　瑜	2003 年 6 月～2007 年 10 月
	方志和	2007 年 11 月～2008 年 4 月
	郝云飞	2008 年 4 月～
二期党支部书记（后更名为扩建党支部）	郭　勇	2002 年 1 月～2003 年 6 月
	刘福阁	2003 年 7 月～2003 年 10 月
	尤海君	2003 年 10 月～2004 年 9 月
	王有忠	2004 年 9 月～
管理党支部书记	贾肇民	2003 年 6 月～2005 年 5 月
	闫文毅	2005 年 6 月～2007 年 10 月
	董贵林	2007 年 11 月～
国能党支部书记	李文才	2004 年 9 月～

2. 党支部达标活动

根据大唐国际党组的要求，按照《华北电力系统基层党支部达标创先工作考核细则》，1998 年 4 月，托电公司党委制定了《党支部达标创先工作考核办法（试行）》和《党支部达标创先工作考核细则（试行）》。从支部班子思想、组织、作风、制度建设和思想政治工作等 10 个方面明确了支部工作的考核内容。考核办法包括自查、验收、表彰、复查。每年考核一次，各党支部结合所在部门的实际，对照考核项目、内容和标准，逐步建立健全了各种资料、名册和台账。

2002 年底，托电公司党委责成政工部组成验收检查组，对 6 个党支部达标工作进行认真的检查验收，平均分数均在 95 分以上，党员先锋模范作用测评平均分为 94.8 分，6 个党支部全部达标。

2003 年 4 月，《党群工作之窗》网站开通后，按照设立的栏目要求，通过网络对各党支部工作开展情况和党员发挥先锋模范作用情况，进行公示和检查。

2006 年 7 月起，将考核程序输入《党群工作之窗》网站，党支部参照考核内容每月自动打分，年底汇总评出优劣。至年底经政工部考核验收，10 个基层党支部均为达标支部。

3. 组织发展工作

随着托电公司党委的建立和建制，以及青年员工的增多，出现了一大批要求入党的积极分子。党委要求各党支部本着坚持标准、注重质量、成熟一个、发展一个的原则，加强对入党积极分子的培养教育，认真做好组织发展工作，每年发展新党员，为党组织增加新鲜血液。10 年中有 67 名员工成长为共产党员，党的队伍也从 1997 年党委成立时的 22 人，至 2006 年壮大到 168 人，占当年员工总数的近 35%。党委按制度在组织人事部门设立党员档案，由专人负责管理，同时及时办好新调入党员的组织关系接转工作。

历年发展新党员统计见表 4-1-6。

表 4-1-6　　　　　　　　　1997～2006 年发展新党员统计

年度	1998	1999	2000	2001	2002	2003	2004	2005	2006	总计
人数	2	2	0	2	5	9	10	17	20	67

4. 民主评议、评优活动

按照党章要求，每年进行年度党员民主评议活动，此项活动与争创先进党支部（党小组）、优秀共产党员、优秀党务工作者活动结合起来开展，并在"七一"纪念党的生日之际进行表彰奖励。几年中涌现出一批优秀的共产党员，优秀党务工作者，先进党支部和党小组，并以此影响和带动周围的群众，激励大家对党组织的热爱和向往。

每年年底按照党委要求，所有党员都须写出个人总结，各党支部、党小组召开党员大会对照"党员八项义务"进行党员互评。在此基础上邀请群众代表座谈，对每位党员提出中肯的评价，随后党支部召开支委会根据党内外群众意见，对党员打分作出合格与不合格的结论。截至 2006 年底在册党员全部为合格党员。

1998～2006 年先进党支部、党小组、优秀党务工作者、优秀党员名单见表 4-1-7。

表 4-1-7　　　　历年先进党支部、党小组、优秀党务工作者、优秀党员名单

年 度	先进党支部	先进党小组	优秀党务工作者	优秀党员			
1997 ～ 1998	管理一支部 管理二支部		王自成 赵建雄	李国瑾 张胜利 郭三虎	李爱民 郭景晗	兰　瑜 侯永新	贾肇民 汪　鑫
1998 ～ 1999	云发党支部 管理三支部		李　斌 张胜利	李朗红 郭瑞先	班　亮 侯永新	兰　瑜 李俊歧	贾肇民 汪　鑫
1999 ～ 2000	管理一支部 管理三支部		王自成 张胜利	赵子昂 侯永新 郭三虎	尤海军 范振国	兰　瑜 郭瑞先	王　猛 李　斌
2000 ～ 2001	管理一支部 管理二支部	河北电力监理公司托电项目部党小组		赵建雄 贾肇民 牛通彪 王德玉	李国瑾 任雪志 方　亮	李爱民 郭景晗 王　燕	李朗红 李文才 呼秀兰
2001 ～ 2002	二期党支部			杨灵生 刘福阁 潘　惠 曹永林	闫文毅 刘晓汉 王　芳 蔚　瑞	贾肇民 康海东 郭　勇 王　燕	刘根乐 牛通彪 郭瑞先
2002 ～ 2003	扩建党支部 管理二支部 管理三支部			赵建雄 张成锐 潘　惠 王子静	贾肇民 康海东 郝云飞 王青杰	刘根乐 李兴旺 郭　勇	张胜利 牛通彪 尤海军
2003 ～ 2004	发电党支部 设备党支部			赵建雄 张胜利 兰　瑜 侯穆峰 李俊岐	李爱民 葛海滨 郝云飞 王有忠	刘晓汉 康海东 方　亮 吕春波	闫文毅 王子强 任　渺 王　猛
2004 ～ 2005			李　斌 兰　瑜 张胜利	郝云飞 张金良 包海林 王智勇 王德玉	王东星 刘冰洲 李兴旺 石建东 赵润宽	冯文革 张成锐 王子强 田树旺 徐元元	徐怀斌 王维军 康海东 王子静
2005 ～ 2006	扩建工程处党支部 管理党支部 国能党支部 长山维护项目部党支部	发电党支部运行二值党小组 设备党支部热控党小组 云发党支部管理党小组 津维党支部第一党小组 下电党支部运行四班党小组 恒山党支部第一党小组 河北电力监理公司托电监理处党小组	李　斌 王有忠 闫文毅 李文才 纪国彦 王时雨	潘　惠 张金良 徐向阳 勾德智 王　燕 李文彬 杨明吉 陈有进 王　静	方志和 刘　军 赵　峰 王　辉 曹永林 李海燕 孙志玲 刘广文 吴迎宾	王智杰 方　亮 张雁军 郭争气 赫荣巍 王忠义 于　涛 申　阳	邵凤华 王　锐 白占桥 郑永斌 陈利民 苏捍国 张广良 崔金学

5. 开展系列教育活动

1997 年党委成立伊始，就按照党章要求有计划、按制度，通过经常性的"三会一课"和党的理论知识学习，对党员和入党积极分子进行宣传教育。每年不少于 40 小时的学习，使党员受教育面达 90％以上。当年正值中共党的"十五大"会议召开，公司党委把学习会议精神作为一项重大的政治任务来抓，开展百题知识竞赛，悬挂庆祝标语，认真收听收看关于大会的宣传报道，出版了学习专栏，写学习心得，购买了辅导读本、文件汇编和新党章，发到人手一册，掀起了学习"十五大"精神的热潮。

1998 年开始，在全体党员中开展"党员身边无事故、无违章、无违纪、无纠纷，党员身边一片红"等活动，此项活动一直贯穿于支部活动和党员管理的始终。这一年公司党委把学习贯彻十五大报告和邓小平理论作为头等政治任务来抓，有计划、有重点、分层次地组织中心组成员、党员和职工进行学习，全年中心组学习 22 次，党员参学 264 人次，职工参学 582 人次。还重点抓了与工作密切相关的 4 个法律的学习，即《公司法》、《劳动法》、《经济合同法》和《电力法》，配合学习组织了两次知识竞赛。

1999 年"三讲"教育期间，托电公司党委通过中心组、党支部政治学习、个人自学等形式，学习了有关文件和讲话精神，举办了全员参加的知识竞赛活动。订购了中共中央十五届四中全会辅导材料，组织党员和中层以上干部观看了全会专题讲座录像。在"七一"党的生日之际全体党员重温了入党誓词。国庆节前夕举办了庆祝新中国成立 50 周年国史知识竞赛。针对当年国际国内的特殊形势，党委通过思想政治教育和从源头上关心职工生活，为职工解决住房，为家属安排工作，同时加快托电开工可研批复的力度等方式，稳定职工队伍。广大党员干部都能坚守岗位，努力工作，未发现修炼"法轮功"的职工，无参与社会上闹事的职工，无集体上访事件，无重大火灾事故。

2000 年"三个代表"活动开展期间，托电公司党委结合实际组织党员和员工认真学习，给党员购买了学习辅导书《全面加强党的建设的伟大纲领》。"七一"前夕，党委书记李文祚给大家作了学习辅导报告，通过学习使大家统一了思想，提高了认识，振奋了精神，从上到下形成了大干一期、快上二期、连续建设、加快发展的共识，提出了"创精品工程、建一流电厂"的奋斗目标。

2001 年开始，从实际出发引入党员目标管理机制，细化、量化了党支部各种考核办法，建立了具有可操作性的党支部工作记录簿，为每个党员建立了个人档案，以记录参加党组织活动的情况，每季度分析一次党员思想状况，有针对性地开展党员教育，加强党员管理。

2002年，修订、制定、完善了《党支部工作制度》等30多项党群工作制度，重点开展了争创党支部达标工作，并全部达标。同时开始以开展形式多样的党内主题实践活动来丰富基层党组织建设，如"党员是一面旗帜"、"党员建功立业"、"党员参与重大技改"等活动，各党支部在该实践活动中结合实际进行义务劳动、技术比武、技术大练兵、"贤内助"座谈会等，努力使党委工作扎扎实实地做到基层。

2003年，强化基层党支部建设和党员队伍建设。根据《党群工作之窗》中设立的栏目要求，通过网络对各党支部工作开展情况和党员发挥先锋模范作用情况进行公示和检查。下发了《党支部工作自查情况分析表》、《党支部班子工作测评表》、《党员先锋模范作用自查表》、《与党支部党员和所在部门员工谈话记录》等。此时公司党员人数达到111人，占员工总数的39％，消灭了党员空白班组。同时还以党建带动团建，加强对团员积极分子的培养教育和"推优"工作。

2004年，为保证二期工程机组顺利投产发电，以"爱祖国、爱大唐、爱托电"为主题，在运行设备部门开展了"查消缺陷、提出合理化建议、技术培训和技术比武"活动，每月月底由专业负责人总结和评审。活动中党员和团员带头发挥模范作用，在短短的7个月里，发电部共编写各类规程25册，绘制系统图249份，编写技术措施173种，编写各类预案520种，发现设计不合理问题256项，设备缺陷1015项，内部提出合理化建议376条；设备部查缺1421项，消缺1242项，进行培训189次，开展技术比武191次，内部提合理化建议206条；还出版了《运行月刊》、《小修专刊》等，及时将生产信息、现场动态、员工学习心得、好人好事和先进集体予以刊登。在其他党支部中继续开展党内主题实践活动，以及党员在"安全生产月"、"优秀岗位能手"评比等载体活动。通过开展各种活动，在基层党支部和党员中逐步形成了"学理论、学业务、学管理、学科技"的浓厚学习氛围和"比思路、比作风、比业务技能、比创新成果"的竞争环境。

2005年，托电公司党委响应党中央的号召，按照内蒙古自治区、大唐国际党组的统一部署和要求，于7月28日～11月16日开展了历时三个月的全公司范围内保持共产党员先进性教育活动，并结合实际成立了先进性教育活动领导小组和办公室。领导小组组长由党委书记郭殿奎担任，副组长由总经理应学军、纪委书记王猛担任，成员包括公司副总以及有关部门负责人。办公室设在政工部，主任由政工部部长李斌担任，组员由各党支部书记和政工部有关人员组成。在学习动员阶段，办公室下发了《保持共产党先进性教育读本》，编制了《托电公司保持共产党员先进性教育活动资料汇编》，认真抓动员、抓效果、抓落实。公司所属的 6 个党支部共 156 名党员全部参加了先进性教育活动，按照要求每个党员都做学习笔记，并写了 2000 字左右的学习心得。分析评议阶段，办公室对各支部党员的分析情况进行了满意度测评，满意度达 100％。整改提高阶段，办公室下达了征求对整改方案和整改措施满意度的问卷 126 份，经统计满意率为 100％。经过三个阶段的学习教育，公司全体党员的党性观念和党员意识不断得到增强，思想、组织、作风等方面有了新的提高，达到了"提高党员素质、加强基层组织、服务人民群众、促进各项工作"的目的和要求，促进了公司生产、基建、经营等各项工作，还推动了先进性活动长效机制的建立。

2006 年 5 月，根据内蒙古自治区党委组织部、直属机关工委文件精神，结合公司实际，托电公司党委在各党支部开展"创建学习型党支部，争当学习型党员"活动。该"创争"活动时间从 5 月 17 日开始到 7 月 10 日结束，为期近两个月，各党支部和全体党员纷纷响应，人人参与，一时间掀起了一个新的"创争"高潮。活动期间，政工部组织部分党支部书记进行活动开展情况互查，检查结果成为"七一"评选表彰的重要依据。与此同时，还开展了一次学习《党章》活动，把学习党章、遵守党章、贯彻党章、维护党章作为党支部建设以及党员自身教育的一项重要任务来抓，推进了党风廉政建设工作和党内民主建设，保障了党员的知情权、参与权和监督权。做到了"六个牢记"，即：牢记党章的总纲，牢记党的宗旨，牢记民主集中制，牢记党的政治纪律，牢记共产党员的先锋模范作用，牢记党员的权利与义务。

为深入学习贯彻中共中央总书记胡锦涛提出的"八荣八耻"，公司党委书记郭殿奎亲自为发电部、设备部等部门青年员工进行了《牢固树立社会主义荣辱观》的党课教育。在庆祝建党 85 周年大会上，总经理应学军为公司全体员工进行了形势教育，帮助员工认清形势，理清工作思路。

同年，为营造安全生产大监督的氛围，提高安全生产管理水平，根据集团公司和大唐国际安全生产工作会议精神，开展了创建"党支部安全生产责任区"活动，制定了活动管理办法（试行）。党委在生产一线建岗设区，创造性地开展了"查找我身边的安全隐患"以及职工代表现场巡视等活动。签订了"党员无违章岗"责任书和保证书，制定了管理办法（试行）。活动是以生产一线的共产党员为主体，以落实安全生产责任，杜绝违章，创造出一流的工作成绩为内容，以防止事故，确保安全稳定的生产局面为目的的党内安全实践活动。公司党委结合"七一"庆祝大会进行了表彰总结，并将创建活动中涌现出的先进岗位向集团公司进行了推荐，其中发电部机组长奚岩被集团公司授予"党员无违章岗"荣誉称号。在查找我身边的安全隐患活动中，共查出设备安全隐患 35 条，作业环境隐患 66 条，劳动保护隐患 26 条，生活区安全隐患 10 条，并提出 33 条安全建议，查出隐患大部分得到整改，没有整改的也已录入问题库，责成相关部门落实整改。

第四节　宣　传　工　作

托电公司宣传工作的职能部门是政工部。政工部在党委的领导下，负责统一组织宣传力量，建立了以党政工团宣传积极分子和全体政工人员共同参与的宣传网络，加强职工的学习和宣传工作。宣传报道以各部门通讯员为骨干，制定了宣传报道工作制度，使宣传报道工作制度化、经常化、规范化。

一、职工学习

各部门干部的政治学习与职工学习，由各部门按照政工部要求或根据部门情况自行安排。每月保证两次，两次学习累计时间不少于 4 小时。每次学习都要有记录，记录包括学习内容、讨论情况、出勤情况、补课情况。学习形式，一是以部门、班组、党小组、员工大会的形式集中学习；二是参加公司举办的短期培训班、业余党校学习；三是组织理论骨干进行分期分批辅导学习。

二、广播与橱窗

2001 年 10 月，在托电公司现场开通了有线广播，每天中午 12：00 播出 30～40 分钟；2006 年 7 月以后改为晚上播出（冬季 18：00—18：30，夏季 18：30—19：00），播出时间为 30 分钟，内容主要是公司新闻、新人新事、法律法规、歌曲欣赏等。

在办公楼一、二楼的大厅、现场主楼区、主大道两旁等醒目的场所，设立宣传橱窗、电子显示屏、大型广告牌、展板、条幅等，及时刊登公司方方面面的信息、图片和经营理念，或张贴各类通知、公告等内容。使广大员工随时了解公司各方面的情况，所到之处都能强烈地感受到独特而浓郁的企业文化氛围。

三、影像资料及电视片制作

借助全新的宣传报道工具，托电公司从 1995 年开始开发摄影、摄像工作，到 2006 年底形成影像资料 379 小时，数码照片 25.6G，胶卷照片 2800 多张，照片获得大唐国际两个奖项。2001 年以后每年独立或与有关单位合作完成 2～4 部专题片，或在上一年的基础上重新整理制作，并不断地变换着新的形式和结构，使得公司发展过程中重要的影像资料得以留存。

2001 年，配合国电公司安全迎检及精神文明验收工作，组织拍摄了三部反映公司前期筹备到开工建设、安全文明施工、党建工作的专题电视片《托起明天的太阳》、《安全第一、落实为本》、《党魂植根企业沃土》。

2002年，按照国电公司文件要求，编辑了介绍公司安全文明施工、落实项目法人管理经验的专题片，并向全国发行。同年，中央、省、市三级新闻采访团到托电公司进行了工程建设情况的采访报道。围绕注重环保，加强绿化，兴建绿色电力企业进行了宣传，先后由中央电视台《经济半小时》栏目和《焦点访谈》栏目对托电公司狠抓环保工作、为地方政府无偿投资改善灌区条件、节约黄河水用于电厂建设的举措进行了报道。

2003年，特邀中央电视台、北京电视台、内蒙古电视台、《人民日报》、《经济日报》、《中国电力报》、《中国大唐报》、《大唐文化报》等新闻媒体的24位记者就工程建设情况进行了采访报道。一期工程竣工庆典仪式于9月12日晚在中央和地方电视台《新闻联播》节目中播出，上述报刊等媒体也发布了相关消息。《内蒙古日报》、《大唐文化报》还以专版长篇通讯形式进行了深入报道，大力宣传企业形象。

2004年，托电公司3号、4号机组分别提前4个月投产，公司及时在《大唐文化报》和《中国大唐报》以及中央电视台、内蒙古电视台进行了宣传报道。二期工程竣工后，中央电视台《新闻30分》栏目以及西部频道对托电进行了专题采访。之后又配合大唐集团新闻中心对一、二期工程降低造价情况进行了报道。在《中国电力企业管理》杂志上以长篇通讯的形式大篇幅报道了托电工程，宣传了企业形象。同年，编辑了6部反映公司建设发展及员工风貌的电视专题片。

2005年，在对原有的电视专题片进行修改和重编的基础上，参与制作了托电公司保持共产党员先进性教育的专题片《为党旗增辉》，以及综合片《熔铸太阳的辉煌》、《托电公司一期工程争创国家优质工程汇报》等7部专题片。另外还对影像资料的归档方法进行了优化，规范了管理。

2006年，为贯彻中国大唐同心文化建设理念，设计制作了托电公司综合专题片《同心跨越》，以及档案创优专题片《服务生产争创一流》和《托电党建工作汇报》等。同时为《崛起的内蒙古》、《中国电力》、《五月风》等提供图片近200张，其中部分已刊登。

四、党群工作之窗网站

2003年4月，托电公司《党群工作之窗》网站创办开通，网站开通之初所设的14个大栏目，下设的近60个子栏目，基本上将公司党群工作全部纳入其中。随着生产建设规模的不断扩大，为提升党群工作的宣传力度，在运转两年后又进行改版，并于2005年8月全新开通。改版的范围涉及原有网站的14

个栏目及其各个子栏目，对其中的内容进行了重新整合和归口，并在此基础上，创造性地设计开辟了"合理化建议"、"班组管理"、"网上答题"、"网上调查"、"网上测评"、"党员信息系统"六大子系统。本公司以及中国大唐、大唐国际发生的重大事件与信息，也可以通过视频新闻及时了解和掌握。至此，公司的《党群工作之窗》已呈现出一片勃勃生机。

五、报刊投稿

1997年，托电公司党委成立以后，对内对外的宣传报道工作逐渐重视起来。至2000年，在内蒙古新闻单位和电力新闻单位的报纸、电视台、电台上先后宣传报道了世行贷款谈判、"五通一平"开工、移民新村落成、主设备招投标、签订征地协议等工程项目的重大进展情况，投稿约百余篇。

2001年，中共建党80周年之际，组织了"党在我心中"、"为党旗增辉"征文活动，共组稿15篇。当年在《大唐文化报》、《中国电力报》等刊登稿件50多篇，其中4篇稿件被收入大唐国际出版的《开拓、奉献、卓越》一书中。

2002年，一、二期工程建设步入正轨，公司党委加强了报刊投稿的力度，宣传报道工作随形势所需而结出累累硕果，仅当年就以二期工程开挖建设为中心内容，在《中国电力报》、《华北电力报》、《华北电业》、《内蒙古电力报》、《北方经济报》等报刊上刊稿百余篇。

2003年，在上述报刊以及《中国大唐报》、《内蒙古日报》、《大唐文化报》等报刊上刊登稿件近百篇，公司内部完成稿件632篇。

2004年，在上述报刊登稿50余篇，公司内部完成稿件372篇。

2005年，在《中国大唐报》、中国大唐集团公司网站上刊登稿件17篇，在《大唐文化报》上刊登稿件42篇，大唐电视播发有关托电的新闻4条，年度公司内部完成稿件582篇。

2006年，在大唐系统内的各类媒体、自治区的各类刊物上刊登稿件60余篇，年度公司内部完成稿件442篇。

2006年1月《政工信息》创刊，它是汇集、整理、提炼公司党群工作信息的指导性刊物，由政工部具体负责该项工作的策划和落实，每月一刊。至2006年底出版12期。

第五节　干部管理

按照党管干部的原则，托电公司党委把"严格要求、严格管理、严格教育、严格监督"贯穿于干部管理的始终。同时，为实现后备干部管理的制度化和规范化，根据公司发展的需要和后备干部队伍的实际情况，以及大唐国际党组有关要求，于2002年10月制定了《内蒙古大唐国际托克托发电有限责任公司后备干部管理办法》。

一、干部考核

从托电公司党委成立开始，每年年初进行上一年度干部（主要是中层干部）考核，由人力部牵头，政工部配合。考核内容包括：德、能、勤、绩、廉，具体为政治素质及个人品德、组织领导能力、工作作风、工作业绩和廉洁自律。对于中层正职还要考核其驾驭部门全局，处理复杂问题的能力。考核程序包括个人述职报告、本部门部分员工测评、领导测评、分管领导评价，党委书记和公司总经理在上述基础上进行总体评价并提出奖惩意见，考核满分为100分。截至2006年底，每年被考核的干部全部合格。

二、干部教育

以落实党风廉政建设责任制为重点，加强对公司中层以上领导干部的监督。通过日常抽查、信访渠道、工作考核等方式，使中层以上领导干部都认真执行领导班子议事规则和"三重一大"集体决策；党风廉政建设责任制得到了落实；严格执行了公司的各项规章制度和《国有企业领导人员廉洁从业若干规定（试行）》；认真履行了廉洁自律承诺、岗位职责等。

坚持民主评议和民主测评制度，报告履行责任制情况和领导班子专题民主生活会制度。公司建立了领导班子成员在职代会上述廉，中层干部在本部门职工会上述廉，然后组织考廉小组，进行民主测评，将结果记入干部廉政档案的领导述廉、组织考廉、群众评廉制度。公司召开领导班子专题民主生活会，通过设立热线电话、意见箱、电子邮箱，向全体职工发放征求意见表，公司党委组织召开座谈会，党支部聘请群众监督员等方式，广泛征求党支部、各部门、党内外干部和群众对领导班子及班子成员的意见。征求意见面覆盖到公司全体职工和与托电公司有业务关系的单位，各级领导干部认真开展批评和自我批评，制定整改措施，明确今后的努力方向。

三、干部聘用

托电公司组建初期，在干部的使用上实行动态管理，坚持五湖四海和用人唯贤的原则，以实绩和德才表现确定干部的使用。公司的中层以上干部都是组织上经过严格考察确定的，大多来自内蒙古、东北、河北。公司党委成立后，各项管理工作步入正轨，干部选拔任免工作即打破传统的用人机制，实行干部公开竞争，择优上岗。严格按程序进行，采取慎重的、公正的、民主的、实事求是的方法进行。无论首次聘用还是中层干部调整，都要由党政联席会议最后确定，再下文聘用，党政一把手不达成共识不上会、党政主要领导不在家不上会、有争议的干部不上会。党群干部由党委下文任命，行政干部由行政下文任命。

干部聘用分两种情况：中层干部调整，由公司党政联席会议讨论确定人选，之后进行公示、发文聘用；一般员工晋升为中层干部，实行公开竞聘、资格审查、民主测评、组织考核、考试或面试、任前公示、领导谈话后再发文聘用。首次聘用的中层干部，实行试用期，试用期不少于一年。这样，现有的中层干部都经历了由临时负责人到正式负责人，再到部长这样一个考验过程。

第二章　纪　　委

中共托电公司纪律检查委员会成立以来，始终受中共大唐国际党组纪检组、中共内蒙古自治区直属机关纪工委和本公司党委的领导，负责全公司党的纪律检查和行政监察工作。进行了制度建设，开展防腐倡廉教育活动，并严格执行效能监察，从源头上促进了公司领导班子和各级各类关键岗位人员的廉洁从业。

第一节　机　构　与　职　责

1997年，托电公司党委成立时，没有专门成立纪委，有关纪检工作由政工部负责开展。

2001年3月，中共北京大唐发电股份有限公司党组任命王自成担任中共托电公司纪委书记。4月，托电公司党委经中共内蒙古直属机关纪工委，以内直纪工发〔2001〕5号文件批复，任命王猛、赵建雄为纪委委员。各部门还配备了一名党风廉政建设监督员。

2003年11月26日，中共托电公司委员会召开第一次党员大会，通过民主选举，选出王自成、王猛、赵建雄3人组成纪律检查委员会，王自成当选为纪委书记。

2005年3月，王自成调离，王猛担任中共托电公司纪委书记，6月增补贾肇民为纪委委员。

2006年8月，增补闫文毅、刘根乐、张胜利为纪委委员；10月，赵建雄调走，增补后纪委委员由5人组成。

纪委办事机构设在政工部，并于2006年3月，在政工部设立纪检办公室，负责纪委的日常工作，办公室主任由闫文毅担任。同时，还增加了纪委工作人员，使纪检组织机构健全，分工明确，力量充实，为做好工作打下了坚实的基础。

2006年底公司纪委组织机构见图4-2-1。

历届纪委书记任职情况见表4-2-1。

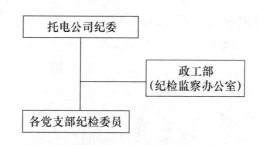

图 4-2-1 2006 年底公司纪委组织机构

表 4-2-1　　　　　　　　历届纪委书记任职情况

任职人员	起止时间	任职人员	起止时间
王自成	2001 年 3 月～2005 年 3 月	王　猛	2005 年 3 月～

第二节　制　度　建　设

1996 年 7 月，首先制定了《托克托发电有限责任公司建设廉洁工程的若干规定》。

2000～2006 年，先后制定了《托克托发电公司员工廉洁自律"十不准"》、《托克托发电公司党风廉政建设责任制考核细则》、《托克托发电公司党委成员党风廉政建设责任分工》、《托克托发电公司关于"三重一大"实行集体决策的规定》、《托克托发电公司关于效能监察的实施办法》、《关于党员、干部回复诫勉制度的实施细则》、《托克托发电公司领导干部个人收入申报制度》、《托克托发电公司领导干部个人重大事项请示报告制度》、《关于在业务交往中收受礼品实行登记和处理办法的规定》、《托克托发电公司招标监督办法》、《大宗物资采购党风廉政建设有关规定》、《纪检监察信访工作规则》、《纪律检查委员会会议制度》、《中层以上领导干部以及关键岗位工作人员述职述廉规定》等。

2006 年，成立了《建立健全教育、制度、监督并重的惩治和预防腐败体系实施纲要》工作领导小组。成立治理商业贿赂领导小组。

第三节　党风与廉政建设

一、党风廉政建设责任制

托电公司的党风廉政建设和构建惩防体系坚持"党委统一领导，党政齐抓共管，纪委组织协调，部门联动配合，群众广泛参与"的工作机制。实行中层以上管理干部"一岗双责"，即在抓生产、基建、经营管理的同时，抓党风廉政建设，做到横向到边、纵向到底，构建具有托电特色的教育、制度、监督并重的惩治和预防腐败体系，专门成立了党风廉政建设领导小组，每年年初调整一次党风廉政建设责任分工。实际工作中以现代化网络办公工具为载体，在"党群工作之窗"网页的"理论学习"、"党纪政纪"和"理论导航"栏目中，及时刊载上级党风廉政建设法律法规和公司的党风廉政建设有关规定；在"纪检监察动态"栏目中及时刊载公司的纪检监察文件和信息；并于 2003 年 4 月开通网上廉政警示专栏"每周一警示"，截至 2006 年底共刊登 186 条。

托电公司纪委从成立开始，就坚持按照"谁主管，谁负责"的原则，细化公司领导和部门负责人的职责，保证"管好自己的人，看好自己的门"。每年年初层层签订《党风廉政建设责任书》，中层以上干部和关键岗位工作人员签订《廉洁自律承诺书》，责任制的落实情况列入月度考核，年中、年底进行检查评比，奖惩兑现；在各类评优创先活动中，实行廉政建设"一票否决"制。日常工作中，公司纪委以中层以上干部、党员和关键岗位人员为廉政教育重点对象，坚持每半年开展一次党风廉政建设大检查，坚持分层次、分阶段、分专题开展经常性的警示教育活动。做到严把"三关"，即关键岗位、关键时期、关键人物的教育；抓好"三头"，即苗头、源头、头头；突出"四严"，即严格教育、严格要求、严格管理、严格监督；开展"剖析案例吸取教训，不能违、不想违、不敢违"活动，及"查思想、查责任、查制度、查管理、查苗头线索"的"五查"活动；开展经常性的"五个一"教育，即"读一本廉政书、看一部廉政片、讲一堂廉政党课、组织一次廉政知识测试、开一次廉政座谈会"。同时还利用通勤车行驶时间和"党群工作之窗"网络播放廉政建设教育片。

二、廉政监督

为了杜绝腐败现象的发生，托电公司对中层以上干部，对计划、燃煤、物资、工程、云发公司等主要岗位上的员工进行廉洁从业监督，对工程项目、设备材料的招投标情况、大额物资采购、干部选用、人员招聘以及关系群众切身利益的问题等进行监督检查。在中层干部竞争上岗中，竞争岗位、条件，选用程序，参与竞争的人选，选择的人选等都在网上公开，进行民主评议，做到公开、公平、公正。对群众信访举报进行认真查处，对党风廉政建设责任制的落实情况进行考核，年底进行兑现。每半年开展廉政检查，每年年底进行自查和民主测评，根据基层民主测评意见和党组织的考核进行奖惩兑现和责任追究。定期召开廉政监督员会议，分析廉政建设情况，找问题找差距。公司投产以来没有发生违法违纪案件，没有发生违反政治、组织和工作纪律的严重事件，也没有发生影响政治稳定的重大事件。

三、廉政教育活动

托电公司党委、纪委非常重视党风廉政建设工作，在各个节假日以及各种重要活动中，不失时机地开展经常性的党风廉政宣传教育活动。

1997年，组织职工学习了中纪委八次全会精神，学习了中共中央、国务院关于党政机关厉行节约、制止奢侈浪费行为的若干规定，在党内还学习了《中国共产党纪律处分条例（试行）》、《中国共产党党员领导干部廉洁从政若干准则（试行）》等党风廉政法律法规。

1998年，深入开展了党风党纪教育，组织公司领导和中层干部进行了党风廉政建设知识答题，党员干部收看了《欢笑声中学准则》和《失职渎职大透视》廉政教育录像片。突出抓了两项重点工作，即控制通讯工具和业务招待费的支出。加强了廉政监督，一是对工程质量进行了监督，二是对工程质量进度进行了监督。

1999年，重点抓了党风廉政建设责任制的落实，明确了公司各级领导、各党支部、各部门党风廉政建设的责任范围、内容、考核及责任追究。在党员干部中学习了《邓小平论党风廉政建设和反腐败》一书的有关内容，以及其他中央领导的有关讲话精神，观看了《中国共产党纪律处分条例》10集电视教育系列片，收到了良好的教育效果。组织公司领导、党员和入党积极分子进行了"一书一片"和廉政准则测试活动，公司党委荣获了内蒙古自治区直属机关工委授予的党风廉政知识测试活动组织奖。

2000年，重点开展了警示教育，组织公司领导和中层干部学习了预防职务犯罪案例和国家电力公司纪检组编印的警示教育书《警钟》，并组织了答题活动。全体党员还观看了《胡长清案件警示录》录像，组织全体员工及其家属观看了《生死抉择》电影，举办了党风廉政建设知识竞赛。要求从严格党员管理、严格干部管理的角度，切实加强对中层以上干部、党员和主要岗位人员的廉政监督。还从各部门和主体工程施工单位聘请了15名党风廉政监督员，在公司设置了员工意见箱，接受群众监督，收到了良好效果。认真对待6封群众来信所反映的问题，并进行了查处，以此为警钟教育全体员工认认真真工作，踏踏实实做事，堂堂正正做人。

2001年，组织全体党员干部和员工开展了两次党纪政纪条规和廉政准则知识竞赛活动，80%以上的党员和员工参加了竞赛。组织学习《警钟》一书中的典型案例，针对本公司出现的一些不正之风的苗头，进一步开展警示教育活动。对4封群众来信进行了认真查处，已有3封信件调查落实，属于失实和基本失实，一件已于第二年调查落实，属于基本失实。8月，曾主办华北电力集团公司纪检监察学会发电学组年会，托电公司选送 4 篇论文参评，分获一、二、三等奖。

2002 年开始，在容易出现问题的元旦、春节期间开展"拒请客、不收礼、欢欢乐乐过节日"的廉政教育活动和"党员廉政建设责任区"活动，并将考核检查结果公示。5 月，开展了党风廉政建设宣传月活动，在各党支部、各部门、中层干部中进行党纪、政纪考试，通报了考试情况。举办了以"加强党风廉政建设，树立正确的利益观"为主题的党课讲座。还利用通勤车行驶时间播放廉政教育片《厦门大案录》、《雷霆出击》等。对群众来访信件，查结率达 100％。同年，开始签订乙方廉政建设承诺书，每年送"廉政公开信"。

2003 年，建立了廉政监督网络，诫勉谈话制度。举办两次党风廉政建设讲座，主题分别为"树立正确的人生观、价值观、世界观"、"以'三个代表'重要思想为指导，加强党风廉政建设和反腐败斗争，促进企业的改革发展"，300 多人次接受了教育。根据内蒙古直属机关工委和大唐国际的安排，组织党员干部进行了党风廉政建设知识答题，中层以上干部 50 多人次参加了答题活动。

2004 年，相继开展了"元旦、春节期间坚持'四严'，加固防腐大堤"活动。在开展党员廉政建设责任区活动的基础上，又创办了"廉政论坛"栏目，登载了近 60 篇中层干部学习"伸手必被捉——高井电厂案例分析"的廉政教育学习心得。开展"讲托电奋斗史，树正确人生观，看托电光明路"活动，进行树立正确的人生观、世界观、价值观教育。6 月，经托电公司、呼和浩特市人民检察院、托克托县人民检察院共同研究决定，成立了预防职务犯罪联合领导小组，2005 年 11 月在公司建成企检共建"预防职务犯罪教育基地"，并于 12 月 20 日举行了隆重的揭匾仪式，内蒙古自治区检察院，呼和浩特市人大、检察院，托克托县检察院的领导参加了揭匾仪式。2006 年 3 月，在预防职务犯罪教育基地，举办反腐倡廉图片展览，展出图片百余幅。

2005 年，主要围绕三道防线开展工作，即坚持思想道德教育，构筑反腐倡廉的第一道防线；狠抓制度落实，构筑反腐倡廉的第二道防线；加强监督，构筑反腐倡廉的第三道防线。公司中层以上干部和关键岗位工作人员观看专题片《领导干部的楷模——牛玉儒》，以党员模范作用和先进事例带动全员思想觉悟的进步。纪委订购了 100 本《地狱之门》，发放到全公司中层以上干部和关键岗位工作人员手中，要求大家认真阅读，从中吸取教训，有 25 人撰写了心得体会。组织全体党员观看了《廉政建设洗礼片》和《罪案鉴戒》教育片，并将宣传片登载在内部局域网站在线视频观看，还在职工上下班的通勤车上播放，公司约 600 多人次观看过宣传片，进一步扩大了教育的覆盖面。特邀呼和浩特市人民检查院领导进行预防职务犯罪专题知识讲座，结合曾经是中共党员或者是领导干部一失足成阶下囚的惨痛案例，深刻剖析职务犯罪的根源，指出了职务犯罪的危害。8月，举办了一次现身说法警示教育活动，由来自监狱的三名服刑人员进行现身说法，反思他们的犯罪过程，他们用自己充满悔恨的过去展示了一幕幕罪与醒的画面，再一次为托电人敲响了防微杜渐、廉洁自律的警钟。在《伸手必被捉的启示》学习体会的征文活动中，中层以上干部和关键岗位上的员工，共写出54篇学习体会文章，部分优秀体会文章刊登在公司网页上。同时还举办了法律知识答题活动，中层以上干部及员工有410人次参加了答题。10月，中共托电公司纪委在中共内蒙古自治区直属机关纪工委召开的《建立健全教育、制度、监督并重的惩治和预防腐败体系实施纲要》经验交流会上作了题为《深化教育，健全制度，加强监督，构建托电公司反腐倡廉三道防线》的典型发言。

2006年，公司把构建惩治和预防腐败体系纳入企业改革发展总体目标和战略规划，成立了托电公司贯彻落实《实施纲要》领导小组，组长由党委书记郭殿奎担任，成员由公司领导和各党支部书记、部门负责人组成。重新修订了纪检监察工作制度，把公司党风廉政建设工作分为廉政教育、廉洁自律、选人用人、效能监察、来信来访、案件查处等六个方面内容进行细化。4月，召开公司第一次"党风廉政建设工作会议"，会议全面回顾总结了托电公司成立以来的反腐倡廉工作，部署了此后一个时期的党风廉政建设工作，大唐国际党组成员、纪检组组长张杰应邀参加会议并作重要讲话。5月，认真开展了"以廉为荣、以贪为耻"的党风廉政建设宣传教育月活动。开展廉洁文化进领导班子、进厂区、进岗位、进生活区的廉洁文化建设"四进"活动。征集廉政格言警句210条，将评出的72条优秀作品上报大唐国际，参加大唐国际范围内的评选活动，29篇作品获奖，并登录在大唐国际编辑出版的《清政警句格言选编》一书中。在大唐国际"廉洁促发展，同心创效益"廉洁文化建设演讲比赛中，公司员工杜娜荣获优秀奖。为宣传和学习好《实施纲要》，普及廉政知识，开展了一次以《实施纲要》、《国有企业领导人员廉洁从业若干规定（试行）》为主要内容的有奖知识答题活动，150名党员参加了答题活动。10月，经纪检工作人员收集整理，编纂了约10余万字的《党风廉政建设知识手册》，该手册具有较强的政策性、指导性和实用性，图文并茂，是学习、贯彻、落实《实施纲要》的工具书，公司员工人手一册。在企检共建基地，摆放着"坚持依法经营，敲响廉政警钟"的展板，吸引着员工驻足观看。同年，根据上级有关部门要求，结合公司实际，认真开展了治理商业贿赂专项工作，通过成立领导小组、宣传动员、自查自纠、集体谈话、查处商业贿赂案件、建立健全长效机制等阶段实行专项治理，坚持标本兼治的原则，为保护公司干部和职工行为安全，转变风气，为公司快速、持续、协调发展提供了有力的保障。公司纪委还向中层以上领导干部、关键岗位人员的家属发出了"家庭保廉助廉公开信"，不少家属深深体会到"贪廉一念间、荣辱两世界"的警示意义，营造了廉政家庭氛围。

第四节 效 能 监 察

根据《中华人民共和国行政监察条例》、中共内蒙古自治区委员会和纪委有关规定、国家电力公司纪检组、监察局《电力系统执法监察办法（试行）》、华北电力集团公司《华北电管局效能监察暂行规定》，以及北京大唐公司《效能监察实施细则》，结合本公司实际，2000 年 10 月托电公司制定并开始执行《托克托发电公司效能监察工作暂行办法》。效能监察工作机构设在政工部，领导小组由以下人员组成：

组　长：由托电公司总经理、党委书记担任。

副组长：由纪委书记担任。

成　员：由公司班子成员、有关部门负责人、纪检监察工作人员组成。

效能监察领导小组下设大宗物资采购效能监察组、小窑煤采购效能监察组、工程管理效能监察组、安全生产管理效能监察组、多经管理效能监察组。效能监察严格按照公开、公正、公平、诚实、守信的原则进行，纪检监察人员严格按程序参与全过程监督。

一、对 50 万元以上项目招标效能监察

2000 年 10 月，开始对公司 50 万元以上的设备材料和工程项目施工单位招标进行效能监察，这是托电公司降低工程项目造价的关键环节，也是防止腐败的第一关。通过纪检监察人员严格认真的效能监察，以及招标人员的共同努力，公司该项目费用低于或等于市场价格，始终控制在目标之内。

二、办公用品在内的项目招投标效能监察

2001 年，开始对包括办公用品在内的其他项目招投标工作进行效能监察。办公用品的采购通过公开招投标并进行认真的效能监察，所购入的办公用品、家具基本做到物美价廉，比采购计划降低近万元。

三、燃煤效能监察

燃煤是发电厂的主要成本，燃煤质量、价格直接影响着发电成本的高低。托电公司生产用煤主要由准格尔露天煤矿提供，另有相当数量由小窑煤提供。

因此，对燃煤管理及其小窑煤的效能监察是廉政建设的一项重要内容。

2002年，托电公司纪委下达了《关于对小窑煤管理进行效能监察和廉政监督检查的通知》，开始对燃煤管理中的小窑煤立项，从采购到验收的全过程进行效能监察和廉政监督。

2003年，制定了燃煤管理党风廉政建设的规定和效能监察的办法、方案，增加对燃煤管理的效能监察。对燃煤管理部门及其工作人员提出了7条具体要求，并制定了对责任者追究的4条规定，与煤矿签订了《乙方廉政建设保证书》，在纪委帮助和监督下燃料管理部门还制定了一系列燃料管理标准，使燃煤管理步入制度化、规范化。

四、大宗物资采购效能监察

2004年，托电公司纪委制定了《大宗物资采购党风廉政建设有关规定》，增加对大宗物资采购的效能监察。大宗物资采购对公司维护费用和廉政建设的影响很大，因此该项目的效能监察做到了三个坚持，一是坚持事前防范性监察，二是坚持事中跟踪性监察，三是坚持事后改进性监察。大宗物资采购都在互联网或媒体上公告进行公开招标，降低了采购费用。通过有效开展大宗物资采购的效能监察，公司在工程设备材料招标等方面未出现违法违纪现象。

五、多经效能监察

2005年，为加强对云发公司经营管理的监督，托电公司纪委对云发公司物资采购、工程招标、财务管理以及执行"三重一大"集体决策等党风廉政建设的情况开始进行效能监察。

六、安全生产效能监察

2006年，针对安全生产责任制是否落实，安全生产制度是否健全并执行，安全生产知识教育培训是否到位，外委单位的安全生产与托电公司是否实行"一体化"管理等方面，开始开展安全生产效能监察。托电公司纪委经常组织人员深入一线，查找出各类安全隐患24条，下达效能监察建议书5份，对发现的问题及时采取措施，把事故隐患解决在萌芽状态之中，做到了"关口前移"，变事后监督为事前监督，充分发挥了纪检监察在安全生产"大监督"中的作用。

效能监察工作作为廉政建设的一个重要手段，对企业完善管理，提高效率、效益，增加廉政透明度，有着不可替代的作用。托电公司纪委围绕企业的中心工作开展效能监察工作，为企业的发展起到保驾护航的作用，几年来，虽然效能监察工作人员少，工作量大，但成绩显著，先后多次受到上级部门的肯定和奖励。被大唐国际授予2001年度"发电50万元以上工程、设备招投标项目效能监察优秀成果奖"，2002年度"设备招投标效能监察项目优秀成果二等奖"，2003年度、2004年度"小窑煤管理效能监察项目优秀成果奖"，2004年度"大宗物资采购效能监察成果奖"，2005年度"燃料管理效能监察优秀成果奖"、"物资采购效能监察优秀成果奖"，2006年度"纪检监察工作先进集体"、"燃煤管理效能监察优秀成果奖"等奖项。

第三章 工 会

托电公司工会从筹备处成立临时机构到 2002 年 11 月正式成立，共召开两届五次职工代表大会，体现了企业民主管理的职能。工会配合企业生产建设开展了形式多样的厂务公开活动、劳动竞赛活动、合理化建议活动、文体活动、送温暖活动等，同时很重视女工工作。两次被上级有关单位工会评为先进职工之家。

第一节 组 织 机 构

根据托电〔1994〕32 号文件关于《托电筹备处工会工作安排意见》的通知，托克托电厂筹备处设立临时工会机构，该机构由陈云生负责。结合当时实际情况，以行政单位划分建立了 4 个工会小组，并任命了工会小组长，建立了工会各项管理制度。

1997 年，托电公司首批招聘的员工已经到位，为搞好工会工作，开展工会正常活动，7 月 14 日，托电公司党委扩大会议研究决定，以部门为单位成立 7 个工会小组，分别是工程、计划、财务、物资、行政、人事、政工工会小组，并要求各工会小组按照《中华人民共和国工会法》和《中国工会章程》积极开展工作。

2002 年 9 月 24 日，经内蒙古自治区总工会组织部批复，同意内蒙古大唐托克托发电有限责任公司成立工会筹备领导小组，代行工会领导职能。工会筹备领导小组由 7 人组成，王自成任组长，组员分别是李斌、贾肇民、李国瑾、王猛、郭亚斌、张胜利，下设四个工作组，正式开展各项筹备工作。工会筹备领导小组及其成立后的工会委员会，接受大唐国际分工委和内蒙古自治区总工会的双重领导。当时公司员工 279 人均入会，10 月 27 日托电公司党委下文，为了健全基层工会组织，按所在部门划分，成立 6 个分工会，分别是管理一分会、管理二分会、管理三分会、发电分会、扩建工程分会、云发分会。

2002 年 11 月 20 日，托电公司召开首届工会会员代表大会，标志着托电公司工会正式成立。大会根据《内蒙古大唐托克托发电有限责任公司工会会员代表大会制度实施细则》的有关规定，依照选举程序，选举产生了由 7 人组成的工会委员会，3人组成的经费审查委员会。工会委员会委员是王自成、牛通彪、刘根乐、李建强、李斌、陈颖、赵建雄，王自成当选为工会主席；经费审查委员会委员是王猛、张卫平、贾肇民，王猛当选为经费审查委员会主任。大唐电工〔2002〕15号文，内工直企字〔2002〕4号文，对以上选举结果给予批复。

2003年6月，托电公司召开首届职工代表大会，选举产生了职代会四个专门工作委员会，即生产管理和劳动保护工作委员会、评议监督工作委员会、经营管理和生活福利委员会、提案工作委员会。

2005年3月底，王自成调走，王猛担任托电公司工会代主席。

2006年3月，选举产生了第二届工会委员会和工会经费审查委员会。工会委员会委员是王猛、兰瑜、李建强、王有忠、李文才、赵润宽、贾肇民，王猛当选为工会主席。经费审查委员会委员是赵建雄、刘根乐、张胜利，赵建雄当选为经费审查委员会主任。8月，赵润宽、赵建雄调走，增补董贵林为工会委员会委员；刘根乐担任工会经费审查委员会主任，增补吴德涛为经费审查委员会委员。

截至2006年底，托电公司工会委员会下设共有6个分工会，分别是管理分会、发电分会、设备分会、扩建分会、云发分会、国能分会；34个工会小组，481名工会会员。工会组织机构见图4-3-1。

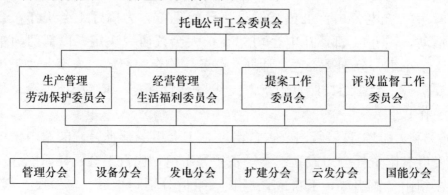

图 4-3-1　2006年底工会组织机构

第二节　职 工 代 表 大 会

2002年11月，托电公司召开首届工会会员代表大会。2003年6月，召开首届职工代表大会。2004年以后，会员代表大会与职工代表大会"两会"合一召开，到2006年，托电公司共召开两届五次职工（会员）代表大会。

一、一届一次会员代表大会

2002 年 11 月 20 日，托电公司召开一届一次工会会员代表大会，参加大会的会员代表 70 人，特邀代表 8 人。

托电公司总经理朱平立致开幕词，党委书记李文祚致闭幕词，大会听取了托电公司党委副书记王自成所作的题为《与时俱进 开拓思路 努力开创工会工作新局面》的工会工作报告，通过了《托克托发电公司工会会员代表大会制度实施细则》、《第一届工会委员会、工会经费审查委员会委员选举办法》等一系列会议文件。

二、一届一次职工代表大会

2003 年 6 月 16 日，托电公司召开第一届一次职工代表大会。参加大会的代表 70 人，列席代表 18 人。因受"非典"疫情影响，本次职代会部分会议内容改为职工代表分组讨论方式进行，正式会议为期半天。

大会听取并审议了托电公司总经理朱平立作的题为《深化管理 扎实工作 开拓进取 加快发展 全面打造一流发电公司》的工作报告，托电公司党委书记李文祚作的题为《保安全 保投产 保稳定 促发展 全面实现全年各项工作目标》的讲话；讨论通过了《经营管理工作报告》、《基建工作报告》、《生产工作报告》、《2002 年公司业务招待费使用情况报告》、《福利费用使用情况报告》、《托电公司职工住房分配办法》、《经济责任制考核办法》、《公司职工代表大会制度实施细则》、《职代会专门委员会组织制度》、《职代会提案工作办法》、《集体合同文本及确认劳动合同配套文件》，讨论通过了大会决议；表彰了 2002 年度先进集体、先进个人；宣布 2002 年度目标责任状执行及奖励兑现决定，签订 2003 年度双文明目标责任状；签订了集体劳动合同。

本次职代会共征集提案 38 件，会后，经提案委员会工作会议分类整理并审核，确定 38 件提案按意见处理。责成公司物资部、人力部、企业策划部、政工部、财务部等部门落实和答复。至 2003 年 10 月，所有提案全部处理完毕，处理率达到 100%。提案内容涉及以下五个方面：

一是关于员工住房，二是关于员工交通事故人身保险，三是关于呼市基地建设和现场职工业余文化生活，四是关于改善职工食堂，五是关于职工健康。

三、一届二次职工（会员）代表大会

2004 年 4 月 6 日，托电公司召开第一届二次职工（会员）代表大会。参加大会的代表 73 人，列席代表 31 人。

大会听取并讨论了托电公司总经理朱平立所作的题为《艰苦奋斗 开拓创新 夯实基础 勇攀高峰 努力打造一流发电公司》的工作报告，托电公司工会主席王自成作的题为《围绕生产经营中心 突出服务维护职能 为促进托电跨越式发展再立新功》的工会工作报告；讨论通过了《经营管理工作报告》、《生产工作报

告》、《基建工作报告》、《企业发展与员工成长及福利待遇提升同步行动计划》；审议通过了《第一届一次职代会提案处理工作报告》、《公司 2003 年度工会经费审查报告》、《公司 2003 年度业务招待费和福利费使用情况的报告》、《2004 年经济责任制考核办法》；托电公司党委书记李文祚作题为《认真坚持"三个不动摇"推进托电可持续发展 全力打造大唐发电航母》的总结讲话。

本次职代会共征集提案 43 件，会后，经提案委员会工作会议分类整理并审核，确定 43 件提案按意见处理，责成公司人力部、企业策划部、政工部、云发公司等部门落实和答复，至 2004 年 8 月，所有提案全部处理完毕，处理率达 100%。提案内容涉及以下八个方面：

一是关于职工福利待遇，二是关于加强员工培训教育，三是关于解决职工后顾之忧，四是关于加强后勤保障，五是关于安全生产，六是关于丰富员工业余文化生活，七是关于班组建设和改善办公环境，八是关于其他方面的提案。

四、一届三次职工（会员）代表大会

2005 年 3 月 30 日，托电公司召开第一届三次职工（会员）代表大会。参加大会的代表 73 人，列席代表 45 人。

大会听取和审议了托电公司总经理朱平立作的题为《强化管理 夯实基础 开拓进取 科学发展 全面打造一流发电公司》的工作报告，托电公司工会主席王自成作的《以安全生产为中心、突出工会维权职能、全心全意为广大职工服务》的工会工作报告；讨论通过了《经营管理工作报告》、《基建工作报告》及《安全生产工作报告》、《企业发展与员工成长及福利待遇提升同步行动计划》落实情况报告；审议通过了工会经费审查委员会的《公司 2004 年度工会经费审查报告》、《公司 2004 年度业务招待费及福利费使用情况的报告》、职代会提案处理委员会的《第一届二次职代会提案处理工作报告》、《第一届二次职代会团组长会议决议事项的报告》、《2005 年目标管理经济责任制考核办法》，以及后备人才相关文件。最后由托电公司党委书记李文祚作题为《团结一致 振奋精神 坚持"三个不动摇"推进托电可持续发展》的总结讲话。

本次职代会共征集提案 47 件，会后，经提案委员会工作会议分类整理并审核，确定 47 件提案按意见处理，责成公司人力部、企业策划部、政工部、云发公司等部门落实和答复。直至 2005 年 6 月，所有提案全部处理完毕，处理率达到 100%。提案内容涉及以下七个方面：

一是关于重视工程管理人员的劳动保护，二是关于职工福利待遇，三是关于加强员工培训教育，四是关于解决职工后顾之忧，五是关于加强基地物业管理，六是关于实际工作岗位、责任与实际收入（工资点数）、待遇不一致方面，七是关于改善办公环境。

五、第二次职工（会员）代表大会暨第二届一次职工（会员）代表大会

2006年3月15～16日，托电公司召开第二次职工（会员）代表大会暨第二届一次职工（会员）代表大会。参加会议的正式代表98人，列席代表50人。

大会听取并审议通过了托电公司工会代主席王猛代表第一届工会委员会向大会作的题为《加强民主管理 维护职工权益 努力开创工会工作新局面》的工会工作报告，选举产生了第二届工会委员会和经费审查委员会。第二届一次职工（会员）代表大会，主要听取并讨论了托电公司总经理应学军作的题为《加强管理 夯实基础 狠抓培训 提高素质 全面建设一流发电企业》的工作报告和党委书记郭殿奎作的题为《强化管理 落实责任 坚决保证全年各项任务顺利完成》的讲话。还听取并审议了《安全生产工作报告》、《经营工作报告》、《基建工作报告》、《工会经费审查报告》、《2005年公司业务招待费使用报告》、《福利费使用情况报告》、《第一届三次职代会提案处理情况报告》、《职代会团（组）长会议决议事项的报告》；讨论通过了2006年度目标管理经济责任制考核办法、节能增效行动计划、工资支付办法、工资薪酬动态管理办法、员工离职管理办法、集体劳动合同文本。讨论通过了大会决议；签订了2006年度工作目标责任状、集体劳动合同。表彰了2005年度公司先进集体（班组）、先进工作者。最后宣读通过了《关于建立节约型企业》的倡议书，号召全体员工增强管理意识、安全意识、责任意识、培训意识和节约意识，落实好总经理工作报告提出的各项工作，继续发扬托电人顽强拼搏、敢打硬仗的工作作风和聪明才智，在安全生产、经营管理和节约资源各个方面披荆斩棘、勇攀高峰，为完成全年各项工作任务而奋力拼搏。

本次大会共征集提案45件，会后，经提案委员会工作会议分类整理并审核，确定45件提案立案处理，责成人力部、总经理工作部、政工部、云发公司等部门落实和答复。至2006年9月，所有提案全部处理完毕。提案内容涉及以下六个方面：

一是关于完善工作票管理制度，二是关于丰富员工业余生活，三是关于职工福利待遇，四是关于加强员工培训教育，五是关于加强基地物业管理，六是关于解决职工后顾之忧。

第三节　厂　务　公　开

为加强托电公司民主法制建设和党风廉政建设，确保"建精品、创一流、

站排头"目标的实现，2000 年 10 月，托电公司党委制定了《关于推行厂务公开工作的实施意见》，成立厂务公开领导小组、厂务公开监督检查小组以及厂务公开工作机构，工作机构设在政工部。其后制定了《厂务公开实施办法》。

2003 年 4 月，通过《厂务公开实施办法》并开始实施。根据厂务公开实施办法，在工作中实行"党委统一领导，党政共抓，工会牵头，职能部门协调工作"的组织机制和职工群众广泛参与的工作机制；设立推行厂务公开工作奖惩制度，每年进行一次检查考核。

2004 年，继续完善了厂务公开细则，制定厂务公开制度，进一步规范了厂务公开的内容、形式和程序等配套制度。厂务公开的方针是：职责明确、公开真实、全员参与、监督到位。厂务公开的原则是突出重点，实事求是，方便员工，持之以恒。厂务公开办法规定的主要内容包括：企业重大决策、企业生产、基建和经营方面的情况、涉及员工切身利益方面的情况、企业领导班子建设和党风廉政建设情况、其他需要公开的事项。厂务公开的基本形式是职代会，或以文件、会议纪要在公司局域网《党群工作之窗》"厂务公开"栏和OA "公告"栏同时公开。逐步建立了公司、部门、班组三级公开网络，把厂务公开的领域从"知情监督"扩展到民主管理中，使职工群众参与公开程序的监督，增强了公开的及时性和实效性，使厂务公开工作向企业经营管理的广度和深度延伸。2004 年 3 月，建立了公司领导接待员工日，将每月第一周的周五设为接待日，丰富了厂务公开的形式。

2005 年 8 月，在内蒙古自治区总工会直属企事业工会召开的推行厂务公开经验交流会上，托电公司进行了典型性发言。

累计每年厂务公开项目：2002 年 29 项，2003 年 76 项，2004 年 142 项，2005 年 192 项，2006 年 178 项。

第四节　生　产　活　动

一、合理化建议

1997 年，托电公司党委成立不久，为充分发挥职工群众的主观能动性，党委在职工中开展提合理化建议活动，当年收到合理化建议 80 多条。

2001 年 7 月，根据上级有关部门《关于在全体员工中开展合理化建议的通知》文件的要求，将合理化建议活动纳入工会参与企业生产经营工作的重要范畴。

2004 年 6 月，制定了《内蒙古大唐托克托发电有限责任公司合理化建议与技术攻关管理办法》，明确了合理化建议的内容包括生产、基建、经营管理、党群工作、生活后勤等各个方面。公司成立合理化建议与技术攻关领导小组，组长是总经理，副组长是党委书记，成员由公司其他领导班子成员组成，下设3个评审工作组，分别是生产基建工作组、经营管理工作组、政工工作组，办公室设在政工部，具体负责合理化建议及技术公关议题的征集、登记、整理、分类、传递、存档等日常工作。同时，通过《党群工作之窗》网页上的合理化建议栏目，鼓励员工为企业献计献策，并根据实际情况选择采用，给予奖励。例如公司针对员工提出的合理化建议，在广泛征求大家意见的基础上，对《托电公司员工医疗制度》予以修改，增加了独生子女及退休人员医疗报销管理条款；同时，就员工子女入托问题、职工餐厅伙食管理问题等提出讨论方案，在OA上发布信息，集思广益，充分体现员工民主管理，得到广大员工的支持和满意。

累计历年征集合理化建议情况：

2001年30条。

2002年84条。

2003年115条，涉及员工后勤的60条，90%被采纳，生产技术方面的40条也有半数被采纳。

2004年580条，分别有32条获公司科技成果奖，215条获公司科技成果及合理化建议一、二、三等奖。

2005年180条，评出优秀合理化建议100条。

2006年255条，其中100条被评为公司优秀合理化建议，3条被评为大唐国际优秀合理化建议。

二、劳动竞赛

1997年，托电公司党委成立以后，为完成各项筹备工作，曾经开展过劳动竞赛活动，但没有形成系统。

2003年，随着发电机组的建成投产，公司工会按照大唐电工［2003］4号和大唐电工［2003］5号文件精神，下发了《内蒙古大唐托克托发电有限责任公司关于开展"保安全、增效益、促发展"劳动竞赛和合理化建议活动》的通知，成立了以总经理、党委书记、工会主席、政工部部长以及各分工会负责人为成员组成的劳动竞赛委员会，各分工会配合公司工会制定了各种相应的劳动竞赛考核管理制度，全公司上下形成了浓郁的比、学、赶、帮、超劳动竞赛活动氛围。

2003年上半年，在全厂范围内开展题目为"我懂安全、我要安全、从我做起、保证安全"的"安康杯"劳动竞赛活动。首先在全厂范围内举办了"安全知识抢答赛"、"安全知识答卷"和"安全连着你我他"的演讲活动,取得较好的成绩。下半年结合各分工会、各部门实际情况组织了内容包括:"技术比武、岗位练兵"、"零违纪、零违章"班组安全劳动竞赛、"万里行车无事故"、"穿桩移库"、"厨艺比赛"、"千项操作无差错"等丰富多彩的竞赛活动。最后评出3个先进集体,6个先进个人。公司被内蒙古自治区总工会直属企事业工会评为"2003年度安康杯竞赛先进集体"。

2004年,围绕企业中心任务,按照"互相学习、互相帮助、取长补短、共同提高"的基本原则,以及"爱祖国、爱大唐、爱托电"这条主线,开展劳动竞赛活动。结合1号机组小修,开展了安全文明劳动竞赛,在现场及《党群工作之窗》网站设立了曝光栏。各分会以劳动竞赛为契机,结合实际情况开展以技术培训、技术比武及查缺评比等为主要内容的"保夏季大负荷、保一期安全发电、保二期投产"竞赛活动。年底评出2个先进集体,24个先进个人。

2005年,在上一年的基础上,开展了各运行值间发电量竞赛,"降非停、增出力、保设备"劳动竞赛和"增强服务意识,提高服务质量"的岗位练兵活动。8月,参加并承办了大唐国际第二届"大唐杯"厨艺比赛,本公司代表队获得团体第三名的好成绩,并获得个人单项奖1金2银的佳绩。9月,运行人员参加大唐国际技能大赛,获得团体第二名和个人第二名、第五名、第七名的好成绩。当年公司评出3个劳动竞赛先进集体。

2006年,紧紧围绕管理和培训两条工作主线,开展"职工经济技术创新工程"活动。进行了发电量竞赛、网控千次操作无差错竞赛、煤耗和油耗小指标竞赛、集控运行仿真机技术比武、电机检修技术比武、锅炉专业检修技术比武、后勤服务技术比武以及"检修管理、两票三制"劳动竞赛等。公司选送的4名员工,代表中国大唐集团公司参加了国资委举办的集控运行仿真机大赛,其中3人获得二等奖,被授予"中央企业技术能手"荣誉称号。同年,公司被内蒙古自治区总工会授予"安康杯"竞赛优胜企业称号、职工"经济技术创新工程"活动奖状,被大唐国际评为2006年度"保安全、增效益、促发展"劳动竞赛和合理化建议活动优秀组织单位。

三、先进评比

2004年9月,根据中国大唐集团公司的总体部署,托电公司工会开展"争创学习型红旗班组,争做学习型先进职工"活动,2006年开展"创建学习型组织,争做知识型职工"活动,这些活动的连续开展,是公司实施职工素质工程、加强班组建设、达到人才兴企、科技兴企的重要组成部分和载体之一。在此基础上,公司坚持一直以来的先进集体、先进班组和先进工作者评比工作,并在职代会或职工大会上由公司党委、行政、工会共同进行表彰奖励。从

1994～2006 年共有 72 个部门和班组被评为先进集体，360 人次被评为先进个人。同时有 63 人次受到上级有关部门的表彰奖励。具体获奖名单参见荣誉录。

工会正式成立以后还陆续开展了评比表彰"三八红旗手"，"五好文明家庭"活动。先后 29 人次获得"三八红旗手"荣誉称号，29 个家庭获得"五好文明家庭"荣誉称号。

第五节 文 体 活 动

托电公司陆续兴建的文体娱乐场所有乒乓球和台球活动室、篮球场、网球场、羽毛球场、足球场、图书室、阅览室、棋牌室、健身房、多功能娱乐厅、会议厅等，并有专人负责和专门的工作人员日常管理。2004 年 3 月，成立了职工技术协会和 8 个文体活动协会，分别是篮球协会、足球协会、乒乓球协会、羽毛球协会、台球协会、排球协会、文艺协会、棋牌协会。协会的性质是托电公司工会指导下的业余文体活动群众组织。协会的宗旨、作用和任务、组建办法、要求都有专门章程，归口管理部门是政工部。

公司筹备期间，由于是新单位，职工来自五湖四海，筹备处党支部就十分重视抓职工的思想政治工作，想方设法活跃员工文化生活，以调动大家的积极性。曾经组织职工讨论企业精神，开展有意义的谈心活动，每逢节日都要组织文体娱乐等活动。党委成立以后更是千方百计地围绕工程建设、生产建设、安全建设、精神文明建设和企业文化建设，开展文体娱乐活动，并依托工会组织的力量使职工的业余文化生活丰富多彩。特别是每年的新年、春节、"七一"党的生日、"十一"国庆节这些重大节日都要举办不同形式的文体活动，每天在通勤车上播放职工喜爱的电视专题片，寓教于乐，在活跃员工文化生活的同时，陶冶大家的情操，营造了健康向上的企业文化氛围，增强了员工与企业的凝聚力。

1997 年"七一"、内蒙古自治区 50 年大庆、国庆期间，公司组织不回家的职工到就近的地方进行了游览和参观。

1998 年"七一"党的生日之际，举办了以歌颂党、歌颂祖国为主题的歌咏比赛。同年，还举办了 2 次以《公司法》、《劳动法》、《经济合同法》、《电力法》和邓小平理论为主要内容的知识竞赛。

1999 年 6 月，托电公司组队参加了大唐公司"99 争创杯"职工羽毛球比赛，荣获体育道德风尚奖和一个优秀运动员奖。国庆期间，开展了迎 50 年大庆职工篮球比赛。这一年党委还积极组织员工参加华北电力集团公司宣传部、大唐公司政工部举办的"我看改革开放 20 年"和"祖国颂"征文活动，公司员工赵霞撰写的《心愿》一文获得一等奖，马骊等撰写的文章在报纸上发表。

2000 年，举办了党风廉政建设知识竞赛、托电员工摄影作品展；派代表队先后参加"大唐杯"乒乓球比赛和内蒙古自治区直属机关工委举办的乒乓球比赛，均获得体育道德风尚奖。

2001 年初，制作了大型宣传展板，参加内蒙古自治区举办的年度首届国际电力新能源展览会，并获得"优秀组织奖"。"六一"前夕，开展了"绿化、美化厂区，共建托电美好家园"义务植树活动。中国共产党建党 80 周年之际，举办了职工摄影展，并参加了内蒙古自治区工委组织的庆祝建党 80 周年摄影展，有 4 幅作品分获三等奖、优秀作品奖；在员工中开展读书知识竞赛答题，共下发 154 份试卷；组织员工参观乌兰夫纪念馆进行革命传统教育。下半年举办了各参建单位共同参加的"托电杯"篮球邀请赛，组织了由托电、当地政府、各施工单位共同参加的庆"七一"文艺汇演，"庆国庆，迎中秋"系列联欢活动以及"迎新年"长跑接力赛。

2002 年，公司工会与地方派出所联谊，为未婚青年举办联欢会。"六一"前夕组织了为独生子女送礼物活动，二期员工主动捐款 1900 元，为当地贫困小学购买学习用具。举办了第二届"托电杯"职工篮球赛，"欢庆十一，喜迎十六大"系列庆祝活动，参加了第三届"大唐杯"职工乒乓球比赛。

2003 年"非典"疫情蔓延期间，正是 1 号机组投产前试运的最关键、最艰难时期，为稳定现场秩序，活跃员工生活，工会大量购进了篮球、足球、网球等体育活动用品，安装了 10 多种户外健身器材，组织多种形式的体育比赛和文艺联欢，增强了员工体质，丰富了员工生活，使大家排除紧张情绪，增强了战胜疫情的决心和信心。现场未出现一起"非典"疫情，而且保证了基建施工和生产试运的正常进行。9 月，参加内蒙古自治区直属机关工委组织的"为全面建设小康社会建功立业"演讲赛，公司选手获得二等奖和优秀奖。一期工程竣工盛况被中央电视台、北京电视台、内蒙古电视台、中国大唐报等多家媒体进行了宣传报道，当时公司举办了"迎国庆，庆一期工程竣工"大型文艺晚会。

2004 年"七一"，开展了"爱祖国、爱大唐、爱托电"书法、绘画、摄影、征文比赛，并将优秀作品上报内蒙古自治区工委、华北分工委参展。在自治区总工会举办的"托电杯——为企事业改革发展全面建设小康社会做贡献"征文活动中上交征文 22 篇，获"优秀组织奖"。同年，还组织人员参加了大唐集团公司首届乒乓球比赛。

2005 年，托电公司员工编排了两个文艺节目，现代舞《力量》、英文歌曲《Every time》，参加内蒙古电视台主办的《"五一"我们的欢歌》——电视职工文艺晚会的演出，获得好评。举办了公司职工与中国作家文学座谈会、"大唐光明行"文艺之夜联欢会、消夏文艺晚会等。同年7月，在大唐国际举办的第四届"争创杯"职工羽毛球比赛中，公司派出的代表队荣获男子团体第三名。

2006年年初，举办了"迎新年冬季体育赛"、"同心跨越迎新年"文艺联欢会。6月，派代表队参加大唐国际第五届"大唐杯"职工乒乓球比赛，获"女团道德风尚奖"，两名队员获个人道德风尚奖。安全生产活动月期间，举办了"安全在我心中"演讲及征文比赛和"托电杯"安全知识竞赛活动。建党85周年之际，举办了党在我心中征文比赛，第三届"同心杯"职工篮球联赛，同时还分别邀请托县篮球队、内蒙古国税局机关篮球队，进行了企地、企税篮球联谊赛。结合公司"管理年"和"节能增效行动计划"，开展了"我为管理进一言，我为节能增效献一策"征文活动。11月，由政工部负责，对全年开展的三次不同主题的征文演讲优秀作品共计29篇汇编成册出版，书名为《2006年职工征文演讲作品汇编》。本书的出版既是对作者辛勤笔耕的检阅，也是对全体员工的鞭策和鼓励，同时，透过作品汇编，也展现了公司的发展以及员工素质的提高。同年，公司员工王文志的摄影作品《托电夜色》被评为盘电杯摄影大赛二等奖；张敬鑫的作品《托电全力拒绝劣质煤》被评为张电杯"我与节约"征文三等奖。

第六节　送温暖活动

托电的员工来自祖国的四面八方，因此解决员工住房、家属落户、就业、子女入托、上学等一系列生活问题，便成为送温暖活动的第一要务，从公司组建伊始，此项工作就同步开展，并奠定了坚实的基础。276户员工居住在呼和浩特市环境幽雅的"托电花园小区"生活基地，其子女全部安置在附近的学校和幼儿园，并有专车和专人天天接送。

每当新春佳节，公司领导都要带领有关部门负责人慰问退休员工、困难员工以及在岗工作人员。"三八"妇女节，由工会牵头慰问退休及在职女员工，并召开座谈会。"六一"儿童节，把节日礼物送给员工未满18岁的孩子。"八一"建军节，公司领导慰问在公司工作的转业军人和现役军人家属，慰问现场值班的预备役官兵和消防队官兵。员工生日，由工会代表公司领导送上经总经理和党委书记签字的生日贺卡及礼物。员工生病住院，由工会主席或部门负责人代表公司领导到医院探望等等。为了使以上这些长期进行的送温暖活动规范化、制度化，公司于2005年制定了《送温暖活动暂行规定》。

为关心未婚职工的个人生活，工会经常性地开展联谊活动，为他们牵线搭桥，先后分别与内蒙古工业大学、内蒙古电力中学、内蒙古仕奇集团、内蒙古体育局、内蒙古卫生系统等单位开展联谊活动。2003 年 12 月 26 日，成功地为生产一线的 16 对新人举行了集体婚礼。

2004 年底和 2005 年初，分四批组织公司先进工作者和生产骨干，赴旅游点疗养。

2006 年，组织 10 名先进工作者外出疗养，全年还有 230 多名职工进行了自助疗养。

第七节　职　工　之　家

托电公司的职工之家场所由三部分组成，分别是阅览室、室内健身房和户外活动室，公司每年开展形式多样的文体、文化娱乐活动来丰富和建设职工之家，使广大员工在身心愉悦的同时陶冶情操。

阅览室建成于 2002 年，面积约有 300 平方米，共有图书 17 类，3000 多册，各类杂志 100 多种。此外，公司的 VI 手册（企业形象手册）及职代会的文件汇编也都陈列在内。阅览室设有专人负责，方便了员工的借阅。

室内健身房于 2003 年 11 月落成，面积约有 300 平方米，内设棋牌室和综合健身房。棋牌室有围棋、象棋、跳棋等多种棋类。健身房内有跑步机、美体机、综合训练器、健腹椅、理疗仪等十余种健身设备，并有专人负责对器械的管理和指导健身者正确的使用，使员工足不出户就能得到体育锻炼。综合健身房内设有乒乓球、台球等多种健身娱乐设施，大大丰富了员工的业余文化生活。

户外活动场建成于 2002 年，其面积约有 1854 平方米，由篮球场、排球场、羽毛球场、网球场和户外固定健身设备组成。公司还于 2005 年 5 月对原有的地面进行改造，做成无接缝的塑胶地面，篮球场周围安装的健身设备为员工锻炼身体局部提供了便利。

鉴于托电公司工会在建设职工之家工作中所作出的成绩，于 2004 年被内蒙古自治区总工会直属企事业工会评为"模范职工之家"。2006 年被大唐国际评为"先进职工之家"，被内蒙古自治区总工会评为"工会干部教育培训"先进集体。

第八节　女　工　工　作

2006 年 7 月，托电公司工会成立了第一届女工委员会，制定了组织管理制度，健全了工会女职工组织。女职工委员会认真履行工作职责，依法维护了女职工的合法权益和特殊利益。

一、开展形式多样的"三八"妇女节活动

在每年的"三八"妇女节来临之际，公司工会通过对全体女职工发慰问品、手机短信、鲜花和慰问信等方式，送去对女职工的温暖和节日祝贺。同时，女职工委员会组织全体女职工观看电影，召开座谈会，广泛征求女职工对女工工作的意见和建议，为进一步提高女工工作起到重要的促进作用。

二、大力宣传妇女工作知识

托电公司工会在《党群工作之窗》网站"工会"栏目中设立了"女工专栏"，利用网站阵地开展了《劳动法》、《中华人民共和国婚姻法》、《妇女权益保障法》、《女职工劳动保护办法》等方面的宣传教育，增强广大女职工的维权意识，提高女职工素质。

三、关心女职工身体健康

公司工会从关心女职工健康的角度出发，认真遵守女工"四期"保护工作，每年对女职工除了进行常规身体检查外，还进行妇科检查。

第四章 共 青 团

托电公司青年员工居多，多数青年在校期间基本上已加入共青团，党委针对这一特点成立了团委，下设团总支、团支部，并召开团代会，以健全团的组织机构和制度。通过开展适合青年特点的各种实践活动和思想教育，团结广大团员青年，参与企业的建设和生产及精神文明创建活动。共青团组织还开展推优工作，培养青年骨干分子。

第一节 组 织 建 设

托克托电厂筹备期间，从青年工作的实际需要出发，于 1996 年 1 月召开团员大会，选举产生了筹备处团支部，佟嘉正担任书记，李建华担任宣传委员，刘根乐担任组织委员。团支部成立后在内蒙古电管局团委、托电筹备处党支部的领导下开展工作。

托电公司成立后，鉴于新员工青年较多，在党委支持下，相继在发电部成立了两个团支部及云发团支部，共三个团支部，具体工作由政工部责成专人负责。以后根据公司共青团工作不断深入的实际需要，经公司党委会研究并报请共青团内蒙古自治区直属机关工作委员会，2002 年 11 月 23 日，共青团内蒙古自治区直属机关工作委员会，以内直团工组字［2002］4 号文件批复，同意成立共青团内蒙古大唐托克托发电有限责任公司委员会。委员会由赵霞、方亮、高波、王东星、高超 5 人组成，赵霞担任团委书记。下设 7 个团支部，分别是：工程团支部、发电团支部、云发机关团支部（一支部）、云发招待所团支部（二支部）、物业分公司团支部（三支部）、供水公司团支部（四支部）、同发公司团支部（五支部）。当时团员人数 127 名，占公司总人数的 45％。

随着托电建设规模的扩大，团员青年的比例大幅度增加，2004 年 8 月组建发电部和设备部两个团总支，其后又组建云发公司团总支。当年底赵霞调走，李文彬代理团委书记。

2005 年 6 月 28 日，托电公司召开第一届共青团代表大会。出席会议的正式代表 81 名，列席代表 10 名，约占团员总数的 20％。大会听取和审查了题为《加强团的建设　全面推进公司两个文明建设再上新台阶》的团委工作报告；

听取和审议了团费使用情况的报告。通过选举，产生了李文彬、张金良、王建强、王东星、沙素侠五人组成的托电公司团委会，李文彬担任团委书记。

本次大会的主要精神和任务是，认真学习贯彻中共中央十六届四中全会精神，按照共青团"十六大"精神，结合托电公司的实际，实事求是地总结报告团委工作，提出今后工作规划和目标，动员基层团支部和广大团员青年，认清自己肩负的历史责任，为加强托电公司两个文明建设，为实现"建精品、创一流、站排头"的目标努力奋斗。

几年来，在不断加强团的自身建设过程中，团委也建立健全了工作制度：《内蒙古大唐国际托克托发电有限责任公司团员代表大会制度》、《内蒙古大唐国际托克托发电有限责任公司共青团"三会一课"制度》、《内蒙古大唐国际托克托发电有限责任公司推荐优秀共青团员入党工作制度》、《内蒙古大唐国际托克托发电有限责任公司青年岗位能手评定奖励办法》、《内蒙古大唐国际托克托发电有限责任公司实施"青年文明号"活动管理办法》、《内蒙古大唐国际托克托发电有限责任公司团费收缴管理制度》。

截至 2006 年 12 月，托电公司团委下设团总支共有 3 个，团支部 13 个，团员人数 237 名，占员工总人数的 49.3%。

共青团组织机构见图 4-4-1。

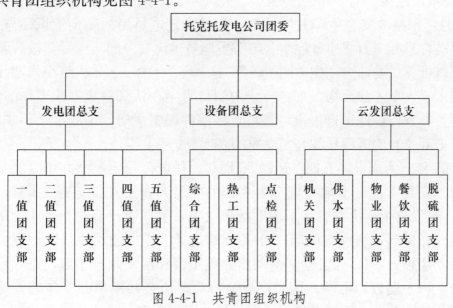

图 4-4-1　共青团组织机构

第二节　团　的　活　动

托电公司团委成立之前，由于团员青年比较多，公司党委以党建带动团建，千方百计通过多种形式的活动特别是文体活动，凝聚大家的思想，弘扬努力向上的氛围。团委成立以后即开始独立或与党委、工会联合开展活动。

2001年，托电公司党委在青年团员中组织了"我为托电献一计"、"为创一流练好基本功"等主题活动。同时还配合当时的基建工作号召团员青年积极参加绿化、清洁卫生等义务劳动。

2002年，托电公司团委举办了英语培训班、计算机培训班，取得良好成绩。同时对新入厂的团员青年进行厂前职业道德教育，引导青年发扬艰苦奋斗、勇于奉献的创业精神，树立正确的人生观、世界观。开展技术培训与生产实践相结合活动，通过"一带一，一帮一"签订师徒合同，建立师徒关系。

2003年，"向雷锋同志学习"40周年之际，开展了"练内功，岗位学雷锋；保发电，行业树新风"纪念活动。"五四"期间举办了"迎五四青年节，保一期安全运行"知识竞赛。8月，以团委的名义向广大团员发出倡议，号召大家奉献爱心，为托县的一对贫困孪生姐妹捐款近7000元，帮助她们圆了大学梦；还在托电现场多功能厅与工会联合举办了综艺赛暨青年联谊会，全体员工踊跃参加。

2004年5月，托电公司党委、工会、团委联合举办了庆祝中国共产党建党83周年，迎接"七一"，"爱祖国、爱大唐、爱托电"书法、绘画、摄影比赛。6月，围绕"安全生产月"活动，为提高托电员工的安全意识，与工会、安监部联合举办"力戒违章控制差错"主题演讲比赛。同年4月，被内蒙古自治区直属机关工委评为"先进团组织"。这一年，1号、3号机组小修期间，涌现了很多感人事迹和人物，来自一线的团员青年在认真完成本职工作的同时，撰写了各类宣传稿件进行报道，并将这些稿件编辑成册，出版了《小修风采》一书，得到了自治区领导和公司党委的高度赞扬。

2005年，为庆祝"五四"运动85周年，托电公司团委举办了以"发扬五四精神，立足本岗，奉献托电"为主题的问卷调查及知识竞赛。9月，发出"争做一流发电企业优秀青年员工"的倡议书，倡导建设节约型企业，从我做起，从现在做起，从点滴做起。11月，制定了《托电公司增强团员意识主题教育活动实施方案》，并成立了活动指导委员会和活动领导小组，正式启动增强团员意识主题教育活动。同时，与公司篮球协会共同举办了冬季篮球友谊赛，特邀托电公司、天津电建托电项目部、河北监理、天津运维检修四家单位参加。同月，发电部和设备部热控室被共青团内蒙古直属机关工委授予"青年文明号"荣誉称号。12月，托电青年员工代表杜娜，在大唐国际举办的"青春杯"演讲比赛上，获得第二名的好成绩。

2006年3月，托电公司团委向全体团员青年发出践行"八荣"，反对"八耻"倡议书。"五四"期间，在自治区直属机关增强团员意识教育活动总结暨"两优一先"、"有为青年"、"青年贴心人"表彰大会上，公司团委荣获"五四红旗团委"，设备部热控团支部荣获"自治区直属机关先进团组织"荣誉称号，公司党委书记郭殿奎被评为"自治区直属机关青年贴心人"，公司团委书记李文彬、发电部团总支副书记邵凤华被评为"自治区直属机关优秀团干部"，团委委员沙素侠被评为"自治区直属机关有为青年"，李大明、杜娜被评为"自治区直属机关优秀共青团员"。中共建党85周年之际举办了"和谐杯"职工排球联赛。8月中旬，组织一线青年员工与内蒙古卫生系统各医院的女青年在内蒙古灰腾锡勒草原举办了以"青春　草原　友谊"为主题的联谊活动，在丰富青年职工业余生活的同时，为单身青年职工尽快解决后顾之忧搭建了平台。

托电公司团委成立之初就根据上级团委的有关指示精神，开展共青团"推优"工作，制定了《内蒙古大唐托克托发电有限责任公司"推荐优秀共青团员入党"工作制度》，党委明确了发展团员青年入党必须由团委推荐的组织原则，建立了专门的档案。截至2006年，团委向党组织推荐了19名优秀共青团员，其中8名团员光荣地加入了中国共产党。

第五章　武装部和预备役

根据"全民皆兵"的精神，在上级武装保卫部门的领导下，在公司建立了武装部和预备役部队，担负着公司的安全保卫工作，是一支战斗力较强的民兵武装力量。

第一节　武　装　部

托电公司武装部成立于 2001 年 12 月，在内蒙古军区、托县武装部、托电公司党委的统一领导下开展工作。武装部部长由李斌担任，工作机构设在政工部。下设应急分队和侦察连，应急分队编制 98 人，下设 3 个排 9 个班，每班为 10 人，由天津电建托电项目部人员组成。侦察连编制 30 人，下设 3 个小队，每队 10 人，由北京电建托电项目部人员组成。武装部的设立，为托电基建安全生产，正常投产运行等各方面起到了保驾护航的作用。

第二节　预　备　役

托电公司预备役组建于 2001 年 4 月，番号为内蒙古预备役高炮团双三七高炮营二营四连，2004 年 11 月举行了换装仪式。该预备役部队是中国人民解放军的组成部分，以少数现役军人为骨干，以预备役官兵和士兵为基础，按照中国人民解放军的统一编制组建，属于人民解放军序列。统一着预备役军服，标志着连队真正以预备役部队的身份担负起了托电的安全保卫工作，连队官兵以预备役的身份开始履行职责。预备役部队接受内蒙古军区、托县人民政府、托电公司党委的领导。

高炮团副参谋长由王自成担任，连长由李斌担任，指导员由皇瑞龙担任，战士由天津电建应急分队组成，2004 年 8 月以后，改由天津诚瑞达物业管理公司组成，编入官兵总数 87 人。

2005 年 7 月，由于有关人员的调动，预备役组织机构人员随之调整，高炮团副参谋长由王猛担任，营级保卫干事由闫文毅担任，连长由杨青柏担任，指导员由李文彬担任。

该连队先后 10 次在上级组织的高炮专业比武中夺得奖牌，连续 3 次被师部表彰为"基层建设先进单位"、"军事训练先进单位"。

2003 年 8 月 8 日，参加北京军区预备役高炮分队实弹射击比武，击落拖靶受到军区通报表彰。

2004 年 11 月，北京军区政治部邻副主任视察四连时评价："四连的军事素质非常好，精神状态也非常好，是个过硬的基层连队"。同年 12 月，四连荣立集体三等功。

2005 年 4 月 25 日的《中国国防报》头版头条加编者按，报道了四连在"从严施训中孕育战斗力、在点滴养成中打牢战斗力、在'实战'锤炼中提升战斗力"的做法。《华北民兵》第六期"典型报道"中，以"一道亮丽的风景线"为题，翔实报道了四连加强全面建设的情况。

第六章 精 神 文 明 建 设

托电公司建设和发展以来，党委按照上级党组和党委的要求，成立了精神文明建设组织机构，积极开展创建活动，把精神文明建设列入企业发展进步的重要范畴，取得显著成果。

第一节 组 织 机 构

1997年，托电公司党委成立之后，即成立精神文明建设领导小组，组长由党委书记李文祚担任，副组长由总经理朱平立和党委副书记王自成担任，组员由公司副总经理和各部门负责人组成，办公室设在政工部，具体负责精神文明建设的日常工作。按照"统一领导、齐抓共管、分级负责、严格考核"的原则开展工作，组织机构每年根据各部门负责人的调整进行相应的调整。

2004年3月，为了进一步加快公司精神文明建设步伐，确保公司党建、精神文明建设工作目标的如期实现，制定了《内蒙古大唐国际托克托发电有限责任公司精神文明建设工作制度》，明确了组织机构，考核细则和具体任务。

2005年5月，由于公司领导班子成员变动，精神文明建设领导小组组长改由党委书记郭殿奎担任，副组长由总经理应学军和纪委书记王猛担任，组成机构不变。

第二节 建 设 规 划

根据"建精品、创一流、站排头"的奋斗目标，托电公司始终坚持"高起点、高标准、高定位"，不断提高文明单位的创建水平。为此，公司党委制定了2001～2005年精神文明建设五年规划，进一步明确了加强公司社会主义精神文明建设，全面提升职工素质，增强企业凝聚力，促进两个文明建设协调发展的奋斗目标。五年规划对创建文明单位的实施方法、步骤、要求、标准等作了具体的规定，明确了指导思想、奋斗目标和工作原则。

一、指导思想

坚持以马克思列宁主义、毛泽东思想和邓小平理论为指导，贯彻落实中共十五届四中、五中全会精神，紧紧围绕大唐发电争创国际一流电力公司的战略任务，全面贯彻落实"三个代表"重要思想的要求，从严治党、从严治企；不断加强和改进思想政治工作，深入开展双文明单位创建活动；努力提高各级领导干部和职工群众的思想道德素质和科学文化素质，建设"四有"职工队伍；深入开展企业文化建设，使"托电文化"成为公司发展的动力和资源，团结和动员全体职工为完成托电改革和发展战略目标做出贡献。

二、奋斗目标和工作原则

在思想建设上，使广大干部职工基本掌握邓小平理论，牢固树立建设有中国特色社会主义共同理想，增强托电建成国际一流电厂的信念，把思想统一到实现托电发展的奋斗目标上来，形成与电力市场相适应的思想观念和行为方式。

在道德建设上，努力建立适应社会主义市场经济发展的思想道德体系，提高广大职工思想道德修养、科学教育水平和民主法制观念；引导职工对社会负责、对人民负责，正确处理国家、集体和个人的关系；大力开展"三德"教育，全面培育职工的社会主义公德、职业道德和家庭美德，在电力系统和全社会树立托电的"严守法规，恪尽职守，服从大局，竭诚服务，合法竞争，真诚守信"道德形象。

在领导班子建设上，按照"三个代表"重要思想的要求，坚持党的基本路线，坚持"四化"方针和德才兼备的标准，坚持党的民主集中制原则，努力造就一大批思想政治素质好、经营管理能力强、廉洁从政、爱祖国、爱大唐、爱托电的管理者队伍。领导班子和领导干部不发生违反《廉政准则》的问题，杜绝违法和严重违纪的案件。

在党的建设上，坚持"三重一大"制度，充分发挥党组织政治核心作用、党支部的战斗堡垒作用和党员的先锋模范作用。积极开展党内"争先创优"活动，做到各项工作制度化、规范化、标准化。

在职工队伍建设上，大力加强思想政治工作，培育有理想、有道德、有文化、有纪律的社会主义"四有"职工队伍，引导职工树立正确的世界观、人生观、价值观和共同理想。完善并实施《职工职业道德规范》，深入搞好民主法制教育和文化技术培训，使职工队伍的整体素质普遍提高，在企业形成团结进取、健康向上、崇尚科学的风气和良好的工作秩序，几年来员工中无违法犯罪行为。

在企业形象建设上，坚持"人民电业为人民"的宗旨，提高规范服务水平，树立行业新风。各级领导重视企业文化建设，做到机构健全、制度完善、管理科学。确立托电发展战略、企业精神、经营思想、价值观、企业道德，建立具有托电特色的企业文化体系，树立良好的企业信誉和社会形象，实现两个文明共同进步。

在工作机制建设上，不断完善党委统一领导，党政共同负责，各部门分工明确，党政工团齐抓共管的领导体制。做到两个文明建设同规划、同安排、同考核、同奖惩。建立起"一岗双责"，"双向参与、共同负责"的工作机制，注重政工队伍的自身建设，保持了队伍稳定。

第三节 创 建 成 果

托电公司在积极推广先进的管理手段和管理方法来确保工程总目标实现的同时，坚持"两手抓、两手都要硬"的方针，把创建文明单位活动作为一项重要工作来抓，做到党政领导亲自抓，分管领导具体抓，并以创建文明单位活动为契机，建立了文明单位建设目标体系及实施网络，不断完善考核评比机制。根据电力行业和地方政府文明单位考核验收细则，结合公司实际情况，制订了《创建文明单位实施方案》、《创建文明单位责任分工及考核细则》等9大类141项规章制度，将领导班子建设、党支部建设、廉政建设、企业文化建设、员工队伍建设、公司内部管理、环境建设、综合治理和计划生育工作全部涵盖在内。

2000年，托电公司顺利通过托克托县文明单位验收组的考核验收，被评为托克托县级文明单位。

2001年，托电公司被命名为呼和浩特市级"文明单位"。

2002年，托电公司荣获北京大唐发电股份有限公司"党建达标党委"荣誉称号。

2003年，内蒙古自治区首次"两个文明建设经验交流现场会"在呼和浩特举行，在这次会上托电公司被授予自治区级"文明单位"和"道德建设先进集体"称号，并被列为大会22个重点观摩学习单位之一，内蒙古自治区主席杨晶及与会代表300多人分两批到公司现场参观。这一年托电公司还获得大唐国际"党建达标先进党委"、"双文明单位"，中国大唐集团公司"先进集体"荣誉称号，以及内蒙古自治区工业重点项目建设"突出贡献奖"、呼和浩特市人民政府2003年度"全市工业经济快速发展特别贡献奖"等。同年，托电公司被呼市环境保护局设立为"环保教育基地"。

2004 年，托电公司被中国大唐集团公司评为"先进单位"、"文明单位"，并在创一流活动中受到通报表扬，被大唐国际评为"先进基层党委"、"双文明单位"，被呼和浩特市地方税务局授予年度"纳税突出贡献企业"称号，被内蒙古自治区直属企事业工会评为"模范职工之家"。同年 7 月 16 日，内蒙古自治区直属机关企业党建工作经验交流会在托电公司召开，托电公司作为大会经验交流唯一发言单位做了党建工作经验介绍，该经验材料还在中央国家机关工委刊物《紫光阁》上刊登。这一年 11 月，托电公司荣获"全区思想政治工作优秀单位"称号。

2005 年，托电公司被国务院授予"全国民族团结进步模范集体"，被中国大唐集团公司评为"四五"普法先进企业，被内蒙古自治区授予"自治区文明单位标兵"、年度"十佳诚信企业"和"扶贫工作先进单位"称号。

2006 年，托电公司被中华全国总工会授予"全国五一劳动奖状"，还荣获呼和浩特市委宣传部"企业文化建设先进单位"，呼和浩特市政府"纳税十佳企业"、"固定资产投资十佳企业"，中国大唐集团"工程建设先进单位"，大唐国际"先进集体"，中国企业联合会"年度电力信息化标杆企业"，内蒙古自治区企业联合会"年度优秀企业"等荣誉称号。

第七章 企业文化建设

托电公司作为国家"十五"规划的重点建设项目、西电东送重点工程,几年来始终按照中国大唐和大唐国际关于企业文化建设的要求,把本公司企业文化建设作为一件大事来抓,制定了一系列企业文化建设规划并付诸实施,在实践中逐步形成并正在形成具有托电特色的企业文化。

第一节 企业文化建设

一、企业文化建设的指导思想

以邓小平理论和"三个代表"重要思想为指导,以企业文化理论为依据,以创建中国一流发电企业为目标,不断探索企业文化建设的新路子,形成具有公司特色的企业文化氛围,更好地塑造和展示企业的良好形象,推动企业向科学化、规范化、国际化靠近,推动两个文明建设的协调发展。

二、企业文化建设的组织机构

企业文化建设领导小组,组长由托电公司党委书记和公司总经理担任,委员由公司副总经理组成,办公室设在政工部,成员分别为各部门负责人及政工部有关人员。

三、2001~2003 年规划及实施

2001 年,为制定完善阶段,这一阶段的主要目标是:普及企业文化基础理论知识,导入 CIS 企业形象系列策划,加强基础文化设施及文化阵地建设。

2002 年,为推进阶段,这一阶段的主要目标是:大力开展企业文化建设活动(先后建立了乒乓球室、台球室、图书室、排球、篮球及网球场等职工文化娱乐设施),继续保持市级文明单位称号,争创内蒙古自治区级文明单位及中国大唐党建达标创优单位。

2003 年,为提高阶段,这一阶段的主要目标是:成为投产即达标,文化建设有特色,管理规范,生产指标均趋于先进的窗口企业(本规划实施情况参见文明单位创建成果和企业文化视觉识别系统)。

四、2004~2005 年规划与实施

(一)2004 年是整合、提炼、设计阶段

这一阶段的主要目标是在前几年工作的基础上，进一步提高对企业文化建设重要性的认识，统一思想，形成共识，积极配合做好有关落实工作，制定本企业的企业形象建设理念。同时进行大唐文化知识的进一步普及，对党员干部进行轮训，大力开展中国大唐集团、大唐国际发电企业文化建设目标、经营思想、价值观、企业精神、企业形象的宣传教育活动。导入 CIS 企业形象策划，制定本公司企业形象识别系统，积极开展企业理念、企业精神等普及教育活动。完善基础文化设施及文化阵地建设，加快生产、生活环境的建设工程。组织开展形式多样的企业文化建设活动和员工娱乐活动，大力开展精神文明创建和"双爱"评先活动。

（二）2005 年是全面实施阶段

对上一年的工作进行总结和深入推进，企业文化取得一定的成效。目标是，大力开展企业文化建设活动，继续保持内蒙古自治区级文明单位及大唐国际"双文明单位"称号，争创中国大唐集团文明单位。具体内容是，继续推进各级领导班子对企业文化建设的认识，组织培训学习，统一思想，形成共识；形成完整的企业经营理念、企业形象建设理论及企业精神，完成公司理念识别系统的策划，做到语言表述精炼，有深刻内涵，深入人心；深入开展经营思想、价值观等宣传教育活动，同时通过企业内部网页交流信息，传递文化建设成果，弘扬先进典型，使企业理念人格化；结合工程形象进度，统一规划公司内生产、办公场所，按照大唐公司要求对主要设备及大型建筑物统一着色，推进公司行为识别系统，使公司理念深入人心，形成完整规范的托电公司对外交往礼仪和员工行为规范，完成文化设施及生产、生活环境的建设工程；深入开展以"爱祖国、爱大唐、爱托电"为主线的劳动竞赛和丰富多彩的文体活动，通过各种载体活动宣传公司理念，凝聚企业精神，充分调动全体员工的生产积极性和主动性，展示企业形象，提高企业知名度；培养一支思想好、作风硬、技术精的员工队伍，全面提高职工队伍整体素质，以适应现代化大型火电企业的建设需要（本规划实施情况参见以下的视觉、理念以及行为识别系统）。

五、2006～2010 年规划与实施

根据中国大唐计划 18 年进入世界 500 强的战略目标和大唐国际 10 年宏伟目标，托电公司又大胆地制定了 2006～2010 年企业文化建设五年规划。

2006 年是托电公司企业文化建设全面展开，信息整合阶段，在深入贯彻"同心文化"的同时，重新整合公司自己的企业文化资源，并正在形成与"同心文化"一脉相承的托电公司的企业文化子系统。

2006 年 12 月 22 日，在首届中国电力系统企业文化建设高峰论坛上，托电公司被中企电联企业文化发展中心、中国企业竞争力促进会联合授予 2006 年度"十大最具社会责任感企业"的荣誉称号。

第二节　企业文化视觉识别系统（VI）

2002 年，托电公司开始导入 CI 企业形象战略系统，并将 VI 设计完毕，同时将 VI 手册、光盘下发至各部门并用于厂内环境建设。厂区大门、办公场所、值班楼等建筑物的设计、着色、外围图标等均按 VI 要求制作，并统一印刷了各部门的办公用品，如信笺、信封、信纸、名片、座签等，制作了统一的工作服。

2003 年，由政工部负责对厂房车间、厂区显要地点、厂区人工湖、呼市生活基地、厂区对面经济开发区相关区域进行统一形象规划设计，分步实施。

2004 年，按照中国大唐和大唐国际的统一部署，完善了 VI，更换了新的企业形象标志。

2005 年，出版并实施了新的 VI 手册，从五个方面规范了公司企业文化视觉识别系统，提出标准化、规范化要求。这五个方面分别为：

一、企业基础要素系统

包括企业标志规范，标志与企业名称标准字组合规范，企业标准色、辅助色规范，企业辅助图形规范，印刷专用字体规范。

（1）标志与标准字体的组合，是企业视觉识别系统最基本元素的规范组合。为保证企业视觉形象对外的统一性，同时，为适应不同场合的要求，把企业标志与企业标准字体进行多种组合使其规范化。

（2）标准色是象征企业及企业文化的重要视觉要素，通过规范应用而产生强烈效果。本企业的标准色由中国大唐集团公司的标准红色，以及企业长期使用的大唐蓝为基础而更新的蓝色所组成。企业辅助色的设定是对企业标准色的延伸和补充，既丰富企业视觉形象的色彩，又利于保持企业整体形象的统一。本企业的辅助色为红色系列、蓝色系列、绿色系列以及灰色、白色系列等。

二、事务应用系统

包括办公应用系统，证件应用系统，会议应用系统。主要指企业名片、信封、信纸、便笺、公文纸、文件袋等设计应用规范；工作证、临时参观证、出入证、车证等设计应用规范；会议背板、会议导向牌、会议桌牌、会议文件、楼层导向牌等设计应用规范。

三、环境识别系统

包括环境识别系统和企业室外环境识别系统。主要指企业标志在背景墙上的使用规范、在会议室使用规范、条幅、司旗应用规范、企业专用公共区域指示图形、高架广告平面图等设计规范；电厂厂区导向指示牌规范设计、旗座、公司大门、道路标志牌、设备外观着色及标志等设计应用规范。

四、宣传推广与公关系统

包括宣传推广应用系统，包装应用系统，车辆应用系统，服饰应用系统，公关礼品系统。主要指员工生日卡、台历、贺卡、请柬、封套、广告旗等设计应用规范；CD包装盒、CD盘面、手提袋等设计应用规范；企业商务车、大客车、货车标志设计规范；徽章、领带、工作服、安全帽等设计应用规范；笔记本、高档礼品、日常用品等设计应用规范。

五、企业标志印刷样本及标准色标卡

包括企业标志、标准色、辅助色。

企业形象标志分别见图4-7-1～图4-7-3。

图4-7-1　中国大唐集团
公司形象标志

图4-7-2　大唐国际发电股份
有限公司形象标志

图4-7-3　托克托发电公司形象标志

中国大唐集团公司形象标志由汉字小篆体"大唐"二字构成，它的含义为：从图案上看，标志形似大钟，稳如泰山，体现了集团公司稳健和务实的作风，寓意为基业稳固，前景美好。从字形上看，标志将汉字小篆体"大"和"唐"两字演变叠加在一起，结构紧凑，比例协调，方中有圆，圆中有方，寓意公平、公正、团结、和谐，具有浓郁的民族特色。标志上部"大"字出头，预示着大唐集团公司不断向上的发展趋势和无限的发展空间。从色彩上看，标志选用正红色，鲜艳醒目。红色历来被认为是中国的代表性颜色，具有代表国家、喜庆、文化传统的特点，将红色规定为大唐集团公司的标准色，寓意大唐集团公司的事业红红火火，灿烂辉煌。

大唐国际发电股份有限公司形象标志为中国大唐集团公司标志同大唐国际

中英文字简称组合。

托电公司形象标志为大唐国际标志同托克托发电公司中英文名称的组合。

2006 年，继续在全公司范围内积极推广、实施视觉识别系统。对现场的宣传牌、标志牌严格按照视觉识别系统的要求进行了更换和补充。截至年底，公司厂区和厂房内共计放置了 45 块宣贯企业文化和安全文明生产的大型宣传标牌以及近百块指示和警示标牌。例如："大唐大舞台，尽责尽人才"、"人为本，和为贵、效为先"、"为了您和家人的幸福，时时处处注意安全"、"社会主义荣辱观"等，这些整齐划一的宣传牌、标志牌，不但进一步美化了现场环境，使"务实和谐，同心跨越"的大唐企业精神深入人心，而且极大地提高了员工对"大唐"的认同感、归属感和作为"大唐"光荣一员的自豪感。

第三节　企业文化理念识别系统（MI）

托电公司在筹建时期曾提出"艰苦创业、优质高效、建设一流"的企业精神，公司成立后，在基建和生产初期，根据其作为大唐国际发电的主干企业，在建设和发展中要融入中国大唐、大唐国际的总体发展战略，力争建设成"综合速度最快、综合效益最好、亚洲规模最大的现代化火电基地"的战略目标，整理制定了公司独特的企业理念识别系统，包括企业理念、经营理念、企业愿景目标、企业形象战略、企业价值取向等。

一、企业理念

"建精品、创一流、站排头"。建精品是指在基建上建精品工程；创一流是指作为项目法人要创一流的发电公司；站排头是指公司不仅要建精品、创一流，而且在全国火电战线上要站在前列。

托电工程是国家"十五"计划重点建设项目，国家"西部大开发"重点工程，"西电东送"北通道的重要电源点，肩负着向首都北京送电的重要任务，并力争建成亚洲最大的火电基地。为了完成这光荣的使命，托电人必须遵循"建精品、创一流、站排头"的企业理念，并以此作为督导员工行为，激励员工士气，鞭策员工进取的企业总的奋斗目标，继而让每位员工自觉融入底蕴深厚的企业文化中，为公司的发展建功立业。

二、经营理念

打造三大品牌，形成五大特色。即"效益托电、数字托电、环保托电"三大品牌和"优质高速、安全文明、高效率和高效益、全面信息化、规范廉洁"

五大特色。经营方针是"以计划定预算，以预算控成本，以成本保利润"。

按照以上经营理念和方针，托电公司在实践中需坚持"建设一个电厂，播种一片绿洲；送出光明无限，还回绿地蓝天"的环保理念和"安全为天，重于泰山，以人为本，善待生命"的安全理念。明确"数字化描述、流程化办公、标准化管理"的管理理念。坚定坚持"三个不动摇"（建精品、创一流、站排头的奋斗目标不动摇；建设亚洲第一大发电厂不动摇；发展托电，回报社会不动摇），与市场经济相适应，与企业自身大发展的需要相适应，与参与国内外竞争相适应的发展理念。

三、企业愿景目标

努力形成大唐国际的"四个中心一个窗口"。即成为保北京用电的安全供电中心；大唐国际的利润中心；人才培训和输送中心；生产管理、经营管理和基建管理的经验中心。随着 8 台 60 万千瓦大型发电机组的建成投产，公司作为亚洲第一大火电厂，不仅是中国大唐集团和大唐国际的旗帜和象征，也是内蒙古自治区工业发展的窗口。

四、企业形象战略

对公司人的形象、事的形象、整体形象的规范和要求。人的形象是"品德正、专业精、作风硬"；事的形象是"制度化、规范化、效率化"；公司整体形象是"超前性、系统性、品牌性"。

五、企业价值取向

价值观是："我为托电作贡献，托电孕育我成长"。人生观是："满怀激情的工作，体面尊严的生活"。人才观是："尊重人才、培养人才、人尽其才"。信念是："宽容心、奉献心、进取心"。

第四节　企业文化行为识别系统（BI）

通过前期对企业理念的整合和深化，2005 年以制度的形式确立了公司的企业文化行为识别系统。2006 年将其编印为"员工行为准则"手册，员工人手一册，为了督促、检查大家的学习情况，还进行了全员测试考评。行为识别系统主要包含四部分内容：员工职业修养、员工道德规范、员工行为规范、员工基本工作礼仪。

一、员工职业修养

全体员工基本职业修养：恪守诚信、廉洁自律、务实严谨、勤奋敬业、求知进取、追求卓越。

高层管理人员职业修养：团结和谐、廉明公正、博学前瞻、科学决策、敏行善断、关心下属。

中层管理人员职业修养：科学管理、勤学善思、秉公办事、顾全大局、率先垂范、承上启下。

专业技术人员职业修养：严守规程、钻研技术、学以致用、精益求精、合作争先、团结协作。

基层工作人员职业修养：忠诚质朴、爱岗敬业、令行禁止、脚踏实地、善始善终、尊师爱徒。

二、员工道德规范

(一) 爱国守法

热爱祖国：了解中华民族悠久历史，继承优良传统文化，懂得国旗、国徽的内涵，会唱国歌；牢固树立中华民族自尊、自信、自强的精神和社会主义荣辱观；与国家同心，响应党和国家的号召，坚定不移地走产业报国的道路，为把中国建设成为富强、民主、文明的社会主义国家做贡献。

奉公守法：学习《宪法》和国家基本法律，遵守国家法律法规，认真执行电力法规和相关法律政策，依法行使权利和履行义务；不参加非法组织和非法活动，不搞封建迷信，自觉抵制黄、赌、毒的侵害，维护社会和企业的稳定。

(二) 明礼诚信

诚信待人：以诚实守信为基本原则，加强修养、完善人格、扬善祛恶，光明磊落；与他人交往中，以礼相待、与人为善、亲切诚恳、宽宏大度、互谅互让；参加活动守时守约，交谈时和颜悦色，出行时互相礼让，待人礼貌热情；使用文明用语和普通话。

信守承诺：在社会交往和工作关系中，按原则和政策办事，言行一致，客观公正；守信用、讲诚信、重信誉；认真履行合同、契约和社会承诺；珍重合作关系，做到互帮、互让、互惠、互利。

家庭和睦：家庭和睦是社会稳定、企业繁荣的基础，是工作原动力的重要组成部分。要增强家庭伦理观念，自觉履行赡养老人、孝敬父母的义务，自觉承担抚养、教育子女的责任；夫妻之间平等相待、互敬互爱，实行计划生育；家庭生活精打细算，勤俭持家；邻里之间互相帮助，和睦相处。

(三) 遵章守纪

服从大局：牢固树立大局意识，局部服从全局，个人服从整体，做到有令必行，雷厉风行。员工都要与公司同心，确立以公司利益为重的观念，个人利益要服从公司利益。

严守规章：坚决贯彻安全理念，严格执行安全规程，严格遵守公司的各项规章制度；认真执行工作标准、岗位规范和作业流程，杜绝违章指挥和违章操作；模范遵守劳动纪律，不发生违章违纪行为，坚决保障公司正常、稳定的运营秩序。

保守秘密：严格遵守保密法规和保密纪律，妥善保管涉密文件和资料，不传播、不复制国家和公司的机密信息文件，不得利用公司的技术秘密谋私利；不携带机密资料出入公开场所，自觉维护公司利益和国家安全。

（四）同心协作

紧密配合：大力弘扬集体主义精神和团队精神，正确处理竞争与团结协作的关系；部门之间紧密配合，交接工作相互负责，不各自为政，不推诿扯皮，不搞内耗，同心协力做好工作。

上下一心：对上级尊重服从，这是贯彻上级意图和工作安排的先决条件。执行中个人如有不同的意见和建议，必须以大局为重，加强与上级沟通，形成共识；对上级做出的不利于公司的决议，要提出自己的意见，供上级参考，而不能一味对上级奉承盲从，要保持一种不卑不亢的态度。上级对员工要充分信任，对公司事务要大胆放权给下级，充分发挥员工的聪明才智，集思广益，提高效益，共谋企业大计；对下级的行为和工作必须严格要求，以保障公司利益，提高效益；对下级工作和生活的情形，要充分了解，尤其是对存在的困难要体谅关心，才能良好实现工作目标，维护公司集体利益和形象。

团结友善：同事之间的紧密团结是企业的巨大精神财富，不论是生活还是工作，都要互相关心和爱护，和睦相处，互相帮助，互相支持，加强沟通协作，一切以工作为重，不计较个人恩怨得失。做到处事宽容、大度，善于理解和谅解别人，树立同心协力的群体观念，努力营造心情舒畅、温暖和谐的工作氛围。

（五）敬业进取

爱岗敬业：员工要明确认识到自己在公司发展中肩负的责任，有高度的事业心和责任感；热爱本岗，立足本职，对工作求真务实，尽职尽责，积极进取，主动工作，勇挑重担。

学习钻研：不断加强思想政治学习，努力提高专业技术水平，广泛掌握科学文化知识；坚持做到全员学习，终身学习，努力实现一专多能，做本专业的行家能手，并促进全面发展。

作风严谨：无论在管理工作中，还是在专业技术工作中，严谨的工作作风是做好工作的基础。严谨意味着全面、细致、准确、清晰和脚踏实地；细节决定成败，只有潜心于严谨和落实到底的工作作风，才能实现工作的务实高效。

追求卓越：有强烈的自主意识、竞争意识、合作意识和效率意识，认真履行岗位职责，不断提高执行力，以竞争激发潜能和活力，以合作实现相互学习、共同进步。勤奋工作、勇于创新，高标准、高质量地完成自己承担的各项任务，努力创造一流工作业绩。

有位有为：管理岗位员工在工作中要紧紧围绕公司安全文明生产的中心工作，不做无用功，不做表面文章，不做无益于公司发展的事。要深入一线，了解一线员工所需、所想，做好服务和保障工作；要态度热忱，耐心诚恳，竭尽全力为公司一线提供优质服务，为企业的发展保驾护航。充分发挥管理岗位各项职能，站好自己岗位，到位不越位，秉公不挟私。

安全文明：安全是一切工作的基本保障，生产技术岗位员工更是要增强安全意识，确保实现"四不伤害"。生产一线每个岗位的工作状况都直接影响公司的安全文明生产，作为公司主力军，不能有得过且过的思想，要时刻将本岗工作作为公司安全文明生产链条上的重要一环，确保设备性能良好，机组稳定运行。安全文明生产没有最好，只有更好，成绩只是一个新的起点。每个岗位都要在力争实现零违章、零违纪、零差错的基础上追求以更高的质量完成本职工作。

（六）关爱生命

遵守公德：自觉遵守社会公约、条例、守则等有关规定，倡导移风易俗，争做文明公民，树立行业新风。增强社会责任感、正义感，关心帮助他人；敢于挺身而出与违法犯罪行为作斗争，勇于制止损害公共利益和公共秩序的不良行为。

节俭环保：节俭是控制成本，提高效益的有效手段，在工作和生活中要节约资源，杜绝浪费；增强环境保护意识，自觉遵守环保法规，善待自然，绿化、净化、美化生活环境，讲究公共卫生，爱护花草树木、人文景观，为建设节约型社会做出应有贡献。

讲求效益：忠实履行承担的义务和责任，为社会、为股东服务。以安全、稳定生产为社会提供优质电能，以较低投入和科学经营获取最大的社会效益和经济效益，以优异的经营成果回报股东；要致力于提高经济效益，构建和谐企业，为建设和谐社会努力奋斗；在自身发展进步的同时，热心社会公益事业，扶贫帮弱，造福社会。

三、员工行为规范

（一）劳动纪律

严格遵守作息时间和公司考勤制度。因故迟到、早退和离岗等，必须履行请假手续。在工作时间内不得有睡觉、聊天、吃零食、化妆、大声喧哗等有碍工作的行为；不得在非指定区域吸烟。工作期间不许打扑克、打麻将等。

（二）工作程序

对待工作目的要清楚，要有责任心。接受领导的指示时，要深刻领会意图；听取指示时，记下内容要领。进行工作时应明确工作目的、方法和程序。每项工作到期不能完成时，要马上向主管领导汇报，说明原因，请求指示，避免造成工作被动。

为便于员工正确有效地完成任务，提高执行能力，员工工作程序按照PDCA循环方式进行——P：作计划（Plan）；D：实施计划（Do）；C：检查结果（Check）；A：评审、总结（Action）。工作完成后，马上向主管领导汇报。

工作效果不好或失误的时候要虚心接受意见和批评，并分析原因，吸取教训，改善工作。

（三）工作原则

秉公办事，不感情用事，不滥用职权，不凭借职权刁难他人。增强工作透明度，自觉接受监督。

有问题（包括个人问题、需要向领导和组织反映的问题）在单位说，不到领导家里说，不允许采取非常方式解决；对领导有意见当面说；对部下要关心爱护，对同事相互支持，密切合作，共同进步。

要处理好公共关系，严于律己，宽以待人，工作中有了成绩要总结经验，分析不足，继续提高；工作中出了问题多从主观上找差距；要保持谦逊，正确对待荣誉和批评，不断改进工作。

管理岗位员工在"三办"（办文、办事、办会）工作中要严格按程序办事，讲究实效和时效，要日事日毕。工作要分清主次和轻重缓急，能马上办的事情，要马上予以解决，能当天完成的不推到明天；凡属领导交办的事项，要按照批办的时间要求，抓紧办理，按时完成；对符合正常程序的请示，能马上答复的，就立即答复，对于不能马上答复或不易解决的问题，要做好耐心细致的解释。

生产人员要严格遵守和执行安全文明生产各项规定、规程和工作纪律，服从指挥和统一调度；强化自我保护意识，杜绝习惯性违章，杜绝"误"字号；上岗精神饱满，注意力集中，工作严谨认真，保持设备状态良好，机组稳定运行；遇有突发事故、设备异常，应头脑冷静，并能够准确判断，正确处理，及时汇报；分析事故时，反映情况真实，坚持"四不放过"。

（四）工作场所

坐、立、行的姿势要端正，注意力集中。

保持良好的人际关系，相互问候，以诚相待，讲究文明礼貌，使用文明用语。会话时发音要清晰，说话要简明扼要，不要中途打断别人说话。要用谦虚态度倾听别人发言。对待他人的批评，应站在对方的立场去听取。

桌面和隔断不得做任何标记，不得粘贴或悬挂任何物品；桌面只可以摆放电话、电脑设备、笔筒、水杯等物品；待处理文件和已处理文件不能散放于桌面，要及时存放于文件架内，所有桌面用品要摆放有序，整齐美观；长时间离开办公区域，桌面不得散落书籍、稿纸和文件等。重要文件和资料使用后要及时存放，注意保密工作。

不得擅自毁坏和动用公司消防器材和防火设备；下班离开公司前关闭所负责的窗户、照明、复印机、电脑等设备。

（五）参加会议

参加会议要事先阅读参会资料，对议题提前准备好自己的意见。会议开始前5分钟进场，手机关闭或调至振动状态；召开大型会议时不许吸烟。遵从主持人的指示，得到主持人的许可后，方可发言。开会要拿记录本，认真听别人的发言并记录。及时领会会议精神，以便会后落实具体工作。会议结束后及时向主管领导汇报。保存会议资料。

（六）微机使用

下班或停止使用微机时，应关闭微机，关掉电源。不得浏览、传播、下载违反国家法律法规的有关网络内容；杜绝参与任何迷信活动，自觉抵制"法轮功"等邪教组织在网上的传播活动；禁止参与网络赌博活动。不准在上班期间进行网络聊天，不准在上班期间参与网络游戏或在微机上打游戏。

（七）接打电话

来电话时，听到铃声，及时接听话筒；听外线电话首先以"您好，＊＊部门"来问候。通话结束后礼貌道别，再放话筒；打出电话时，先报自己的单位、姓名，"您好，我是托克托发电公司＊＊＊"。

通话简明扼要，不得在电话中聊天；工作时间原则上不能接打私人电话，必要时接打私人电话时间不超过两分钟；电话中断时，不管是自己还是对方的原因都要恢复通话；通话时有另外电话要接听，需征得对方同意，用最简洁明快的方式通话。

来电所问询的事项自己不能处理时，可坦白告诉对方，并马上将电话交给能够处理的人，在转交前，应先把对方所谈内容简明扼要地告诉接收人。

通话时声音以保证对方听清楚而不影响周围人办公为宜；办公区域应避免走动中接打电话，需要接听时应就近在不影响他人行走或办公的地方接听；在会务、商谈业务期间，将手机调整到振动、静音状态或启用其他功能，来电后应该到室外或偏离现场的地方接听手机。

（八）来访接待

不在前台、通道等非接待区域与客人长时间交谈，应引导客人进入接待区域，并在落座后开始谈话；接待室和会议室，通常离入口最远的居中位置是上席。

在约定的时间内接待客人，应避免迟到，有事不能按时赴约时应提前通知对方。

当客人进门后，要主动起身打招呼，握手让座，倒茶水，要站着用双手递接名片，看名片时要确定姓名、职务、职称，拿名片的手不要放在腰部以下，名片应放在上衣口袋或自己的名片夹中。听清要办理的事务后，停下手中其他工作，立即办理；当同时有几项事务需要办理时，一边尽快先给早来的人员办理，一边向其他人说明，请其稍候；暂时无法办理的，说明原因，通知具体时间或联系方式，以后办理；当对方需要找其他部室人员办理时应告诉其楼层、房间或主动引领。

事务办理结束后，一般客人以送至办公室区域外转弯处或电梯口为宜，重要客人应送至办公区域的大门以外，送行时应在客人离去后返回。

无论是接待公司内部同事还是接待外来办事人员都应主动、热情、大方。

（九）办公用品

按规定申领办公用品。所有从公司申领的用品均为公司财物，要妥善保管、正确使用，不能占为己有，离职时必须交还。

对于可以重复利用的物品，必须重复利用；除印有涉及公司秘密的资料外，所有已使用一面的打印纸应将反面再次使用；正确使用办公用品，如因个人使用不当而造成浪费者，需按规定做出赔偿。

（十）关心健康

公司员工应该合理调配工作与生活的节奏，提高健康意识，注意身心健康。要保证睡眠，消除疲劳，合理膳食，适量运动，戒烟戒酒，心理平衡，不放纵自己。形成健康生活理念和健康心理，为学习、生活、工作提供有力保障。

四、员工基本工作礼仪

（一）仪容

头发要保持干净整齐、无异味。指甲应经常修剪，保持清洁。女性员工涂指甲油时，要求颜色与皮肤颜色相同或相近。提倡不蓄须。女士化妆应淡雅洁净，不应浓妆艳抹，不宜用香味浓烈的香水或同时使用两种以上的香水。

（二）着装

管理岗位人员在办公区域可以着西装或正装，进入生产区域必须着工作服；现场工作人员按劳动和安全着装要求着装；外出或接待任务需要时，应着职业装或正装，女士要保持服装淡雅得体，不得过分华丽。

（三）行为

立姿：在大型会议、重要活动和重要接待等场合，男士应双脚平行，大致与肩同宽；身体正直，双肩稍向后展头部抬起，双手贴放于身体两侧或双手交叉放于背后；站立过久时，可以稍息，但双腿不可分开过宽或交换过于频繁。女士应挺胸收颌，目视前方，双手自然下垂，叠放或相握于腹前，双腿并拢。

坐姿：应保持上身挺直，把双腿平行放好（女士双腿并拢或两腿相叠），不得傲慢地把腿前伸、后伸或翘起；交谈时不应身靠座位背部，不得歪身或抖动双腿。

行走：在通道、走廊行走时要放轻脚步，走右侧位置，除特殊情况外不得跑步上下楼梯，人多时不得拥挤；公司内与同事相遇应相互问候或点头行礼表示致意。

交谈：在公司内任何场所谈话以使对方听清楚并且不影响他人工作为宜，不得大声谈笑、唱歌或打口哨。

出入他人房间：无论房门是否关闭，要先轻轻敲门，听到应答再进入房间，进入房间后要回手轻关门；进入房间如对方正在谈话，要稍等静候，不要中途插话，如有急事需打断谈话，也要把握机会，而且要说"对不起，打扰一下。"

（四）乘车

按单位统一规定准时在指定时间和地点、按次序上下班车，应礼貌谦让。乘坐班车时不得携带有异味及可能对车辆或乘车人员造成危险的物品，不得在车上乱扔废弃物品。乘车期间不得与司机交谈，以免影响司机开车。班车内严禁打牌、嬉戏大闹、大声喧哗。风雪天气携带雨伞时，应用塑料袋装好。乘车靠车窗时，下车前应将窗户关好。乘电梯时，自己先上，轻轻按住开门按钮，再请客人上；下电梯时，让客人先下电梯，轻轻按住开门按钮，确认客人已下电梯后，自己再下电梯。

（五）就餐

按时用餐并排队取用餐具和食品。节约用餐，不得浪费。用餐时注意保持地面和餐台卫生，用餐结束后，注意将餐盘放在指定位置。用餐时不宜大声喧哗。

第五篇　后勤服务

第五篇　后　勤　服　务

　　1997 年，托电公司开始兴办为主业提供后勤服务的多种经营企业。先后创办了多个服务型的多种经营机构。经过多次整合和逐步规范，到 2006 年底，已形成了以托克托云发电力有限责任公司（以下简称云发公司）为龙头，下设若干分支机构的服务型多种经营企业集群。并且，在立足于为电厂主业服务的同时，云发公司还积极对外投资，参股兴办了多个多种经营企业，经营范围不断拓宽。基本形成了涉及多个领域、具有托电公司特色的服务型多种经营产业发展链。

　　在多种经营企业最初创办时，全部采用职工自愿入股的形式，实行独立核算、自主经营、自负盈亏。随着国家产业政策的不断调整和企业改革的进一步深化，托电公司按照新厂新制的要求，对多种经营企业进行了多次的改组与整合。2002 年，云发公司整体转型为民营企业，完全按照现代企业制度的要求，建立了股东会、董事会、监事会机构，实行自主经营和股份制运作。

　　转制后，以云发公司为龙头的多种经营企业，主要职责就是承担主业委托的辅助生产任务和为主业提供全方位的服务。通过各类服务型多种经营企业的创办，不仅剥离了企业办社会的职能，提供了部分就业岗位，安置了职工家属，改善了职工生活，而且也增强了企业活力，对促进地方经济的发展起到了积极的作用。

第一章　组　织　机　构

　　1997 年，云发公司成立后，随着电厂规模的不断扩大，云发公司的机构逐步增加。到 2006 年底，云发公司共有合同制员工 837 人，下设 6 个科室、8 个分公司，并有 8 个参股公司。6 个科室分别是：经营计划科、安监科、人力科、财务科、办公室、政工科；8 个分公司分别是：物资分公司、物业分公司、餐饮分公司、运输分公司、供水分公司、粉煤灰分公司、煤业分公司、脱硫分公司；8 个参股公司分别是：托克托电力同发商贸有限责任公司（以下简称同发公司）、清水河琪泰矿业有限责任公司（以下简称琪泰公司）、托克托同泰修造有限责任公司（以下简称同泰公司）、托克托云天商贸有限责任公司（以下简称云天公司）、托克托同盛实业有限公司（以下简称同盛公司）、天津同舟粉煤灰制品有限公司（以下简称同舟公司）、天津旭日电力检修有限公司（以下简称旭日公司）、唐山同方实业有限公司（以下简称同方公司）。这些机构的设立，为做好全方位的服务工作提供了保障。

第一节　组织机构沿革

一、云发公司本部

1997年上半年，托电公司开始筹划组建多种经营企业。同年8月1日，召开第一次股东会暨一届一次董事会，选举梁殿臣为董事长，李文祚为副董事长，李文祚、郭殿奎、张浩、李国瑾为托电公司内部职工投资的代表，赵建雄、王猛为监事，张浩为总经理，多经企业开始运作。

当时企业名称为呼和浩特云发实业有限公司（即云发公司），正式职工17人，注册资金50万元，其中，托电公司技协代表托电公司作为投资主体投入35万元，职工个人投资15万元。当时业务范围比较狭窄，主要是为主业提供水、电、餐饮、住宿、保卫等后勤服务。

1998年4月，云发公司党支部成立。同年12月，聘任李俊岐担任总经理，李斌任党支部书记，副总经理为李朗红、郭三虎，组成了新的党政领导班子。

2000年6月13日，在呼和浩特云发实业有限公司的基础上，成立托克托电力云发有限责任公司。同年12月，选举产生了新一届董事会，朱平立为董事长、李文祚为副董事长，托电公司分管领导为郭殿奎。

2001年4月，云发公司领导班子进行了调整，李俊岐任总经理，兰瑜任党支部书记兼副总经理，范振国任副总经理。

2003年1月21日，云发公司召开第十次股东会暨三届一次董事会，选举朱平立等19位股东代表组成公司新一届股东会，王自成等9人组成新一届董事会。王自成担任云发公司董事长，李俊岐任总经理，兰瑜、马长城任副总经理。会议确定将托克托电力云发有限责任公司更名为托克托云发电力有限责任公司。同年7月，王猛任党支部书记兼副总经理。

2004年6月23日，云发公司召开第十三次、十四次股东会暨四届一次董事会。选举米晖、王磊等8位股东代表组成新一届股东会，选举巴大智、李俊岐等9人组成新一届董事会，选举赵建雄、王子静等组成新一届监事会。选举李俊岐为董事长，聘任米晖为总经理。

2005年3月，任命贾肇民为云发公司党支部书记，王猛不再担任云发公司党支部书记职务。

2006年7月20日，云发公司召开十八次股东会，同意米晖、任雪志不再担任股东代表，同时增补李俊岐、贾肇民为股东代表。同意陶鸿昌、米晖、贾肇民不再担任第四届董事会董事，增补陈亚惠、徐祖国、王燕为董事会董事。同意赵建雄不再担任监事会监事职务，增补贾肇民、吴德涛为云发公司监事会监事。同日，召开四届五次董事会，同意米晖不再担任云发公司总经理职务，由董事长李俊岐兼任云发公司总经理。

二、云发公司各分公司

（一）物资分公司

成立于2001年4月，主要负责托电公司生产用油、备品备件、低值易耗品的供应工作等。负责人先后为米晖、王红、杨丽华。

（二）物业分公司

物业分公司原为厂区物业管理分公司。2001年4月成立，2003年，将原基地物业分公司、检修分公司也划归到物业分公司。主要承担着生产现场的环卫、硬化、绿化及水、电、暖的维护和生活区物业、餐饮、住宿管理及接送托电公司职工子女和高压水冲洗与水泥制品生产等工作。负责人先后为刘福坤、史建功、王燕。

（三）餐饮分公司

餐饮分公司全称为餐饮服务分公司，前身为托克托电力招待所。2001年7月31日，托克托电力招待所正式成立，法人代表为李俊岐，第一任所长为武军锋，后由胡岩梅担任。2003年7月16日，云发公司召开第十一次股东会暨三届二次董事会，决定将托克托电力招待所由独立的企业法人变更为云发公司的分公司，更名为餐饮服务分公司。主要负责托电公司综合办公楼、值班楼等建筑的卫生清扫工作及员工的餐饮服务、医疗服务、会议接待和托电公司北京联络处的服务工作等。

（四）运输分公司

运输分公司全称为运输服务分公司，成立于2002年3月。主要负责托电公司通勤车和公务用车的管理工作。负责人先后为王建军、曹召林、徐祖国。

（五）供水分公司

成立于2002年4月2日。主要负责为托电公司1~8号机组供应工业用水。负责人先后为闫红雄、陈亚惠。供水分公司行政上归云发公司管理，生产调度由托电公司发电部值长统一调度。供水分公司实行经理负责制，下设点检班、化验班、运行班、维护组、后勤组、挖泥船班等10个班组，岗位定员82

人，现有 73 人。

（六）粉煤灰分公司

成立于 2004 年 3 月。主要负责粉煤灰和脱硫石膏的综合利用。经理为汪鑫、副经理为李宏燕。

（七）煤业分公司

成立于 2004 年 3 月。开始主要负责煤炭运营和煤场管理，从 2006 年起，改为单一的煤场管理。负责人先后为王青杰、李雯、杨凤兰。

（八）脱硫分公司

成立于 2006 年 5 月 11 日。负责脱硫公用系统和 1～4 号机组脱硫运行及厂外皮带输灰的运行工作。曹宝元任经理，共有管理人员、技术人员和专职安全员 10 人。有脱硫运行和厂外皮带输灰运行等 10 个班组，人员 75 人。

三、云发公司参股企业

（一）同发公司

成立于 2002 年 3 月 31 日。云发公司占 10％的股份。成立时董事长为赵清政，2004 年选举贾肇民为董事长。经营范围为餐饮、住宿等服务业。

（二）琪泰公司

成立于 2005 年 6 月 24 日。云发公司占 40％的股份。法人代表为郭殿奎。经营范围为石灰石、石膏、建筑装饰用石开采、建筑材料、五金交电销售等。琪泰公司成立的主要目的是为托电公司供应优质的石灰石，用以脱减二氧化硫的排放量。

（三）同泰公司

成立于 2005 年 7 月 28 日。云发公司占 30％的股份。法人代表为郭殿奎。经营范围为电力生产辅助业务、建筑材料、金属材料、木材、电线、电缆、橡胶制品、装潢装饰材料、建筑陶瓷、保温材料、标准件及非标准件加工等。

（四）云天公司

成立于 2006 年 1 月 5 日。云发公司占 30％的股份。法人代表为李俊岐。经营范围包括电力生产辅助业务、货物运输、建筑维护维修、线路管道设备安装、粉煤灰综合利用及再生物资的回收利用等。

（五）同盛公司

成立于 2002 年。云发公司占 10％的股份。法人代表为赵清政。经营范围为电力检修、采制化验和粉煤灰综合利用。

（六）同舟公司

成立于 2002 年。云发公司占 10％的股份。法人代表为赵清政。经营范围为粉煤灰综合利用。

（七）旭日公司

成立于 2002 年。云发公司占 5.56％的股份。法人代表为赵清政。经营范围为电力检修。

（八）同方公司

成立于 2000 年。云发公司占 5.3％的股份。法人代表为赵清政。经营范围为电力检修。

第二节　经营管理模式

云发公司是按照现代企业制度要求组建和运作的第一家多种经营企业，成立初期由托电公司原企划部行使管理职能，后在行政上接受托电公司多种经营工作领导小组的领导，业务上接受大唐国际多种产业部的指导。2002 年转型为民营企业。云发公司内部有健全的股东会、董事会、监事会和经理层班子及党、工、团组织，实行董事会领导下的总经理负责制，完全按照现代企业制度公司治理结构运营。云发公司的主要领导为托电公司外派，享受托电公司中层干部待遇。其直属的 8 个分公司均不具有独立法人资格，为其分支机构，由其直接管理。云发公司参股的同发公司、琪泰公司、同泰公司、云天公司、同盛公司、同舟公司、旭日公司、同方公司等 8 个企业均为独立的法人企业，各企业内部均已建立法人治理结构，并完全按照现代企业制度公司治理结构实行自主运营。

第三节　股东会、董事会活动

1997 年 8 月 1 日，云发公司召开第一次股东会暨一届一次董事会，成立了董事会、监事会，公司正式运作。截至 2006 年底，云发公司先后召开股东会18 次、董事会 21 次。历次股东会、董事会会议情况见表 5-2-1。

表 5-2-1　　　　　云发公司历次股东会、董事会会议情况

时 间	会议届次	参加会议人员	会议主要决议
1997 年 8 月 1 日	第一次股东会暨一届一次董事会	梁殿臣　李文祚 郭殿奎　张　浩 李　斌　汪　鑫	1. 选举梁殿臣为董事长，李文祚为副董事长，郭殿奎、张浩、李国瑾为董事 2. 选举赵建雄、王猛为监事 3. 确定公司名称为呼和浩特云发实业有限公司，法人代表为梁殿臣。聘任张浩为总经理

时　间	会议届次	参加会议人员	会议主要决议
1997 年 9 月 25 日	第二次股东 会暨一届二次 董事会	梁殿臣　李文祚 郭殿奎　张　浩 李国瑾	1. 决定设立生活服务公司、建安公司、燃料公司、车队、商贸公司、驻京办、驻呼办、环卫公司、文化中心等 9 个分支机构 2. 决定增设党支部书记 3. 增补朱平立、王振彪为董事
1998 年 4 月 1 日	第三次股东 会暨一届三次 董事会	梁殿臣　李文祚 朱平立　郭殿奎 李国瑾	1. 决定公司注册资本的投入问题 2. 决定成立建筑安装公司、生活服务公司和商贸公司 3. 修改公司章程
1998 年 12 月 27 日	第四次股东 会暨一届四次 董事会	梁殿臣　李文祚 朱平立　郭殿奎 张　浩　李国瑾 王　猛	1. 通过新员工用工管理实施办法 2. 通过 1998 年利润分配方案 3. 通过公司规章制度（一） 4. 聘任李俊岐为公司总经理，李朗红为副总经理兼商贸公司经理、郭三虎为副总经理兼建安公司经理，汪鑫为生活服务公司经理 5. 增补李俊岐为董事，王自成、赵建雄为监事
1999 年 12 月 21 日	第五次股东 会暨一届五次 董事会	梁殿臣　李文祚 朱平立　郭殿奎 张　浩　王振彪 李国瑾　李俊岐 赵建雄　王　猛 王自成	1. 通过公司规章制度（二） 2. 通过 1999 年利润分配方案 3. 通过公司经济责任制年度考评情况报告
2000 年 6 月 13 日	第六次股东 会暨一届六次 董事会	梁殿臣　李文祚 朱平立　郭殿奎 王振彪　李国瑾 李俊岐　赵建雄 王　猛　王自成	1. 通过变更公司注册资本、改变公司股权结构及新职工持有公司股份的办法 2. 通过对外投资方案 3. 增补卜保生、李国瑾、王猛、郭亚斌为股东 4. 增补卜保生、郭亚斌为董事 5. 同意王猛辞去监事职务，增补李斌为监事 6. 决定将呼和浩特云发实业有限公司更名为托克托电力云发有限责任公司

时　间	会议届次	参加会议人员	会议主要决议
2000 年 12 月 28 日	第七次股东 会暨二届一次 董事会	朱平立　李文祚 郭殿奎　张　浩 李国瑾　王　猛 卜保生　李俊岐 赵建雄　王自成 李　斌	1. 选举朱平立为公司董事长 2. 增补刘福阁为公司董事，组成新一届董事会，聘任李朗红为董事会秘书 3. 通过公司利润分配方案 4. 通过了《云发公司 2000 年工作总结及 2001 年工作安排》 5. 原则通过了《云发公司 2000 年度财务报告》
2001 年 4 月 11 日	第八次股东 会暨二届二次 董事会	朱平立　李文祚 郭殿奎　卜保生 郭亚斌　李俊岐 王自成　赵建雄 李　斌	1. 增补康波、侯永新、李朗红为公司董事会董事，聘任李俊岐为公司总经理，聘任兰瑜为公司第一副总经理、范振国为公司副总经理、郭三虎为公司主任工程师、兰瑜为董事会秘书 2. 通过大唐同方有限责任公司分红扩股的议案 3. 同意刘福阁等人可持有公司一定数额股份
2001 年 6 月 6 日	第九次股东 会暨二届三次 董事会	朱平立　李文祚 郭殿奎　卜保生 李国瑾　李朗红 侯永新　李俊岐	1. 审议并通过《托克托电力云发有限责任公司组织机构、岗位设置及定员方案的议案》 2. 审议通过了《关于调整托克托电力云发有限责任公司注册资本比例的议案》，云发公司的注册资本增加到 142 万元 3. 通过 2001 年中期利润分配的议案
2001 年 10 月 15 日	二届四次董 事会	朱平立　李文祚 郭殿奎　张　浩 刘福阁　康　波 卜保生　李国瑾 郭亚斌　李朗红 李俊岐　李　斌 赵建雄　兰　瑜	1. 通过了修改公司章程的议案 2. 审议通过了关于收购托克托众和粉煤灰制品厂的议案 3. 审议通过了关于成立供热分公司和供水分公司的议案 4. 审议通过了关于在托县开发区合资兴建招待所、在厂区合资兴建加油站的议案
2002 年 1 月 21 日	二届五次董 事会	朱平立　李文祚 郭殿奎　张　浩 康　波　李国瑾 郭亚斌　李朗红 李俊岐　李　斌 赵建雄	1. 通过了供热分公司机构设置的议案 2. 通过了劳动工资制度改革方案的议案 3. 通过了 2001 年年终分红方案 4. 通过了成立检修、运输分公司和同发商贸公司的议案 5. 通过 2002 年度生产经营目标计划

时 间	会议届次	参加会议人员	会议主要决议
2002 年 8 月 27 日	二届六次董事会	朱平立　郭殿奎 康　波　郭　勇 王　猛　郭亚斌 李朗红　王自成 赵建雄　李　斌 兰　瑜	1. 决定成立文化、文档、劳动服务三个中心 2. 决定撤销供热分公司 3. 通过 2002 年年中分红方案 4. 决定兴建职工夜休楼 5. 通过对外投资方案 6. 增补郭勇为公司董事，张浩不再任董事
2003 年 1 月 21 日	第十次股东会暨三届一次董事会	朱平立　李文祚 郭殿奎　康　波 王自成　卜保生 郭亚斌　李俊岐 沈钦峰　牛通彪 王　猛　班　亮 王　磊　李建华 王　凡　刘根乐 范振国　马长城 胡春涛　赵润宽 赵建雄　李　斌 李爱民	1. 审议通过了调整、增补股东代表的议案 2. 审议通过了选举董事会董事的议案，选举王自成、李俊岐、兰瑜、李建强、刘根乐、陈颖、牛通彪、马长城、范振国 9 人为公司董事，组成第三届董事会 3. 审议通过了选举监事的议案，选举赵建雄、李斌、李爱民为公司监事，赵建雄为召集人 4. 确定将公司名称变更为托克托云发电力有限责任公司，增加煤炭经营业务，注册资金变更为 166.51 万元 5. 审议通过了公司 2002 年度分红方案和 2003 年度生产经营目标计划 6. 审议通过了修改公司章程和对外投资的议案 7. 审议通过了公司机制改革方案的议案 8. 选举王自成为董事长，聘任李俊岐为总经理、兰瑜为董事会秘书兼副总经理、马长城为副总经理
2003 年 7 月 16 日	第十一次股东会暨三届二次董事会	朱平立　李文祚 郭殿奎　刘福阁 康　波　王自成 郭亚斌　牛通彪 王　猛　班　亮 王　磊　李建华 王　凡　尤海君 胡春涛　赵润宽 李俊岐　兰　瑜 李建强　刘根乐 陈　颖　马长城 范振国　赵建雄 李　斌　李爱民	1. 通过了向托克托隆发煤业有限责任公司投资的议案 2. 通过 2003 年度中期分红方案 3. 决定将公司由有限责任公司变为股份有限公司 4. 决定郭勇不再担任股东代表，增补王海晨为股东代表 5. 确定将招待所由独立法人企业改为分公司 6. 同意兰瑜不再担任公司副总经理和董事会秘书，聘任王猛为公司副总经理、董事会秘书

时 间	会议届次	参加会议人员	会议主要决议
2004年2月6日	第十二次股东会暨三届三次董事会	朱平立 李文祚 康 波 王自成 郭亚斌 胡春涛 赵润宽 牛通彪 班 亮 王 磊 李建华 王 凡 李俊岐 兰 瑜 李建强 刘根乐 赵建雄(郭殿奎、 范振国 陈 颖 未参加)	1. 审议通过了调整、增补股东代表、董事的议案，增补应学军、刘志勇、肖敏文、巴大智、李俊岐、兰瑜、马长城为公司股东代表，刘福阁、郭勇、沈钦峰、牛通彪、李建华、王凡不再担任公司股东代表。同意增补王猛、赵润宽、闫红雄、米晖为公司董事，兰瑜、刘根乐、马长城、范振国不再担任公司董事 2. 审议通过了修改公司章程的议案 3. 审议通过了投资新建职工食堂的议案 4. 审议通过了从粉煤灰中提取三氧化二铝和投资建设粉煤灰免烧砖项目的议案 5. 审议通过逐年扩大公司注册资本和新增股本及认购办法的议案 6. 通过了2003年年终分红方案 7. 决定马长城不再担任公司副总经理，聘任闫红雄、米晖担任公司副总经理 8. 通过公司2004～2006年经济发展规划 9. 通过公司组织机构、岗位设置及定员方案
2004年6月23日	第十三、十四次股东会暨四届一次董事会	朱平立 李文祚 郭殿奎 应学军 王自成 刘志勇 李俊岐 赵润宽 兰 瑜 班 亮 王 磊 米 晖 史建功 陈亚惠 王 红 徐祖国 武军锋 任雪志 李建强 王子静 闫红雄 汪 鑫	1. 选举米晖、王磊、史建功、陈亚惠、王红、徐祖国、武军锋、任雪志为股东代表，组成新一届股东会 2. 选举巴大智、李俊岐、王猛、闫红雄、米晖、陶鸿昌、汪鑫、王磊、史建功为公司董事，组成新一届董事会 3. 选举赵建雄、王子静为公司新一届监事会监事 4. 选举李俊岐为公司董事长 5. 决定公司按照1∶1.5的比例回购职工所持有云发公司的全部股份，以现金方式按照4∶3∶3的比例分三次兑现完毕 6. 修改公司章程 7. 聘任米晖为公司总经理
2004年7月21日	第十五次股东会	李俊岐 米 晖 王 磊 史建功 陈亚惠 王 红 徐祖国 武军锋 任雪志	通过了关于购买同盛转让的占同发10%的股份的议案，价格为120万元

时　间	会议届次	参加会议人员	会议主要决议
2005 年 1 月 4 日	第十六次股东会	李俊岐　米　晖 王　磊　史建功 陈亚惠　王　红 徐祖国　武军锋 任雪志	1. 审议通过了股份转让的议案 2. 通过了公司 2004 年年终分红方案 3. 审议通过了向内蒙古大唐托克托电力燃料有限公司投资 100 万元的议案
2005 年 2 月 3 日	四届二次董事会	李俊岐　巴大智 米　晖　王　猛 闫红雄　汪　鑫 王　磊　史建功 王子静（陶鸿昌 赵建雄未出席）	1. 通过了《总经理工作报告》和《财务工作报告》 2. 通过了变更公司注册资本金的议案，同意公司注册资本金由原来的 323.94 万元增加到 332.4 万元
2005 年 6 月 24 日	第十七次股东会暨四届三次董事会	李俊岐　米　晖 王　磊　史建功 陈亚惠　王　红 徐祖国　武军锋 任雪志　王　猛 闫红雄　汪　鑫 王子静（巴大智 陶鸿昌　赵建雄 因故未出席）	1. 审议通过了《关于脱硫用石灰石成立公司的投资比例变动方案的议案》 2. 同意王猛不再担任公司副总经理和董事会秘书。聘任史建功为公司副总经理、王磊为董事会秘书 3. 同意王猛不再担任公司董事，增补贾肇民为公司董事 4. 通过公司股东会、董事会履行管理职能的实施细则
2006 年 1 月 12 日	四届四次董事会	李俊岐　巴大智 贾肇民　闫红雄 汪　鑫　赵建雄 王子静（陶鸿昌 未参加）	1. 增补贾肇民为公司董事，王猛不再任公司董事 2. 确定脱硫用石灰石成立公司的投资比例变动 3. 决定注册资本增加为 648.26 万元 4. 通过公司 2005 年度分红方案 5. 决定将公司资本公积、盈余公积转增为资本 6. 决定购置工业园区 40 亩土地作为投资用地 7. 决定撤销文化、档案、接待三个中心，成立待岗培训中心，运输分公司更名为运输服务分公司、生产计划科更名为经营计划科 8. 通过公司 2006 年发展计划

时　间	会议届次	参加会议人员	会议主要决议
2006 年 7 月 20 日	第十八次股东会暨四届五次董事会	李俊岐　史建功 王　磊　陈亚惠 王　红　徐祖国 武军锋　任雪志 巴大智　闫红雄 汪　鑫　王　燕 贾肇民　吴德涛 王子静	1. 同意米晖、任雪志不再担任股东代表，增补李俊岐、贾肇民为股东代表 2. 同意陶鸿昌、米晖、贾肇民不再担任董事会董事，增补陈亚惠、徐祖国、王燕为董事会董事 3. 同意赵建雄不再担任监事会监事，增补贾肇民、吴德涛为监事 4. 决定撤出托克托电力燃料有限公司全部投资 5. 通过云发公司 2006 年度中期分红方案 6. 决定米晖不再担任公司总经理，由董事长李俊岐兼任 7. 修订完善了公司制度体系
2006 年 12 月 19 日	四届六次董事会	李俊岐　巴大智 闫红雄　史建功 汪　鑫　王　磊 陈亚惠　徐祖国 王　燕　贾肇民 吴德涛　王子静	1. 通过公司 2006 年度分红方案、财务工作报告和 2007 年发展计划 2. 审议公司的规章制度 3. 决定投资建设粉煤灰分选系统

第二章　设施与经营

　　云发公司主要依靠其直属的 8 个分公司为主业提供服务。具体承担的服务任务有八个方面：一是工业用水的生产任务；二是生产现场的环卫、硬化、绿化及水、电、暖的维护任务；三是职工的就餐、住宿、生活区物业管理、接送职工子女等后勤服务任务；四是公务用车和职工通勤车的管理、维修任务；五是生产用油、备品备件及低值易耗品的供应任务；六是部分燃煤供应和煤场管理任务；七是机组脱硫和粉煤灰的销售与综合利用任务；八是管理燃煤采样、制样、化验及文化、档案、接待等方面的任务。

　　通过这些服务项目的开展，为托电公司的工程建设和生产运行提供了可靠保证。

第一节　服务设施

一、现场设施

（一）职工餐厅

　　为保证职工在现场的就餐，现场共设有 3 个职工餐厅。其中一个为二层砖混结构，建筑面积为 2453.04 平方米，二楼主要用于托电公司员工及家属就餐，一楼主要用于在现场的所有外委单位工作人员和云发外聘人员的就餐。工程于 2004 年 5 月 7 日开工，同年 10 月 15 日竣工，2005 年 7 月 8 日开业，由内蒙古巨华集团大华建筑安装有限公司负责施工。另一个为运行餐厅，为二层小楼，是托电公司发电部职工的用餐场所。还有一个为多功能厅，内有餐厅、小超市，可以召开大型会议、举办文艺联欢会和舞会等。工程于 1997 年 10 月 29 日开工，1998 年 11 月 10 日竣工，由内蒙古第二建筑工程公司负责施工。现在，这三个餐厅同时开放，能够满足托电公司、云发公司及外委施工单位人员的正常就餐需要。

（二）值班楼

　　现场有值班楼 2 座，主要用于安排职工的值班休息。1 号值班楼为五层砖混结构，一至四楼为职工宿舍，五楼为活动中心，内有舞厅、图书室、棋牌室、健身室、播音室等，总建筑面积为 5681.8 平方米。工程于 2001 年 6 月 25

日开工，2002 年 7 月 17 日竣工。由内蒙古勘测设计院设计，内蒙古大正置业（集团）有限责任公司第二建筑公司施工。2 号值班楼为五层砖混结构，建筑面积为 5500 平方米，工程于 2003 年开工，2004 年竣工。

（三）运行公寓

运行公寓原名为夜休楼，主要用于安排运行人员休息。运行公寓为四层砖混结构，建筑面积 2664.664 平方米。工程于 1997 年 10 月 25 日开工，1998 年 10 月 15 日竣工，设计单位为华北电力设计院，由云发公司所属的建筑安装工程公司负责施工。

（四）综合办公楼

综合办公楼原为生产综合楼，通体四层，局部六层，建筑面积 7780 平方米。工程于 2001 年 5 月开工，2002 年 7 月竣工，由华北电力设计院设计，内蒙古第三建筑工程公司第二十三项目部负责施工。

（五）发电部综合楼

原为外招，2005 年改为发电部综合楼，为四层砖混结构。工程于 1997 年 10 月 22 日开工，1998 年 12 月 15 日竣工，设计和施工单位为北京市国都建筑装饰工程有限公司。

（六）云发综合楼

云发综合楼为五层砖混结构，建筑面积 3852.6 平方米，一至二层为办公场所，三至五层为员工宿舍。工程于 2002 年 10 月 15 日开工，2003 年 8 月 20 日竣工。

（七）云发物业楼

云发物业楼为二层小楼，院内有活动板房作为库房，建筑面积为 511.43 平方米。工程于 2003 年 9 月 5 日开工，2004 年 10 月 18 日竣工。

（八）汽车库

汽车库为二层小楼，一层为车库，共有 12 个小车车位，4 个大车车位，二层为云发运输服务分公司办公场所。工程于 1997 年 10 月 22 日开工，1998 年 10 月 15 日竣工，由包头供电实业集团公司负责施工。

（九）同发宾馆

同发宾馆占地面积约 6500 平方米，总建筑面积 8404 平方米，含宾馆（3 号楼）、检修楼（2 号楼）、餐厅（1 号楼）、锅炉房等。其中：1 号楼建筑面积 1293 平方米，为二层框架结构，总高 10.7 米，层高 3.9 米，有公共餐厅 2 个（每个约 248 平方米），雅间 4 个（3 个 34 平方米，1 个 51 平方米），可同时容纳 300 余人就餐。还设有办公、更衣、洗卫、配餐、售饭、主副食加工间、库房等。2 号楼建筑面积 1800 平方米，为四层砖混结构，总高 15.19 米，一至四层层高 3.0 米。内有客房 33 间、床位 99 个，宿舍 8 间、床位 64 个。还设有大堂、理发、值班服务、洗卫、库房等。3 号楼建筑面积 5361 平方米，为四层砖混结构，总高 15.83 米，一至三层层高 3.15 米，四层层高 3.27 米。内有标准间 116 间，套间 11 间，床位 243 个，还设有办公室、值班休息室、消毒室、洗衣房、库房、会议室（2 个）等。同发宾馆由呼和浩特市建筑勘察设计研究院设计，内蒙古托克托县建筑安装工程有限责任公司承包施工。

二、呼市基地

（一）职工住宅

职工住宅区位于呼和浩特市赛罕区双树商业街 88 号，均为砖混结构。1999 年 10 月 28 日，1 号、2 号住宅楼破土动工，2000 年 10 月 5 日竣工，建筑面积分别为 4928.28 平方米和 4760.88 平方米。2002 年 4 月，3 号、4 号、5 号、6 号住宅楼开工，2003 年 9 月竣工，建筑面积分别为 3081.65 平方米、4167.55 平方米、3549.73 平方米和 3784.48 平方米。2003 年 11 月，9 号住宅楼开工，2004 年 10 月竣工，建筑面积为 5786.37 平方米。职工住宅楼由包头市市政设计研究院设计，张家口市第一建筑工程有限公司负责施工。现建成职工住宅 8 幢，全部为大面积住房，总面积为 35603.21 平方米，有住户 276 户。

托电公司住宅小区环境优美，内有凉亭、瀑布、人工湖、喷泉、花坛和绿地，为花园式住宅。小区有现代化的监控设施，可以确保住户安全。被呼和浩特市人民路办事处评为"安全文明小区"。

随着电厂规模的扩大，托电公司职工人数逐年增加，截至 2006 年底，仍有 230 多名职工没有住房。为解决无房职工的住房问题，托电公司已采取发放住房补贴的办法逐步解决。

（二）培训楼

培训楼在职工住宅区内，建筑面积为 5600 平方米。五楼为培训中心，四楼及五楼部分房间为单身职工宿舍，二楼、三楼为大唐国际发电公司内蒙古分公司办公室，一楼为云发公司基地物业办公室，地下一楼为停车库。工程于 1997 年 5 月动工，同年建成。

（三）电力招待所

电力招待所在职工住宅区内，为五层砖混结构，建筑面积为 1300 平方米。一楼为职工食堂，二楼至五楼为单身职工宿舍。由云发公司经营管理。工程于 1997 年 9 月动工，1998 年竣工。

（四）车库

车库在职工住宅区内，建筑面积为 682.5 平方米，共有 10 个停车位。工程于 2003 年 5 月动工，当年建成。

（五）锅炉房

锅炉房在职工住宅区内，主要为基地小区提供取暖供热，建筑面积为242.91平方米。工程于2003年动工，当年建成。

第二节 服 务 机 构

一、物资供应

物资供应主要包括托电公司部分生产用油、备品备件、低值易耗品的供应和机组工业用水供应等。其中，生产用油、备品备件、低值易耗品的供应由云发公司所属的物资分公司负责，机组工业用水供应由供水分公司负责，煤场管理由煤业分公司负责。在提供物资供应的过程中，各专业分公司都能够围绕主业全方位地做好保障工作，满足了施工与生产的需要。特别是供水分公司从成立以来，始终按要求为机组提供安全、稳定、优质的供水，水质合格率等于或大于98％。保证了发电机组的正常运行。供水分公司一直被托电公司树为外委项目的标杆，也是云发公司向主业提供优质服务的窗口单位。

二、物业管理

托电公司分为基地生活区和生产现场两个区域，为做好两个区域的物业管理工作，云发公司专门成立了物业分公司，负责基地生活区和生产现场的环卫、硬化、绿化及水、电、暖的维护和基地生活区的餐饮、住宿管理及接送职工子女上下学等，为职工的工作和生活提供了保证。

三、餐饮及医疗服务

职工在基地和现场的就餐、休息均已安排了固定的场所，为统一管理，云发公司成立了餐饮服务分公司，设立了医务室、洗衣房、超市等，配备了卫生清洁人员，专门负责职工在基地和现场的就餐、休息、医疗、洗浴服务与各综合楼等建筑的卫生清扫工作，保证了职工正常的就餐、休息与医疗。

四、运输服务

托电公司厂区与生活区分离，人员上下班都需要车辆运送，云发公司专门成立了运输服务分公司，统一负责通勤车和公务用车的管理工作。截至2006年底，运输分公司共有车辆61辆，其中属于托电公司所有42辆，属于云发公司所有19辆。属于托电公司的42辆车中，有9辆大客车（4辆为金龙客车，5辆为桂林大宇客车）、3辆中巴（柯斯达、依维柯、道奇公羊各1辆）、10辆小客车（3辆奥迪，3辆帕萨特，1辆尼桑风度，1辆捷达，1辆北京2020，1辆广州本田）、9辆越野车（1辆丰田霸道，2辆起亚越野，2辆三菱，1辆三星，

1 辆丰田 4700，1 辆三菱 V6，1 辆 RAV4）、2 辆面包车（丰田）、2 辆吉普（北京 2020）、5 辆客货车（3 辆江西五十铃，2 辆尼桑）、1 辆冷藏车（江西五十铃）、1 辆吊车（徐工 XJ5231JQ）。属于云发公司的 19 辆车中，有 10 辆小客车（1 辆桑塔纳 2000，4 辆桑塔纳 3000，3 辆帕萨特 B5，1 辆普桑，1 辆奥迪 A6）、5 辆客货车（2 辆五十铃，2 辆长安，1 辆雪佛莱）、1 辆中巴（考斯特）、1 辆大客车（星王）、1 辆洒水车、1 辆面包车。

五、脱硫服务

对机组进行脱硫改造，是托电公司主动承担社会责任、建设环境友好型企业的重要举措。为保证脱硫工作的有序进行，云发公司成立了脱硫分公司，具体负责机组脱硫和公用系统、厂外皮带输灰的运行工作。公司现有脱硫运行和厂外皮带输灰运行等 10 个班组，人员 75 人。与此同时，为保证脱硫用石灰石的供应，由云发公司参股组建成立了琪泰公司，专门开发生产石灰石，现已投入生产，能够满足脱硫需要。

六、粉煤灰综合利用

托电公司已完成 1～4 期工程建设，总装机容量已达到 480 万千瓦，每年排放粉煤灰约 280 万吨，如五期工程扩建，排灰量将大大增加。粉煤灰虽然是污染物，但可用以提炼铝硅铁、生产水泥制品和免烧煤灰砖等。近年来，建筑业快速发展，建材需求量日益增加，市场上大量使用的实心黏土砖已被列为禁用的建材，免烧粉煤灰砖将拥有较大的市场空间。

特别是托电公司的粉煤灰质量优良、活性较高，粉煤灰中的氧化铝含量达到 50%，可以用粉煤灰提炼铝硅铁和铝硅钛，是一种宝贵的再生资源。开发利用好粉煤灰，能够变废为宝，满足市场的需要，使企业走上资源循环利用和经济可持续发展的轨道。

为加快粉煤灰的开发利用，云发公司在 2004 年 3 月 15 日成立了粉煤灰分公司，专门从事粉煤灰的开发利用工作。在最初销售原灰的基础上，粉煤灰分公司又投入约 180 万元在三期灰库安装了粉煤灰分选机，将粉煤灰进行分选销售。同时，还掺和粉煤灰生产护坡砖、马路牙子和工字砖。2004 年开始，大唐国际发电公司与清华大学及清华同方合作，又开始研制高铝粉煤灰资源化利用的技术路线和产品方向。项目将分三期建设，一期项目已获得内蒙古自治区发改委的批复，并已进入全面建设实施阶段。云发公司还与呼和浩特三和建筑材料有限责任公司共同出资成立了燕山建筑材料有限责任公司，正在建设年产 2 亿块蒸压粉煤灰砖项目。通过这些项目的建设，托电公司的粉煤灰开发利用初步走上了产业化发展的轨道。2004 年主要销售原灰，全年销售收入近 130 万元。2005 年，销售干灰 14 万余吨，收入为 190 万余元；销售湿灰 2 万余吨，收入近 8 万元；全年总计完成销售总收入 200 万元。2006 年，销售原灰 27 万余吨，Ⅰ级粉煤灰 3.5 万吨，湿灰 6 万吨，袋装Ⅰ级灰 2000 吨，全年实现销售收入 600 万元，较 2005 年增长 400 万元。到 2006 年，托电公司的粉煤灰综合利用率已达到 13.4%，已经成为多种经营产业发展的重点和企业新的经济增长点。

第三节　经　营　成　果

1997 年 8 月 1 日，云发公司的成立，标志着托电公司的多种经营开始起步并逐步进入发展阶段。

1998 年，是云发公司初步发展和打基础的一年。这一年，云发公司理顺内部运营机制，设立办公室和经营开发部。在人员选用上实行了公开招聘和竞争上岗，并编制了岗位规范，制定了职工行为规范，明确各部门的职责范围，实行月度综合考核奖惩和职工考勤管理，为企业实施规范化运营、制度化管理奠定了基础。8 月开始，云发公司到现场服务，在现场建起了活动板房，为主业解决了工作场地和住宿问题，并建起了简易食堂，解决了临时就餐问题。11 月下旬，云发公司接手管理托电公司培训中心。当年，云发公司完成产值 1020.5 万元，实现利润 150.94 万元。

1999 年，云发公司在年初制定了经济考核目标，从严控制费用，并将费用控制指标分解到各分公司和部门，明确了超罚节奖的办法，按月进行考核。还将经营开发部与财务部分离，成立经营计划部。根据一度出现的人浮于事的现象（当时云发公司的临时工已增加到了 43 人），云发公司重新核定了岗位和职数，分批进行清退，当年减员 12 人。年内还抓了制度建设，共建立各项制度 68 个。同时，改革了医疗费报销制度，对职工的医疗费实行按工龄核定、随工资发放的办法。对办公费和维护费用也全部实行了定额制。这一年，云发公司投资 8 万元在现场和基地开垦了近百亩土地，其中苗圃达 30 余亩，种植了 5 万余株树苗，为以后的现场绿化培育了秧苗。同年，云发公司还积极承揽小型工程，收入 20 万元。1999 年，云发公司全年完成产值 345 万元。

2000 年，云发公司强化了各项基础管理工作，各部门建立了档案卷宗，对办公用品实行定额管理。健全了招待所及食堂的管理制度，成立了安全管理领导小组和安全网络系统。成立了水电班。强化了合同管理和成本核算，细化了目标责任制的考核内容，将廉政建设和精神文明建设纳入目标责任制。7 月 8 日，云发公司现场食堂正式营业。8 月，由云发公司筹建的粉煤灰建筑材料项目投产，当年创收 10 万元。下属的建安公司积极承揽各项小型工程，累计完成工程量 900 多万元。10 月 18 日，现场招待所正式开业，开始陆续接待宾客。食堂和招待所安置家属员工 25 名，解决了托电公司员工的后顾之忧。这一年，云发公司完成产值约 1200 万元，实现利润 89 万元，分别比年初制定的产值利润目标增长了 20%，资产增值保值率比 1999 年增加了 14 个百分点，实现了资产的增值保值。

2001 年起，云发公司进入快速发展阶段。当年，云发公司根据企业发展的需要，进行了机构重组，对一些没有开展经营业务的分支机构进行了注销、收购，理顺了企业内部机构。公司设立一室二科，即办公室、财务科和工程计划科。将建安公司改组为检修公司，又增设物资分公司和厂区物业管理分公司。设立了安全组织机构，成立了工程及物资招标领导小组和资金管理领导小组。7 月，成立了共青团支部和分工会委员会。年内还对原有制度进行了修订，印发了《云发公司规章制度汇编》。在年终工作会议上，提出了实行"同工同酬、按劳取酬、全员合同、公开招聘、全员保险、能进能出、激励上进"的劳动制度改革办法，云发公司逐步走上了依法经营、滚动发展的道路。当年，云发公司完成产值 1630 万元，实现利润 211 万元，全员劳动生产率为 8 万元，并实现了安全事故零目标。

2002 年，云发公司对劳动人事和工资分配制度进行了改革，实行以家属员工为核心、合同制员工为主、协议员工和季节性短期用工为辅、高危行业对外承包为补充的用工机制。企业实行全员劳动合同制管理，制定了员工浮动工资考核办法，转型为民营企业。3 月，成立了供水分公司和运输分公司。在这一年，云发公司还分别与天津旭日电力检修有限责任公司和天津同舟粉煤灰制品有限责任公司共同投资成立了同盛公司和同发公司。对外投资实现了零的突破，经营范围不断扩大。为理顺与主业的用工关系，云发公司变劳务输出为任务承包，新成立了文化中心、文档中心和劳务中心，将建安分公司改组为检修分公司，主要承担工程施工及水泥制品厂的生产管理。在财务管理上，实行计算机管理，初步建立了二级核算体系，形成既能分别单独核算，又能合并为一体的财务管理网络，并与下属各分公司及职能部门签订了经济目标责任状。11 月，物资分公司正式接管主业物资库，随后，组织库房管理人员参加了 CCMIS 系统培训。这一年，云发公司完成产值 3500 万元，实现利润 125 万元，重大安全事故为零。

2003 年，云发公司与 307 名外聘员工正式签订劳务合同，并为外聘员工办理了养老保险。1 月 21 日，云发公司召开第十次股东会暨三届一次董事会，通过了多项议案，对托电公司技协的股份进行内部转让，决定向同盛公司投资

50万元、向同发公司投资100万元。当年，云发公司还进行了机构调整与改组。成立政工科，原基地物业分公司、检修分公司、厂区物业分公司合并为物业分公司。原工程计划科改为生产计划科。基地招待所、食堂统一划归现场招待所管理。7月16日，云发公司第十一次股东会暨三届二次董事会召开，通过了《关于向托克托隆发煤业有限公司投资的议案》等。7月和9月，主控楼餐厅和运行餐厅分别正式运营。10月，开展了"找差距，谈发展"大讨论活动，在此基础上制定了三年经济发展规划。这一年云发公司完成总收入8009万元，比计划增长45.6%；实现利润552万元，比计划增长150.9%；对外创收32万元，实现了零的突破；上缴税金345万元；劳动生产率达到6.2万元。成为呼和浩特市首批免检企业和前14强纳税民营企业，并被评为县级文明单位。

2004年，云发公司分别成立了粉煤灰分公司、煤业分公司和汽车修理厂。这一年，云发公司经济发展及各项工作取得重要突破。全年总产值首次突破9000万元大关，达到9146万元，同比增长了14%；利润突破1000万元大关，达到1052万元，同比增长了88%；对外创收达到512万元，同比增长了15倍。全年无重大安全责任事故。被中国大唐集团公司评为优秀多经企业。

2005年，是云发公司实现三年经济发展规划的关键年。当年，云发公司成立了督查小组，设立督查办公室，对公司董事会、党政联席会、总经理办公会的有关决议、决定和规章制度的执行情况以及各分公司的安全生产、服务质量、成本费用等进行了有效的监督和检查。还成立了安监科。全年共安置托电公司员工家属52名，稳定了托电公司员工队伍。当年，云发公司完成产值10800万元，对外创收达到550万元，实现利润746万元。获得托克托县财政收入贡献奖。

2006年，是云发公司确定的管理效益年。这一年，云发公司从深化改革、加强内部管理、提高服务质量和发展新项目四个方面入手，开展了内部管理提升工作。整合修编了内部管理制度，完善了目标管理责任制考核办法，开展了工资改革的基础工作，并在相关行业和领域内进行了业务拓展。1月5日，参股成立了云天公司，主营业务是粉煤灰综合利用及开发。2月27日，成立制度修订领导小组，对公司原有规章制度进行修订完善。4月，完成公司股东入股、退股及扩股手续的办理工作。5月11日，成立脱硫分公司。10月，完成组织机构设置及定岗、定员、定编工作。12月5日，对34名中层干部从德、能、勤、绩四个方面完成了考核测评。特别是粉煤灰分公司当年投入约180万元在三期工程灰库安装了粉煤灰分选机，在销售原灰的基础上，又新增了Ⅰ级粉煤灰和袋装灰。2006年，云发公司全年完成产值10797.58万元；对外创收

632 万元，同比增长 15％；实现利润 1619.22 万元，同比增长 117.05％。其中对外创收利润 400 万元，投资收益 361.09 万元，占全部利润的 22.3％。这一年，云发公司还通过了呼和浩特市文明单位验收，获得企业信用 AAA 等级证书。

其参股的企业，依托主业开展经营服务，并积极拓展外部市场，发展势头良好。其中，同发公司经营成果较为明显，2003 年完成产值 550 万元，2004 年完成产值 1088 万元，2005 年完成产值 1350 万元，2006 年完成产值 1690 万元。

人 物 录

人　物　录

　　1993 年 12 月～2008 年 5 月期间，托电筹备处设主任 1 人，托电公司历任公司总经理 3 人，公司党委书记 2 人，公司副总经理、总工程师、总会计师、总经济师、纪委书记、工会主席 24 人，中层和享受中层待遇 87 人，获中级及以上专业技术职称人员 168 人。

　　干部名录排列如是同级，以任职先后为序；如任过多种职务，以最高级别为记。

一、公司党政领导干部简历

　　郭殿奎　男，汉族，1953 年 5 月出生，中共党员，大学学历，毕业于华北电力学院热动专业，高级工程师，1979 年参加工作。1979 年 12 月～1982 年 12 月在集宁电厂任技术员；1983 年 1 月～1984 年 10 月在乌盟电业局教育科任教务主任、副科长；1984 年 11 月～1985 年 7 月在乌盟电业局任党委办公室主任；1985 年 8 月～1990 年 12 月在乌盟电业局任副局长兼党委副书记；1991 年 6 月～1993 年 4 月在达拉特电厂一期工程承包公司任副总经理，兼达拉特电厂副厂长；1993 年 4～12 月在正兰电厂任厂长兼党委书记；1993 年 12 月～1995 年 6 月在托电筹备处任主任；1995 年 7 月～2005 年 5 月在托克托发电公司任副总经理；2004 年 5 月起在大唐国际发电股份有限公司内蒙古分公司兼任副总经理；2005 年 6 月起任内蒙古大唐国际托克托发电股份有限责任公司党委书记兼副总经理。

　　梁殿臣　男，蒙古族，1939 年 12 月出生，中共党员，大学学历，毕业于北京电力学院，教授级高级工程师，1964 年参加工作。1964 年 9 月在内蒙古电科院汽机室工作；1979 年 7 月任内蒙古电管局干部处负责人；1980 年 7 月在江西工学院进修；1983 年、1990 年先后两次去德国进修为期各 1 年；1984 年 9 月任内蒙古电力设计院党委书记；1989 年 3 月兼任设计院院长；1989 年 6 月任内蒙古电管局副总工程师；1991 年 10 月在达拉特电厂承包公司任党委书记；1994 年 3 月在内蒙古电力公司任副总经理；1996 年 5 月～2000 年 11 月在内蒙古托克托发电公司任总经理；2000 年 11 月退休。

　　李文祥　男，汉族，1948 年 11 月出生，中共党员，大学学历，高级经济师，1972年参加工作。1972年12月～1978年12月在下花园电厂电气运行工人、班长；1978年12月～1982年11月在北京广播电视大学学习；1982年12月～1984年7月在下花园发电厂任电气车间技术员、车间主任；1984年8月～1986年3月在下花园发电厂运行分场任主任；1986年4月～1987年4月任下花园发电厂财务科科长；1987年5月～1991年4月任下花园发电厂副总经济师；1991年5月～1993年3月在张家口发电总厂沙岭子电厂任副厂长代厂长；1993年4月～1996年2月在张家口发电总厂任副厂长；1996年2～9月在张家口发电总厂任党委书记、副厂长；1996年11月～2005年6月在内蒙古大唐国际托克托发电有限责任公司任党委书记、副总经理；2005年7月，调离内蒙古大唐国际托克托发电有限责任公司。

朱平立　男，汉族，1947年1月出生，中共党员，大学学历，毕业于北京电力学院热工自动化专业，高级经济师，1970年参加工作。1970年8月～1971年8月在秦皇岛电厂从事秦皇岛供电所工作；1971年9月～1982年8月在秦皇岛电业局北山发电厂从事工人、班组技术员工作；1982年9月～1983年3月在秦皇岛电业局生技科从事科员工作；1983年4月～1986年6月在秦皇岛电业局北山发电厂任副厂长、厂长；1986年7月～1988年12月在秦皇岛电业局任副局长；1989年1月～1992年8月在秦皇岛热电厂筹建处任副主任；1992年9月～1997年4月在秦皇岛热电厂任副厂长；1997年5月～2000年11月在内蒙古大唐托克托发电有限责任公司任副总经理；2000年11月～2005年6月在内蒙古大唐国际托克托发电股份有限责任公司任总经理；2005年7月，调离内蒙古大唐国际托克托发电股份有限责任公司。

应学军　男，汉族，1966年9月出生，1985年7月参加工作，大学学历，高级工程师职称，党员。1981年9月～1985年7月在华北电力大学热能动力专业学习；1985年7月～1993年4月在唐山发电总厂陡河发电厂锅炉队先后任工人、技术员、专工、车间主任助理等职务；1993年5月～1996年8月在唐山发电总厂生产处任锅炉、输煤、除灰专工，1995年开始任副处长；1996年9月～1997年11月在北京大唐陡河发电厂生技处任副处长；1997年12月～1999年3月在北京大唐陡河发电厂设备部任副部长（主持工作）；1999年4月～2000年10月在北京大唐陡河发电厂任副总工兼设备部长；2000年11月～2003年11月在北京大唐陡河发电厂任副厂长；2003年12月～2005年5月在托克托发电公司任副总经理；2005年6月起任内蒙古大唐国际托克托发电有限责任公司总经理兼大唐国际内蒙古分公司副总经理。

张　浩　男，汉族，1942年11月出生，中共党员，中专学历，高级会计师，1962年参加工作。先后担任下花园发电厂财务科科员、锅炉车间工人、下花园扩建处财务科科员、副科长；1985～1987年在沙岭子电厂筹建处任财务科副科长；1987～1991年在下花园发电总厂、张家口发电总厂任副总会计师；1991～1995年在下花园发电厂任副厂长；1995～1996年在下花园发电厂任总会计师；1996～2002年在内蒙古大唐托克托发电有限责任公司任副总经理兼总会计师；2002年2月，调离内蒙古大唐托克托发电股份有限责任公司。

王振彪　男，汉族，1964年10月出生，中共党员，研究生学历，毕业于华北电力学院热能动力专业，高级工程师，1984年7月参加工作。1984年7月在北京电力建设公司参加工作；1988年9月在华北电力学院攻读硕士学位；1991年3月研究生毕业后调入华北电力集团公司工作，先后在集团公司科技环保部任工程师、张家口发电总厂锅炉车间任副主任、集团公司生产技术部发电处任专责工程师、副处长、生产技术部主任工程师；1997年9月～2001年2月在内蒙古大唐托克托发电股份有限责任公司任总工程师；2001年2月，调离内蒙古大唐托克托发电股份有限责任公司。

王自成　男，汉族，1950年3月出生，中共党员，大学学历，毕业于中央党校党政管理专业，高级政工师，1968年参加工作。1969年1月在张家口军分区独立团一营一连任战士；1969年2月～1969年9月在承德军分区独立团一营一连任文书；1969～1984年先后在北京军区技侦大队政治处担任档案管理员、大队书记、侦听员；1984～1990年先后在下花园发电厂、张家口发电总厂担任党委干事；1990～1997年先后在张家口发电总厂担任干部科科长和人劳处处长；1997～2001年在内蒙古大唐托克托发电股份有限责任公司任人力资源部部长；2001～2005年5月在内蒙古大唐国际托克托发电股份有限责任公司任党委副书记、纪委书记、工会主席；2005年5月，调离内蒙古大唐国际托克托发电股份有限责任公司。

刘福阁　男，汉族，1960年11月出生，中共党员，大学学历，毕业于华北电力学院热动专业，高级工程师，1981年参加工作。1995年起先后担任陡河发电厂生技科科员、副科长；1996～1997年11月先后在陡河发电厂生技处担任处长、副总工程师；2000 年 10 月～2001 年 2 月在内蒙古大唐托克托发电有限责任公司任副总工程师；2001 年 2 月～2003 年 11 月在内蒙古大唐托克托发电股份有限责任公司任副总经理；2003 年 12 月，调离内蒙古大唐托克托发电股份有限责任公司。

康　波　男，蒙古族，1962 年 7 月出生，中共党员，大学学历，毕业于西安交大自动控制专业，高级工程师，1984 年参加工作。1996 年起先后担任内蒙古电力研究所热工室助理工程师、工程师、副主任、主任；1997～2001年 11 月在内蒙古电力科学研究院任副总工程师兼热工所所长；2001 年 2 月～2004 年 4 月在内蒙古大唐国际托克托发电股份有限责任公司任副总经理；2004 年 4 月，调离内蒙古大唐国际托克托发电股份有限责任公司。

王海晨　男，汉族，1962 年 10 月出生，中共党员，大学学历，毕业于天津大学动力系，高级工程师，1982 年参加工作。1982 年 9 月～1991 年 11 月在秦皇岛电业公司任专工；1991 年 11 月～1994 年 12 月在秦皇岛热电厂热工车间任副主任；1994 年 12 月～1997 年 5 月在秦皇岛热电厂任副总工程师；1997 年 5 月～1998 年 2 月在秦皇岛热电厂任副厂长；1998 年 2 月～1999 年 5月在秦皇岛热电厂任设备部部长；1999 年 5 月～2003 年 6 月在秦皇岛热电厂任总工程师、副厂长；2003 年 6～11 月在内蒙古大唐托克托发电股份有限责任公司任副总经理；2003 年 11 月，调离内蒙古大唐托克托发电股份有限责任公司。

刘志勇　男，汉族，1960 年 8 月出生，中共党员，大专学历，毕业于北京广播电视大学财会专业，高级会计师，1979 年 9 月参加工作。1979 年 9月～1985 年 6 月在北京门头沟粮食局从事财务会计工作；1985 年 6 月调北京石景山发电总厂任财务科科员；1988 年 8 月～1993 年 2 月调石景山发电总厂扩建处任财务科科员；1993 年 2 月～1994 年 12 月任石景山发电总厂三河电厂筹建处财务科科长；1994 年 12 月，任石景山发电总厂高井发电厂财务科科长，1996 年 7 月任高井发电厂财务处副处长，1997 年 12 月任处长；1999 年 6 月任副总会计师兼财务部部长，1999 年 11 月任高井发电厂副厂长；2003 年 11 月～2006 年 10 月在内蒙古大唐国际托克托发电股份有限责任公司任总会计师；2006 年 10 月，调离内蒙古大唐国际托克托发电股份有限责任公司。

卜保生　男，汉族，1963年5月出生，中共党员，大学学历，毕业于西安交通大学热动专业，高级工程师，1986年参加工作。先后在内蒙古电建调试所担任总工程师，内蒙古电建一公司任总工程师，内蒙古大唐国际托克托发电有限责任公司工程部部长；2001年2月在内蒙古大唐托克托发电有限责任公司任总工程师；2003年12月在内蒙古大唐国际托克托发电股份有限责任公司任副总经理兼总工程师；2004年3月～2006年12月在内蒙古大唐国际托克托发电股份有限责任公司任副总经理；2006年12月调离内蒙古大唐国际托克托发电股份有限责任公司。

杨丰利　男，汉族，1961年10月出生，中共党员，大专文化，毕业于张家口职工大学工业电气自动化专业，高级工程师，1981年在唐山陡河发电厂参加工作。1985年3月在下花园发电厂热工车间工作；1985年9月起先后在沙岭子发电厂担任热工车间技术员、主任；1997年在张家口发电厂筹建处任总工程师；1998年在张家口发电厂B厂任副厂长兼基建工程处处长；2000年在张家口发电厂基建工程部任部长；2002年6月在山西大唐平旺热电有限责任公司任总经理助理；2002年9月在山西大唐云冈热电有限责任公司任副总经理；2004年2月6日在内蒙古大唐国际托克托发电股份有限责任公司任副总经理。

郭亚斌　男，汉族，1967年9月出生，中共党员，大学学历，毕业于东北电力学院电力系统及自动化专业，高级工程师，1983年10月参加工作。1983年10月～1991年10月在长山热电厂从事电气检修工、专责工岗位工作；1991年11月在长山热电厂生技处从事专责工程师岗位工作；1993年9月被委派到北京经贸大学学习德语；1994年10月赴德国参加电站管理培训；1995年10月回国在长山热电厂生技处从事运行专责工程师岗位工作；1996年2月在长山热电厂电气检修任副经理；1997年6月调入内蒙古大唐托克托发电有限责任公司在工程部从事电气专责工；1998年1月在内蒙古大唐托克托发电有限责任公司任发电部部长；2003年8月在内蒙古大唐国际托克托发电有限责任公司任副总工程师；2004年3月～2006年12月在内蒙古大唐国际托克托发电有限责任公司任总工程师；2006年12月调离内蒙古大唐国际托克托发电股份有限责任公司。

张文生　男，汉族，1953年12月出生，中共党员，大学学历，毕业于中央党校政法专业，政工师，1969 年 10 月参加工作。1969～1978 年在北京军区当兵；1978 年在山西娘子关发电厂工作，先后担任锅炉车间司炉、班长、锅炉车间主任、支部书记兼副主任，处长兼总经理、党支部书记、二期筹建处处长、副总经理；2004 年 10 月～2005 年 5 月在内蒙古大唐国际托克托发电股份有限责任公司任副总经理；2005 年 5 月调离内蒙古大唐国际托克托发电股份有限责任公司。

王　　猛　男，汉族，1964 年 6 月出生，中共党员，研究生学历，毕业于内蒙古党校经济管理专业，高级政工师和高级经济师。1983 年 7 月在内蒙古达拉特旗参加工作。曾先后担任畜牧局秘书兼团委书记、达拉特旗人民政府办公室秘书、党委办公室秘书、副主任兼党支部书记；1992 年 5 月在内蒙古达拉特发电厂一期工程承包公司任政工科科长；1997 年 6 月起在内蒙古大唐托克托发电有限责任公司任政治工作部部长；2002 年 8 月在内蒙古大唐国际托克托发电有限责任公司人力资源部任部长；2003 年 6 月在内蒙古托克托云发电力有限公司任党支部书记兼副总经理；2005 年 3 月担任内蒙古大唐国际托克托发电股份有限责任公司纪委书记兼工会代主席；2006 年 3 月起任内蒙古大唐国际托克托发电股份有限责任公司纪委书记兼工会主席。

冯树礼　男，汉族，1962 年 3 月出生，中共党员，大专学历，毕业于北京广播电视大学热能动力专业，工程师，1981 年 7 月参加工作。1981 年 7 月在唐山发电厂参加工作，从事汽机队本体班技术员工作；1986 年 9 月～1989 年 9 月，在北京广播电视大学热能动力专业脱产学习，毕业后在唐山发电总厂从事总工室专业工程师、锅炉技术员工作；1993 年 4 月，任唐山发电厂技术科科长；1995 年 5 月，任唐山发电厂副总工程师；1996 年 9 月，任陡河发电厂生产技术处副处长；1997 年 12 月，任陡河发电厂设备部副部长；2003 年 3 月，调入盘山发电公司，被聘任为设备工程部部长，同年 8 月被聘任为副总工程师兼设备工程部部长；2001 年 11 月，被聘任为盘山发电公司总经理助理兼副总工程师、设备工程部部长；2003 年 11 月，被聘任为盘山发电公司副总经理；2005 年 11 月起任内蒙古大唐国际托克托发电股份有限责任公司副总经理。

李日龙　男，汉族，1968 年 1 月出生，中共党员，大学学历，毕业于北京农业工程大学电力系统自动化专业，高级工程师，1989 年 7 月参加工作。

1989 年 7 月～1996 年 10 月在山西神头第二发电厂工作，从事检修工、班长、车间专责工程师岗位工作；1996 年 10 月在神头第二发电厂电气车间任副主任；1999 年 10 月在神头第二发电厂电气车间任经理；2003 年 12 月在神头第二发电厂检修总公司任总经理；2004 年 3 月在盘山发电公司任设备工程部负责人、部长；2004 年 12 月在盘山发电公司任检修副总工程师兼设备工程部部长；2005 年 12 月在盘山发电公司任总经理助理；2006 年 8 月在盘山发电公司任总工程师；2006 年 12 月起任内蒙古大唐国际托克托发电股份有限责任公司总工程师。

丁文光　男，回族，1957 年 5 月出生，中共党员，大学专科学历，毕业于中央广播电视大学，高级会计师，1977 年 12 月参加工作。1977～1979 年在下花园发电厂化学车间工作；1979～1983 年在下花园发电厂财务科任科员；1986～1993 年在张家口发电厂财务科任科员；1994～1995 年借调北京参加大唐公司组建；1995～1998 年在张家口发电厂财务处任副处长；1999～2005 年 8 月在张家口发电厂财务审计部任部长；2005 年 8 月～2007 年 4 月在山西大唐国际神头发电公司任总会计师；2007 年 4 月起任内蒙古大唐国际托克托发电股份有限责任公司总会计师。

胥成增　男，汉族，1963 年 4 月出生，中共党员，大学学历，毕业于东北电力学院热能动力专业，高级工程师，1987 年 7 月参加工作。1987～2004 年 3 月在华北电力设计院热机室工作；2004 年 3 月～2007 年 4 月在北京能源投资集团公司电力能源建设部任项目经理；2007 年 4 月起任内蒙古大唐国际托克托发电股份有限责任公司副总经理。

尚怀伟　男，汉族，1965 年 12 月出生，中共党员，大学学历，毕业于华北水利水电学院，高级工程师，1988 年 7 月参加工作。1988 年 7 月～1990 年 9 月在下花园发电总厂技术科工作；1990 年 9 月～1994 年 1 月在下花园发电总厂基建科任负责人；1994 年 1 月～1996 年 8 月在张家口发电厂生产技术处任专责工程师；1996 年 8 月～1998 年 12 月在张家口发电厂计划处任副处长；1998 年 12 月～2004 年 9 月在张家口发电厂企划部任副部长；2004 年 9 月～2005 年 11 月在张家口发电厂物资部任部长；2005 年 11 月～2006 年 10 月在张家口发电厂任副总经济师兼燃料管理部部长；2006 年 10 月～2007 年 5 月在内蒙古大唐国际托克托发电股份有限责任公司任总经理助理；2007 年 5 月起任内蒙古大唐国际托克托发电股份有限责任公司总经济师。

二、部长及以上领导干部任职名单

职　　务	姓　　名	任　职　时　间
总经理助理	肖敏文	2003.11～2005.9
	刘蕴德	2004.2～2005.1
	尚怀伟	2006.10～2007.5
	孟建国	2006.12～
副总工程师	刘福阁	2000.11～2001.2
	郭亚斌	2003.9～2004.4
	胡春涛	2003.9～2007.5
	郝建军	2004.11～2006.7
	孟建国	2005.8～2006.12
	沈钦峰	2007.2～
	刘　阳	2007.2～
	张卫保	2008.4～
副总会计师	赵建雄	2004.11～2006.10
副总经济师	吴耀勋	1998.3～2002.11
	巴大智	2001.3～
	李国瑾	2002.12～2002.12
	赵子昂	2008.4～
行政部部长	李国瑾	1998.12～2001.3
总经理工作部部长（原企业策划部）	李国瑾	2001.3～2002.12
	班　亮	2003.6～2005.5
	刘根乐	2005.6～2005.11
	赵子昂	2005.11～
综合计划部部长	巴大智	1998.12～2001.3
物资部部长	李朗红	1998.12～2001.3
计划供应部部长	李朗红	2001.3～2003.1
物资供应部部长	赵润宽	2003.6～2006.8
	马长城	2006.9～
工程部部长	卜保生	1998.12～2001.2
工程设备部部长	侯永新	2001.3～2002.4
设备部部长	胡春涛	2003.6～2004.10
	刘　阳	2004.12～2007.11
	于海东	2007.11～
发电部部长	郭亚斌	1998.12～2004.4
	沈钦峰	2004.4～2007.2
	潘　惠	2007.2～

续表

职 务	姓 名	任 职 时 间
财务部部长	赵文谦	1995.10～1998.12
	赵建雄	1998.12～2006.10
	吴德涛	2008.5～
人力资源部部长	王自成	1997.7～2001.4
	王 猛	2002.8～2003.6
	李爱民	2003.9～2005.5
	刘根乐	2005.11～2008.4
	康海东	2008.4～
政治工作部部长	王 猛	1998.12～2002.8
	李 斌	2002.8～2007.5
	闫文毅	2007.11～
设备部党支部书记	张胜利	1997.7～2007.11
	杨青柏	2007.11～
发电部党支部书记	郭亚斌	2001.4～2003.6
	兰 瑜	2003.6～2007.10
	方志和	2007.11～2008.4
	郝云飞	2008.4～
云发公司党支部书记	李 斌	1998.12～2001.3
	兰 瑜	2001.4～2003.6
	王 猛	2003.6～2005.3
	贾肇民	2005.5～
质监站常务副站长	郭景晗	1998.12～2007.11
安全监察部部长	郝建军	2002.9～2004.1
	赵光辉	2004.4～2004.10
	杨青柏	2004.12～2006.5
	牛通彪	2006.9～
扩建工程处计划供应科科长	尤海君	2001.11～2004.6
	马长城	2004.7～2006.8
扩建工程处工程科科长	郭瑞先	2001.11～2006.11
扩建工程处综合科科长	陈 颖	2001.11～2005.5
燃料管理部部长	康海东	2006.9～2008.4
	方志和	2008.4～

职　务	姓　名	任　职　时　间
高铝粉煤灰负责人	高士富	2004.10～2007.9
云发有限责任总公司总经理	张　浩	1997.7～2002.3
云发实业有限公司总经理	李俊岐	1998.12～2004.5
云发公司董事长	李俊岐	2004.6～2006.7
云发公司董事长兼总经理	李俊岐	2006.7～
云发实业有限公司副总经理兼商贸公司经理	李朗红	1998.12～2001.5
云发实业有限公司副总经理兼建安公司经理	郭三虎	1998.12～2001.5
托克托电力云发有限责任公司第一任副总经理	兰　瑜	2001.5～2003.4

三、其他中层干部（以姓氏笔画为序）

于洪涛　于海洋　王子强　王有忠　王金宇　王金海　王治东　王维军
王　辉　王智杰　方　亮　石建东　卢存河　史艳秋　包海林　乔　力
刘加深　刘　军　刘晓汉　闫红雄　江志文　许云飞　寿瑞刚　杜　华
杨国春　杨　凯　李文才　李文彬　李兴旺　李建强　李彦良　李振川
李智军　张广宁　张天宇　张成锐　张金良　张泽亮　张春玉　张爱军
张新瑞　陈立伟　陈利民　范振国　尚　雄　昌洪深　周　飙　赵志清
赵树峰　郝云飞　段向兵　侯永新　姚洪伟　徐向阳　高岩松　高学峰
高俊山　郭争气　郭春源　郭善柱　陶鸿昌　黄志鹤　曹永林　曹志刚
葛海滨　董贵林　董姝琳　韩志胜　韩国宏　谢茂生　雷增顺　裴　林
薛福林　霍金明

四、职称（按晋升时间先后为序）

（一）高级职称

1. 教授级高级工程师

1993 年　梁殿臣

2. 高级工程师

1988 年　梁殿臣

1989 年　杨国春

1992 年　郭殿奎　王海晨

1993 年　郭景晗　　张胜利

1995 年　应学军　　李朗红　　王振彪

1997 年　刘福阁　　胥成增　　康　波

1998 年　郭　勇　　卜保生　　杨青柏　　郭瑞先

1999 年　赵树峰　　尚怀伟

2000 年　刘　阳　　门景龙　　韩子勇

2001 年　李文才　　张广宁　　胡春涛　　张新瑞　　郭争气　　程　刚
　　　　　刘福坤　　高学峰　　史永文　　张靖伟

2002 年　郭亚斌　　董贵林　　冯文革　　于海东　　张成锐　　沈钦峰
　　　　　李彦良　　王　芳　　裴　林　　张卫宝　　李日龙　　郝应恒

2003 年　胡延青　　郭包生　　井涌泉

2004 年　李兴旺　　付　强　　潘　惠　　乔　利　　王　军　　杨丰利
　　　　　魏宝和　　康海东　　王子强　　王　辉　　黄治军

2005 年　刘　斌　　王维军　　张靖峰　　石建东　　曹志刚

2006 年　韩志胜　　侯穆峰　　徐向阳　　董姝琳　　方志和　　李宇飞

3. 高级会计师

1993 年　张　浩

1994 年　赵建雄　　兰　瑜

1998 年　陈　颖

2002 年　刘蕴德　　丁文光

2003 年　吴德涛

2004 年　刘志勇　　史艳秋　　呼秀兰

4. 高级政工师

1994 年　王　猛

1996 年　王自成

2003 年　李　斌

5. 高级经济师

1991 年　朱平立

1994 年　吴耀勋　　巴大智

1995 年　李文祚

1999 年　周　军

2000 年　李国瑾

2002 年　田金平　　李爱民　　张　望

2003 年　王　猛　　陈利民

2005 年　刘根乐

（二）中级职称

1. 工程师

1988 年　李俊岐

1989 年　郭三虎

1990 年　李建强

1993 年　孟建国

1994 年	孟秉贵	李东旭	高志毅	张建军	侯永新	赵志清
1995 年	赵润宽	高士富	赵计平			
1996 年	冯树礼	高怀中	于海洋			
1997 年	吕彦	王彦刚	张保顺	高岩松		
1998 年	牛通彪	刘大伟	闫红雄	王有忠	陶鸿昌	吴斌
	任渺	贾志兵	郝建军	刘健全	薛福林	
1999 年	李金祥	郎建全	田树旺	刘云山	尤海君	董立军
2000 年	郭骥骏	赵有	王金宇	李建成	高俊山	潘光平
	宋莹					
2001 年	刘晓汉	王金海	卢存河	毕烨伟	赵峰	段向兵
	李瑞山	景义	刘加深	宁宪龙	卢立宇	王美芳
2002 年	乔力	菅林盛	元怀全	王悦	勾德智	周潮涌
	徐怀斌	方亮	霍金明	杨德荣	张英贤	郭善柱
	白占桥	寿瑞刚	张强	郝应恒	张登宝	罗朝宇
	赵光辉	徐春	邢凌燕	梁晓华		
2003 年	白宇	黄群	夏海涛	聂鑫	江志文	李小军
	李建辉	韩志成	姚洪伟	包锋	苑敬桃	杨立君
	王智杰	黄志荣	王俊	李晓华	梁楷楹	周飙
2004 年	杜春玲	陈立伟	包海林	赵志刚	王艳军	葛海滨
	郝云飞	刘军	张金良	李国清	刘尚伟	郭旭辉
	杜华	张泽亮	崔博	柳玉水		
2005 年	杜玉蕾	张瑞芬	秦毅	王凯民	尚雄	时红
	刘淑影	张爱军	周飙	李智军		
2006 年	王东星	程云	蔡斌	王占领	张贵生	程晖
	高翔	董焕宇	李建华	郭春源	刘志英	彭鹏程
	台哲学	郭建华	彭铁英	修波	石建东	赵建国
	裴玉东					

2. 工人技师

2003 年　侯春生

2004 年　曲立群

3. 翻译

1990 年　李智强

1994 年　阿尼斯

4. 会计师

1997 年　黄志鹤

1998 年　张卫平　佟嘉正

2000 年　刘　鹏

2004 年　朱喜峰

2005 年　谢茂生

5. 经济师

1994 年　刘　波

1997 年　张　军　杨灵生

1999 年　李振川　赵子昂　班　亮

2000 年　侯蒙原　马长城

2001 年　肖敏文

2002 年　黄莉丽

2006 年　王新艳　郑锦艳

6. 物流师

2006 年　朱晓光

7. 政工师

1994 年　贾肇民

2004 年　闫文毅

2005 年　李文彬

荣　誉　录

荣 誉 录

　　1995～2006 年期间，托电公司及其所属部门，获得国家级集体荣誉 2 个，省、部、级集体荣誉 39 个、市级集体荣誉 17 个，大唐集团公司级集体荣誉 26 个，大唐国际级集体荣誉 39 个、县级集体荣誉 4 个、托电公司级集体荣誉 71 个。托电公司干部、职工获得自治区级个人荣誉 21 人次，市级个人荣誉 5 人次，集团公司级个人荣誉 27 人次、大唐国际公司级个人荣誉 66 人次、县级个人荣誉 2 人次、公司级个人荣誉 360 人次。以获奖时间为序记录如下。

一、荣获上级及地方各种荣誉奖励

（一）先进集体

1. 国家级

获奖单位	荣誉称号	授予单位	授奖时间
托电公司	全国民族团结进步模范集体	国务院	2005.5
托电公司	全国五一劳动奖状	中华全国总工会	2006.5

2. 省部级

获奖单位	荣誉称号	授予单位	授奖时间
托电公司	呼和浩特首届国际电力工作暨新能源展览会优秀参展单位	内蒙古自治区经济贸易委员会	2001.5
托电公司	准能杯为全面建设小康社会建功立业职工演讲比赛优秀组织奖	内蒙古自治区总工会直属企事业工会	2003.7
托电公司	文明单位	内蒙古自治区精神文明建设委员会	2003.9
托电公司	自治区道德建设先进集体	内蒙古自治区精神文明建设委员会	2003.9
托电公司	《工会法》、《劳动法》及相关配套法律法规知识竞赛优秀组织奖	内蒙古自治区总工会直属企事业工会	2004.1
托电公司团委	先进团组织	共青团内蒙古直属机关工委	2004.4

续表

获奖单位	荣誉称号	授予单位	授奖时间
托电公司	2003 年"安康杯"先进单位	内蒙古自治区工会直属企事业工会	2004.6
托电公司	书法绘画及摄影展特别组织奖	中共内蒙古自治区直属机关工委宣传部、工会工作委员会	2004.6
托电公司工会	2003 年度模范职工之家	内蒙古自治区总工会直属企事业工会	2004.6
托电公司工会	先进职工之家	内蒙古自治区总工会直属企事业工会	2004.6
托电公司	地方税收纳税大户	内蒙古自治区地方税务局	2004.10
托电公司	2003 年自治区工业重点项目突出贡献奖	内蒙古自治区人民政府	2004.12
托电公司双 37 炮 2 营 1 连	先进基层建设单位	内蒙古陆军预备役步兵第三十师高炮团	2004.12
托电公司	2004 年度自治区重大项目建设成绩突出奖	内蒙古自治区人民政府	2005.3
托电公司	黄河上中游取水许可管理先进集体	黄河中上游管理局	2005.4
托电公司	一期工程为 2005 年度中国电力优质工程	中国电力建设企业协会	2005.6
托电公司	2004～2005 年度内蒙古自治区文明单位标兵	内蒙古自治区人民政府内蒙古军区	2005.8
托电公司	十佳诚信企业	内蒙古自治区精神文明建设委员会	2005.8
托电公司	2004 年度全国企业信息工作先进单位	中国企业联合会信息工作委员会	2005.8
托电公司	火力发电厂膜法处理循环水排污水工程三等奖	内蒙古自治区人民政府	2005.10
托电公司	文明单位标兵	内蒙古自治区人民政府	2005.10
托电公司	2005 年中国电力优质工程银奖	中国电力建设企业协会	2006.1

获奖单位	荣誉称号	授予单位	授奖时间
托电公司热控团支部	先进团组织	共青团内蒙古自治区直属机关工委	2006.4
托电公司团委	"五四"红旗团委	共青团内蒙古自治区直属机关工委	2006.4
托电公司	2005年度十佳诚信企业	内蒙古自治区精神文明建设委员会	2006.4
托电公司设备部热控室	青年文明号	共青团内蒙古自治区直属机关工委	2006.4
托电公司发电部	青年文明号	共青团内蒙古自治区直属机关工委	2006.4
托电公司	一期机组工程荣获2005年度国家优质工程	国家工程建设质量奖审定委员会	2006.6
托电公司	2005年度全国企业信息工作先进集体	中国企业联合会中国企业信息交流中心	2006.10
托电公司	全区职工经济技术创新工程	内蒙古自治区职工经济技术创新工程活动领导小组	2006.11
托电公司工会	全区工会干部教育培训工作先进集体	内蒙古自治区总工会	2006.12
托电公司	全区"安康杯"竞赛优胜企业	内蒙古自治区总工会	2006.12
托电公司	2006年度十大最具社会责任感企业	中企电联企业文化发展中心、中国企业竞争促进会	2006.12
托电公司	2006年度5号机组荣获全国火电大机组(600MW级)竞赛二等奖	中国能源化学工会全国委员会、全国发电机组技术协作会	2006
托电公司	2006年度"安康杯"竞赛优胜企业	内蒙古自治区总工会	2007.3
托电公司设备部热控室	青年文明号	共青团内蒙古自治区委员会	2007.4
托电公司	2006年度全国发电可靠性金牌机组	国家电力监管委员会	2007.5
托电公司	2006年度电力信息化标杆企业	中国企业联合会	2007.6

获奖单位	荣誉称号	授予单位	授奖时间
托电公司工会	模范职工之家	内蒙古自治区总工会	2007.9
托电公司	2006 年度优秀企业	内蒙古自治区企业联合会	2007.10

3. 市级

获奖单位	荣誉称号	授予单位	授奖时间
托电公司	呼和浩特第二届昭君文化节先进集体	中共呼和浩特市委呼和浩特人民政府	2002.1
托电公司	环境教育基地	呼和浩特市环境保护局	2003.12
托电公司	2003 年度呼市工业经济发展做出贡献企业	呼和浩特市人民政府	2004.2
托电公司	2004 年度国内招商引资贡献奖	呼和浩特市人民政府	2005.2
托电公司	2004 年纳税突出贡献奖	呼和浩特市地方税务局	2005.2
托电公司	2004 年度安全生产工作先进集体	呼和浩特市人民政府	2005.2
托电公司	2004 年度工业经济工作特别贡献奖	呼和浩特市人民政府	2005.5
托电公司	2004 年度固定资产投资价格统计报表先进工作单位	呼和浩特市城市社会经济调查队	2005.6
托电公司	第五届昭君文化节先进集体	中共呼和浩特市委、市政府	2005.6
托电公司	纳税信誉等级 A 级	呼和浩特市国家税务局	2005.9
托电公司	2003 年度固定资产投资十佳企业	中共呼和浩特市委员会呼和浩特市人民政府	2006.3
托电公司	2005 年度纳税十佳企业	中共呼和浩特市委员会呼和浩特市人民政府	2006.3
托电公司	爱国卫生达标先进单位	呼市爱国卫生运动委员会	2006.3
托电公司	2006 年度诚信纳税企业	呼和浩特市地方税务局	2007.1
托电公司	2006 年度纳税十佳企业	呼和浩特市市政府	2007.3
托电公司	企业文化建设先进单位	中共呼和浩特市委宣传部	2007.4
托电公司工会	自治区工会直属企事业工会先进集体	自治区工会直属企事业工会	2007.5

4. 集团公司级

获奖单位	荣誉称号	授予单位	授奖时间
托电公司	全国15家在建大型火电工程安装文明施工现场评比第一	华北电力集团公司	2001.6
托电公司	2003年度先进单位	中国大唐集团公司	2004.1
托电公司发电部	2004年度迎峰度夏先进单位	中国大唐集团公司	2004.9
托电公司	300兆瓦火电机组集控运行技能大赛团体二等奖	中国大唐集团公司	2004.12
托电公司	2004年度先进单位	中国大唐集团公司	2005.1
托电公司	2004年度文明单位	中国大唐集团公司	2005.1
托电公司	2004年工程建设先进单位	中国大唐集团公司	2005.1
托电公司	达标投产机组	中国大唐集团公司	2005.1
托电公司	安全文明施工样板工地	中国大唐集团公司	2005.1
托电公司工程扩建处	2004年度工程建设先进集体	中国大唐集团公司	2005.1
托电公司	1号、2号机组达标投产机组	中国大唐集团公司	2005.1
托电公司	三期工程安全文明施工样板工地	中国大唐集团公司	2005.1
托电公司	6号机组2005年度试运油耗一流指标称号	中国大唐集团公司	2005.1
托电公司	二期工程2005年度单位造价一流指标称号	中国大唐集团公司	2005.1
托电公司	二期工程3号、4号机组被评为中国大唐集团公司达标投产机组	中国大唐集团公司	2005.5
托电公司	先进基层	中国大唐集团公司	2005.5
托电公司	中国大唐集团公司"四五"普法先进企业	中国大唐集团公司	2005.7
托电公司	4号机组2005年度考核期连续运行时间一流指标称号	中国大唐集团公司	2006.1
托电公司	二期工程2005年度单位造价一流指标	中国大唐集团公司	2006.1
托电公司	6号机组2005年度试运油耗一流指标	中国大唐集团公司	2006.1

续表

获奖单位	荣誉称号	授予单位	授奖时间
托电公司	2005 年度工程建设先进单位	中国大唐集团公司	2006.2
托电公司	二期工程增设烟气调质装置荣获 2005 年度青年创新创效活动优秀成果奖	中国大唐集团公司	2006.4
托电公司	2003～2006 年度中国大唐集团公司投资管理先进单位	中国大唐集团公司	2006.9
托电公司	2003～2006 年度工程建设技经工作先进单位	中国大唐集团公司	2006.10
托电公司锅炉点检	青年创新创效优秀成果奖	中国大唐集团公司	2006.10
托电公司	2006 年度工程建设先进单位	中国大唐集团公司	2007.1

5. 大唐国际级

获奖单位	荣誉称号	授予单位	授奖时间
托电公司	第二届大唐杯职工乒乓球联赛体育道德风尚奖	北京大唐发电股份有限公司	2000.6
托电公司设备党支部	2001 年度先进党支部	中共北京大唐发电股份有限公司党组	2001.7
托电公司企业策划部	2001 年度大唐国际"爱祖国爱大唐"先进集体	中共北京大唐发电股份有限公司党组	2002.1
托电公司	50 万元以上工程项目设备招投标效能监察优秀成果奖	北京大唐发电股份有限公司	2002.1
托电公司	设备招投标荣获 2002 年度效能监察项目优秀成果二等奖	北京大唐发电股份有限公司	2002.11
托电公司党委	2000 年度党建达标党委	中共北京大唐发电股份有限公司党组	2003.2
托电公司设备部	2002 年大唐国际"爱祖国爱大唐"先进集体	北京大唐发电股份有限公司	2003.4
托电公司党委	党建达标党委	北京大唐发电股份有限公司	2003.4
托电公司	2002 年度设备招投标效能监察优秀成果二等奖	北京大唐发电股份有限公司	2003.4
托电公司工会	合格职工之家	北京大唐发电股份有限公司	2003.4

获奖单位	荣誉称号	授予单位	授奖时间
托电公司	第三届争创杯羽毛球男子团体季军	北京大唐发电股份有限公司	2003.8
托电公司	双文明单位	北京大唐发电股份有限公司	2003.11
托电公司	2003年度双文明单位	北京大唐发电股份有限公司	2004.2
托电公司发电部	2003年度大唐国际"爱祖国爱大唐"先进集体	北京大唐发电股份有限公司	2004.2
托电公司设备部热控室	2003年度大唐国际"爱祖国爱大唐"先进集体	北京大唐发电股份有限公司	2004.2
托电公司	2003年度小窑煤管理效能监察项目优秀成果奖	中共北京大唐发电股份有限公司党组	2004.2
托电公司工会	2003年度模范职工之家	中共大唐国际发电股份有限公司党组	2004.2
托电公司	2003年度"保安全 增效益 促发展"劳动竞赛先进集体	华北电力工委大唐国际发电股份有限公司分工委	2004.4
托电公司运行五值	2003年度"保安全 增效益 促发展"劳动竞赛先进集体	华北电力工委大唐国际发电股份有限公司分工委	2004.4
托电公司党委	先进基层党委	中共大唐国际发电股份有限公司党组	2004.6
托电公司发电党支部	先进基层党支部	中共大唐国际发电股份有限公司党组	2004.6
托电公司党委	2004年度荣获先进基层党委称号	中共北京大唐国际发电股份有限公司党组	2004.6
托电公司	小窑煤管理效能监察优秀成果奖	中共大唐国际发电股份有限公司党组纪检组	2005.2
托电公司	大宗物资采购效能监察成果奖	大唐国际发电股份有限公司党组纪检组	2005.2
托电公司	2004年度文明单位	大唐国际发电股份有限公司	2005.2
托电公司党委	2004年度党建达标先进党委	中共大唐国际发电股份有限公司党组	2005.2
托电公司	火电机组运行事故处理技能比赛60万千瓦等级团队第二名	大唐国际发电股份有限公司	2005.11

续表

获奖单位	荣誉称号	授予单位	授奖时间
托电公司设备部热控室	2004 年度"爱祖国 爱大唐"先进集体	大唐国际发电股份有限公司	2005
托电公司	2005 年度物资采购效能监察优秀成果奖	大唐国际发电有限公司党组纪检组	2006.2
托电公司设备部电气室	2005 年度劳动竞赛先进集体	大唐国际发电有限公司	2006.4
托电公司	2005 年度燃料管理效能监察优秀成果奖	中共大唐国际发电股份有限公司党组纪检组	2006.6
托电公司	2006 年度大唐国际生产物资管理先进单位	大唐国际发电股份有限公司	2007.2
托电公司发电部运行一值	2006 年度大唐国际先进集体	大唐国际发电股份有限公司	2007.2
托电公司工会	2006 年度先进职工之家	大唐国际发电股份有限公司分工委	2007.3
托电公司纪检委员会	2006 年度纪检监察工作先进集体	中共大唐国际发电股份有限公司党组纪检组	2007.3
托电公司	2006 年燃煤效能监察优秀成果奖	大唐国际发电股份有限公司	2007.3
托电公司发电部运行一值	2006 年度大唐国际"保安全增效益 促发展"劳动竞赛先进集体	大唐国际发电股份有限公司	2007.4
托电公司	2006 年度大唐国际"保安全增效益 促发展"劳动竞赛和合理化建议优秀组织单位	大唐国际发电股份有限公司	2007.4

6. 县级

获奖单位	荣誉称号	授予单位	授奖时间
托电公司	2003 年度人口与计划生育目标管理优秀奖	内蒙古自治区呼和浩特市赛罕区人民路街道工委办事处	2004.3
托电公司	民族团结进步先进集体	中共托克托县委员会托克托县人民政府	2005.5
托电公司	第十一次民族团结进步表彰大会先进集体	托克托县人民政府	2005.10
托电公司	2005 年财政收入贡献奖	中共托克托县委员会托克托县人民政府	2006.7

（二）先进个人

1. 自治区级

获奖人	荣誉称号	授予单位	授奖时间
郭殿奎	优秀共产党员	中共内蒙古自治区电业管理局 机关委员会	1996.7
吕义生			
贾肇民			
侯存元			
于海洋	安康杯竞赛先进个人	内蒙古自治区直属企事业工会	2004.4
应学军	十大外来企业青年英才	共青团内蒙古自治区委员会	2005.7
郝建军	内蒙古自治区劳动模范	内蒙古自治区总工会	2005.5
康海东	创建学习型组织 争做知识型职工	内蒙古自治区创争活动 领导小组	2005.8
梁楷楹	火力发电厂膜法处理循环水 排污水工程三等奖	内蒙古自治区人民政府	2005.10
郭殿奎	2006 年度自治区直属 机关工委青年贴心人	中共内蒙古自治区直属机关工委	2006.4
李文彬	优秀团干部	共青团内蒙古自治区 直属机关工委	2006.4
邵凤华			
沙素侠	有为青年		
李大明	优秀团员		
杜　娜			
李　斌	自治区优秀共产党员	中共内蒙古自治区委员会	2006.6
郭春源	中央企业技术能手	国务院国资委	2006.9
台哲学			
曹锦利			
郭殿奎	2006 年中国杰出 创新型职业经理人	中国国际职业经理人协会	2007.1
郭殿奎	全区民族团结 先进个人	中共内蒙古自治区委员会 内蒙古自治区人民政府	2007.8

2. 市级

获奖人	荣誉称号	授予单位	授奖时间
朱平立	全市经济发展做出 贡献奖的企业家	中共呼和浩特市委办公厅	2004.2
李文祚			
李　斌	首届草原文化节呼和浩特 第五届昭君文化节 先进个人	中共呼和浩特市委员会	2005.6

续表

获奖人	荣誉称号	授予单位	授奖时间
王 猛	企业文化建设先进个人	中共呼和浩特市委宣传部	2007.4
应学军	青年"五四"奖章	呼和浩特市团委	2007.5

3. 集团公司级

获奖人	荣誉称号	授予单位	授奖时间
郭争气	2003 年度基建安全生产先进个人	中国大唐集团公司	2004.9
台哲学	30 万千瓦集控运行 技术竞赛团体第二名	中国大唐集团公司	2004.12
高俊山			
郭春源			
卜保生	2004 年度工程建设先进个人	中国大唐集团公司	2005.1
胡春涛			2005.2
陈立伟			
石建东			
陈 颖	前期工作先进个人	中国大唐集团公司	2005.2
李 斌	2005 年度优秀共产党员	中国大唐集团公司	2005.12
应学军	"112" 人才管理 A 级人才	中国大唐集团公司	2006
郭殿奎	2006 年度优秀思想政治工作者	中共中国大唐集团公司党组	2006.2
康海东	2005 年度先进工作者	中国大唐集团公司	2006.2
王 猛	纪检监察先进工作者	中国大唐集团公司	2006.2
赵志刚	2005 年度安全生产先进个人	中国大唐集团公司	2006.2
杜春玲	2005 年度教育培训与人才 评价工作先进工作者	中国大唐集团公司	2006.3
王 猛	2005 年度优秀工会工作者	华北电网工委	2006.3
卜保生	2005 年度前期工作先进个人	中国大唐集团公司	2006.3
王 猛	纪检监察先进个人	中国大唐集团公司	2006.4
郭春源	青年岗位能手	中国大唐集团公司	2006.9
昌洪深	2003～2006 年度工程建设 技经工作先进个人	中国大唐集团公司	2006.9
陈立伟	2006 年度安全生产 先进个人	中国大唐集团公司	2006.12
张天宇		中国大唐集团公司	2006.12
罗雅峰		中国大唐集团公司	2006.12

获奖人	荣誉称号	授予单位	授奖时间
郭善柱 乔 利	2006 年度工程建设 先进个人	中国大唐集团公司	2007.1
郭殿奎	优秀思想政治工作者	中国大唐集团公司	2007.3

4. 大唐国际级

获奖人	荣誉称号	授予单位	授奖时间
范振国	2000 年"爱祖国　爱大唐" 先进工作者	北京大唐发电股份有限公司	2001
李爱民	2000 年毕业生接收 先进个人	北京大唐发电股份有限公司	2001
刘根乐	2001 年"爱祖国　爱大唐" 先进个人	北京大唐发电股份有限公司	2002.1
王自成 贾肇民	纪检监察先进工作者	北京大唐发电股份有限公司	2002.1
郭亚斌	2002 年"爱祖国　爱大唐" 先进工作者	北京大唐发电股份有限公司	2003.4
贾肇民	纪检监察先进工作者	北京大唐发电股份有限公司	2003.4
牛通彪 刘根乐	2002~2003 年度优秀共产党员	中共北京大唐发电股份有限 公司党组	2003.6
胡春涛	2003 年度"爱祖国　爱大唐" 先进工作者	北京大唐发电股份有限公司	2004.2
贾肇民	2003 年度纪检监察 先进工作者	中共大唐国际发电股份有限 公司党组	2004.2
王自成	2003 年优秀工会主席		
朱平立 李文祚	2003 年度优秀职工之友		
包海林 韩国宏 秦俊杰	2003 年度"保安全　增 效益　促发展"劳动竞赛 先进个人	华北电力工委大唐国际发电 股份有限公司分工委	2004.4
郝云飞	优秀共产党员	中共大唐国际发电股份有限 公司党组	2004.6
张胜利	优秀党务工作者	中共大唐国际发电股份有限 公司党组	2004.6

续表

获奖人	荣誉称号	授予单位	授奖时间
霍金明			
李建辉			
高俊山			
王艳军			
毕烨伟	2004 年度安全生产 立功个人	大唐国际发电股份有限公司	2005.3
勾德智			
王 辉			
陈立伟			
郝建军			
康海东	"保安全 增效益 促发展" 劳动竞赛先进个人	大唐国际发电股份有限公司	2005.3
曳前进			
沈钦峰	2004 年度"爱祖国 爱大唐" 先进工作者	大唐国际发电股份有限公司	2005.3
郭春源	火电机组运行事故处理 技能比赛 60 万千瓦等级 全能值班员比赛第二名	大唐国际发电股份有限公司	2005.11
陆炳荣			
郭殿奎	2005 年度大唐国际 优秀党员	中共大唐国际发电股份有限公司党组	2006.1
赵志刚			
姚宏伟			
郭争气			
张天宇	2005 年度安全生产 立功个人	大唐国际发电股份有限公司	2006.3
赵 峰			
董银怀			
奚 岩			
周亚强			
杨 凯	2005 年度大唐国际 劳动竞赛先进个人	大唐国际发电股份有限公司	2006.4
王维军			
闫文毅	2005 年度大唐国际 纪检监察先进个人	大唐国际发电股份有限公司	2006.5
张敬鑫	托电全力拒绝劣质煤 被评为"张电杯"我与 节约征文三等奖	大唐文化报社	2006.5

续表

获奖人	荣誉称号	授予单位	授奖时间
王文志	"托电夜色"被评为"盘电杯"摄影大赛二等奖	大唐文化报社	2006.5
杜 娜	演讲比赛二等奖	大唐国际发电股份有限公司	2006. 8
刘根乐 康海东	2006 年度"爱祖国 爱大唐"先进工作者	大唐国际发电股份有限公司	2007.2
陈利民	2006 年度大唐国际生产物资先进工作者	大唐国际发电股份有限公司	2007.2
张天宇 罗雅峰	2006 年度安全生产先进个人	大唐国际发电股份有限公司	2007.3
张 伟 闫红雄	2006 年项目部安全生产立功人员	大唐国际发电股份有限公司	2007.3
田俊文 邵凤华 梁 凯 刘冰洲	2006 年电气倒闸操作无差错立功人员	大唐国际发电股份有限公司	2007.3
闫文毅	纪检监察先进工作者	大唐国际发电股份有限公司	2007.3
葛海滨 王艳军 江志文 顾永才	2006 年度"保安全 增效益 促发展"优秀合理化建议	大唐国际发电股份有限公司	2007.4
赵 峰	2006 年度"保安全 增效益 促发展"先进个人	大唐国际发电股份有限公司	2007.5
刘根乐	2006~2007 年度优秀共产党员	中共大唐国际发电股份有限公司党组	2007.6

5. 县级

获奖人	荣誉称号	授予单位	授奖时间
李文祚	全县第九次民族团结进步表彰大会先进个人	中共托克托县委员会 托克托县人民政府	2001.9
陈立伟	2005 年度安全生产先进个人	托克托县人民政府	2006.3

二、本公司先进名单

（一）先进集体

1994 年

综合管理部

1995 年

办公室　工程技术部

1996 年

办公室　综合管理部

1997 年

工程部　计划部

1998 年

物资部　工程部　人事部　计划部

1999 年

计划部　工程部　政工部

2000 年

工程部　物资部　政工部

2001 年

企划部　政工部　发电部　云发公司车队　云发公司文化中心

2002 年

发电部　计划供应部　扩建工程处　工程设备部　发电部化学
发电部集控运行一值　工程设备部热控室

2003 年

发电部　扩建工程处　设备部　政工部　发电部集控运行一值
发电部集控运行五值　工程设备部电气室

2004 年

设备部　扩建处　发电部　政工部　发电部集控运行一值
发电部集控运行二值　设备部热控室　设备部汽机点检
设备部电气点检

2005 年

发电部　政治工作部　工程处　财务部　发电部集控三值
设备部热控室　发电部运行一值一单元
发电部运行二值一单元　发电部运行四值二单元
发电部运行五值一单元　设备部继保室网控班
设备部锅炉专业本体组

2006 年

人力资源部　政治工作部　扩建工程处　总经理工作部
发电部运行一值　设备部继保室　设备部电气点检专业
云发公司供水　长山项目部燃料队　发电部运行二值一单元
发电部运行四值一单元　设备部热控室炉控班
设备部热控室机控班　云发公司运输服务分公司大客车班

（二）先进个人

1994 年

李英伟　高志毅　高岩松　佟嘉正　佟德智　于和智　李志强

1995 年

于和智　云志强　刘德起　张胜利　李智强　昌洪深　侯存元
徐祖国　班　亮

1996 年

郭殿奎　陈云生　吕义生　李英伟　高志毅　高乃亮　李智强
于和智　陈　颖　班　亮　沈明霞　刘德起　高岩松　侯存元
刘根乐　史建功　呼　钦　李　斌

1997 年

卜保生　侯永新　郝益民　郭亚斌　郭三虎　刘福坤　郭争气
巴大智　兰　瑜　马长城　刘根乐　贾肇民　雷增顺　赵子昂
汪　鑫　徐祖国　赵润宽

1998 年

卜保生　侯永新　刘福坤　郝建军　胡春涛　郭瑞先　巴大智
昌洪深　佟嘉正　李朗红　张　望　班　亮　王自成　田金平
王　猛　郭亚斌　王有忠　郭三虎　毕思范　佟德智

1999 年

巴大智　赵志清　卜保生　侯永新　郝建军　胡春涛　佟嘉正
尤海君　李爱民　赵子昂　张新瑞　闫红雄　李小军　韩子涌
王　猛　贾肇民　刘　鹏　毕思范　刘瑞斌

2000 年

范振国　魏保和　郝建军　卜保生　侯永新　赵志清　史艳秋
陈利民　李朗红　刘根乐　班　亮　李小军　牛通彪　沈钦峰
郭景晗　郭　勇　王　猛　贾肇民　刘　鹏　徐祖国　常胜利
庞利新

2001 年

胡春涛	高学峰	刘晓汉	刘根乐	张　望	田金平	李国瑾
雷增顺	张靖炜	吴德涛	郭景晗	郭　勇	李俊岐	贾肇民
郭亚斌	沈钦峰	牛通彪	李小军	杜春玲	庞利新	曹召林

2002 年

郭亚斌	郝云飞	方志和	曹志刚	韩国宏	韩志胜	张靖峰
沈钦峰	王　芳	张新锐	赵建雄	杨灵生	李　斌	李朗红
刘根乐	昌洪深	胡春涛	王子强	李文才	史永文	李兴旺
胡延清	郭　勇	郭瑞先	尤海君	郭争气	韩子涌	兰　瑜
刘晓汉						

2003 年

郭亚斌	韩志成	刘　军	李小军	段向兵	霍金明	韩国宏
方志和	沈钦峰	时　红	顾永才	董贵林	杨　凯	黄莉丽
薛福林	胡春涛	杨青柏	张成锐	于海东	李海峰	刘淑影
徐向阳	王维军	张晓光	郭瑞先	尤海君	郭善柱	陈　颖
董姝琳	李　斌	贾肇民	赵光辉	郭景晗	刘婷婷	赵建雄
李俊岐						

2004 年

沈钦峰	吴　鹏	韩志胜	尚志强	李建成	杨立君	王　俊
张英贤	江志文	曹锦利	方　亮	王治东	段向兵	王云刚
姚宏伟	邸少华	陈利民	刘　阳	李建强	沙素霞	王子强
张雁军	韦　慧	杨怀旺	仲维辉	胡延青	陈　磊	程　晖
尤海君	石建东	高怀中	梁晓华	郑锦华	李　斌	贾肇民
陈立伟	郭景晗	张新瑞	谢茂生	张卫保	闫红雄	

2005 年

沈钦峰	吴　鹏	刘宇菲	郭共义	方　亮	苑敬桃	董延平
韩志成	刘大伟	黄志荣	尚　雄	王智杰	冯永宁	张金良
彭鹏程	李建成	李小军	王　芳	韩国宏	姚宏伟	张雪飞
荣莲杰	邵凤华	于海洋	秦俊杰	王占领	王正猛	王时雨
宋　坤	李占江	仲维辉	康海东	王艳军	王金海	王　鹏
卢立宇	曹　海	李　斌	赵建雄	刘根乐	谢茂生	李文彬
黄莉丽	李海燕	朱晓光	郭瑞先	曳前进	李　彬	于洪涛
梁晓华	王文占	黄志鹤				

2006 年

| 王治东 | 张金良 | 李建辉 | 田俊文 | 李建廷 | 易卫国 | 张晓静 |

刘志英	密国栋	奚　岩	王月河	李国青	董延平	郭洪义
尚志强	周金龙	牛有龙	刘佃臣	侯穆峰	李智军	马　辉
夏海涛	李　盛	王彦刚	宋　莹	王　锐	胡瑞清	秦　毅
张贵生	赵永岐	蔡　斌	王春田	秦俊杰	杨海龙	白占桥
陈立伟	梁楷盥	刘根乐	李　斌	赵子昂	王东星	徐元元
白　宇	朱晓光	王瑞彬	郭善柱	井涌泉	杨国春	张春玉
李俊岐	陈亚惠	汪　鑫	王子静	毕思范	闫　成	李素英
高　葳	田志霞	张建兵	李先军	杨凤兰	李海霞	吴改锋
任爱农	唐凤华	韩　磊	葛云峰	王小红	白世银	张　锐
孟建华	李春杰	苏晓丽	杜　娜			

附　　录

附　录

一、重 要 文 件 辑 存

内蒙古自治区电力总公司文件

内电劳 ［1993］ 258 号

关于成立托克托发电厂筹备处的通知

直属各单位：

经电力公司总经理会议研究决定，成立托克托发电厂筹备处，现将有关事项通知如下：

一、托克托发电厂筹备处暂定定员 15 人，根据工作情况逐步到位。

二、托克托发电厂筹备处主要负责人定为 19 岗级。

三、为适应内蒙古电力发展需要，托克托发电厂筹备处成立后，要尽快运作，抓紧做好电厂的前期工作、各项设计和筹备工作，力争早日开工，为"95112"工程作出贡献。

四、托克托发电厂筹备处地址设在：呼和浩特市托克托县。

内蒙古自治区电力总公司

一九九三年十二月二十二日

电 力 工 业 部 文 件

电计 ［1993］ 345 号

关于内蒙古托克托发电厂新建工程项目建议书的请示

国家计委：

华北电管局以华北电设 ［1993］ 23 号文报来内蒙古托克托电厂新建工程项目建议书，经研究，我部原则同意，具体意见如下：

一、建设的必要性

1992 年底京津唐电网全口径发电装机 1062 万千瓦。发电量 510 亿千瓦时。电网需要的供电负荷为 798 万千瓦，在采取高峰季节减少检修、增加油机发电出力等挖潜措施后电网实际供电能力 720 万千瓦，电力缺口仍高达 78 万千瓦，缺电问题十分突出。

根据华北电管局提出的调整规划，京津唐电网 2000 年需要发电量 1124 亿千瓦时，需要发电装机 2120 万千瓦，累计后 8 年需新增装机 1190 万千瓦。解决京津唐电网的用电问题，一是根据电网运行安全稳定要求受端电网应当有一定容量的电源支持，适当地建设负荷中心电厂；二是在蒙西、山西能源基地建设坑口电站向京津地区送电。托克托发电厂属于后一类型电厂。经勘察设计，水源和煤源充足，建设条件比较优越。为适应京津地区"九五"后期国民经济发展的需要，缓解京津唐电网缺电局面，建设托克托发电厂是必要的。

二、建设规模及设备来源

电厂规划容量 360 万千瓦，本期建设两台 60 万千瓦燃煤发电机组。国家已将本期工程列为 1996 年度世界银行贷款的预选项目，主设备通过国际招标采购。

三、建设条件

1. 厂址：初选的三个厂址均位于托克托县南部靠黄河一侧，不占良田，无动迁，地质条件适于建厂。最终厂址可研阶段根据技术经济条件比较后确定。

2. 燃煤及运输：本期年需燃煤 350 万吨，由准格尔露天煤矿供应。燃煤经准格尔至丰镇铁路转电厂铁路专用线运输到厂，初步确定在丰准线上的王桂窑车站引接。专用线长约 42 公里。已有供煤及运输承诺文件。

3. 供水：取黄河水作为电厂供水水源，本期用水量 1.2 立方米/秒。经有关单位论证，黄河取水技术上是可行的，水量是有保证的。黄河水利委员会已同意供水。

4. 灰场：初选的三个灰场均为荒地，采用分期建设，分块使用的方案，以节省本期投资。关于是采用水力除灰还是干除灰需要可研阶段进一步论证。

5. 环保：本期采用高 240 米烟囱及高效电除尘器。经初步测算，二氧化硫、氮氧化物及粉尘排放量均满足国家标准，废污水经处理达标后排放。内蒙古自治区城乡建设环境保护厅已原则同意本期立项。

6. 接入系统：本期接入系统电压等级及主要配套送变电工程项目在可研阶段落实。

四、投资估算及来源

本期工程按 1992 年价格水平估算总投资 51.5 亿元，其中电厂部分投资 37 亿元，配套送出部分暂估列 14.5 亿元。本期工程已列入世界银行贷款的预选项目，申请世行贷款额度 3.5 亿美元，不足部分由世行负责采用扩大联合融资方式进行筹措。关于国内配套资金（含送电工程投资），建议由国家、内蒙古及受电方共同筹集，具体投资比例另行商定。

五、经营管理

内蒙古电力公司是本项目业主单位，负责工程建设及经营管理，负责国有资产的保值增殖。地方投资比例拥有电厂的产权，分得电力电量；国家投资部分的产权归国家所有，利税按有关规定上缴，所分得的电力电量主要向京津唐电网销售。

中华人民共和国电力工业部

一九九三年

内蒙古自治区城乡建设环境保护厅文件

内建环字〔1993〕第 239 号

关于托克托电厂新建工程立项环境保护审查的意见

自治区电业管理局：

托克托电厂新建工程位于托克托县南部、黄河北岸，该地区大气扩散和灰场建设条件好、环境容量大，水源充足，从环境保护角度看，一期工程 2 × 600MW 电厂建设是可行的，同意立项。立项后要立即开展环境影响评价工作，并在可研阶段完成。

内蒙古自治区城乡建设环境保护厅

环境保护处

一九九三年五月十七日

国家计划委员会文件

计交能〔1994〕1076 号

国家计委关于内蒙古托克托电厂
新建工程项目建议书的批复

电力部：

电力部电计〔1993〕345 号，计规划〔1994〕101 号文均悉。经研究批复

· 479 ·

如下：

一、为配合准格尔大型露天煤矿的开发，就近建设大型坑口电厂，缓解运输压力，同意对内蒙古托克托发电厂新建工程开展可行性研究。

二、电厂规划容量为 360 万千瓦。本期工程规模为两台 60 万千瓦燃煤发电机组，该电厂电力全部送京津唐电网。重点解决北京地区用电。

三、工程所需燃煤 350 万吨/年，由准格尔露天煤矿供应，经丰准铁路运输进厂。

四、本期工程按 1993 年价格初步估算总投资约 67 亿元（含配套送变电工程投资 14.55 亿元），其中含世界银行贷款 4 亿美元，主要用于采购锅炉、汽机、施工机械和热控装置。本项目由华北电力集团公司、内蒙古电力总公司、北京国际电力开发投资公司组成有限责任公司，负责项目的建设、运营及还本付息。上述三方按国家有关规定分别投入注册资本金，其中华北电力集团公司占注册资本的 51％，内蒙古电力总公司和北京国际电力开发投资公司占 49％。资本金以外的工程投资由该有限责任公司筹措解决，其中华北电力集团公司可向国家开发银行申请相应贷款。

本期工程接入系统方案，应随同可行性研究报告一并上报。请按以上原则开展可行性研究，根据国家有关投资、外汇、金融等体制改革的要求落实各项建设条件并可对外开展工作。

中华人民共和国国家计划委员会

一九九四年八月十三日

国家环境保护局文件

环监 [1995] 479 号

关于内蒙古托克托电厂 A 厂新建工程
环境影响报告书审批意见的复函

电力工业部：

你部电计 [1994] 748 号文收悉。经研究，现对内蒙古托克托电厂 A 厂新建工程环境影响报告书（以下简称"报告书"）提出审批意见函复如下：

一、同意你部预审意见，同意托克托电厂 A 厂一期工程利用世界银行贷款在燕山营厂址建设两台 60 万千瓦燃煤机组。报告书结论和提出的污染防治措施可作为开展工程初步设计的依据。

二、同意两台锅炉合用一座高 240 米烟囱，应采用静电除尘器，除尘效率必须大于 99.3％，并采用低氮氧化物燃烧技术和措施。

三、各类生产废水、生活污水均须经处理达到"污水综合排放标准"中一级新扩改标准后排放，以便减少对黄河水质的影响。

四、同意采用高宝什灰场及水力除灰方案，并在初步设计中进一步落实灰场的防漏措施，防止灰水对地下水的污染。

五、要加强管理，采取有效措施，减少施工期对环境带来的影响，应进一步落实粉煤灰综合利用方案。

六、建设单位要严格执行建设项目环境保护管理"三同时"制度，施工期的环境保护管理由内蒙古自治区环境保护局负责。

国家环境保护局

一九九五年八月三十日

中华人民共和国国务院文件

国函〔1998〕5 号

国务院关于酸雨控制区和二氧化硫
污染控制区有关问题的批复

国家环保局：

你局《关于呈报审批酸雨控制区和二氧化硫污染控制区划分方案的请示》（环发〔1997〕634 号）收悉，现批复如下：

一、原则同意《酸雨控制区和二氧化硫污染控制区划分方案》，由你局发布。同意酸雨控制区和二氧化硫污染控制区（以下简称两控区）划定范围。

二、两控区控制目标为：到 2000 年，排放二氧化硫的工业污染源达标排放，并实行二氧化硫排放总量控制；有关直辖市、省会城市、经济特区城市、沿海开放城市及重点旅游城市环境空气二氧化硫浓度达到国家环境质量标准，酸雨控制区酸雨恶化的趋势得到缓解。到 2010 年，二氧化硫排放总量控制在 2000 年排放水平以内；城市环境空气二氧化硫浓度达到国家环境质量标准，酸雨控制区降水 pH 值小于 4.5 的面积比 2000 年有明显减少。

三、禁止新建煤层含硫分大于 3％的矿井，建成的生产煤层含硫分大于

3％的矿井，逐步实行限产或关停，新建、改造含硫分大于15％的煤矿，应当配套建设相应规模的煤炭洗选设施。现有煤矿应该按照规划的要求分期分批补建煤炭洗选设施。城市燃用的煤炭和燃料重油的含硫量，必须符合当地城市人民政府的规定。

四、除以热定电的热电厂外，禁止在大中城市城区及近郊区新建燃煤火电厂。新建、改造燃煤含硫量大于1％的电厂，必须建设脱硫设施。现在燃煤含硫量大于1％的电厂，要在2000年前采取减排二氧化硫的措施，在2010年前分期分批建成脱硫设施或采取其他具有相应效果的减排二氧化硫的措施。化工、冶金、建材、有色等污染严重的企业，必须建设工艺废气处理设施或采取其他减排措施。

五、要结合产业和产品结构的调整，大力推行清洁生产，加强技术改造，促进资源节约和综合利用，切实降低二氧化硫排放水平。

六、要按照《国务院关于二氧化硫排污收费扩大试点工作有关问题的批复》（国函〔1996〕24号）要求，认真做好二氧化硫排污费的征收、管理和使用工作，其中用于重点排污单位专项治理二氧化硫污染的资金比例不得低于90％。

七、有关地方人民政府和电力、煤炭等有关部门要按照本批复的要求，制定有关规划及计划，采取有效措施，确保两控区目标和要求的落实。你局要认真做好两控区污染防治的指导工作，加强环境监测和监督检查。

中华人民共和国国务院
一九九八年一月十二日

内蒙古自治区土地管理局文件

内土建字〔1999〕122号

转发国土资源部关于托克托电厂
一期工程建设用地批复的通知

呼和浩特市土地管理局：

现将国土资源部《关于托克托发电厂一期工程建设用地的批复》（国土资函〔1999〕271号）转发给你们，请认真按照批复要求，抓紧落实各项批复后实施工作，保证补充耕地开发计划的按期完成，我局将对耕地开发情况进行监督检查并组织验收，将验收结果报国土资源部。要切实做好被征地农民的补偿及安置工作，保证征地费的足额发放和合理使用，使被征地农民的生产生活不因土地被征用而受到影响。

内蒙古自治区土地管理局

一九九九年八月十六日

中华人民共和国国土资源部文件

国土资函〔1999〕271号

关于托克托电厂一期工程建设用地的批复

内蒙古自治区人民政府：

你区《关于审批托克托电厂一期工程征（拨）用地的请示》（内政发〔1998〕99号）业经国务院批准，现批复如下：

一、同意征用托克托县农村集体耕地288.542公顷、林地248.760公顷、农村居民点用地4公顷、鱼塘18.900公顷、未利用土地115.276公顷，合计675.478公顷；使用托克托县国有耕地5.307公顷、林地93.249公顷、未利用土地5.733公顷，合计104.289公顷。

以上共计批准建设用地779.767公顷，划拨给托克托发电有限责任公司作为托克托电厂一期工程建设用地。

二、当地人民政府要在保护生态环境的前提下，继续组织落实开发耕地693.34公顷的计划，弥补工程建设占用的耕地。你区土地管理部门要对耕地开发计划的落实进行监督检查并组织验收，验收结果报国土资源部备查。

三、当地人民政府要严格管理和合理使用征地费，认真落实移民安置方案，采取切实可行的措施，妥善安排好被征地单位群众的生产和生活。

中华人民共和国国土资源部

一九九九年七月一日

北京大唐发电股份有限公司文件

大唐电人〔2000〕25 号

关于托克托发电有限责任公司更名的通知

托克托发电有限责任公司：

　　根据国家工商管理企业名称登记的有关规定，经托克托发电有限责任公司第八次股东会会议决定，"托克托发电有限责任公司"更名为"内蒙古大唐托克托发电有限责任公司"。

北京大唐发电股份有限公司

二○○○年三月十三日

国家电力公司文件

国电计〔2000〕777 号

关于下达 2000 年内蒙古托克托发电厂
基本建设新开工计划的通知

华北电力集团公司：

　　根据《国家计委关于下达 2000 年第十一批基本建设新开工大中型项目计划的通知》（计投资〔2000〕2250 号），现将 2000 年内蒙古托克托电厂基本建设新开工计划下达给你公司，请抓紧组织实施。请按照《国务院办公厅关于加强基础设施工程质量管理的通知》（国办发〔1996〕16 号）要求，加强项目管理，确保工程质量，严格控制工程投资，确保按期建成，发挥效益。

国家电力公司

二○○○年十二月十八日

国家计划委员会文件

计基础〔2001〕2629 号

国家计委关于审批内蒙古托克托发电厂
二期工程项目建议书的请示

国务院：

　　国家电力公司、内蒙古自治区计委分别报来内蒙古托克托发电厂二期工程项目建议书，要求审批。中国国际工程咨询公司对该项目评估后，认为建设该项目是必要的。经研究，现将有关情况及我们的意见报告如下：

　　一、项目建设的必要性

　　到 2000 年底，京津唐电网装机容量 1813 万千瓦，当年全社会用电量 825 亿千瓦时，比上年增长 8.4%，最大发电负荷约 1530 万千瓦，火电机组年平均利用小时数 5017 小时。今年 1～8 月份用电量同比增长 6.51%。

　　1991～2000 年 10 年间，京津唐电网用电量平均增长 7.88%。供电负荷平均增长 8.84%。中国国际工程咨询公司根据华北电力集团公司最新调整的京津唐地区"十五"期间电力负荷需求分析，认为按供电负荷年均增长 6.5% 测算较合适，并考虑到设备检修和事故备用以及发电受阻容量与关停小机组后，京津唐电网需新增装机约 700 万千瓦。扣除在建和已批准建设的托克托一期、准格尔、神头、盘山、沙岭子等电厂 430 万千瓦后，届时京津唐电网仍将有 270 万千瓦左右的电力缺口。

　　目前，托克托发电厂一期工程 2 台 60 万千瓦机组正在建设中，预计 2003 年可建成投产。由于一期工程已按规划容量征用了建设用地，并建设了铁路、供水等公用系统和辅助生产设施，因此二期工程的建设投资少，在未来的电力市场中具有较强的电价竞争力。托克托电厂二期工程拟定 2 台 60 万千瓦燃煤机组，2004、2005 年各投产 1 台机组，满足京津唐地区"十五"用电需求。

　　托克托发电厂建成投产后，所发电力经专线送至京津唐电网，既可保证北京供电质量和可靠性，缓解首都环保压力，又可体现国家"西部大开发"政策，有力地支持少数民族地区经济发展。因此，建设内蒙古托克托电厂二期工程是必要的。

　　二、建设规模

　　本项目已批准规划装机容量 360 万千瓦。一期工程规模 120 万千瓦正在建设中，本期工程建设规模为 120 万千瓦，安装 2 台 60 万千瓦国产亚临界燃煤发电机组。

三、建设条件

电厂厂址位于呼和浩特市西南 70 公里的托克托县燕山营乡，南距黄河 7 公里。厂区内地势平坦开阔，工程地质条件良好，地震基本烈度 7 度。本期工程在一期工程扩建端继续建设，建设用地已在一期工程中一次征用，已取得当地土地主管部门同意的文件。

电厂采用二次循环供水冷却，所需补给水来自黄河，已取得黄河水利委员会同意取水文件。

本期工程仍使用一期工程建设的高宝什储灰场。该灰场距厂区南 2 公里，多为荒地和低产地。通过分块使用和分级加高子坝等措施，可供 240 万千瓦机组储灰 20 年以上。

一、二期工程 240 万千瓦机组投产后，年需燃煤约 800 万吨。全部由准格尔国有大煤矿供应，通过准格尔矿区经电厂铁路专用线直接进厂，已取得准格尔煤炭工业公司同意供煤及承运文件。

本期工程采用静电除尘等环保措施，电厂各项排放指标均能满足国家现行标准，已取得内蒙古环保部门同意文件。

本期工程以 500 千伏电压等级接入京津唐电网系统，具体方案另行审定。

四、投资估算、资金来源和建设管理

按 2000 年价格水平测算，发电工程静态总投资为 37.59 亿元，考虑建设期贷款利息后，动态总投资为 39.51 亿元。

本期发电工程由北京大唐发电股份有限公司、内蒙古电力（集团）有限责任公司和北京国际电力开发投资公司分别按 60％、15％和 25％的比例出资，由已成立的托克托发电有限责任公司负责电厂的建设、经营管理及债务偿还。

本项目资本金为 7.09 亿元，占发电工程动态总投资的 20％，由各投资方按上述比例出资。资本金以外资金拟通过银行融资解决，已取得国家开发银行贷款意向函。

五、经济效益测算

根据财务经济分析，该项目经营期平均含税上网电价为 0.231 元/千瓦时计算，投资内部收益率 9％，投资回收期为 11 年 7 个月，投资利税率 8.5％。该项目具有较强的竞价上网竞争力，经济效益较好。

六、需要说明的问题

按托克托电厂规划容量 360 万千瓦安装 6 台湿冷发电机组考虑，全年用水量约为 8100 万立方米，已取得黄河水利委员会同意取水文件。考虑到华北地

区水资源紧缺，从节约用水角度出发，托克托电厂5、6号机组将采用空冷发电机组，这样全年用水量可减少2000万立方米。

同时，为进一步节约水资源，本项目的法人单位托克托发电有限责任公司向内蒙古自治区政府承诺，愿意出资8000多万元，将内蒙古河套地区190万亩良田漫灌浇地改为渠系化灌溉方式，每年可节约用水5500多万立方米。

鉴于内蒙古托克托电厂二期工程各项条件均已落实，建议国务院批准其项目建议书。

妥否，请示。

中华人民共和国国家发展计划委员会
二〇〇一年

黄河流域水资源保护局文件

黄护管〔2001〕19号

关于对"关于审查内蒙古大唐托克托发电有限责任公司黄河取水环境影响报告书的请示"的批复

内蒙古大唐托克托发电有限责任公司：

你公司托电前期〔2001〕4号文件"关于审查内蒙古大唐托克托发电有限责任公司黄河取水环境影响报告的请示"及《内蒙古大唐托克托发电有限责任公司黄河取水水环境影响报告书》均收悉，经审查，原则上通过该报告书，并提出如下意见：

一、该工程取水河段黄河原水经处理后，水质可以满足本工程生产用水要求。

二、黄河干流在设计来水条件下，工程取水对下游水环境容量影响不大，从水资源保护角度来看，工程取水方案是可行的，在不利的来水条件下（小于$150m^3/s$），工程取水对下游水环境造成影响较为明显，应该按黄河水量高度要求取水。

三、鉴于该工程建设区域地处黄河水质敏感河段，水资源供需矛盾突出，你公司应该在设计中认真落实可行性研究报告中提出的节水减污、清洁生产措施和工艺、事故防范措施，最大限度提高水的重复利用率，确保工程污水实现零排放。

四、你公司必须按照有关规定和要求建设、管理灰场，确保安全，同时应积极落实灰渣综合利用方案，最大限度地减少灰渣储存量。

五、工程投入运行后，你公司应严格执行水利部《取水许可水质管理规定》，接受经我局授权的黄河水资源保护部门的监督管理。

特此批复

黄河流域水资源保护局

二〇〇一年十二月十九日

国家发展计划委员会文件

计基础 ［2002］ 1053 号

印发国家计委关于审批内蒙古托克托电厂
二期工程可行性研究报告的请求的通知

国家电力公司、内蒙古自治区计委：

《国家计委关于审批内蒙古托克托电厂二期工程可行性研究报告的请求》（计基础 ［2002］ 910 号）业经国务院批准，现印发给你们，请按照执行。

中华人民共和国发展计划委员会

二〇〇二年七月四日

内蒙古大唐国际托克托发电有限责任公司

章　　程

大唐国际发电股份有限公司
北京国际电力开发投资公司
内蒙古蒙电华能热电股份有限公司

内蒙古创信律师事务所
二〇〇四年四月三十日

目　　录

第一章　总　　则

第一条　大唐国际发电股份有限公司，北京国际电力开发投资公司和内蒙古蒙电华能热电股份有限公司（以下简称"股东"）依据《中华人民共和国公司法》（以下简称《公司法》），本着利益共享、风险共担的原则，经协商一致决定在内蒙古自治区呼和浩特市成立内蒙古大唐国际托克托发电有限责任公司，特制定本章程。

第二条　公司名称：内蒙古大唐国际托克托发电有限责任公司（以下简称"公司"）。

第三条　公司住所：内蒙古自治区呼和浩特市。

第四条　公司是企业法人，公司的组织形式为有限责任公司，公司的股东以其出资额为限对公司承担责任，公司以其全部资产对公司的债务承担责任。

第五条　公司实行独立核算、自主经营、自负盈亏的经营机制，公司必须遵守国家的法律、法规和方针政策，依法经营。

第二章　公司宗旨、经营范围和经营规模

第六条　公司宗旨：

（一）建设、经营托克托发电厂，向京津唐地区，重点向北京供应电力。

（二）不断提高公司经济效益，使股东获得较好的投资回报。

第七条　公司的经营范围：

主营：电力生产

兼营：电力技术咨询与服务及综合利用。

第八条　经营规模：6×600MW 级火力发电厂，分三期工程建设。一期工程建设 2×600MW 燃煤发电机组；二期工程建设 2×600MW 燃煤发电机组；三期工程建设 2×600MW 空冷发电机组。

第三章　股东与注册资本

第九条　公司股东名称与住所：

大唐国际发电股份有限公司（以下简称"股东甲"），在中华人民共和国国家工商行政管理局登记注册，其住所：北京市宣武区广安门内大街 482 号，法定代表人：翟若愚。

北京国际电力开发投资公司（以下简称"股东乙"），在北京市工商行政管理局登记注册，其住所：北京市西城区复兴门南大街 2 号甲，法定代表人：李凤玲。

内蒙古蒙电华能热电股份有限公司（以下简称"股东丙"），在内蒙古自治区工商行政管理局登记注册，其住所：内蒙古自治区呼和浩特市锡林南路 218 号，法定代表人：乌若思。

第十条　公司一期发电工程投资总额为 526748 万元人民币；二期发电工程投资总额为 407070 万元人民币；三期发电工程投资总额为 506573 万元人民币；合计投资总额为 1440391 万元人民币。

第十一条　股东各方出资比例：股东甲 60%，股东乙 25%，股东丙 15%。

第十二条　公司的注册资本为一、二、三期发电工程投资总额的 20%，计 304130 万元人民币。

第十三条　股东各方认缴的注册资本数额：

股东甲认缴 172847 万元人民币，占注册资本总额的 60%；

股东乙认缴 72019 万元人民币，占注册资本总额的 25%；

股东丙认缴 43212 万元人民币，占注册资本总额的 15%。

第十四条　股东各方认缴的注册资本的注入时间和金额由股东会决定。

第十五条　股东各方以现金缴纳注册资本，注册资本的出资币种为人民币。

第十六条　股东缴纳出资后，必须经法定的验资机构验资并出具证明，公司成立后，应当向股东签发出资证明书。

第十七条　公司应当置备股东名册，记载下列事项：

（一）股东的姓名或者名称及住所；

（二）股东的出资额；

（三）出资证明书编号。

第十八条　一、二、三期发电工程投资总额与注册资本的差额部分，由公司融资，股东各方按出资比例提供担保。

第四章　股权的转让

第十九条　股权的转让：

（一）股东之间可以转让其全部出资或部分出资；

（二）股东向股东以外的人转让其出资时，必须经全体股东过半数同意；

不同意转让的股东应当购买该转让的出资，如果不购买转让的出资，视为同意转让；经股东会同意转让的出资，在同等条件下，其他股东对该出资有优先购买权；

（三）股东转让股权时，受让方必须接受本章程规定的一切权利、义务，否则转让无效；

（四）股东转让或者以其他方式处置其出资或者增加资本，均须经股东会讨论通过。股东会通过后，应修改公司章程，由公司将受让人的姓名或者名称、住所以及受让方的出资额记载于股东名册。

第五章　股东的权利和义务

第二十条　股东的权利：

（一）参加股东会议，根据出资比例行使表决权，依法推选董事会成员；

（二）了解公司经营状况和财务状况；

（三）按公司章程的规定转让出资；

（四）优先认购其他股东转让的出资；

（五）优先认购公司新增注册资本；

（六）依照出资比例取得红利；

（七）查阅股东大会会议记录和公司财务会计报告。

第二十一条　股东的义务：

（一）遵守公司章程，自觉维护公司整体利益，服从股东会和董事会的决议；

（二）缴纳所认缴的出资；

（三）依其所认缴的出资额，对公司的债务承担责任；

（四）公司登记后，不得抽回出资。

第六章　股　东　会

第二十二条　公司股东会由全体股东组成，股东会是公司的最高权力机构。

第二十三条　股东会行使下列职权：

（一）决定公司的经营方针和投资计划；

（二）选举和更换董事，决定有关董事的报酬事项；

（三）选举和更换由股东代表出任的监事，决定有关监事的报酬事项；

（四）审议批准董事会的报告；

（五）审议批准监事会或者监事的报告；

（六）审议批准公司的年度财务预算方案、决算方案；

（七）审议批准公司的利润分配方案和弥补亏损方案；

（八）对公司增加或者减少注册资本作出决议；

（九）对发行公司债券作出决议；

（十）对股东向股东以外的人转让出资作出决议；

（十一）对公司合并、分立、变更公司形式、解散和清算等事项作出决议；

（十二）修改公司章程。

第二十四条　股东会对其职权下公司增加或减少注册资本、分立、合并、解散或者变更公司形式、修改公司章程作出决议，必须经代表三分之二以上表决权的股东通过；股东会对其职权下的其他事项作出决议，必须经代表半数以上表决权的股东通过。

第二十五条　股东会会议由股东按照出资比例行使表决权。

第二十六条　股东会会议分为定期会议和临时会议，定期会议每年召开一次，代表四分之一以上表决权的股东，三分之一以上董事或者监事，可以提议召开临时会议。

第二十七条　股东会会议由公司董事会召集，董事长主持，董事长因特殊原因不能履行职务时，由董事长指定的副董事长或者其他董事主持。

第二十八条　召开股东会会议，应当于会议召开十五日之前将会议通知和议案，以书面形式通知全体股东。

股东会应当对所议事项的决定形成会议记录，出席会议的股东应当在会议记录上签名。

第七章　董　事　会

第二十九条　董事会是股东会的执行机构，对股东会负责。

第三十条　董事会由十三名董事组成，董事由股东按注册资本的出资比例推选，其中：股东甲七名，股东乙三名，股东丙二名，公司职工代表一名，职工代表由公司职工民主选举产生。

董事任期每届三年。董事任期届满，连选可以连任。

第三十一条　董事会行使下列职权：

（一）负责召集股东会会议，并向股东会报告工作；

（二）执行股东会的决议；

（三）决定公司的经营计划和投资方案；

（四）制订公司的年度财务预算方案、决算方案；

（五）制订公司的利润分配方案和弥补亏损方案；

（六）制订公司增加或者减少注册资本的方案；

（七）拟订公司合并、分立、变更公司形式、解散的方案；

（八）决定公司内部管理机构的设置、公司定员、工资总额及工资制度；

（九）聘任或者解聘公司总经理，根据总经理提名，聘任或者解聘公司副总经理、财务负责人，决定其报酬事项；

（十）制定公司的基本管理制度。

第三十二条　董事会设董事长一名，由股东甲委派；设副董事长三名，由股东各方各委派一名。

第三十三条　董事会会议分为董事会年会和董事会工作会议。

（一）董事会年会每年召开一次，一般在每一会计年度终结后三个月内召开；

（二）经董事会召集或者经三分之一以上董事提议，可以召开董事会工作会议。

第三十四条　董事会会议由董事长召集并主持，董事长因特殊原因不能履行职务时，由董事长指定副董事长或者其他董事召集和主持。

第三十五条　召开董事会会议，应当于会议召开十日以前将会议通知和议案，以书面形式通知全体董事。董事因故不能出席，可以书面委托其他人员代为出席董事会，委托书中应载明授权范围。

第三十六条　董事会决议，必须全体董事的过半数通过。

第三十七条　董事会应当对所议事项的决定作成会议记录，出席会议的董事和董事的授权代表，应当在会议记录上签名。

第三十八条　董事长为公司的法定代表人，董事长行使下列职权。

（一）主持股东会会议，召集、主持董事会会议；

（二）检查董事会决议的实施情况；

（三）在发生战争、特大自然灾害等紧急情况下，对公司事务行使特别裁决权和处置权，但这种裁决和处置必须符合公司的利益，并须事后向股东会和董事会报告；

（四）股东会决议授予的其他职权。

第八章　监　事　会

第三十九条　公司监事会是公司经营活动的监督机构，对股东会负责并报告工作。

第四十条　监事会由四名监事组成，股东各方各委派一名，公司职工代表一名。职工代表由公司职工民主选举产生。

董事、经理、财务负责人不得兼任监事。

监事任期每届三年，监事任期届满，连选可以连任。监事会设召集人一名，从监事中推举产生。

第四十一条　监事会或者监事行使下列职权：

（一）检查公司财务；

（二）对董事、总经理执行公司职务时违反法律、法规或者公司章程的行为进行监督；

（三）当董事和总经理的行为损害公司的利益时，要求董事和总经理给予纠正；

（四）提议召开临时股东会。

监事列席董事会会议。

第九章　经　营　管　理

第四十二条　公司设总经理一名，副总经理、总工程师、总会计师共六名。总经理由董事会聘任或者解聘，副总经理、总工程师、总会计师、总经济师由总经理提名，董事会聘任或者解聘。

第四十三条　公司总经理对董事会负责，并行使下列职权：

（一）主持公司的生产经营管理工作，组织实施董事会决议，并将实施情况向董事会提出报告；

（二）组织实施公司年度经营计划和投资方案；

（三）拟订公司内部管理机构设置方案；

（四）拟订公司基本管理制度；

（五）制订公司具体规章制度；

（六）提请聘任或者解聘公司副总经理、财务负责人；

（七）聘任或者解聘须由董事会聘任或者解聘以外的公司管理人员；

（八）董事会决议授予的其他职权。

总经理列席董事会会议。

第四十四条　公司研究决定有关职工工资、福利、安全生产以及劳动保护、劳动保险等涉及职工切身利益的问题，应当事先听取公司工会和职工的意见，并邀请工会或者职工代表列席有关会议。

第四十五条　公司决定生产经营的有关重大问题、制定重要的规章制度时，应当听取公司工会和职工代表的意见和建议。

第四十六条　公司全部人员实行聘任制。

第十章　财务和会计

第四十七条　公司应当依照国家法律、法规和财政主管部门的规定建立本公司的财务、会计制度。

第四十八条　公历年度为公司的会计年度，即一月一日起至同年十二月三十一日止，但公司的第一个会计年度为公司成立之日起至同年十二月三十一日止。

第四十九条　公司在每一会计年度终了时四十日之内制作财务会计报告、依法审查验证并送交各股东。

第五十条　董事会应当在每一会计年度开始时六十日之内，确定上一年度的利润分配方案。

第五十一条　公司分配当年税后利润时，提取税后利润的10％列入公司法定公积金；当法定公积金累计为公司注册资本的50％以上时，不再提取。公司在从税后利润中提取法定公积金后，经股东会决议，可以提取任意公积金。公司提取利润的5％～10％列入公司法定公益金，法定公益金的具体提取比例由公司股东会研究确定。

第五十二条　公司弥补亏损和提取法定公积金、法定公益金所余利润，公司按照股东的出资比例进行分配。

第五十三条　公司弥补亏损和提取法定公积金、法定公益金前，不得分配利润。

第五十四条　公司向股东分配利润时，以人民币支付，公司须按时将利润汇入股东指定的银行账号。

第五十五条　法定公积金只得用于下列用途：

（一）弥补公司的亏损；

（二）转为增加公司的资本；

（三）扩大公司生产经营。

第五十六条　法定公益金用于公司职工的集体福利。

第十一章　规　章　制　度

第五十七条　公司的主要规章制度有：

（一）法定代表人授权书管理办法；

（二）经营管理制度；

（三）职工守则；

（四）劳动工资制度；

（五）职工考勤、升级与奖惩制度；

（六）职工福利制度；

（七）财务制度；

（八）会计制度；

（九）职工培训制度；

（十）其他规章制度。

第十二章　合　并　或　者　分　立

第五十八条　公司合并或者分立由股东会作出决议。

第五十九条　公司合并可以采取吸收合并或者新设合并两种形式。公司合并时，合并各方的债权、债务，由合并后存续的公司或者新设的公司继承。

第六十条　公司分立时，必须依据《公司法》将其财产做相应的分割。公司分立前的债务，按所达成的协议由分立后的公司承担。

第六十一条　公司需要增加或者减少注册资本时，须依据《公司法》办理。

第六十二条　公司增加注册资本或者合并、分立，应依法向公司登记机关办理变更登记。

第十三章　保　　　险

第六十三条　公司保险的投保险别、保险金额、保期等由董事会研究决定。

第十四章　工　　会

第六十四条　公司职工依照《中华人民共和国工会法》（以下简称《工会法》）组织工会，参加工会活动，公司应为工会提供必要的活动条件。

第六十五条　公司依照《工会法》向工会拨交经费。

第六十六条　公司依照宪法和有关法律的规定，通过职工代表大会和其他形式，实行民主管理。

第十五章　经　营　期　限

第六十七条　公司营业执照签发之日，为公司成立之日，公司的经营期限为自公司成立之日起三十五年止（含建设期）。

第十六章　解　散　和　清　算

第六十八条　公司遇下列情况之一时，应当解散：

（一）公司营业期限届满；

（二）股东会决议解散；

（三）因公司合并或者分立需要解散的。

第六十九条　公司依照本章程第六十八条（一）、（二）项规定解散的，应当在十五日之内成立清算组，清算组由股东组成。

第七十条　公司清算工作，依据《公司法》办理。

公司财产能够清偿公司债务时，应分别支付清算费用，职工工资和劳动保险费用，缴纳所欠税款，清偿公司债务，清偿后的剩余财产按股东出资比例进行分配，清算期间，公司不得开展新的经营活动。

第七十一条　清算组在清理公司财产、编制资产负债表和财产清单后，发现公司财产不足清偿债务时，应立即向人民法院申请宣告破产，经人民法院裁定宣告破产后，清算组应将清算工作移交给人民法院。

第七十二条　公司清算结束后，清算组应制作清算报告，报股东会或者主管机关确认，并报送公司登记机关，申请注销公司登记，公告公司终止。

第十七章　通　　知

第七十三条　公司需要通知股东时应以信件、传真、电报等方式通知。

股东各方通讯地址如下：

大唐国际发电股份有限公司

地址：北京市宣武区广安门内大街 482 号

电话：（010）83581903

传真：（010）83581907

邮编：100053

北京国际电力开发投资公司

地址：北京市西城区复兴门南大街甲 2 号天银大厦 A 座西区

电话：（010）66419966　　传真：（010）66411593

邮编：100031

内蒙古蒙电华能热电股份有限公司

地址：内蒙古自治区呼和浩特市锡林南路 218 号

电话：（0471）6942833

传真：（0471）6926658

邮编：010020

第十八章　附　　则

第七十四条　本章程修改程序：

（一）由董事会提出修改章程的提议；

（二）由股东会通过修改章程的决议。

第七十五条　本章程与国家政策、法规不符时，依照国家政策、法规执行。

第七十六条　本章程自股东会通过之日起生效。

第七十七条　本章程正式文本五份，股东各方存一份，公司注册机关一份，公司存档一份。

第七十八条　本章程的解释权归公司股东会。

大唐国际发电股份有限公司文件

大唐电人〔2004〕220 号

关于内蒙古大唐托克托
发电有限责任公司更名的通知

公司系统各单位：

经内蒙古大唐托克托发电有限责任公司 2004 年第十九次股东会研究决议，内蒙古自治区工商行政管理局批准，内蒙古大唐托克托发电有限责任公司自

2004 年 11 月 12 日起更名为内蒙古大唐国际托克托发电有限责任公司。

大唐国际发电股份有限公司

二〇〇四年十二月五日

国家发展和改革委员会文件

发改能源［2004］1579 号

印发国家发展改革委关于审批内蒙古托克托
发电厂三期工程项目建议书的请示的通知

内蒙古自治区发展改革委，中国大唐集团公司：

　　《国家发展改革委关于审批内蒙古托克托发电厂三期工程项目建议书的请示》（发改能源［2004］1418 号）业经国务院批准，现印发给你们，请据此编制项目可行性研究报告，报我委审批。

　　附：发改能源［2004］1418 号文件

中华人民共和国国家发展和改革委员会

二〇〇四年

国家发展和改革委员会文件

发改能源［2004］1418 号

国家发展改革委关于审批内蒙古
托克托发电厂三期工程项目建议书的请示

国务院：

　　内蒙古自治区发展改革委和中国大唐集团公司分别报来内蒙古托克托电厂三期工程项目建议书，要求审批，对此中国国际工程咨询公司评估后，认为建设该项目是必要的。经研究，现将有关情况及我们的意见报告如下：

　　一、项目建设的必要性

　　华北区域电网覆盖北京、天津、河北、山西、山东两市三省和内蒙古自治区西部地区。截至 2003 年底，全网装机容量为 8280 万千瓦，其中：火电装机容量 7850 万千瓦，水、风电等装机容量 430 万千瓦。2003 年全社会用电量约4305 亿千瓦时，同时增长 13.3%。

按"十五"后两年和"十一五"期间华北区域电网用电量年均增长 10%和 8%的水平预计，考虑设备检修和机组事故备用等因素，到 2010 年需新增装机容量约 6160 万千瓦。即使在优先安排陕北等区外来电 240 万千瓦和区内在建可投产项目 1800 万千瓦后，到 2010 年，华北区域电网仍需投产发电装机容量约 4120 万千瓦。目前需抓紧开展一批电站项目前期工作。

京津唐地区是华北地区的负荷中心，经济发展快速，电力需求十分旺盛。受环境容量、水资源及运输等条件的制约，还应依靠更大范围的电力资源优化配置解决该地区电力长期稳定供应问题。

托克托电厂是"西电东送"工程北通道规划内重点项目之一，规划容量360 万千瓦，一期工程 2 台 60 万千瓦机组已投产发电，二期工程 2 台 60 万千瓦机组正在建设中，预计 2004 年投产。本次拟建的三期工程，亦直接向京津唐电网送电，既可满足京津唐地区的用电需要，缓解京津唐地区环保压力，又可将资源优势转变为经济优势，对于促进内蒙古地区经济发展具有重要意义。因此，建设该项目是必要的。

二、建设规模

本工程建设 2 台 60 万千瓦国产亚临界燃煤空冷发电机组，同步安装烟气脱硫装置。

三、建设条件

托克托发电厂位于内蒙古自治区呼和浩特市西南 70 公里的托克托县。本工程沿电厂扩建端建设，不再新征土地。厂区平坦开阔，地质相对稳定，地震基本烈度为 7 度，适宜建厂。

考虑到电厂距托克托县城 26 公里，县城人口仅 3 万，不具备利用地市"中水"的条件。为节约黄河水资源，本工程采用节水型的空冷发电机组，年用水量为 490 万吨，比同类型湿冷机组节水 70% 以上。通过对电厂一、二期工程的循环水排污水采用超滤加反渗透技术处理，将处理后的水作为三期工程生产用水，不再新增黄河取水量。

本工程投产后，年需燃煤约 400 万吨，由准格尔煤矿供应。燃煤经电厂铁路专用线运输到厂。

该工程仍使用已建成的高宝什灰场，通过加高子坝等措施，可满足电厂贮灰 20 年的要求。

本工程安装高效静电除尘器和烟气脱硫设施，可满足国家环保要求。电厂安装烟气连续在线监控装置。

电厂以 500 千伏电压等级接入电力系统，具体方案另行审定。

四、投资估算，资金来源和建设管理

按 2002 年价格水平测算，本期发电工程静态总投资为 47.4 亿元，动态总投资 50.6 亿元。

本工程项目资本金占动态总投资的 20%，约为 10.1 亿元，由北京大唐发电股份有限公司、北京国际电力开发投资公司和内蒙古华能热电股份有限责任公司分别按 60%、25% 和 15% 的比例出资。资本金以外所需资金为 40.5 亿元，申请银行贷款解决，中国工商银行已出具贷款承诺函。

本工程由上述投资方共同组建的项目公司负责电厂的建设、经营管理及贷款本息偿还。

五、经济效益分析

按目前经济条件测算，本项目经济效益较好，具有一定的经济竞争力。

鉴于托克托发电厂三期工程已经具备开展可行性研究的条件，建议国务院批准其项目建议书。

妥否，请示。

中华人民共和国国家发展和改革委员会
二〇〇四年

二、专 题 记 载

在托电这一方热土上，英雄辈出，盛事频传，曾演绎过厚重而壮观的历史。循着一道道开拓者的足迹，追忆一次次上级领导亲切的关怀与嘱托，回顾创业者火样的激情与感人的事迹，倾听社会各界的感谢与赞誉，所有这些都值得铭记与传颂。

追昔抚今，激励后人。为更好地传承托电的创业史，弘扬托电的企业精神和企业文化，彰显托电特有的企业形象，以增加志书的生动性和可读性，寓传统教育于真实的典型事例中，在这里仅撷取亲历托电进程的公司领导、职工以及全国著名作家的纪实文章，作为专题记载，以飨读者。

创 业 艰 难 百 战 多

郭殿奎

从 1993 年 12 月托电筹备处成立至今，我一直在托电公司工作，参与并见证了前期筹备、工程建设、企业发展的整个过程。正是这个原因，公司史志办的同志多次约我为志书写篇文章。可一方面由于工作较忙，没有时间去写；另一方面由于过去的那段历史充满了太多的艰难与辛酸，我一直不愿去回忆，所以迟迟没有动笔。现在志书即将付印，史志办的同志再次向我约稿，考虑到志书是公司的一本史料，对后人有启示和参考作用，作为亲历者、见证者和参与者，有义务也有责任把自己所经历的事记录下来。于是就写下这篇文章，或许可以为后人提供一些借鉴。

一、前期工作艰难曲折

20 世纪 80 年代，中国改革开放的大幕已经拉开，经济发展的步伐逐渐加快。但由于电力基础设施建设薄弱，电力供需矛盾日益突出，制约着经济的发展。而对于煤炭大区内蒙古来说，由于受运力的限制，煤炭资源的开发与利用举步维艰，煤炭行业连年亏损，资源优势难以转化为经济优势。在这样的背景下，1983 年 4 月，时任水利电力部第一副部长李鹏同志来内蒙古考察。初步提出了在内蒙古建设煤电基地、在托克托附近建设大型火力发电厂的设想。

但是，那时的中国还处在改革开放的初始阶段，经济管理仍然是以计划经济为主。体制性的障碍，使托电项目前期论证进展十分缓慢。后期又遇到了国家两次实施宏观调控，所以从 1983 年 4 月初步设想的提出，到 1993 年 11 月，托电项目尚处于概念之中。

1993 年 11 月，时任内蒙古电管局局长乌力吉同志把我叫到他的办公室，说要调我去筹建一个特大型的火力发电厂。乌力吉局长对我说，我们内蒙古是资源大区，煤炭资源丰富，但由于受各方面条件的限制，资源优势没有很好地显示出来。而北京及整个京津唐地区是负荷中心，用电量大。由于环保的要求严，新建大型电厂的难度加大了许多。在内蒙古建设大型火力发电厂，变输煤为输电向北京供电，机遇千载难逢。

带着领导的重托，肩负着历史的使命，同年 12 月，托克托电厂筹备处成立，我便来到这里，租办公室、抽调人员开展了前期工作。

按照最初的设想，当时设计建设的是三个 360 万千瓦的电厂，一个是在燕山营（现在的厂址），一个是在那木架，另一个在马家圪堵，号称北方三峡。筹备处统一负责这三个电厂的筹备工作。但是，当时国内控制银行信贷规模，大型基建项目贷款困难。在这种情况下，我和筹备处的同志到内蒙古计委进行了咨询，计划尝试申请世界银行贷款。

当时内蒙古地区还没有一个使用世界银行贷款的电力项目。如何申请、如何运作，对我来说是一头雾水。在经过争取得到内蒙古自治区计委同意申报的批文后，我们将有关材料和批文报到了国家电力部，经过国家电力部计划司和国际合作司的审核后，又报到国家计委履行审批程序。国家计委和财政部经过资料审查和实地考察后，同意托电项目采用世界银行贷款。

那时，世界银行设在中国的代表处在北京钓鱼台 7 号楼办公。拿着自治区、电力部和国家计委的批文和有关资料，我和筹备处的同志抱着试一试的心态去世行中国代表处接头汇报。世界银行官员维克多·马斯特洛维奇和努尔丁·贝拉看了我们的资料和听了汇报后，就世行项目贷款的程序向我们做了说明，并答应向总部报送我们的材料。

当时申请世界银行贷款程序特别复杂，需要与相关项目国内审批相衔接进行。除了前期工作必须要履行国内基本建设程序外，还要履行世界银行贷款的多项评估程序，头绪十分繁多。而且筹备处成立时，正赶上计划、投资、外汇等体制改革，国家控制大型基建项目上马，开局就遇到了难题。之后的 1998 年，国内又出现了电力过剩，国家有关部门明确表示在三年内不许开工新的火电项目，前期工作再次遇到了巨大的政策阻力。可就是在各方面条件极其不利的条件下，我和大家硬是凭着不服输的精神，一边开展电厂的前期筹备，一边申请世行贷款。用了整整三年的时间最终走完了世行贷款项目预选、项目选定、项目预评估、项目评估、贷款协议签订等世界银行贷款谈判的全部程序。

而真正获得贷款，时间跨度近六个年头。

在进行申请世界银行贷款的同时，还有一个最致命的问题就是落实投资方的问题。托电工程属于大型项目，虽然一直是由内蒙古电管局牵头筹办，但由于投资额较大，内蒙古电管局始终是心有余而力不足，需要寻找合作伙伴来共同投资建设。为此，我和筹备处的同志不厌其烦地去找华北电力集团公司和北京能源投资公司交涉，希望他们能够参与投资。由于华北电力集团公司和北京能源投资公司对项目投资的前景看法不是很好，经过反复做工作，最终只答应由部门出一个手写的同意投资建厂的函，以支持托电项目前期筹备工作的开展。这样托电项目才在纸面上确定了投资主体。

不仅如此，前期工作还涉及水源、电源、文物保护、航空管理、铁路建设和工程勘察论证、土地征用、环保评估、机构组建、设备选定、施工队伍组织等多个方面的具体工作。需要协调三级政府、几十个部门，程序复杂，每一步工作都极其艰难。尤其是土地围控和拆迁工作，牵扯农民的切身利益，涉及许多政策问题。在没有资金的情况下，只能靠筹备处和县政府通过协商的途径解决，工作难度可想而知。

筹备处成立时只有 6 名同志，后来增加到 30 多人。多数同志是调聘来的，过着牛郎织女的生活。在工作和生活条件极其艰苦的情况下，大家以铁一般意志、火一般热情和永不放弃精神，主动出击去争取、坚持不懈去努力。无数次到政府有关部门和国家有关部委进行汇报、争取，反复与地方政府去沟通、交涉，一家一户地去与农民做交流、解释。筹备处的同志用尽了千言万语、付出了千辛万苦、排除了千难万险，勇于奉献，敢为人先。在磨破了嘴、跑细了腿，经历了无数次的碰壁、饱尝了创业的辛酸苦辣后，托电一期工程项目建议书于 1994 年 8 月获得国家计委批复。

1996 年 5 月，公司召开第二次股东会暨第二次董事会，聘任梁殿臣同志为公司总经理，我任副总经理兼筹备处主任。但是，由于班子没有配齐，人员没有落实，当时公司只有我们两个人。整个前期工作仍然由筹备处负责，直到 1997 年托电公司第一次全国招聘人员，筹备处的使命方才完成。这期间筹备处对征地三次进行了打桩围控，还完成了打井通水和架网通电工作。1998 年 1 月 24 日，公司召开第五次股东会，同意将华北电力集团公司的股份转让给北京大唐发电股份有限公司。托电项目由华北电力集团公司划归北京大唐发电股份有限公司。1999 年 12 月 17 日，托电一期工程可行性研究报告获得国务院办公会议通过，2000 年 8 月 1 日正式开工。

二、工程建设困难重重

尽管说前期工作历经艰难，成果来之不易。但就整个工程而言，那只是一个序曲。要完成这项独具使命的跨世纪工程，还需要我们去应对更多的考验。

开弓没有回头箭。工程开工后，托电公司的领导和职工一道，全身心地投入到了工程建设之中。北方地区春季风沙弥漫、夏天干旱炎热、秋季雨水不断、冬天寒风刺骨，有效施工期很短，工程建设难度很大。但大家凭着坚强的信念，顶着风沙、迎着骄阳、伴着雨水、裹着冰雪，开展了一场前无古人的工程建设的攻坚战役。在整个工程建设过程中，大家没日没夜，放弃了节假日，抓进度、查质量、排隐患、催设备。好多人经常不能回家，有人带病坚持工作，劝都劝不回去；有人甚至父母或妻儿病了也顾不上回家看望；还有人为了工程建设一再推迟婚期。特别是 2002 年冬天，一场 50 年不遇的严寒袭击了内蒙古。零下近四十多度的气温给工程建设带来了巨大的困难。当时正值 1 号炉点火，2 号炉进行水压试验。就在这时启动锅炉给煤系统发生故障，无法上煤。如果锅炉不能运行，好多设备就要遭受严寒的侵害，可能带来不可估量的损失。关键时刻公司全体员工紧急行动，组成了一条人工输煤通道，用手把一袋一袋的煤送入 30 米高的锅炉，保证了现场正常的供汽、供热，避免了设备受到损毁。2003 年初，正当一期工程调试启动、二期工程处在施工建设的关键时期，"非典"疫情开始蔓延。呼和浩特被列为重灾区。国内外的厂家代表和日本、德国、美国的专家相继撤离现场，施工队伍组织困难，设备、物资运输受阻，工程建设遇到了巨大的困难。这时 1 号机组又发生了高压缸闷缸、汽轮机高压缸通流部分损坏事故。面对接踵而来的困难考验，大家硬是咬紧牙关一次次地挺了过去。2003 年 7 月，一期工程提前投产发电。

之后，公司上下又抢抓机遇，边跑审批、边抓工程建设，一鼓作气在 2004 年、2005 年和 2006 年，先后完成了二期、三期和四期工程的投产发电。使托电以其 480 万千瓦的总装机容量，一跃成为国内最大的火力发电厂。而且每期工程都实现了提前投产发电。其中，一期工程提前 9 个月零 17 天，并且当年在国内和华北电力系统还创造了三项纪录：即从 2 号机组第一次点火到移交生产时间小于 90 天，为华北地区同类机组用时最少；2 号机组从整套启动开始到移交生产只用 28 天，为华北地区 30 万千瓦以上机组用时最短；2 台 60 万千瓦机组投产间隔时间不到 2 个月，为同类机组全国最快。二期工程提前 5.5 个月，并且 3 号机组当时还创造了国内北方地区 60 万千瓦机组建设工期最短纪录。三期工程提前 1 个月，并创造了当时国内同类型火电机组投产工期的先进水平。四期工程也提前 9 天投产发电，并创造了连续 4 年平均每年投产 2 台 60 万千瓦机组的全国最快纪录。

从 2003 年 7 月一期工程投产，到 2006 年 8 月四期工程发电，经过 6 年的连续建设，托电公司全体员工战天斗地、不计苦累、敢为人先，在这片荒芜的土地上孕育了一个中国的火电巨子，创造了中国电力建设事业的一个奇迹。

三、一流目标共同谱写

创业难，守业更难。托电作为国内最大的火力发电厂，是保证首都北京用电的重要电源企业。先后被列为国家"九五"、"十五"计划的重点工程和实施"西电东送"战略、"西部大开发"战略的标志性工程。在加快工程建设步伐、追求企业规模扩大的同时，托电几届班子带领大家边建设边规范，不断求新求变，不断推进企业管理、提升管理水平，一步步地向一流的目标迈进。

在前期筹备阶段，我们就未雨绸缪提出了"艰苦创业、优质高效、建设一流"的目标定位，以凝心聚人。并边跑前期边抓管理，编制了各项管理制度、制定了岗位规范、开展了人员培训、加强了内部管理，1994年就通过了内蒙古电管局的企业管理达标验收。

公司成立后，新一届领导班子又按照新厂新制的办企思路，建立了一整套严密规范的保证体系，提出了"数字托电、环保托电、效率托电"的发展理念和"建精品、创一流、站排头"的奋斗目标，企业得到稳步发展。特别是近几年来，公司不断创新管理，提出了努力追求优质高速、安全文明、高效率和高效益、全面信息化、规范廉洁的五大特色目标。并按照"一体化"、"大监督"的管理理念，全面实施了"发展目标、组织体系、业务流程、管理要素、制度标准、信息资源""六个一体化"管理模式。2005年6月，我担任公司党委书记兼副总经理后，又围绕企业的中心工作，及时提出了党建工作的"23451"工作思路和"党建工作同干、思想政治工作同做、安全文明生产同抓、精神文明建设同建、一流业绩同创、企业文化活动同办"的"六同"工作理念。使托电成为了一个协调统一、兼容互补、荣辱与共的有机整体，"一体化"、"大托电"的格局基本形成。

经过几年的发展，我作为亲历者、参与者，看到了公司在各方面所取得的突破性成就。自2003年一期工程投产以来，截至2007年底，公司累计完成上网发电量830亿千瓦时，累计上缴税金24.49亿元，人均劳动生产率超过1000万元。同时还大力开展节能减排，4台机组采用了空冷技术，节水70%；全部机组实施了脱硫改造。开展了除尘、氮氧化物处理、废水处理和回收利用、粉煤灰综合利用、绿化美化等各项环保治理工作。并主动承担社会责任，积极参与社会公益事业和扶贫开发工作。特别是在"同心文化"引领下，不断推进企业文化建设，凝聚了人心、营造了氛围，推动企业走上了又好又快的发展轨道。

托电在自身发展的同时，也带动了当地经济的发展。托县由一个国家级贫困县一举进入西部百强县前10名。内蒙古的资源优势正在转化为经济优势，连续几年经济增速全国排名第一。特别是作为保证首都北京用电的重要电源企业，托电把强大的电流直送北京，为北京政治用电和城乡居民生活用电，以及经济的发展发挥了不可替代的作用。

尤其让我们欣慰的是，托电的快速发展也得到了社会各界的普遍认同。近年来，公司先后获得了全国民族团结进步模范集体、中国电力行业企业文化建设十大最具社会责任感企业、全国"五一劳动奖状"、中央企业先进基层党组织、内蒙古自治区20强企业和文明单位标兵等多项荣誉。目前，公司已进入中国大唐集团一流企业行列，并已经成为中国大唐集团和大唐国际的利润中心、人才中心及生产、经营与基建管理的经验中心。2007年11月19日，胡锦涛总书记来到托克托发电公司视察，对公司的工作给予了充分的肯定，并留下了"培养一流的人才、创建一流的管理，建设国际一流的火力发电厂"的深情嘱托。

回首过去，托电工程在经历了漫长的前期筹备后，工程建设进度快，企业发展迅速。细细总结一下主要有五个方面的经验：一是得益于创业者矢志不渝、勇于奉献的精神。托电项目从提出到批准开工建设，经历了17年的时间，创业者经历了太多的艰难与曲折。正是这种矢志不渝、勇于奉献的精神成就了这个项目。二是得益于几届班子孜孜不倦的追求。托电从前期准备到工程建设的整个过程，经历了无数次的阵痛，几届班子不等不靠主动搏击，在困境中找突破、在突破后求发展，终于建成了一个国内最大的火力发电厂，成绩来之不易。三是得益于有一个和谐稳定的局面。人心齐、泰山移，托电所以能够攻坚克难走到今天，班子的团结、员工的团结和企业和谐稳定局面的持久保持是最根本的保证。没有这些就没有托电的今天。四是得益于投资方的英明决策。在托电一期工程投产后，大唐国际等投资方顶住了各方面压力，准确分析形势，抢抓有利机遇，果断做出决策，一鼓作气完成了四期工程的投资建设。显示了企业决策者应有的魄力与谋略。五是得益于各级党委、政府和社会各界的广泛支持。在托电的发展过程中，始终得到了各级党委、政府和社会各界的广泛支持与帮助。正是这些来自各方面的支持与帮助，形成了汪洋大海，托起了托电这艘火电巨轮拼风搏浪扬帆远航。以上这五点经验是托电最为宝贵的精神财富，无论是在今天的生产经营中，还是将来的做大做强过程中，都需要我们去珍惜和弘扬。

从1993年到现在，我在托电已经工作了15个年头。15年弹指一挥间。这期间我和所有的创业者一起饱尝了创业的艰难与甘苦，把一个人最宝贵的青春和最美好的年华献给了电厂。如今，托电已经成为拥有540万千瓦（含2008年新纳入公司管理的呼和浩特热电公司的2台30万千瓦机组）装机容量的大型火力发电厂，而且随着五期工程前期的筹备，企业的规模还有可能进一步扩大。我们一定要按照胡总书记的要求，肩负使命，恪尽职守，把托电做大做强，力争早日把托电建设成为国际一流的火力发电厂，为"西电东送"和保证首都北京用电作出自己应有的贡献。

殷殷的嘱托　亲切的关怀

——胡锦涛总书记在托克托发电公司考察纪实

2007 年 11 月 19 日，广袤的内蒙古大草原风和日丽、晴空万里。虽然已是初冬时节，但位于内蒙古呼和浩特市托克托工业园区内的托克托发电公司却暖意融融，每个人的脸上都洋溢着灿烂的笑容。这一天，中共中央总书记、国家主席、中央军委主席胡锦涛来到了这里，把党的温暖和关怀送到了基层、送到发电企业职工的心中。

上午 10 时 05 分，胡锦涛总书记在内蒙古自治区党委书记储波、自治区政府主席杨晶等的陪同下，乘车抵达托电公司 1 号、2 号机组主厂房门口。汽车停稳后，胡锦涛总书记面带微笑走出车门。早已等候在那里的人们，一起鼓掌，欢迎总书记的到来。中国大唐集团公司党组书记、总经理翟若愚，大唐国际发电公司党组书记、总经理张毅，中国大唐集团公司总经理工作部主任曹景山，大唐国际发电公司副总经理兼托电公司董事长安洪光，托电公司总经理应学军、党委书记郭殿奎等迎上去与总书记握手、问好。

在佩戴好安全帽后，胡锦涛总书记不顾一路的疲劳，便径直进入主厂房开始考察。

在考察期间，胡锦涛总书记深入发电一线，听取企业发展情况的汇报，了解机组的运行情况，并与一线员工进行了面对面的交谈，把殷殷的嘱托和亲切的关怀，留给了企业、留在了企业每一名员工的心中。

节能减排与环境保护
——总书记特别关注的话题

胡锦涛总书记在党的"十七大"上对科学发展观的理论作了深刻的阐述，对节能减排和环境保护工作提出了明确的要求。来托电公司考察期间，节能减排和环境保护工作仍然是他最为关注的问题。

从固定端 0 米到 13.7 米时，总书记边走边问陪同的集团公司翟若愚总经理："目前托电有几台空冷机组？"翟若愚总经理回答说："三、四期四台机组是空冷机组，一、二期四台机组是湿冷机组。"在了解空冷机组和湿冷机组的情况时，总书记对空冷机组和湿冷机组在煤耗、水耗等方面的具体数字对比，以及在节能减排方面哪个类型的机组更有优势，给予了特别的关注。数次问到相关数据，仔细了解了托电公司八台机组中空冷、湿冷机组的分布情况。翟若愚总经理和应学军总经理向总书记做了一一的汇报。

当总书记听说空冷机组可以节水 60％～70％时，他高兴地说："虽然空冷机组煤耗要高一点，但用水节省了，目前的水资源价格比较低，如果将来水的价格涨到一定程度，那么从企业的经济效益来看上空冷机组还是很值得的。"

接着翟若愚总经理还向总书记介绍了托电公司的粉煤灰综合利用情况。当听说托电公司正在进行粉煤灰综合利用并计划用粉煤灰提炼铝硅钛时，总书记高兴地说："粉煤灰综合利用既节省了资源，又减少了环境污染，这是循环经济、综合利用，要大力发展。"随后他又叮嘱翟若愚总经理和应学军总经理说："托电要把粉煤灰储存好，将来等粉煤灰综合利用规模扩大后一定再把这些粉煤灰全部消化掉。"

离开主控室后，总书记向翟若愚总经理和应学军总经理就做好节能、环保和企业管理等方面的工作又做了重要指示。

当翟若愚总经理告诉总书记，现在企业的经济实力增强了，已经有能力上脱硫等环保设施，保护环境的实力也大大增强了时，总书记关切地说："的确是这样，现在电力行业在国内还有很大的发展空间，目前在二氧化硫排放的控制方面我们已经可以通过新建脱硫设施解决，但是对于二氧化碳的排放问题还要注意，这是个国际关注的问题，我们要大力发展可再生能源和清洁能源，解决好二氧化碳的排放问题。"

创一流管理　建一流电厂
——总书记寄予企业的期望

提升企业的管理水平、推进企业的全面发展，是胡锦涛总书记一直十分关注的问题。在托电公司考察期间，他同样对托电公司乃至整个大唐集团公司的企业管理和企业发展给予了极大的关注，寄予了殷切的期望。

走出固定端 0 米层时，总书记开始了解托电公司的详细情况：

总书记问："托电现在有几台机组？"

翟若愚总经理回答说："托电目前共有八台 60 万千瓦机组，是西电东送的重点项目，也是内蒙古自治区变输煤为输电的重点项目，托电所发电量全部直送北京。"

　　总书记听后高兴地说："你们对保北京供电做出了很大贡献！"

　　翟若愚总经理向总书记保证："不论任何时候我们的员工都坚守岗位、确保首都北京的安全供电。"

　　总书记听后非常满意。

　　在进入1号、2号机主控室，听取了当值值长关于机组运行情况的汇报后，总书记又饶有兴趣地问起了大唐集团和托电公司的生产经营情况。

　　总书记问："目前大唐集团的总装机容量是多少？"

　　翟若愚总经理回答说："目前有6000多万千瓦。"

　　总书记欣喜地说："那大唐这几年的发展真是很快啊！现在的装机容量应该占到全国总装机容量的十分之一了吧！"

　　翟若愚总经理回答说："总书记说得很对，现在全国总装机容量6亿多千瓦，大唐的装机容量大概占全国的十分之一，相当于欧洲一个大国的装机容量。"

　　总书记感慨地说："不仅是欧洲，和我们国家前几年比，变化也是非常大的。"

　　接着总书记又问："大唐现在总共有多少个电厂？"

　　翟若愚总经理回答说："有100多个。"

　　听了翟若愚总经理的汇报后，总书记欣慰地点了点头。

　　对于国产发电设备的总体情况，胡锦涛总书记也十分关心。到达13.7米运转平台后，总书记问："1号机组的主设备是哪个公司提供的？"

　　翟若愚总经理回答说："一期工程的汽轮机和发电机都是日立公司生产的，锅炉是哈尔滨锅炉厂生产的。"

　　总书记又问："其他几台机组的主设备供货厂家呢？"

　　翟若愚总经理回答说："除二期工程3号、4号机组的锅炉是北京巴威公司生产的以外，其他各期工程的主设备都是东方电站设备公司生产的。"

　　总书记又关切地问："目前国产设备的质量怎么样？"

　　翟若愚总经理回答说："目前国产设备的质量一点也不比进口设备差，现在国内发电设备的制造能力已经很强，机组运行也很稳定。"

　　总书记接着问："日立的进口机组与国产机组的造价相差多少？"

　　翟若愚总经理回答说："大概相差20％。"

　　总书记听后高兴地说："目前国产设备比进口设备的造价低而且运行稳定，已经改变了过去国内三大动力厂'吃不饱、没活干'的被动局面，同时也拉动了机加工等其他产业的发展。"

　　翟若愚总经理说："总书记说得非常对，现在我们到三大动力厂去催设备进度，他们的工作量都很满，与前几年的情况相比变化很大。现在，我们去国外投资已经能够带着自己的设备了，在造价方面有比较大的优势，所以国际竞争力也得到了很大的提升。"

总书记听后非常高兴。

在离开主控室下楼时，总书记又强调说："目前国内的电力行业发展很快，电力企业'走出去'的工作也要加快步伐，过去我们的设备没有市场竞争优势，通过近几年的发展，现在我们已经具备了市场竞争优势，因此一定要抓住这个机遇，积极做好'走出去'的工作。"

翟若愚总经理补充说："过去我们跟国外企业差距比较大，但现在我们在设备质量和运行水平等方面一点也不比他们差。以前是国内厂家给外国厂家打工，现在已经是外国厂家为我们中国企业打工了。"

听了翟若愚总经理的补充，总书记高兴地笑了。

接着总书记关切地说："现在国内企业有三大优势：一是设备质量好、价格有竞争优势，二是建设速度和建设成本竞争优势明显，三是电厂运行管理能力也有很大优势。大唐一定要掌握好'两个大局'和'两个市场'，抓住机遇'走出去'，提高国际竞争能力，千万不要错过时机。"

对于托电公司的发展，总书记也格外关注，在即将结束考察时，他拉着应学军总经理的手语重心长地说："托电现在已经有一流的设备、效益也很好，下一步要培养一流的人才、创建一流的管理，一定要将托电经营、管理好，努力建设国际一流的火力发电厂，在国家西电东送工程中发挥更大的作用。"

总书记的话情深意长，在场的人深受感动。

应学军总经理怀着激动的心情向总书记保证："我们一定会按照总书记的指示，努力做好各项工作，把托电建成一流的发电公司。"

总书记听后露出了满意的笑容。

企业职工的冷暖
——总书记心中最大的牵挂

关注民生，是党的"十七大"的一个显著特点，也是党和政府一直以来在努力做好的工作。胡锦涛总书记在托电公司考察期间，也始终把企业职工的冷暖牵挂在心。

进入主控室时，当值的运行人员一起鼓掌欢迎总书记。总书记微笑着向大家问好。

之后，他步履轻盈地走向正在值班的运行人员，在2号机组长前停下来，轻声问到："你值班啊?"2号机组长激动地用双手握住总书记的手说："总书记,您好!"总书记露出了亲切的笑容。

在问候了主控室的运行人员并听取了当值值长的汇报和翟若愚总经理、应学军总经理的介绍后,总书记侧过身来问应学军总经理："托电现在有多少职工啊?"

应学军总经理回答说："现在有420人。"

总书记又问："职工现在家住哪里?"

应学军总经理回答说："在呼和浩特市区。"

总书记又关切地问："职工在现场有没有休息的地方?"

应学军总经理回答说："公司在现场安排了生产运行人员的倒班休息公寓,职工上下班有通勤车接送。"

总书记听后十分高兴并一再叮嘱应学军总经理："一定要把职工的生活后勤保障工作做好。"

在结束考察、走出主厂房时,总书记与在场欢送的人员一一握手道别。走到王艺和李永青两名女员工面前时,他又停了下来,和她俩亲切地拉起了家常。

总书记和蔼地问王艺和李永青: "你们什么时候参加工作? 哪个学校毕业?"

她俩依次向总书记作了汇报。总书记听后深情地说："你们赶上好时候了,托电是国内最大的火电厂,你们现在是在国内最大的火电厂工作,一定要努力工作。"

王艺和李永青听到总书记对她们的嘱咐后激动地说："能够作为托电的一名员工我们感到很荣耀","我们一定会努力工作","谢谢总书记关怀。"

总书记听了她们的表态后满意地向她们点点头。

回忆起与总书记面对面交谈的过程,王艺和李永青激动的心情至今不能平静。事后她们在接受媒体记者采访时说："总书记那么和蔼可亲,就像我们的长者,就像我们的亲人,能够和总书记面对面地交谈,值得我们一生铭记。"

在整个考察期间,胡锦涛总书记多次问到职工工作生活情况,时时处处体现着党和国家领导人的亲民之情、爱民之心。

10时35分,胡锦涛总书记乘车离开了托电公司。上车后他还不住地向欢送的人群挥手致意。汽车启动后,欢送的人员依然不肯离去,直到胡锦涛总书记乘坐的车子走出很远很远,人们才缓缓地散去。

牢记嘱托　建设和谐企业
——托电人共同的使命与责任

胡锦涛总书记在托电公司考察虽然只有短短半个多小时的时间，但却留下了深情的嘱托和殷切的期望。

在总书记离开现场后，集团公司翟若愚总经理在现场主持召开了落实总书记指示精神动员会。要求托电公司的干部职工要深刻领会、认真贯彻落实总书记的指示精神，进一步抓好安全生产工作，进一步强化企业管理，全面做好保首都北京的安全供电工作，圆满完成各项工作任务，为争创一流的发电厂打好基础。

11月23日上午，托电公司召开会议，向全体党员、干部和班组长以上人员传达了胡锦涛总书记视察托电公司时的指示精神。与此同时，公司党委也专门下发通知，就进一步贯彻落实党的十七大精神和胡锦涛总书记视察托电公司时的指示精神，做出了一系列的安排。

公司党委书记郭殿奎在接受记者采访时指出：对于胡锦涛总书记的亲切关怀，我们不能仅仅沉静在幸福之中，而是要不辜负总书记的嘱托和厚望，把关怀变成巨大的动力，进一步加大节能降耗力度，继续推进资源综合利用，努力建设资源节约型和环境友好型企业，促进企业与社会的和谐发展，为经济社会的可持续发展做出更大的贡献。

在胡锦涛总书记考察期间曾向总书记当面汇报机组运行状况的发电部集控运行五值值长韩国宏表示："总书记来托电考察给了我们工作的动力，也为我们指明了企业未来的发展方向，兴奋之余更让我感到了一种沉甸甸的责任。我们一定不辜负党和人民的培养，立足本职工作，努力把托电建设成国际一流的火力发电厂，在国家西电东送工程中发挥更大的作用，为构建社会主义和谐社会贡献我们的力量，让党中央放心，让胡总书记放心！"

目前，托电公司上下信心十足，斗志倍增。总书记的关怀与嘱托为企业指明了方向，也凝聚了人心、凝聚了力量。全体职工满怀豪情，正在为创建国际一流发电企业努力奋斗，托电公司必将迎来一个更为美好灿烂的明天。

（本文根据《中国大唐》报有关报道整理编写）

领导决策有远见　黄河之滨展宏图

——李鹏同志考察托电厂址纪实

戴　敏

2006年8月22日6时58分，托电四期工程8号机组顺利通过168小时试运，正式移交生产。这历史性的一刻，使内蒙古大唐国际托克托发电有限责任公司当之无愧地成为国内规模最大的火力发电企业。这激动人心的一刻，让所有参建者和在场的见证人心潮澎湃，思绪飞扬！然而，又有多少人知道，20多年前，这里曾经是一片人烟稀少、贫瘠荒芜的盐碱滩！

一、追根溯源，勾画伟业蓝图

时间追溯到20世纪70年代，内蒙古自治区的准格尔煤田神奇般的展露在世人面前。她就像一个新生的婴儿，备受人们的关注，很快被列为全国五大煤矿之一。该煤田储量很大，开发条件优越。当时正值华北地区缺电，把煤炭转化为电力，使资源优势变为经济优势，符合国家的需要，因此成为自治区发展的战略目标。自治区领导对此非常重视，党委书记周惠曾带领盟、市委书记、各有关厅局负责人共50余人去准格尔进行考察，制定了发展规划，同时还不失时机地组织了汇报团去北京向国务院有关部门汇报反映情况。电力工作者闻听此消息更是欣喜若狂，积极为开发能源基地而四处奔波。

国务院很重视这一项目，组成了由计委、建委、铁道部、煤炭部、电力部五部委人员参加的考察团来内蒙古调研，对准格尔煤田特别进行实地考察，并对其开发价值给予了肯定。

70年代后期，全国电力规划会议在徐州召开，接着又召开华北电力规划会议。当时的内蒙古电管局在会上发言介绍内蒙古资源优势，与会人员对准格尔煤田开发项目产生很大反响。会后，时任电力部第一副部长，后任国务院总理、全国人大常委会委员长的李鹏同志非常关注这一项目，指名要亲自听取内蒙古的汇报。李鹏听后，认为准格尔煤炭资源丰富，又靠近黄河，建设大型火力发电厂的条件优越，并肯定内蒙古发展电力的规划很好。他还指出厂址选择要慎重，他客观地、实事求是地提出自己的看法，应当把电厂建在靠近城市附近，以便安排职工生活，解决子女上学问题。

正是他的这一提议奠定了以后托电建设的基调。

为了更加准确地把握内蒙古能源基地的地情、地貌，制定正确的电力发战略，李鹏不久亲自到内蒙古自治区进行实地考察调研。

二、实地考察，初选托电厂址

1983 年 4 月 9 日清晨 7 时，正值暖春时节。随着一声汽笛长鸣，李鹏一行 9 人，乘坐的 169 次列车抵达呼和浩特，开始对开发自治区能源基地进行为期 5 天的实地考察。内蒙古自治区党委书记周惠等亲自到车站迎接，并按照当时接待有关领导的最高规格，安排住第三招待所。当天下午 2 时 30 分，即召开汇报会。周惠、自治区代主席布赫、副书记彭梦庚、第一副主席刘作会等参加会议。彭梦庚主讲，内蒙古电管局几位局长都参加了汇报。会场气氛很好，自治区把开发准格尔煤电基地当作一件特大事来抓，汇报内容主要围绕这一主题进行，具体如下：

一是准格尔计划 1990 年产煤 3500 万吨，2000 年产煤 6000 万吨。二是想利用黄河的水、准格尔的煤炭资源优势多搞一点电。1990 年先建 500 万千瓦，2000 年建设 1500 万千瓦。三是为了争取时间，建立稳固的电力能源基地，先在托克托建 320 万千瓦，但要解决运煤方法，还有三通一平、水源、大件运输等困难。四是送电方向为京津唐和东北。

晚上，周惠请大家吃涮羊肉，还招待看一部电影《都市里的村庄》。

4 月 10 日早上 7 时 30 分，李鹏一行从呼和浩特出发，由于当时道路不太平坦，一路颠簸，两小时后到达托县。这支车队有 17 辆吉普车，可谓浩浩荡荡。同行者除彭梦庚、刘作会以外，还有呼和浩特市副市长张启生，托县县委书记贾根宝。上午察看了位于托县附近的电厂厂址，那是一块平坦的盐碱荒地，原来是为建飞机场留的。下午接着看位于黄河岸边的马继塘抽水站。贾书记介绍托县情况时讲到，这里盛产水果、蔬菜，肉食也很丰富，是呼市的蔬菜基地县。自治区领导为了招待好李鹏一行，想方设法作了规格很高的准备。但是李鹏非常和蔼朴实，平易近人，笑容可掬地提出就吃托县当地的特产，对这里的油炸糕、黄河鱼等地方风味小吃很满意。下午 4 时，他们在喇嘛湾乘渡轮过黄河，进入准格尔旗，这里是一片黄土高原，沙化比较严重，公路都是沿着山脊行的。不算太难走，一个小时后到达薛家湾，也就是准格尔煤矿筹建处所在地。自治区党委副书记千奋勇早已在那里恭候，迎接了李鹏一行。

4 月 11 日上午 8 时从薛家湾出发，10 时到达魏家峁公社。然后沿着沙丘向黄河岸边进发，到达万家寨的对岸。至此吉普车不能再前行，一行 30 多人风尘仆仆，步行一公里（垂直高度下降 300 多米）到达黄河东岸，察看两岸的地形地势。中午稍事休息后，紧接着察看了黑岱沟口的矿址和露天煤层。矿址周围一片沙丘，基岩为石灰岩，覆盖 30 多米厚，四周有少数居民，没有蔬菜田，甚是荒凉。露天煤层平均厚度 26 米，最厚的 40 米，这是黑岱沟露天开采的主要对象。有的地方乌金闪亮的煤块露出地面，似乎在向世人昭示着它们的存在和使用价值。大家看了惊叹不已。下午 5 时 30 分返回薛家湾筹建处。通过实地察看，相比两个电厂厂址，李鹏认为托克托县建厂条件比黑岱沟相对优越，只需要修建 50 公里的铁路即可。

4 月 12 日上午，李鹏一行去位于黄河转弯处的小沙湾。小沙湾河床比较稳定，因此有良好的取水条件。下午去龙王沟口选厂址，是位于山顶的一片沙坡，面积 1 个多平方公里。据设计院估计，平整场地开挖土方量至少 2000 万立方米，黑岱沟厂址开挖土方量可能要到 4000 万立方米。这两个山顶厂址，一要解决引水，二要治沙，三要平整场地，与托县比较都不合适。托县既靠近呼市，方便职工生活和子女上学；又靠近黄河，水源充足；也靠近准格尔煤田，煤炭资源丰富；而且地势开阔，气候温和，适于建厂，条件优越，得天独厚，因此他主张厂址应当选在靠近呼和浩特的托克托县境内。

晚上 6 时，李鹏与千奋勇以及随行人员讨论了这次规划会谈的纪要，还举行了一个民族形式的小型宴会，吃手扒肉，边吃边唱。热情的地方人民，浓浓的区域文化，深深地感染和打动着北京来的客人。歌声笑语中同时也传递着对开发当地资源，建设美好家园的寄托和期盼！

4 月 13 日上午 7 时 30 分，李鹏一行从准格尔旗出发返回呼和浩特。路过托克托县时又补拍了几个镜头，对托县留下了良好的印象。下午 3 时 30 分，与周惠、布赫、千奋勇讨论了会谈纪要，并一致通过。这个纪要共有 9 条，主要内容如下：

一是双方一致同意利用准格尔的煤和黄河的水建设电力基地。二是基地按 1500 万千瓦规划，1990 年以前建 500 万千瓦。三是初步踏勘五个厂址，即托克托、官地塔、唐公塔、黑岱沟和龙王沟。一致同意托克托厂址列为第一期开发对象。四是优先选用苏联 50 万～80 万千瓦的机组。五是小沙湾建取水枢纽是一个可行方案，希望水利厅尽快提出可行性报告，进行比较。六是双回 220 千伏出线向矿区供电。七是抓紧训练技术骨干力量。八是设计工作由华北局负责，安装以内蒙古火电公司为主，土建由地方负责。九是当年开展前期和筹建工作。

该纪要以自治区政府和水电部名义上报国家计委并报国务院。

下午 6 时，周惠、布赫等宴请北京来的同志，一起出席的还有地质部副部长朱训。晚 10 时 30 分，李鹏一行乘火车离开呼和浩特，结束为期 5 天的实地考察和调研。那天正好赶上雨夹雪，给李鹏同志留下了很深的印象，他在日记中这样写道，"今天，天公降了雨雪，看来是个好兆头"。

三、艰苦创业　铸就辉煌

李鹏同志回到北京后，迅即责成华北电力设计院编制可研报告，进行前期筹备工作。在 7 月 26 日水电部召开专门会议研究准格尔能源基地综合开发以及在托县建电厂的问题，确定了从黄河引水，采用苏联成熟的设备，争取与矿区同步建设等。后来由于国家对开发准格尔煤田采取以铁路运煤为主的战略，在托县建电厂的计划曾一度搁浅。这样，一直到 1990 年之后，实践证明煤炭靠铁路外运受到制约，难以满足需要，加上北京用电紧张，国家随即调整相关政策，把运煤转为输电，确定了"煤从空中走"的战略。1991 年初，电力部部长史大桢曾来内蒙古，提出建设电力能源基地的方针。1994 年 5 月，国务院总理李鹏来内蒙古考察电力建设工作，在内蒙古电管局再次明确发展托克托电力工程项目，认为托电开工建设当属第一，并指出："托电要将准煤就地吃掉"。于是在内蒙古广袤的大地上，一大批电厂如雨后春笋应运而生，托克托发电厂就是其中一颗璀璨的明珠。

创业的路往往充满艰辛和曲折，然而也其乐无穷。从 1983 年李鹏同志考察托电厂址，明确在托县建设大型火力发电厂的战略思路和方针，到 1993 年成立托克托电厂筹备处，1996 年改组为托克托发电有限责任公司，到 2000 年 8 月一期工程破土动工，托电开始走上高速发展的快车道。再到 2006 年，托电已经拥有装机容量 480 万千瓦规模，成为国内最大的火力发电企业，真正使"电送北京城"的美好愿望变为现实。

托电工程从立项到一期工程竣工，饱含着各级领导的远见卓识，精心策划和亲切关怀。托电的开发者和建设者在这片盐碱滩上辛勤鏖战，发扬了不弃不离、风餐露宿、艰苦创业的奋斗精神，用激情、智慧、执著和勤劳演绎了一部创业者的史诗！正是有了这从上到下的齐心协力和艰苦拼搏，才能历经风雨见彩虹！如今一座气势磅礴的火力发电基地——内蒙古大唐国际托克托发电有限责任公司，在黄河之滨，青山脚下已然拔地而起，巍然耸立，成为"西电东送"和国家"十五"、"十一·五"期间的重点建设项目。

（本文根据《李鹏日记》和采访当时接待人员回忆编写）

盐碱荒滩到花园式电厂的变迁

赵　霞

一辆汽车在呼和浩特至准格尔的国道上奔驰，一路都是荒芜的盐碱滩和稀疏的树木，忽然一道亮丽的风景闪入眼中：长达数公里、宽约 300 多米的绿色防护林带，蓝天、白云映衬着直矗云天的烟囱、4 个巨大的水塔吐着白气，蓝色的主厂房，天地一色，绿树成荫，芳草遍地，繁花似锦，喷泉轻涌，一个现代化花园式电厂正拔地而起，与沿路的景象截然不同，你又怎么会相信，几年前这里还是寸草不生，荒无人烟呢？

从1993年筹备之初到2000年批复开工报告之前，正逢国家电力基建项目紧缩，一个排在托电前边的电厂下马了，托电正处在上与下的生死攸关之时，托电创业者经历着几上几下的波动，却始终保持着乐观向上，没有条件创造条件也要上的顽强精神，每一个人努力尽到每一份力干好工作，力争把项目向前促。

1994年，当征地小组刚刚踏上这片荒芜的盐碱滩，狂风肆虐、黄沙漫天，只有几排平板房孤零零地立在那里，是征地人员的临时住所，哪里有现代化电厂的半丝影子。塞外的沙尘暴铺天盖地，几米之内见不到人影，征地小组顶着狂风一尺尺在村外征地、测量；几个月没见，他们就像换了一个人，皮肤又黑又粗，由于当地饮用水含氟量偏高，牙齿也受影响变黄了。跑项目的同志常年在北京和呼市两地奔波，为批文和项目进展，常常是早晨到京夜晚又要返回呼市，家在外地的公司领导常年不回家，甚至于回京办事几过家门而不入……"忘记过去意味着背叛"，我却认为记着曾经创业的艰辛是对未来的促进，尤其是从几批托电创业人身上汲取的那种顽强拼搏、迎难而上、团结一心的优良传统更是值得永远发扬下去。

创业艰难百战多，以现场为家，与风沙为伴，数年里的魂牵梦绕、艰苦奋战，终于等来了1、2号机组的顺利投产，所有参建人员热泪盈眶、掌声雷动，激动的心情无以言表，二十年规划蓝图中电业人的期望，一部汗水与智慧结晶的创业史，又怎能让人不感慨万千呢？伴随着机器轰鸣，巍峨的水塔昂首蓝天，雄浑的厂房胸怀博宽，高耸的铁塔云蒸霞蔚，如虹的银线飞跃青山。以"建精品、创一流、站排头"为目标，努力形成优质高速、安全文明、高效率和高效益、全面信息化、规范廉洁五大特色，积极打造数字托电、环保托电、效率托电三大品牌，托电创业者从一片盐碱滩建起了亚洲最大火电基地的雏形。

"元旦、五一、十一……"，一个"不称职"爸爸要带着孩子去游乐园的承诺，一个假日、一个假日的往后推移着；筹备、开工、建设、试运、投产、运行维护、检修、二期、三期、四期的建设，一次一项任务迎面扑来。期间每逢长假，现场与都市仿佛是两个世界。当人们在享受旅游、度假、休闲购物、与家人欢聚的快乐时，我们的员工却在几十米高的厂房内运行、检修；当人们换上节日的盛装在轻歌曼舞时，我们的员工却穿着满是污渍、白灰的工作服在炉膛内钻来钻去；当人们在公园享受姹紫嫣红的金秋时，我们的员工却戴着厚厚的口罩在灰尘飞舞、分不清人影的厂房内清理着 1000 多吨的灰尘；当都市里时髦的姑娘披着秀发在商场选购时，我们的女工却将长发盘入安全帽内、蓝色的工作服掩盖了婀娜的身段……难道我们不期望花前月下的浪漫，不期望爱人之间的卿卿我我，不期望听到儿女的欢笑嬉闹、父母的亲切关怀？可是为了托电的建设，员工们放弃了一次又一次休假与团聚。

几度风雨几度春秋，数年的托电建设奋斗历程，从自己亲身经历再到耳闻目睹，无数托电的建设者们奋斗于第一线，共同架起通往成功的桥梁，岁月为创业者鬓边增添了几许白发，为建设者额头增加了几道皱纹。如今一起走过了风风雨雨的托电建设历程，一起分享着托电现场日新月异的成果，一起为祖国的电力事业日夜奋战，一起分担着西部开发创业的艰辛。朝阳初升，从厂外的公路望来，一座现代化大型火力发电厂的雏形初现，耸立在曾经是风沙肆虐的黄土地上，托电如大唐的一面旗帜飘扬在西部边疆的贫瘠土地上空，为这里增光添彩。

一期项目建议书报批、设备评标、合同谈判、铁路通车、烟囱结顶、吹管、冲转、二期工程开工……一步一步走到了今天，古老云中大地上这雄浑的建筑物群铭记了那一幕幕感人至深的岁月。一个又一个，背负着希望的建设者汇入托电热火朝天的创业大潮中，一天又一天，西部的拓荒者们将希望变成现实，短短几年的时间，托克托电厂从一张规划蓝图，一片狂风肆虐、黄沙漫天的荒芜盐碱滩，到如今绿树成荫，芳草遍地，繁花似锦，在绿地、蓝天、白云映衬下的花园式大型电厂；10 多人的筹备处变成了 400 多人的现代化大型火力发电厂；西电东送的战略已从蓝图变为电流，而且随着后续的建设将源源不断送往首都北京；西部大开发的春风拂绿了这片贫瘠的土地，在大力带动发展地方经济的同时，改善了自然生态环境。走过了多少春秋，心中刻画着的托电建设的宏伟蓝图，雄伟的厂房、烟囱、水塔平地而起，一个个向远方延伸，缔造着亚洲最大电厂的希冀。

抗"非典"战严寒　谱写新篇章

张金良

2003 年，在古老的云中大地上，高耸的烟囱，巍峨的水塔，裹着云蒸霞蔚，将滚滚的电流沿着青山、白云直送首都北京，实现了托电人多年的夙愿。然而也就是这一年，托电人经历了严峻的考验。在托电人的记忆中，这是难以忘怀的一年，也是值得书写的一年。

抗击"非典" 力保工期

2003 年的 4 月，一场史无前例的疫情——SARS（非典型性肺炎）席卷中国大地，给国人带来了极大的恐慌和畏惧。内蒙古呼市地区也被列为重灾区，而这个时期托电正处在一期两台机组的建设高峰期，摆在托电人面前的是如何预防 SARS 疫情的发生和一期两台机组的顺利投产发电。形势严峻，任务紧急，怎么办？

SARS 的到来，给托电的建设带来了极大的困难，德国专家走了，日本专家离开了，国内厂家的技术人员也都纷纷撤离了现场。关键时刻，公司成立了以党委书记为组长，领导班子为成员，各参建单位负责人参加的预防与控制 SARS 工作小组领导，并毅然做出决定：第一，预防 SARS 疫情的发生，首先隔离封闭整个现场，任何人不得出入现场，不得回家，工作生活在托电现场；随后通勤班车停发。第二，坚决保证生活物资、医疗物资和劳保物资的充足供应，保证现场所有人员生产生活的安全和需要。第三，对于一期两台机组的建设困难，没有条件创造条件也要上，在与外界隔绝期间，在外人员常驻外催交设备，保证设备的顺利到货；现场人员深入现场学技术、用技术，克服重重困难，保证工程建设的顺利进行，保证年底实现双投。同时下发了《关于做好非典型肺炎预防与控制工作的通知》及其补充通知，要求各部门高度重视、严加预防，并通过内部网站、厂内广播等不同的方式和途径，进行着预防"非典"的宣传教育。

一系列的措施和决定，安稳了人心，凝聚了斗志，员工们信心倍增。为了一个目标，多年蓄积的动力、激情和智慧突然爆发，在短短的时间内，克服外国设备没有外国专家的技术支持，国内厂家没有技术人员援助等等意想不到的困难，不知走了多少弯路，流了多少汗水，攻克了多少技术难题，终于顺利完成了一期两台机组的各项安装和调试任务，实现了年内双投的重大目标。

值得骄傲的是托电人能在如此困难的时期，创造出如此骄人的成绩；值得称赞的是托电建设者和托电人在史无前例的 SARS 面前，没有退缩，顽强拼搏，以饱满的热情投入到工作当中；值得信服的是托电人团结一致、奋发向上凝聚的力量是如此强大。每当你步入办公室或建设工地，就会碰到到处都是戴口罩的建设者，他们把这里当成了战场。时间长了，你会听到，最熟悉的一句话就是"托电就是我们的家！"。每次听到这句话，心里总有一种热乎乎的感动和冲动。两个月的隔绝封闭期，托电人舍弃小家，为了大家；两个月他们没有与家人相见，没吃过妻子做的一顿饭，没有给儿女一次温暖的爱抚；两个月托电人过着这个大家庭的生活，一块儿工作、一块儿生活、一块儿打球、一块儿踢毽子、一块儿下棋，其乐融融，展现出一幅和谐大家庭的景象。

严密切实的防范措施，干群一致，上下同心，不懈努力，托电不但战胜了SARS疫情，以没有感染一例的成绩圆满地完成了任务，同时一期的建设工期丝毫没有受到影响，为年底双投打下了坚实的基础。这是一场有形与无形战争的胜利，是永远值得托电人骄傲的一场经典战役。

众志成城　战胜严寒

俗话说祸不单行，2003年注定是不平凡的一年。当SARS的恐惧渐渐消失，悄悄离开人们脑海的时候，一场50年难遇的严寒到来了，零下四十多度的气温，实属罕见，托电又一次面临一场巨大的考验。

当时正值1号炉点火，2号炉进行水压试验，所有的供汽和供热都由启动锅炉提供。启动锅炉一旦故障，后果将不堪设想，锅炉本体设备和供热系统将面临冻裂毁坏以至于全部瘫痪危险，严重威胁着人身和设备的安全。在工期紧任务重的时候，启动锅炉显得尤为重要。然而就在此刻，启动锅炉给煤系统发生故障，无法上煤。不愿意看到的事情出现了，怎么办？公司领导急中生智，指出为保证启动锅炉的正常运行，在进行紧急处理缺陷期间，采用人工上煤的方式。命令下达，消息很快传出，于是从办公楼、宿舍楼、施工现场涌出了一批又一批人群，匆匆赶到启动锅炉的运煤现场。大家不约而同地一字排开，形成了一条人工传输带，一袋一袋的煤从一双双的手中传递上去，从狭窄的楼道中直通30米高的启动锅炉的入煤口，又把一袋一袋煤倒入锅炉，直到缺陷处理完毕。由于紧急情况下果断采取人工上煤，保证了启动锅炉的正常运行，保证了现场供汽和供热，同时保住了严寒下脆弱无助的现场设备没有毁坏，化险为夷，取得了重大的胜利。所有的人都露出了胜利的笑容，人群中，已辨认不出谁是谁了，但是那一张张煤粉和汗水交织成一幅墨画的脸颊显得那么可爱，可以说他们是世界上最可爱的人。团结凝聚了力量、汗水驱散了严寒，只要拥有一个目标和坚定的信念，没有战不胜的困难。这又是一场没有硝烟的战争，我们又一次战胜了严寒，保证了人身和设备的安全，取得了托电建设的又一次巨大的胜利。

2003年底托电一期两台机组提前顺利投产发电，是托电建设中里程碑的一年，也是难以忘却的一年。2003年托电人以惊人的毅力和顽强拼搏的精神，战胜非典、抵御严寒，在自然灾害面前，同心协力，团结一致，取得了伟大的胜利，也顺利完成了公司制定的各项任务，提前完成了年内双投的伟大目标，体现了托电人"建精品、创一流、站排头"的奋斗精神，就此翻开了托电建设的新篇章。2003～2006 年以连续四年双投的现实抒写了火电建设史上新的一页，也诞生了国内最大的火电厂，源源不断地将优质的电能送到了首都北京，点亮了千家万户。

托 起 明 珠 的 地 方

——托克托地情简介

这是一个古老而神奇的土地，曾演绎过云中见光筑古城的美好传说。

这是一块富饶的风水宝地，在新世纪曾崛起全国最大的火力发电厂，在祖国北疆托起一颗耀眼的明珠。

托电公司所在地托克托县位于内蒙古自治区中部，自治区首府呼和浩特市南郊 70 公里，处于大青山南麓土默特平原东南端。西南濒临黄河，对岸为鄂尔多斯高原，东南邻接和林格尔县与清水河县。全县总面积 1431 平方公里，人口 19.4 万人，居住着汉、蒙、回、满等 19 个民族。

这里地处东经 111°，北纬 40°。境内地势由东南向西北、西南倾斜，海拔在 987.8～1277 米之间，平均为 1000 米。境内地貌以山前平原、冲积平原为主。地质底部为砂砾岩与红土互层，顶部为红土夹钙质结核层，或冲积胶结砂砾层。总体地势平坦，地质状况良好，无地震断裂带，适宜建设大型工业基地。

托克托水土资源优越。黄河从境西流过，流经距离 37.5 公里。年均流量 315.4 亿立方米。黄河中上游分界处的河口古镇就在县城附近，在此拐弯向南奔腾而入晋陕峡谷，为两岸工农业带来福祉。其次还有多条支流由东向西流入黄河，河流总长度为 192 公里，年均地表径流量为 5.34 亿立方米，地下水储量为 1.48 亿立方米。县境内地域辽阔，土地肥沃，有耕地 4.2 万公顷，宜林地 3.8 万公顷，天然草场和人工草地 2.8 万公顷，水域 0.6 万公顷。

托克托境内气候具有明显的北温带大陆性气候特征，四季分明，日照充足，年平均日照 2900 小时。春季多风少雨，多刮西风；夏季温热多雨，干湿明显；秋季凉爽宜人，冬季漫长干冷。年均气温 7.1℃，年均无霜期 151 天，年均降雨量 362 毫米，年均蒸发量为 15825 毫米。

托克托地区的旅游资源丰富。中华民族的母亲河在西边奔腾流过，每当夏秋水面宽阔，汹涌澎湃，游船荡漾，令人心旷神怡。黄河故道还有"海眼神泉"冬暖夏凉，千年不息，神奇莫测。这里还有战国云中故城等古代遗址，供人们游览凭吊。

托克托地区历史悠久，人杰地灵，文化底蕴深厚。早在五六千年前的新石器时代，就有人类祖先在此生息繁衍。历史上这里是北方的边陲要冲，公元前390年即周安王十二年，北方强大的诸侯国赵国开拓领域，所辖阴山南北广大地区。当时的国王赵武侯在此地"昼见群鹄游于云中，徘徊终日，见大光其下，武侯曰：'此为我乎'乃即于其处筑城，今云中古城也"，曾在史书中留下这一"云中见光筑大城"的美好故事。由此反映了自古以来人们对光明的渴望与企盼。秦代云中为全国三十六郡之一。唐代在此设云中都护府，曾彰显大唐盛世的繁荣。辽、金、元各代，在此置东胜州（在今县城附近建城）。以后各个朝代在这一地区开发经营，曾留下古城遗址十三处之多。明嘉靖年间，西土默特部阿拉坦汗归顺明王朝，其义子恰恰（即脱脱或妥妥）驻守此地，东胜城改为妥妥城，后以其谐音称为托克托城，延续至清代置托克托厅。用蒙语还有一种说法，"托克托"演义着"留住客人"或适于居住的地方。历史上在这里走出不少重臣名将、文人义士，上世纪初这里就有进步人士点燃革命火种，1924年就有共产党组织活动。在战争年代，英雄辈出，艰苦卓绝，前仆后继，功垂青史。在漫长的历史中，生活在这里的各族人民和睦相处，共同创造了灿烂丰富的人类文明。至今仍保留着有地方特色的文化资源，多姿多彩，脍炙人口。

托克托地区交通方便，公路铁路纵横交错。省道103呼清公路（呼和浩特—清水河县）、呼大高速公路（呼和浩特—大饭铺）及丰准铁路（丰镇—准格尔）、呼准铁路（呼和浩特—准格尔）从境内通过，县乡道四通八达。距呼和浩特机场仅80公里，与北京直线距离400公里，这里与国内外来往方便快捷。邮电通信实现全程全网传输数字化，交换程控化。现代化城市的设施一应俱全。

托克托地区地势平坦，水草丰富，农业开发甚早，近年来种植业养殖业空前发展，名优土特产也很多，如畅销国内外的小茴香、红辣椒、大蒜、绿豆、枸杞等，还有地方特色的葡萄，黄河鲤鱼及地方风味的黄米油炸糕等。

托克托县境内工业发展很快，形成电力、铸造、化工、酿造、药业、机械等种类齐全的工业体系。电力工业成为这里独占鳌头的支柱产业，50多年来从无到有、从小到大，由1959年在县城安装100马力的柴油发电机到现在建成480万千瓦全国最大的火力发电厂，这是世上少有的奇迹。

物华天宝，贵在开发。托克托这块风水宝地，具有得天独厚的办电条件。

你看这里靠近煤源、水源、靠近大城市、靠近铁路、公路、真是天设地造，世上难寻。早在 80 年代初中央和地方领导就看到了这建设大型电厂的有利条件，1983 年以来时任水利电力部第一副部长李鹏、水电部部长钱正英以及国家有关部委的领导纷至沓来，展开多次考察调研，提出在此建设大型火力发电厂的规划，并付诸实施。1993 年 12 月成立电厂筹备处，于 1995 年 11 月成立托电公司，到 2000 年主厂房正式开挖，2006 年 8 台 60 万机组全部投产。2007 年 11 月，中共中央总书记胡锦涛来托电考察，提出了建设国际一流电厂的嘱托。经过建设者的艰苦奋战，一座雄居全国之首的电力航母，在古老的云中大地上崛起，强大的电流送往华北大地，托起了不落的太阳，托起几千年的企盼。

托电的建成，也改变了当地的面貌，带动地方经济发展步入快车道，"建了托电富了托县"已成为当地老百姓的口头语，以托电为依托还建成了呼和浩特托电工业园区。一个电力工业为主的重镇正在这里蓬勃兴起，一颗璀璨的明珠在北方原野大放光彩。

（根据地方志等资料编写）

回报社会 和谐发展

郝志邦 戴 敏

托电公司建设以来，本着"发展托电回报社会"指导思想，在搞好自身建设的同时，对促进地方经济发展，开拓劳动力市场，加快脱贫致富以及在社会进步、环境治理等综合面貌的改变上发挥了重大的作用，做出了显著的贡献，实现了企业与社会的和谐发展，被评为 2006 年度"十大最具社会责任感企业"。与此同时，在托电建设中也得到当地政府和群众的大力支持，做到了企业与地方互助互利，共同发展。托电的建设和快速发展同时也提升了托县的知名度和影响力，对托县的招商引资和区域开放意义重大。正如当地报纸报道的"托电富了托县"、"建设托电，发展托县"，给予很高的评价。以下仅从几个方面进行介绍。

一、促进当地财政税收的增加

托电公司本着"依法诚信纳税，共建小康社会"的原则，积极缴税，支援地方建设，跟托克托县政府形成了"诚信、互利、发展"的良性循环。

托电公司建设之前，托县的年财政收入只有 6736 万元（1999 年），被列为第一批国家级贫困县，是历史上称作"地上没草，地下没宝"的穷地方。2000年托电工程开工，2003年一期工程投产发电，当年实现上缴税金1.44亿元，2004年上缴税金3.76亿元，2005年上缴税金6.51亿元，2006年上缴税金8.44亿元，四年累计上缴税金20.15亿元，成为全县第一纳税大户。据报道，2006年托县地区财政收入完成14.89亿元，连续两年纯增5亿元；城乡居民收入分别达10978元和5513元。其中托电公司一家上缴的税金就使托县的财政收入大幅度增加，从而加快脱贫致富的进程。据《呼和浩特晚报》报道：在2006年第六届全国县域经济基本竞争力评价中，托县跃居西部百强县第10位，同时还由过去的贫困县一举跃居至全区旗县财政收入第三名的行列。

二、建设移民新村，造福当地农民

托电公司的建设涉及征地及移民安置问题，公司对此项工作特别重视。筹建伊始就千方百计做好移民安置，开展了深入细致的工作。首先为需要搬迁的移民按政策规定发放了补偿费用，还在当地政府的配合下，由托电出资按现代新农村的标准建设了移民新村——打兑银庄，为27户村民修建砖瓦房，开垦水浇地400多亩，人均3亩水浇地；渠、路、田、机井四配套，解决农用及生活用水；修建了学校、医院和商店等公共设施；为部分占地的其他几个村农民改造土地2200多亩，打机井9眼，做到旱涝保收。1998年移民顺利迁入新居，过上了安居乐业的生活。他们的生产、生活不但有了基本的保障，还得到了切实的改善。

三、提供大批就业岗位

托电公司的建设同时给当地农民带来很多实惠，增加了很多就业门路，农民收入普遍增加，开始走上富裕之路。施工期间有上万人参与其中，除了外地或区内施工人员外，有50%吸收当地壮工，在公司投产后日常雇用后勤服务、辅助生产岗位人员多达千人以上，大部分雇用的都是村里剩余劳动力，使村里人成了上班族。同时外来务工人员的不断增加，还为当地居民所建出租住房增加了收入。

四、工业园区的建立

内蒙古自治区、呼和浩特市两级党委、政府立足托电充裕的电力能源，于2003年规划建设了呼和浩特托电工业园区，初步形成了以电力、生物制药、冶金、化工、航天生物工程为主的五大支柱产业，成为自治区20个重点工业园区之一。由托电的建设带起一批企业，催生了一座工业新镇。当地的村民在工业园区实现了稳定的就业，有的还搞起了第三产业，诸如汽车运输、煤炭仓储、建筑机械租赁等。农副产品及服务行业市场呈现繁荣景象，在这里建起了几十家商店、饭店等店铺。农村变为市镇，很多农民盖起了砖瓦房，有的又盖起了新楼房。

据统计仅仅几年的时间，当地就出现了一批万元以上的富户，百万元户就达到了十几家。

五、积极开展"送温暖、献爱心"活动

托电公司发扬"一方有难、八方支援"的精神，广泛开展"送温暖，献爱心"活动。当 1998 年长江流域、东北地区发生特大洪水灾害之时，公司也还处于筹备期间，困难和艰辛同时存在，但广大领导和员工都义无反顾地伸出援助之手，慷慨解囊，公司领导带头每人捐款 400 元，中层干部每人捐款 300 元，其他职工每人捐款 100 元，临时工也捐了款，共计为灾区人民捐款达到 17600 元。

2000 年向内蒙古自治区部分遭受旱灾的地区，捐款 4970 元。

2003 年"非典"期间托电公司为内蒙古自治区政府捐款 50 万元，为呼和浩特市政府捐款 50 万元，为托克托县政府捐款 10 万元。员工为"非典"灾区和托县灾区捐款 49110 元。

2006 年初组织员工为托县灾区捐款 3 万多元；年底向帮扶地区的贫困学生捐款近 5 万元，人均 100 元，捐衣物 300 多件。共资助 10 名大中专学生入学，资助 29 名高中生入学，资助 219 名初中以下学生入学。

六、长期致力于扶贫事业

托电公司勇于承担社会责任，用实际行动回报社会。按照自治区的安排，从 2002 年开始帮扶贫困少数民族地区脱贫致富，首先成立了以党委书记为组长、纪委书记为副组长的帮扶工作领导小组，设立了办公室，并责成专人抓具体工作。

（一）从 2002 年到 2005 年，对口帮扶地区是锡盟白旗善都苏木布日和斯台嘎查。该嘎查面积约 500 多平方公里，有 97 户 420 多人。仅 2005 年公司就出资 14 万元（其他两家单位分别出资 14 万元和 4 万元），为嘎查建青贮窖 70 个，建文化活动室 80 平方米，上电 10 公里，打机井 40 余眼，建青贮饲养地 400 余亩，冷配黄牛 140 余头。春节期间还出资 4000 元为贫困牧民送粮食、油和茶，帮助牧民过节。嘎查人均收入从原来的 560 元增加了 1800 多元，贫困户从 36 户降到 12 户，没有一名儿童失学。公司为牧民脱贫致富做出了应有的贡献，被内蒙古自治区党委和政府评为"扶贫工作先进单位"。

（二）从 2006 年开始对兴安盟科右前旗阿力德尔苏木沙布台嘎查开展为期三年的帮扶工作。该嘎查 9 个艾里 484 户 2113 人，蒙古族占 90% 以上，耕地 19000 多亩，人均耕地 9 亩，农业基础脆弱，靠天吃饭，交通不便，信息不

灵，人均年收入仅有 669 元，农牧民生活水平长期处于贫困状态。面对沙布台嘎查的实际，公司制定了变输血为造血，坚持扶贫与扶智相结合，加强农业基础建设，农牧林综合配套，实行教育扶贫、文化扶贫、科技扶贫，两个文明建设协调发展的三年帮扶规划。

当年托电公司投入扶贫资金 190 万元，全部用于嘎查打井、上电建设。全年打 8 寸机井 60 眼，平均每眼井深 37 米，其中机电井 23 眼，柴电井 37 眼；建设井房 60 座；开发水浇地 6000 多亩，人均拥有水浇地 3 亩；架设 380 千伏输电线路 5.9 公里；建变压器 9 座，修理 2 台旧变压器。从根本上解决了当地群众脱贫致富的"瓶颈"问题。

七、积极搞好周边环境绿化

托电公司为监测与防治发电生产排出烟尘对周围的污染，在县城和厂区西面各建了一个环保监测站，便于及时了解情况。与此同时每年投入大量资金对风沙环境进行治理并建立了综合防治体系。工程建设中坚持环境治理项目"三同时"的原则，即同时设计、同时施工、同时投产。从 2000 年至 2006 年，绿化周边及厂区面积近 300 公顷。工程建设中的环保投入累计达 20 多亿元（详情参见生产篇第七章环境保护）。托电防沙治沙行动有效地推动了托县及周边地区绿化工作的快速发展，改善了周边的生态环境，遏制了沙漠化的扩展。公司投产不到一年，就成为呼和浩特市环保教育基地，真正实现了"建设一个电厂，播种一片绿洲，送出光明无限，还回绿地蓝天"的美好愿望。

托电公司作为国内第一大火力发电厂，多年来"回报社会、回报人民"践诺无声的誓言，也是托电人奋斗拼搏、实现环境友好型企业所书写的诗篇，它将为托电成为中国火电的"航母"，争创一流企业而涂抹瑰丽的色彩。

敬 礼，托 克 托

李存葆

近些年，若有乡下的亲朋好友来京，我总是带他们到距军艺仅两站之遥的西苑饭店 27 层旋转餐厅，边吃自助晚餐边观赏北京的夜景。意在让他们感受一下由七彩灯盏所展现的现代人的生活流韵，领略一番那由飘飘浮浮、跳跳跃跃的灯光所组成的当今大都市的立体辉煌。驰目骋怀，那富丽华瞻的建筑物上，各式灯盏溢光流彩，宛如一座座如影如幻、若梦非梦的现代迷宫；那条条大街上的串串灯火，舒眉展眼，笑逐颜开，连成了灯的溪流，灯的长河，结成了灯的波涛，灯的海洋……置身于这饭店最高层，那流金泻银、灿灿熠熠的无边灯火，辄令乡下亲朋唏嘘嗟叹。

2005年盛夏，当我随同"大唐光明行"中国作家看大唐采风团，来到内蒙古托克托发电公司时，方才知道，当下北京十盏灯中，有七盏是大唐点亮的，这七盏中，有两盏则是由托克托电厂那强大的电流辉耀的。

托克托电厂北依巍巍大青山，南濒九曲之黄河，左近有地质构造简单、厚度大、埋藏浅的特大煤田。把煤就地转换为电，让"煤在空中走，电往北京送"，当是最快捷、最经济、最有效的能源输送方式。在这既有水又有煤的托克托县境内，建设亚洲最大的火力发电厂，无疑是大唐人最具慧眼的选择。

现代社会的物质文明，无一不烙上电的印痕。用电量的多少，早已成为一个国家、一座城市经济发展和生活水准的比重计。对现代人来说，电已如同贾宝玉脖子上的通灵宝玉，须臾不能离开，一旦失却了它，便像被攫走了灵魂，茫茫然不知所措。北京的日用电量，超过了整个宁夏回族自治区。多年来，对北京人来说，"拉闸限电"是一个出现频率较多的词汇。北京的工厂企业呼唤电，所有的公用及家用电器都呼唤电；近些年，那随处可见的霓虹灯、泛光灯、聚光灯、太阳灯、芙蓉灯、莲花灯、瀑布灯……无不也呼唤着电。北京是中国的政治中心，党政首脑机关所在地的电停不得；北京是中国的军事中枢，军队指挥部门的电停不得；北京是中国最大的交通枢纽，机场、车站的电停不得；北京是中国的国际交往中心，各国使馆及诸多涉外宾馆的电停不得；北京是中国的文化、教育中心，百余所重点大学的电停不得；北京有众多享誉中外的大医院，这些干系人们生命的电也停不得……这也停不得，那也停不得，经常遭受"失明"之苦的只有那些中小企业和普通居民。

历史给予强者的机遇往往在艰厄之中。大唐电力麾下的骨干企业托克托电厂，正是在首都用电供不敷出的严峻情势下破土动工的。

"天苍苍，野茫茫，风吹草低见牛羊"，《敕勒川》中这脍炙人口的诗句，自会使人们想起那水肥草碧的土默川平原和内蒙古的一些大草原。然而，千百年来，马背上的民族只钟情于恩泽他们的一望无垠的青青牧草，却忽略了马蹄下的茫茫煤海。公元一千二百多年前的一天，意大利人马可·波罗踏上了这方莽原，曾对这里的黑色石块惊诧不已："有一种黑石，来自山中，如同脉络，燃烧与薪无异，其火候且较薪为优，若夜间烧火，次晨不息。"被这位大旅行家视为黑色的石头，后来被科学家定义为"煤"。野史载，当年成吉思汗统军远征西夏王国，与西夏王李元昊对阵时，正逢隆冬，为使金甲抖尽千里霜寒，宝帐中炭盆里燃烧的正是这种墨黑色的"神石"。中国是最早使用煤的国度。内蒙古煤矿资源遍布全区，占全国已探明储量的四分之一以上。西部大开发的召唤与北京缺电的呼喊碰撞在一起，终于唤醒了因生态环境恶化而日趋荒凉的土默川平原上的托克托，也点燃起大唐人为我们这个民族振兴而发光放热的绚丽梦想。

　　时间定格在 2000 年 5 月 23 日。承建托电的北京电力建设公司的将士们，开进了托克托。一场场硬战、恶战、消耗战、白刃战，在土默川平原上打响了。古代大军事家曹刿在"论战"中曰："一鼓作气，再而衰，三而竭。"他的这一论断，在英雄的电建大军面前，却要重命题旨。迎着春天那肆虐的狂风、漫天的黄沙，冒着冬日那滴水成冰、呵气成霜的严寒，这支电建大军，拖不垮，打不烂，愈挫愈坚，愈战愈勇。齐白石有一闲章曰"痴想以绳系日"。此乃想用绳子将太阳拴住的一代绘画大师成功的秘诀。托电建设大军钢铁般的神经，在白天和夜晚一样醒着，他们与星为伴，与日为侣，把暗夜变成灯火通明的白昼；他们轮番作战，把永不疲惫交给升起在草原上的太阳来阅读；他们手不停挥，把汗水作为揩亮机具污垢的除污剂……战事渐次明朗，在托电的建设史上，全是一次合格、一次定位、一次成功，频频的捷报不时从托克托传到北京。

　　从托电破土动工，到 2003 年 6 月 9 日 1 号机组顺利通过 168 小时试运行，再到眼下三期工程 5 号、6 号机组也即将投产发电，仅仅用了十年时间。但这胸前挂满勋章的"十龄童"，却以其丰肌伟干，不断健全了自己的骨骼和血肉，成熟着自己的气质和韵致，成了全国火电行业里的"超级巨人"。

　　我徜徉在托电的厂区里，觉得这里简直像个花园。厂区四周 20 万亩的绿地上，碧草茸茸，百花娇媚，杨柳扶疏。托电围绕着"建精品、创一流、站排头"的目标，以数字化描述、流程化办公、标准化管理为建厂原则，全面打造信息工程。我们走进偌大的厂房里，但见粉墙如新，地光如镜，所有的机械，都锃明洁净，纤尘不染。更令我惊异的是，在这里只听到机械轰鸣，却见不到一个职工。这时，我才真正感受到现代自动化产业与人工操作的传统企业的云泥之别。在总控制室里，我们方见到了十余位全神贯注、目不窥园的男女青年。他们正通过电脑屏幕，观察和指挥着工厂的运行过程。陪同我们的公司领导说，整个托电包括领导和机关人员在内，仅有四百余人。这个令人舌挢不下的数字告诉我们，托电已彻底地告别了往昔的"人海战术"，迈入了电子化、数字化时代。托电所以能引领时代潮流，是因为这里聚集着一些富有管理才智又锐意创新的领导干部，和一批有真才实学的知识分子及一支文化素质高且埋头苦干的职工队伍。在托电，从那微观的解析、宏观的综合里，我领略到了数学的严密，哲学的深刻。这里的灵感之光，智慧之火，活力之泉，连同那赤诚与奉献的热风汇在一起，时时飞涌着，闪烁着，激荡着。

　　音有五律，光有七彩。托电的建成，演奏出了多声部新生活的乐章。当托电那强劲的电流通过凭虚凌空的高压线路跨黄河，涉沙漠，走平原，越峻岭，脉脉不息、源源不断地输送到北京时，不仅大大缓解了首都用电的窘迫，也给国家和投资方带来了显著的经济效益，更为内蒙古自治区注入了旺盛的经济活力。

托克托，曾是一座塞外名城。早在战国时期，赵武侯便在此设立云中郡。辽、金、元时，这里就是兽裘羊毡、山珍草药、粮盐百货的集散地。清朝初叶，康熙曾两度亲率大军从这里渡过黄河，粉碎了葛尔丹分裂祖国的企图。当时的托县，晋贾燕商，趋之若鹜；赵客辽贩，纷至沓来。使得此地既是一个商号林立的水旱大码头，又是一个集粮屯兵的军事要塞。

"托克托"蒙语意为"留住客人"。但随着风沙不断地侵蚀这片风水宝地，日渐贫瘠的托县却最终没能将客人留住，成了被历史遗忘的一角。托克托电厂的矗天而立，在短短几年内，不仅再现了托县往昔的辉煌，更使马背上的民族用马头琴弹奏出了崭新的丰收谣，欢乐曲，祝酒歌……

大唐电力麾下的托克托的壮士豪勇们，是传输动力和播送光明的使者，他们每个人的身上都焕发着生命的强光。已取得的赫赫殊勋并没有使他们兀自陶醉；憧憬着未来的炳炳伟业，又使他们奋袂而起，不断踏上新的光明之旅。到2006年，随着托电 8×600MW 机组的建成投产，托克托的发电量将达 240 亿度，将承担起北京用电总量的二分之一。在为北京播光送热、编织光明经纬的同时，托电志存高远，还雄心勃勃地要把自己打造成给南方电厂提供用煤保证的"煤炭能源中心"；向大唐其他电厂输送技术、管理人才的"人才培训和输送中心"……届时，托电作为亚洲第一大火力发电厂，将成为中国火电的"航母"，成为中国电力行业的一面猎猎飞扬的旗帜！

从托克托返回北京，每当我夜晚坐在台灯下写作时，每当我漫步于由五彩珍珠般绚丽的灯光辉耀着的长街上时，不时会想起那些播送光明的使者。世态纷纭，人情长短。在这连空气中也弥散着物化气味的当今世界，有几多"大款小秘"，出没于豪馆华楼，醺醉于名酿醇醪，沉湎于声色犬马；更有几多贪官墨吏、城狐社鼠，争利于市，争权于朝，权钱交易，大肆搜刮民脂民膏；还有多少"空谈客"，拿着国家的俸禄，白日坐在办公桌前喝茶水，翻报纸，无所事事，夜间又约三五同伙，掀纸牌，搓麻将，浑浴和光……由此，我对那些奋战在第一线的建设者和劳动者们，总是怀着深深的敬意。他们才是社会财富的真正创造者，他们才是我们这个民族抖擞起精神的脊梁。

（本文选自 2005 年中国作家采风团"大唐光明行"作品之一。
作者为中国作家协会副主席，原解放军艺术学院副院长）

草　原　光　海

邓友梅

　　我去过内蒙。晚上住呼伦湖边原滋原味的蒙古包，白天汽车像船一般在科尔沁右翼中旗的茫茫草原上航行。都是"西蒙"地带。有次从莫斯科乘火车回北京，从二连浩特到察哈尔一线，隔窗望，白天草原无边，晚上漆黑一片。感到美而神秘，却没机会接近。因此很想去东蒙看看，这样才算看到了内蒙的全貌。

　　近日作协要和大唐集团公司共同组团到内蒙和广西去采风。问我能否参加？我就问："东蒙还是西蒙？"

　　他说："东蒙，呼和浩特一带。"

　　我又问："有什么特别任务吗？都有谁去？"

　　回答说只是给作家接触底层生活提供机会。没别的任务。李存葆，陈世旭，何申，蒋元明等都同意去了。

　　我颇感荣幸。立刻说："去！但我时间有限，只能到内蒙，不能去广西。"

　　他说："可以，只是有点遗憾。大唐集团是特大型的电力企业集团，北京城里每十盏电灯中就有两盏用他们的电。到广西是看他们的水力发电厂。全国第二，仅次于三峡。"

　　几句话使我对大唐集团产生了好奇心。从南到北都有工厂，供应北京用电量的百分之四十，这么大的企业如何运作？

　　临行前先和大唐领导人座谈一次，还送给我们一份资料。资料很好，只我数学水平太低。并不能完全看懂。比如它说这个企业是"中央直接管理的国有独资公司，是国务院批准的国家授权投资的机构和国家控股公司的试点"，我就不明白其确实的内容。但也有看懂的部分，如它 2002 年 12 月 29 日成立时，注册资本金是 120 亿元。到 2004 年底，资本就达到了 1433 亿元。两年长了十倍。销售收入 411 亿。比当年成立时的投资都多了三倍半。别看我买菜都算不清账，可这笔账我还明白，如果我们所有的企业收入都按这个数字增长，中国的经济发展肯定比现在更快，更被认为是世界奇迹。那就到内蒙看看这个奇迹吧。

　　飞机晚八时多从北京起飞，到呼和浩特已经是接近十时，从飞机上望下去只见夜色苍茫的草原上分布着一片又一片的光团，光团之间有成串明珠相连，像是大地上摆了一条巨大宝石项链。我想这是自治区首府光景，离开呼城大约仍是我在火车上看到的黑夜无边的景象。

　　下机后改乘汽车赶往托克托。说是有两小时路程，车开了一个小时后，车外不远处还有成片的灯火闪耀。我问："呼和浩特怎么这样大，走了这半天还没离开市区？"大唐集团陪同的朋友笑道："早离开呼市了，这是聚居点"。我朝窗外前后眺望，发现从飞机上看到的宝石项链在这里变成了一道光河连接着片片发光的海子。这哪是我想象中的东蒙草原呢？

　　我们到了又一个灯光组成的小海子。车停了，接待的朋友告诉我们这就是托克托！他解释说"托克托"蒙语的意思就是"适合居留的好地方"。我们今天居留在这里。哈萨克族诗人艾克拜尔·米吉提听后说，哈族语言有不少与蒙族相通。"托克托"在哈语里就是"值得停留"。

　　下车一看，这地方还真值得停留。其核心就是托克托发电厂，但其清净整洁的模样绝不像工厂。四个挺立入云的烟囱，宽敞方正的房屋，巨大而雄壮的大水塔，更像是个排列有序，层次分明的建筑艺术园。灯光下的小街上散布着商店，宾馆，生活区，点缀在展示图主体周边，使我看到了现代东蒙草原上的第一道风景。

　　第二天与厂方座谈，才知道我看见的只是表面，更宝贵部分我并没看到。火力发电一靠火二靠水。从此往南 50 公里是准格尔大煤田，往西南 12 公里则是黄河取水口蒲滩拐，这才是发电厂"值得在此"的理由。

　　黄河流经这里多少万年，煤田说不清其形成于什么"纪"，为什么到今天才建设成"值得"一看的地方？

　　一是部门领导与时俱进的革命思想起了决定性作用；二是工作人员艰苦奋斗的工作精神！这两样更"值得"我们重视与学习。头一项有各种文件作证，用不着我多说，单这第二项就值得为今天的托克托人自豪。

　　十年前，第一批建设者来到这片荒芜草原上的盐碱滩，在零下三十八度的冰天雪地上树起第一根木桩，开始建业安家。在十年时间里，一部分人东奔西走在国内外筹集资金：一部分人一锹一锹的挖土，一块一块的砌砖，一台一台的装机，经过八年苦战，终于使一号机组在 2003 年投产发电，兑现了他们对社会的三项承诺：一，使当年北京夏季用电高峰顺利通过，确保了电力市场的稳定；二，为内蒙经济注入了活力，三，几家股东的投资得到了回报。接着再奋斗两年，到 2005 年内就有五个机组发电了。而到明年这个时候，最后的 7、8 两号机组完全发电。它就承担起全北京市用电的一半。成为北京安全用电的保证中心。也成了亚洲最大的火力发电厂！他们送出去的是电，得到的则是社会对其诚信的赞赏。

　　更令我感动和敬佩的是，托克托人在建设煤电转换，西电东送过程中，始终没忘记把环境保护列为要点。他们采用先进环保型机械设备，运用最先进的环保技术，边建设边绿化。目前厂区的绿地已有 20 亩，占全厂面积 15%，努力向"建设一个电厂，播种一片绿洲"目标前进。

在托克托电厂这个草原明珠只参观了一天。这一天见闻却占满了我的思绪。在后来的旅途中，忍不住把看到的一切都和它联系起来。在素狼海草原上，晚上欣赏蒙古歌舞，我在为艺术家们的表演叫好时，也为那多彩多变的霓虹灯布景鼓掌，因为仅在三年前，这里还用篝火来照明演出！在呼和浩特大昭寺，我为藏传寺庙的庄严雄伟而倾心，又为在深暗的佛殿里能看清藏祖造型而欣喜，因为这里有巧妙装配的电灯照明。我在别处曾为只靠烛光看不清佛祖的塑像而遗憾过。

像我这样只看一天，就想写出对托克托的印象，绝不可能。倒是托克托电厂一位叫贾记秋的同志写的诗，更能表达我对托电的感受。他写道：

往昔荒滩不毛地，今朝塞外小江南，烟囱水塔入云端，湖水凉亭仙境般。

云中大地红旗展，龙腾虎跃建托电，万丈豪气冲霄汉，敢叫西部换新颜。

（本文选自 2005 年中国作家采风团"大唐光明行"作品之一。

作者为当代作家，中国作家协会名誉副主席）

编　后　记

　　几度春秋，几度拼搏，一个火电巨子奇迹般地屹立在祖国北疆云中大地上，记载这一历史丰碑的文化工程，即《托克托发电公司志》随之编修出版。这是鉴往策今，资政育人，传承文化，启迪后世，两个文明建设的一项重要成果。

　　托电公司领导高瞻远瞩，统筹兼顾，早在 2005 年 4 月，决定编修公司志，并及时部署开展了这项工作。整个编志工作大体上经历了以下三个阶段。

　　一是组织准备阶段。在 2005 年 6 月，成立了《托克托发电公司志》编纂委员会，下设史志编辑办公室，由政工部分管，开始选聘编辑人员，并召开动员大会，宣布编志计划和任务。在走访兄弟电厂编志经验的基础上，拟定志书篇目，下达收集资料提纲。各部门选定资料收集人员，组织了业务培训。同时开展了史志办的基础工作，制订岗位责任制，明确质量规范标准和工作流程。至此，为全面开展收集资料和编写工作打下了基础。

　　二是收资编写阶段。资料是编志的基础和前提，是编志工作的重中之重。首先，从 2005 年 10 月开始，要求各部门按提纲内容提供建厂以来的历年资料。同时编辑人员在此基础上主动找米下锅，查找档案等各种资料。本着边收边编的原则，在 2006 年 12 月编出第一稿（征求意见稿）。当时感到资料欠缺，内容不足，借此稿为框架引导，进一步促进收资工作。2007 年 7 月，经过半年时间对初稿补充意见的收集，及采取多种渠道查找资料，编出了第二稿。2008 年 1 月，在第二稿的基础上，再次补充内容，编出了第三稿，也就是供最后修改补充的评审稿。

　　三是评审修改阶段。在 2008 年 3 月对志书评审稿进行内部评审，由各部门收集意见，提出补充修改意见。5 月 16 日，召开了由华北电力史志办、内蒙古电力行业协会史志办领导和专家及公司志编委会的成员、顾问参加的评审会，提出中肯的意见。在此基础上进行最后全面的修改，完成终审稿。经领导审阅后，于 7 月交付出版，全书共计约 65 万字。

　　编志工作是一件好事，但也是件难事。在历时三年的志书编修过程中殚精竭虑，心织笔耕，可谓历经艰辛，甘苦备尝。按照编志工作的常规模式，本应由一定资历的"元老式"人员所为。而今编辑人员情况不熟，经验不足，初涉此业，必然遇到诸多困难，尤以收集资料难度更大。参与此项工作的人员发扬托电人顽强拼搏的敬业精神，不怕吃苦，不怕麻烦，不怕碰钉子，打破常规，知难而进，通过内查外调，广征博收，三易其稿，多次修改补充，终于完成此项艰巨而光荣的任务。三年来为此共查阅档案、报刊、网上等各种文件资料8600份（篇），阅览文字2100万字，走访41人，开展厂史征文活动，收集稿件22篇。

　　《托克托发电公司志》是集体智慧和劳动的成果。在编写过程中，公司领导亲自给予关怀和指导，各部门积极配合提供资料，有的部门领导亲自动笔撰写，各部门提供资料人员付出不少辛劳。在此期间，因工作变动，编委会委员及史志办领导成员曾作过多次调整，如第一任史志办主任李斌，曾主持前期工作近两年之久。他们都曾为这项工作做出了一定贡献，功不可没。

　　在此，我们谨向所有为公司志书的编纂出版做出贡献的单位和个人表示衷心地感谢和诚挚的敬意。

　　由于编辑人员的水平有限，资料欠缺，志书中难免有不少疏漏、错误及遗憾，敬请读者不吝赐教，批评斧正。

托克托发电公司史志办公室

2008 年 7 月

《托克托发电公司志》
编 辑 出 版 人 员

总体策划　仙文杰

责任编辑　陈琛才　　闫姣姣

彩图设计　仙文杰　　黄鹏飞

版式设计　车　平

责任校对　焦秀玲

出版印制　仙文杰　　黄鹏飞

联系电话　(010)68316496

图书在版编目（CIP）数据

托克托发电公司志/《托克托发电公司志》编纂委员会
编著. —北京：中国电力出版社，2008.10
ISBN 978 - 7 - 5083 - 7766 - 7

Ⅰ. 托… Ⅱ. 托… Ⅲ. 发电厂-概况-托克托县
Ⅳ. F426.61

中国版本图书馆 CIP 数据核字（2008）第 126176 号

中国电力出版社出版、发行

（北京三里河路 6 号 100044　http://www.cepp.com.cn）
北京盛通印刷股份有限公司印刷
各地新华书店经售

*

2008 年 10 月第一版　　2008 年 10 月北京第一次印刷
787 毫米×1092 毫米　16 开本　34.5 印张　634 千字　20 插页
定价 **253.00** 元